Josef Calasanz Poestion

Isländische Dichter der Neuzeit

in Charakteristiken und übersetzte Proben ihrer Dichtung

Josef Calasanz Poestion

Isländische Dichter der Neuzeit
in Charakteristiken und übersetzte Proben ihrer Dichtung

ISBN/EAN: 9783743313859

Hergestellt in Europa, USA, Kanada, Australien, Japan

Cover: Foto ©ninafisch / pixelio.de

Manufactured and distributed by brebook publishing software
(www.brebook.com)

Josef Calasanz Poestion

Isländische Dichter der Neuzeit

ISLÄNDISCHE DICHTER

DER NEUZEIT

IN

CHARAKTERISTIKEN UND ÜBERSETZTEN PROBEN IHRER DICHTUNG.

MIT EINER ÜBERSICHT DES GEISTESLEBENS AUF ISLAND SEIT DER REFORMATION.

VON

J. C. POESTION.

LEIPZIG
VERLAG VON GEORG HEINRICH MEYER
1897.

Vorwort.

Es ist eine merkwürdige, jedoch nicht zu bestreitende Thatsache, dafs die einst so ruhmreichen Isländer im Verlaufe der Jahrhunderte bei der übrigen Welt, ja selbst bei ihren germanischen Stammesvettern beinahe in völlige Vergessenheit geraten sind. Waren doch noch in unserem Jahrhundert gar viele geneigt, dieselben als ein „verkrüppeltes Polarvolk“ zu betrachten, „den Lappländern etwa oder Grönländern vergleichbar“. Ein deutscher Doktor, Namens Kryper, der im Jahre 1856 Island bereiste, hatte gar geglaubt, die Isländer seien „Wilde“, und sich deshalb statt mit Geld — mit Korallen und Glasperlen versehen. Selbst Jakob Grimm, der die Lieder-Edda so hoch hielt, verkannte die Isländer und schrieb über ihre Sprache: „sie fristet dort (auf der entlegenen Insel Skandinaviens), zu begeisterten Schöpfungen unfähig, kümmerlich ihr Leben, und wird über kurz oder lang der Gewalt eines neunordischen Dialektes ganz unterliegen.“ Die Wahrheit ist, dafs die Isländer weder „Wilde“ noch ein geistig verkümmertes Volk sind, sondern dafs im Gegenteile der Durchschnittsgrad ihrer Bildung ein höherer ist, als der des gemeinen Mannes in Deutschland, von Frankreich oder England gar nicht zu reden. Auch fristet die isländische Sprache keineswegs nur kümmerlich ihr Dasein, „unfähig zu begeisterten Schöpfungen“, sondern sie erscheint im Gegenteil auch in neuerer Zeit als eine hochentwickelte Litteratursprache, in der nicht wenige „begeisterte“ und rühmliche Schöpfungen vorliegen und noch immer hervorgebracht werden.

Von diesem neuisländischen Schrifttum hatte freilich wieder selbst die Mehrzahl der deutschen Litteraturfreunde bisher keine oder doch nur eine sehr geringe Kenntnis, da es an einer eigenen und eingehenderen Darstellung desselben mit einer genügenden Anzahl von Proben fehlte, was um so verwunderlicher erscheint, als die Isländer doch unsere Stammesbrüder sind, und die Deutschen sonst mit besonderer Vorliebe allen möglichen fremden Litteraturen nachspüren.[1]) Das solcher Weise au den Isländern verübte Unrecht gut zu machen, ist der Zweck des vorliegenden Buches, das einen tieferen Einblick in die Litteratur und in das Geistesleben dieses Volkes gewähren soll. Es handelt sich dabei nicht etwa um die Entdeckung eines besonders originellen oder an bedeutenden Schöpfungen reichen Schrifttums. Es liegt in der Natur der Sache, dafs ein Völkchen von 60 000 bis 70 000 Köpfen nicht solche Dichter hervorzubringen vermag, die mit denen der gröfseren Völker sich messen können. Ein einsames, ärmliches, herabgedrücktes und vom Weltverkehr fast ausgeschlossenes Volksleben kann nicht solche Früchte tragen. Es ist schon verdienstlich genug, dafs die Isländer unter solchen Umständen ihre Poesie bewahrt und weiter entwickelt haben. Ihre höhere Kunstdichtung besteht zum allergröfsten Teile aus lyrischen Gedichten, und das Eigenartige dieser Lyrik liegt für den Nichtisländer auch nur hauptsächlich in der Lokalfärbung des in so vieler Hinsicht seltsamen Landes, die sich in den meisten isländischen Dichtungen widerspiegelt. Allein es giebt darunter doch nicht wenig Schöpfungen, die durch Kraft oder Eigenart so bedeutend oder interessant erscheinen, dafs sie alle Beachtung und selbst Bewunderung verdienen. Jedenfalls aber ist der Wert der neuisländischen Litteratur nicht geringer als der manch anderer fremden und „kleinen" Litteratur, die man längst schon aus dem Dunkel ihrer heimatlichen Verborgenheit gezogen, mit übertriebenem Lobe gepriesen und durch Übersetzungen in die „Weltlitteratur" eingeführt hat.

Mein Mitleid mit dem isländischen Volke, das mir seine Geschichte eingeflöfst, wie auch mein natürliches Interesse an dem Stoffe vieljähriger Arbeit mögen bewirkt haben, dafs auch ich vielleicht die isländische Litteratur im allgemeinen und einzelne

---

[1]) Über neuisländische Litteratur schrieben bisher in deutscher Sprache: Poestion seit 1880 in verschiedenen Aufsätzen, in seinem Buche „Island, das Land und seine Bewohner", Wien, 1885, S. 321—324; Ph. Schweitzer in seinen Büchern „Island, Land und Leute, Geschichte, Litteratur und Sprache", Leipzig, 1885, S. 118—152, und „Geschichte der skandinavischen Litteratur", 2. und 3. Teil, Leipzig; Carl Küchler in seiner „Geschichte der isländischen Dichtung der Neuzeit", I. Heft, Novellistik, Leipzig, 1896 und in einigen Aufsätzen. Übersetzungen aus dem Neuisländischen lieferten, von vereinzelten Publikationen in Journalen und Zeitschriften abgesehen: Poestion („Isländische Märchen", Wien, 1884; *Jón þ. Thoroddsens* Novelle „Jüngling und Mädchen", 1. Aufl., Berlin, 1884, 3. Aufl., Leipzig, 1895; Gedichte in J. Scherrs „Bildersaal der Weltlitteratur," 3. Auflage, III. Band, S. 273—274); Marg. Lehmann-Filhés („Isländische Volkssagen", 1. Bd., Berlin, 1889, 2. Bd., ebd. 1891, und 21 „Proben neuisländischer Lyrik", Berlin, 1894); Küchler (*Gestur Pálssons* „Ein Liebesheim", 2. Ausg., Leipzig, 1894, und „Drei Novellen vom Polarkreis", Leipzig, 1896) und A. Baumgartner Gedichte in „Nordische Fahrten, Island und die Faröer", Freiburg i. Br., 1889.

Dichter oder Schriftsteller im besonderen überschätzt habe. Am ehesten könnte wohl die eine oder andere noch lebende Person mit zu freundlichem Lobe bedacht erscheinen; doch steht dann mein Urteil gewifs im Einklange, wenn auch nicht mit der gesamten, so doch mit der sachlich-ernsten und mir mafsgeblichen isländischen Kritik. Übrigens verdankt mancher Poet (z. B. *Arni Böðvarsson*, *Gunnar Pálsson* u. a.) seine bevorzugte Stelle im Hauptteile des Werkes lediglich dem mit der ganzen Art der hier gewählten Darstellungsform verbundenen Umstande, dafs übersetzte Proben seiner Dichtung zur Verfügung standen. Anderseits erscheint aus demselben Grunde mancher hervorragende Dichter mit Proben spärlicher bedacht und daher auch räumlich weniger ausführlich behandelt als andere von gleicher oder selbst geringerer Bedeutung. So hätte namentlich die fast immer reizvolleigenartige und zugleich technisch-virtuose Dichtung *Matthías Jochumssons* durch eine gröfsere Anzahl von Proben exemplifiziert werden sollen; allein dieselbe bietet dem Übersetzer viel mehr Schwierigkeiten dar, als z. B. die mit dem deutschen Geiste verwandtere Poesie *Steingrímur Thorsteinssons*. Infolge des erwähnten Umstandes findet sich leider auch *Valdimar Briem* nur in der „Übersicht des Geisteslebens" besprochen, obgleich er als Lyriker alle jüngeren Dichter — mit Ausnahme etwa *Hannes Hafsteinns* — überragt. Im allgemeinen gilt das von mir den isländischen Dichtern gespendete Lob immer zugleich mit Rücksicht auf die besonderen, einer hohen Entwickelung der Dichtkunst so wenig günstigen Verhältnisse ihrer Heimat. Doch finden sich in der isländischen Litteratur immerhin einzelne dichterische Produkte, die als absolut vortrefflich gelten können. Nur die isländische Novellistik möchte ich trotz mehrfacher Anpreisung derselben nun auch von deutscher Seite eher noch niedriger taxieren, als ich es gethan habe; ja, sie scheint mir eher eine Gefahr als ein Gewinn für die isländische Dichtkunst zu sein, da sie bereits die alte rühmliche Verskunst zu überwuchern beginnt und über kurz oder lang in den Hintergrund drängen dürfte.

Die Behandlung des sozusagen jungfräulichen Stoffes war überhaupt durchaus nicht leicht. Eine so gut wie unbekannte und wegen der Sprachschwierigkeiten nur wenigen zugängliche Litteratur in allen Phasen ihrer Entwickelung bei Berücksichtigung der jeweiligen Stadien des Kulturzustandes in ihrer Eigenart und ihren intimen Beziehungen zum Volks- und Landes-Charakter einem gröfseren Publikum vorzuführen, das Land und Volk — und sei es auch nur aus Büchern — so wenig kennt, ist eine überaus mifsliche Sache. Dem Leser ist kein eigenes Urteil und keine Kontrolle ermöglicht; er mufs einer mehr oder minder subjektiven Auffassung und Beurteilung des Autors blinden oder kar keinen Glauben schenken und bekommt doch nur eine mangelhafte Vorstellung von dem wirklichen Charakter dieser Litteratur. Speziell die Lyrik Islands wurzelt tief im Boden des so eigenartigen heimischen Volkstums und erzielt dabei durch glückliche Sprach- und Reim-Behandlung Wirkungen, die auch durch die virtuoseste Übersetzungskunst niemals erreicht werden können.

Diese Umstände mögen denn auch bei einer gerechten Beurteilung meiner bescheidenen Arbeit in Erwägung gezogen werden. Ich bin mir nur zu sehr bewufst, wie wenig ich den von mir angestrebten Zweck erreicht habe — in litterar-historischer und ästhetisch-kritischer Hinsicht sowohl, wie durch die Übersetzungen, die ja zum weitaus gröfsten Teile von mir selbst herrühren. Was namentlich diese letzteren betrifft, so nehme ich, soweit es sich wenigstens um in der Ursprache besonders wirkungsvolle Dichtungen handelt, alle Schuld auf mich, wenn sie den Leser enttäuschen sollten. Viele, ja die meisten Gedichte, welche die verhältnismäfsig schönsten Blüten der neuisländischen Lyrik bilden, konnten aus dem eben erwähnten Grunde überhaupt in deutscher Sprache nicht wiedergegeben werden, und so manche „Probe“ wurde nur darum beigebracht, weil sie der Übersetzung die wenigsten Schwierigkeiten darbot. Hier will ich noch bemerken, dafs ich auch in den im Originale blofs stabreimenden Gedichten den Stabreim nur dort angewendet resp. nicht vermieden habe, wo er sich von selbst oder ganz leicht, d. h. ohne Zwang im Ausdruck, ergeben hat.

Die „Übersicht des Geisteslebens auf Island seit der Reformation“ hat den Zweck, den einzelnen biographisch-kritischen Skizzen als kulturhistorische Folie zu dienen. Sie mufste jedoch aus begreiflichen Gründen im engsten Rahmen und in der knappsten Form gehalten werden. Wiederholungen gewisser Angaben in den Skizzen konnten allerdings nicht vermieden werden. Dafs auch diese letzteren oft nur allzu dürftig geraten sind, fühle ich wohl selbst am meisten; doch wollte ich den Boden des durch meine Quellen verbürgten rein sachlichen Materiales schon aus dem Grunde nicht gern verlassen, weil sich mir das aufserhalb desselben gelegene Terrain der blofsen Vermutungen und Konklusionen gerade auf isländischem Gebiete als völlig unsicher erwiesen hat. Die Isländer mögen daher auch freundschaftliche Nachsicht üben, wenn sie in dem Buche Personen und Dinge nur oberflächlich oder gar nicht besprochen finden, denen sie selbst eine gröfsere Bedeutung beilegen.

Ich war ehrlich bemüht, mein Quellenmaterial möglichst komplett zu gestalten. Die gedruckt erschienenen Werke der poetischen und zum gröfsten Teile auch der übrigen, namentlich der wissenschaftlichen Litteratur der Isländer habe ich mir — soweit dieselben überhaupt noch durch den Buchhandel oder durch meine Verbindungen mit Island aufzutreiben waren — teils schon früher, teils erst zu Zwecken dieser Arbeit verschafft, so dafs ich in der Lage war, meine Angaben und Urteile fast immer aus den

Urquellen selbst zu schöpfen; allein so manche Schrift ist mir doch unzugänglich geblieben. —

Es wäre mir nicht möglich gewesen, die vielen Schwierigkeiten zu überwinden, welche mit der Abfassung dieses Buches verbunden waren, wenn mich nicht einige isländische Freunde und Gönner durch bereitwillige Auskünfte auf mancherlei Fragen unterstützt hätten. Ganz besonders bin ich dem Herrn Oberlehrer an der Lateinschule zu Reykjavik, *Steingrímur Thorsteinsson*, zum Dank verpflichtet, der mir auch bei der Auswahl der Proben beratend zur Seite stand und durch Interlinear-Versionen oft die wegen des Mangels eines Wörterbuchs so beschwerliche und gefährliche Arbeit des Übersetzens erleichterte. So manche Aufklärung verdanke ich ferner *Benedikt Gröndal*, dem früheren Rektor der Lateinschule Dr. *Jón Þorkelsson*, sowie dem Litterarhistoriker Dr. *Jón Þorkelsson* dem Jüngern, auf dessen reichhaltiges Quellenwerk „*Om digtningen i det 15. og 16. århundrede*“ ich aufserdem in der Darstellung der Litteratur dieser bisher so dunkel gewesenen Jahrhunderte so gut wie ausschliefslich angewiesen war.

Als ein grofser Nachteil für das Buch wird es sich wohl erweisen, dafs ich der Mithilfe eines fachmännischen Isländers bei der Lesung der Korrekturabzüge entbehren mufste, zumal ich selbst, Tag für Tag bis aufs äufserste von meinen amtlichen Geschäften in Anspruch genommen, nur in den Abend- und Nachtstunden ermüdeten Geistes und bei geschwächter Sehkraft mich neben anderen dringenden Korrekturarbeiten dieser überaus anstrengenden Beschäftigung widmen konnte. Inkonsequenzen und Druckfehler in isländischen Namen und Wörtern sowie Versehen, die in den Nachträgen berichtigt wurden) oder auch nicht) sind auf Rechnung der erwähnten Umstände zu setzen. Nicht viel besser wäre übrigens auch die Korrektur des deutschen Textes ausgefallen, hätten mir nicht der bekannte Indologe Dr. Wilhelm Cartellieri und die hochgebildete Schriftstellerin Anna Werchota ihre freundschaftliche Unterstützung angedeihen lassen, für die ich beiden hiermit meinen besten Dank ausspreche.

Nicht genug zu rühmen ist die Noblesse und Opferwilligkeit des Herrn Verlegers Georg Heinrich Meyer, der dem von keiner Seite subventionierten, während des Druckes weit über den anfänglich berechneten Umfang hinausgewachsenen Werke eine so gediegene und elegante Ausstattung gab und auch sonst alle erdenkliche Fürsorge zu teil werden liefs, wie sie ein Autor sich nur wünschen kann. Die Buchdruckerei von C. H. Schulze & Co. in Gräfenhainichen verdient ebenfalls alles Lob für die spielende Bewältigung des schwierigen Satzes dieses ihr durch die zahlreichen nachträglichen Korrekturen und Einschübe zum „Schmerzenskind“ gewordenen Buches.

Zum Schlusse möchte ich den unternehmungslustigeren Teil meiner geneigten Leser doch dazu ermuntern, sich mit der isländischen Poesie in der Ursprache bekannt zu machen. Eine im ganzen sehr gut getroffene Auswahl aus der poetischen und prosaischen Litteratur des neunzehnten Jahrhunderts bietet *Bogi Th. Melsteðs* Buch: *Sýnisbók íslenzkra bókmennta á 19. öld* (Kopenhagen, 1891), das zu diesem Zwecke bestens empfohlen werden kann.

Wien, Mitte September 1897.

J. C. Poestion.

Inhalt.

Einleitung.

Hoch oben im Norden, zwischen Grönland und Norwegen, schon mehr zu Amerika als zu Europa gehörig, liegt es, das mächtige, ewig umbrandete Eiland — weltabgeschieden, weltvergessen. Nackt und kahl oder mit dem „Grablinnen ewigen Schnees“ bedeckt, ragen seine Strandgebirge aus den dort stets bewegten Fluten des Atlantischen und Arktischen Oceans — bald in der schauerlichen Erhabenheit fast senkrecht aufstarrender geschlossener Massen, bald wild zerrissen und zerklüftet, zerstörten Felsenburgen ähnlich. Das Innere des Landes, das diese Berggiganten dräuend bewachen, besteht zumeist aus Sand- und Lavawüsten, Steinfeldern, Schnee- und Eismassen und ist durchquert von hohen, den Süden vom Norden der Insel fast ganz absperrenden Gletscherbergen. Seltsame, oft schauerlich-prächtige, oft auch spukhaft-unheimliche Naturerscheinungen künden von dem Walten menschenfeindlicher Mächte. Weder Felder noch Wälder giebt es in diesem Lande, nur Wiesen, Weiden und Moore. Wenig mehr als die Hälfte der Insel ist überhaupt für den Menschen bewohnbar. Die Schrecken und feindlichen Winke der Natur scheinen jede menschliche Ansiedlung auf diesem Spielplatze wilder Elemente abwehren zu wollen . . .

Dennoch ist auch dieses Land besiedelt worden. Die grünen und blumigen Matten einzelner Thäler, ausgedehnte Hochweiden, besonders aber der Fischreichtum der vielen Flüsse und Seen sowie des Meeres drängten die Scheu zurück vor dem Kampfe mit einer feindlichen Natur. N o r w e g e r waren es zumeist, welche in der zweiten Hälfte des neunten Jahrhunderts nach dieser Insel auswanderten, und zwar gerade die vornehmsten und stolzesten Familien — darunter auch manche von königlichem Geblüt —, die sich der Alleinherrschaft Haralds des Schönhaarigen nicht unterwerfen wollten und ein Leben in rauhem und unwirtlichem Lande dem Zustande der Unfreiheit vorzogen. Auf ihren „Drachen“ kamen sie angesegelt, die Hochsitzpfosten der alten Heimat an Bord, mit Familie und Sippe. Sie trafen auf der Insel keine anderen menschlichen Bewohner an, als hie und da einige irische Mönche, Eremiten, welche sich scheu vor den heidnischen Einwanderern und deren Göttern zurückzogen und verschwanden.

In sechzig Jahren waren die bewohnbaren Teile des Landes von ungefähr 25000 Menschen besiedelt, und über ein Jahrhundert lang lebte die neue Bevölkerung noch im alten, aus dem Mutterlande mitgebrachten Heidentume. Tempelgemeinden waren denn auch die erste Form der isländischen Staatsverfassung, indem sich an den Erbauer oder Besitzer eines Göttertempels oder Opferhauses, der dann auch der Priester (*goði*) desselben war, seine Verwandten und sonstigen Angehörigen, sowie Freunde und andere Leute der Umgebung anschlossen und ihn nicht nur als ihren religiösen Vorsteher, sondern auch als weltlichen „Häuptling" oder „Übermann" der so gebildeten Gemeinde anerkannten. Auf dieser Grundlage entstand dann ein Freistaat, der sich nicht nur durch seine trefflichen Einrichtungen auszeichnete, sondern auch — was das Merkwürdigste ist und die nordgermanische Tüchtigkeit in glänzendstem Lichte erscheinen läfst — wirtschaftlich zu einer Blüte gelangte, die man in diesem Lande für ganz unmöglich gehalten hätte. Was die Natur versagte, wurde aus der Ferne geholt. Isländische Schiffer besegelten die Meere, um Handel zu treiben, und brachten heim, was das Ausland an Luxus und feineren Genufsmitteln erzeugte. Von dem Wohlstand der Bevölkerung zeugt auch die rasche Zunahme derselben, indem sie bereits zu Beginn des zwölften Jahrhunderts über 50000 Köpfe zählte. Und was für grimme Recken die Isländer waren — meist von hünenhaftem Körperbau und schier übermenschlicher Kraft und Ausdauer, voll Ungestüm und Machtbegier, Kühnheit und Kampfeslust, Schmerz- und Todesverachtung, ebenso verwegene Vikinger wie kaltblütige „Holmgänger" kurz: heldenmütig Mann wie Weib.

Island übernahm aber auch gar bald die geistige Führung in den skandinavischen Landen. Während in der alten Heimat, aus der die Besiedler der Insel aufser ihrem Götterglauben auch die alten Sagen und Lieder sowie die gefeierte Kunst des Bragi mitgenommen hatten, die Dichtkunst mit dem Ende des zehnten Jahrhunderts so gut wie erlosch, fand dieselbe auf Island noch Jahrhunderte lang die sorgsamste Pflege, ja sie gelangte erst hier zu ihrer vollsten Blüte. Isländische „Skalden" waren es fast ausnahmslos, welche die Höfe der nordischen Herrscher und Fürsten besuchten, um daselbst Proben ihrer Kunst zu geben und reichlichen Dichterlohn einzuheimsen. Auf Island wurde nach der Einführung des lateinischen Alphabets durch das Christentum — dieses selbst ward im Jahre 1000 von dem ganzen Lande angenommen — auch eine reiche und klassische Prosalitteratur geschaffen, ja die Insel ward sogar zu einer Hochburg der Gelehrsamkeit, einem „nordischen Alexandrien."

Dichtkunst und Wissenschaft wie auch der Aufschwung der wirtschaftlichen Verhältnisse, des Handels und Verkehrs nach aufsen hatten aber noch nicht lange ihren Höhepunkt erreicht, als infolge innerer Fehden sowie häufiger Zerwürfnisse der weltlichen Macht mit der Kirche Islands das Ende des Freistaates herbeigeführt wurde. Im Jahre 1264 kam Island unter die Herrschaft Norwegens und mit diesem Lande 1351 an Dänemark, bei dem es auch nach der Abtrennung Norwegens im Jahre 1814 verblieb. Seit dem Verluste seiner politischen Selbständigkeit ging es mit Island immer mehr zurück, teils wegen der fortdauernden inneren Streitigkeiten, teils durch eine Reihe verheerender Elementarereignisse, von denen das Land jetzt immer häufiger heimgesucht wurde. Es war, als ob die Naturkräfte nun nicht länger mehr die unerschrockenen Eindringlinge hier dulden wollten. Eis und Feuer insbesondere begannen von jetzt an abwechselnd das Land zu verwüsten, indem bald das Meereis, die nördliche Hälfte der Insel belagernd und von dem Verkehr mit der Aufsenwelt abschliefsend, Mifs- und Hungerjahre erzeugte, bald vulkanische Ausbrüche und Erdbrände die Ansiedlungen auf weite Strecken hin vernichteten. Dazu kamen noch häufige verheerende Epidemieen und Viehseuchen, welche Menschen und Haustiere zu vielen Tausenden hinwegrafften, sowie verkehrte handelspolitische Mafsnahmen der dänischen Regierung, die das Volk völlig dem wirtschaftlichen Ruine zuführten. Im Jahre 1703 betrug die Bevölkerungsziffer 50444; dieselbe verminderte sich bis zum Jahre 1769 auf 46201 und sank bis 1786 hauptsächlich infolge des zuletzt angeführten Grundes, sowie der schrecklichen vulkanischen Ausbrüche in den Jahren 1783 und 1784 auf 38142 herab. In den nächsten 15 Jahren erholte sich dieselbe dann wieder um 9098 (1801: 47240). Doch erst nach der vollständigen Freigebung des Handels besserten sich die ökonomischen Verhältnisse Islands in erheblicherer Weise, und 1850 betrug die Bevölkerungsziffer schon 59000, die sich bis 1880 auf 72445 steigerte. Im Jahre 1874 erhielt Island auch wieder eine freiere Verfassung, und alle Dinge schienen somit eine glückliche Wendung zum Wohle des Volkes zu nehmen. Allein in den letzten Dezennien hat sich die wirtschaftliche Lage abermals und trotz aller Gegenbemühungen der Bewohner arg verschlechtert, denn das Polareis hielt wieder häufiger den Norden und Osten der Insel bis tief in den Sommer hinein blockiert, wodurch regelmäfsig Mangel an Nahrungsmitteln, grofser Verlust an Schafen, Ruin vieler Wirtschaften und oft auch Hungersnot herbeigeführt wurden. Es hat sich daher eines grofsen Teiles der Bevölkerung ein Mifsmut bemächtigt, der gar manche Familie zum Verlassen der Heimat, zur Auswanderung nach Amerika trieb. Die Bewohnerzahl Islands sank hauptsächlich aus diesem Grunde bis zum Jahre 1890 wieder auf 70927 herab. Und während wir diese Zeilen schreiben, bringen isländische Zeitungen die Kunde von einem heftigen Erdbeben im südlichen Teile der Insel, das über 150 Gehöfte vernichtete und überhaupt in seinen unheilvollen Wirkungen an die schrecklichen Ereignisse der Jahre 1783 und 1784 erinnert. Es scheint, als ob wirklich das wackere und ruhmreiche Inselvolk über kurz oder lang im Kampfe mit den Naturkräften unterliegen müfste ...

Eine natürliche Folge dieses steten Niederganges der Insel, der jahrhundertelangen wirtschaftlichen und politischen Unterdrückung ihrer Bewohner war eine allmähliche Erschlaffung und Verminderung sowohl der physischen Kräfte wie der starken psychischen Potenzen des Volkes, die dessen Vorfahren ausgezeichnet haben. Der Isländer der Neuzeit ist „fein konstituiert, nervös; er ist zartfühlend, empfindlich;“ er verabscheut den Krieg. Es fehlt ihm „die Stofskraft, das energische Zugreifen, die rührige Betriebsamkeit,“ was — eben zum gröfsten Schaden des Volkswohles — auch an dem Mangel an Rührigkeit und Unternehmungsgeist in wirtschaftlicher Hinsicht sich zeigt. — So schwer nun aber die Isländer vom Schicksale heimgesucht und niedergedrückt wurden; so augenfällig der Wandel ist, der sich in ihren ökonomischen und politischen Verhältnissen wie im Volkscharakter vollzogen hat, und so tief auch die allgemeine Bildung des Volkes in den traurigen Zeiten des Elends gesunken war: an Beweglichkeit des Geistes haben sie nichts eingebüfst, und sie sind auch dasselbe Dichter- und Litteratenvolk geblieben, als welches ihre Vorfahren aus der alten Zeit eine so eminente Rolle spielten. Es haben eben, wie Prof. A. Heusler, ein guter Kenner dieses Volkes, der erst kürzlich zum Studium desselben auf Island weilte, sehr treffend bemerkt, nur „die derberen Kräfte gelitten, mit denen auf der kargen Insel der Kampf um die leibliche Existenz und Wohlfahrt geführt werden mufs. Der Adel der Seele, die Feinheit und Lebendigkeit der geistigen Anlage wuchsen und erstarkten in den schweren Jahren der Not, um in den heutigen freieren Zeiten in schöner Blüte sich zu entfalten.“ Das Litteratentum der Isländer erscheint dabei keineswegs als etwas Gekünsteltes, Unnatürliches, Gesuchtes oder als eine blofse Spielerei. Die litterarische Beschäftigung ist diesem Volke, wenn irgend einem, inneres Bedürfnis; das ganze Volk lebt in seiner Litteratur, und die Eigenart desselben, seine Stellung in der Welt ruht auf diesem Boden.[1])

Dieser typische Zug im Volkscharakter unserer hyperboräischen Stammesbrüder ist so merkwürdig und sympathisch und tritt auch im ganzen Volksleben der Isländer so auffallend zu Tage, dafs wir glauben, denselben auch in seinen allgemeineren Erscheinungen etwas ausführlicher besprechen zu sollen. Dabei mufs freilich etwas weiter ausgegriffen und nicht nur der Dichtlust der Isländer, sondern überhaupt ihrer Vorliebe für litterarische und geistige Beschäftigung, wie sie sich auch in der Unterhaltung und sonstigem Zeitvertreib zeigt, eingehender gedacht werden. Es ist jedoch zu bemerken, dafs gleich anderen alten Sitten auch so

---

[1]) A. Heusler in der Deutschen Rundschau, 22. Jahrg. (1896), S. 398, 399 u. 409.

mancher von diesen litterarischen Bräuchen — wie wir sie nennen möchten — in der Abnahme begriffen ist und überhaupt vom Anfang an nicht in allen Gegenden des Landes in ganz gleichem Maſse geübt wurde.

Der litterarische Sinn der Isländer zeigt sich also schon in mancherlei sehr beliebten, meist abendlichen Unterhaltungen im häuslichen Kreise des Bauernhofes, die ja allerdings z. T. auch ihre natürlichen Ursachen haben. Die langen Abende des Winterhalbjahres zwingen die Isländer zu einer unfreiwilligen Muſse im Haus, da bei der weiten Entfernung der einzelnen Gehöfte von einander und der Unbenützbarkeit der Wege ein Verkehr mit anderen Familien oder Leuten fast ausgeschlossen ist. Die Zeiten, wo die Saga-Erzähler (*sagnamenn*) von ihnen selbst verfertigte volkstümliche Berichte über die Thaten der Vorfahren sowie der lebenden Geschlechter vortrugen, oder Hausgenossen und Verwandte, von verwegenen Sommerfahrten und weiten Auslandreisen zurückgekehrt, den mit fieberhafter Aufmerksamkeit lauschenden Zuhörern von ihren Abenteuern und Kriegsthaten oder Erlebnissen an den nordischen Fürstenhöfen, wenn nicht gar am Kaiserhofe der „groſsen Burg" (Konstantinopel) erzählten; wo noch die Verhandlungen bei den verschiedenen Thingversammlungen und sonstige Angelegenheiten des freien Staates besprochen wurden, oder eine kühne Aktion der Blutrache in den Geschlechtsfehden u. dgl. zu berichten oder zu verabreden war — diese glücklichen Zeiten sind für Island längst und für immer dahin. Seitdem aber boten die wirtschaftlichen, politischen und sozialen Verhältnisse des Landes wenig erfreulichen oder erhebenden Gesprächsstoff zur Unterhaltung im häuslichen Kreise. Da suchten und fanden denn die Isländer Zerstreuung zunächst in ihren langen, z. T. einheimische, zumeist aber fremde romantische und möglichst abenteuerliche Stoffe behandelnden Reimdichtungen, in Tanzliedern u. dgl. und später auch an ernsterem litterarischen Zeitvertreib. Namentlich seitdem im siebzehnten Jahrhundert die alten Pergamente entdeckt und in Abschriften verbreitet worden waren, versenkten sie sich gern in diese Litteraturprodukte, besonders in die Sagas, die ihnen so ausführlich und lebendig von dem Ruhme ihrer Ahnen berichteten, wie sie denn überhaupt, seitdem ihnen ihre groſse Vergangenheit erschlossen wurde, mit ganzer Seele an allem hängen, was aus ihrer Ruhmeszeit stammt oder mit derselben noch in irgend einer Verbindung steht.

Eine sehr beliebte, ja fast tägliche Unterhaltung in der ruhigen Winterzeit ist also, wie gesagt, die Beschäftigung mit den Sagas: Das Saga-Lesen (*söguléstur*) beziehungsweise Anhören der Vorlesung oder auch Erzählung (*sögusögn*) alter Sagas (*sögur*) sowie anderer alter Geschichten, Sagen u. dgl. Es ist hierbei zu bemerken, daſs sich die Sprache dieser alten Litteraturprodukte bis auf den heutigen Tag fast unverändert erhalten hat, so daſs selbst jeder nicht besonders gebildete Isländer imstande ist, dieselben ohne große Schwierigkeit zu lesen und zu verstehen. Dies gilt jedoch nur von der Prosa; die alte so häufig in die Sagas eingeflochtene Skaldenpoesie mit ihrem z. T. besondern Wortschatz und den gekünstelten dichterischen Umschreibungen einfacher Begriffe wird auch von dem Isländer nur mit Kommentar verstanden. Ein isländischer Schriftsteller beschreibt eine solche Abendunterhaltung genauer: „In der Mitte der Wohnstube, nahe bei einer Öllampe, sitzt der Vorleser, mit gedämpfter aber vernehmlicher Stimme die alte Urkunde von den Großthaten der Väter rezitierend, und verhaltenen Atems lauscht ihm sein mit Spinnen und Stricken beschäftigtes Auditorium; nur bisweilen wird ein Lachen oder ein Seufzer oder eine eingestreute Bemerkung hörbar, je nachdem die Saga eine spaßhafte oder tragische oder rührende Wendung nimmt. Besonders die weibliche Zuhörerschaft vermag ihre Gefühle nicht zurück zu halten, sondern unterbricht den Vorleser häufig durch Ausrufe, welche der Lösung irgend einer spannenden Scene ungeduldig voranseilen. Es ist erstaunlich, wenn man sieht, wie Frauen oft sogar eine tüchtige Kenntnis der vaterländischen Geschichte aus dem Anhören dieser Vorlesungen davontragen. Statt der Sagas bilden abwechselnd auch Dichtungen anderer Nationen den Gegenstand der Lektüre und finden gleichfalls eifrige Zuhörer. Während der Dämmerstunde aber pflegen altüberlieferte Legenden und Märchen meist übernatürlichen, phantastischen und gruseligen Inhalts erzählt zu werden, die ihre Beliebtheit, wie es scheint, eben dem Reiz des mündlichen Vortrages und der empfänglichen Zwielichtstimmung zu verdanken haben; denn eine gedruckte, sehr verdienstvolle Sammlung isländischer Volkssagen und Märchen, von Jón Árnason vor einigen Jahren (1862—1864) herausgegeben, fand auffallend geringe Teilnahme von seiten des Volkes“.[1]) Die zuletzt erwähnten Erzählungen, welche frei aus dem Gedächtnisse und gewöhnlich von den alten Frauen vorgetragen wurden, waren noch um die Mitte unseres Jahrhunderts hauptsächlich Elben- und Gespenster-Geschichten (*huldufólks-* und *draugasögur*), sowie alte Märchen.[2]) Das Sagalesen ist übrigens nicht ausschließlich ein häusliches Vergnügen und auf die Winterabende beschränkt; auch der Hirte pflegt auf seinen einsamen Gebirgswanderungen seine Sagas mit sich herumzutragen, um sich mit der Lektüre derselben die Zeit zu vertreiben. Von der großen Beliebtheit der Sagas als Unterhaltungslektüre giebt u. a. der Umstand Zeugnis, daß, als die Kopenhagener „Gesellschaft für altnordische Litteratur“ eine

---

[1]) Vgl. den Aufsatz: Island und die Isländer (von *Eiríkur Magnússon*) in: Unsere Zeit, 1872, S. 602. Vgl. für die Gegenwart auch *Briet Bjarnhjeðinsdóttir's Sveitalífið og Reykjavíkrlífið. Fyrirlestr* (Reykjavík, 1894), S. 16. — [2]) Vgl. den Aufsatz *Fyrir 40 árum síðan* von *Þorkell Bjarnason* in *Tímarit hins íslenzka bókmenntafjelags*, 13. Jahrg. 1892, S. 226.

Subskription auf die *„Fornmanna sögur“* (1825—1837, 12 Bände) und *„Fornaldar sögur Norðrlanda“* (1829—1830, 3 Bände) einleitete, von den 966 Subskribenten auf die ersteren 779 Isländer und davon 600 ungebildete Personen, wie Bauern, Fischer, Knechte und Mägde, von den 257 Subskribenten auf die letzteren aber 154 Isländer, worunter 98 ungebildete, waren. Mit Recht bemerkt Weinhold,[1]) dafs wir nicht entfernt bei den vermöglichen und gebildeten Bewohnern irgend eines anderen Landes eine entsprechende Erscheinung zu nennen wüfsten. Als „rührenden Beweis“ dafür, wie teuer das Lesen und Hören der alten Geschichten den Isländern immer war, führt auch schon Weinhold die Thatsache an, dafs sie bis in die letzten Jahrhunderte die Feier- und Fasttage dadurch für besonders ernst und für Zeiten der Enthaltsamkeit von weltlichem Genufs bezeichneten, dafs sie an ihnen keine Sagas lasen. Die Quelle, aus welcher Weinhold seine Angaben geschöpft — Olafsens „Reise durch Island“ (deutsche Ausgabe, 1774—1775) — bemerkt jedoch an einem anderen Orte auch, dafs „das Historienlesen in Island im letzten Jahrhundert sehr abgekommen sei,“ und vermutet die Ursache hiervon darin, dafs „die Vornehmen“ bei weitem nicht mehr dieselbe Lust daran fänden wie zuvor.[2]) Doch sind noch in der Mitte unseres Jahrhunderts die alten Sagas, besonders diejenigen, welche von den norwegischen Königen handeln *(Noregskonunga sögur)*, sowie einige Isländergeschichten *(Islendinga sögur)* im Winter sehr häufig gelesen worden.[3]) In einem Artikel des Journales *„Norðanfari“* (von 1882) wird dann wieder geklagt, dafs s e i t 1880 viel seltener Sagas gelesen werden als früher. Dem gegenüber bemerkt aber der fleifsige isländische Folklorist *Ólafur Daviðsson* in seinem Buche über isländische Volksbelustigungen, dafs, wenn dies richtig sein sollte, die Sagas früher ganz aufserordentlich viel müssen gelesen worden sein, „da sie ja auch heutzutage noch sehr viel gelesen werden, so viel ich weifs und auch erfahren habe; auch gilt das Sagalesen noch immer als das Hauptvergnügen in den meisten Distrikten des Landes.“[4]) Für eine fleifsige Lektüre der Sagas spricht auch der Umstand, dafs auf Island selbst noch immer neue Ausgaben derselben für das Volk veranstaltet werden und Absatz finden. Ferner schreibt Prof. Konrad Maurer (Juni 1894): „Die Freude an den *Sögur* und die lebhafte Beschäftigung mit ihnen hat sich auf Island von der ältesten Zeit ab bis in die Gegenwart herunter in allen Kreisen des Volkes erhalten. Nach wie vor werden die älteren Sagen fleifsig gelesen und, soweit sie nicht etwa in leicht zugänglichen Drucken vorliegen, auch ab-

---

[1]) Altnordisches Leben S. 357 ff. — [2]) *Reise igjennem Island*. S. 47—48; deutsche Ausgabe, I Bd. S. 25. — [3]) Vgl. den Aufsatz *Fyrir 40 árum síðan* von *Þorkell Bjarnason* a. a. O. S. 225. — [4]) *Islenzkar skemtanir safnað hefir Olafur Daviðsson* (Kaupmannahöfn 1888—1892), S. 206.

geschrieben.“[1]) *Pálmi Pálsson* äufserte sich in einem Schreiben vom 10. Juli 1896: „Das Sagalesen ist, soweit mir bekannt und wenigstens auf dem Lande, nicht in Abnahme begriffen; die Leute haben vielmehr jetzt weit bessere Gelegenheit sich die Sagas zu verschaffen, als jemals zuvor, nachdem sie in wohlfeilen Handausgaben für das lesende Publikum zugänglich gemacht worden sind.“ Prof. A. Heusler endlich berichtete über das Sagalesen und die Lektüre der Isländer überhaupt nach den Erfahrungen während seiner Bereisung Islands in der „Deutschen Rundschau“ vom Jahre 1896, S. 407—408: „Ob das Sagalesen in den letzten Jahrzehnten abgenommen habe, darüber sind die Meinungen geteilt. Ein älterer Mann aus dem Nordwesten sagte mir, in seiner Jugend hätte man an den Winterabenden regelmäfsig auf jedem Hofe Sagas gelesen; die Ausgaben waren noch teuer: der eine Hof borgte das Exemplar dem anderen, so dafs ein Buch durch das ganze Kirchspiel die Runde machte; heutzutage geschehe den Sagas einiger Abbruch durch die Zeitschriften (mit lehrhaftem Inhalte, über Landwirtschaft, vaterländische und fremde Geschichte und Geographie) und durch die politischen Wochenblätter. Ein anderer meinte, der Schaden des Sagalesens sei gröfser als der Nutzen: Die Bauern sträubten sich mit Berufung auf die alte Zeit gegen praktische Neuerungen. Er bedauerte, dafs die modernen isländischen Novellen, deren erzieherischer Wert gröfser wäre, so wenige Leser fänden; aber mehrere Bauern hätten ihm erwidert, sie hätten keinen Geschmack an diesen Dingen, die ein Einzelner erfunden habe. — Von besonderen Litteraturfreunden wird gesagt, dafs sie die ganze Reihe der Isländergeschichten in jedem Winter neu durchlesen. Die eine Saga, die grofsartigste von allen, die *Njála*, ist das gelesenste Buch auf der Insel und nimmt eine Stellung ein, wie sie kaum in einem zweiten Lande der Welt einem litterarischen Werke zufällt. Im übrigen ist, soviel ich beobachten konnte, von den drei Dutzend Isländersagas nur eine kleine Auswahl allgemein bekannt. Jede Saga spielt in einem bestimmten Bezirk, in dieser Gegend pflegt sie dann als die Heldenchronik des Gaues bis ins einzelne gekannt zu sein, — eine Tagereise weiter weifs der Bauer vielleicht nur noch ihren Namen . . . Die Eddalieder fand ich im allgemeinen recht wenig bekannt; nur Anspielungen auf das grofse Sprichwörtergedicht fanden Entgegenkommen, vermutlich doch, weil diese Gnomen unabhängig von litterarischer Überlieferung am Leben sind. Nächst den Isländergeschichten sind die neueren Lyriker das Gemeingut und der Stolz des Inselbewohners.“ Jedenfalls läfst sich nicht leugnen, dafs die Lektüre der Sagas jetzt nicht mehr so häufig ist,[2]) und die Leselust der

---

[1]) *Die Huldar, Saga* (München, 1894) S. 98. — [2]) Vgl. auch *Bjarni Jónsson, Sveitalífið á Íslandi. Fyrirlestur* (*Reykjavík* 1893) S. 12.

Isländer immer mehr durch die Lektüre der Zeitungen und moderner Schriften in Anspruch genommen wird, die an sich wieder den Sinn und das Interesse des Volkes mehr auf die Gegenwart und auf praktische Ziele lenken. Auch ist der Einfluſs nicht zu unterschätzen, den seit einer Reihe von Jahren schon die zahlreichen Auswanderungen nach Amerika mit ihren teils störenden, teils anregenden Erscheinungen und den damit in Verbindung stehenden modernen Einwirkungen aus dem „Westen“ in der gedachten Hinsicht ausüben. — Bezeichnend für die Leselust (*lestrarfýsn*) der Isländer im allgemeinen ist auch der Umstand, daſs Island auſser der sehr ansehnlichen Büchersammlung der Lateinschule fünf öffentliche Bibliotheken besitzt, nämlich die Landesbibliothek zu *Reykjavík*, dann je eine zu *Akureyri*, *Stykkishólmur*, *Isafjörður* und *Seyðisfjörður* (vgl. unten). Die Anzahl der aus der Landesbibliothek entlehnten Bände betrug in den letzten fünf Jahren ca. 24600, und zwei Drittel der Entlehner waren ungebildete Leute (Bauern, Fischer, Taglöhner u. dgl.). Auch giebt es nicht wenige Lesevereine (*lestrarfjelög*) in den Bezirken, von denen mehrere ihre besonderen kleinen Bibliotheken besitzen. Am meisten ist die Leselust, von allen Kaufstädten abgesehen, im Nordlande, besonders in den *Þingeyjarsýslur* zu finden, wo die Bevölkerung überhaupt viel aufgeweckter, feiner und gebildeter ist als in den meisten anderen Landbezirken Islands.[1]) Das Vorlesen im häuslichen Kreise — sei es nun der Sagas oder anderer Werke, Zeitungsartikel u. dgl. — hat in der letzteren Zeit entschieden abgenommen. Jeder liest jetzt am liebsten für sich selber.[2]) — Dieser Leselust wie der Vorliebe des Isländers für das Politisieren verdanken auch die verhältnismäſsig zahlreichen Zeitungen ihre Existenz, die gegenwärtig auf Island erscheinen. In *Reykjavík* allein, das ca. 4000 Einwohner zählt, von denen etwa 500 den „besseren Ständen“ angehören, wurden im Jahre 1896 nicht weniger als neun Zeitungen (*Isafold*, *Þjóðólfr*, *Dagskrá*, *Reykvíkingur*, *Fjallkonan*, *Kvennablaðið*, *Kirkjublaðið*, *Verði ljós* und *Heröpið*) herausgegeben. Dazu kommen noch die je besonders für das West-, Ost- und Nordviertel der Insel erscheinenden Zeitungen sowie einige andere (vgl. unten). In einigen Distrikten (*sveitir*) des Nordlandes hat man auch geschriebene Zeitungen (*sveitablöð*), Wochen-, Halbmonats- und Monatsblätter, die von den dazu geeignetsten Personen herausgegeben werden und geradeso wie die gedruckten Zeitungen über alles Mögliche handeln, in erster Linie über die Gemeindeangelegenheiten, dann auch über Politik, Bildungswesen, Dichtkunst, Glaubensfragen u. s. w.[3])

Viel älter und ebenso beliebt wie das Sagalesen war und ist zum Teile noch das Rezitieren, beziehungsweise Anhören

[1]) *Bríet Bjarnhjeðinsdóttir*, a. a. O. S. 17. — [2]) *Tímarit hins ísl. bókmenntafjelags*, 1894, S. 231. — [3]) *Bríet Bjarnhjeðinsdóttir* a. a. O. S. 16—17.

und später auch Lesen von sogenannten „*Rímur*“. Diese Rímur sind eine Art epischer, in einzelne vielstrophige Gesänge *(ríma)* zerfallender Dichtungen, welche Stoffe aus Sagas, aus Ritterromanen oder Märchen behandeln und sich in den künstlichsten Reimen und Fügungen bewegen (vgl. Ausführliches über die Rímur unten). Beim Vortrage nun werden die Rímur, beziehentlich die einzelnen Strophen derselben, nach eigentümlichen, ziemlich monoton klingenden Melodieen *(rímnalög)* gesungen, was man „*að kveða*“ nennt. Das Absingen von Rímur geschieht entweder von einer Person allein oder abwechselnd von mehreren, u. zw. in der späteren Abendstunde, wenn das Licht brennt und die übrigen Hausgenossen mit Arbeiten beschäftigt sind. Leute, welche viele Rímur auswendig wissen und auch einen reichen Vorrat an Melodieen besitzen, um immer neue anstimmen zu können, erfreuen sich des gröſsten Ansehens beim Volke und besonderer Beliebtheit bei dem weiblichen Geschlechte. Seit dem fünfzehnten Jahrhundert hat es auch immer einzelne Personen gegeben, welche aus dem Vortrage von Rímur ein Geschäft machten, indem sie, den alten Rhapsoden gleich, von Hof zu Hof wanderten, und für ihren Gesang, der sich übrigens nicht allein auf Rímur beschränkt haben wird, nicht nur überall gastfreundliche Aufnahme und den leiblichen Unterhalt fanden, sondern nicht selten auch Geld erhielten. Es sind noch Nachrichten über herumziehende Rímur-Sänger *(kvæðamenn)* aus früheren Jahrhunderten überliefert, die als solche auch schon in Verbindung mit ihren Namen (z. B. *Kvæða-Tobbi*, d. h. der Rímursänger *T.*, *Kvæða-Anna* u. s. w.) bezeichnet sind.[1]) Um die Mitte dieses Jahrhunderts noch standen solche Rímur-Rezitationen in vollster Blüte, und wurden ganz besonders die *Núma-Rímur*, *Svoldar-Rímur*, *Úlfars-Rímur Þórðar-Rímur*, *Þorsteins-Rímur* neben unzähligen anderen gern gehört.[2]) — Auſser den Rímur wurden während der abendlichen Dämmerungszeit auch immer gern, und ebenfalls zumeist von Frauen, alte oder neuere Volkslieder *(kvæði)* und sogenannte Reihengedichte *(þulur)* rezitiert, und um die Mitte dieses Jahrhunderts waren z. B. das (aus dem achtzehnten Jahrhundert stammende) *Veroniku-kvæði* und das *Sjósona-kvæði* noch sehr beliebt.[3])

Im allgemeinen ist nun freilich wie für die Sagas so auch für die Rímur und alten Gedichte eine Abnahme des Interesses im Volke unverkennbar, und sie stehen unzweifelhaft im Begriffe, langsam aus dem Volksleben zu verschwinden. Es trägt hierzu auſser den schon oben in Hinsicht auf die Abnahme des Sagalesens erwähnten modernen Einwirkungen hauptsächlich die jetzt

[1]) Vgl. *Jón Þorkelsson*, *Om digtningen på Island i det 15. og 16. Århundrede* (*Kobenhaven*, 1888) S. 120, und *Olafur Davíðsson*, *Islenzkar skemtanir*, S. 206—223, wo sich auch eine Anzahl von „*rímnalög*“ in Notenschrift mitgeteilt findet. — [2]) Vgl. *Fyrir 40 árum* von *Þorkell Bjarnason* a. a. O. S. 225—226. — [3]) Vgl. *Þorkell Bjarnason* a. a. O., S. 226.

sich immer mehr verbreitende Pflege des Kunstgesanges, besonders des früher so sehr vernachlässigten kirchlichen, bei. Dieser ist in der letzteren Zeit durch den Organisten *Jónas Helgason* so mächtig gefördert worden, dafs nun beinahe jede Kirche ein Harmonium besitzt, welches von einem Schüler oder einer Schülerin des *Jónas* gespielt wird. Durch die vielen Gesangshefte, die in den letzten Dezennien, ebenfalls zumeist von *Jónas Helgason*, auf Island herausgegeben wurden, sowie durch den immer häufiger werdenden Gesangsunterricht in den verschiedenen Gesellschaftskreisen wird dabei auch der weltliche Gesang immer fleifsiger gepflegt, wodurch natürlich die Rímur zunächst in Bezug auf ihre musikalische Seite herabgedrückt werden, indem man an vielen Orten schon der neueren Lyrik mit den sie begleitenden Melodieen den Vorzug giebt.

Eine weitere litterarische Unterhaltung der Isländer an den Winterabenden und besonders während der Dämmerungszeit — aber auch sonst zum Zeitvertreib — besteht in einer Art Sangeswettkampf (*kveðskaparkapp*). Durch das häufige Vorlesen, Vortragen und Anhören der Rímur wie auch anderer Gedichte, Lieder, poetischer Improvisationen u. dgl. weifs fast jeder Isländer eine Unzahl von Strophen aller Art auswendig. Bei dem in Rede stehenden Spiele handelt sich's nun darum zu zeigen, wer von zwei Personen mehr Strophen auswendig weifs oder dieselben geschickter und schlagfertiger anzuwenden versteht. Es giebt nämlich zwei Arten dieses Wettkampfes: den sogenannten *Sópur* oder *Vísnasópur* (d. h. Besen oder Strophenbesen) und die sogenannte *Skandjering* (d. h. Verse-Hersagen); für beide aber wird ein und derselbe Ausdruck „*að kveðast á*", d. h. einander ansingen, gebraucht. Eine ganz ähnliche Unterhaltung mit solchen Wechselgesängen ist übrigens auch in Norwegen nicht unbekannt, ja in manchen Gegenden (hauptsächlich Sätersdalen und Telemarken) noch gang und gäbe. Diese Gesänge, wie auch die Einzelstrophen heifsen hier „*Stev*", und Wettdichten (mit improvisierten oder für improvisiert geltenden Versen disputieren oder spielen) nennt man „*stevjast*".[1])

Der *Sópur* nun besteht darin, dafs zunächst die eine von zwei Personen, die sich zum Spiel geeinigt, die andere mit einer Strophe zum Wettkampf auffordert und zwar gern mit den Versen:

Ich lad' zum Liederkampf dich ein,
Wenn du dich traust, mein Lieber;
Lafs hören all die Lieder dein,
Währt's auch den Winter über!

---

[1]) Vgl. z. B. Landstad, *Norske Folkeviser* (Christiania, 1853), S. 365 bis 368 u. 775—782, sowie Richard Steffen in *Nordisk Tidskrift* (Stockholm, 1891), S. 314—394, wo es übrigens seltsamerweise heifst, dafs die *Stev*, welche doch auch auf den Faröern vorkommen, in keinem anderen skandinavischen Lande als in Norwegen mit Sicherheit nachgewiesen werden könnten.

Darauf antwortet der Partner mit irgend einer beliebigen anderen Strophe und gewöhnlicher Rímur-Melodie. Sodann entgegnet wieder die Person, welche begonnen hat, worauf abermals der Partner erwidert, und so geht es fort, bis der eine Teil seinen Vorrat an Liedern und Strophen erschöpft hat oder, wenn der Kampf schon lange gedauert, beide Teile übereinkommen, denselben unentschieden zu lassen.

Beim „Skandieren“ wird im allgemeinen derselbe Vorgang beobachtet wie beim „*Sópur*“; die Aufforderungsstrophe lautet dann gewöhnlich:

Ich lade dich zum Wettkampf ein
Mit unsern Liedern grofs und klein;
Man finde keinen Fehl' daran;
Frisch, geh'n wir ein Skandieren an!

Hat der erste seine Strophe gesungen, so mufs der Partner mit einer anderen antworten, die mit demselben Buchstaben (Laute) beginnt, mit dem die Strophe des ersten endete. Dies wird so lange fortgesetzt, bis einem von beiden keine passende Strophe mehr einfällt, was natürlich am häufigsten dann der Fall ist, wenn die letzte Strophe des Partners auf einen Laut oder eine Lautverbindung endete, womit nur selten oder nie ein Wort beginnt (z. B. Strophen, die mit einem Worte auf x endigen, sogenannte „*exavísur*“, u. dgl.). Der Unterliegende wird von dem Gegner aber erst dann — wie der Ausdruck lautet — „ins Fafs gesungen“ (*kveðinn í kútinn, í tunnuna* oder *kvartilið*), wenn derselbe hierauf selbst drei, nach anderen sieben Strophen zu singen weifs, die mit diesem Laute beginnen. Kann der so Unterlegene nach kurzem Besinnen wieder sechs Strophen singen, die mit demselben Laute beginnen wie die Strophen, mit denen er ins Fafs gesungen wurde, so „singt er sich wieder aus dem Fafs heraus“ und das Skandieren beginnt von neuem. Vermag er es aber nicht, so „bleibt er sein Leben lang darin.“[1]) Bisweilen findet ein solcher Wettgesang — beim *Sópur* sowohl wie bei der *Skandjering* — zwischen mehreren Personen statt, wobei entweder jede Partei aus mehreren Personen besteht, also ein förmlicher Sängerkrieg geführt wird, oder eine Person, die ungewöhnlich viel Strophen auswendig weifs, es allein mit zwei oder mehreren aufnimmt.[2]) In welcher Form nun aber auch der Liederkampf geführt werden mag, er bildet immer ein Hauptvergnügen für die Teilnehmer sowohl wie für die Zuhörer. „Mit steigendem Anteil folgt der um die Kämpfer gescharte Kreis dem Wettgesange, lauten Beifall spendend, wenn ein Part durch Anstimmen eines längstvergessenen Liedes sich aus der Verlegenheit zieht, die ihm sein gewandter

---

[1]) Vgl. Ausführliches hierüber in *Ólafur Davíðssons Íslenzkar skemtanir*, S. 223—235. — [2]) Vgl. z. B. auch: Jüngling und Mädchen. Eine Erzählung von *Jón Thóroddsen*. Aus dem Neu-Isländischen übersetzt von J. C. Poestion. 3. verbesserte Auflage, S. 37.

Gegner bereitete.[1]) Es ist übrigens auch das Wettsingen nicht ausschliefslich auf die Winterszeit und das Haus beschränkt und keineswegs etwa nur eine Unterhaltung der Erwachsenen; auch die Hirten z. B. vertreiben sich gern damit die Zeit, und schon die Jugend übt sich mit Vorliebe in diesem nationalen Geistesspiele.[2])

Was nun aber die eigene Veranlagung der Isländer für dichterische Produktion betrifft, so dürfte es in der That kaum ein zweites Volk auf der Erde geben, das sich in dieser Beziehung mit den Nachkommen der alten Skalden messen könnte. Doch mufs immerhin bemerkt werden, dafs diese Veranlagung im allgemeinen mehr in einer Versifikationsbegabung besteht, d. h. in einer angebornen Fertigkeit einen Gedanken rasch in korrekte Verse und Reime zu kleiden. Dieselbe ist auch — jetzt wenigstens — nicht überall auf der Insel in gleichem Mafse anzutreffen. Während sie in einzelnen Gegenden, wie z. B. in einem grofsen Teile des Nordlandes sehr verbreitet ist, findet sie sich auf der südlichen Seite der Insel bei weitem nicht so allgemein, obgleich selbst hier entschieden viel allgemeiner als irgend anderswo aufserhalb Islands[3]) mit Ausnahme etwa im Mutterlande der Isländer, in Norwegen, wo es, in gewissen Gegenden wenigstens, ebenfalls „kaum einen erwachsenen Menschen giebt, der nicht irgendwann eine Weise zusammengestoppelt.“

Die poetische Ader der Isländer tritt bei den verschiedensten Gelegenheiten zu Tage. Am häufigsten und ausgesprochensten zeigt sich dieselbe noch immer — wie schon in der alten Zeit — in schlagfertigen dichterischen Improvisationen, indem sich eben gar nicht selten noch so genannte „*hagmæltir menn*“ finden, d. h. Leute, welche, ohne sich ernsthafter mit der Dichtung zu befassen, und zumal ohne sich zu dichterischen Schöpfungen höheren Fluges zu erheben, doch das Geschick haben, im Momente treffende Verse zu improvisieren, wie sie eben die Gelegenheit zu fordern scheint. Ganz wie in der alten Zeit sprechen solche Leute auch heutzutage noch aus dem Stegreife ihre „*Lausavísur.*“[4]) Diese *Lausavísur*, d. h. lose oder Einzelverse, bestehen aus 4 bis 8 Zeilen und sind in der Form gewöhnlich sehr künstlich (mit End- und Stabreimen, oft auch noch mit Binnenreimen). Sie sind verwandt mit den „*einslungne*“ (einsamen) *Stev* der Norweger,[5]) aber doch ganz anderen Charakters als die süddeutschen „Schnaderhüpfel.“[6]) So rasch solche Verse entstanden sind, so rasch werden sie in der Regel auch wieder vergessen; oft aber — zumal wenn sie sich durch besondere Witzigkeit auszeichnen — finden sie

---

[1]) *Eiríkur Magnússon* a. a. O. S. 638. — [2]) Vgl. z. B. Jüngling und Mädchen, S. 26. — [3]) Private Mitteilung aus Island. — [4]) K. Maurer in Germania. Vierteljahresschrift für deutsche Altertumskunde. Jahrg. 1869, S. 109. — [5]) Vgl. Landstad, *Norske Folkeviser* (Christiania, 1853) S. 365—427 u. 735—744. — [6]) Vgl. hierüber die neueste Studie: Die Naturgeschichte des Schnaderhüpfels von Hans Grasberger, Leipzig; 1896.

schnell Verbreitung in der betreffenden Gegend, ja im ganzen Lande. Die Isländer nennen einen solchen rasch verbreiteten, oft bis zur Trivialität bekannten Vers *„húsgangur,“* *„alpengur húsgangur“* (eigentlich = umherziehender Bettler). Manche dieser Strophen, die heute jedes Kind auf Island kennt, haben sich Generationen hindurch erhalten.[1]) Es bedarf übrigens nicht etwa der Anwesenheit einer zweiten Person, um den Isländer zu Stegreifdichtungen anzuregen; er begleitet auch seine stille Beschäftigung gern mit solchen Improvisationen oder giebt in einsamen Stunden seinen Gefühlen, Stimmungen und Gedanken dichterischen Ausdruck. Die Verse werden dann säuberlich in ein Notizen- oder besonderes Liederheft, die *„Syrpa“*, geschrieben, welches der Isländer fast immer bei sich trägt. Einige Proben mögen ein genaueres Bild dieser Improvisationen geben.

Der berühmte *„lögmaður“* (Richter) *Páll Vídalín* († 1727) brauchte zur Entscheidung einer dringenden Rechtssache wichtige Dokumente und gab seinem Burschen den Auftrag, dieselben so schnell als möglich herbei zu holen, zu Pferde nämlich, denn die Isländer pflegen jeden längeren Weg reitend zurück zu legen. Beim Weggehen des Burschen rief er diesem noch zu:

> Ob stürzt das Pferd, die Gurte bricht,
> Nicht fürchte Vorwurf du!
> Denk' auch an Erd' und Himmel nicht,
> Halt' fest dich und reit' zu![2])

Sigríður, die Tochter des Amtmanns *Stefán* und gewesene Frau des Amtmanns *Páll Melsteð*, entdeckte in der Speisekammer, daſs eine Forelle, die sie dort aufbewahrte, von einer Maus benagt worden war, und sprach:

> Mäuslein, stiehl nicht! Durch Verdacht
> Könnt' ich andre kränken;
> Glaub', daſs mir es Freude macht,
> Dir den Fisch zu schenken.
>
> Schau, dein Wänstlein ist so klein,
> Braucht ja gar so viel nicht!
> Laſs' dich frei in's Haus herein,
> Aber, Mäuslein, stiehl nicht![3])

Ein Beispiel schlagfertiger Improvisation teilt auch Konr. Maurer mit in seinen Isländischen Volkssagen der Gegenwart (S. 170—171). Mit Bezug auf den Aberglauben, daſs das Herumfliegen der Raben um einen Hof den nahen Tod eines seiner Bewohner bedeute, erzählt er, daſs der Gesetzbeamte *Sveinn Sölvason* in einem spöttischen Gespräche mit Frau *Ingibjörg Sigurðardóttir*, der Gemahlin des Bischofs *Gísli Magnússon* zu *Hólar*,

[1]) *Jón Þorkelsson, Om digtningen på Island.* S. 192; *Ólafur Davíðsson, Íslenzkar skemtanir* S. 223. — [2]) Die Originalverse mitgeteilt von K. Maurer in Germania, Jahrg. 1869, S. 109. — [3]) Die Originalverse in: *Snót, nokkur kvæði eptir ymis skáld. Önnur útgafa aukin* (*Reykjavík*, 1865), S. 268.

einmal, als er einen Raben hart am Hause krächzen hörte, den Vers sprach:

Hrafn situr á hárri stang,
höldar mark á taki:
ei þess verður æfin laung,
sem undir býr því þaki —

d. h. der Rabe sitzt auf der hohen Giebelstange (des Hauses), die Leute mögen darauf acht geben; nicht währt dessen Leben lang, der unter diesem Dache wohnt. — Die Frau entgegnete ihm rasch besonnen:

Eingin hrakspá er það mér,
þó undan gängi eg nauðum;
en ef hann kvakar yfir þér
ekki seinna dauðum?

d. h. keine üble Weissagung ist es für mich, wenn ich meinen Leiden (durch den Tod) entgehe; wie aber wenn er auch über dir als einem nicht später Sterbenden krächzt? —

Besonders beliebt sind noch immer Hohn- oder Spottverse (*níðvísur, níðrísur*), wenn auch der Dichter seine Hohnweise nicht mehr, wie in der alten Zeit, an seiner Hohnstange singt.[1]) Da trifft z. B. ein Mann, der seines Weges dahin geht, einen anderen, der einen mageren Ochsen unbarmherzig mit Peitschenhieben vor sich hertreibt; er ruft dem Tierquäler zu:

Na, du könntest an dem Vieh
Wohl die Peitsche sparen;
Sollst mit deinem Nächsten nie,
Weifst doch, schlimm verfahren![2])

Ein Winkelarzt wurde zum Gemeindevorsteher ernannt. Wie anderwärts hatte auch auf Island der Schulze damals noch selbst körperliche Züchtigungen vorzunehmen. Im Hinblicke auf diesen Umstand wurde der kaum Ernannte mit folgenden Strophen begrüfst:

Die Helden gingen in alter Zeit
Mit blinkendem Schild und Schwerte;
Doch unsre hohe Obrigkeit,
Die ist geschmückt mit der Gerte.

Den Schulzen gebühret Respekt, fürwahr,
Sie gerben blutig die Häute;
Und einem von ihnen gebührt er erst gar:
Er schlägt und — kuriert die Leute.[3])

Zwei junge Leute dichteten auf einen Pfarrherrn, der in blauem Rock und elendem Aufzug in's Südland geritten war, um sich ordinieren zu lassen, die folgenden Spott-Verse:

---

[1]) Vgl. Poestion, Das Tyrfingschwert. Eine altnordische Waffensage (Hagen i. W. u. Leipzig, 1883) S. 119—131. — [2]) *Snót*, S. 372. — [3]) Die Originalverse mitgeteilt von Konr. Maurer in Germania, 1869, S. 109—110.

Blau zog er nach dem Südland fern,
Schwarz thät er wiederkehren:
Wann wird sich wohl dies Rofs des Herrn
Im Himmel licht verklären?[1]) —

Auch Verse zweideutigen und schmutzigen Inhalts (*klámvísur*) werden von den Isländern gern improvisiert. Dieser Art sind meistens auch die sogenannten „*Beinakerlinga-vísur*,“ improvisierte Verse meist persönlichen oder schlüpfrigen Inhaltes, die der Wanderer auf ein Stückchen Papier schreibt, das er dann in einen hohlen Knochen einer „*Beinakerling*“ steckt, damit ein nachkommender Reisender die Verse lese. *Beinakerling* (d. h. ein altes Knochenweib) nennt man aber auf Island eben aus diesem Grunde die Steinpyramiden, welche zur Orientierung auf Gebirgswegen errichtet sind.

Es wird auch von Isländern erzählt, die selbst in den kritischesten Momenten des Lebens die Stimmung und Fassung finden, ihre Gefühle oder Beobachtungen in Versen auszudrücken. So machte der vor ungefähr fünfundzwanzig Jahren verstorbene *Olafur Briem*, als er mit dem Pferde gestürzt war und dabei das Schlüsselbein gebrochen hatte, seinem Unmute hierüber in einer Strophe Luft, die an Künstlichkeit der Form — Allitteration, Assonanz und Vollreim — wohl kaum übertroffen werden kann und daher auch unübersetzbar ist.[2]) Ein isländischer Student dichtete und sprach, während an ihm eine überaus schmerzliche und auch tödlich verlaufene Operation vorgenommen wurde, eine Anzahl von Strophen, in denen er sein Leiden schilderte.[3]) Es erinnert dies an die Improvisationen der alten Helden in der Todesstunde, von denen die Sagas so häufig berichten, aber auch an den alten Heldenmut der Isländer. Man wird auch die vielen „Traumgedichte“ (*draumvísur*) der Sagas nicht mehr so unwahrscheinlich finden im Hinhalte zu folgendem Beispiele aus der Gegenwart. Der berühmte isländische Gelehrte und Universitätsprofessor *Konráð Gíslason* († 1891) träumte, dafs ein Mann ihm ein Gedicht auf Island vortrug, und konnte sich, erwacht, noch an folgende Verse daraus erinnern:

Herrlich und schön ist das Land, schneeweifs die Spitzen der Gletscher,
Heiter der Himmel und blau, hell auch und blinkend das Meer.

Der gefeierte isländische Poet *Jónas Hallgrímsson*, ein Freund des Gelehrten, dichtete auf Grundlage dieser Verse sein schönes „Island, glückliches Land,“ welches sich auch in diesem Buche mitgeteilt findet.[4]) Besonders merkwürdig sind diese geträumten Verse noch dadurch, dafs sie in einer im Isländischen bis dahin nicht

[1]) Die Originalverse in: Germania, 1869, S. 110. — [2]) Die Verse stehen in: Germania, 1869, S. 109—110. — [3]) *Illustreret Tidende* (Kobenhavn) Jahrg. 1883, S. 1417. — [4]) Vgl. *Ljóðmæli og önnur rit eptir Jónas Hallgrímsson* (Kaupmannahöfn, 1883), S. 390.

angewendeten Form, nämlich in allitterierenden Distichen, abgefafst erscheinen, welche auch *Hallgrímsson* beibehalten hat.

Eine Lieblingsunterhaltung der Isländer ist es seit alter Zeit, jemand eine schwierig angelegte Halbstrophe hinzuwerfen, welche er sogleich vollenden mufs. Dieses Spiel wird häufig zu einem förmlichen Wettdichten ausgedehnt, indem abwechselnd der eine die vom andern begonnene Strophe (*vísa*) vollenden, resp. die betreffenden, meist sehr schwierigen Reime finden mufs. Man nennt dies Vollenden einer Strophe: derselben „den Boden einsetzen“ (*slá botninn í* oder *botna*), indem die zweite Halbstrophe als Boden der ganzen Strophe betrachtet wird. Dieses Wettdichten selbst heifst ebenfalls, wie das früher erwähnte Wettsingen, *að kveðast á*. Hier ein paar Beispiele solcher Wettverse.

Der bereits oben genannte Lögmann *Páll Vídalín*[1]) warf einmal dem Sysselmanne *Jón Sigurðsson* die folgende Halbstrophe hin:

Hani, krummi, hundur, svín,
hestur, mús, titlingur —
d. h. Hahn, Rabe, Hund, Schwein,
Pferd, Maus, Vögelein[2]) —

Der Sysselmann vollendete sogleich die „Weise“ mit den Versen:

Gálar, krunkar, geltir, hrín,
gneggjar, týstir, syngur —
d. h. kräht, schreit, bellt, grunzt,
wiehert, piept, singt.[3])

Diese Art des Improvisierens ist den Isländern so geläufig, dafs gewandte Reimer sie bei jeder möglichen Gelegenheit, besonders bei Begegnungen u. dgl., aber auch selbst in Momenten der Lebensgefahr, z. B. auf der See bei Sturm, in Anwendung bringen.

Der Amtmann *Stefán Ólafsson* zu *Heitárvellir* fragte einmal seine Tochter *Ragnheiður*:

Was frommt der Wirtschaft, sag', mein Kind,
Hält Not und Armut fern?

Die Tochter antwortete, ohne sich viel zu besinnen:

Freundliche Hausfrau, treu' Gesind',
Wachsames Aug' des Herrn.[4])

Der unter dem Namen *Bólu-Hjálmar* bekannte arme Volksdichter *Hjálmar Jónsson* († 1875) wollte eines Tages das

---

[1]) Die Strophe wird von andern dem Bischof *Steinn Jónsson* († 1739) zugeschrieben; vgl. *Gunnar Pálssons* „*Stöfunarbarn*“ (*Hrappsey*, 1782) S. 61. und *Isafold*, Jahrg. 1886 S. 179. — [2]) *titlingur*, „ein gemeinschaftlicher Name für die kleinen Crassirostres: Plectrophanes lapponica Meyer, Montifringilla nivalis Sinn., Linaria alnorum Chr. L. Br., samt Anthus pratensis“ (Benedikt Gröndal in: Ornis, Internationale Zeitschrift für die gesamte Ornithologie. III. Jahrg. Wien, 1887. S. 610). — [3]) Germania, 1869, S. 109. — [4]) Vgl. die Originalverse in „*Snót*,“ S. 371.

hl. Abendmahl nehmen. Er schritt bereits dem Altare zu, als ihm ein Weib, Namens *Sigríður Gunnlaugsdóttir* „*skálda*“, die — bei dem Kirchengesang jedenfalls nur von der nächsten Umgebung gehörten — Worte zurief:

Gengur blykkjótt gœruskinn
graðungs hnikkir krafti —

(d. h. da geht der gekrümmte Lump — eigentlich Schafpelz —, stofsweise dahin fahrend wie ein Stier.)

Darauf entgegnete, die Halbstrophe vollendend, *Hjálmar* unverzüglich:

Amors bikkjan áleitin
opnum rykkir kjafti.

d. h. die zudringliche Schindmähre Amors verdreht ihr offenes Maul.)

Nachdem er diese Worte gesprochen, ging er nicht zum Altar, sondern begab sich wieder auf seinen Platz zurück, „so dafs ihn die ungezogene Dichterin für dieses Mal des hl. Sakramentes beraubte,“ wie es in der privaten Quelle, aus der wir dieses Beispiel schöpften, heifst.

Es ist bereits angedeutet worden, dafs auch bei den Kindern schon der Sinn für Dichtung stark ausgeprägt ist. Hören sie doch all' die Sagas, Rímur und Gedichte mit an, die daheim an den langen Winterabenden oder auch bei anderen Gelegenheiten vorgelesen, vorgetragen oder gesungen werden, und fragen bald nach allem, was sie nicht verstehen. Man darf wohl sagen, dafs mittelmäfsig begabte Landkinder von 11 bis 12 Jahren nicht nur mit den Regeln der Dichtkunst vertraut sind, sondern auch den Sinn der poetischen Umschreibungen erfassen.[1]) Man wird sich deshalb nicht sehr darüber wundern, dafs manche derselben, besonders solche, die mit einem wirklich poetischen Talente begabt sind, auch selbst und zwar oft schon im frühen Alter mit einer nicht selten verblüffenden Gewandtheit und Sicherheit dichten oder korrekte Verse zu improvisieren vermögen. Dem berühmten altisländischen Dichter und Vikinger *Egill Skallagrímsson* (ca. 900—982 oder 983) schreibt die Sage zwei lose Strophen zu, die er schon im Alter von drei Jahren gedichtet haben soll, was natürlich nicht ernst zu nehmen ist; hingegen sind von demselben Skalden einige einfach gebaute Verse überliefert, die er in der That im Alter von sechs Jahren gedichtet haben dürfte; sie sind einerseits von so natürlicher Kindlichkeit und andererseits so bezeichnend für das schon in der Kindheit rauhe Wesen dieses hünenhaften Nordlandsrecken, der bereits mit sieben Jahren den ersten Totschlag verübte, dafs wir dieselben hier mitteilen wollen. Sie lauten:

---

[1]) *Bríet Bjarnhjeðinsdóttir*, a. a. O., S. 30.

Þat mælti mín móðir,
at mér skyldi kaupa
fley og fagrar árar,
fara á brott með víkingum,
standa upp í stafni,
stýra dýrum knerri,
halda svá til hafnar,
höggva mann ok annan.

d. h. Das sagte meine Mutter, dafs ein Schiff und schöne Ruder für mich gekauft werden sollen, damit ich mit Vikingern fortziehen könne und aufgerichtet am Steven stehen, das herrliche Schiff steuern, einen Mann niederhauen und noch einen dazu und dann in den Hafen segeln.[1])

Wir kennen aber auch ganz merkwürdige Beispiele dieser Art aus der neueren Zeit. Als der schon oben erwähnte *Bólu-Hjálmar*, sieben Jahre alt, mit dem Frauenzimmer Namens *Margrjet* oder *Manga* zusammen traf, das ihn gleich nach seiner Geburt auf dem Hofe *Halland* in einem Sacke auf dem Rücken fortgetragen hatte, um ihn dem Gemeindevorstande zur Versorgung zu übergeben, und das Weib ihm nun von dieser seiner ersten Reise erzählte, improvisierte er folgende Verse:

Ljet mig hanga Hallands-Manga
herðadrangann viður sinn,
fold rjeð hanga flegðan langa
fram á stranga húsganginn.

d. h. die *Halland-Manga*, die lange Hexe, liefs mich an ihrer Schulter-Klippe (Schulter) baumeln auf der harten Bettlerwanderung.[2])

Der Volksdichter *Sigurður Breiðfjörð* († 1846) verfafste seine ersten *Rímur* (*R. af Bragða-Ölver*) im Alter von elf Jahren,[3]) und wieder ein anderer Volksdichter *Kristján Jónsson* († 1868) dichtete im gleichen Alter eine poetische Epistel (*ljóðabrjef*) und kunstvoll gereimte Verse.[4]) Und diese Beispiele liefsen sich noch um sehr viele andere vermehren.

Viele Isländer betreiben die Dichtkunst auch ernstlich, und zwar, — was eben wieder das Besondere ist —, nicht etwa nur gelehrte oder gebildete Leute, sondern auch Bauern, Knechte, Hirten, Fischer und andere Personen, welche keinen oder nur einen sehr mangelhaften Unterricht genossen haben. Die isländische Litteraturgeschichte kennt eine ganze Anzahl solcher Dichter aus dem Volke, die sich durch ganz treffliche Leistungen hervorgethan haben. Einer der besten isländischen Hohnverse-Dichter (*níðskáld*

[1]) *Egils saga Skallagrímssonar.* Kap. XL; vgl. auch Kap. XXXI. — [2]) Vgl. *Kvæði og kviðlingar eptir Bólu-Hjálmar (Hjálmar Jónsson frá Bólu). (Úrval.) Búið undir prentun hefur Hannes Hafsteinn* (*Reykjavík*, 1888), S. 12—13. — [3]) Vgl. *Jón Borgfirðingur, Stutt æfiminning Sigurðar Breiðfjarðar skálds* (*Reykjavík*, 1878) S. 4. — [4]) Vgl. *Ljóðmæli eptir Kristján Jónsson. 2. útgáfa* (*Rvk*, 1890) S. 332—334.

oder *skammaskáld)* ist z. B. der bereits mehrfach erwähnte arme Bauer und Landstreicher *Hjálmar Jónsson* (vgl. unten); seine vorzüglichsten Rímur verdankt Island dem ebenfalls schon genannten Fafsbinder *Sigurður Breiðfjörð*. Und auch jetzt noch bringen die isländischen Zeitungen oft genug von Leuten der untersten Gesellschaftsklassen Gedichte, welche sowohl durch poetischen Inhalt wie durch Formvollendung überraschen.

Die Lieblingsarten dieser Volksdichtung — wie ja auch im grofsen und ganzen der Kunstdichtung — waren in der neueren Zeit und sind zum Teil auch heute noch, aufser den Rímur und religiösen Gedichten, allerlei Gelegenheitsverse, besonders solche auf Geburtstage (*afmælisvísur*) und Hochzeiten (*brúðkaups-vísur* oder *-kvæði*), auf den Tod von Verwandten, Freunden oder von hervorragenderen Personen (*erfiljóð*). Manche Perle der isländischen Lyrik zählt zu diesen Totenklagen, die oft als rührende Denkmale inniger Liebe oder Freundschaft lange Zeit hindurch fortbestehen. Eine nicht unbedeutende Rolle spielen in der isländischen Poesie auch sonst Erinnerungs- und Huldigungsgedichte (sogen. *minni* oder *minnisvísur*) an hervorragende Personen, auf bedeutsame Begebenheiten, besonders aber an die geliebte Heimat Island, dann naturbeschreibende Gedichte, wie Verse über die Witterung (*veðurvísur*), auf die Jahreszeiten, auf Wasserfälle, Berge und andere örtliche Natur-Schönheiten oder -Merkwürdigkeiten. Auch das Verhältnis des Menschen zu den Haustieren, vor allem zum Pferde (*hestur*), wurde gern behandelt, und die „*Hestavísur*" namentlich enthalten oft recht hübsche, fein-poetische und heitere Naturschilderungen. Seit dem 17. Jahrhundert wurden kleine idyllenartige Schilderungen des täglichen Lebens beliebt, worin der Handel und Wandel des Land- oder Seebauern mit all seinen Beschwerden, Arbeiten und Unterhaltungen in und aufser dem Hause, auf der Weide als Schafhirt und bei der fröhlichen Heumahd, beim Fischfang auf der See und beim Trinkgelage daheim oder in der Kaufstadt u. s. w. bald spöttisch, bald moralisierend, bald scherzend, bald auch voll milder Teilnahme besungen wird. Wir erwähnen von dieser Art besonders Gedichte auf das Treiben und die Beschäftigungen auf einem Bauernhof (*bæjarvísur*), in denen bisweilen der schüchterne Versuch einer poetischen Beschreibung des Landlebens zu erkennen ist; ferner die sogenannten Bootsführer-Lieder (*formanns-* oder *formannavísur*), worin von den Gefahren des Fischfangs auf dem Meere gehandelt und der Kampf des Menschen mit der wilden Natur der See geschildert wird. Die Liebe und das weibliche Geschlecht spielen natürlich bei den Volksdichtern dieselbe wichtige Rolle wie bei den gelehrten Kunstdichtern. Eine Gattung von Volkspoesie, die von einzelnen Dichtern mit grofser Vorliebe gepflegt wurde, war die poetische Epistel (*ljóðabrjef*) d. i. ein gereimter Bericht an

Freunde und Bekannte über allerlei Ereignisse oder Beobachtungen, vermischt mit Beteuerungen der Liebe und Freundschaft, oder auch eine gereimte Abhandlung über irgend einen Stoff, die man einer anderen reimgewandten Person zusendet in der Erwartung, dafs diese mit einer Epistel über dasselbe Thema antworte, auf die dann wieder ein Gegenbrief folgt. Eine besonders hervorstechende typische Erscheinung der isländischen Volksdichtung sind endlich die schon erwähnten Hohn- und Spottgedichte.

Die grofse Mehrzahl dieser Dichtungen ist allerdings ohne bleibenden, ja überhaupt ohne höheren poetischen Wert; denn die isländischen Volksdichter — und auch manche gelehrte — legen im allgemeinen zu viel Gewicht einerseits auf die Form, besonders auf ein starkes und mannigfaltiges Reimgeklingel, andererseits auf hohle Rhetorik, sinnlosen Bombast und geschmacklose Hyperbeln, während ihnen poetischer Gehalt, dichterische Gedanken und Empfindungen nebensächlich sind. Es geschieht dies freilich ganz nach dem Geschmacke der grofsen Menge, die eben an solchen Äufserlichkeiten und Übertreibungen am meisten Gefallen findet und um den geistigen Inhalt sich weniger kümmert. Darum heifst es auch z. B. in den „*Stella-Rímur*“ des *Sigurður Pjetursson* (vgl. unten):

> Übertreib' ich nur recht nach Dichterart, dann sagen
> Die Leute, die mein Büchlein gelesen:
> Ist das ein grosser Dichter gewesen!

Hauptsächlich gilt im isländischen Sinn derjenige als grofser Dichter, der ein ausgezeichneter Versifikator und Virtuose in der Reimkunst ist. Darum sind auch z. B. *Bjarni Thórarensen* und *Grímur Thomsen* in den Augen des Volkes wohl geistreiche Männer aber schlechte Dichter. In Bezug auf die Form aber war und blieb es immer der Ehrgeiz der meisten isländischen Dichter, „*dýrt*“ d. h. besonders kunstvoll dichten zu können. Darum wurden auch die Metren und Schemen der alten Kunstskalden beibehalten und mit einer gewissen Vorliebe angewendet (vgl. unten). Ja selbst auf die Geschmacklosigkeit der gekünstelten und verschleiernden, meist nordisch-mythologischen Umschreibungen einfacher Begriffe, welche uns die alte Skaldenpoesie ebenso schwer verständlich wie wenig anziehend machen, wollten die späteren Dichter — wenigstens in den Rímur — nicht verzichten (z. B. *Loðurs* Freund = *Oðinn*; Bier des Freundes *Loðurs* = Gedicht; Wein der Raben = Blut; Feuer des Rabenweins = Schwert; Schwinger des Feuers des Rabenweins = Krieger, Männer; Haselstäbe der Hirnschale = Haar; *Hárr* ist aber ein Name Oðinns, daher: Recken der Hirnschalen-Haselstäbe = die Asen). Auch wurden gern dunkle Wörter und Ausdrücke der sogenannten Eddalieder gebraucht.

Welch grofses Gewicht die Isländer immer auf das Formale in der Dichtkunst legten, ersieht man auch aus dem Umstand, dafs sie so gern sogenannte „*Háttalyklar*“ (d. h. Versarten-Schlüssel) dichteten, das sind poetische Beispielsammlungen zur Exemplifizierung der verschiedenen Versarten. Von *Hallr Þórarinsson* angefangen, der im Jahre 1142 zu dem Jarl *Rögnvaldur kali* auf den Orkneys kam und mit ihm den ersten „*Háttalykill*“ dichtete, bis herab auf unsere Zeit ist eine lange Reihe solcher poetisch-praktischer Anleitungen zur Ausübung der Verskunst zu verzeichnen, von denen das sogenannte „*Háttatal*“ des *Snorri Sturluson* (um 1222 gedichtet) das weitaus berühmteste ist.[1])

Zum besseren Verständnis des metrischen Baues mancher in diesem Buche mitgeteilter Proben isländischer Gedichte dürfte es nicht überflüssig erscheinen, hier wenigstens die wichtigsten alten Metra und Strophenformen anzuführen und kurz zu erläutern. Die einfachste und zweifellos älteste Strophe ist das „*Fornyrðislag*“ (d. h. alte Versweise). Sie besteht in der Grundform aus 8 viersilbigen oder viergliederigen Verszeilen zu je zwei langen Silben mit Hauptton und zwei kurzen oder langen Silben mit schwächerem Ton. Jede lange Silbe kann jedoch — nach bestimmten Regeln — in eine kurze und kurze oder lange Silbe aufgelöst werden. Als Reim wird nur die Allitteration angewendet, welche je die 1. und 2., 3. und 4., 5. und 6., 7. und 8. Verszeile mit einander verbindet. Der Hauptstab (*höfuðstafur*) ist an die erste Hebung der zweiten Zeile jedes Zeilenpaares geknüpft, die „Hilfs-“ oder Nebenstäbe (*stuðlar*, Stollen) — zwei oder auch nur einer — stehen in der ersten Zeile des Zeilenpaares. Man sieht, dafs dieses einfache Metrum auch sehr mannigfaltig sein kann und dem Dichter einen weiten, bequemen Spielraum gewährt. In dieser Strophe sind u. a. viele der sogenannten Eddalieder gedichtet. Hier ein Beispiel des einfachsten Schemas aus *Finnur Magnússons* deutsch verfafstem Gedichte „Thules Grufs an Friedrich Freiherrn von la Motte Fouqué:“

Heil Dir, hehrer
Held und Weiser,
Herrscher der Vorzeit,
Frommer Barde,
Meister-Sänger
Meiner Thaten! —
Dank und Grufs
Dir von Thule![2])

---

[1]) *Jón Þorkelsson, Om digtningen på Island*, S. 243. — Vgl. *Háttatal Snorra Sturlusonar*. Herausgegeben von Th. Möbius (Halle a. S., 1879—1881) und *Smástykker 1—16 udgivne af Samfund til Udgivelse af gammel nordisk Litteratur* (København, 1884—1891), No. 11, 15 u. 16. — [2]) Das recht hölzerne Gedicht enthält im Ganzen 15 Strophen in gutem Deutsch und wurde von *Finnur Magnússon*, dem Obmann der Isländ. Litteraturgesellschaft, gedichtet als Antwort auf die Widmungsverse, mit denen De la Motte Fouqué dieser Gesellschaft seinen Roman „Die Sage von dem Gunnlaugur, genannt Drachenzunge und Rafn, den Skalden“ (Wien, 1826, 3 Bde.) zugeeignet hatte; vgl.

Eine fast nur in den Edda-Liedern vorkommende Strophenform ist der „*Ljóðaháttur*“ (Liedweise, Gesangweise), aus sechs Verszeilen bestehend. Die 1. und 2., dann 4. und 5. Verszeile sind, jedes Paar für sich, in der erwähnten Weise durch Stabreim verbunden; die 3. und die 6. Zeile stehen jede für sich, haben zwei Reimstäbe sowie gewöhnlich drei Hebungen und enthalten in der Regel mehr Silben als je eine der übrigen Zeilen. Die metrischen Gesetze dieser anscheinend regellosen Strophenform sind noch nicht völlig aufgeklärt. Beispiel aus Gerings „Edda“-Übersetzung, die Sprüche Hars, 17. Str., S. 89:

Der Gimpel gafft,
Der zum Gastmahl kommt,
Stottert oder ist stumm;
Trinkt er dann,
Zu Tage kommt es,
Wie sein Verstand bestellt.

Eine Strophenform, die wir in den Eddaliedern, aber auch in anderen älteren Gedichten angewendet sehen, ist der 8-zeilige „*Málaháttur*“ („Prunkredeweise“) mit fünf Silben (Gliedern) als Grundschema und ebenfalls zwei Hebungen (Haupttönen) in jeder Zeile. Die Zeilenpaare allitterieren wie beim *Fornyrðislag*. Durch Teilung langer Silben in der oben angegebenen Weise kann auch hier die ursprüngliche Silbenzahl vermehrt werden. Dieses besonders schön klingende Metrum läfst sich im Deutschen sehr schwer nachahmen. Wir wagen als Beispiel die Übersetzung der beiden ersten Strophen der berühmten, aus dem 10. Jahrhundert stammenden „*alten Bjarkamál*“[1]) mitzuteilen (mit Verzicht auf den Stabreim, wo er sich nicht von selbst einstellte, wie z. B. regelrecht im ersten Verspaare der zweiten Strophe):

Tag schon will's werden.
Hahngefieder rauschet.[2])
Zeit für Vikinger
Ist es nun zur Arbeit.
Wachet auf, hurtig,
Häuptlinge der Freunde,
Alle, ihr besten
Kampfgenossen Adils'![3])

Nyeste Skilderi af Kobenhavn No. 86. vom 28. Oktober 1826, S. 1353—58. Früher schon war dieser deutsche Romantiker wegen seines Gedichtes auf Island von *Bjarni Thórarensen* als „*Islands Riddari*“ besungen worden (in *Islenzk sagnablöð útgefin að tilhlutan hins ísl. bókmentafélags.* VI [1821—22], S. 75—79).

[1]) Lied, das dem sagenhaften norwegischen Helden *Böðvar Bjarki*, dem stärksten und tapfersten Kämpen des Dänenkönigs *Hrólfr kraki* in den Mund gelegt wird, diesen und dessen Mannen zum letzten Kampfe weckend. — [2]) indem nämlich der Hahn kräht, wobei er mit den Flügeln schlägt. — [3]) Genossen des *Aðils* heifsen die Kämpen, weil sie früher Dienstmannen dieses schwedischen Königs waren.

Hárr, du Handstarker.
Hrólfr, du Wurfschütze,
All ihr Edlinge,
Die ihr nicht fliehet:
Weck' euch nicht zum Weine,
Noch zu Weibs-Zwiesprach;
Weck' euch zum harten
Spiele der Hildur![1])

Derlei verhältnifsmäfsig einfache Versmafse erschienen nun aber den höfischen Dichtern, den eigentlichen „*Skáld*“ oder „*Höfuðskáld*“ (Hauptdichtern), nicht kunstvoll und daher nicht würdig genug für Gedichte, die vor Fürsten und deren Hofstaat (*drótt*), an dessen Beifall dem Dichter nicht minder gelegen war, als an dem des Fürsten selbst, in aller Feierlichkeit vorgetragen werden sollten. Schon der norwegische Dichter *Bragi*, „der Alte,“ führte deshalb ein neues Metrum, bez. eine neue, kunstvollere Strophenform ein, die bald eine überaus künstliche Ausgestaltung erhielt und „*dróttkvæður háttur*“ (*dróttkvætt*), bez. „*drót kveð vísa*“ (d. h. ein Versmafs, das man in Gedichten auf einen Fürsten vor diesem und zugleich vor dem fürstlichen Hofstaat vorzutragen pflegt oder vorzutragen hat) genannt wurde. Die normale *Dróttkvætt*-Strophe besteht aus 8 Verszeilen (4 Zeilenpaaren) zu je sechs Silben und 3 Hebungen. Die beiden letzten Silben einer jeden Verszeile bilden fast ausnahmslos ein Wort oder sind Bestandteile eines dreisilbigen Wortes; die vorletzte ist dabei immer lang und trägt einen Hauptton, während die letzte kurz oder lang, jedoch nie betont sein kann. Die langen Silben, mit Ausnahme der vorletzten und event. letzten, können in der üblichen Weise aufgelöst werden. Die einzelnen Verspaare allitteriren für sich in der Art, dafs der Hauptstab immer an die erste (betonte) Silbe der zweiten Zeile gebunden ist, und zwei Hiltsstäbe in der ersten Zeile vorausgehen. Aufserdem enthält jedes Verspaar in der ersten Zeile einen halben, in der zweiten einen ganzen Silbenreim (Assonanz). Als Beispiel diene ein Verspaar aus *Gísli Brynjúlfssons* deutsch gedichteter Strophe: „*Víglunds Vers*“ (*Ljóðmæli*, 1891, S. 489):

Früh trocknet die frohe
Frau die schönen Brauen.

Durch Vermehrung von Assonanzen und Silben wurde dieses Normalschema von einzelnen Dichtern noch kunstvoller ausgestaltet und variirt. Die *Dróttkvætt*-Strophe war 300 Jahre lang die beliebteste Versart u. zw. nicht nur für die grofsen Kunstgedichte, sondern auch für die improvisierten sogenannten losen Strophen (*lausavísur*). Neben diesen Strophenformen mit Stab- und Silbenreimen wurden auf Island auch immer solche mit Endreimen angewendet.

[1]) Das harte Spiel der Walküre *Hildr* ist eben der Kampf.

Gegen die Mitte des 16. Jahrhunderts hin (in den Rimur und Kirchenliedern auch schon früher) begann man dann zumeist, jedoch keineswegs ausschliefslich, in neuen Versmafsen und Strophenformen zu dichten, und erst später, als der Sinn für das Altertum erwachte, wurden daneben auch die alten wieder häufiger aufgenommen. Doch unterscheiden sich diese Gedichte wie alle Dichtung nach der Einführung der Reformation in metrischer Hinsicht von denen der früheren Zeit wesentlich dadurch, dafs für das Versmafs nicht mehr auch die Länge (resp. Kürze) der Silben, sondern nur die natürliche Betonung (Hauptton, Nebenton, Tonlosigkeit) mafsgebend war. Die Gesetze der alten quantitierenden Metrik gerieten dabei völlig in Vergessenheit,[1]) so dafs sie förmlich wieder entdeckt werden mufsten. Es geschah dies durch einen deutschen Gelehrten, Professor *Ed. Sievers*, dem der Norweger *S. Bugge* mit weiteren Feststellungen folgte.[2]) Infolge der veränderten prosodischen Grundregeln, der Unkenntnis der alten Metrik von Seiten der späteren Dichter und der daraus erwachsenen Mifsverständnisse erhielten die modernen Nachbildungen der alten Versformen einen ganz anderen metrischen Charakter als diese, und Rektor *Dr. Jón Þorkelsson* hatte daher so unrecht nicht mit seiner Behauptung, dafs „solche Gedichte mit der alten Dichtkunst nichts zu schaffen haben und in ihnen kein Gesetz für die alten Skalden gefunden werden kann.“[3]) — Für jede isländische Dichtung war — von ganz wenigen Ausnahmen abgesehen — der Stabreim (die Allitteration) obligat gewesen und ist es auch bis auf unsere Zeit geblieben. Erst neuestens möchten einzelne Dichter aus Vorliebe für alles Moderne auf diesen alten Erbschmuck der Dichtung verzichten, wie uns bedünken will, sehr mit unrecht. Das Wesen des Stabreims darf bei den Lesern dieses Buches wohl als bekannt vorausgesetzt werden.[4]) Das deutsche Ohr ist für den Reiz und die Wirkung dieses Reims

---

[1]) Vgl. z. B. des Isländers *John Olafsen. Om Nordens gamle Digtekonst, dens Grundregler, Versarter, Sprog og Foredragsmaade. Et Priisskrift* (Kobenhavn, 1786), bes. S. 48—60, und *E. Ch. Rasks* „*Versläran*“ in seiner *Anvisning till Isländskan eller Nordiska Fornspraket. Fran Danskan öfversatt och omarbetat af Författaren* (Stockholm, 1818), bes. S. 253—268; deutsch von Mohnike: Die Verslehre der Isländer, Berlin 1830, S. 20—47. — [2]) Vgl. Paul und Braune's Beiträge zur Geschichte der deutschen Sprache und Litteratur, V. Bd. (1878) S. 449 ff., VI. Bd. S. 265 ff., VIII. Bd. S. 54 ff., X. Bd. S. 209 ff., 250 ff. u. XV. Bd. S. 391 ff.; vgl. jetzt desselben Autors Altgermanische Metrik (Halle, 1893) S. 50—119, 219—442 u. ö. — [3]) *Isafold*. VII. Jahrg. (*Reykjavík*, 1880) No. 22; vgl. auch No. 10, sowie die Einwendungen dagegen von „X“ in No. 24 desselben Blattes. — [4]) Über die Allitteration vgl. (ausser *Finnur Jónsson*, a. a. O.) neuestens Sievers Altgermanische Metrik, S. 36—46; ferner (zur Ergänzung) Rektor *Jón Þorkelsson* in *Þjóðólfur*, 39. Jahrg. (*Reykjavík* 1887), No. 25 und in *Breytingar á myndum viðtengingarháttar i fornnorsku og fornislenzku* (*Reykjavík* 1887) S. 65—67, sowie Ph. Schweitzer in *Tímarit hins íslenzka bókmenntafjelags*, VIII. Jahrg. (*Reykjavík* 1887) S. 316—318.

jetzt wenig empfänglich und gestattet auch eine freiere Anwendung desselben z. B. innerhalb des Wortes nach unbetonten Vorsilben und in zusammengesetzten Wörtern.[1]) —

Gewandte Dichter und Reimer, besonders aber fruchtbare Rímur-Dichter, haben auf Island durch ihre Kunst nicht selten den Lebensunterhalt gefunden, indem sie, wie schon oben erwähnt, entweder als Rhapsoden umherzogen oder gegen Bezahlung einzelnen wohlhabenden Personen gewisse, meist von diesen selbst genauer bestimmte Dichtungen (gewöhnlich Rímur) lieferten oder auch von solchen reicheren Leuten ganz ins Haus aufgenommen wurden. So hat z. B. — um nicht zu weit in die ältere Zeit zurückzugreifen — im vorigen Jahrhundert der treffliche, später noch zu besprechende *Árni Böðvarsson* die meisten seiner Rímur für den Sysselmann *Jón Arnason* auf *Ingjaldshóll* gedichtet, der ihn schliefslich auch ganz zu sich nahm. Der schon erwähnte *Sigurður Breiðfjörð* verfafste eine Anzahl Rímur für verschiedene Personen und zwar Männer wie Frauen. Und dafs man auf Island auch ohne sehr beliebt oder ein hervorragendes Talent zu sein, sogar heutigen Tages noch als gewandter Verseschmied sein Brot verdienen kann, beweist *Símon Björnsson*, der sich selbst den „Dichter der Thäler" (*dalaskáld*) nennt. Er läfst seine Dichtungen — Rímur und sonstige Reimereien — selbst drucken und durchwandert damit die ganze Insel, wobei er nicht nur allerorten eine gastfreie Aufnahme, sondern auch immer Abnehmer seiner Hefte und dadurch ein genügendes Auskommen findet. Der Mann ist übrigens nicht unbegabt und seine Routine als Improvisator ist so grofs, dafs er ohne Vorbereitung über jeden beliebigen Gegenstand einen Vers hersagen kann.[2]) — Doch hat es auf Island auch manche sehr gute Dichter gegeben, die ihr Leben lang mit bitterer Armut zu kämpfen hatten. In neuester Zeit wurden übrigens sehr begabten mittellosen Dichtern und Schriftstellern vom Alþingi wiederholt Ehrengaben und Unterstützungen aus den Landesmitteln zuerkannt. —

Die Isländer benennen die Dichter noch immer mit dem altehrwürdigen, in seiner Urbedeutung für uns noch dunklen[3]) Worte sächlichen Geschlechtes „*skáld*", dessen „neutrale, im Plural unumgelautete Form dasselbe neben *goð* und andere neutrale Be-

---

[1]) Was hier aus der Verslehre der Isländer mitgeteilt wurde, sind nur einige flüchtige, jedoch für die Zwecke dieses Buches genügende Andeutungen; Ausführliches siehe u. zw.: über die alt isl. Verslehre in Sievers genannten Arbeiten; über die alt- und neuisländische *Finnur Jónssons Stutt íslenzk bragfræði* (Kaupmannahöfn, 1892); ferner über die neuisl. Verslehre *Jóhannes L. L. Jóhannssons* Aufsatz *Um ný-íslenzka bragfræði* in *Tímarit*, XVI, S. 230 bis 252. — [2]) Nach privaten Mitteilungen. — [3]) Die Etymologie dieses seltsamen Wortes ist noch immer nicht sicher gestellt; vgl. z. B. Kahle, die Sprache der Skalden auf Grund der Binnen- und Endreime (Strafsburg, 1892) S. 64–65, Anmerk. 1; *Finnur Jónsson*, *Den oldnorske og oldislandske Litteraturs historie*, I. Bd. (København, 1894) S. 329, deutet das Wort mit Brugmann u. Lidén als „Erzähler."

zeichnungen für göttliche Wesen stellt und seinen Ursprung in hohes Alter hinanfsetzt, wo neben dem Manne die vielkundige Seherin den Zauber in heilige Worte stabte."[1]) Dichterinnen werden, je nachdem es eine Frau oder ein Mädchen ist, als „*skáldkona*" oder „*skáldmey*" bezeichnet. Eine gemütlich scherzhafte moderne Bezeichnung ist „*skáldi*" für einen Dichter von nicht besonderer Bedeutung; das entsprechende Feminium lautet „*skálda.*" Einen Mann, der fliefsende Verse machen kann ohne wirklich ein Dichter zu sein, nennt man einen „*hagyrðingur*". Einer, der rasch und mit Leichtigkeit Verse improvisiert, ist „*hagmæltur*" oder „*skáldmæltur.*" Ein schlechter Dichter wird „*leir(u)skáld*" d. h. Kotdichter, gescholten in Erinnerung an den Mythus vom Dichtermet. Oðinn trank denselben bekanntlich bei dem Riesen Suttungr, verwandelte sich hierauf in einen Adler und flog zu den Asen. Suttungr aber verfolgte ihn ebenfalls in der Gestalt eines Adlers. Die Asen hatten ihre Gefäfse in den Hof hinausgestellt; in diese spie Odin den Met. Einiges aber hatte er, als ihm der Verfolger schon sehr nahe war, in der Angst hinten von sich gegeben, und dies ist der Dichterlinge Anteil und man heifst es „*arnar leir*" d. h. Adlerkot.[2]) Die Reimereien eines solchen Dichterlings — den man früher auch mit dem Worte „*skáldfífl*" (*fífl* = Thor, verrückter oder blöder Mensch) bezeichnete — werden „*leirburður*" d. h. eine Anhäufung von Kot genannt.

Aus ihrem Zeitalter hervorgegangenen, im ganzen Lande beliebten Poeten gab man bisher die ehrende Bezeichnung „*þjóðskáld*" d. h. Volksdichter, Nationaldichter (verschieden von *alþýðuskáld*, das dem deutschen „Volksdichter" entspricht), die indessen nicht immer den wirklich besten Dichtern zu teil wird. Ein in dieser Hinsicht sehr kompetenter Isländer schrieb einmal dem Verfasser des vorliegenden Buches über die Bezeichnung „*þjóðskáld*": „dieselbe ist gewifs mafsgebend für die Beliebtheit und Popularität eines Dichters; dafs jedoch einer zu einer gegebenen Zeit oder für einen längeren Zeitraum diesen Beinamen erhält, beweist nicht entscheidend, dafs ein „*þjóðskáld*" ein besserer Dichter sei als einer, dem diese Bezeichnung nicht zu teil geworden ist. Doch glaube ich sagen zu können, dafs bisher noch kein mittelmäfsiger Dichter diesen Beinamen erhalten hat." Den Namen eines „*þjóðskáld* aber erhielten die Dichter: *Hallgrímur Pjetursson, Stefán Olafsson, Eggert Olafsson, Jón Þorláksson, Benedikt Gröndal d. Ä., Sveinbjörn Egilsson, Bjarni Thórarensen, Sigurður Breiðfjörð, Jónas Hallgrímsson, Jón Thóroddsen, Kristján Jónsson, Benedikt Gröndal d. J., Steingrímur Thorsteinsson* und *Matthías Jochumsson.*

[1]) E. Mogk in H. Pauls „Grundrifs der germanischen Philologie." II. Bd. 1. Abt. (Strafsburg, 1893) S. 73. — [2]) Vgl. *Edda Snorra Sturlusonar, Edda Snorronis Sturlæi Tomus II.* (Hafniae, 1852), S. 296 c. 33. (Die Edda. Die Lieder der sogenannten älteren Edda, nebst einem Anhang: Die mythischen und heroischen Erzählungen der Snorra Edda. Übersetzt und erläutert von Hugo Gering. Leipzig u. Wien, S. 356—357.)

Wie hoch gehalten auf Island die gereimte und gebundene Rede immer war, beweist auch die Rolle, die sie im Volksaberglauben spielt. Dieser schrieb ihr unter Umständen sogar die Macht zu, die Angriffe böser Geister abzuwehren und zauberische Werke zu vollbringen, indem z. B. ein in Versen ausgesprochener Fluch sich alsbald erfüllte. Es soll nicht selten geschehen, dafs Leute unaufgefordert von einem Gespenste, einem bösen Geiste oder dem Teufel mit Versen angesprochen werden. Können sie ohne Verzug in Versen antworten oder eine hingeworfene Halbstrophe vollenden (vgl. oben), so mufs der böse Geist weichen; gelingt es ihnen nicht, so werden sie verrückt und kommen in seine Gewalt.[1]) Bei dieser Gelegenheit sei zugleich der charakteristischen Eigenheit der isländischen Unholde und Gespenster gedacht, dafs sie gern in Versen sprechen, deren letztes Wort oder letzte Wörter wiederholt werden.[2])

Interessant auch als Beispiel für das beliebte Wettdichten ist die folgende Volkssage: Der Teufel überredete einmal einen im Stegreifdichten sehr gewandten Mann, Namens Kolbeinn, zu einem Wettdichten, welches in der Weise stattfinden sollte, dafs im ersten Teile der Nacht der Teufel die erste Hälfte von Strophen dichtete und der Mann rasch die zweite Hälfte dazu ergänzte, welche mit der ersten vollkommen reimen mufste, im zweiten Teile der Nacht aber der Mann die Verse beginnen und der Teufel sie vollenden sollte. Derjenige von ihnen, welcher zu einem vorgesagten Verse nicht sogleich eine richtig gereimte Ergänzung finden konnte, sollte von einem Berge herabgestürzt werden und ganz in die Gewalt des Siegers kommen. So setzten sie sich denn in einer Mondnacht, als die See wild brandete und „der Mond durch die Wolken watete“, neben einander auf einen Berggipfel. Der Wettstreit wurde in der verabredeten Weise geführt. Es gelang dem Manne jedesmal, die vom Teufel begonnene Strophe sogleich zu vollenden. In der zweiten Hälfte der Nacht kam nun an Kolbeinn die Reihe, mit Versen zu beginnen, zu denen schwer Reime zu finden waren. Allein auch der Teufel kam nicht einen Augenblick in Verlegenheit. Da zieht Kolbeinn ein Messer aus seiner Tasche, hält es dem Teufel so vor die Augen, dafs die Schneide gegen den Mond gerichtet ist, und spricht dabei:

Horfðu í þessa egg, egg,
undir þetta tungl, tungl!
(d. h. schau auf diese Schneide, Schneide,
unter diesem Mond, Mond!)

Da blieb der Teufel stumm, denn er fand kein isländisches Wort, das sich auf *tungl* reimte; dann meinte er in seiner Ver-

[1]) *Jón Árnason. Íslenzkar þjóðsögur og æfintýri*, I., S. 464—465. —
[2]) Vgl. K. Maurer, Isl. Volkssagen, S. 59, Anmerk.

legenheit: „Das heifse ich nicht gedichtet, so was, Kolbeinn!“ Kolbeinn vollendete aber selbst die Strophe, indem er sagte:

Eg steypi þjer þá með legg. legg.
lið sem hrærir ungl. ungl.
(d. h. ich werf' dich mit dem Arm. Arm,
der das Handgelenk bewegt.)

Als der Teufel dies hörte, blieb er nicht länger, sondern stürzte sich den Berg hinab ins Meer und lud später Kolbeinn nie wieder zum Wettdichten ein. (Kolbeinn brachte den Reim darum zustande, weil das Wort *úlflidur* oder *úlnliður* in der alltäglichen Rede ausgesprochen wird, als wäre es *ungllidur* geschrieben, und die isländische Poetik sowohl die beliebige Versetzung der Wörter als auch Trennung eines Wortes in zwei Hälften gestattet.)[1])

Dichter, denen derlei wirkungsvolle oder Zauberverse nachgerühmt werden, bezeichnen die Isländer mit dem Namen „Kraft-“ oder „Fluch-Dichter“ (*krafta-* oder *ákvæðis-skáld*). Solche Leute waren nicht wenig gefürchtet, da die Volkssage sie oft als sehr gefährliche Übelthäter erscheinen liefs, die ihre zauberische Dichtkunst nicht nur gegen Gespenster und Unholde, sondern auch gegen Menschen und Tiere anwendeten. Der Glaube an Fluch- und Kraft-Dichter stammt übrigens noch aus der heidnischen Zeit. So war z. B. das sogenannte „*Jarlsníð*“ des Dichters *Þorleifr jarlaskáld* (10. Jahrhundert) in der alten Zeit sehr berühmt, ein Gedicht auf den *Jarl Hákon*, durch das sich der Poet dafür gerächt haben soll, dafs der Jarl ihm sein Schiff plünderte und verbrannte und seine Reisegenossen hängen liefs. *Þorleifr* trug es als Bettler verkleidet dem Jarl und dessen Hofstaate vor, und die Wirkung desselben soll gewesen sein, dafs beim Vortrage des mittleren Teiles des Gedichtes, der später so genannten „Nebelstrophen“ (*Þokuvísur*), die Halle sich plötzlich verfinsterte, die Waffen zur gröfsten Gefahr aller Anwesenden von selbst in Bewegung gerieten, und der Jarl infolge dieses Zaubers in eine schwere und lange dauernde Krankheit verfiel. *Þorleifr* selbst entkam mit heiler Haut in der entstandenen Verwirrung. Der Beginn dieser angeblich so zauberkräftigen Strophe ist noch erhalten und lautet:

Þoku dregr upp hit eystra,
él festisk hit vestra;
mökkr mun náms af nekkvi
naðrbings kominn hingat.

d. h. der Nebel steigt auf im Osten, ein Regenschauer zieht sich zusammen im Westen; Rauch von geraubtem (und verbranntem)

---

[1]) *Jón Árnason, Íslenzkar þjóðsögur og æfintýri*, II., S. 18—19; K. Maurer, Isländ. Volkssagen der Gegenwart, S. 192; vgl. auch *Jón Árnason*, a. a. O., I. S. 496 und Maurer a. a. O. S. 125—126.

Gute (dem Schiffe) kommt wohl hierher getrieben.[1]) — Als typische Beispiele solcher Dichter schlimmster Art können aus der späteren Zeit *Þórður Magnússon á Strjúgi* und *Hallur Magnússon* in der zweiten Hälfte des sechzehnten Jahrhunderts gelten. Beide waren sehr gefürchtet. und wer mit ihnen zu thun hatte, vermied es ängstlich sie in Zorn zu bringen. Am ärgsten sollen sie einander selbst mitgespielt haben. *Hallur* galt wegen seiner Bosheit als der gefährlichere von beiden, *Þórður* hingegen allgemein für den besseren Dichter. Aus *Hallurs* Neid nun soll zwischen den beiden Rivalen die erbittertste Feindschaft entstanden sein, in der sie einander durch Hexenkünste und Zaubergedichte allerlei Übel zuzufügen suchten und der Sage nach auch zugefügt haben. So beschwor einmal *Hallur* einen Geist in Hundegestalt, den er ausschickte, um *Þórður* aus Leben zu gehen. Dieser befand sich eben auf einer Reise zu Pferde, als der Hund ihn anfiel. Das Pferd scheute und warf seinen Reiter ab, worauf der Hund sich auf *Þórður* stürzte. Dieser hatte jedoch noch die Geistesgegenwart, durch Zauberverse nicht nur das Tier von sich abzuwehren, sondern auch dem Feinde auf lange Zeit den nächtlichen Schlaf durch vermeintliches Hundegeknurr zu stören, um sich auf diese Weise zu rächen. Bei einer anderen Gelegenheit hat *Þórður* durch seine Zauberverse von *Hallur* alles Glück abgewendet, was dieser unverzüglich damit erwiederte, dafs er *Þórður* auf dieselbe Weise den Aussatz — eine auf Island früher sehr häufige Krankheit – anhexte. *Þórður* gelang es jedoch durch seine eigene Kraftdichtung die eine Hälfte des Körpers von der Krankheit zu heilen; er hätte sich, wie es heifst, auch die andere heilen können, unterliefs es aber aus Furcht, durch weitere Versuchung den Zorn Gottes auf sich zu laden, und starb daher endlich doch an dieser Krankheit.[2])

Die Volkssage machte auch den berühmten Psalmendichter *Hallgrímur Pjetursson* zu einem solchen *Kraftaskáld*, über den u. a. noch folgendes Geschichtchen im Volksmunde lebt. In der Gegend, wo *Hallgrímur* Pfarrer war, richtete ein Fuchs an dem Vieh der Bauern grofsen Schaden an, ohne dafs es gelang, das Tier unschädlich zu machen. An einem Sonntage nun, als der Pfarrer eben den Gottesdienst hielt und im vollen Ornat vor dem Altar stand, blickte er zum Chorfenster hinaus und sah, wie der Fuchs gerade ein Schaf bifs. Da vergafs er, wo er stand, und sprach die Verse:

Der du das Vieh des Bauern beifs'st,
Verflucht du an den Augen sei'st,
Steintot und regungslos du werde,
Gleich einem Baumstumpf in der Erde!

---

[1]) Vgl. u. a. *Íslenzkar Fornsögur gefnar út af hinu ísl. bókmenntafélagi*, III. Bd. (Kopenhagen, 1883) S. 123—125. — [2]) *Jón Þorkelsson. Om digtningen på Island*. S. 341—343; vgl. auch *Íslenzkar Þjóðsögur og æfintýri*, 1. Bd., S. 470 – 471.

Der Fuchs verendete auch wirklich auf der Stelle. Weil aber *Hallgrímur* von seinem dichterischen Talente, und zwar mitten während der heiligen Handlung, einen schlimmen Gebrauch gemacht hatte, verlor er plötzlich diese seine Gabe. Er bereute nun sein Vergehen und gelobte etwas zur Ehre und zum Preise Gottes zu dichten, wenn er seine Gabe wieder zurück erhalte. Es verging nun eine geraume Zeit, bis einmal im Herbste oder Winter der Pfarrer sich mit einem Knechte im Küchenhause befand, um daselbst Fleisch zum Räuchern aufzuhängen. Der Knecht, der die Arbeit zu besorgen hatte, stieg auf den Querbalken der Küche, um die Fleischstücke an der Stange über demselben zu befestigen; der Pfarrer aber sollte die Stücke reichen. Da sagte dieser zum Knechte: „Sprich etwas auf mich; denn es kommt mir vor, als sei jetzt die Gabe wieder über mich gekommen." Ohne jedoch auf die Worte des Pfarrers weiter geachtet zu haben, rief der Knecht ihm zu: „*Upp, upp*"! (d. h. „Auf, auf"!), und meinte dabei, der Pfarrer solle ihm ein Stück Fleisch hinauf reichen. *Hallgrímur* erhielt auch in der That seine Dichtergabe wieder und hat diese Worte des Knechtes im 1. Vers des ersten Passionspsalms benutzt, den er damals sogleich zu dichten begann, und der mit den Worten anhebt: „*Upp, upp, mín sál og all mitt geð!*" (d. h. Auf, auf meine Seele, und all' mein Sinn![1]). —

Wir wenden uns nunmehr der Vorliebe des isländischen Volkes für geistige und litterarische Beschäftigung im engeren Sinne zu. Obgleich nicht studierte Isländer in der älteren Zeit gar keine und auch in diesem Jahrhundert noch nur zum geringsten Teile eine eigentliche Schulbildung genossen haben, gab es unter ihnen doch immer einzelne und bisweilen sogar viele und der geringsten und ärmsten Volksklasse angehörige Leute, die sich durch Selbstunterricht ein solches Mafs „bücherlicher" Kenntnisse aneigneten, dafs sie sich mit allerlei geistigen, ja selbst schriftstellerischen Arbeiten und dilettantischem Betrieb einiger gelehrter Disziplinen wie der isländischen Geschichte, Genealogie und Philologie, aber auch der Astronomie, Mathematik u. dgl. befassen konnten. Und so finden wir denn auch die Isländer der späteren Zeit eifrig beschäftigt, sei es mit dem Sammeln und Abschreiben von Sagas und sonstigen Geschichten, Sagen und Märchen sowie Volksliedern, Balladen u. dgl., sei es mit der Abfassung von Annalen, Aufstellung von Stammbäumen, Führung von Geschlechtsregistern, mit grammatischen und anderen sprachlichen Studien, mit der Herausgabe von Sagas, Rimur, populär-wissenschaftlichen Anleitungen und Bearbeitungen aus ausländischen Schriften aller Art, oder mit sonstigen litterarischen,

---

[1]) *Jón Árnason Íslenzkar þjóðsögur og æfintýri*, I. Bd. S. 466—467; vgl auch K. Maurer, Isländische Volkssagen der Gegenwart. S. 104. — Dieser Vers ist bekanntlich Paul Gerhardts „Auf, auf, mein Herz mit Freuden! (in dessen Osterliede) nachgedichtet.

kompilatorischen oder schriftlichen Arbeiten. Viele Isländer ohne höhere Schulbildung erlangen dadurch eine Gewandtheit im schriftlichen Ausdruck, die erstaunlich ist. Einen Beleg hierfür bietet wieder die mehrerwähnte Sammlung isländischer Volkssagen und Märchen von *Jón Arnason*, worin ein grofser Teil der mitgeteilten Sagen von Bauern aufgezeichnet ist; „und gerade solche Stücke" schreibt Konr. Maurer — „gehören zu den besterzählten, welche die Sammlung überhaupt enthält; ich wüfste z. B. nicht, wie eine Spuksage vortrefflicher erzählt werden könnte, als dies ein mir persönlich bekannter Bauer, *Þorvarður Olafsson*, bezüglich der Stücke „*Sigurður og draugurinn*" (S. und das Gespenst) und „*Peninga hálftunnan*" (die Geldtonne) gethan hat.[1]) Wie viele unserer deutschen Bauern würden wohl imstande sein, eine einheimische Gespenstergeschichte in so lebendiger Darstellung und so klassischer Sprache niederzuschreiben?"[2])

Man hat sich über diesen Charakterzug der Isländer bisweilen lustig gemacht und ihren Hang zu schriftstellerischen und gelehrten Beschäftigungen ebenso als ein natürliches Produkt der langen Weile bezeichnet, wie man ihre so glänzende alte Geschichtschreibung lediglich auf die grofse, durch die insulare Abgeschlossenheit erzeugte Neugier zurück geführt hat. Von der mifsgünstigen Übertreibung in diesen Spötteleien abgesehen, sind dieselben um so weniger am Platze, als wir der Schreib- und Sammellust der Isländer die Erhaltung so wichtiger geschichtlicher und litterarischer Denkmäler, wie es die Sagas, die alten nordischen Götter- und Heldenlieder, die „Edda" u. s. w. sind, allein zu verdanken haben. Und auch später noch ist in dieser Hinsicht ganz Verdienstliches und zwar nicht etwa nur von Leuten höherer Bildung geleistet worden. So sei hier vor allen des Bauern *Björn Jónsson von Skarðsá* (✝ 1655), des „Vaters der neuisländischen Geschichtschreibung" gedacht, dessen „Annalen" noch heute hochgeschätzt sind, und der auch eine sehr erspriefsliche litterarische Thätigkeit als Kommentator von Sagas und Gesetzen entfaltet hat. Wir nennen ferner aus der neueren Zeit z. B. die Bauern *Jón Egilsson* auf *Stóri Vatnshorn* (gest. um 1809), Schwiegervater des Historikers *Jón Espólín*, *Jón Sigurðsson* zu *Njarðvík* (in der *N. Múla sýsla*) und *Sigmundur Matthíasson* zu *Seyðisfjörður* als fleifsige Sammler von Handschriften — der letztere sammelte hauptsächlich für die isländische Litteraturgesellschaft — und auch sonst Männer von mancherlei litterarischen Interessen. Weitaus bedeutender als diese waren jedoch der Bauer *Gísli Konráðsson* und der Landstreicher *Daði Níelsson*, zubenannt der „Gelehrte", die besonders reiche landesgeschichtliche und litte-

---

[1]) *Íslenzkar þjóðsögur og æfintýri*. I. Bd., S. 265—268; vgl. dazu Isländische Volkssagen. Aus der Sammlung von *Jón Arnason* ausgewählt und übersetzt von M. Lehmann-Filhés. I. Bd. (Berlin, 1889) S. 114—118. — [2]) Germania, 7. Jahrg. (1862) S. 247—248.

rarische Kenntnisse besafsen und dieselben auch schriftstellerisch verwerteten, dann der Bauer *Gunnlaugur Magnússon*, der „isländische Archimedes“, und der Bauern-Astronom *Jón Bjarnason*, endlich aus der neuesten Zeit der Bauer *Einar Ásmundsson*, der eine preisgekrönte Schrift über die landwirtschaftlichen Verhältnisse Islands verfafste, sowie der Buchbinder und spätere Polizeidiener *Jón Borgfirðingur*, bekannt durch biographische, litterarhistorische und andere ganz verdienstliche Publikationen.

Von der auch jetzt noch herrschenden, ja sogar zunehmenden Vorliebe der Isländer für gelehrte und litterarische Beschäftigung zeugt am besten der Umstand, dafs bei der letzten Volkszählung im Jahre 1890 auf Island aufser den Professoren und sonstigen gelehrten Amtspersonen nicht weniger als 99 Privatgelehrte und Litteraten gezählt wurden (gegen 38 im Jahre 1880 und 60 im Jahre 1860), von denen 43 den Lebensunterhalt für sich und z. T. auch für ihre Familie ausschliefslich oder doch hauptsächlich aus diesem Berufe gewannen. Von diesen 99 Personen lebten wieder nicht weniger als 85 in *Reykjavík*, das sich also auch als geistiger Mittelpunkt des Landes geltend macht.[1])

Dafs Island auch wirkliche Gelehrte, Männer der Wissenschaft, hervorgebracht hat, erscheint unter solchen Umständen wohl selbstverständlich. Ja, die Isländer können sich mit Stolz rühmen, die Wissenschaft bereits durch eine ganz erkleckliche Anzahl hervorragender Forscher gefördert zu haben. Vor Allem sind es die nationale Sprachforschung und Altertumskunde, welche die Isländer schon von Alters her mit ausgesprochener Vorliebe betreiben. Finden sich doch bereits einer Handschrift der „*Edda*“ des *Snorri Sturluson*, welche selbst ein Handbuch der Skaldenpoetik bildet, grammatische Traktate beigefügt, die von gelehrten Isländern aus der zweiten Hälfte des zwölften und der Mitte des dreizehnten Jahrhunderts herrühren. Auf diesem Gebiete, besonders aber in der Erforschung ihrer eigenen Sprache, haben die isländischen Gelehrten bahnbrechend gewirkt und sich dauernden Ruhm erworben. Für das Land selbst wäre es allerdings erspriefslicher, wenn sich seine begabten Söhne mehr mit realen Fächern beschäftigen würden, welche bis auf die jüngste Zeit sehr vernachlässigt wurden; besonders gewisse physikalische, technische und naturhistorische Studien könnten mannigfache Anwendung zur Abhilfe der verschiedenen materiellen Gebrechen des Landes finden. Nicht mit Unrecht bemerkte Carl Vogt, der im Jahre 1861 die Einrichtungen der Lateinschule zu *Reykjavík* besichtigte und die physikalischen und geologischen Sammlungen derselben in einem wahrhaft bedauernswürdigen Zustand fand (der sich indessen seither in erfreulicher Weise gebessert hat): „Es macht in der That einen sonderbaren Eindruck, wenn man in Erdhütten, die kaum

---

[1]) Vgl. *Folketællingen paa Island* den 1ste Nov. 1890, S. 94.

den Namen von Häusern verdienen, in niedrigen Gelassen, die nur dürftig mittels eines Quadratfußes Fenster erhellt sind, Knaben findet, die sich mit Hannibal und Scipio herumschlagen und besser im Livius bewandert sind, als in der Geographie ihres eigenen Landes. Man sollte erwarten, dafs in einem Lande, welches von der Natur nur so karge Gaben erhalten hat, alles Dichten und Trachten einzig darauf gerichtet sein sollte, die vorhandenen Hilfsquellen möglichst zu entwickeln, zu vermehren und nutzbar zu machen; man sollte erwarten, dafs gerade die Naturwissenschaften und ihre Anwendung auf Ackerbau, Industrie und Viehzucht hier begeisterte Verehrer finden müssten, welche die erworbenen Kenntnisse in dem Lande praktisch zu verwerten und dadurch der armen Bevölkerung neue Erwerbsquellen zuzuführen suchten . .“ [1]) Auch der den Isländern so wohlgesinnte Heinrich Brockhaus ruft einmal in seinem „Reisetagebuch aus den Jahren 1867 und 1868“ (Leipzig, 1873, 1. Bd. S. 106), wenn auch aus einem anderen Anlasse, aus: „Wer doch diesen Isländern etwas mehr praktischen Sinn und eine gröfsere Energie einflöfsen könnte!“

Es sei schliefslich noch bemerkt, dafs isländische Gelehrte auch an höheren Lehranstalten und wissenschaftlichen Instituten des Auslandes erfolgreich wirkten oder noch thätig sind, wie z. B., wenn wir von der Kopenhagener Universität absehen und uns auf die letzten hundert Jahre beschränken: *Olafur Olafsson* (gest. 1832) als Professor der Mathematik an der Bergwerksschule zu Kongsberg in Norwegen, der klassische Philologe und Lexikograph *Páll Árnason* (gest. 1851) als Rektor an der gelehrten Schule zu Fredericia, der isländische Philologe *Dr. Guðbrandur Vigfússon* (gest. 1889) als Professor an der Universität Oxford, der in demselben Fache thätige *Eiríkur Magnússon* als Bibliothekar an der Universität Cambridge.

* * *

Es scheint mir eine Forderung der Gerechtigkeit zu sein, im besonderen noch des Anteils zu gedenken, der dem weiblichen Geschlechte auf Island an den dichterischen, litterarischen und gelehrten Neigungen dieses Volkes zukommt. Da meines Wissens diese interessante Seite des isländischen Nationalcharakters bisher keine zusammenfassende Darstellung gefunden hat, möge es mir gestattet sein, derselben eine ausführlichere Besprechung zu widmen.

Der Isländer ist jetzt, wie bekannt, ein wackerer, allein in jeder Hinsicht durchaus schlichter Mann von stark ausgeprägter

[1]) Nord-Fahrt, entlang der Norwegischen Küste, nach dem Nordkap, den Inseln Jan Mayen und Island, auf dem Schooner Joachim Hinrich unternommen während der Monate Mai bis Oktober 1861 von Dr. Georg Berna, in Begleitung von C. Vogt, H. Hasselhorst, A. Grefsly und A. Herzen. Erzählt von Carl Vogt. Frankfurt a. M., 1863, S. 316.

demokratischer Gesinnung, und noch weit anspruchsloser und schlichter ist die Isländerin. In der alten Zeit war indessen ihr Auftreten in Familie, Haus und Gesellschaft oft energisch genug. Obgleich dem Weibe keine staatlichen Gewalten eingeräumt waren, so liefs man ihm doch seine Selbständigkeit, wo dieselbe rechtlich begründet war. Unter den Besiedlern Islands, welche daselbst „Land nahmen", waren auch Frauen, wie die Witwe *Auðr*, „die steinreiche", und neben den Goden gab es auch „Godinnen", die zwar, wie wir sicher wissen, nicht die vollen Rechte eines Häuptlings besafsen, jedoch die priesterlichen Funktionen, welche mit der Godenwürde verbunden waren, ausübten. Der verheirateten Frau war, obgleich sie willenlos, durch eine Art Verkauf, in den Besitz des Mannes gekommen, eine angesehene und selbständige Stellung eingeräumt, in der sie nicht selten eine über die Grenzen der Weiblichkeit hinausgehende, kraftvolle Energie und Charakterfestigkeit bethätigte. Und solchen mannhaften Weibern wurde überdies ungeteilte Bewunderung gezollt. Es ist daher auch nicht erstaunlich, dafs so manche Frau einen gröfseren Einflufs auf ihren Mann ausübte, als es zu der sonst so unbeugsamen und rauhen Sinnesart und zur äufseren Reckenhaftigkeit des alten Isländers pafste. Der wegen seiner Kampftüchtigkeit, Händel- und Rachsucht gefürchtete Kämpe war daheim gar nicht selten ein zahmer — Pantoffelheld: denn da „trug die Frau des Mannes Stiefel", wie ein isländisches Sprichwort sich etwas delikater ausdrückt als das entsprechende deutsche. Die grofse Freiheit der Frau stand wohl auch mit dem Umstande in Verbindung, dafs sie sehr leicht die Scheidung von dem Manne mit Zurückerstattung ihres Vermögens erlangen konnte.

Für die Achtung, die man dem Weibe überhaupt zollte, ist es auch bezeichnend, dafs es für ein „Niðingswerk" (d. h. eine schimpfliche That) galt, ein Weib zu schlagen oder sonst zu mifshandeln. Und diese Achtung vor dem weiblichen Geschlechte finden wir auch bei dem Isländer der späteren Zeit und der Gegenwart. Von den Ungezogenheiten des Volksmundes, wie sie im Sprichworte zum Ausdruck gelangen, das ja gegen das weibliche Geschlecht im allgemeinen wenig galant ist, sind freilich auch die isländischen Frauen nicht verschont geblieben; allein ich habe — wenigstens in den gedruckten isländischen Sprichwörtersammlungen — fast nichts von den ausgesuchten Bosheiten gefunden, mit denen bei anderen Völkern das Weib so reichlich und mit so grofser Schadenfreude bedacht wird. — Eine „Frauenfrage" in dem uns geläufigen Sinne hat es auf Island nie gegeben. Die Isländerinnen der neueren Zeit hielten es zumeist für unangemessen und unziemlich, sich selbst auf irgend eine Weise in den Vordergrund oder in die Öffentlichkeit zu drängen. Die veränderten Verhältnisse des Landes würden dies auch nicht gestatten. Diese heischen die Arbeitskraft des ganzen Volkes. Der weibliche Teil der Bevölkerung mufs auf

Island jetzt bei weitem mehr an den Beschwerden des Lebens teilnehmen als anderswo in Europa. Die Weiber müssen nicht nur alle häuslichen Geschäfte besorgen, sondern auch Schuhe und Kleider anfertigen, Heu rechen, das Vieh hüten, ja an einigen Orten auch an dem Fisch- und Vogelfange teilnehmen. Trotzdem erfreuen sie sich heute politischer Rechte, deren sich die Frauen Deutschlands und Österreichs so wie auch mancher anderen grofsen „Kulturstaaten“ wohl noch lange nicht werden rühmen können. Mit Gesetz vom 2. Mai 1882 ist nämlich Witwen, sowie anderen unverheirateten Weibern über 25 Jahren und in selbständiger Stellung das kommunale und kirchliche Wahlrecht erteilt worden.

Was nun aber die geistige Ausbildung der heutigen Isländerinnen betrifft, so braucht wohl nicht erst besonders bemerkt zu werden, dafs die weibliche Jugend denselben Anteil an dem häuslichen Unterricht hat, wie die männliche. Nur im Schreiben sind die Frauen der untersten Klasse noch etwas weniger geübt als die Männer. Gegenwärtig besitzt Island auch bereits mehrere Schulen, welche ausschliefslich für den Unterricht des weiblichen Geschlechtes bestimmt sind *(kvennaskólar)*, so je eine in *Reykjavík*, *Ytriey* und *Laugaland*, welche im Schuljahre 1895 bis 1896 zusammen von 93 Mädchen besucht wurden. Die Isländerinnen erscheinen auch im allgemeinen mit demselben guten Verstande begabt, welcher der männlichen Hälfte des Volkes durchschnittlich eigen ist, und wir finden denselben auch schon in den Sagas häufig gerühmt, wo wir überdies gar nicht selten Weibern begegnen, die den Männern an Klugheit weit überlegen sind.[1]) *Mannvitsbrekka*, d. h. eine Weisheitsklippe, nannte man solch eine kluge Frau, „an der die Weisheit Anderer scheitert und zu schanden wird.“[2])

Die Frauen Islands haben denn auch immer einen feinen und verständnisvollen Sinn, sowie teilnehmendes Interesse an dichterischen und sonstigen litterarischen Produkten bekundet. Dies bezeugt zunächst schon der äufsere Umstand, dafs isländische Dichter und Litteraten nicht selten einzelne ihrer Werke einheimischen Frauen widmeten. So haben — um nur einige Beispiele anzuführen — zugeeignet: der berühmte *Arngrímur Jónsson*, „der gelehrte“, († 1648) seine Übersetzung von Möllers „Soliloquia Animae“ den hochgebildeten Töchtern des Bischofs *Guðbrandur Þorláksson*, *Halldóra* und *Kristín*, der unvergleichliche Dichter geistlicher Lieder, *Hallgrímur Pjetursson* († 1674) seine gefeierten Passionspsalmen der Pastorsfrau *Helga Árnadóttir* und der Sysselmannsfrau *Kristín Jónsdóttir*, der ebenfalls recht angesehene Dichter und

---

[1]) Vgl. Rich. Heinzel, Beschreibung der isländischen Saga (Wien, 1880), S. 25 u. überhaupt S. 22—26. — [2]) Vgl. Hugo Gering im *Arkiv för nordisk filologi*, X. Bd. (1894), S. 395.

Übersetzer von Andachtsliedern sowie gefeierte Rimurskáld *Eiríkur Hallsson* seine „130 geistl. Lieder aus Johann Arndts Paradies-Gärtlein“ der Frau des Bischofs *Gísli Þorláksson*, *Ragnheiður Jónsdóttir*, und der „isländische Cicero“, Bischof *Jón Þorkelsson Vídalín* († 1720) seine hochgeschätzte „*Sjöorðabók*“ (Predigten über die sieben Worte Christi auf dem Kreuze) der Frau *Þrúður Þorsteinsdóttir*, welcher auch Bischof *Þórður Þorláksson* seine Übersetzung eines deutschen Andachtsbuches von Johann Obarius dedizierte. In diesem Jahrhunderte dichtete *Sigurður Breiðfjörð* mehrere Rimur und Gedichte für Gönnerinnen seiner Muse und widmete die „*Rímur af Valdimari og Sveini*“ seiner zweiten Frau *Kristín Illugadóttir* als Hochzeits-Morgengabe.[1]) U. dgl. m.

Der treffliche *Eggert Ólafsson* († 1768) hat auf die Liebe der Frauen zur Dichtkunst sowie zu den alten Geschichten eigens hübsche Verse geschrieben, welche er „*Heimildarskrá* oder Zueignung der alten Geschichten und der Gedichte an die Frauen Islands“ betitelte,[2]) und worin es unter anderm heifst:

> 4. Mannsvolk schenkt weniger Aufmerksamkeit
> Dem, was die Skalden ihm singen;
> Es hat ja immer zu wenig Zeit,
> Beschäftigt mit wichtigern Dingen.

Ganz anders hingegen die Weiber, welche den Männern an Gewandtheit im sprachlichen Ausdruck, feinerem Gefühl u. dgl. überlegen sind:

> 6. Sie haben den besten Briefstil im Land,[3])
> Die reinste Sprache zu eigen,
> Sie knüpfen mit Skalden ein Freundschaftsband,
> Den besten Geschmack sie zeigen.
>
> 11. Und wenn's bei ihnen dann finster schon ist,
> Die Lichter zu brennen beginnen,
> Leis singend Eine aus Rimur liest,
> Und reifst dich aus trübem Sinnen.
>
> 12. Sie lauschen, liebevollen Gemüts,
> Bewundernd den teuren Geschichten,
> Die von den Helden unsres Geblüts
> Aus alten Zeiten berichten.
>
> 13. Du kannst getrost auf das Urteil bau'n,
> Das gesunden Sinnes sich schufen
> Und äufsern nach jedem Satze die Frau'n
> In flüchtigen Zwischenrufen.

[1]) Vgl. *Jón Borgfirðingur, Stutt ágrip af æfi og kveðskap Sigurðar Breiðfjörðs skálds* (*Reykjavík*, 1878), S. 5, 15, 29, 32, 33. — [2]) *Kvæði Eggerts Ólafssonar* (Kaupmannahöfn, 1832). S. 171–172. — [3]) Eine hübsche Probe findet sich in Rask's *Sýnishorn*. *Id est Specimina Litteraturæ Islandicæ veteris et hodiernæ prosaicæ et poëticæ, magnam partem anecdota* (*Holmiæ*, 1819), S. 255–256 (*Littera a puella Islandica*).

14. Sie zupfen, karden, weben und näh'n
— Die Saga spornt sie zum Fleifse —
Sie stricken und walken, die Spindel sie dreh'n
— Ein Spiel auch auf seine Weise. —

15. Sie werden nie schläfrig, und mag noch so sehr
Der Vorleser auch schon ermüden,
Sie rufen doch immer: „Lies mehr noch, mehr!"
Und geben sich nimmer zufrieden.

16. Ans Siebengestirn [1]) wird nicht gedacht
Drin in der Stube des Bauern,
Und plötzlich ist es dann Mitternacht
Zu ihrem grofsen Bedauern." —

Den Frauen gebührt auch das Hauptverdienst an der Überlieferung der alten Sagen und Lieder, indem besonders **sie** dieselben im Gedächtnis bewahrten, der Jugend immer wieder erzählten und dadurch von Generation zu Generation weiter verpflanzten. Die Frauen behielten auch die geschichtlichen Ereignisse am längsten und besten im Gedächtnis und waren daher stets geschätzte Berichterstatterinnen für die Geschichtschreiber. Ein klassisches Beispiel hiefür ist schon in der alten Zeit (im 11. Jahrhundert) **þurfðr**, die „weise", eine Tochter des Goden *Snorri*, welche *Ari*, dem ersten isländischen Schriftsteller und Begründer der isländischen Geschichtschreibung († 1148), über die Besiedlung Islands und die damals lebenden vornehmeren Geschlechter Auskunft erteilte, wie er gleich am Anfange seines kleinen „Isländer-Buches" ausdrücklich und mit Anerkennung derselben als „einer ebenso kenntnisreichen, wie wahrheitsliebenden Frau" berichtet.[2]) Auch wissen wir aus der älteren Zeit, dafs während der Sohn in der Schule von den Männern Latein und ausländische Wissenschaft lernte, die Mutter ihn in der Genealogie und Menschenkunde unterrichtete.[3]) Die Genealogie besonders war immer eine Lieblingsbeschäftigung der Isländerinnen und blieb es bis heute. Aus der neueren Zeit z. B. sind in dieser Hinsicht als besonders verdienstvoll bekannt: *Hildur Arngrímsdóttir* († 1725), die Mutter des berühmten *Páll Vídalín*, *Elín Einarsdóttir* († 1754), *Gudrún Gísladóttir* zu *Flaga* (*á Flögu*; † 1814), *Cecilia Jónsdóttir* in *Steinar* (geb. 1801).[4]) Von der erstaunlichen Geschichtskenntnis, welche die Frauen aus dem beständigen Anhören der Sagas schöpfen, war bereits oben die Rede (vgl. S. 6). Und die Mütter und Frauen sind ebenso heutzutage noch die besten Lehrer der Kinder in allem, was volks-

---

[1]) Das Siebengestirn oder die Plejaden (*sjöstirni*) als Stundenzeiger wenn das Siebengestirn auf Island sich an der Mittagsstelle der Sonne befindet, ist es Mitternacht. — [2]) Vgl. *Aris Íslendingabók* (z. B. in Poestions Einleitung in das Studium des Altnordischen. II. Bd. Hagen. 1887. S. 1—12), cap. 1 — [3]) Vgl. *þorláks biskups saga hin yngri*, c. 3 am Ende, in: *Biskupa sögur*. I Bd. (Kaupmannahöfn. 1858). S. 266. — [4]) Vgl. *Jón þorkelsson*, *Íslenzkar ártíðaskrár eða Obituaria islandica* (Kaupmannahöfn, 1893—96), S. 12—13.

tümlich ist.[1]) Auch sind gerade sie es, welche die Geschichten am besten zu erzählen verstehen. In der schon mehr erwähnten, von dem isländischen Bibliothekar *Jón Árnason* veranstalteten Sammlung isländischer Volkssagen und Märchen, welche der Herausgeber direkt dem Munde des Volkes entnommen und fast ausnahmslos mit den Worten der Personen, die sie ihm geliefert, mitgeteilt hat, finden sich viele ausgezeichnete Stücke, die von Frauen herrühren.[2]) Weit gröfser ist natürlich die Zahl derjenigen Sagen, welche von Männern nach der Erinnerung dessen aufgezeichnet sind, was ihre Mutter und andere Frauen ihnen in ihrer Kindheit gesagt haben.[3]) — Den Frauen ist es denn auch zum gröfsten Teile zu verdanken, dafs die Isländer als ein so gebildetes Volk erscheinen. Mit Recht bemerkt daher eine Isländerin selbst, Frau *Bríet Bjarnhjeðinsdóttir*, in einem später noch zu erwähnenden Vortrage über die Stellung und die Rechte der Frauen (S. 32—33): „Die Frauen haben den gröfsten und besten Anteil daran, dafs das isländische Volk (d. i. die grofse Menge, die unteren Volksschichten) für gebildeter gilt und es auch ist als das Volk in anderen Ländern. Denn als es noch keine Kinder- und Fortbildungsschulen (auf Island) gab, mufsten sie die ersten Lehrer ihrer Kinder sein. Sie unterrichteten sie in der Sprache, im Lesen und in den anderen Lehrgegenständen. Von ihnen lernten ihre Söhne die Geschichten von dem Ruhme und Heldentume der Vorfahren. Durch sie wurden die alten Volkssagen bewahrt, die bei den anderen Völkern so hoch geschätzt sind. Sie haben die Sprache rein und unvermischt erhalten; denn wenn die Männer, die im Auslande waren, hernach in allem sich nach den Sitten der Dänen richten wollten und sich bemühten „auf dänisch zu kauen", wie *Jónas Hallgrímsson* sich ausdrückt, waren es immer die Frauen, welche dagegen wirkten. Von ihnen lernten unsere besten Männer ihre Nationalität und ihr Vaterland lieben."

Das weibliche Geschlecht hat auch immer an all den litterarischen Neigungen und Spielen, welche oben geschildert worden sind, regen Anteil genommen. Wir haben gesehen, dafs gerade die weibliche Zuhörerschaft beim Vorlesen der Sagas am aufmerksamsten lauscht und ihren Gefühlen dabei den lebhaftesten Ausdruck giebt. Herumziehende Sänger mit guter Stimme und einem grofsen Vorrat von Liedern und Melodieen erfreuten sich

---

[1]) *Jón Árnason, Íslenzkar þjóðsögur og æfintýri*, I. Bd., S. XXXII. — [2]) Vgl. z. B: Die Sennerin, Gilitrutt, Der Bräutigam und das Gespenst, Sigridur, die Sonne des Eyafjördur, in Lehmann-Filhés' Isländischen Volkssagen aus d. Sammlung von *Jón Arnason* ausgewählt und übersetzt (Berlin, 1889/91), sowie: Ring der Königssohn, Bangsimon, Kohlensteifs auf dem Steckenpferd, Ullarvindill, Brjám in Poestions Isländischen Märchen. Aus den Originalquellen übertragen (Wien, 1884), dann: *Huldumaðurinn í Moldhelli* und *Biskupsdóttirin á Hólum* in *Olafur Davíðssons* Sammlung *Íslenzkar þjóðsögur (Reykjavík*, 1895), S. 10—12 u. S. 120—125. — [3]) *Jón Arnason*, a. a. O.

eines besonderen Ansehens und hoher Gunst stets am meisten bei den Mädchen und Frauen. Übrigens hat es neben diesen Rhapsoden auch Rhapsodinnen gegeben. So lernten wir bereits eine „Lieder-Anna" (*Kvæða*-Anna) kennen, von der noch berichtet wird, daſs sie im Jahre 1421 dem Kloster zu *Þingeyrar* 480 Pfund Butter borgte, die sie sich wahrscheinlich eben dadurch verdient hatte, daſs sie umherzog und Rimur (und wohl auch andere Gedichte) vortrug.[1]) Von einer „Lieder-*Jórunn*" aus dem *Borgarfjörður*, welche um 1840 starb, wird ebenfalls berichtet, daſs sie von Hof zu Hof zog und sich durch den Vortrag oder das Absingen von Gedichten ihren Lebensunterhalt verdiente.[2])

Die verschiedenen Arten des Wettsingens und Wettdichtens werden von den Mädchen und Frauen ebenso häufig geübt, wie von den Jünglingen und Männern, sei es nun, daſs sie die Herausforderung von Männern annehmen oder ihnen selbst den Handschuh hinwerfen; und oft werden sie von den Kampfrichtern als völlig ebenbürtige Mitstreiter anerkannt.[3]) Auch die Reimbegabung ist beim weiblichen Geschlechte wie in der alten Zeit so auch jetzt noch im gleichen Maſse vorhanden wie beim männlichen, und Frauen und Mädchen sind daher nicht minder gewandt und schlagfertig in witzigen und kunstvoll gereimten Improvisationen, wie bereits an einigen oben mitgeteilten Beispielen zu ersehen war.[4])

Allein es hat auch stets wirkliche, durch Talent hervorragende Dichterinnen unter den Isländerinnen gegeben, wenngleich sie absichtlich als solche nur selten in die Öffentlichkeit getreten sind. Es wurde ja auf Island lange Zeit für unziemlich angesehen, daſs Frauen und Mädchen sich ernstlicher mit der Dichtkunst oder mit Schriftstellerei befaſsten oder gar mit solchen Produkten Staat machten, indem sie dieselben etwa drucken lieſsen. Erst in der jüngsten Zeit ist, wie schon angedeutet, auch auf Island ein Umschwung in dieser etwas gar zu strengen Anschauung von den Pflichten weiblicher Bescheidenheit eingetreten. Wirklich anerkannte d. h. ausdrücklich als solche bezeichnete Dichterinnen oder „Skaldinnen" (*skáldkona*, *skáldmey*, vgl. oben S. 27) hat es auf Island[5]) auch schon in der alten Zeit gegeben. So kennt man eine heidnische „*skáldkona*" Namens *Steinunn Refsdóttir*, welche aus dem südwestlichen Teile Islands stammte

---

[1]) *Jón Þorkelsson*, *Om Digtningen på Island*. S. 120. — [2]) *Ólafur Davíðsson*, *Íslenzkar skemtanir*, S. 217—218. [3]) *Eiríkur Magnússon* in: Unsere Zeit, 1872, S. 683. — [4]) Für die alte Zeit vgl. z. B. die Citate in Möbius' Ausgabe von *Snorris Háttatal* (Halle, 1879/81) II. Bd., S. 135, Z. 10—15. — [5]) Auch im Mutterlande Norwegen gab es Dichterinnen, wie z. B. die heidnische „*skaldmær*" *Jórunn*; vgl. *Guðmundur Þorláksson*, *Udsigt over de norske-islandske skjalde fra 9de til 14de Århundrede* (København 1882), S. 21 und *K. Gíslason*, *Udvalg af oldnordiske skjaldekvad med anmærkninger* (København 1892), S. 17, 96—97 u. 222.

und die Mutter des vorzüglichen Skalden *Hofgarða-Refr* oder *Skáld-Refr* war. Es sind von ihr noch zwei Einzelstrophen überliefert, welche sie bei der Nachricht dichtete, dafs der Sturm das Schiff des christlichen Missionärs *þangbrandr* vom Lande losgerissen und stark beschädigt habe. Es geschah dies im Winter 997 auf 998, und *Steinunn* erblickte hierin ein Zeichen dafür, dafs der alte Glaube stärker sei, als der neue. Ihre Verse wurden dadurch gewissermafsen zum Schwanengesang der heidnischen Dichtung und daher besonders bedeutungsvoll. Dieselben sind im kunstvollen Skalden-Metrum des sogenannten „*dróttkvætt*“ (mit Stab- und halben wie ganzen Binnenreimen) und mit den üblichen, schwer verständlichen skaldischen Umschreibungen der Begriffe gedichtet, daher in der Originalform hier nicht wiederzugeben.[1] Dem Sinne nach besagt die eine Strophe: „*þórr* zerbrach das Schiff; die Götter verfolgten das Schiff des Priesters; Christ half dem Schiffe nicht, als *þórr* es zerdrückte; ich glaube, dafs der Christengott das Schiff nur wenig beschützte.“ Der Sinn der zweiten Strophe ist: „*þórr* rifs *þangbrands* Schiff weit fort von seiner Stätte, schüttelte und rüttelte dasselbe und warf es an das Land. Das Schiff wird nicht mehr seetüchtig sein, denn ein harter, von *þórr* gesandter Sturm zerbrach es in Späne.“ — Eine andere heidnische Dichterin war þ ó r h i l d r, die Frau des *þráinn Sigfússon*. Es heifst von ihr, dafs sie sehr redegewandt war und besonders gern Spottgedichte machte. Es ist uns leider nur ein sogenannter „*kviðlingr*“ (d. i. ein Verspaar) erhalten, welches sie ihrem Manne, der nicht glücklich mit ihr lebte, bei einem Hochzeitsschmause zurief, als er ziemlich auffallend eine hübsche Nachbarin, die erst vierzehnjährige *þórgerðr*, anstarrte. Diese beiden Verse (die wir in Prosa wiedergeben, damit sie nichts von ihren kräftigen Wortlaut verlieren) lauten: „Es ist nicht schön so mit aufgesperrtem Maul zu glotzen; es sieht dir dabei auch der Bösewicht aus den Augen, mein lieber *þráinn*!“ Diese Auslassung kam der Dichterin teuer genug zu stehen. Ihr Mann sprach sogleich die Scheidung aus; sie mufste sich aus der Hochzeitsgesellschaft entfernen und *þráinn* heiratete die *þórgerðr*.[2] — Von den Skaldinnen *Vilborg*, welche den König *Olafr kyrri* besang[3]), dann *þorunna*[4]) und *þórunn Surtsdóttir*[5]), die im 11. Jahrhundert lebten, wissen

---

[1]) Vgl. z. B. *Kristnisaga*, c. 8, *Njála*, c. 102; dann *K. Gislason*, a. a. O., S. 24 u. 113—114 und dazu: *Islendinga sögur, udgivne efter gamle Haandskrifter af det kongelige nordiske Oldskrift-Selskab*. IV. Bd. (København. 1889), S. 598—624; ferner K. Maurer, Die Bekehrung des norwegischen Stammes zum Christentum in ihrem geschichtlichen Verlaufe quellenmäfsig geschildert (München 1855/56), I. Bd. S. 400—401. — [2]) Vgl. *Njála*, c. 34 (in der Ausgabe „*á kostnað hins konunglega norræna fornfræðafjelags*“. Kaupmannahöfn, 1875, S. 64—66). — [3]) Genannt im *Skáldatal*, vgl. *Edda Snorra Sturlusonar. Edda Snorronis Sturlæi*. Tomus III. (*Hafniæ*, 1880—1887), pag. 615. — [4]) *Islendinga sögur, udgivne . . af det kongelige nordiske Oldskrift-Selskab*. II. Bd. (København, 1847), S. 359 ff. — [5]) Ebenda, I. Bd., S. 158, Anm. 5.

wir nichts Näheres. Eine vortreffliche Dichterin scheint hingegen noch (im 13. Jahrhundert) Steinvör, die Tochter des Häuptlings *Sighvatr Sturluson*, gewesen zu sein, welche dem vornehmen, mächtigen und auch geistig so begabten Geschlechte der Sturlungen angehörte und unter anderem ein Gedicht auf den norwegischen Häuptling und Freund der Sturlungen, *Gautr Jónsson* zu *Melr* (gest. 1270) verfafste, das aber nicht mehr vorhanden ist.[1])

Doch auch aus den späteren, poesieärmeren Jahrhunderten sind dichtende Frauen bekannt. Von einer Tochter des trefflichen Dichters *þórður Magnússon á Strjúgi*, Namens Rannveig (16. Jahrhundert), heifst es, dafs sie den sechzehnten Gesang der *Rollants-rímur* gedichtet habe und zwar während sie in einem Breitopf rührte. Ihr Vater sei nämlich, nachdem er fünfzehn Gesänge vollendet hatte, so schwer krank geworden, dafs sie ihn verloren glaubte; da wollte nun sie die Dichtung vollenden. Der Vater wurde jedoch wieder gesund, und als er nun sah, was *Rannveig* gedichtet hatte, fand er, dafs ihr Gesang weitaus besser war als die anderen. Aus Scham darüber geriet er in solchen Zorn, dafs er dem Mädchen einen Backenstreich versetzte.[2]) Als Dichterinnen sind ferner bekannt geworden: *Solveig Rafnsdóttir*, die letzte Äbtissin des Klosters zu *Reynistaður* (in der Mitte des 16. Jahrhunderts[3]), die „*skálda*" *Sigga Jónsdóttir* (gest. 1707[4]), dann besonders *Steinunn Finnsdóttir* in *Höfn* in der *Melosveit* im *Borgarfjörður* (um 1700), von der noch eine Anzahl Rímur und andere Gedichte handschriftlich (einiges davon auch gedruckt) erhalten sind[5]); ferner: *Sigríður þorláksdóttir*, die Tochter des beliebten Dichters und Probstes *þorlákur þórarinsson* († 1773[6]), die berühmten „*Ljósavatns*-Schwestern" *Júdit* und *Rut*, Töchter des Bauern *Sigurður Oddsson*, die in der zweiten Hälfte des vorigen Jahrhunderts auf dem Hofe *Ljósavatn* in der *þingeyjar sýsla* geboren wurden und bis in die erste Hälfte dieses Jahrhunderts hinein gelebt haben[7]), u. a. —

---

[1]) *Sturlunga saga edited by Dr Gudbrand Vigfusson* (Oxford, 1878) Vol. I., pag. 367 und öfter; vgl. auch: *Edda Snorra Sturlusonar. Edda Snorronis Sturlæi* Tomus III, pag. 751—752. — [2]) Vgl. *Jón þorkelsson, Om Digtningen på Island*, S. 343 u. 344—345, und *Jón Arnasons Íslenzkar þjóðsögur og æfintýri*, I. Bd., S. 470. — [3]) Vgl. *Jón þorkelsson* a. a. O., S. 194, wo auch ein in Espólins *Islands Árbækur* citierter Vers der Äbtissin mitgeteilt ist — [4]) *Jón þorkelsson*, a. a. O., S. 341. — [5]) Vgl. *Katalog over den Arnamagnæanske Haandskriftsamling udg. af Kommissionen for det Arnamagnæanske Legat* (København, 1888 ff.) II. Bd., S. 412, No. 2356; dann auch *Króka-Refs saga og Króka-Refs rímur* (København, 1883), S. XXXVI; Maurer, Isländische Volkssagen der Gegenwart, S. 315; Gedichte in: *Huld. Safn alþýðlegra fræða íslenzkra* I. (*Reykjavík*, 1890), S. 72—73 und *Olafur Davíðssons Íslenzkar vikivakar og vikivakakvæði* (Kopenh. 1894), S. 207—209, 236—237. — [6]) Vgl. *Lijted Barna Kver samanntcked af þeim miög-vel-gáfada Guds Manne Sr. þorláke þórarenns Syne* . . . (*Hólar*, 1780), S. 79—84, wo sich ein nach dem Tode ihres Vaters verfafstes Gedicht von ihr abgedruckt findet. — [7]) Vgl. *þáttur af Jónatan og Bóasi prestum og systrum þeirra* von *Gísli Konráðsson* im Feuilleton von *Isafold*, 1891 (*Sögusafn Isafoldar*. IV.,

Mit dem Beginne unseres Jahrhunderts ist die isländische Litteratur in eine neue Blüteperiode eingetreten, und alsbald ist es wieder eine Dichterin, *Guðný Jónsdóttir* (1804—1836), welche durch ihre besondere Begabung Aufsehen erregt. Leider ist nur ein einziges Gedicht von ihr und zwar erst nach ihrem Tode gedruckt worden.[1]) In der auf Island sehr beliebten, seit 1850 bereits zweimal neu aufgelegten lyrischen Anthologie „*Snót*“ finden wir schon drei Vertreterinnen des weiblichen Geschlechtes gebührend berücksichtigt, nämlich *Ketilríður Hólmkelsdóttir* mit einem kleinen, aber hübschen Gedichtchen, und die Bischofsfrau *Ragnheiður Stefánsdóttir*, sowie die Amtmannswitwe *Sigríður Stefánsdóttir* mit den bereits oben (S. 17 u. 14) mitgeteilten Versen.[2]) Wir kennen ferner aus diesem Jahrhundert eine *Rósa skáldkona Guðmundsdóttir*[3]), genannt *Vatnsenda-Rósa* oder *Natans-Rósa* aus *Fornhagi* im *Hörgárdalur*, eine *Guðrún skáldkona Þórðardóttir*, die den Volksdichter *Sigurður Breiðfjörð* besang.[4]) eine *Sigríður Gunnlaugsdóttir* „*skálda*“, u. a.[5]) Die erste isländische Dichterin, welche sich mit einer selbständigen Publikation an das Licht der Öffentlichkeit wagte, war *Júlíana Jónsdóttir* (geb. 1838). Ihre Gedichtsammlung „*Stúlka*“ d. h. Mädchen (*Akureyri*, 1876) war allerdings nur dieses Umstandes wegen interessant, denn die Gedichte selbst bekundeten nur geringes Talent Nicht viel besser und fast nur religiös-erbaulichen Inhaltes waren die Gedichte („*Nokkur Ljóðmæli*“) von *Guðbjörg Arnadóttir*, welche 1879 zu *Reykjavík* erschienen sind.[6]). Recht frisch und sinnig sind die „*Ljóðmæli*“ (Gedichte) der *Agústina J. Eyjúlfsdóttir* (gest. 1872), welche nach dem Tode der Dichterin herausgegeben wurden und um so bemerkenswerter sind, als *Agústina* nur eine sehr mangelhafte Bildung erhalten und überdies ihr Leben lang mit Not und Kümmernissen aller Art zu kämpfen hatte.[7]) Die freundlichste Anerkennung erhielt von den neueren lyrischen Dichterinnen *Ólöf Sigurðardóttir* für ihre des poetischen Schwunges nicht entbehrenden, oft sinnig

---

S. 19—49), worin von den Brüdern dieser beiden Schwestern gehandelt wird, und auch vereinzelte Nachrichten über die letzteren, sowie einige ihrer *Lausavísur* enthalten sind. Auch *Jón Þorkelsson* nennt sie in seiner Biographie *Stefán Olafssons* in *Kvæði eptir Stefán Olafsson* II. Bd. pag LXXXI. Mehr konnte ich über diese beiden „*nafnkunnu skáldkonur*“ leider nicht erfahren.

[1]) *Fjölnir. Árrit handa Íslendingum.* 3. *ár* (1837), II. Abt., S. 30—32. — [2]) *Snót*, 1. Aufl. S 60, 2. Aufl. S. 84, 268 u. 371. — [3]) Vgl. *Jón Borgfirðingur, Stutt æfiminning Sigurðar Breiðfjarðar skálds* (*Reykjavík*, 1878), S. 33—54, wo sich auch einige Verse der *Rósa* mitgeteilt finden, und *Einar Benediktsson* in *Sigurðar Breiðfjörð: Úrvalsrit* (Kopenh. 1894), S. 256. — [4]) Vgl. *Jón Borgfirðingur* a. a. O., S. 49; das Gedicht auf *Sigurður Breiðfjörð* erschien in der Zeitschrift *Norðanfari*, 8. *ár*, 1860, No. 31—32. — [5]) Vgl. *Tímarit hins ísl. bókmentafjelags*, 1892, S. 181. — [6]) Vgl. *Finnur Jónsson* in *Skuld*, 1882, S. 18. — [7]) *Ljóðmæli eptir Agústinu J. Eyjúlfsdóttir* (sic!) *Útgefandi B. J.* („*Eskifirði*“, recte *Seyðisfirði*, 1883).

zum Herzen sprechenden und dabei auch sprachlich wohlgelungenen „Kleinen Gedichte“ (1888).[1])

Erfolgreicher als in der Lyrik, die jetzt auch auf Island stark im Preise gesunken ist, scheint sich die schöngeistige Thätigkeit des weiblichen Geschlechtes auf dem Gebiete der Novelle und des Romans zu erweisen, welche Litteraturgattung sich auf Island erst in diesem Jahrhundert allmählich eingebürgert hat. Da ist vor allen Frau *Torfhildur Þorsteinsdóttir Holm* zu nennen, eine entschieden sehr begabte Roman- und Jugendschriftstellerin, welche aufser einer Anzahl kleinerer Erzählungen zwei geschichtliche Romane aus der Vergangenheit Islands — „*Brynjólfur Sveinsson biskup*“ und „*Elding*“ — geschrieben hat (vgl. unten). Ein frisches Erzählertalent bekundet auch die jugendliche *Ingibjörg Skaptadóttir* in ihren „Reisen nach der Hauptstadt“.[2]) Als Übersetzerinnen bewährten sich u. a. *Ólöf Sigurðardóttir* und *Guðrún Matthíasdóttir* (Pseudonym: *Hrefna*).[3])

Zum Schlusse sei noch bemerkt, dafs es Island — von den vielen heilkundigen Weibern oder „Ärztinnen“ abgesehen — auch an höher gebildeten und selbst an gelehrten Frauen nicht gefehlt hat, noch fehlt. Ja das „nordische Alexandrien“ hat ebenfalls seine jungfräuliche Hypatia aufzuweisen, der jedoch kein so trauriges Los zu teil wurde, wie der gefeierten griechischen Gelehrtin.[4]) Islands Hypatia war Ingunn; diese „reine Jungfrau“ studierte zusammen mit gelehrten Männern an der Domschule zu *Hólar*, und es wird von ihr ausdrücklich berichtet, dafs sie diesen Männern an Gelehrsamkeit nicht nachgestanden habe. Später unterrichtete sie auch selbst an dieser Schule und zwar sowohl „in der *Grammatica*“ wie in sonstigen Gegenständen, und es wurde von ihr eine ganz bedeutende Anzahl von Männern ausgebildet. Sie war so tüchtig im Latein, dafs sie die Korrektur lateinischer Manuskripte besorgen konnte. Sie that dies oft, indem sie sich dieselben vorlesen liefs, während sie nähte, Schach spielte oder sich mit anderen Dingen beschäftigte.[5]) Auch eine fromme Einsiedlerin Namens *Hildr* hatte sich an der Domschule zu *Hólar* gelehrte Kenntnisse angeeignet, und unterrichtete dann selbst wieder nicht nur Mädchen sondern auch Knaben.[6])

---

[1]) *Nokkur smákvæði og ein smásaga snúin úr dönsku* (einige kleine Gedichte und eine kleine aus dem Dänischen übersetzte Geschichte), *Reykjavík*, 1888. — [2]) *Kaupstaðarferðir. Litil frásaga. Akureyri*, 1888. Vgl. Magaz. f. d. Litt. des In- und Auslandes. 58. Jahrg. S 824—825. — [3]) *Skógarliljurnar, kristileg frásaga handa unglingum, Útl. úr dönsku áf Hrefnu (Reykjavík*, 1887). — [4]) Vgl. Poestions Griechische Philosophinnen (Norden, 1882), S. 246—285. — [5]) *Jóns saga helga eptir Gunnlaug munk*, c. 27 (in *Biskupa sögur*, I., S. 241). — [6]) *Jóns saga helga hin elzta, Viðbætir*, c. 5 (in *Biskupa sögur*, I., S. 207).

Heute hat Island seine Lehrerinnen und Fachschriftstellerinnen[1]) wie andere civilisierte Länder; auch von Frauen gehaltene öffentliche Vorträge sind auf Island jetzt nichts Neues mehr, nachdem *Bríet Bjarnhjeðinsdóttir* mit ihrer am 30. Dezember 1887 zu *Reykjavík* gehaltenen „Vorlesung über die Stellung und die Rechte der Frauen" den Anfang gemacht hatte. Dieselbe Dame hielt später (1894) noch einen Vortrag über „Das Leben auf dem Lande und das Leben in *Reykjavík*". Beide Vorträge sind auch gedruckt erschienen.[2]) Das gegebene Beispiel ahmte zuerst *Jóhanna Jóhannsdóttir* nach, die in *Ólafsvík* gegen das Überhandnehmen der Trunksucht auf Island sprach und ihren Vortrag ebenfalls drucken liefs.[3]) Eine andere *Jóhannsdóttir*, *Ólavía*, ein sehr beredtes Fräulein, hielt neulich sogar Vorträge in Kopenhagen und Christiania, in denen sie über die Stellung der Frauen auf Island, über das Wahlrecht der Frauen daselbst, über die Errichtung einer Universität auf Island u. dgl. sprach.

Seit dem Jahre 1895 hat Island auch zwei eigene Frauenzeitungen „*Kvennablaðið*" (d. h. das Frauenblatt), herausgegeben in *Reykjavík* von der oben genannten *Bríet Bjarnhjeðinsdóttir*, und „*Framsókn*" (d. h. Fortschritt), herausgegeben in *Seyðisfjörður* von Frau *Sigríður Þorsteinsdóttir* und ihrer Tochter *Ingibjörg Skaptadóttir*). Es wurde ferner auf Island ein Frauenverein gebildet, der (seit 1895) ein Jahrbuch: „*Ársrit hins íslenzka kvenfèlags*" herausgiebt.

---

[1]) Vgl. z. B. *Leiðarvísir til að nema ýmsar kvenlegar hannyrðir* (Anweisung zur Erlernung versch. weiblicher Handarbeiten) *eptir Þóru Pjetursdóttur og Jarðþrúði Jónsdóttur og Þóru Jónsdóttur* (*Reykjavík*, 1886); *Kvennafræðarinn* (der Frauenlehrer). *Samið hefur Elín Briem. 2. útg.* (*Reykjavík*, 1891). — [2]) *Fyrirlestur um hagi og rjettindi kvenna, sem Bríet Bjarnhjeðinsdóttir hjelt í Reykjavík 30. des. 1887. Fyrsti fyrirlestur kvennmanns á Íslandi* (*Reykjavík*, 1888) und *Sveitalífið og Reykjavíkrlífið. Fyrirlestur, sem flutt hefir B. B.* (*Reykjavík*, 1894). — [3]) *Fyrirlestur er Jóhanna Jóhannsdóttir í Ólafsvík hjelt 26. Febr. 1891* (*Reykjavík*, 1892).

Übersicht des Geisteslebens auf Island seit der Reformation.

Man pflegt den Zeitraum, welcher die Geschichte Islands von der ersten Besiedelung durch die norwegischen Auswanderer im Jahre 874 bis auf die Gegenwart umfaſst, in zwei fast gleich lange Perioden, in die sogenannte alte und die neue Zeit abzuteilen. Als Grenzscheide dient das Ende des vierzehnten Jahrhunderts, beziehungsweise die Kalmarische Union (1397), durch welche Island mit dem alten Mutterlande Norwegen an Dänemark gelangte, zu dem es heute noch gehört. So passend diese Abteilung für die politische Geschichte Islands erscheinen mag, so unzutreffend erscheint sie uns doch für die Geschichte des Geisteslebens und der Litteratur in diesem Lande. Für diese existiert eine andere Grenzscheide zwischen dem Alten und dem Neuen, so deutlich und markant, als dies nur immer sein kann. Und diese Grenzscheide ist die Einführung der Reformation auf Island d. i. die Mitte des sechzehnten Jahrhunderts. In diese Zeit verläuft sich der Niedergang der alten geistigen Kultur, die im dreizehnten Jahrhundert ihren Höhepunkt erreicht hatte, und in derselben Zeit wurde der frische Same gelegt, aus dem langsam zwar, aber um so kräftiger ein neues Geistesleben sich entwickelte und eine neue Litteratur entstand. „Die Zeit bis zur Reformation“ sagt auch K. Maurer,[1]) „bildet mit ihren Volkssagen und Volksliedern, Märchen und Rímur, dann auch mit einzelnen freieren Dichtungen, nur den Auslauf der früheren Jahrhunderte, freilich eine gewisse Ermattung und Versumpfung deutlich erkennen lassend; mit der Reformation aber beginnt eine neue Zeit geistigen Aufschwunges.“ In der Geschichte der isländischen Sprache bildet ebenfalls erst die Reformation den eigentlichen Wendepunkt vom Alten zum Neuen. Um 1600 wenigstens hatte die Sprache — nach einer Übergangsperiode, dem Mittelisländischen (1400—1600) — fast alle jene Merkmale erhalten, welche die neue Sprache von der alten unterscheiden

[1]) Magazin f. d. Litteratur des In- und Auslandes, Jahrg. 1885, S. 807.

und hauptsächlich in gewissen Lautwandlungen, in der Aufnahme fremder Wörter und im Verzicht auf die alten Quantitätsgesetze bestehen.[1] Beiläufig in die Mitte des sechzehnten Jahrhunderts fällt ferner die Einführung der Buchdruckerkunst auf Island, die zunächst den Zwecken der Reformation diente. Der Zeitraum von der Einführung der Reformation auf Island bis auf den heutigen Tag ist es somit, unter dem wir in Bezug auf das isländische Geistesleben und Schrifttum die Neuzeit verstehen, deren Beginn man ja auch sonst von der Reformation an zu datieren pflegt. —

Da die Dichtungen eines Volkes Blüten oder doch Produkte seines Geisteslebens sind, dieses jedoch seine gesunden oder kranken Säfte aus dem Boden der allgemeinen kulturellen und materiellen Verhältnisse des Landes zieht, empfiehlt es sich zum besseren Verständnis und zur gerechten Beurteilung der isländischen Dichtkunst der Neuzeit, wie sie in ihren nahmhafteren Vertretern hier vorgeführt werden soll, eine wenngleich nur flüchtige Uebersicht des isländischen Geisteslebens während dieser Periode zu bieten. Gleichzeitig werden sowohl die politischen und ökonomischen als auch die religiösen und sittlichen Zustände Beachtung finden müssen, und als der Urquell für das neue Geistesleben und die neue Litteratur Islands wird die Reformation samt den näheren Umständen ihrer Einführung auf Island und ihren ersten Wirkungen auf das Volk etwas genauer ins Auge zu fassen sein. Wegen des Zusammenhanges aber mit der alten Zeit, der ja durch die Reformation keineswegs scharf abgeschnitten wurde, sondern in so mancher Beziehung selbst heute noch besteht, ist es natürlich nicht minder geboten, vorher auf die einschlägigen Verhältnisse wenigstens der letzten vorausgegangenen Jahrhunderte einen kurzen Rückblick zu werfen.

* * *

Rückblick. Die alte freistaatliche „Herrlichkeit“ Islands hatte nach fast dreieinhalbhundertjährigem Bestande in den Jahren 1262—1264 ihr im Grunde recht schimpfliches Ende erreicht, indem sich die Insel, ohne dafs dabei auch nur ein Tropfen Blutes vergossen wurde, dem norwegischen Könige unterwarf. Die Katastrophe selbst war zunächst durch die mörderischen, den Wohlstand des ganzen Landes vernichtenden Fehden einzelner nach der Alleinherrschaft strebender Geschlechter und die dadurch herbeigeführte Einmischung des norwegischen Königs und Erz-

---

[1] Vgl. z. B. A. Noreen, Altisländische und altnorwegische Grammatik unter Berücksichtigung des Urnordischen. Zweite vollständig umgearbeitete Auflage (Halle, 1892), § 1 u. ö., dann desselben Autors De nordiska språken (Uppsala, 1887), S. 11—19; *Finnur Jónsson, Stutt íslenzk bragfræði* (Kaupmannahöfn, 1892), S. 59 u. 67—68.

bischofes veranlafst worden: sie war jedoch unausbleiblich gewesen infolge des Mangels an politischem Bewufstsein und strammem Zusammenhalt im Volke, dessen vornehme Männer von jeher um die Gunst des norwegischen Königs buhlten, ja mit einer gewissen Vorliebe sogar in den persönlichen Dienst desselben traten; sie war überhaupt von Anfang an in den Mängeln begründet, die der Grundanlage der aristokratisch-republikanischen Verfassung anhafteten.

Seit seiner Vereinigung mit Norwegen war es mit Island in jeder Hinsicht zurück gegangen. Anfangs blieb scheinbar noch alles beim Alten, das ohnehin nicht mehr am besten war. Den Isländern waren zwar eine weitgehende Selbständigkeit in den inneren Landesangelegenheiten und gewisse Privilegien im Verkehr mit Norwegen zugesichert worden, und sie selbst hatten sich in der Unterwerfungsurkunde u. a. auch ganz besonders vorbehalten, dafs an ihrer heimischen Gesetzgebung nichts geändert werden solle. Es war in das Instrument auch ausdrücklich die Klausel aufgenommen worden, dafs die Isländer von aller Treupflicht gegen den König entbunden sein sollten, wenn dieser seine Versprechungen nicht einhalte. Allein die Macht der Umstände bewirkte, dafs den Isländern diese Selbständigkeit in Wirklichkeit sehr bald verloren ging, indem die Insel immer mehr und mehr nach norwegischem Muster regiert wurde. So ward alsbald das Gerichts- und Prozefswesen nach norwegischer Art eingerichtet. Der „Gesetzsprecher“ (*lögsögumaður*) hiefs von nun an „Gesetzesmann“ (*lögmaður*), und im Jahre 1277 wurde noch ein zweiter Gesetzesmann bestellt. Das Alþingi blieb zwar bestehen, verlor jedoch immer mehr von seiner früheren Bedeutung; an Stelle der alten *þing*-Verbände traten bleibende Bezirke (*sýslur*), denen je ein Bezirksvorsteher (*sýslumaður*) vorstand.[1] Ueber die ganze Insel wurde ein Oberbeamter gesetzt, der den Titel eines Marschalls (*hirðstjóri*) führte. Im Jahre 1271 erhielt die Insel von König Magnús auch ein neues, jedoch in jeder Hinsicht mangelhaftes Gesetzbuch nach norwegischem Muster, die sogenannte „*Járnsíða*“. Dieses wurde zehn Jahre später infolge des Widerstandes, das es auf Island fand, durch die das alte isländische Recht mehr berücksichtigende „*Jónsbók*“ (so genannt nach dem Gesetzsprecher *Jón Einarsson*, der sie 1280 nach der Insel brachte) verdrängt, welche, nach wenigen Abänderungen von den Isländern angenommen, in complexu bis auf den heutigen Tag Gültigkeit hat. Die Isländer waren nicht imstande, sich wirksam gegen diesen Bruch des Unterwerfungskontraktes aufzulehnen, und so unter-

[1] *sýsla* bedeutet eigentl. Geschäft, Verrichtung, Dienst, Auftrag; *sýslumaður* = Geschäftsmann; später wurde *sýsla* = Amt, Amtsbezirk; vgl. über dieses aus Norwegen nach Island verpflanzte Amt K. Lehmann, Abhandlungen zur germanischen, insbesondere nordischen Rechtsgeschichte (Berlin u. Leipzig, 1888), S. 177 ff.

schieden sie sich thatsächlich in nichts mehr von den übrigen Unterthanen des norwegischen Königreiches. Von grofsem Einflusse auf die Verhältnisse des Landes war auch die Einführung eines von Bischof *Árni Þorláksson* (genannt *Staða-Árni*) ebenfalls zumeist nach norwegischem Muster ausgearbeiteten neuen, auf die allgemeinen kanonischen Satzungen sich stützenden „Christen“- (d. i. Kirchen-) Rechtes zuerst im Skálholter (1275) und später (1354) auch im Holenser Bistum, wodurch die Macht des Klerus nicht nur in geistlichen sondern auch in vielen weltlichen Dingen wieder bedeutend vergröfsert wurde. Hatten aber die auf die Lostrennung vom Staate gerichteten Bestrebungen der Kirche schon früher (seit der zweiten Hälfte des zwölften Jahrhunderts) zu schädlichen Zerwürfnissen zwischen der geistlichen und weltlichen Macht geführt, so gab es nun neuen Streit zwischen Kirche und Staat, der sich zunächst um die Loslösung der Kirchen aus dem Eigentum der Laien und die Gültigkeit des neuen Kirchenrechtes drehte. Später gab es — namentlich im Nordlande — auch andere Konflikte mit den Bischöfen, die nun häufig Ausländer und bisweilen nichts weniger als ihres Amtes würdige Personen waren. Der Zwist zwischen Kirche und Staat hatte indessen doch auch seine guten Seiten; denn indem die Geistlichkeit eifersüchtig ihre Rechte und Befugnisse zu wahren suchte, setzte sie so mancher Willkür und ungerechter Bedrückung der weltlichen Obrigkeit einen Damm entgegen. Das Volk stand ja überhaupt bald auf gespanntem Fufse mit den königlichen Beamten, die oft mit allzu grofser Strenge und Rücksichtslosigkeit ihres Amtes walteten; auch waren die obersten Ämter wiederholt durch Ausländer besetzt, was übrigens, wie Maurer sehr richtig bemerkt, oft genug geradezu notwendig wurde, wenn die Organe der Staatsgewalt von der alles überwuchernden inneren Parteiung unberührt gehalten werden sollten. Die Unzufriedenheit mit den fremden Oberbeamten stieg bisweilen bis zu einer solchen Erbitterung, dafs einige derselben aus dem Lande vertrieben, ja sogar mit Waffengewalt bekämpft wurden. In der zweiten Hälfte des vierzehnten Jahrhunderts lagen die staatlichen und sozialen Zustände so sehr im argen, dafs sie an Anarchie grenzten, und diese Zeit zu den schlimmsten Perioden in der Geschichte Islands zählt.[1])

Als Island 1397 mit Norwegen an Dänemark fiel, wurde an diesen Verhältnissen zunächst nichts geändert. Es mufsten auch die dänischen Könige, ebenso wie früher die norwegischen, beim Antritte ihrer Regierung sich von den Isländern besonders huldigen lassen und ihnen ihre eigene Handveste ausstellen. Wie aber die Dänen überhaupt, besonders anfangs, die Isländer als

[1]) K. Maurer, Zur politischen Geschichte Islands (Leipzig, 1880), S. 268—274.

Fremde oder allenfalls als Kolonisten betrachteten — während die Norweger niemals ihre Verwandtschaft mit denselben vergafsen — so kümmerten sich auch die dänischen Könige zunächst sehr wenig um das ferne Schatzland, wenngleich — und zwar schon aus fiskalischen Gründen — nicht so wenig, dafs ihnen Island ganz verloren gegangen wäre, und König Christian I. im Jahre 1476 den Polen „Kolno" hätte aussenden müssen, um „Island wieder zu entdecken" — wie in einer neuesten „Weltgeschichte" zu lesen ist.[1] Gerade der erste Oldenburger beschäftigte sich wieder etwas mehr mit den isländischen Angelegenheiten und soll sogar durch eine Isländerin, die ebenso energische wie schöne Witwe des im Jahre 1467 von englischen Händlern in Ausübung seines Amtes getöteten Ritters *Björn Þorleifsson*, in eine fünfjährige Fehde mit England verwickelt worden sein.[2]

Bei der geringen Obsorge für das Land, das zumeist der Willkür der niederen Beamten preisgegeben war, ist es nicht zu verwundern, dafs die Isländer weder den notwendigen Rechtsschutz im Innern noch Beschützung gegen räuberische Einfälle fremder Horden fanden. Die Rechtlosigkeit im Lande, welche schon unter der norwegischen Herrschaft im 14. Jahrhundert zu den schlimmsten Ausschreitungen geführt hatte, nahm im 15. Jahrhundert so sehr überhand, dafs die daraus hervorgegangenen Zustände an die letzten blutigen Zeiten des Freistaates erinnerten. Ausserdem gab es noch fortwährend Konflikte zwischen der Geistlichkeit und dem Volke. Die Bischöfe waren jetzt fast aus-

---

[1] Weltgeschichte von Prof. Dr. J. B. von Weifs, 3. verbesserte Auflage, 7. Band (Graz und Leipzig, 1892), S. 161. Als Quelle für diese Angabe ist des polnischen Historikers Lelewel: Geographie du moyen-âge, Breslau, 1852 (auch Bruxelles 1852), III., 78; IV., 304 f., citiert. Die Citate stimmen jedoch nicht. Es liegt zunächst eine Verwechslung mit Grönland vor. Bei Lelewel heifst es IV (§) 23 oder S. 105—106: Peut-être la destruction du Groenland fut à l'instant même connue en Norvége et en Danemark. Mais l'interruption de toute communication depuis cinquante ans devait remplir la mère-patrie d'anxiétés sur le sort de sa fille, le silence de la mort appelait au moins à retrouver son gite glacé. Dans ce but le roi de Danemark, Christiern II (sic!), fit équiper en 1476 un navire norvégien et le confia au pilote polonais Jean Scolnus, z Kolna, de Kolno, lequel, en se dirigeant vers l'ouest, reconnut les côtes septentrionales du spacieux continent, et du détroit qu'elles faisaient avec une terre étendue au nord", etc. Aber auch diese, im wesentlichen Georg Horns Ulysses peregrinans (Löwen, 1671) entlehnten Angaben sind sehr hypothetisch. Nach Gust. Storms Vermutung in seinem Schriftchen: Sofareren Johannes Scolvus og hans reise til Labrador eller Grønland, Christiania, 1886 (auch in *Historisk Tidsskrift*, 2. *Række*, 5. Bd.) hätte der Mann eigentlich Johannes Scolvus (*Jón Skolr*) geheifsen, wäre kein Pole, sondern ein Nordländer gewesen, und seine Seefahrt hätte erst nach 1492 (doch vor ca. 1546) stattgefunden. Vgl. auch *Þorvaldur Thóroddsen, Landfræðissaga Íslands*. 1. Teil (*Reykjavík*, 1892), S. 82—84. — [2]) Vgl. ,*Annálar, Biörns á Skardsá*. Tom. I. (*Hrappsey*, 1774), S. 50, *Jón Espólíns Íslands Árbækur í sögu-formi*. *II deild* (Kaupmannahöfn, 1823), S. 69 u. *Finnur Magnússon* in *Nordisk Tidsskrift for Oldkyndighed*, 2. Bd., S. 124—127.

schliefslich Fremde — Dänen, Norweger, Engländer, — die für die Bedürfnisse des Volkes keinen Sinn und kein Verständnis hatten und nur darauf bedacht waren, aus ihrer Stellung möglichst viel materiellen Gewinn zu ziehen. So war der Bischofsstuhl von *Hólar* fast 180 Jahre hindurch (1342—1520) nur mit Ausländern besetzt. Und welchen Schlages manche dieser obersten Seelenhirten waren, zeigt u. a. das Beispiel des Bischofs *Jón Gerechini*, der früher Erzbischof von Upsala war, jedoch wegen seines unmoralischen Lebenswandels abgesetzt werden mufste, und dennoch später (1430) das Bistum *Skálholt* erhielt. Sein Benehmen war aber auch hier so herausfordernd und beleidigend, dafs er endlich während des Gottesdienstes von bewaffneten Männern überfallen, vom Hochaltar weggerissen und ertränkt wurde (1433). Im allgemeinen war der Klerus nach wie vor eifersüchtig bestrebt, seine kirchenrechtliche Gewalt zu befestigen und auszudehnen, wobei die Bischöfe keinen geringeren Druck auf das Volk ausübten als die weltlichen Oberen. Es gelang ihnen auch, ihre Macht bis in die erste Hälfte des sechzehnten Jahrhunderts hinein immer mehr zur Geltung zu bringen, und die beiden letzten katholischen Bischöfe *Ögmundur Pálsson* und *Jón Arason* — beide Isländer — erfreuten sich sogar noch des Triumphes, dafs sie — während der Wirren in Dänemark nach dem Tode Friedrich I. (1533) bis zur Thronbesteigung Christian III. (1536) — auch die weltliche Obergewalt erhielten und sich in die Statthalterschaft (*hirðstjórn*) über die Insel teilen konnten (1534—1537).[1])

Die ökonomischen Zustände der Insel, die sich schon in der letzteren Zeit des Freistaates stark verschlechtert hatten, waren allmählich immer schlimmer und im vierzehnten und fünfzehnten Jahrhundert geradezu trostlos geworden, indem Island zu dieser Zeit auch unter den schwersten Naturereignissen und Landplagen zu leiden hatte. Häufiger als sonst war die Insel vom Meereis blockiert und von Mifsjahren heimgesucht worden. Im Jahre 1302 hatte die Hekla einen ihrer grauenvollsten Ausbrüche gehabt. 1349 war der schwarze Tod auf Island zu Gaste gewesen, um 1400 wiederzukehren und bis 1402 im ganzen Lande so schrecklich zu hausen, dafs er nicht weniger als zwei Drittel der gesamten Einwohner dahin gerafft haben soll und ganze Thäler und Landschaften entvölkerte, von denen manche selbst heute noch nicht wieder bebaut sind. Um 1477 hatte es wieder schreckliche Feuerausbrüche mit Aschenregen, Erdbeben, Finsternissen und grofsem Viehsterben gegeben, und im Jahre 1494 war durch die Engländer eine neue Seuche ins Land gebracht worden, die abermals viele Gegenden entvölkerte. Durch diese Naturereignisse war die gänzliche Verarmung des Volkes herbeigeführt worden, während hingegen einige wenige Geschlechter

[1]) Vgl. auch Maurer, a. a. O., S. 274—275.

zu übergrofsem Reichtum gelangten. Zu all dem war noch gekommen, dafs auch der **Handel** immer mehr zurückging. Schon in der Zeit des Freistaates, wo den „Goden" das Recht zustand, den Handelsverkehr im Inlande wie dem Auslande gegenüber beliebig zu regeln, war der Handel Islands im wesentlichen passiv gewesen und zumeist von den Norwegern (*austmenn*) betrieben worden. Als die Isländer sich Norwegen unterwarfen, war es mit ihrem eigenen Handel bereits so schlimm bestellt gewesen, dafs sie sich in der Unterwertungsakte besonders ausbedungen hatten, wenigstens sechs Schiffe jährlich mit den notwendigsten Bedürfnissen von Norwegen nach Island geschickt zu erhalten. Indessen hatten die Isländer damals immerhin noch eigene seetüchtige Schiffe, auf denen sie ins Ausland reisten, um auch selbst Handel zu treiben, und, was das Wichtigste war, der Handel blieb bis gegen die Mitte des vierzehnten Jahrhunderts **frei**. Um diese Zeit hatte der norwegische König, wie ihm schon längst der Handel mit den Finnen vorbehalten war, auch den Handel mit Island als Regale beansprucht und durch Einhebung eines fünfperzentigen Zolles vom Werte der eingeführten Waren sowie durch Verpachtung des Handels an einzelne Personen begonnen, die Freiheit desselben einzuschränken. Bald ging der Handel immer mehr und mehr in die Hände fremder Nationen und zwar zunächst in die der Engländer über, welche denselben das ganze fünfzehnte Jahrhundert hindurch beherrschten, dabei aber auch raubten, plünderten und mordeten. Um die Mitte dieses Jahrhunderts hatten dann allmählich auch die Deutschen, besonders die Lübecker und Danziger Kaufleute, angefangen, mit Island Handel zu treiben, und es war ihnen endlich sogar gelungen, die Engländer völlig zu vertreiben, sodafs während des sechzehnten Jahrhunderts die Deutschen, und zwar jetzt fast ausschliefslich die reichen und mächtigen Hamburger [1]), die eigentlichen Herren des isländischen Handels waren. War somit auch der isländische Handel fast ausschliesslich in fremden Händen gelegen, wodurch der Gewinn daraus dem Lande entging, so hatten die Isländer doch auch manche Vorteile aus dem Verkehr mit den fremden Kaufleuten gezogen und waren bei ihren bescheidenen Ansprüchen mit diesem Wenigen zufrieden.[2])

---

[1]) Hamburg stand denn auch bei den Isländern in so grofsem Ansehen, dafs es ihnen wohl als der Stapelplatz aller Herrlichkeiten der Welt erscheinen mochte. Auf dieses Ansehen der mächtigen Hansastadt deutet noch ein späteres isländ. Volkslied (Heute will ich nach Hamburg reiten) hin. Vgl. Zeitschrift des Vereins f. Volkskunde, IV (1894), S. 409—412. An den Handel der Hamburger mit Island erinnert daselbst auch noch der Name eines Pfänderspieles: „Die Frau (oder Königin) von Hamburg," wie man denn überhaupt noch allerwärts auf der Insel Spuren der damaligen Beziehungen der Hansastädte zu Island findet. Vgl. *Olafur Davidsson, Islenzkar skemtanir*, S. 190—191. od. in Zeitschrift d. Vereins f. Volkskunde, IV, S. 408—409. — [2]) Vgl. Maurer, a. a. O., S. 277 und E. Baasch, Forschungen zur hamburgischen Handelsgeschichte. I. Die Islandfahrt der Deutschen, namentlich der Hamburger, vom 15. bis 17. Jahrhundert (Hamburg, 1889), S. 1—57 u. ö.

Die rechtlosen, innerlich verworrenen Zustände des Landes und das Fehlen einer jeden höheren Führung waren nicht geeignet mancherlei schlimme Sitten und Rohheiten, welche den freien Isländern angehaftet und die sich in der Sturlungenzeit bis zu den ärgsten Gräueln gesteigert hatten, viel zu verbessern oder völlig zu beseitigen. Das gewaltthätige Vikingtum, die schreckliche Vendetta und die unaufhörliche Streit- und Kampflust, diese schlimmsten Eigenschaften der alten Isländer, hatten dem Einflusse des Christentums viel länger Widerstand geleistet, als man glauben möchte, und waren selbst im sechzehnten Jahrhundert keineswegs noch aus dem Volkscharakter entschwunden. Auch die ungestüme Sinnlichkeit jener kraftvollen Naturen zu zügeln hatte die christkatholische Kirche lange nicht vermocht. Mufste sie es doch, um einen einheimischen Priesterstand zu gewinnen, anfänglich eine geraume Zeit hindurch dulden, dafs die Geistlichen heirateten. Als dann im Jahre 1237 von Papst Gregor dem Neunten auch dem isländischen Klerus der Cölibat anbefohlen worden war, hatte diese Strenge nur zur Folge, dafs nicht nur die meisten niederen Geistlichen sondern auch einzelne Bischöfe von nun ab ganz ungescheut im Konkubinate lebten und sich auch ihrer oft recht zahlreichen Kinder nicht schämten. So wird z. B. von dem Stammvater des berühmten lutherischen Bischofs *Guðbrandur þorláksson*, dem Priester *Sveinbjörn þórðarson* († 1490), berichtet, dafs er nicht weniger als fünfzig Kinder im Konkubinate und eine weitere Anzahl aufser demselben gehabt habe und davon den Beinamen „*Barna-Sveinbjörn*“ d. h. der Kinder-*Sveinbjörn* erhielt.[1]) Sogar der Bischof *Jón Arason*, der so sehr an seinem Glauben festhielt, dafs er wegen desselben den Martyrertod erlitt, hat vierzig Jahre lang, bis an sein Lebensende, mit *Helga Sigurðardóttir* zusammengelebt und mit ihr vier Söhne und zwei Töchter gezeugt. Wo die Geistlichkeit mit solchem Beispiele voranging, konnte natürlich vom ungezügelten Laienvolke nichts Besseres, sondern nur Schlimmeres erwartet werden. Indessen darf doch gerechter Weise nicht übersehen werden, dafs zu jenen Zeiten auch aufserhalb Islands und nicht im skandinavischen Norden allein, sondern z. B. auch in Deutschland noch die rohesten Sitten herrschten.[2])

Wie man bereits ersehen konnte, war die Religiosität der meisten Isländer, seit sie Christen geworden, mehr ein äufserliches Gehaben als der Ausflufs eines wirklichen, tiefinnerlichen Gefühles; „der weifse Christ“, dem sich im Jahre 1000 ganz Island auf dem Alþingi gebeugt, war ein milder und nachsichtiger

---

[1]) *Jón Espólín, Íslands Árbækur*, II, S. 104 u. 112. — [2]) Vgl. Maurer, Island von seiner ersten Entdeckung bis zum Untergange des Freistaates (München, 1874), S. 268—278; *þorkell Bjarnason, Um siðbótina á Íslandi* (*Reykjavík*, 1878), S. 15—17, 33.

Herrscher, der den besiegten Asen und ihrem Gefolge Zeit gelassen zum Abzuge. Es währte darum noch ziemlich lange, bis der christliche Glaube auch von Herz und Sinn des Volkes wirklich Besitz genommen hatte, wobei es ihm bekanntlich doch bis auf die Gegenwart herab nicht gelungen ist, gewisse aus dem Heidentum stammende und in mancherlei Aberglauben fortlebende Vorstellungen gänzlich aus der Volksseele auszurotten. Doch errichtete bald ein Grofsbauer nach dem andern ein Kirchlein bei seinem Hofe und bestellte sich für die Vornahme der gottesdienstlichen Handlungen einen Priester (*prestr*)[1]. Im Jahre 1056 hatte Island seinen ersten Bischof *Isleifr Gizurarson* mit dem „Stuhle“ (*stóll*) zu *Skálaholt* (später *Skálholt*) im Südlande erhalten, wo auch 1057 eine Kathedrale erbaut wurde; 1106 war dann ein zweites Bistum (für das Nordland) mit dem Stuhle zu *Hólar* errichtet und hier ebenfalls ein Dom erbaut worden. Die beiden Diözesen unterstanden jedoch seit 1152 dem Erzbistum *Niðarós* (Drontheim). Zu Beginn des dreizehnten Jahrhunderts gab es auf der ganzen Insel schon ungefähr viertehalbhundert Kirchen. Im Jahre 1133 war das erste Kloster zu *Þingeyrar* im Nordlande und 1493 das letzte zu *Skriða* im *Fljótsdalur* im Ostlande gegründet worden; um 1500 gab es deren im ganzen neun, wovon sieben Männer- und zwei Frauen-Klöster waren.

Am meisten hatte sich die christliche Religiosität der Isländer bis zur Einführung der Reformation in einer besonders warmherzigen und werkthätigen Verehrung der Heiligen gezeigt; so wurden von den Aposteln besonders Petrus (*Sankti Pjetur*), dann Johannes (*Jón postuli*), Andreas (*Andrjes postuli*) und Paulus (*Sankti Páll*) verehrt. Auch Johannes der Täufer (*Jón skirari*) und der heilige Nikolaus (*Nikulás*) haben bei den Isländern in grofsem Ansehen gestanden. Mit wahrhaft abgöttischer Verehrung wurde aber die Königin aller Heiligen, die Gottesmutter Maria, gefeiert. Nicht weniger als gegen 150 Kirchen waren ihr auf Island teils allein, teils in Verbindung mit anderen Heiligen geweiht worden. Ein Gnadenbild derselben, zu welchem an allen Marien-Festtagen zahlreiche Pilgerscharen wallten, und dem auch viele Votivgeschenke gespendet wurden, befand sich zu *Hofstaðir* in *Skagafjörður* und war unter dem Namen der „*Hofstaða-Maria*“ im ganzen Lande bekannt und berühmt. Das beinahe lebensgrofse geschnitzte Bildnis war reich mit Gold und Silber besetzt und mit einem sehr kostbaren Gewande bekleidet. Einige reiche Leute spendeten demselben jährlich nicht unbedeutende Gaben, wie z. B. der Gesetzsprecher *Teitur Þorleifsson*,

---

[1] Um 1300 oder früher wurde den Geistlichen auf Island der Titel „*sira*“ d. h. Herr (das franz. sire und engl. sir) beigelegt, der noch jetzt allgemein üblich ist und sogleich nach der Weihe gegeben wird, doch lautet das Wort nunmehr und zwar seit der ersten Hälfte dieses Jahrhunderts zumeist *séra* (*sjera*). Vgl. für die alte Zeit das Wort in Fritzners *Ordbog over det gamle norske Sprog*, neue Aufl., III. Bd., S. 249.

welcher der *Hofstaða-Maria* auf diese Weise bis zum Jahre 1528 sechzehn Kühe geschenkt hatte. Kaum minder grofse Verehrung wurde einem roten Kreuze zu *Kaldaðarnes* in *Flói*, dem „*Kaldaðarnesskross*", zu teil, zu dem besonders an den beiden Feiertagen des Kreuzes im Frühjahr und Herbst ebenfalls Wallfahrer aus allen Gegenden Islands pilgerten.[1])

Von den nordischen Heiligen wurden auf Island besonders König *Olafur*, dann *Hallvarður* und *Jarl Magnús Erlendsson* von den Orkneys verehrt. Bald hatte auch Island selbst seine Heiligen, nämlich die Bischöfe: *Jón Ögmundarson* von *Hólar* (gest. den 23. April 1121, heilig gesprochen den 3. März 1198), *Þorlákur Þórhallsson* von *Skálholt* (gest. 1193) und *Guðmundur Arason* von *Hólar* (gest. 1237), vom Volke „der Gute" („*Grendur góði*" oder „*Góði Grendur*") genannt. Von ihnen galt *Þorlákur* als der Hauptheilige des Landes; seine Festtage, die beiden „*Þorláks*-Messen" am 20. Juli und 23. Dezember, waren die gefeiertsten im Lande; an diesen Tagen wimmelte es in *Skálholt* von Leuten, die gekommen waren, um sich an den Festlichkeiten zu beteiligen und den Wunder wirkenden Heiligenschrein zu berühren oder doch wenigstens zu sehen.[2]) Der hl. *Þorlákur* wurde auch aufserhalb Islands in Norwegen, Dänemark, Schweden, England und Schottland verehrt, ja sogar in Konstantinopel war ihm eine Kirche geweiht.[3]) *Guðmundur* hingegen, der von keinem Papste kanonisiert[4]), jedoch nicht nur auf Island, sondern auch in Norwegen als „Heiliger" verehrt worden war, spielte eine um so wichtigere Rolle in der isländischen Volkssage; noch heute kennt man auf Island eine Menge „*Guðmunds-Brunnen*" und andere Lokalitäten, die durch ihren Namen besagen, dafs sie von dem „guten *Grendur*" geweiht und daher für wunderwirkend gehalten wurden.[5]) Die alten Festtage dieser drei Heiligen finden sich noch immer im isländischen Kalender als *Þorláksmessa*, *Jónsmessa* (3. März und 23. April) und und *Grendardagur* (16. März) verzeichnet. — Die wohlhabenderen Isländer begnügten sich in ihrem frommen Eifer nicht, blofs die heimischen Wallfahrtsorte oder den Schrein des hl. *Olafur* in *Niðarós* zu besuchen, sondern unternahmen häufig auch weite Reisen nach den entferntesten heiligen Orten und Stätten. Diese

---

[1]) *Jón Þorkelsson*, *Om digtningen på Island*, S. 33—38, 67—76; Maurer, Isländ. Volkssagen der Gegenwart (Leipzig, 1860), S. 194—195 u. 206—207. — [2]) Vgl. *Jón Arnason*, *Islenzkar þjóðsögur og æfintyri*, II. Bd., S. 577, wo auch berichtet wird, dafs *Þorlákurs* Schrein im Jahre 1802 bei einer öffentlichen Auktion in *Skálholt* verkauft wurde — [3]) Vgl. *Þorkell Bjarnason*, a. a. O., S. 21; *Jón Þorkelsson*, a. a. O., S. 26—31; *Ludv. Daae*, *Norges Helgener* (Christiania, 1874), S. 206—212. — [4]) Es war denn auch an seinem Messetag kein besonderer Gottesdienst angeordnet; er wurde ferner nicht wie die anderen nordischen Heiligen in die *Letanya* (Litanei) aufgenommen, und man kennt kein Officium Godemundi, wie es ein Officium Sancti Thorlaci und Sancti Johannis gab; vgl. *Jón Þorkelsson* d. J. in *Arkiv f. nord. fil.*, VIII. S. 207. — [5]) Vgl. Maurer, a. a. O., S. 195—198.

Wallfahrten waren zumeist im dreizehnten Jahrhundert im Schwang, doch sind sie auch noch im vierzehnten ziemlich häufig gewesen und erst im fünfzehnten wieder selten geworden. Die grofse Mehrzahl der isländischen Wallfahrer ging nach Rom zum Grabe der Apostelfürsten, viele pilgerten jedoch zum Leibe des hl. Jakob nach Santiago di Compostella, dem noch heute in der ganzen katholischen Christenheit weit berühmten Wallfahrtsorte in Spanien, da ja eine Pilgerreise dahin ebenso viel galt wie eine solche nach Jerusalem. Nur wenige Isländer kamen in die heilige Stadt selbst und badeten im Jordan. Auch die Benediktiner-Abtei auf der Insel Reichenau (im Untersee bei Konstanz) war wegen ihrer verschiedenen Reliquien schon frühzeitig ein beliebter Wallfahrtsort der Isländer gewesen.[1]) — Trotz aller frommen Übungen ging jedoch, wie gesagt, dem Volke im allgemeinen jene wahre Frömmigkeit ab, die sich in einem echt christlichen und moralischen Lebenswandel kundgiebt. Selbst mit dem Klerus — und nicht mit dem niedersten allein — stand es, wie wir gesehen haben, in dieser Hinsicht nicht besser. Wir finden besonders seit dem dreizehnten Jahrhundert Geistliche trotz des strengen kirchlichen Verbotes als Teilnehmer an Schlachten und Kämpfen, oft sogar gegen ihren eigenen Bischof; wir sehen sie in Mordgeschichten verwickelt, des Diebstahls, Raubes und Todschlages beschuldigt, u. s. w. Selbst der letzte katholische Bischof Islands, *Jón Arason*, bot noch den Typus eines echten, kampflustigen Isländers der alten Zeit dar, der seine Feinde mit Mannschaft und Waffen bekriegte. In einer Fehde mit seinem Amtsbruder vom Südlande, dem kaum minder wehrhaften Bischof *Ögmundur Pálsson*, dem er am Alþingi sich mit 900 Mann entgegen gestellt hatte, während *Ögmundur* über 1300 Mann verfügte, einigte man sich dahin, die Entscheidung durch den Zweikampf je eines Mannes aus dem beiderseitigen Kriegsgefolge herbeizuführen. — Von der Sittenlosigkeit der Geistlichen auch in geschlechtlichen Dingen unter gleichzeitiger Mifsachtung der betreffenden kirchlichen Gebote haben wir ebenfalls schon Beispiele kennen gelernt. So kam es, dafs die isländische Kirche allmählich in einen Zustand der Verwilderung verfiel, welcher einer gründlichen Reformation bedurfte. Man scheint sich dessen endlich auch in den kirchlichen Kreisen selbst bewufst geworden und zur Abstellung der eingerissenen Übelstände und Mifsbräuche bereit gewesen zu sein, jedoch durchaus nicht im Geiste der Reformation Luthers, welche, als sie bekannt wurde, den Bischöfen und der weitaus gröfseren Mehrheit des Klerus als verdammenswerte „Ketzerei“ erschien.[2])

Unter so rechtlosen Verhältnissen, bei solchem Niedergange des wirtschaftlichen Wohlstandes und den immer häufiger vor-

---

[1]) *Þorvaldur Thóroddsen, Landfræðissaga Íslands.* I. Teil, S. 44—48. — [2]) Vgl. *Þorkell Bjarnason*, a. a. O., S. 16—17; 53—54.

kommenden Angstigungen und Bedrückungen der Gemüter infolge der unheimlichen Naturereignisse und Landplagen mufste auch das Geistesleben von der Höhe herabsinken, die es in der Zeit des Freistaates erreicht hatte. Nach der Periode regsamster, auch wissenschaftlich-litterarischer Thätigkeit, welche der einsamen Insel am Polarkreise den Beinamen eines „nordischen Alexandrien" verschaffte, waren bereits gegen Ende des vierzehnten Jahrhunderts Wissenschaft und Künste in Verfall geraten.

Die Pflegestätten der Wissenschaft und der höheren Bildung waren auch auf Island zumeist die Bischofshöfe gewesen — also *Skálholt*, wo der erste einheimische Bischof von Island, *Isleifur Gizurarson* (1056—1080), auch die erste isländische Schule gründete, und *Hólar*, dessen Kathedrale im Jahre 1107 eine Schule erhielt. — sowie später die Männer-Klöster, besonders jene zu *Þykkvibær* und *Þingeyrar*, wo, zumeist von den Äbten selbst, Schule gehalten und litterarisch gearbeitet wurde. Doch war nicht minder auf den Höfen einzelner Priester und Kleriker gelehrter Privatunterricht erteilt worden, wie z. B. in *Oddi* (im Südlande), dem Stammsitz des Häuptlinggeschlechtes der *Oddaverjar*, wo der berühmte, in Deutschland und Frankreich ausgebildete *Sæmundur Sigfússon* Schule hielt, aus welcher auch der bekannte Geschichtschreiber und Dichter *Snorri Sturluson* hervorging; ferner im *Haukadalur* (in der Nähe des berühmten grofsen Geysirs), dem Stammsitze der *Haukdælir*, wo u. a. schon *Teitr Ísleifsson*, der Stammvater dieses durch seine gelehrten Männer ausgezeichneten Geschlechtes, viele unterrichtete und bekanntlich auch *Ari fróði*, dem „Vater der isländischen Litteratur", mancherlei Mitteilungen über die Geschichte Islands machte; u. s. w. Die Schulen zu *Skálholt*, im *Haukadalur* und z. T. auch zu *Hólar* waren dabei wohl zumeist auf deutscher, die zu *Oddi* mehr auf französischer Kultur begründet worden. Die Gegenstände, welche an diesen, hauptsächlich der Heranbildung für den geistlichen Stand gewidmeten Schulen gelehrt wurden, waren, soweit sich aus den ziemlich ungenauen Angaben entnehmen läfst, Lesen, Schreiben und Gesang, dann die lateinische Sprache (Grammatik, Rhetorik und „versificatura", d. h. die Kunst des Versbaues), nebst etwas Theologie. Auch Geschichte, Dialektik, Arithmetik, Geometrie, Astronomie und Kalenderwesen wurden, wenn auch nicht eben sehr gründlich, betrieben. Die Kunst der Saga-Erzählung, dann Dichtkunst, Rechtskunde und Genealogie, diese nationalen Lieblingsdisziplinen der Isländer, waren Sache des freien und häuslichen Unterrichtes. Auch das Studium der wichtigsten fremden Sprachen wurde — von einzelnen wenigstens — betrieben. So wird z. B. schon von *Hallur Teitsson* († 1150 zu Utrecht) berichtet, dafs er gelegentlich seiner Auslandreise zum Empfange der Bischofsweihe (1149) „überall die Sprache des Landes sprach, in das er kam, als ob er ein Eingeborener desselben gewesen wäre." Im übrigen verkehrten die gebildeten Isländer mit den gelehrten Männern des Auslandes in lateinischer Sprache. Wohlhabendere Priester und Kleriker besuchten nämlich, wie bereits angedeutet, zu ihrer weiteren Ausbildung gern ausländische Hochschulen (z. B. Erfurt, Bologna, Paris, Lincoln) — von nordischen Bildungsanstalten nicht zu reden — und verpflanzten deutsche, italienische, französische und englische Kultur und Gelehrsamkeit in ihre Heimat. Nicht alle, die an den isländischen Schulen studierten, nahmen jedoch die priesterlichen Weihen; solche studierte Laien nannte man dann „gute Kleriker" (*góðir klerkar*); andere wieder erhielten wohl die Weihen, übten jedoch den geistlichen Beruf nicht aus; sie wurden gleich den Seelsorgern „Priester" (*prestar*) genannt. Die bedeutendsten wissenschaftlichen Leistungen der alten Isländer, außer ihrer berühmten Geschichtschreibung, entstammten den Gebieten der Grammatik, speziell der Lautlehre, und der Poetik.

Als die vornehmen Geschlechter immer mehr herabkamen oder ausstarben und die — meist ausländischen — Bischöfe mehr auf die stete Erweiterung ihrer Machtsphäre als auf die Pflege des Unterrichts und der geistigen Güter bedacht waren, ging es auch mit der nationalen wissenschaftlichen Thätigkeit wie mit der Bildung der Isländer überhaupt schnell abwärts. Die Skálholter Domschule, welche bis 1236 geblüht hatte, hörte von da an ganz auf und wurde erst 1491 für kurze Zeit wieder ins Leben gerufen. An der Holenser Schule war der Unterricht zu Beginn des dreizehnten Jahrhunderts eingestellt, in der zweiten Hälfte (1267) aber wieder aufgenommen und im ersten Drittel des vierzehnten Jahrhunderts zur größten Blüte gebracht worden. Unter den fremden Bischöfen verfiel die Schule wieder, nachdem sie fast achtzig Jahre hindurch (von 1267—1341) die einzige bischöfliche Schule auf Island gewesen war. — Wurde an den Kathedralen nicht Schule gehalten, so mußten die Klosterschulen dafür Ersatz bieten, bis auch auf diese der Jammer und die Not der traurigen Zeitverhältnisse ihre lähmende Wirkung auszuüben begannen. Die schweren Unglücksfälle besonders des vierzehnten und fünfzehnten Jahrhunderts hatten überhaupt nicht wenig zum Verfalle des Geisteslebens beigetragen. Raffte doch der schwarze Tod in den Jahren 1400—1402 allein eine so große Anzahl geistlicher und gelehrter Männer hinweg, daß z. B. im Bistum Hólar nur sechs Priester, drei Diakone und ein Mönch übrig blieben, und am Skálholter Bischofshofe alle Geistlichen bis auf den Bischof selbst der Seuche zum Opfer fielen. Mehrere Klöster standen eine Reihe von Jahren hindurch leer und unbenutzt. Da ist es nicht verwunderlich, daß selbst der Bildungsgrad der Geistlichen endlich auf ein so niedriges Niveau herabgesunken war, daß viele von ihnen — und darunter sogar spätere Bischöfe — nicht einmal mehr der lateinischen Sprache mächtig waren. Um das Jahr 1500 war denn auch fast jede Spur der früheren wissenschaftlichen Thätigkeit verschwunden. Zu Anfang des sechzehnten Jahrhunderts begannen indessen wieder junge und auch ältere Isländer ins Ausland, besonders nach Deutschland, zu reisen und dort kürzere oder längere Zeit teils Studien halber, teils in anderen Angelegenheiten zu verweilen und sich mancherlei Kenntnisse zu erwerben. Daher und wohl auch wegen des regen Verkehrs mit den deutschen Handelsleuten auf Island selbst, kam es z. B., dafs damals wieder viele Isländer die deutsche Sprache erlernten und gut sprechen konnten. Solch „ein guter Deutscher", wie man auf Island sagte, war u. a. *Gizur Einarsson*, später der erste lutherische Bischof von Skálholt, der mit Christian III. so gut in deutscher Sprache konversierte, dafs die Königin anfangs gar nicht glauben wollte, dafs er ein Isländer sei.[1])

In demselben Mafse, in dem die Bildung verschwunden war, hatte der *Aberglaube* an Stärke, Mannigfaltigkeit und Verbreitung zugenommen. Island bietet ja durch seine seltsamen und unheimlichen Naturerscheinungen, durch seine ausgedehnten Lava- und Sandwüsten wie trostlos öden Hochebenen (*heiðar*), durch viele fast unzugängliche und daher auch unbewohnte Thäler und Landschaften im Innern der Insel an und für sich einen überaus günstigen Boden für die Hirngespinste einer ungebildeten, leichtgläubigen Menge dar. Dann war ja auch schon das Heidentum voll Aberglauben gewesen mit seinen holden und üblen Wichten (*hollar* und *rondar* — auch *illar, ó-, mein-* — *vættir*), Elben (*álfar, álfafólk, huldufólk, huldumenn*) und Zwergen (*dvergar*), Riesen (*þursar, jötnar*), Trollen und Halbtrollen (*tröll, hálftröll*), „Berserkern" und „Werwölfen," Folgegeistern (*fylgjur*) und Gespenstern, Zaubereien und Hexenkünsten u. s. w.

Nachdem nun das Christentum mit den Göttern aufgeräumt hatte, lebten auch diese, und zwar als teuflische Spukgestalten, in der Volkserinnerung noch weiter fort. Manche heidnische Sagenwesen erhielten auch ein christliches Kolorit, wie ein Teil der Elben, der nunmehr auch christlich geworden war und seine Kirchen (jedoch mit nach *Osten* schauenden Thüren), seine Priester und gottesdienstlichen Gebräuche hat, ohne freilich durch sein Christentum zur ewigen Seligkeit zu gelangen, da ja die Elben keine Seele besitzen. Das Christentum selbst hatte ebenfalls allerlei Aberglauben im Gefolge, darunter jüdischen, klassischen und halbklassischen. Auch sonst wurde durch den Verkehr mit dem Auslande mancherlei „absonderliches Wissen"

---

[1]) K. Maurer, Island von seiner ersten Entdeckung. S. 243—262 u. 446—457; *Jón Sigurðsson* in *Ný félagsrit, gefin út af nokkrum Íslendingum, II. ár* (Kaupmannahöfn, 1842). S. 83—100; *Jón Þorkelsson*, a. a. O., S. 3 bis 19; *Janus Jónsson* in *Tímarit hins íslenzka bókmenntafjelags, 14. árgangur* (Reykjavík, 1893), 1—35; *Þorvaldur Thóroddsen, Landfræðissaga Íslands*, I., S. 167—168.

nach Island verpflanzt, das dann — vielleicht mifsverstanden — zu abergläubischen Ideen führte. Produkte des Aberglaubens sind auch gewisse Volkssagen und Märchen. Solche waren auf Island seit dessen Besiedelung im Umlauf, wie wir aus den Sagas deutlich ersehen können. Es kommen in verschiedenen derselben nicht nur sagen- und märchenhafte Züge und Episoden vor, sondern eine Reihe von ihnen sind schlechthin sagen- oder märchenhaften Inhalts. So ist — um nur je ein Beispiel einheimischen Ursprungs zu geben — die um 1300 aufgezeichnete *Grettissaga* die Urquelle für die noch heute zahlreichen Erzählungen von dem durch seine Riesenstärke wie durch seinen abenteuerlichen und unglücksreichen Lebenslauf merkwürdigen Dichter *Grettir Ásmundarson* (996—1031), dem Lieblingshelden der isländischen Volkssage; und die *Bárðarsaga Snæfellsáss*, die von dem Riesen *Bárðr* handelt, der in den „Schneeberg" („*Snæfell*" auf der Halbinsel *Snæfellsnes* im Westen Islands) einging und der Schutzgeist (*áss*) dieses Berges wie der umliegenden Gegend wurde, erscheint als isländisches Rübezahl-Märchen. Von eigentlichen Märchen waren, wie es scheint, frühzeitig sogen. Stiefmuttermärchen (*stjúpmæðrasögur* oder *stjúpusögur*) am beliebtesten, die von Königskindern handelten, welche von ihrer Stiefmutter verhext waren, Märchen, „wie sie die Hirtenbuben einander erzählen, von denen niemand wisse, was Wahres daran sei, und in denen immer der König am Übelsten wegkomme" — wie es bereits in einer isländischen Quelle aus dem Anfange oder der Mitte des dreizehnten Jahrhunderts heifst.[1])

Es ist einleuchtend, dafs die erwähnten Wandlungen und fremden Einflüsse auch die vorhandenen Sagen und Märchen nicht unberührt liefsen und aufserdem Keime zur Entwickelung neuer legten. Durch den Bischof von Skálholt, *Jón Halldórsson* († 1339), einen Norweger, der die Hochschulen zu Paris und Bologna besucht hatte, wurde übrigens direkt eine bedeutende Anzahl fremder Sagen, Märchen und Legenden nach Island importiert.[2]) Echt isländisch und höchst charakteristisch sind die Sagen, welche sich schon frühzeitig an die unbewohnten oder schwer zugänglichen Gegenden besonders im Innern der Insel knüpften, indem man dort — wie es ja auch der Fall war — die Ächter hausen liefs, d. h. die nach den alten Gesetzen zum „Waldgang" (zur Acht) verurteilten Personen, die von jedermann straflos getötet werden

---

[1]) *Saga Olafs konungs Tryggvasunar. Kong Olaf Tryggvesöns saga forfattet paa Latin henimod Slutningen af det XII. Aarhundrede af Odd Snorresøn, Munk i Thingeyre Kloster paa Island . . udgiven af P. A. Munch* (Christiania, 1853), S. 1 — Vgl. auch *Sverris saga*, c. 7 in *Fornmanna sögur*, VIII. Bd. S. 18; *Hrólfs saga kraka*, c. 15, in *Fornaldar sögur*, I. Bd., S. 31; ferner Poestion, Isländische Märchen (Wien, 1884), S. XVIII—XX. — [2]) Vgl. *Islendzk Æventyri*. Isländische Legenden, Novellen und Märchen. Herausgegeben von Hugo Gering. I. Bd.: Text; II. Bd.: Anmerkungen und Glossen (Halle, 1882—3).

konnten. Man nannte solche z. T. durch Viehdiebstahl und Raub ihr Dasein fristende Leute, die man sich dabei halb als Riesen, Elben u. dgl. dachte, „Draufsenlieger" (*útilegumenn*). — Bemerkenswert ist es, wie die Sagen und Märchen gern in verschiedenem Gewande auftreten oder ihren Charakter ändern, je nachdem der Zeitgeist den besonderen kulturellen und materiellen Zuständen entsprechend diese oder jene Richtung nimmt. „Ist derselbe düster und der Aberglaube stark, so erlangen Gespenster- und Zaubergeschichten das Übergewicht; wird es aber wieder lichter, so zeigen auch alsbald die Sagen ein milderes Antlitz und Elbengeschichten und anmutige Märchen beschäftigen vorzugsweise die Volksphantasie." Wir sehen deshalb auch das isländische Volk mit dem Niedergange der Bildung und der Verschlechterung der Zeiten allmählich der finsteren Seite des Aberglaubens, besonders allerlei Zauberspuk, sich zuwenden. Man befafste sich namentlich gern mit Runenzauber, indem man in einer eigenen mystischen Runenschrift aufgezeichnete Formeln für Beschwörungen u. dgl. als besonders zauberkräftig ansah. Aufser Beschwörungsrunen gab es noch Beredsamkeitsrunen, Grabhügelrunen, Zeltrunen, Schiffsrunen, Bierrunen u. dgl. Es wurden schliefslich ganze Zauberbücher (*galdrabækur*) in Runenschrift geschrieben, und man bezeichnete dieselben gemeiniglich mit dem Namen „*Gráskinna*", d. h. graues Fell, vermutlich wegen des damals auf Island gewöhnlichen Einbandes in Seehundsfell. Nach der Farbe des Einbandsfelles unterschied man doch auch z. B. eine *Grænskinna* (grünes Fell), eine *Gulskinna* (gelbes Fell), eine *Silfra* u. dgl. Manche dieser Bücher waren nicht wenig gefürchtet, wie z. B. die prächtige, mit Goldrunen geschriebene „*Rauðskinna*" (das rote Fell) des Bischofs *Gottskálk*, „des Grimmen", die der Sage nach so zauberkräftig gewesen sein soll, dafs der Bischof dieselbe nach seinem Tode niemand gönnen wollte und sie daher mit sich begraben liefs.[1])

Dieser Richtung entsprechend sehen wir auch allmählich Zaubersagen in den Vordergrund treten, die gern an einzelne, aus irgend einem Grunde berühmt oder berüchtigt gewordene, besonders geistliche Persönlichkeiten geknüpft wurden. So sind als Zauberer bereits vor der Reformation u. a. *Ólafr tóni* (d. h. der Altarsänger), † 1393, ein Mann weltlichen Standes, dann der schon erwähnte Bischof *Gottskálk „hinn grimmi"* von Hólar (1498—1502), „der gröfste Zauberer seiner Zeit", bekannt. Da indessen der ökonomische Zustand des Landes noch nicht so schlecht war, wie vom siebzehnten Jahrhundert angefangen, zeigte sich auch der Aberglaube noch in einer milderen Form, und an-

---

[1]) Vgl. z. B. *Jón Árnasons Íslenzkar þjóðsögur og æfintýri*, I. Bd., S. 514 u. 583—586 (in Lehmann-Filhés' Isländ. Volkssagen. Aus der Sammlung von *Jón Árnason* (Berlin, 1889), S. 252—257).

mutige Elben- und Trollensagen behaupteten noch die Vorherrschaft im Geschmacke des Volkes. In Bezug auf die Sagen und Märchen ist noch darauf hinzuweisen, dafs sich dieselben keineswegs etwa Jahrhunderte hindurch unverändert fortgepflanzt haben. Der Volksgeist schuf vielmehr fortwährend neue Produkte dieser Art, im alten Geiste zwar, die alten Stoffe jedoch ins Grab der Vergessenheit versenkend. Dies ist auch der Grund, weshalb in den vorhandenen isländischen Sagen- und Märchen-Sammlungen zur nicht geringen Enttäuschung dahin gerichteter Erwartungen so gut wie nichts aus der heidnischen oder überhaupt älteren geschichtlichen Zeit des Landes zu finden ist.[1])

Fafst man nun im besonderen den Zustand der Litteratur und Dichtkunst in den der Einführung der Reformation vorausgegangenen Jahrhunderten ins Auge, so zeigt sich auch hier ein auffallender Niedergang im Zusammenhange mit dem Verfall aller übrigen geistigen und materiellen Potenzen der einst so blühenden Insel. Wir richten da unsern Blick zuerst auf die mit Recht so hochberühmte alte Prosa-Litteratur. Auf Island hat sich nämlich eine ganz spezifische Litteraturgattung entwickelt, die „Sagas" (*sögur*, Einz. *saga*), eine besondere Art einfach-schlichter Erzählungen in Prosa von geschichtlichen Personen oder geschichtlichen Geschlechtern und deren Schicksalen Als Produkte des Schrifttums waren sie hervorgegangen aus den erst auf Island (in der zweiten Hälfte des neunten Jahrhunderts) aufgekommenen, um das Jahr 1000 herum in der üppigsten Blüte gewesenen mündlichen Erzählungen dieser Art, welche von professionellen Erzählern, den „*sagnamenn*", gepflegt, d. i. teils selbst auf Grund gesammelter Daten komponiert, teils so lange auf mündlichem Wege überliefert worden waren, bis sie — nach der Aneignung der lateinischen Schrift durch die Isländer, also fast zwei Jahrhunderte, nachdem sie entstanden — zur Aufzeichnung gelangten. Diese isländischen Sagas, insbesondere die Geschichts- und Familien-Sagas, sind in der That ungemein kostbare und fesselnde, vom deutschen Volke aber noch viel zu wenig gewürdigte und gekannte Denkmäler alten Germanentums in Bezug auf ihren Inhalt sowohl wie auf ihre Sprache und ihren litterarischen Kunstwert. Typus und Stil derselben sind von einer ganz eigenen, reizvollen Art.[2]) Kein anderes germanisches Volk kann den Isländern etwas Ähnliches an die Seite stellen; „wer altgermanische Prosa und

---

[1]) Vgl. über den Aberglauben zu dieser Zeit z. B.: *Benedikt Gröndal, Folketro i Norden, med særligt Hensyn til Island* (in *Annaler for nordisk Oldkyndighet og Historie*, Kobenhavn. 1863). S. 2—178; *Guðbrandur Vigfússon* in *Jón Arnasons Islenzkar þjóðsögur og æfintyri*, I. Bd., *Formáli*; K. Maurer zuletzt in der Zeitschrift des Vereins für Volkskunde, I., S. 36 bis 40; über die Runen: *Björn Magnússon Olsen, Runerne i den oldislandske Literatur* (Kobenhavn. 1883). — [2]) Vgl. Döring. Bemerkungen über Typus und Stil der isländischen Saga. I. Th. (Leipzig. 1877), sowie R. Heinzel, Beschreibung der isländischen Saga (Wien. 1880).

altgermanischen Stil kennen lernen will, der mufs hier Einkehr halten, denn ohne jeden fremden Einflufs steht das alte Nationale unversehrt da" (Mogk). Und dieses herrliche Produkt altgermanischen Geistes erblühte „zu derselben Zeit auf Island, wo man in Deutschland in asketischen Übungen der Wiederkunft Christi entgegen schaute und die Phantasie sich in Übersetzungen und wenig sagenden Gedichten erging."[1]) Die Periode der höchsten Blüte, die klassische Zeit der isländischen Saga und damit zugleich der alten isländischen Prosa, fiel in die Zeit von 1220 bis ca. 1270. In den drei letzten Decennien desselben Jahrhunderts zeigten sich immer deutlicher Spuren des Verfalls, der mit der sagamäfsigen Verarbeitung nordischer und fremder Mythen und Sagenstoffe begann, in den höchst abenteuerlichen und märchenhaften erdichteten (sogen. *lygisögur*), sowie in den importierten romantischen oder Ritter-Sagas (*riddarasögur*), dann Heiligen-Legenden u. dgl. sich fortsetzte und im 15. und 16. Jahrhundert einen Zustand der Verwilderung erreichte, den diese traurigen Produkte ungezügelter und krankhafter Phantasie nur mehr vom Standpunkte der Kulturgeschichte, insbesondere der Volkskunde, einigermafsen interessant erscheinen läfst.[2]) An die Stelle der eigentlichen Geschichtssagas aber waren schon seit Beginn des vierzehnten Jahrhunderts dürftige weltgeschichtliche Annalen getreten, die, wenn sie auch in verschiedenen Einzelheiten von einander abweichen, im grofsen und ganzen auf ein und dieselbe Grundlage (Redaktion) und eine Anzahl gemeinsamer, zum grofsen Teile ausländischer Quellen hinweisen und um so ausführlicher werden, je mehr sie sich der Zeit ihrer Abfassung nähern.[3])

Auf dem Gebiete der Kunstdichtung zeigt sich eine ähnliche Erscheinung des Niederganges, wenn auch mehr auf und nieder schwankend und ohne einen völligen Abbruch in der Pflege dieser Kunst herbeizuführen. Die Skaldenpoesie hatte sich schon gleich nach der Einführung des Christentums (1000) in eine weltliche und eine geistliche gespalten, die wir auch gesondert verfolgen wollen.

Die weltliche Kunstdichtung, welche zwei Jahrhunderte hindurch in höchster Blüte gestanden hatte, war vom zwölften Jahrhundert an immer mehr in Verfall geraten, und *Sturla Þórðarson* (1214—1284), kann (nebst einigen Dichtern des Königs *Eiríkur Magnússon*) in diesem Sinne als der letzte Skalde der alten Zeit gelten. Nur ganz vereinzelt ersteht hie und da noch — wenn wir von einigen trefflichen, später zu erwähnenden Rimur-Dichtern

---

[1]) Vgl. bezüglich der isländischen Sagalitteratur besonders Mogk in Pauls Grundrifs der germanischen Philologie, II. Bd., 1. Abteilung (Strafsburg, 1893), wo auf S. 116—138 die isl. Sagalitteratur in vorzüglicher Weise besprochen ist. — [2]) Vgl. O. L. Jiriczek in der Zeitschrift f. deutsche Philologie, XXVI. Bd. (1894), S. 2—25. — [3]) Vgl. J. Storm, *Islandske Annaler indtil* 1578 (Christiania, 1888), S. XXIII ff.

absehen — ein Poet, der, meist zugleich ein guter geistlicher Dichter, sich zu höherem Schwung erhebt. Ein gewisser *Svartur*, der im vierzehnten Jahrhundert zu *Hofstaðir* lebte, hat ein Fuchs-(„Zottelschwanz“-)Lied (*Skaufhalabálkur*) gedichtet, das hauptsächlich als erste Behandlung der Tiersage auf Island und im Norden überhaupt interessant ist. *Loptur Guttormsson*, „der Reiche“ (ca. 1375—1432), verfaſste ein bemerkenswertes, neunzig Strophen langes Liebesgedicht in den verschiedensten Versmaſsen, das davon den Titel „*Háttalykill*“, d. h. Versmaſse-Schlüssel, erhielt. Als Dichter „allerersten Ranges“ aus der zweiten Hälfte des fünfzehnten und der ersten des sechzehnten Jahrhunderts wird *Sigurður blindi* gepriesen, von dem wir aber auſser seiner berühmten Marien-Dichtung „*Rósa*“ fast nur Rimur kennen. Der letzte bedeutendste Repräsentant der alten weltlichen Dichtung — wie neben *Sigurður* auch zugleich der geistlichen — ist Bischof *Jón Arason*, der insbesondere auch als Epigrammatiker und Scherzlieder-Dichter später lange unerreicht geblieben ist.[1])

Noch ist zu bemerken, daſs die Dichter der späteren nachklassischen Zeit mit einer gewissen Vorliebe schon die Thorheiten der Welt zu geiſseln, oder über den Zeitgeist, d. i. den Unterschied der damaligen Zeit und der früheren, in jeder Hinsicht besseren, zu klagen begannen. Man nannte derartige Gedichte „*ádeilu*-“ oder *heimsádeilu-kvæði* (*ádeila* = Verweis, Tadel; *heimsádeila* = Tadel der Welt) und gab besonders solchen der letzteren Kategorie gern den Titel „*aldarháttur*“, d. h. Beschaffenheit des Zeitalters, Zeitgeist, „*aldasöngur*“, d. h. Lied, Gedicht von den Zeitaltern (*öld*, gen. *aldar*, = Zeitalter, Jahrhundert) u. dgl.

Ungefähr um die Mitte des vierzehnten Jahrhunderts jedoch begann wieder eine volkstümliche Dichtung aufzublühen und zwar auf einem ganz neuen, aber echt nationalem Zweige. Man verfiel nämlich darauf, die einheimischen, d. i. isländisch-norwegischen Mythen, Sagas u. dgl. alte Stoffe in lang ausgesponnener Weise in Reime zu bringen, zu paraphrasieren. Diese epischen Dichtungen waren in kurzen (meist vierzeiligen) Strophen mit Stab- und Endreimen aufgebaut, bedienten sich der Umschreibungen der alten Skaldenpoesie (vgl. oben S. 21) — jedoch in weniger komplizierten Formen — und wurden häufig durch ein besonderes kürzeres Gedicht, das ursprünglich wohl erotisch-elegischen (lyrischen) Inhaltes war und deshalb „Liebeslied“ (*mansöngur*) hieſs, eingeleitet. Ein solches, naturgemäſs viele Strophen umfassendes Gedicht wurde eine „*Ríma*“, später, als diese Dichtungen immer mehr an Umfang zunahmen und in verschiedene, wieder durch je ein besonderes „Liebeslied“ eingeleitete Gesänge abgeteilt wurden, „Rimur“ ge-

---

[1]) Vgl. E. Mogk in Pauls Grundriſs der germanischen Philologie, 2. Bd., 1. Abteilung, S. 93—113; dann für die Poesie bis ca. 1100: *Finnur Jónsson*; *Den oldnorske og oldislandske Litteraturs Historie*, I. Bd. (København, 1894); für das 15. u. 16. Jahrhundert: *Jón Þorkelsson*, *Om digtningen på Island i det 15. og 16. århundrede*.

nannt, da dann der einzelne Gesang als eine „*Rīma*“ galt. Die ersten Produkte dieser Art waren ganz vorzüglich, sowohl in Bezug auf ihren poetischen Gehalt als auch hinsichtlich ihrer Sprache. Als dann aber das Volk einerseits immer mehr Vorliebe für die abenteuerlichen und spukhaften Sagas (*fornaldarsögur*) gewann, andererseits mit den besonders im vierzehnten Jahrhundert aus fremden, hauptsächlich französischen Quellen (epischen Gedichten) ins Isländische übersetzten oder diesen nachgebildeten Ritterromanen und Märchen bekannt wurde, begann man zumeist diese Erzählungen in Rimur umzudichten, die dadurch schon in stofflicher Hinsicht an Wert verloren. Das Hauptgewicht wurde jetzt immer weniger auf Individualisierung und Charakteristik der Personen, hingegen immer häufiger und oft ausschliefslich auf die ausführlichsten und übertriebensten Schilderungen stets sich wiederholender Schlachten und Kämpfe gelegt, an denen man nicht nur die zahlreichste Mannschaft, sondern unter Umständen auch Riesen und Trolle, vom Tode auferstandene Helden, ja sogar allerlei Tiere wie Löwen, Drachen, Adler, Wölfe, Schlangen, Parder, Elephanten u. s. w. teilnehmen liefs. Diese verkehrte Geschmacksrichtung ist wohl hauptsächlich durch die fremdländischen Übertragungen wie zuerst in Norwegen, so auch auf Island eingeführt worden und zwar zumeist durch die „kraft- und saftlosen Produkte der späteren französischen Epik wie des Elye de St. Gilles u. a. mit ihren immer gleich geistlosen Sarazenenkämpfen und Bekehrungen von heidnischen Prinzessinnen.“ Mit Recht bemerkt E. Kölbing bei Besprechung der in dieser Hinsicht typischen *Andra-Rímur* (ca. 1500), dafs die nach solchen „fabrikmäfsigen Machwerken“ angefertigten Rimur ein trauriges Zeugnis ablegen von dem abgestumpften Geschmacke dieser isländischen Dichter, die in solcher Schilderung stereotyper Kämpfe und Vikingerzüge eine ästhetische Befriedigung zu finden vermochten.[1])

Mit der Qualität der auch in sittlicher Beziehung bisweilen recht bedenklichen Stoffe (vgl. z. B. die *Virgilius-Rímur*,[2]) *Skikkju-Rímur*[3]) u. a.) verschlechterte sich im allgemeinen zugleich die dichterische Form und die Sprache, so dafs schliefslich — wie wir noch sehen werden — trotz vieler ganz trefflicher Ausnahmen auch in den späteren Jahrhunderten, diese ganze Dichtungsgattung arg in Verruf gekommen ist. Dennoch spielen die Rimur in der isländischen Litteratur eine wichtige Rolle; denn sie sind nicht nur als eine dauernde Fortsetzung der alten weltlichen Poesie

[1]) Kölbing, Beiträge zur vergleichenden Geschichte der romantischen Poesie und Prosa des Mittelalters unter besonderer Berücksichtigung der englischen und nordischen Litteratur (Breslau, 1876), S. 230—231; vgl. auch Die nordische *Elissaga ok Rosamundu* und ihre Quelle, ebenda, S. 92—136. — [2]) In Kölbings Beiträgen S. 234—241; dazu S. 220—223. — [3]) In *Versions nordiques du fabliau français 'Le mantel mautaillié' (Textes et notes, par G. Cederschiöld et F. A. Wulff* (Lund, 1877), p. 51—71 (82).

anzusehen, sondern ersetzen auf Island auch eine dort fast ganz fehlende originale Volksliederdichtung, wie sie gerade zur Glanzzeit der Rimur im übrigen skandinavischen Norden in den sogenannten „*Folkeviser*" blühte. Aufserdem sind die Rimur wichtig, weil viele derselben den Isländern die Kenntnis des Inhaltes auch der älteren Sagas erhielten, und andere den Inhalt verloren gegangener Sagas, nach denen sie gedichtet wurden, überlieferten. In letzterer Hinsicht besitzen auch die nach ausländischen, z. B. altfranzösischen Dichtungen verfertigten Rimur eine gewisse litterarhistorische Bedeutung. Geradezu wertvoll aber sind die nach den alten metrischen Regeln und mit der alten Aussprache gedichteten Rimur für die Kenntnis der isländischen Sprache im 14. und 15. Jahrhundert.

Was uns an diesen Dichtungen am meisten interessiert, sind die „Liebeslieder". Sie bilden das einzige wirklich originale Element derselben und erscheinen in den ältesten Rimur zugleich als die erste eigentliche Gefühlsdichtung, d. h. lyrische Poesie auf Island, die den alten Skalden bekanntlich beinahe fremd geblieben war. Diese ihre Bedeutung wird freilich wieder sehr herabgemindert durch den Umstand, dafs sich die späteren „Liebeslieder" entweder nur als leere, oft fast wörtliche Nachahmungen der älteren erweisen und offenbar nicht die wahren Gefühle des Dichters zum Ausdruck bringen, oder von der Liebe im allgemeinen, viel häufiger aber gar nicht von Liebe handeln, sondern dem Dichter nur dazu dienen, seine Belesenheit in Bezug auf andere, namentlich ausländische Helden zu zeigen oder beliebte Sprichwörter anzubringen.

Als die alten eigentlichen Tanzlieder (*dansar*, *dansakvæði*) aufser Gebrauch gekommen waren, wurden die Rimur zum Tanze, „wohl vom Vortragenden mit einem Instrument begleitet," bei den damals schon beliebten sonntäglichen Abendunterhaltungen, den sogenannten „*vikivakar*" gesungen, beziehungsweise rezitiert (daher bisweilen auch selbst *dansar* genannt), und den „Liebesliedern" scheint dabei eine besondere Rolle zugefallen zu sein. Die Rimur erwarben sich beim Volke sogleich die höchste Gunst und haben sich dieselbe auch trotz der vielfachen und heftigen Angriffe von geistlicher und weltlicher Seite bis auf den heutigen Tag erhalten (vgl. oben S. 10—11).[1]

Zu den ältesten und besten Rimur gehören: die — übrigens nicht nach der betreffenden Saga gedichtete — *Olafsríma* (den hl. Olaf oder vielmehr die Schlacht bei *Stiklastaðir* besingend) von dem Gesetzsprecher *Einar Gilsson* (noch am Leben 1369); die *Krókarefs-Rímur*, von einer erdichteten Person handelnd, wahrscheinlich um 1389 gedichtet; die *Lokrur* oder *Loka-Rímur*,

[1]) Vgl. über die Rimur insbesondere E. Kölbing, S. 137—241; Th. Wisén in der Einleitung zu den von ihm herausgegebenen *Riddara-Rímur* (Köpenhamn, 1881) und *Jón Þorkelsson* in *Om digtningen på Island*, S. 116 ff., welch letzterem Werke wir hauptsächlich folgten.

den Myths von *Þórs* Reise zu *Útgarða-Loki* und seinem Aufenthalte bei diesem (s. *Snorra Edda, Gylfaginning*, cap. 43—47) behandelnd; die *Þrymlur* oder *Þryms-Rimur*, eine erweiterte Paraphrase des Edda-Liedes von *Þórs* verlorenem und wieder gewonnenem Hammer; die *Griplur* oder *Hrómundar Rimur Gripssonar*, nach einer verloren gegangenen alten *Saga Hrómundar Gripssonar* gearbeitet und auch den Stoff der ebenfalls nicht erhaltenen *Káruljóð* behandelnd; die *Völsungs Rimur hins óborna* von *Kálfr Hallsson* (um 1400), wahrscheinlich nicht nach einer aufgeschriebenen Saga, jedoch dem Thema nach den ersten acht Kapiteln der *Völsunga Saga* u. z. T. der sogenannten Vorrede zur *Snorra Edda* und den ersten Kapiteln der *Gylfaginning* entsprechend gedichtet;[1]) die frei erfundene Rima vom Bettler *Skíði* (*Skíða-Rima*), ein lustiges Spottgedicht auf die alten Götter- und Sagenhelden, von *Sigurður fóstri Þórðarson* (gest. 1440), die nach einer verloren gegangenen *Drápa* des Skalden *Hallarsteinn* gedichteten *Skáld-Helga-Rimur*, von *Skáld-Helgi Þórðarsons* († ca. 1060—1070) Verhältnis zu den Schwestern *Þórdís* und *Þorhalla*, sowie von dessen Abenteuer in Grönland handelnd. u. a. Von späteren, noch der alten Zeit angehörigen Rimur-Dichtern ist besonders der schon erwähnte *Sigurður blindi* (um 1500) zu nennen, dessen „sehr profane" *Andra-Rimur* auch *Öndrur* und *Högna-Rimur* genannt (auf einen Halbriesen Namens *Andri*), zwar nichts weniger als von besonderem dichterischen Wert, auf Island jedoch immer sehr populär gewesen sind.[2]) — Es sind im ganzen noch ungefähr hundert alte Rimur erhalten, von denen nur etwa ein Sechstel durch den Druck bekannt gemacht ist.[3])

Die geistliche Kunstdichtung erblühte nach der Einführung des Christentums auf Island sehr rasch neben der profanen. Wie diese zumeist in langen, kunstvollen Lobgedichten (*drápur*) weltlichen Fürsten huldigte, so pflegte jene in denselben alten skaldischen

---

[1]) Die *Lokrur, Þrymlur, Griplur* und *Völsungs Rimur* — alle um 1400 gedichtet — sind die einzigen uns erhaltenen Rimur, welche Stoffe der nordischen Mythologie und alten Heldensage behandeln; sie wurden zusammen herausgegeben von *Finnur Jónsson* u. d. Titel: *Fernir forníslenskir rímnaflokkar* (Kobenh., 1896). — [2]) Vgl. über die *Andra-Rimur* Kölbing a. a. O., S. 230—231 (mit Inhaltsangabe) und *Jón Þorkelsson* a. a. O., S. 284—291; über ihre Popularität und ihren Ruf „als das Profanste, was die (isländische) Litteratur aufzuweisen hat," vgl. *Jón Arnason, Islenzkar þjóðsögur og æfintýri*, I. Bd., S. 163 u. 196 bis 197 (K. Maurer, Isländ. Volkssagen der Gegenwart, S. 47—49). Sie galten nach *Jón Þorkelsson* „vermutlich deshalb für so profan, weil sie ziemlich viel in der Riesenwelt spielen." *Sigurður blindi* scheint übrigens nur die ersten 9 Gesänge gedichtet zu haben. Im 19. Jahrh. wurden von *Gísli Konráðsson* und *Hannes Bjarnason* neue *Andrarímur* gedichtet und 1834 zu *Viðeyjarklaustur* unter dem Titel: *Rímur af Andra jalli ortar af skáldunum séra Hannesi Bjarnasyni og bónda Gísla Konráðssyni* herausgegeben. — [3]) Vgl. die Aufzählung bei Kölbing, *Amis and Amiloun* (Altengl. Bibliothek, II. Bd., 1884), S. XCII—XCIII, wozu seitdem noch die *Friðþjófsrímur* (hrsg. v. L. Larsson, Kobenh., 1893), die *Bósarímur* (hrsg. v. O. L. Jiriczek (Breslau, 1894), sowie die *Lokrur* und *Griplur* (vgl. Anmerkung 1) gekommen sind.

Formen vor allem die Verehrung Christi, des hl. Geistes, des hl. Kreuzes und der Jungfrau Maria, dann aber auch der Apostel und aller möglichen, insbesondere jedoch der oben genannten Lieblingsheiligen in feierlichen *Drápur*. Wurde aber auch die alte Form beibehalten, so unterschied sich doch bald die religiöse Dichtung von der weltlichen durch eine möglichst schlichte Sprache und von ca. 1400 an auch dadurch, dafs neben den alten immer häufiger neue, bis dahin unbekannte Versmafse angewendet wurden, die sich besser zum Gesang eigneten.[1]) Die schönsten geistlichen Gedichte aus der alten Zeit sind: ein überaus kunstvoll aufgebautes Loblied auf den hl. Olaf, „*Geisli*" genannt (d. h. Strahl, weil die Glorie des hl. Olaf in den ersten Strophen als ein Strahl bezeichnet wird, der von der „Sonne der Gnade" ausgeht), von dem Priester *Einar Skúlason* (ca. 1090—1170), dem Hauptdichter des zwölften Jahrhunderts; dann die „*Lilja*" (d. h. Lilie, worunter die allerreinste Mutter des Erlösers gemeint ist) des Augustiner-Mönches von *Munkaþverá*, *Eysteinn Ásgrímsson* († 1361), eine feierlich-majestätische und in jeder Beziehung sprach- und formvollendete *Drápa* auf die Erschaffung der Welt, den Sündenfall, die Erlösung durch Christus und seine mit ihm in allem vereinte Mutter. Dieses Gedicht mit seiner an den altdeutschen „Heliand" erinnernden breiten Unterlage, war so berühmt und beliebt, „dafs alle wünschten, die Lilja gedichtet zu haben," und dasselbe ist auch in der That „eine der edelsten religiösen Dichtungen, die das gesamte Mittelalter kennt." Die poetische Verherrlichung Mariens wurde überhaupt bald das Lieblingsthema der geistlichen Dichtung und bildet auch — höchst anmutig und lieblich – den Grundakkord im Ausklange der alten geistlichen Dichtung, die nach einer Periode der Ermattung in der „*Rósa*" (d. h. Rose), einem an poetischer Schönheit überaus reichen Seitenstücke zur „*Lilja*", von dem bereits erwähnten *Sigurður blindi*, und den ebenso innigen wie echt poetischen religiösen Dichtungen des letzten katholischen Bischofs Islands und Blutzeugen seines Glaubens *Jón Arason* wieder in kraftvollen Tönen abschlofs.

Eine eigene Art religiöser Dichtungen waren noch die sogenannten *Heimsósómar* (d. h. Untugenden und Thorheiten der Welt), moralisierende Gedichte von der Art der oben erwähnten „*heimsádeilukvæði*", die zu Beginn des sechzehnten Jahrhunderts oder früher entstanden zu sein scheinen und gleich jenen bis zum Schlufse des siebzehnten Jahrhunderts oder noch länger fortgesetzt wurden.[2])

Neben der Kunstdichtung hat es auf Island immer eine Volksdichtung gegeben. Hierher gehören vor Allem die schlagfertigen Improvisationen, welche in den Sagas, worin sie schon so häufig vorkommen, als „lose Strophen" (*lausavísur*) bezeichnet

[1]) *Jón Þorkelsson*, a. a. O., S. 22; vgl. auch ebenda den ganzen Abschnitt: *Den religiöse digtning inden reformationen*. — [2]) *Jón Þorkelsson*, a. a. O., S. 102—103.

sind, und die ununterbrochen bis auf unsere Zeit herab geübt werden. Es leben im Munde des Volkes, ja fast jedes Kindes, noch heute solche Verse, die im fünfzehnten Jahrhundert oder vielleicht noch früher improvisiert worden sind (vgl. S. 13—14). Volkspoesie waren jedenfalls auch jene erotischen Wechselgesänge, an denen *Jón Ögmundarson*, der erste Bischof von *Hólar* (1106—1121), solchen Anstofs nahm, dafs er sie durchaus beseitigen wollte. Es heifst darüber in der Lebensbeschreibung dieses später heilig gesprochenen Bischofs: „Bevor der heilige *Jón* Bischof geworden, war es bei den Leuten eine beliebte Unterhaltung, dafs der Mann dem Weibe beim Tanz zärtliche und schlüpfrige Gedichte, das Weib dem Manne aber Liebeslieder zusingen mufste. Dieses Spiel nun schaffte er ab und belegte es mit dem strengsten Verbote." (Es waren dies also Wechselgesänge, wie sie unter der Bezeichnung „*Stev*" noch heute in Norwegen üblich sind). Ebenso erklärte sich der Bischof auch gegen den Vortrag und das Anhören von Liebesgedichten (*mansöngskvæði* und *mansöngsvísur*) überhaupt, ohne dafs es ihm jedoch gelang, diese Dichtungen völlig zu beseitigen.[1]) Das Liebeslied auf eine bestimmte weibliche Person war auf Island in der alten Zeit bekanntlich streng verboten und wurde mit lebenslänglicher Verbannung bestraft, da man darin eine schwere Ehrenkränkung erblickte, was ja bei dem grobsinnlichen Charakter wenigstens der ältesten dieser Gedichte immerhin begreiflich erscheint.[2]) Ferner waren die balladenartigen Lieder, welche in der alten Zeit zum Tanze gesungen wurden und darnach „*dansar*" d. h. Tänze hiefsen, Produkte der Volkspoesie, wie wir aus den wenigen, recht stimmungsvollen Fragmenten ersehen können, die noch — und zwar gewöhnlich als Refrain zu einem viel späteren (meist ebenfalls einem Tanz-)Gedichte — auf uns gekommen sind. Diese Lieder dürften wohl ebenfalls zumeist erotischer und satirischer Natur gewesen sein; sie sind jedoch im Laufe des fünfzehnten und sechzehnten Jahrhunderts von den Rimur verdrängt worden. Volkstümliche Verse derb-erotischen Inhalts (*afmors-* d. i. *amors-kvæði* oder *-vísur*, auch *brunakvæði* genannt), welche gar oft die Grenzen der Schicklichkeit und des Anstandes überschreiten (dann *klámvísur* genannt), wurden auch ferner noch mit Vorliebe gedichtet und angehört. Diese Poesie ist noch während des vierzehnten und fünfzehnten Jahrhunderts in Schwang geblieben und stand, wie es scheint, gerade im sechzehnten Jahrhundert wieder in besonders üppiger Blüte.

Eine nationale Volksdichtung minderer Qualität aber von hohem

---

[1]) Vgl. *Biskupa sögur*, I. Bd (Kaupmannahöfn, 1858), S. 165, cap. 13 u S. 237. — [2]) Vgl *Grágás. Islændernes Lovbog i Fristatens Tid udgivet efter det kongelige Bibliotheks Haandskrift og oversat af Vilhjálmur Finsen Anden Del* (København, 1852) S. 181, bezw. *Fjerde Del* (1870), S. 183; ferner Th Möbius in der Zeitschrift f. deutsche Philologie herausgegeben v. Höpfner u Zacher. Ergänzungsband (Halle, 1874), S. 52–54.

Alter waren die sogenannten „*þulur*" oder Reihengedichte, in der Form sehr freie Reimereien flüchtiger Gedanken über alles Mögliche. Man hat ferner schon in alter Zeit auf Island Rätsel (*gátur*) gedichtet, obgleich in den Sagas nur selten von solchen die Rede ist. Als die älteste isländische Rätselsammlung kennen wir die Rätsel des *Gestumblindi* in der *Herrararsaga*.[1])

Eine sehr anmutige und ziemlich alte Gattung von Volkspoesie waren ferner Gedichte, die das Verhältnis der Menschen zu den übernatürlichen Wesen, besonders zu den Elben (auch *ljúflingar* d. h. Lieblinge genannt) behandelten, und von denen wir in einem unter dem Namen „*Ljúflings-ljóð*" (*-diktur*, *-mál*, *-óður*, *-þáttur*) oder *Barngælur Ljúflings* bekanntes Schlummer- oder Wiegenlied ein ganz reizendes Beispiel besitzen.[2]) Die Elbenlieder waren in einem eigenen Metrum abgefafst, das darnach „*Ljúflingslag*" benannt und später für ähnliche Märchen- und Sagengedichte angewendet wurde. Dem sechzehnten Jahrhundert gehört auch die Masse einer eigenen Art epischer Gedichte an, die zumeist auf alten verloren gegangenen Volkssagen und Märchen beruhen, und zu diesen und dem Volksaberglauben „beiläufig in demselben Verhältnis stehen, wie die Rimur zu den Sagas und romantischen Erzählungen." *Jón Þorkelsson* hat sie nicht unpassend „Sagen"- resp. Märchen-Gedichte" (*sögu-* oder *sagna-*, resp. *æfintýrakvæði*) genannt. Das populärste von diesen Gedichten war auf Island seit alter Zeit der „*Kötludraumur*" (d. h. Traum der Katla).[3]) Mehrere von ihnen reichen bis ins dreizehnte Jahrhundert zurück; die eigentlichen Märchen-Gedichte stammen jedoch zumeist erst aus dem Anfang des siebzehnten Jahrhunderts.[4]) Es fehlte übrigens auf Island auch schon vor der Einführung der Reformation nicht an eigentlichen Volksliedern in der Art der dänischen und norwegischen „*Folkeviser*"; indessen besteht doch das meiste, was an solchen alten Liedern (*fornkvæði*) noch vorhanden ist, in freien, meist sehr formlosen, erst im siebzehnten Jahrhundert verfertigten Nachdichtungen oder Übersetzungen fremder, besonders dänischer Volkslieder (Vgl. unten).[5])

Die Reformation. Die Lehre Luthers hat in überraschend kurzer Zeit auch nach dem entlegenen Eilande den Weg gefunden. Einige Isländer, welche sich Studien halber in Norwegen, Däne-

[1]) Vgl. Poestion, Das Tyrfingschwert, S. 45—63 u. Aus Hellas, Rom und Thule, S. 158—183. — [2]) Findet sich gedruckt in *Islenzk æfintyri söfnuð af M. Grímssyni og J. Árnasyni* (*Reykjavík*, 1852), S. 103—104; eine andere Version bei *Jón Þorkelsson* a. a. O. S. 199—200. — [3]) Vgl. die entsprechende Prosa-Erzählung in *Jón Árnasons Islenzkar þjóðsögur og æfintýri*, I. Bd., S. 59—64 (deutsch von Dr. v. Lenk im Central-Organ f. d. Interessen des Realschulwesens, XXI. Jahrgang (1893), S. 602—608). — [4]) *Jón Þorkelsson*, a. a. O. S. 201—210; *Guðbrandur Vigfússon* und *F. York Powell*, *Corpus poeticum boreale. The poetry of the old northern tongue.* Vol. II (Oxford 1883); S. 384—385. — [5]) Vgl. zu diesem Abschnitte hauptsächlich *Jón Þorkelsson*, *Om digtningen på Island*, S. 201—210, dem wir hier folgten.

mark oder Deutschland aufgehalten, hatten sie dort kennen gelernt, heimlich angenommen und dann in die Heimat mitgebracht, wo sie auch schon durch Hamburger Kaufleute bekannt geworden war. Zu dieser Zeit nun standen zwei ebenso glaubenseifrige wie patriotische Bischöfe an der Spitze der beiden Bistümer: im Südlande *Ögmundur Pálsson* seit 1521, im Nordlande *Jón Arason* seit 1524. Anfänglich erbitterte Feinde, die einander selbst mit Waffen bekämpften, versöhnten sie sich, als sie auch auf Island den katholischen Glauben durch Luthers „Religionsverbesserung" (*siðbót* oder *siðabót*) — wie der isländische Ausdruck für die Reformation lautet — gefährdet sahen, und suchten diese nun gemeinsam und nach allen ihren Kräften abzuwehren und zu unterdrücken. Ihr Bemühen war, wie sie zu ihrem gröfsten Schmerz nur zu bald sehen mufsten, erfolglos. Gerade in der nächsten Umgebung des Bischofs von *Skálholt*, ja am Bischofshofe selbst und unter seinen tüchtigsten Priestern, befanden sich die eifrigsten Anhänger der Reformation. Man kann sich das Entsetzen des den alten Glauben so ängstlich hütenden Oberhirten ausmalen, als um 1530 am Feste Mariä Reinigung in der Kathedrale zu *Skálholt* der Domgeistliche selbst, ein mit dem Bischof intim befreundeter Priester, statt zum Preise Mariens plötzlich gegen die Verehrung und Anrufung der Heiligen predigte! Ja, an diesem Bischofhofe bestand ein förmlicher Geheimbund von Lutheranern. Zu den Häuptern desselben zählten der Priester *Gizur Einarsson*, den *Ögmundur* als Knaben zu sich genommen, erzogen und nach Vollendung seiner Studien an der Domschule zur weiteren Ausbildung nach Deutschland geschickt hatte, sowie der Kämmerer und Sekretär des Bischofs, ein Laie, Namens *Oddur Gottskalksson* (Sohn des obengenannten Holenser Bischofs *Gottskálk hinn grimmi*), wegen seines langen Aufenthaltes in Norwegen, wo er bei Verwandten seine Kindheit verbrachte, auch „*Otti hinn norski*" genannt, ein sehr unterrichteter Mann, der nach dem Tode seines Vaters wieder ins Ausland — nach Dänemark und Deutschland — gegangen und hier mit der lutherischen Lehre bekannt und vertraut geworden war. Dieser *Oddur* übersetzte hier schon, und zwar insgeheim in einem Kuhstalle, das neue Testament nach Luther ins Isländische.

Viel Schlimmeres stand indessen von seiten des dänischen Königs bevor. Christian III., der als Prinz dem Wormser Reichstage (1521) beigewohnt und bei dieser Gelegenheit dem Glauben Luthers sich zugewandt hatte, war nach zweijährigen blutigen Kämpfen 1536 in den ruhigen Besitz der Länder der dänischen Krone gelangt und fand nun keine wichtigere und dringendere Aufgabe, als in seinem Reiche die Reformation einzuführen. Um dem Widerstande der Geistlichkeit gleich aufs energischste zu begegnen, liefs er zunächst sämtliche Bischöfe Dänemarks gefangen nehmen. Sodann berief er einen Reichstag ein, auf dem mit Hilfe des gleich dem König nach den kirchlichen Gütern gierigen Adels sein Vorschlag, die evangelische Kirche unter der Leitung von Superintendenten ohne weltliche Macht einzuführen, angenommen wurde. Der wittenbergische Theologe Bugenhagen, ein Freund Luthers, ward berufen, um das Kirchenwesen auf echt lutherischer Grundlage einzurichten und an der Ausarbeitung der neuen „Kirchenordnung“ teilzunehmen, die, nachdem sie von Luther selbst begutachtet worden war, alsbald für Dänemark Gesetzeskraft erhielt. Schon 1638 schickte der König diese „Ordinanz“ auch den beiden isländischen Bischöfen, die sie jedoch im wesentlichen unbeachtet liefsen. Aber schon die praktischen Konsequenzen aus der vom König gebotenen neuen Kirchenordnung ziehend, liefs der von Christian III. nach Island gesandte Statthalter das reiche Kloster auf der Insel *Viðey* im Südlande mit Gewalt nehmen und plündern.

Bischof *Ögmundur* war nun bereits alt und hinfällig und dabei auch erblindet, so dafs er sich nicht mehr imstande fühlte, sein gerade jetzt so viel Kraft heischendes Amt weiter zu bekleiden; er liefs deshalb seinen Lieblingspriester *Gizur Einarsson*, an dessen katholischer Rechtgläubigkeit er noch nicht im geringsten zweifelte, zu seinem Nachfolger wählen. *Gizur* reistezur Bestätigung seiner Wahl sogleich zum König, dem er sich heimlich als Bekenner des lutherischen Glaubens offenbarte. Christian III. bestätigte ihn denn auch in seinem Amte oder ernannte ihn vielmehr zum Superintendenten des Bistums *Skálholt* gegen das Versprechen, in seiner Diözese die neue Lehre zu verbreiten. Einige Tage, nachdem auch das Alþingi die Wahl des *Gizur* genehmigt, jedoch gegen das dem Klerus ausdrücklich gegebene Versprechen, dafs er sein Bistum „nach dem alten und guten Kirchengesetze“ leite, wurde auf demselben Alþingi u. a. auch ein Schreiben des Königs verlesen, welches den Isländern befahl, die ihnen von ihm gesandte Kirchenordnung auch auf Island zum Gesetz zu machen und darnach die Veränderungen in den geistlichen Ämtern vorzunehmen. Das Alþingi weigerte sich dessen, und der Bischof von *Hólar* und seine Nordländer schrieben dem Könige noch besonders und hielten ihm vor, dafs es nicht seine, sondern des Papstes Sache sei, in religiösen und kirchlichen Dingen eine Änderung einzuführen. Die Südländer unterliefsen einen solchen schriftlichen Protest; deshalb glaubte *Gizur* seine wahre Gesinnung und seine eigentlichen Absichten nicht mehr länger verhehlen zu müssen. Der alte Bischof *Ögmundur* und mit ihm der gröfste Teil des südländischen Klerus sahen sich nun schmählich betrogen. Es entstand eine sehr gespannte Gegnerschaft zwischen dieser Partei und dem neuen Bischof mit seinem Anhang. Da sandte der König schon im Frühjahre 1541 zwei Kriegsschiffe nach Island, deren Kommandant u. a. auch die Mission hatte, daselbst, und zwar zunächst im Südlande, nunmehr mit aller Energie die Reformation durchzuführen. Infolge eines neuerlichen Verrates des *Gizur* wurde *Ögmundur*, der achtzigjährige blinde Greis, überfallen, aus dem Bette gerissen, gefangen genommen, seiner kostbareren Habseligkeiten und des geborgenen Kirchengutes beraubt, nach Dänemark gebracht und dort ins Gefängnis geworfen, in dem er bald darauf starb.

Durch solche Gewalt gezwungen, beugte sich nun Volk und Klerus, und die verhafste „Ordinanz“ oder mit anderen Worten: die lutherische Religion wurde noch im selben Sommer auf dem Alþingi zum Gesetze gemacht — jedoch nur für das südländische Bistum, denn die Nordländer hielten auch jetzt noch weiter an dem alten Glauben fest. *Gizur* zahlte dem König Steuer für den Klerus aus dem Vermögen der Domkirche und lieferte ihm später auch alles Klostergut des Bistums aus. Er ging nun überhaupt mit wahrem Fanatismus daran, die neue Lehre zur Geltung zu bringen und die alte mit ihrem Gottesdienste, ihrer Heiligen-Verehrung und ihren sonstigen Gebräuchen auszumerzen. Da starb er eines raschen Todes (1548), nachdem er eben von *Hallaðornes* zurückgekommen war, wo er das vom Volke so sehr verehrte heilige Kreuz hatte entfernen lassen.

Dem Bischof *Jón Arason* erschien die Erledigung des Skálholter Bischofstuhles als eine gute Gelegenheit, im Südlande den katholischen Glauben wieder herzustellen In seiner eigenen Diözese hatte die „Ketzerei“ Luthers bisher nur wenige Anhänger gefunden, obgleich auch er den Schmerz hatte erleben müssen, dafs einer seiner ausgezeichnetsten Lieblingspriester und treuesten Freunde, *Olafur Hjáltason*, der in einer Mission des Bischofs zugleich mit einem Sohne desselben nach Kopenhagen geschickt worden war und hier den Winter von 1542—1543 verbracht hatte, mehrere Jahre nach seiner Rückkehr plötzlich seinen Pfarrkindern die lutherische Lehre predigte. *Jón* griff alsbald energisch und schliefslich sogar mit bewaffneter Hand in die Verhältnisse des Skálholter Bistums ein, und es gelang ihm, nicht nur den lutherischen Nachfolger *Gizurs* gefangen zu nehmen (1549), sondern sich auch des Bischofstuhles zu bemächtigen (1550) und im ganzen Lande wieder den alten Glauben und die alte Kirchenverfassung sowie im Südlande die von den dänischen Regierungsbeamten aufgehobenen Klöster *Viðey* und *Helgafell* herzustellen. Er hatte nun beide Bistümer in der Hand und war in Wirklichkeit der Alleinherrscher Islands. Aber nur für kurze Zeit; denn noch in demselben Jahre (1550) wurde er im Kampfe mit einem persönlichen Gegner, dem Bauern *Daði Guðsmundsson*, mit zwei Söhnen gefangen genommen, dem „Schreiber“ *Kristján* des dänischen Oberbeamten ausgeliefert und noch am 7. November desselben Jahres samt seinen beiden Söhnen zu *Skálholt* durch das Beil hingerichtet. Die Nordländer nahmen zwar blutige Rache für ihren Bischof und erschlugen nicht nur den Schreiber *Kristján*, sondern alle Dänen, deren sie habhaft werden konnten. Als aber im Frühjahr 1551 drei königliche Kriegsschiffe nach Island kamen, eines nach dem Südland, um die Reformation wiederherzustellen, und zwei nach dem Nordlande, um den inzwischen bereits so blutig gerächten Bischof *Jón* samt seinen Söhnen gefangen zu nehmen und hierauf die Bewohner daselbst zur Annahme der Reformation zu zwingen, da blieb freilich auch den ihres unerschrockenen Führers beraubten Nordländern nichts anderes übrig, als sich vor der Übermacht zu beugen. Im Sommer 1551 ward die Lehre Luthers, äufserlich wenigstens, für ganz Island als gesetzliche Religion anerkannt.[1])

Bischof *Jón Arason* aber lebte noch lange in ruhmreichem Angedenken des isländischen Volkes und besonders der Nordländer fort als ebenso reckenhafter Patriot wie heldenmütiger Blutzeuge seines Glaubens. „Er war übrigens ein merkwürdiger Charakter, dieser *Jón Arason*“, bemerkt *Grímur Thomsen*. „Er war mehr ein energischer, kluger und ehrgeiziger Weltmann als ein in religiöser Hinsicht eifriger Katholik. Was er anstrebte, war vielmehr eine rein weltliche als eine eigentlich hierarchische Macht, und das hervortretende politische Moment in seinem Charakter war eine entschieden feindliche Stimmung gegen Dänemark und die Dänen, die sich bereits früher in manchen Punkten auf Island zu äufsern begonnen hatte, und teils durch eine über Norwegen verpflanzte National-Antipathie hervorgerufen, teils in der letzten Zeit durch die Rohheit und Despotie der halb-dänischen und halb-deutschen Gouverneure noch erhöht worden war . . Stolz und ehrgeizig verband er mit einem edlen und freigebigen Gemüt eine gewisse Leichtigkeit und Munterkeit im Leben, womit er seine Pläne zu verbergen verstand. Als geübter Improvisator züchtigte er seine Feinde bald mit bitteren Spottversen, bald mit leichter, halb scherzhafter, halb höhnischer Persiflage. Es schien, als wäre es nicht sein Ernst, bis er sich plötzlich in seiner ganzen Kraft erhob und mit dem Schwerte in der Hand erzwang, was man ihm nicht in Güte geben wollte“.[2])

* * *

Zweite Hälfte des 16. Jahrhunderts. Die Pionniere des neuen Glaubens hausten in dem eroberten Lande zunächst mit einem fanatischen Grimm, ja Vandalismus, der den Siegern wahrlich

---

[1]) Vgl. über die Einführung der Reformation auf Island aufser den einschlägigen Partien in *Finnus Johannæus' Historia ecclesiastica Islandiae* und *Jón Espólins Íslands Árbækur*: *Harboe „Om Reformationen i Island“* in *Kjöbenhavnske Selskabs Skrifter*, V., 209—302 u. VI., 1—100, eine sonst ganz treffliche Arbeit, die aber, wie selbst der Protestant *Jón Sigurðsson* tadelnd bemerkt (Safn, I., 650), „gegen die katholischen Bischöfe sehr gehässig und nicht in allem unparteiisch ist“; dann *Þorkell Bjarnason*, *Um siðbótina á Íslandi* (*Reykjavík*, 1878). — [2]) *Om Islands Stilling i det øvrige Skandinavien, fornemmelig i literær Henseende. Et Foredrag.* (København, 1846).

nicht zur Ehre gereichte. Die Kirchen wurden geplündert, die Klöster niedergerissen und die Schätze, welche sie an Büchern und Schriften bargen, vernichtet oder weit und breit zerstreut. Der Schade, welcher dem Lande dadurch an seinen geistigen Gütern zugefügt wurde, war so grofs, dafs man die Reformation schon im Hinblicke auf diese unersetzlichen Verluste als ein schweres Unglück für dasselbe bezeichnen mufs.[1])

Die Reformation hatte aber auch sonst einen bedeutenden Umschwung der Verhältnisse zur Folge u. zw. keineswegs blofs in geistlichen Dingen. Der Herrschaft des Klerus ward allerdings ein Ende bereitet. Die „Bischöfe" — wie man in Dänemark und daher auch auf Island die Superintendenten doch bald wieder nannte — von nun an vom König eingesetzt, verloren die meisten ihrer früheren Rechte, ja selbst die Verwaltung der Kirchengüter, den Bischofszehnt und sonstige Einnahmen, die nunmehr dem Könige als dem Oberhaupte auch in kirchlichen Dingen zuflossen. Die Besitzungen der Klöster und bischöflichen Residenzen wurden königliche Lehen, die man verkaufte oder verpachtete, um den Erlös der dänischen Staatskasse zuzuführen; sogar die Pfarren wurden durch die Regierung besetzt, kurz die geistliche Macht mufste der weltlichen überall weichen, aber auch das isländische Mannestum der „dänischen Gewalt", der „Königsgewalt"; denn die Insel wurde nunmehr ganz nach der Willkür des Königs oder vielmehr des „Hauptmanns" (*höfuðsmaður*), wie der Statthalter von Island nach der Einführung der Reformation genannt wurde, regiert. Selbst das Recht des Alþingi, Gesetze zu beschliefsen, wurde zum gröfsten Teile illusorisch gemacht, da die Abgeordneten es nicht wagen durften, vom König vorgeschlagene Gesetze oder Novellen abzulehnen. Am eifrigsten und mit der meisten Rücksichtslosigkeit ging sowohl in der Verfolgung des Katholizismus wie in der Vermehrung der Königsgewalt *Páll Stigsson* vor, ein sehr tüchtiger Mann, der von 1559—1566 „Hauptmann" auf Island war.

Wie aber die Reformation auf Island viel mehr einen politischen als einen kirchlichen Charakter hatte, so waren auch die politischen Folgen derselben die schlimmsten. Sie nahm den Isländern den letzten Rest des alten nationalen Selbstbewufstseins, der ihnen nach ihrer Unterwerfung unter Norwegen noch geblieben war. „Von dieser Periode", schreibt ein gelehrter Isländer, „von der Einführung der Reformation datiert die Einschüchterung und Erschlaffung im Volkscharakter, der politische und nationale Rückgang, der erst in den späteren Zeiten aufgehört zu haben

---

[1]) So schreibt auch z. B. *Jón Þorkelsson* in *Om digtningen på Island* S. 13: „Die Reformation kann deshalb, sowie sie auf Island eingeführt wurde, geradezu als ein grofses Unglück für die Überreste aus der alten Zeit und die Kulturgeschichte des Landes betrachtet werden, wie sie auch im ganzen genommen ein Schlag für das Volk war." Vgl. auch Maurer, Zur politisch. Geschichte Islands, S. 275.

scheint."[1]) Den Isländern erschien es darum, als ob mit dem Bischof *Jón Arason* und seinen Söhnen die letzten Isländer gefallen wären.[2])

Von behördlichen Verfügungen aus dieser Zeit wäre zu erwähnen, dafs den Isländern, die doch bei räuberischen Überfällen ganz auf die eigene Verteidigung ihrer Heimatinsel angewiesen waren, 1576 das Tragen und der Besitz von Waffen verboten wurde. Als dann 1579 abermals ein Teil der Insel von englischen Seeräubern überfallen worden war, schickte der König in jede *Sýsla* sechs Gewehre und sechs Spiefse, und der Sysselmann *Magnús Jónsson prúði*, dessen Schwiegervater die Freibeuter besonders hart mitgenommen hatten, erliefs für seine *Sýsla* (die *Barðastrandar-S.*) ein Reglement — den sog. *ropnadómur* — durch welches das Waffentragen wieder anbefohlen wurde (1581); er selbst ritt jährlich, reich und prachtliebend wie er war, mit einem Gefolge von 40 bewaffneten Männern zum Alþingi. Seine Verordnung erlangte jedoch keine allgemeine und dauernde Gültigkeit, und das frühere Verbot blieb auch später noch aufrecht.[3])

Von einer Verbesserung der materiellen Verhältnisse konnte unter solchen Umständen keine Rede sein; wir werden im Gegenteile später sehen, dafs dieselben sich auf das alleräufserste verschlechterten. Wir erwähnen hier nur den einen Umstand, dafs seit Einführung der Reformation der Frohndienst, der vorher nur vereinzelt auf Island vorkam, beständig zunahm, und dafs namentlich die Besitzungen des Königs deutliche Beispiele desselben aufweisen.[4]) Auch den rohen Sitten wurde durch die Reformation nicht gesteuert. Nicht einmal das Ärgernis, welches der Klerus dem Volke durch unsittliche Verhältnisse gegeben, wurde — zunächst wenigstens — beseitigt, obgleich die Geistlichen heiraten durften. Denn auf Island herrschten in dieser Beziehung dieselben Zustände wie in Dänemark und in den anderen nordischen Ländern, worüber der Protestant *Troels Lund* schreibt: „Obgleich die Sittlichkeit bei den katholischen Geistlichen zu Beginn des Jahrhunderts in Verfall gewesen war, bezeichnete die Reformation in dieser Hinsicht noch einen Rückschritt. Die lutherische Geistlichkeit des 16. Jahrhunderts stand, was fleischliche Ausschweifungen betraf, niedriger als die katholische, die sie ablöste. Und dieses Verhältnis wiegt um so schwerer, als Unsittlichkeit zufolge der neuen Lehre eine viel schrecklichere Sünde war, als man bis dahin angenommen, und das Luthertum zur Verdrängung des Alten gerade am meisten

---

[1]) *Grímur Thomsen*, a. a. O., S. 19. — [2]) *Jón Sigurðsson* in *Safn til sögu Íslands og íslenzkra bókmenta að fornu og nýju*, I. Bd., S. 15. — [3]) Vgl. *Annalar Biörns a Skardsa*. Tom. I. S. 270 bis 280. *Jón Espólín*, *Íslands Árbækur í sögu-formi*, V. deild, S. 20 u. 43 bis 44. — [4]) Vgl. über die Frohne auf Island *Jón Jónssons* Aufsatz *Fæstebondens kår på Island i det 18. århundrede* in *Historisk Tidsskrift VI. Række, 4. Bind* (Københavu, 1892—1894), S. 563—615.

beanspruchte, dafs die kirchliche Unkeuschheit von ehelicher Sittenreinheit abgelöst werden sollte."[1])

Mit der Moralität des Volkes war es noch schlimmer bestellt. Uneheliche Verbindungen, Ehebruch, Bigamie und Blutschande nahmen so sehr überhand, dafs 1564 das Alþingi — freilich nicht aus freier Entschliefsung — eine Verfügung erlassen mufste, nach welcher die sexuellen Vergehen, namentlich Blutschande, auf das allerstrengste bestraft werden sollten. Die betreffende Verordnung — der sogenannte „*Stóridómur*" oder — wie sie auch, jedoch seltener genannt wurde — „*Langidómur*" (das grofse d. h. strenge oder lange Gericht) — blieb im wesentlichen bis zum Jahre 1838 in Geltung.[2]) Auch Diebstahl, Totschlag, Mord und Gewaltthätigkeiten aller Art kamen jetzt häufig vor. Noch heute lebt im isländischen Volke das Andenken an den berüchtigten Raubmörder *Axlar-Björn* (*Björn* in *Öxl*) fort, der nicht weniger als neun, wahrscheinlich aber viel mehr Menschen ermordet hat und 1596 hingerichtet wurde.[3]) Zu all den rohen Sitten gesellte sich noch eine mafslose Trunksucht, welcher die Mehrzahl der Geistlichen nicht minder fröhnte als das gemeine Volk.

Die Religiosität ist durch die neuerliche Glaubenserschütterung nicht gefestigt worden. Der gröfste Teil des Volkes und auch viele Geistliche blieben dem katholischen Glauben und besonders dem Marienkult noch lange mehr oder weniger geheim zugethan. Es bedurfte des langen Zeitraumes mehrerer Menschenalter, des Nachwuchses ganz neuer Generationen, bis die Lehre Luthers auch in den Herzen der Bevölkerung feste Wurzel gefafst hatte.[4])

Interessant, wenn auch nicht gerade überraschend ist es, zu beobachten, wie trotz der ungünstigen Verhältnisse schon in der zweiten Hälfte des Jahrhunderts ein regeres Geistesleben sich bemerkbar macht. Die Reformation hatte eben die Geister gehörig aufgerüttelt und in Bewegung versetzt. Dem Klerus insbesondere wurden durch dieselbe neue Aufgaben gestellt; er mufste ja mit allem Aufwande seines Geistes für den neuen Glauben in Wort und Schrift wirken. Zur Ausbildung eines zu diesen Zwecken

---

[1]) *Danmarks og Norges Historie i Slutningen af det 16de Aarhundrede.* 12. Bog. *Dagligt Liv. Ægteskab og Sædelighed* (Kobenhavn 1895), S. 312. Vgl. überhaupt bezüglich der argen, jedoch sehr milde bestraften Unsittlichkeit der Geistlichen in Dänemark und den übrigen nordischen Ländern, T. Lund a. a. O., S. 304—312. — [2]) Über den *Stóridómur* s. *Safn til sögu Íslands og íslenzkra bókmenta*, II., S. 368 ff. Vgl. auch eine ergötzliche und bezeichnende, an den *Stóridómur* sich knüpfende Sage in Maurers Isländ. Volkssagen der Gegenwart, S. 206 (*Jón Arnason, Íslenzkar þjóðsögur og æfintýri*, I. Bd. S. 52—53). — [3]) Vgl. *Annaler Björns á Skardsa*, Tom. II, S. 16; *Jón Espólín, Íslands Árbækur, V. deild.* S. 84—85; *Sagan af Axlar-Birni* in der Zeitung *Íslendingur*, I. Jahrg. 1860—1861, S. 185—200 und *Jón Árnason, Ísl. þjóðsögur*, II. Bd., S. 113—119; (Maurer, Isl. Volkssagen, S. 230—235). — [4]) Vgl. *Þorkell Bjarnason* in *Tímarit hins ísl. bókmentafjelags*, 1896, S. 38—41.

tüchtigen Klerus wurden auch alsbald nach der Einführung der Reformation ständige Lateinschulen zu *Hólar* (1552) und zu *Skálholt* (1553) errichtet, die nicht mehr von dem bloſsen Belieben der Bischöfe abhängen sollten, sondern von diesen aus den Einkünften der beiden Bistumsgüter erhalten werden muſsten. Das Lehrpersonal bestand an den beiden Schulen nur aus einem Rektor (*skólameistari*) und einem Adjunkten (*heyrari* oder *lókatur* genannt). Der wichtigste Lehrgegenstand ausser Lesen und Gesang war Latein, wobei es hauptsächlich auf Geläufigkeit im Sprechen und eine gewisse Fertigkeit in der Versifikation und im Briefschreiben ankam, ferner Rhetorik und Dialektik in lateinischer Sprache. Griechisch wurde erst von 1600 an für die tüchtigsten Schüler des obersten Jahrgangs gelehrt. In der ersten Zeit fehlte es freilich an dem Wichtigsten, nämlich an tüchtigen Lehrkräften, besonders an der Schule zu *Hólar*. Um die besonders begabten Schüler zur Forstsetzung der Studien an der Kopenhagener Universität zu ermuntern, verlieh Friedrich II. den isländischen Universitätsstudenten das Anrecht auf freie Verköstigung durch die von ihm 1569 errichtete Stiftung für arme Studenten (die sogenannte „Kommunität").[1])

Auſser der Theologie war es, wie ja schon früher und auch später, hauptsächlich die Gesetzeskunde, welche von den Söhnen der bemittelteren Familien und zwar auf autodidaktischem Wege unter Anleitung der Väter studiert wurde: konnte man doch durch diese beiden Disziplinen am ehesten zu bevorzugten Stellungen und zu Macht gelangen. Die Söhne reicherer Leute reisten zu ihrer Ausbildung ins Ausland und zwar nicht nur nach Kopenhagen, sondern auch nach Deutschland (Bremen, Hamburg, Rostock) und in andere Länder. Die meisten gebildeten Laien verstanden vier fremde Sprachen: Lateinisch, Dänisch, Englisch und — am besten — Deutsch. Durch den Verkehr vieler Isländer mit den Hanseaten oder direkt mit dem Auslande kamen auch die geistigen Strömungen Europas nach der fernen Insel, die damals freilich nicht die besten waren, aber doch in vieler Hinsicht anregend wirkten.

Als ein wichtiger Faktor, zunächst zur Förderung der Reformation, dann aber auch für die weitere Entwickelung des wieder erweckten Geisteslebens auf Island hat sich endlich die noch von dem Bischofe *Jón Arason* nach Island gebrachte, und zu *Breiðabólstaður* im *Vesturhóp* aufgestellte Buchdrucker-Presse geltend gemacht.[2]) Das älteste auf Island gedruckte Buch, das erhalten blieb, ist ein isländisches Manuale des ersten lutherischen Bischofs

---

[1]) Vgl. *Ný Félagsrit. gefin út af nokkrum íslendingum I. ár* (Kaupmannahöfn. 1842), S. 102—107. — [2]) Was wir über die Druckerei *Jón Arasons* wissen, sind nur „mystische und unzulängliche Nachrichten," und es ist auch kein Buch aus derselben vorhanden. Vgl. *Jón Þorkelsson. Om Digtningen*, S. 15. Anm. [1]).

von *Hólar*, *Ólafur Hjaltason*, aus dem Jahre 1552.[1]) Ausgiebige Arbeit bekam die Presse jedoch erst unter dem zweiten nordländischen Bischofe, *Guðbrandur Þorláksson*, der ebenso sehr bemüht war, das Land mit Erbauungsschriften im reformatorischen Geiste zu versehen, wie für die Aufklärung und Bildung des Volkes zu sorgen. Mit der Thätigkeit dieses ausgezeichneten Mannes setzt die neue Litteratur-Periode Islands erst eigentlich und zwar in markantester Weise ein, und wir gehen denn auch gleich zur ausführlicheren Besprechung des schriftstellerischen Wirkens *Guðbrandurs* über.

Guðbrandur Þorláksson wurde im Jahre 1542 zu *Staðarbakki* im *Miðfjörður* als Sohn des Priesters *Þorlákur Hallgrímsson* geboren. Elf Jahre alt, kam er in die Lateinschule zu *Hólar*, die er nach sechs Jahren (1559) verliefs, um seine Studien an der Hochschule zu Kopenhagen fortzusetzen und zu vollenden. Er hörte hier den berühmten Theologen und eifrigen Anhänger Melanchthons *Niels Hemmingsen*.[2]) 1563 kam er wieder nach Island zurück und wurde hier zunächst (1564) zum Rektor der Skálholter Lateinschule bestellt. 1567 erhielt er die Weihe und kam als Pastor nach *Breiðabólstaður* im *Vesturhóp*; doch schon ein Jahr später finden wir ihn als Rektor der Schule zu *Hólar*. Nach dem Tode des Bischofs *Ólafur Hjaltason* (1569) wurde er, noch nicht dreifsig Jahre alt, auf das ausdrückliche und nachhaltige Verlangen des Königs Friedrich II., dem seine Tüchtigkeit bekannt war, gegen den Wunsch der Nordländer zum Bischof von *Hólar* ernannt (1571). Er blieb in diesem Amte 56 Jahre lang bis an sein Lebensende (20. Juli 1627). Er war verheiratet mit *Halldóra*, einer Tochter des *Árni Gíslason*, und hatte mit ihr einen Sohn Namens *Páll*, und zwei Töchter, *Kristín* und *Halldóra*, von denen die letztere ledig blieb und dem Vater, als er alt und kränklich war, die Wirtschaft und auch manche geistliche Geschäfte besorgte. Der Sohn, wie auch die beiden Töchter waren hochgebildet und der deutschen Sprache mächtig, *Halldóra* aufserdem weit und breit bekannt als ein vornehmes, besonders wackeres und — fast allzu — energisches Frauenzimmer. *Guðbrandur* selbst war ein überaus begabter, vielseitig gelehrter und in allerlei Fertigkeiten geschickter Mann, voll Liebe zu seinem Vaterlande, voll Begeisterung für seinen Beruf, voll Arbeitslust, Thatkraft und Ausdauer in all seinen Bestrebungen und Werken.

Als er Bischof geworden war, lag ihm vor allem daran, die Saat des neuen Glaubens zum Keimen zu bringen. Als bestes Mittel hierzu

---

[1]) Bezüglich der im 16. Jahrh. auf Island gedruckten Bücher vgl. *Willard Fiskes „Icelandic Books of the XVIth Century"*. (Florenz. 1886). — [2]) So und nicht *Henningsen*, wie in J. B. v. Weifs' Weltgeschichte (3. verbesserte Auflage, XI. Bd. S. 111 und im Register) noch *Hemming*, wie u. a. selbst noch in den neuesten Auflagen von Brockhaus' und Meyer's Konversations-Lexikon zu lesen ist, hiefs der nordische Melanchthon.

ersah er die Schaffung einer entsprechenden religiösen und erbauenden Litteratur in der einheimischen Sprache. Er legt eauch alsbald die Hand ans Werk, indem er einerseits die Druckerei *Jón Arasons* ankaufte, vervollständigte und zunächst von *Breiðabólstaður* nach *Núpufell* in *Eyjafjörður*, hierauf nach *Hólar* selbst verlegte, andererseits mit der Übersetzung dänischer und deutscher religiöser Schriften begann. So erschien von ihm bereits 1575 *Niels Hemmingsens* calvinistisch angehauchter „Weg des Lebens“ in isländischer Sprache. Vor allem aber galt es, dem Volke die lutherische Bibel in die Hand zu geben. Schon 1540 hatte ein Laie, der oben erwähnte *Oddur Gottskálksson*, eine Übersetzung des Neuen Testamentes zu *Roeskilde* (isl. *Hróarskelda*) drucken lassen,[1]) und die Bischöfe *Gizur Einarsson* (1540—1548) und *Gísli Jónsson* (1558—1587) von *Skálholt* hatten verschiedene Partien des Alten Testamentes ins Isländische übertragen. *Guðbrandur* revidierte nun diese Arbeiten, übersetzte selbst die noch übrigen Partien des Alten Testamentes und vereinigte das Ganze zu einem Werke, das im Jahre 1584 — also genau ein halbes Jahrhundert nach dem Erscheinen der ersten vollständigen Lutherbibel — zu *Hólar* als „Bibel, das ist die ganze heilige Schrift ins Isländische übersetzt“ mit vielen von *Guðbrandur* selbst geschnittenen Bildern erschien.[2]) Diese Übersetzung der ganzen Bibel, besonders aber *Oddur Gottskálkssons* Übersetzung des neuen Testamentes, mufs, trotz mancher Danismen und Germanismen, als für ihre Zeit trefflich bezeichnet werden. Die Sprache ist im grofsen und ganzen rein, die Wortfügung klassisch, wenn auch jetzt natürlich zum Teil veraltet. „*Guðbrandurs* Bibel“ — wie sie auf Island genannt wird — bildet denn auch den Markstein für den Beginn der neuisländischen Litteratur[3]) und der Renaissance des Geisteslebens auf Island.

Im Jahre 1589 gab *Guðbrandur* im Vereine mit dem Psalmendichter *Ólafur Guðmundsson* (1537—1608) ein „neues Psalmenbuch“[4]) heraus d. i. eine Sammlung von aus dem

---

[1]) Es ist dies das älteste gedruckte Buch in isländischer Sprache, welches man jetzt kennt. — [2]) Der Originaltitel dieser wichtigen Publikation lautet: „Biblia; *þad er, Öll Heilög Ritning utlögt a Norrænu. Med formálum M. Lutheri*.“ Vgl. zur Geschichte der isländischen Bibelübersetzungen: *Gudbrand Vigfusson's An Icelandic prose reader*. (Oxford, 1879). S. 433—443, und dazu: *Eiríkur Magnússon's Nokkur orð um þýðingu Odds lögmanns Gottskálkssonar á Matteusar Guðspjalli, er Dr. Guðbrand Vigfusson hefir gefið út með athugasemdum um biflíumál vort í „An Icelandic prose reader.“ Reykjavík*, 1879. — [3]) Vgl. *Eiríkur Magnússon*, a. a. O., besonders S. 5, 6, 8—9, 51—52. — [4]) *Ein ny Psalma Bok Med morgum Andligum Psalmum, kostgæfelegum Lofsaungum og vijsum, skickanlega til samans sett og Auken og endurbætt. þrykt a Holum i Hiallta Dal.* Spätere Ausgaben erschienen zu *Hólar* 1619, ebenda 1671, Kopenhagen 1742, ebenda 1746, *Hólar* 1571, ebenda 1772 (ziemlich stark verändert und wegen der Anordnung der Lieder nach den Hauptartikeln — *höfuðgreinir* — des christlichen Glaubens „*Höfuðgreinabók*“ genannt).

Lateinischen und Deutschen übersetzten geistlichen Liedern zum Gebrauche beim Gottesdienste und zur häuslichen Andacht, worauf 1594 das sogenannte „*Graduale*“ (isl. gewöhnlich „*Grallari*“) folgte, ein Gesangbuch für die Kirche mit Noten, an dem auch Bischof *Oddur Einarsson* mitgearbeitet hatte.[1]) Diese beiden Werke, auf welche wir später noch zurückkommen werden, sind bis auf unser Jahrhundert herab beim isländischen Volke in Gebrauch geblieben. Im Jahre 1610 gab er dann eine Übersetzung aus dem Dänischen von Luthers Grofsem Katechismus heraus (gedruckt zu *Hólar*) zum häuslichen Gebrauche des Volkes.

Um den Sinn des Volkes von den weltlichen, besonders erotischen Dichtungen, abzulenken, welche sich fortwährend der gröfsten Beliebtheit erfreuten, liefs *Guðbrandur* ferner (1612) eine Sammlung religiöser Poesien unter dem Titel: „Ein neues Liederbuch“ (*Ein ný Vísnabók*) erscheinen.[2]) Aufser diesen hat er noch eine Menge anderer teils von ihm selbst, teils von anderen auf sein Betreiben hin verfafste oder übersetzte Erbauungsschriften, viele davon mit Bildern von seiner Hand geschmückt, herausgegeben. Doch sind auch Bücher weltlichen Inhaltes aus seiner Offizin hervorgegangen, wie z. B. zwei Auflagen des isländischen Gesetzbuches (der sogen. *Jónsbók*), eine lateinische Grammatik, ein von ihm verfafster Kalender („*rím*“), u. s. w. Die Anzahl der Werke und Schriften, welche *Guðbrandur* drucken liefs, beläuft sich auf ungefähr hundert. Man kann darum und namentlich im Hinblicke auf seine Bibelübersetzung Bischof *Guðbrandur* mit vollem Rechte als den „Begründer und Schöpfer der neueren Litteratur Islands“ [3]) bezeichnen; denn die späteren Bischöfe von Island haben sich bis zum Ende des 18. Jahrhunderts zumeist darauf beschränkt, neue Auflagen der von ihm herausgegebenen Werke drucken zu lassen.

Guðbrandur war aber auch der weitaus gelehrteste Isländer seiner Zeit und besonders tüchtig in Mathematik, Astronomie, sowie in anderen Naturwissenschaften. Er war der erste, der die geographische Lage Islands bestimmt und eine annähernd korrekte Karte der Insel gezeichnet hat; er hat einen Himmelsglobus angefertigt und mit der Herstellung eines Erdglobus begonnen. *Þorvaldur Thóroddsen* nennt *Guðbrandur* daher auch

---

[1]) „*Graduale. Ein Almenneleg Messusöngs Bok samanteken og skrifud, til meire og sampyckelegre Einingar, i þeim Söng og Ceremonium, sem j Kirkiunne skal syngiast og halldast hier i Lande. Eptir Ordinantiunne af H. Gudbrand Thorlakssyne. Item Alemenneleg Handbok med Collectum og Oratium, sem Lesast skulu j Kirkiu Sofnudinum Aarid um kring. Þryckt a Holum j Hialltadal.*“ Über die späteren Auflagen (im Ganzen bis 1779 neunzehn) vgl. *Jón Þorkelsson, Om digtningen på Island*, S. 428. — [2]) Der vollständige Titel lautet im Originale: *Ein Ny Wiisna Bok Med morgum andlegum Visum og Kuædum, Psalmum Lofsöngum og Rijmum teknum ur heilagre Ritningu.* (*Holum*). — Zweite Ausgabe 1748: *Su Gamla Vijsna-Book. Epter hinne Fyrre, aldeilis rett lögud . . , Editio II., þrickt aa Hoolumi Hialltadal.* — [3]) *Jón Þorkelsson, Om digtningen på Island*, S. 16.

mit Fug den „Stammvater der wissenschaftlichen Geographie auf Island."[1]) Er mufs ferner überhaupt als der Wiedererwecker wissenschaftlicher Studien auf Island bezeichnet werden. Es bildete sich um ihn eine Schule, aus der die bekanntesten isländischen Gelehrten und Altertumsfreunde des siebzehnten Jahrhunderts, wie sein Vetter, Pflegesohn und bester Freund *Arngrímur Jónsson*, Bischof *Oddur Einarsson*, Pastor *Magnús Ólafsson*, Bischof *Þorlákur Skúlason* u. a., die wir später noch genauer kennen lernen werden, hervorgegangen sind. Auf *Guðbrandurs* Schultern ruhen somit die Grundlagen des gesamten isländischen Geisteslebens der Neuzeit.[2])

Neben der überragenden Gestalt *Guðbrandurs* darf aber doch *Sigurður Stefánsson* († 1594) nicht übersehen werden, der in der letzten Zeit des Jahrhunderts ebenfalls bereits in mehreren wissenschaftlichen Zweigen und namentlich auch auf dem Gebiete der isländischen und nordischen Landeskunde litterarisch thätig war. Er hat die erste chorographische Beschreibung Islands geliefert, einen Abrifs über die nordischen Länder verfafst und eine Karte von Grönland gezeichnet, die später dem Werke *Þormóður Þorfasons* über Grönland beigegeben wurde. Von ihm stammt auch die älteste uns bekannte Abhandlung über isländische Rechtschreibung. Er hat ferner (1591) eine später verloren gegangene Schrift über Elben, Gespenster, Geistererscheinungen u. dgl. zumeist nach isländischen Quellen verfafst. *Sigurður* war überhaupt ein sehr gelehrter Mann und dabei ein gewandter Dichter in lateinischer Sprache, sowie ein ausgezeichneter Maler und Sänger. Er hatte seine Ausbildung in Kopenhagen genossen und wurde 1594 zum Rektor der Schule zu *Skálholt* bestellt. Allein schon einige Wochen darauf ertrank er in der *Brúará*, in die er, am Ufer schlafend, gerollt war — wie die Leute sagten, infolge eines Racheaktes der Elben, weil er ihre Geheimnisse verraten habe.[3])

Noch in der zweiten Hälfte des Jahrhunderts sind auch schon die ersten Keime einer allmählich wieder aufspriefsenden vaterländischen Geschichtschreibung zu bemerken. Sie zeigten sich zunächst in zwei Annalen von zum Teil stelbständigerer Fassung, nämlich im *Gottskálks-Annáll* und im sog. *Oddaverja-Annáll*. Der erstere stammt von *Gottskálk Jónsson*, Pfarrer zu *Glaumbær* (1550—1593), einem kenntnifsreichen Manne, von dem auch noch

---

[1]) *Þorvaldur Thóroddsen, Landfræðissaga Íslands.* I. S. 211. — [2]) Vgl. über *Guðbrandur Þorláksson*: *Arngrímur Jónsson*, *Athanasia Gudbrandi Thorlacii* (Hamb. 1630); *Finnus Johannæus, Historia ecclesiastica Islandiae*, III. Bd. (*Havniae*, 1775), S 368—443; *Pjetur Pjetursson* in *Arsrit prestaskólans* 1850, S. 123—184; *Jón Þorkelsson*, a. a. O., S. 421—531 u. ö; *Þorvaldur Thóroddsen*, *Landfræðissaga Íslands*. 1. Teil S. 205—217 u. ö; *Sunnanfari. Mánaðarblað með myndum.* II. ár (Kaupmannahöfn, 1892—1893), S. 57—59 (mit einem Bildnis *G's*). — [3]) Vgl. *Jón Þorkelsson*, a. a. O. S., 431—432; *Þ. Thóroddsen* a. a. O, S. 202—205; *Ólafur Davíðsson* in *Tímarit hins ísl. bókmenntafjelags*, 14. Jahrg. S. 181. Die Karte von Grönland auch in „*Aarböger for nordisk Oldkyndighed*", 1887, S. 320.

ein anderes, in mancher Hinsicht interessantes Manuskript verschiedenen Inhalts vorhanden ist. Er war der erste Isländer nach der Reformation, von dem bekannt ist, dafs er sich mit litterarischen Arbeiten zur Geschichte Islands beschäftigte. Bis zum Jahre 1394 ist auch sein *Annáll* nur eine Abschrift oder Bearbeitung älterer Annalen; von da an aber ist er ausführlicher und origineller; die Zeit von 1507—1578 hat *Gottskálks* Sohn *Jón*, Pfarrer zu *Hrammur* im *Saradalur* behandelt. Der *Gottskálks-Annáll* ist noch gegen Ende des Jahrhunderts hin von *Guðbrandur Þorláksson* und *Arngrímur Jónsson*, sowie später — und zwar in besonders ausgiebiger Weise — von *Björn* von *Skarðsá* (vgl. unten) benutzt worden.[1]) Der *Oddaverja-Annáll* (entstanden um 1580) gleicht in seinen Zusätzen aus allerlei anderen Büchern eher einer Chronik als den älteren Annalen. Etwas früher als der *Oddaverja-Annáll* entstand der *Odda-Annáll*, der lange Zeit hindurch dem *Sæmundr fróði* zugeschrieben wurde.[2])

Das Wiederaufleben wissenschaftlicher Studien und gelehrter litterarischer Thätigkeit war das erste und zunächst auch einzige Zeichen des neu erwachten oder doch aufgefrischten Geisteslebens noch im 16. Jahrhundert. Auf dem Gebiete der Dichtkunst hingegen hat die Reformation anfangs mehr Schaden als Nutzen gestiftet. Die weltliche Dichtung blieb von ihr unbeeinflufst, wenn auch nicht unangefochten; ihr Charakter und ihre Qualität waren in der zweiten Hälfte des Jahrhunderts nicht viel anders geworden als in der ersten. Bemerkenswert und für den Geschmack dieser Zeitperiode bezeichnend ist die jetzt erwachende Vorliebe für sogenannte „*Kappakvæði*“ d. h. Gedichte, deren Inhalt in der Aufzählung und kurzen Charakteristik einer grofsen Anzahl von Helden oder Kämpen (*kappar*) aus den Sagas oder auch Rímur besteht. Einige ähnliche Dichtungen sind zwar schon aus der früheren Zeit bekannt, so — von des Norwegers *Eyvindr skáldaspillir* verloren gegangener *Drápa* auf alle Isländer abgesehen — eine *Íslendinga drápa* (Loblied auf die Kämpen Islands) von *Haukr Valdísarson*, wahrscheinlich aus dem 13. Jahrhundert, und ein „*Allra kappa kvæði*“ aus den 1. Dezennien des 16. Jahhunderts von einem sonst unbekannten Dichter aus den *Vestfirðir*, worin nicht weniger als neunundfünfzig Helden zum Teil einheimischer, vorwiegend aber romantischer Sagas in der angedeuteten Weise besungen werden. Auch stellten die Rímur-Dichter im „*mansöngur*“ gern Vergleiche an zwischen sich selbst oder dem Helden der Rímur und den Helden aus den einheimischen und — um mit ihrer Litteraturkenntnifs zu glänzen — mehr noch aus den romantischen Sagas, wobei natürlich möglichst viele solcher

[1]) Vgl. *Jón Þorkelsson* im *Arkiv för nord. filologi*, VIII. Bd S. 218.
[2]) Vgl. *Storm*, *Islandske Annaler*, S. XXVI–XXXIX; daselbst finden sich auch der *Gottskálks-* und der *Oddaverja-Annáll* abgedruckt.

Helden aufgezählt wurden. Als eigene Dichtungen für sich kamen die *Kappakvæði* jedoch erst in der zweiten Hälfte des sechzehnten Jahrhunderts in Schwang und blieben es mehr oder weniger bis in unser Jahrhundert herein. Ihr poetischer Wert ist fast ausnahmslos höchst gering; hingegen sind manche von ihnen kulturgeschichtlich nicht ohne Interesse.[1])

Die Dichtkunst wurde also auch jetzt ununterbrochen gepflegt, und einige Dichter aus dieser Zeit verdienen immerhin aus dem einen oder anderen Grunde erwähnt zu werden.

Bergsteinn Þorvaldsson „der Blinde" (er hat sich vielmehr nur blind gestellt, „wahrscheinlich um die älteren beliebten Dichter *Sigurður blindi*, vergl. oben S. 64 u. 68, und *Rögnvaldr blindi* nachzuahmen"), dessen Leben zur Hälfte noch in diesen Zeitraum fällt, sei nur genannt als Verfasser eines „*Kappakvæði*", das zwar recht unbedeutend, jedoch in neuester Zeit durch den Druck bekannt gemacht worden ist.[2]) Die Gebrüder *Magnús* und *Páll Jónssynir*, beide bekannt wegen ihrer damals seltenen und vielseitigen Bildung, ihrer juristischen Gelehrsamkeit und ihres glänzenden Rednertalentes wie auch wegen ihrer wertvollen Bibliotheken und Handschriftensammlungen, sind nicht minder als Poeten aller Achtung wert. *Magnús* († 1591), der sich mehrere Jahre in Deutschland aufgehalten hatte und von der Nachwelt wegen seines Prunkes und vornehmen Auftretens (vgl. oben S. 76) „*hinn prúði*" d. h. „der Elegante" genannt wurde, hat gute satirische Verse, eine gereimte Sprichwörtersammlung (*orðskviðaklasi*) sowie eine Anzahl Rimur (*Pontus-rímur Amíkus-rímur og Amilius, Ingvars rímur* u. a.) mit besonders guten und inhaltsreichen „Liebesliedern" gedichtet. Seine Verse sind ziemlich leichtflüssig und ungekünstelt. Er galt denn auch ein Jahrhundert lang für den besten Dichter der *Vestfirðir*.[3]) *Páll* (ca. 1535—1598), wegen seiner Prozesse um das einst dem Geschichtschreiber und Skalden *Sturla Þórðarson* gehörige Gut *Staðarhóll*, das ihm endlich auch zufiel, gewöhnlich *Staðarhóls-Páll* genannt, war mit *Helga*, der hochmütigen Tochter des Bischofs *Jón Arason* verheiratet, die er schon frühzeitig geliebt und in vielen Gedichten gefeiert hatte, als sie jedoch seine Frau geworden war, in Hohngedichten verspottete. Während er die Scheidung von *Helga* betrieb, freite er um *Halldóra*, die Tochter des Bischofs *Guðbrandur*, wurde aber von ihr zurückgewiesen. Seine Liebeslieder sind zumeist ganz trefflich, und eines davon, auf *Halldóra*, ist „die beste erotische Dichtung, die wir aus dem

---

[1]) Vgl. über die *Kappakvæði* Kölbings Beiträge S. 155—156; *G. Cederschiöld* in *Arkiv for nordisk filologi*, I., S. 62—80; *Jón Þorkelsson*, ebenda, III, 366—384; IV., 251—283 u. 370—384, dann in *Om digtningen på Island* S. 331, 348 u. 486. — [2]) Vgl. *Jón Þorkelsson, Om digtningen på Island*, S. 330—334; das Gedicht ist abgedruckt im *Arkiv for nordisk filologi*, III. Jahrg., S. 369—375. — [3]) *Jón Þorkelsson, Saga Magnúsar prúða* (Kopenh. 1895) und *Om digtningen på Island*, S. 367—381; *Finnur Jónsson, Agrip af bókmenntasögu Islands*, II., S. 18.

sechzehnten Jahrhundert von einem Isländer kennen.“ *Páll* war überdies ein trefflicher Stilist, verstand gut deutsch und war in der Weltlitteratur bewandert; wegen mancherlei Eigenheiten und Launen wenig beliebt, wurde er doch allgemein wegen seiner durch und durch isländischen Denkweise hochgeschätzt.[1]) Er ist dem Volke auch mehr bekannt als die anderen Dichter dieser Zeit und von den Sagen, die sich um ihn gebildet haben, leben mehrere noch heute im Munde der Isländer fort.[2])

Ferner ist der Bauer *Þórður Magnússon* auf *Strjúgur* (*Strúgstaðir*) zu nennen, der, wie *Páll Vídalín* sich in einem sehr lobenden Verse über ihn äufserte, „aus der Schar der Skalden weit hervorragte, wie das purste Gold aus dem Kupfer.“ Er hat in seiner „*Fjósa-Ríma*“ (d. h. Kuhstall-*Ríma*) ein komisches Heldengedicht (*kappakvæði*) hinterlassen, das in seiner Art an die „*Skíða-Ríma*“ erinnert. Die „Helden“ des Gedichtes sind ein Gläubiger und sein Schuldner. Der erstere sucht den letzteren auf, um von ihm die Bezahlung der Schuld zu verlangen, und trifft ihn im Kuhstalle. Die beiden geraten alsbald in Streit, werden handgemein und lassen in ihrer erbitterten Wut nicht eher von einander ab, als bis sie durch herbeigeholte Weiber getrennt werden. Die blutige Schlägerei wird mit epischer Breite geschildert, worauf der Dichter eine ganze Menge berühmter alter Kämpen aus den Sagas und älteren Rímur an seinem Geiste vorüberziehen läfst, um zwischen ihnen und seinen beiden „Helden“ Vergleiche anzustellen. Allein er findet, dafs sich kein einziger von jenen mit diesen Kämpen messen könne; denn so tapfer sie auch waren, hätten sie sich doch gehütet, sich in einem Kuhstalle zu schlagen. Das ganze wird dabei in einer erhabenen Sprache vorgetragen, die an sich komisch wirkt. Obwohl das Gedicht mehr kulturgeschichtlichen als poetischen Wert besitzt, ist es doch auf Island immer so beliebt gewesen, dafs noch heute jedes Kind einzelne Verse davon auswendig weifs. *Þórður* hat aufserdem noch ein professionelles „*Kappakvæði*“ sowie eine Anzahl Rímur (darunter die sehr populär gewordenen und in besonders vielen Handschriften verbreiteten *Rollants-Rímur*, dann *Valdimars-Rímur* u. a.), einen „*Háttalykill*“ und vieles andere gedichtet, wovon wir nur noch ein hübsches „Gedicht auf Island“ nennen wollen, da es zugleich eines der ältesten Gedichte auf Island überhaupt ist.[3]) *Þórður*, der sich bei seinen Landsleuten allgemeiner Beliebtheit erfreute, war auch kein ungefährliches „*kraftaskáld*.“

[1]) *Jón Þorkelsson*, a. a. O., S. 381—390, wo sich aufser anderen Versen *Pálls* auch das Gedicht auf *Halldóra* mitgeteilt findet. — [2]) *Þorkell Bjarnason* in *Tímarit hins ísl. bókmenntafjelags*, XVII., S. 62. — [3]) *Jón Þorkelsson*, a. a. O., S. 340—350; die *Fjósaríma* ist abgedruckt im *Arkiv for nordisk filologi*, IV. Bd., S. 267—276, das *Kappakvæði*, ebend. S. 370 bis 379; das Gedicht auf Island ebend. S. 262—263; daselbst finden sich auch noch andere Verse des Dichters mitgeteilt und besprochen durch *Jón Þorkelsson*.

Wenn von *Þórður* auf *Strjúgur* die Rede ist, darf sein verhafster, jedoch begabterer Rivale, der „Injurien-Dichter“ und „Hexenmeister“ *Hallur Magnússon*, genannt der *Rímna-Hallur*, nicht vergessen werden, der ebenfalls für ein und zwar viel schlimmeres „*kraftaskáld*“ galt (vgl. oben S. 30). Von *Hallurs* Dichtungen sind aufser einigen Rímur (wie „*Halls rímur*,“ „*Vilmundar rímur viðutan*“ u. a.) bemerkenswert: ein Hohngedicht auf einen Prozefsgegner *Sigurður Jónsson*, der seine Verurteilung wegen Zauberei erwirkt hatte, 18 Strophen, die, an sich recht gut, auch in sprachlicher Hinsicht sowie durch den Umstand, dafs sie für eines der allerprofansten und derbsten Gedichte der isländischen Litteratur angesehen werden, Beachtung verdienen; dann die „*Sjálfsleilur*“ (d. h. Selbsttadel), worin der Dichter in der Einleitung sagt, dafs das Dichten schon viele schlimme Folgen (ja selbst den Tod) verursacht habe, und zwar nicht nur für denjenigen, gegen welchen das Gedicht gerichtet war, sondern auch für den Dichter selbst, und dafs er deshalb aufgehört habe zu dichten; im Hauptteile des Gedichtes wird dann eine Menge der besonders in Rímur anwendbaren Metra aufgezählt; endlich ist noch das „*Háttatal rímna*“ zu nennen, worin fünfundsiebzig Rímur-Versmafse exemplifiziert werden. Diese beiden letzteren Gedichte sind die ältesten ihrer Art und daher überaus interessant.[1]) *Hallur* war einer der beifsendsten „Hohndichter“ (*níðskáld*), die auf Island gelebt haben. Er ist 1601 im Rausche in einer Torfgrube ertrunken.

Die geistliche Poesie hat durch die Reformation einen jähen und vorläufig sehr traurigen Wandel erfahren. Mit der katholischen Lehre war natürlich auch der katholisch-religiösen Dichtung der Lebensfaden abgeschnitten worden. Nun konnte aber gerade die neue Lehre eine religiöse Dichtung nicht entbehren; sie bedurfte derselben vielmehr unabweislich zum Gottesdienste wie zur häuslichen Andacht. Da es jedoch in der ersten Zeit an geistlichen Dichtern fehlte, war man gezwungen, die geistlichen Lieder Luthers und die alten lateinischen Kirchenlieder zu übersetzen. Dies geschah denn auch, allein in einer höchst unzulänglichen und die heimatliche Sprache schädigenden Weise.

Schwächliche Schöfslinge einer originalen geistlichen Dichtung entkeimten immerhin schon am Ende des sechzehnten Jahrhunderts dem dafür noch wenig fruchtbaren Boden der Reformation. Dieselben mehrten sich wohl mit der Zeit, ohne aber an Kraft, innerem Gehalt und poetischem Wert sonderlich zu gewinnen. Doch waren diese Dichtungen, wenngleich formlos genug, doch wenigstens in sprachlicher Hinsicht etwas besser als jene Übersetzungen fremder geistlicher Lieder. Sogenannte

---

[1]) *Jón Þorkelsson, Om digtningen på Island*, S. 350—367, wo auch die genannten Gedichte abgedruckt sind; vgl. auch S. 341—342.

„*Heimsádómar*“, die zur Zeit der Reformation in vollster Blüte gestanden, wurden auch jetzt noch fleifsig gedichtet.

Es kam nun auch eine neue Gattung geistlicher Poesie auf, nämlich die geistlichen oder erbaulichen Rimur, die alsbald in grofser Menge aufschossen. Der poetische Wert derselben steht jedoch keineswegs höher als der der weltlichen Rimur gewöhnlichster Art; und was für eines Erfolges sie sich beim Volke zu erfreuen hatten, werden wir ja noch sehen. Ihre Blütezeit, wenn man von einer solchen überhaupt sprechen darf, fällt schon in das siebzehnte Jahrhundert, in welchem nicht nur die sonstigen geistigen Bestrebungen und Arbeiten fortgesetzt wurden und zum Teil erst zur Ausgestaltung gelangten, sondern dem ja auch noch ein guter Teil der grundlegenden Thätigkeit des Bischofs *Guðbrandur* angehört.

Siebzehntes Jahrhundert. Man sollte glauben, dafs den armen Isländern seit dem 14. Jahrhundert bereits Leides genug widerfahren und eine Steigerung desselben kaum denkbar sei. Mit dem 17. Jahrhundert begann jedoch für Island eine lange Periode des Elends, die noch viel schlimmer war und das unglückliche Volk schlechthin zur Verzweiflung brachte. Gleich der Anfang des Jahrhunderts war von unheimlicher Vorbedeutung. Es begann mit vier Mifsjahren von solcher Härte, dafs der Volksmund den ersten Winter „Knüppel“ (*lurkur*) und „Dieb“ (*þjófur*), den zweiten „Marterwinter“ (*píningsvetur*) und das vierte Jahr das „Jahr des Elends“ (*eymdarár*) nannte. In der Zeit von 1602—1604 sollen nicht weniger als 9000 Personen durch Krankheiten und Hungersnot hinweggerafft worden sein, und ähnliche, hauptsächlich durch das Meereis und harte Winter sowie Volks- und Viehkrankheiten verursachte Katastrophen wiederholten sich noch oftmals im Verlaufe des Jahrhunderts. Im Jahre 1615 wurde die Insel von spanischen Seeräubern heimgesucht; 1627 kam dann gar eine ganze Flotille algierischer Piraten nach Island, welche daselbst raubten, brannten und mordeten, sowie gegen 400 Personen nach Algier führten und dort als Sklaven verkauften. Das Schlimmste aber sollte den Isländern von ihren Stammesbrüdern, den Dänen, widerfahren. Am 20. April des Jahres 1602 verpachtete König Christian IV. den Handel auf Island den drei Städten Kopenhagen, Malmö und Helsingör als Monopol. Das Vorgehen des Königs war an sich nichts so Schlimmes und Unerhörtes; er wollte den Gewinn, welchen bisher die ausländischen Kaufleute aus dem Handel mit Island zogen, lieber ausschliefslich seinen Unterthanen zuwenden; „auch darf man nicht vergessen, dafs zur damaligen Zeit der Monopolhandel in allen Staaten blühte und auch von den bestregierten derselben kaum viel milder und rücksichtsvoller betrieben wurde, als von Dänemark.“ Zum furchtbaren Unglück für Island wurde dieses Monopol vielmehr durch den schändlichen Mifsbrauch, welchen die dänischen Kaufleute damit trieben. Da es nun keine ausländische Konkurrenz mehr gab, den Händlern aber zu einem rationellen Betrieb des Handels die erforderlichen Kapitalien fehlten, erhöhten sie den Preis der Einfuhrwaren bei äufserst verschlechterter Qualität um das Drei- ja Vierfache, während sie den Preis der Ausfuhrartikel bedeutend herabdrückten, mit anderen Worten: sie suchten sich auf die schmählichste Weise durch rücksichtslose Aussaugung des wirtschaftlichen Lebensmarkes der Isländer in kürzester Zeit zu bereichern. Mit solcher Gier warfen die dänischen Händler sich auf ihr Opfer, dafs in den ersten Jahren nach der Einführung des Monopolhandels nicht weniger als neuntausend Isländer verhungerten. Wer mit fremden Schleichhändlern, die billiger verkauften und bessere Preise zahlten als die Dänen, auch nur das geringste handelte, wurde mit Stockprügeln oder auch mit lebenslänglichem Zuchthaus bestraft. Die schlimmste Folge dieses unglückseligen Systems war aber, dafs den Isländern fortan aller Unternehmungsgeist genommen wurde, indem es sich ihnen nicht mehr lohnte, Landwirtschaft und Viehzucht zu treiben, und sie ihr kümmerliches Dasein durch die einträglichere, aber doch unzuverlässige und dabei höchst lebensgefährliche Fischerei mit schlechten, offenen Booten zu fristen suchten. Bis auf den heutigen Tag krankt das isländische Volk an dieser Beschädigung seines Lebensnervs.[1])

Diesen furchtbaren Heimsuchungen gegenüber erscheinen die staatsrechtlichen und administrativen Einschränkungen, welche das siebzehnte Jahrhundert für Island mit sich brachte, im ganzen geringfügig. Am 28. Juli 1662 schworen die Isländer Friedrich dem Dritten den Huldigungseid als absolutem Könige mit der Bitte und in der Voraussetzung, dafs an ihren alten Landesgesetzen nichts geändert werde. Rechtliche Geltung aber erlangte der Absolutismus für Island weder durch diese Huldigung noch durch das denselben proklamierende eigentliche „Königsgesetz“, das 1665 verfafst, jedoch erst 1709 publiziert wurde und Dänemark-Norwegen zum unumschränktesten Königtum Europas machte. „Nach wie vor blieb Island in Bezug auf Gesetzgebung und Gerichtswesen, Verwaltung und Besteuerung ein durchaus selbständiges Land . .; im grofsen und ganzen aber machte der in Dänemark zu Recht bestehende Absolutismus sich thatsächlich auch auf Island geltend und führte hier zu einem völligen Verfalle der Volksvertretung.“ (Maurer.) Es soll übrigens gleich hier konstatiert werden, dafs die souveränen Könige keineswegs etwa despotisch regierten, sondern vielmehr in landesväterlicher Liebe für das Wohl ihrer Untertanen sorgten. Sie suchten mit grofsem

---

[1]) *Þorkell Bjarnason, Ágrip af sögu Íslands (Reykjavík*, 1880), S. 71 bis 76, Konr. Maurer, Zur politischen Geschichte Islands S. 278—280; *Þorvaldur Thóroddsen, Landfræðissaga Islands*, II. Th., S. 5—10.

Eifer die Gesetzgebung und das Rechtswesen zu verbessern und Handel und Gewerbe zu fördern. Indem sie aber dem damals und z. T. schon früher so beliebten „merkantilen System“ huldigten und in Einfuhrverboten auf fremde Waren wie in der Errichtung zahlreicher, mit vielen Privilegien ausgestatteter Kompagnieen alles Heil erblickten, schädigten sie in nicht geringem Grade die Freiheit der Handelsbewegung. — In der administrativen Verwaltung Islands traten im vorletzten Dezennium des Jahrhunderts die z. T. sehr durchgreifenden Veränderungen ein, dafs (1683) für die Zoll-, Kronguts- und Fischerei-Angelegenheiten ein der dänischen Rentenkammer unterstellter „Landvogt“ (*landfógeti*), für die Oberleitung der ganzen Verwaltung und für die geistlichen Angelegenheiten (1684) ein „Stiftsbefehlshaber (*stiftbefalingsmaður*) und (1688) wieder speziell für die Rechts- und Gerichtsangelegenheiten ein Amtmann (*amtmaður*) eingesetzt wurde, von denen die beiden letzteren Beamten der dänischen „Kanzlei“ untergeordnet waren. Der König begann jetzt auch die Bezirksvorsteher (*sýslumenn*) anzustellen, was zuvor, und zwar häufig nach den Wünschen der Bezirksbewohner, durch den „Hauptmann“ (Statthalter) geschah. Eine Wohlthat für das Land war hingegen die Einrichtung von vier Spitälern für Aussätzige (1652).[1])

Der lutherische Glaube begann im siebzehnten Jahrhundert schon allmählich festere Wurzeln zu fassen. Die Mehrzahl der Geistlichen war bereits sehr „glaubensstark“. Zahlreiche Erbauungsschriften — fast ausschliefslich Übersetzungen — wurden im Lande verbreitet. Die Predigten waren voll Feuer und erschütternder Eindringlichkeit; das Hauptgewicht wurde, im lutherischen Sinne, auf die Darstellung der Teufelswerke und krasseste Ausmalung der Höllenqualen gelegt. Um die Mitte des Jahrhunderts zeigte sich indessen eine ganz deutliche Reaktion im katholischen Sinne, und zwar in der Kirche selbst. So ist z. B. bekannt, dafs Bischof *Brynjólfur Sveinsson* in vieler Hinsicht noch sehr katholisch gesinnt war, zum heiligen Kreuz und zur Gottesmutter betete (die er auch in lateinischen Gedichten besang), an den Fasttagen fastete u. dgl. Von Luther sagte er, dafs er wohl ein gelehrter und gottesfürchtiger Mann, jedoch zu zelotisch gewesen und in seiner Reformation viel zu weit gegangen sei. *Brynjólfur* hinterliefs auch ein von seiner eigenen Hand geschriebenes „Psalterium Marianum“.[2]) Auf andere Erscheinungen dieser geistlichen Strömung werden wir gelegentlich noch zu sprechen kommen.

Die Moralität der Bevölkerung war trotz des religiösen Fanatismus der Geistlichkeit und der strengen Gesetze, die selbst

---

[1]) *Þorkell Bjarnason*, a. a. O., S. 77—81, und K. Maurer, a. a. O. S. 276. — [2]) Vgl. *Pjetur Pjetursson* in *Tímarit hins ísl. bókmentafjelags*, V., S. 59—60.

geringere Verbrechen wie Diebstahl mit dem Tode oder mit Leibesverstümmelung und Brandmarkung bestraften. im grofsen und ganzen nicht besser als in der zweiten Hälfte des vorausgegangenen Jahrhunderts. Viele Männer und Weiber wurden wegen unehelicher Kindererzeugung hingerichtet, und niemals sind auf Island so viele Diebstähle verübt worden, wie zu jener Zeit. Die Trunksucht grassierte in allen Ständen nicht minder als früher. Als im Jahre 1620 auf dem Alþingi alle Sysselmänner dem dänischen Könige den Huldigungseid schworen, war nur ein Teil derselben ganz nüchtern. „Gerade die besten Männer des Landes waren Branntweinbrüder und Trunkenbolde.“ Bischof *Brynjólfur Sveinsson*, ein sehr sittenstrenger Mann, wollte diesem Übel steuern und schrieb eine Philippika gegen die Verschwendungs- und Trunksucht der Isländer, jedoch ohne Erfolg.[1])

Mit dem gelehrten Unterrichte blieb es im Lande auch ferner noch mifslich genug bestellt, wenigstens insoweit derselbe schulmäfsig war. Die einzigen einheimischen Bildungsstätten, die beiden Lateinschulen, waren, wie wir gesehen haben, schon ihrer Bestimmung nach, dann aber auch wegen des Mangels an tüchtigen Lehrkräften, wenig geeignet, ein gründliches, aufklärendes Wissen zu vermitteln. Für die Qualität des Lehrpersonals ist es bezeichnend, dafs an der Schule zu *Hólar* unter Bischof *Guðbrandur* ein Rektor, Namens *Olafur*, wirkte, von dem erzählt wird, dafs er nicht einmal das lateinische Adjektiv „parvus“ richtig steigern konnte (er komparierte: parvus, parvior, parvissimus). Unter dem Nachfolger *Guðbrandurs*, *Þorlákur Skúlason*, wurde es indessen in dieser Hinsicht etwas besser. Die Schule zu *Skálholt* erfreute sich von 1639—1674 der fördernden Obsorge des gelehrten Bischofs *Brynjólfur Sveinsson*, der zeitweilig auch selbst unterrichtete. Dann aber ging es mit beiden Schulen wieder abwärts, da sie den Bischöfen, besonders in den schlechten Zeiten, schwer zur Last fielen, und das Volk selbst kein Interesse für dieselben zeigte. Die Söhne reicherer Familien besuchten auch im 17. Jahrhundert noch ausländische, besonders deutsche, holländische und englische Hochschulen zu ihrer gelehrten Ausbildung; doch wurden diese Studienreisen im Verlaufe des Jahrhunderts infolge des durch den Monopolhandel hervorgerufenen, fast allgemeinen Elendes immer seltener.[2]) Im Allgemeinen aber scheinen jetzt begabtere Schüler sich nur ausnahmsweise weiteren Studien an der Universität Kopenhagen gewidmet zu haben, da Christian IV. im Jahre 1618 den Bischöfen befahl, jährlich wenigstens e i n e n tauglichen Schüler von jeder Lateinschule dahin zu schicken, und 1633 denjenigen Isländern, die an der Hochschule das Beamten-

[1]) Vgl. *Þorvaldur Thóroddsen*, *Landfræðissaga Íslands*, II., S. 16—20, und *Sunnanfari*, II., S. 100—101, wo sich auch *Brynjólfurs* Aufsatz abgedruckt findet. — [2]) Vgl. *Þorvaldur Thóroddsen*, a. a. O., II., S. 3—4.

examen ablegten, die Bevorzugung vor den übrigen Amtskandidaten auf Island caeteris paribus zusicherte. Die isländischen Studenten erhielten nunmehr aufser der „Kommunität“ auch das — ihnen bis auf den heutigen Tag gewahrte — Privilegium der freien Unterkunft (mit den damit verbundenen Benefizien, als einem Stipendium und freier Beheizung) im sogenannten *Regensen* oder Collegium regium, dem von Christian IV. im Jahre 1623 errichteten Studentenpensionate (isländisch gewöhnlich „*Garður*“, d. h. der Hof, das grofse Haus, genannt)[1])

Mit dem Tode des Bischofs *Guðbrandur* war auch die Blütezeit für die einzige Druckerei auf Island vorüber. Bischof *Brynjólfurs* Bestreben, in *Skálholt* eine zweite Druckerei zu etablieren, scheiterte an dem eifersüchtigen Widerstande seines geistlichen Amtsbruders von *Hólar*. Von besserem Erfolge waren die Bemühungen des Nachfolgers *Brynjólfurs*, *Þórður Þorláksson*s, begleitet, der sich in den Besitz der Holenser Presse zu setzen wufste, sie 1685 auf zehn Pferden nach *Skálholt* bringen liefs, besser ausstattete und auch in rege Thätigkeit versetzte.[2])

Ein düsterer Charakterzug des siebzehnten Jahrhunderts war das Überhandnehmen des krassesten und finstersten Aberglaubens. Wir haben bereits den isländischen Aberglauben in der vorausgegangenen Zeit kennen gelernt und dabei gesehen, dafs er mit der Verschlechterung der Zeiten wohl allmählich zunahm, jedoch am Ende des sechzehnten Jahrhunderts im allgemeinen noch ziemlich milde war. Teils infolge des beispiellosen Elendes, das mit dem siebzehnten Jahrhundert begann, hauptsächlich aber durch den Einflufs des Luthertums nahm derselbe bald die schlimmsten Formen an, die von den verderblichsten Folgen begleitet waren. Man glaubte zwar wie früher noch immer an Elben und Trolle, wie an den sonstigen, mehr harmlosen Spuk aus der heidnischen und katholischen Zeit. Nur die Zwerge, welche in den obenerwähnten märchen- und sagenhaften Erzählungen (*lygisögur*) des 15. und 16. Jahrhunderts noch ihre alte Rolle als Schmiede, Bogenschützen u. dgl. spielten, waren nach dem Volksglauben des 17. Jahrhunderts bereits im Aussterben begriffen.[3]) Die

---

[1]) Vgl. *Ný Félagsrit. II. ár* S. 109 ff. — [2]) Vgl. *Jón Borgfirðingur, Söguágrip um prentsmiðjur og prentara á Íslandi*, S. 12–26. — [3]) Der Dichter und Zauberer *Guðmundur Bergþorsson* behauptete etwa gegen Ende des Jahrhunderts, dafs es auf Island nur mehr zwei Zwerge gäbe, von denen der eine in Felswänden am *Langanes*-Strande, der andere aber in einem grofsen Steine in der Nähe von *Guðmundurs* Wohnung hauste. Der letztere besafs auch die Salbe, durch die der auf einer Seite gelähmte Dichter geheilt werden konnte. Seither sind sie aus der isländischen Sagen- und Märchenwelt fast gänzlich verschwunden, oder vielmehr mit den Elben verschmolzen. Doch treten sie z. B. noch auf in der isländischen Fassung des Schneewittchen-Märchens und in den Märchen von *Himinbjörg*. Vgl. O. L. Jiriczek in d. Zeitschrift f. deutsche Philologie, XXVI. Bd. (1894), S. 10—14; *Jón Árnason, Íslenskar þjóðsögur og æfintýri*, I. Bd., S. 469. — Poestion, Isländische Märchen, S. 153 bis 166 und Maurer, Isl. Volkssagen, S. 312—314.

Hauptrolle spielten jedoch in den Vorstellungen des Volkes jetzt Sendlinge und Widergänger, Folgegeister und Aechter, Land- und Seeungeheuer, Runenzauber, Beschwörungen, Prophezeihungen u. dgl., ganz besonders aber Zauberer, Hexen und der Teufel (*kölski*).

Der mafslose Hexen- und Teufelswahn, der im 17. Jahrhundert, und zwar nicht nur auf Island, sein schreckliches Unwesen trieb, kam über Dänemark aus Deutschland und war von Luther ausgegangen. Der Reformator glaubte fest an Hexereien und hatte eine namenlose Furcht vor dem Teufel und den bösen Geistern. Diese Furcht brachte er durch seinen grofsen Katechismus 1529 auch unter das Volk, dem da gelehrt wurde, der Teufel „richte Hader, Mord, Aufruhr und Krieg an, desgleichen Ungewitter und Hagel, um das Getreide und Vieh zu verderben und die Luft zu vergiften; er trachte ohne Unterlafs nach dem Leben der Christen und kühle sein Mütlein, wo er sie zu Unfall und Schaden am Leibe bringen könne. Daher komme es, dafs er manchem den Hals breche oder ihn von Sinnen bringe, etliche im Wasser ersäufe, dafs sie sich selbst umbrächten oder zu vielen anderen schrecklichen Fällen." Da die ersten Bischöfe und Priester des reformierten Dänemark Schüler Luthers waren, wurden dessen Wahnideen alsbald auch nach diesem Lande verpflanzt, in dem bis dahin keine Spur von thörichtem Teufelswahn und von Hexenverfolgung zu finden war. Naturgemäfs waren gerade die Geistlichen die eifrigsten Förderer solchen Aberglaubens, teils durch die Predigt und Schrift, teils durch eigenes Beispiel. Allgemein nahm das Volk in Dänemark an, dafs die Geistlichen in Wittenberg nicht nur theologische Vorlesungen, sondern auch die sogenannte „schwarze Schule" besuchten. Dort würden sie in den Geheimnissen der schwarzen Kunst unterwiesen. Die Gemeinde war stolz auf ihren Geistlichen, der „mehr konnte, als sein Vaterunser; er hatte ja die schwarze Schule besucht". Als „kluge Prediger" (*kloge Præster*) hochangesehen, halfen sie in allen Nöten; gegen Krankheiten von Menschen und Vieh hatten sie ihre Zauberformeln, Geister mahnten und bannten sie, kurz, sie waren echte Wunderdoktoren, und auf den nächtlichen Fahrten gelangen die Kuren und Beschwörungen am besten.[1])

Ganz die gleichen Erscheinungen finden wir nun auch auf Island. Heillose Furcht vor dem Teufel und vor bösen Geistern, sowie fester Glaube an Hexen und Zauberer beherrschten Geist und Gemüt der unwissenden Menge wie der Gebildeten, und die Geistlichen spielten dabei dieselbe Rolle wie in Dänemark oder anderwärts; ja dieser Aberglaube und diese Teufelsfurcht wurden hier so arg,

---

[1]) Vgl. W. Plenkers, Das Hexenwesen in Dänemark in: Stimmen aus Maria Laach, 51. Bd. (1896). Die beste ältere, „wahrhaft grundlegende Arbeit für die Geschichte der Hexenprozesse im Norden" ist *Nyerups Udsigt over Hexeprocesserne i Norden* in *Skandinav. Litteraturselskabs Skrifter* (Kobenh., 1823—1824). XIX, 339—394 u. XX, S. 1—43.

dafs sie selbst das Nervensystem der Menschen zerrütteten und hysterische Erscheinungen hervorriefen; sie arteten zu einer Krankheit aus, welche die Leute wie eine Seuche befiel.[1])

Als Zauberer (*galdramenn*) werden von der Volkssage aus dieser Zeit und z. T. auch noch aus der zweiten Hälfte des 16. Jahrhunderts besonders gefeiert die Geistlichen *Hálfdan Narfason* zu *Fell* in *Sljettuhlíð* († 1598?), *Magnús á Hörgslandi* (1652—1686), *Hallgrímur Pjetursson*, der berühmte Psalmendichter (vgl. oben S. 30—31), *Eiríkur Magnússon* zu *Vogsar* (1677—1716) u. a., dann von Personen weltlichen Standes die Bauern und Dichter *Hallur Magnússon*, *Þórður* auf *Strjúgur* (vgl. über beide oben S. 30), *Þorleifur Þórðarson* († 1647), wegen seiner Zauberkünste auch *Galdra-Leifi* genannt, der sich dem Teufel verschrieben, ihn jedoch überlistet haben soll, *Guðmundur Bergþorsson* († 1705), *Margrjet Þórðardóttir*, genannt *Galdra-Manga* und manche andere.[2])

Vorgreifend sei hier auch schon bemerkt, dafs die im siebzehnten Jahrhundert von den Isländern begonnenen heimisch-antiquarischen Studien wie auch die nunmehr häufigere Lektüre und Bearbeitung mancherlei fremder Schriften auf die Entstehung von Volkssagen und abergläubischen Volks-Überlieferungen einen nicht geringen Einflufs ausgeübt haben. Ein drastisches Beispiel sind in dieser Beziehung die Sagen, welche sich jetzt über *Sæmundur Vigfússon* († 1133) bildeten. Obwohl dieser wegen seines umfassenden Wissens bereits gegen 1200 den Zunamen „*hinn fróði*“, d. h. der weise, gelehrte, erhalten hatte, ja selbst wie Meister Virgilius in den Geruch der Zauberei geraten war,[3]) hat man in der ersten Hälfte des siebzehnten Jahrhunderts doch nur wenig von ihm gewufst; sowie aber sein Name durch den Irrtum *Brynjulfur Sveinssons* an die von diesem entdeckten „Edda-Lieder“ geknüpft worden war, wurde er zu einem Lieblingshelden der Volkssage jener Zeit, die ihn natürlich zu einem Schüler der schwarzen Schule stempelte und allerlei Abenteuer mit dem Teufel bestehen liefs.[4]) Über andere Renaissance-Sagen und abergläubische Volks-Überlieferungen solcher Art vgl. Konrad Maurer in Germania, VII., S. 248—249 und IX., S. 233—238, sowie in der Zeitschrift des Vereins für Volkskunde, I., S. 41—43.

---

[1]) *Þorvaldur Thóroddsen*, *Landfræðissaga Íslands* (Globus, illustr. Zeitschrift f. Länder- und Völkerkunde, LXVII, No. 1: Isländischer Hexenspuk im 17. Jahrhundert). Eine der merkwürdigsten Quellenschriften über den isländischen Aberglauben des 17. Jahrhunderts ist ein in der Kgl. Bibliothek zu Kopenhagen befindliches grofses handschriftliches Buch des Pfarrers *Jón Magnússon* aus der Mitte jenes Jahrhunderts über die Anfechtungen, die er auszustehen hatte. — [2]) Vgl. über diese und andere Zauberer aus dieser Zeit die Sagen in *Jón Árnasons Ísl. þjóðsögur*, I., S. 520 ff. (Maurer, S. 109 ff, Lehmann-Filhés, I., S. 237 ff.). — [3]) Vgl. *Biskupa sögur*, I. Bd., S. 228—229. — [4]) Vgl. *Jón Árnasons Ísl. þjóðsögur*, I. Bd., S. VII u. 485—505 u. ö. (Lehmann-Filhés, I., S. 205, Maurer, Isl. Volkssagen S. 118—127 und 299—300).

Es wird nun nicht Wunder nehmen, daſs Island auch die Hexenprozesse von Dänemark übernahm, indem das Alþingi auf Grund des betreffenden dänischen Gesetzes vom 12. Oktober 1617 zustimmte, daſs der Zauberei beschuldigte Personen dem Feuertode zu überliefern seien. Die erste Verbrennung (*galdramannabrenna* oder *galdrabrenna*) fand im Jahre 1625 statt und traf einen Mann, der beschuldigt wurde, einen Toten auferweckt zu haben. Im ganzen sollen bis 1690 dreiundzwanzig Personen und zwar zweiundzwanzig Männer und ein Weib verbrannt worden sein. Auf Island wurden also nicht nur weniger Menschen verbrannt, sondern man hörte auch früher mit solchen Verbrennungen auf, als in anderen Ländern, z. B. in Deutschland und in der Schweiz, wo sie bis tief in das vorige Jahrhundert herein gedauert haben. Eben der Umstand aber, daſs diese schändlichen Prozesse auch in anderen und „gebildeteren" Ländern vorkamen, läſst uns jenen traurigen Beschluſs des Alþingi in einem milderen Lichte erscheinen. — Als die ärgsten Fanatiker waren in Sachen der Hexenprozesse besonders der sonst so gelehrte Theologe *Páll Björnsson*, Probst in *Selárdalur*, und der Gesetzsprecher *Þorleifur Kortsson* berüchtigt, auf deren Anstiften allein viele unschuldige Personen dem Scheiterhaufen überliefert wurden.[1])

Die Verfolgung aller Zauberei kehrte sich nicht minder gegen die Zauberbücher (*galdrabækur*), wobei auch — zum groſsen Schaden für die Wissenschaft — nicht nur die in Runenschrift geschriebenen alten Manuskripte vernichtet wurden, da man eben den Runen überhaupt Zauberkraft zuschrieb,[2]) sondern auch sonstige alte Handschriften, die, weil nur einzelne gelehrte Männer sie lesen konnten, ebenfalls von vielen für Zauberbücher gehalten wurden.

Trotz der unglücklichen ökonomisch-politischen Verhältnisse und des niedrigen Standes der Volksbildung fanden aber doch die geistigen Bestrebungen, welche sich schon gegen Ende des sechzehnten Jahrhunderts geltend machten, im siebzehnten Jahrhundert nicht nur ihre Fortsetzung, sondern sie wurden viel allgemeiner, intensiver und zugleich vielseitiger. Es waren eben auch die Isländer in den Zauberkreis der echten „schwarzen Kunst", des Bücherdruckes, geraten, dieses gröſsten Erwerbs des Menschengeschlechts nach Erfindung der Buchstabenschrift; denn seit der Geist eines Mannes in Holz und Leder eingeschnürt zu gleicher Zeit auf tausend Straſsen über die Erde ziehen konnte, hatte eine Entfaltung der Menschenkraft in Kirche und Staat, in Wissenschaft und Handwerk begonnen, nicht nur mächtiger, mannigfacher,

---

[1]) Vgl. über diese Verbrennungen und die angeblichen Zaubereien auf Island *Jón Espólins Árbækur*, V., S. 27 ff. sowie an den unter *galdramannabrennur* und *galdr* im Register angeführten Stellen. — [2]) Vgl. *Guðbrandur Vigfússon* in der Vorrede zu *Jón Arnasons Isl. þjóðsögur og æfintýri*, I Bd., S. X.

reicher, auch grundverschieden von dem stillen Grübeln der Vergangenheit ... Der Mensch lernte jetzt allmählich anders sehen, beobachten, urteilen. Jetzt war das deutliche Schwarz auf Weiſs immer zur Hand, ein fester, unveränderlicher Bericht über das, was bereits andere geschaut und erfahren. Jeder konnte die eigene Auffassung an der fremden, das Urteil der anderen an dem eigenen prüfen ... Durch zwei Jahrhunderte wurden die mathematischen Disziplinen Grundlage des geistigen Fortschrittes und mit ihnen das Studium der Natur, welches auf Wägen und Messen, auf Scheiden und Verbinden der einzelnen Stoffe beruht, nächst der Astronomie die Chemie ... Auch die historischen Kenntnisse schritten fort und die Kunde alter Sprachen, überall ein emsiges Zählen, Messen, Zusammentragen der Einzelheiten, Aufsammeln eines ungeheuren Materials. Historische Urkunden, Diplome und alte Aufzeichnungen werden in groſsen Sammelwerken herausgegeben; man wagt sich auch an die Ausarbeitung von Grammatiken und an die Zusammenstellung von Wörterbüchern. Wo aber ein Zusammenfassen des Stoffes versucht wird, geschieht es noch ganz äuſserlich.

Diese mit Gustav Freytags[1]) Worten zunächst im Hinblicke auf Deutschland skizzierte Wandelung des Menschengeistes, welche durch den Bücherdruck herbeigeführt wurde, ist in gleicher Weise auch in den skandinavischen Ländern eingetreten, und Island blieb davon nicht unberührt. Auch hier entwickelte sich ein reges, litterarisch-wissenschaftliches Leben in den erwähnten Richtungen, hauptsächlich genährt durch die an der Kopenhagener Universität oder an anderen, fremden Hochschulen studierenden Isländer. Wir finden daher sowohl bei der Geistlichkeit wie bei dem Beamtenstande und sogar beim Volke viele geistige Interessen, die sich in einer Menge Schriften sehr verschiedenen Inhaltes dokumentierten. Natürlich tragen diese Schriften deutlich das Gepräge des Zeitalters mit allen seinen Vorzügen und Fehlern. Wegen der kleineren Verhältnisse auf Island wurden auch nur sehr wenige Bücher (besonders Andachtsbücher) gedruckt; allein die litterarischen Erzeugnisse wurden doch in einer Menge von geschriebenen Exemplaren über das ganze Land verbreitet.[2])

Dieselben Disziplinen, welche durch die Buchdruckerkunst in Deutschland, Dänemark u. s. w. in den Vordergrund gerückt worden waren, nämlich: Mathematik und Naturkunde mit Medizin, Chemie, Physik und Astronomie, dann Sprachwissenschaft, Altertumskunde und Geschichtskunde, wurden auch von den Isländern hauptsächlich gepflegt, wenngleich sie im all-

---

[1]) Neue Bilder aus dem Leben des deutschen Volkes. Leipzig, 1862, S. 245–248. — [2]) *Þorvaldur Thóroddsen* in *Geografisk Tidsskrift*, 13. Bd. (1895–96), S. 56.

gemeinen — nach dem Geschmacke der Zeit — mehr ein polyhistorisches Wissen überhaupt anstrebten. Tonangebend war in dieser Hinsicht für die Isländer natürlich zunächst die in Dänemark herrschende Richtung, wo damals eine grofse Anzahl der gelehrtesten Männer, teils an der Universität, teils in freieren Stellungen wirkten, und die Wissenschaft in vollster Blüte stand. Schon seit dem sechzehnten Jahrhundert waren die Augen der gelehrten Welt nach dem kleinen, ziemlich abgelegenen Lande gerichtet, angezogen von dem glänzenden Ruhme des Astronomen Tycho Brahe (1546—1601), dessen „Uranienburg“ auf der kleinen Insel Hven zu den gröfsten Wunderwerken der Welt gezählt wurde. Im siebzehnten Jahrhundert standen in Dänemark durch ihr vielseitiges Wissen und ihre Lehr- und litterarische Thätigkeit insbesondere in Ansehen die Ärzte: Caspar (1585—1629), Thomas (1616—1689) und Erasmus (1625—1698), Bartholin, Ole Worm (1588—1654), Nicolaus Steno (1638—1686), Ole Borch. Der Ruhm dieser Männer verbreitete sich auch über ihre Heimat hinaus, da ihre Werke in lateinischer Sprache geschrieben waren, welche damals in ganz Europa die Sprache der Wissenschaft war. Die Wissenschaften fanden auch noch einen mächtigen Schützer und Förderer in König Friedrich III. (1648—1680), der selbst vielseitig gebildet war und mancherlei wissenschaftliche und litterarische Passionen hatte. Das 17. Jahrhundert war denn auch für Dänemark das Zeitalter der Gelehrsamkeit, und es war es in dem entsprechenden kleineren Mafse nicht minder auch für Island.

Was nun im besonderen Island betrifft, so finden wir, dafs einen wirklichen Nutzen für die Wissenschaft zunächst nur die Beschäftigung einiger Isländer mit ihren litterarischen Altertümern brachte, indem sie dieselben sammelten, eifrig lasen, abschrieben oder abschreiben liefsen und teils in lateinischer, teils in isländischer Sprache Werke und Abhandlungen über alte Geschichte und Dichtkunst verfafsten. Ihr Beispiel fand Nachahmung durch andere gebildete Männer, insbesondere auch durch die Bischöfe, welch letztere alsbald die vornehmsten Führer in der neuen geistigen Bewegung Islands wurden.

Man begann also auf Island zunächst mit dem Sammeln der im Lande weit und breit zerstreuten alten Handschriften. Schon die Brüder *Magnús* und *Páll Jónssynir* scheinen wertvolle alte Manuskripte erworben zu haben. So war *Magnús Jónsson* augenscheinlich im Besitze der sogenannten „*Hauksbók*“, einer inhaltsreichen Pergamenthandschrift aus dem Anfang des vierzehnten Jahrhunderts, die nach „Herrn *Haukr Erlendsson*“ († 1334) benannt ist, der sie einst besafs und zum Teil mit eigener Hand geschrieben hat;[1]) und auch die Stockholmer Membrane No. 22,

---

[1]) Vgl. *Jón Þorkelsson. Om digtningen på Island*, S. 187, Anmerk.; über die *Hauksbók: Katalog over den Arnamagnæanske Haandskriftsamling*,

Quarto, die eine Sammlung älterer Rímur, „Mansöngvar,“ und sonstiger erotischer Gedichte, ein *Kappakvæði* u. a. enthält,[1]) „scheint seiner Zeit unzweifelhaft zu seiner Bibliothek gehört zu haben, und ist wahrscheinlich auf seine Veranlassung geschrieben worden.“[2]) *Páll Jónsson* besafs u. a. von den beiden ältesten und wichtigsten Pergamenthandschriften der seit dem sechzehnten Jahrhundert (oder noch früher?) unter dem Namen *Grágás* (d. h. graue Gans) bekannten privaten Sammlungen isländischer Gesetze aus der Zeit des Freistaates nicht nur die sogenannte *Konungsbók* aus der Mitte, sondern jedenfalls auch die *Staðarhólsbók* (so geheifsen nach *Páll's* Hofe *Staðarhóll*, wo sich dieselbe eben befunden haben dürfte) aus dem Ende des dreizehnten Jahrhunderts.[3]) Bischof *Guðbrandur* besafs ebenfalls sowohl in seiner privaten wie in der Holenser Kathedral-Bibliothek verschiedene kostbare Handschriften (z. B. den von seinem Grofsvater, dem Lögmanne *Jón Sigmundarson* geerbten, später sog. *Codex Wormianus* der *Snorra Edda*, vgl. unten), wie ja deren auch zu *Skálholt* noch viele vorhanden waren, und zwar nicht blofs Legenden und Schriften asketischen Inhaltes, sondern auch Sagas und Annalen.

Mit dem Sammeln der alten Manuskripte ging das Abschreiben derselben Hand in Hand. Zu den Abschriften wurde jetzt allgemein Papier und nur ganz ausnahmsweise Pergament verwendet. Zumeist waren die Bischöfe als die gebildetsten und gelehrtesten Männer des Landes, in dieser Richtung thätig, und sie hatten zu diesem Zwecke ihre eigenen Kopisten; doch gab es auch einzelne Pfarrer sowie Laien, die für sich Manuskripte sammelten oder abschrieben. Von manchen Membranen wurden auch mehrere Abschriften oder Übersetzungen (ins Lateinische) angefertigt, von anderen Auszüge veranstaltet.

Noch vor Beginn des eigentlichen planmäfsigen Einsammelns wertvollerer, sei es gelegentlich der Verwüstungen durch die Reformatoren aus den Klöstern versprengter, sei es von früher her im Privatbesitz einzelner Familien gewesener Handschriften, fingen, wie gesagt, auch einzelne gelehrte Männer schon an, auf Grund solchen Quellenmaterials einheimisch-historische Forschungen zu pflegen und die Ergebnisse litterarisch zu verwerten. Der Erste, der auf diese Weise über die Geschichte Islands schrieb, war **Arngrímur Jónsson** Vídalín, „der Gelehrte“. Er hat hierbei eine so energische und erspriefsliche Thätigkeit entfaltet, dafs er dem

I. Bd., S. 589, A. M., 371, 4to; S. 683, A. M., 544. 4to; II. Bd., S. 93, A. M., 675, 4to; und Möbius' Verzeichnis der auf dem Gebiete der altnordischen, altisländischen und altnorwegischen Sprache und Litteratur von 1855—1879 erschienenen Schriften (Leipzig, 1880), S. 67—69.

[1]) Vgl. *A. J. Arwidsson, Förteckning öfver Kongl. Bibliothekets i Stockholm Isländska Handskrifter* (Stockholm, 1848), S. 32—34. — [2]) *Jón Þorkelsson*, a. a. O., S. 187, Anmerk. — [3]) Vgl. über die Herkunft dieser beiden Codices *Jón Sigurðsson* im *Diplomatarium Islandicum*, II. Bd. (Kaupmannahöfn. 1857—1876) und zwar bezüglich der *Konungsbók* S. 75—76, bezüglich der *Staðarhólsbók* S. 87—88.

Bischof *Guðbrandur* an die Seite gestellt zu werden verdient. *Arngrímur* wurde im Jahre 1568 in *Víðidalur* im Nordlande (daher sein Zuname *Vídalín*) geboren. Seine Grofsmutter war eine Schwester der Mutter *Guðbrandurs*. Dieser nahm ihn 1576 zu sich und liefs ihn in der Schule des Bischofsitzes unterrichten. Im Alter von siebzehn Jahren bezog der vorzüglich talentierte Jüngling die Hochschule zu Kopenhagen, an der er vier Jahre studierte. 1589 kam er mit den besten Zeugnissen in die Heimat zurück, wo er alsbald zum Rektor der Schule zu *Hólar* bestellt wurde und (wahrscheinlich 1590) die Priesterweihe erhielt. Im Jahre 1598 zog er sich dann auf die eine seiner beiden Pfarren, *Melstaður* in *Miðfjörður*, zurück, wo er bis zu seinem Tode lebte. In demselben Jahre heiratete er *Solveig Gunnarsdóttir*, die ihrer Schönheit wegen „die Blüte der Weiber“ *(kvennablómi)* genannt wurde. 1628 vermählte er sich — sechzigjährig — zum zweitenmale und zwar mit *Sigríður Bjarnadóttir*, die 27 Jahre alt war. Er wurde der Stammvater des angesehenen Geschlechtes der *Vídalíne*, dem viele berühmte Männer Islands entsprossen sind. Im Jahre 1592 unternahm er zum zweiten, 1602 zum drittenmale eine Reise ins Ausland. Während der Krankheit des Bischofs *Guðbrandur* war er Verweser (officialis) des Bistums. Er starb 1648.

Den Anstofs zur litterarischen Thätigkeit *Arngrímur Jónssons* gab zunächst ein Gedicht „Van Island“ von einem deutschen Schiffer, Namens Gories Peerse, das zuerst 1561 zu Hamburg erschienen und dann wiederholt aufgelegt worden war.[1]) In diesen an sich ganz unbedeutenden niederdeutschen Versen wurde nebst vielem Richtigen über Island und die Sitten seiner Bewohner auch manches Ungeheuerliche und Unglaubliche berichtet. Darüber gab es nun grofsen Ärger am Bischofshofe zu *Hólar*, und *Guðbrandur* selbst veranlafste den damals noch jungen Geistlichen *Arngrímur*, eine Gegenschrift zu schreiben. *Arngrímur* that dies in seinem „Brevis commentarius de Islandia“ (Kopenhagen, 1593), worin er in der heftigsten Weise Peerses Gedicht, das er u. a. einen „foetus vipereus Germanicus“ nennt, als lügenhaft bekämpft und Gelegenheit nimmt, auch die Irrtümer früherer Schriftsteller wie Seb. Münster, Alb. Kranz, Claus Magnus, Jakob Ziegler, Gemina Fresius, Caspar Peucer u. a. über Island zu rügen. Diese Schrift hatte jedoch — offenbar infolge ihres rein polemischen Charakters — so wenig Wirkung, dafs 1607, während *Arngrímur* eben noch an einem selbständigen Werke über Island arbeitete, eine neue und zwar lateinische Schrift (von Dithmar Blefken) erschien, die Peerses Angaben wiederholte und weitere Lügen hinzufügte. *Arngrímur* widerlegte diese Verläumdungen noch besonders in der 1612 zu

---

[1]) Neuestens wieder abgedruckt und durch W. Seelmann besprochen im Jahrbuch des Vereins für niederdeutsche Sprachforschung. Jahrgang 1883. IX. (Norden und Leipzig 1884), S. 110—125.

Hólar erschienenen „Anatome Blefkiana," nachdem bereits sein streng nach einheimischen Quellen gearbeitetes Hauptwerk „Crymogæa sive rerum Islandicarum libri III" zu Hamburg erschienen war. Ja er mufste schon 1618 neuerdings die Feder „zur Verteidigung des Vaterlandes" ergreifen gegen das 1616 gedruckte Schriftchen eines ostfriesischen Predigers und Astronomen Namens David Fabricius, in dem abermals die alten Märchen Blefkens, Peerses u. d. a. über Island aufgetischt worden waren.[1] Andere Schriften aus dieser Zeit, die solche Unwahrheiten über Island berichteten, sind *Arngrímur* und den Isländern überhaupt gar nicht bekannt geworden und konnten daher auch nicht widerlegt werden. So blieb z. B. bis in unser Jahrhundert herein die „Islandia" des Czechen Daniel Streyc (deutsch: Vetter, latinisiert: Vetterus) auf Island unbekannt, obgleich dieses Schriftchen nicht nur in polnischer und in czechischer, sondern auch in deutscher Sprache erschienen ist.[2] *Arngrímur* schrieb dann noch ein „Specimen Islandiae historicum et magna ex parte chorographicum" (Amsterdam, 1643,) sowie viele andere auf die Geschichte und Geographie seiner Heimatsinsel bezügliche Schriften. Sein wichtigstes Werk blieb jedoch die „*Crymogæa*" d. h. Island (*κρυμός* eiskalt, eisig und *γαῖα* Erde, Land), welche in rascher Folge eine Anzahl von Auflagen erlebte. Es ist dies eine Art Abrifs der Geschichte Islands in drei Büchern. Das erste Buch enthält zunächst verschiedene Notizen über die Beschaffenheit des Landes; hierauf wird von der isländischen Sprache, den Sitten und Gebräuchen, den Staatseinrichtungen,

---

[1]) Wurde ebenfalls erst kürzlich neu aufgelegt und zwar durch Karl Tannen und unter dem Titel: Island und Grönland zu Anfang des 17. Jahrhunderts kurz und bündig nach wahrhaften Berichten beschrieben von David Fabricius weil. Prediger und Astronomen zu Osteel in Ostfriesland. In Original und Übersetzung herausgegeben und mit geschichtlichen Vorbemerkungen versehen. Bremen 1890. Vgl. über die genannten Schriften von Gories Peerse, Blefkenius und Fabricius, *Þorvaldur Thóroddsen. Landfrædissaga Islands;* 1. Teil. S. 173–194. — [2]) Vgl. *Beskrivelse over den Ø Islandia ved Daniel Streyc. Fra Polsk oversat af Edvin M. Thorson. Med Anmærkninger af Sigurd Jonasson* (København, 1859). *Thorson* kannte von den angeführten Drucken nur den polnischen (Lissa, 1638). Die deutsche Ausgabe erschien (ebenda) unter dem Titel „*Islandia* oder Kurtze beschreibung der Insul Eyfsland, darinnen etliche wunderbare und sonderbare dinge, so in diesen unsern ländern nicht gesehen werden, augenscheinlich zu sehen, und etliche so von glaubwürdigen Inwohnern solcher Insul gehöret, und wahrhafftig sind aufgezeichnet worden: Allen rechten Christen, welche Gottes werke anzuschauen und von denselben zuhören begirig sind, jetzo von neuem an tag gegeben: Durch *Danielem Vetterum Leucopol Moravum*. Im Jahre 1640." Die czechische Ausgabe (von 1673) wurde, mit einer Vorrede von Dr. *Č. Zíbrt* versehen, 1893 in der Zeitschrift „*Světozor*" (No. 46–52) neuerdings abgedruckt und 1894 als selbständige Schrift herausgegeben unter dem Titel „*Daniel Fetter: Islandia aneb krátké vypsání ostrova Islandu, vytištěné od Daniele Michálka v Praze 1673. Vydává Dr. Čeněk Zíbrt* (Praha, 1894, kl. 8°, 41 S.). Vgl. auch *Kwartalnik historyczny* IX., S. 115–118, *Český časopis historický*, I., S. 119–120; *Pražske noviny* und Prager Zeitung vom 5. Aug. 1896.

der heidnischen Religion, dem Christentum und den Bischöfen der alten Zeit gehandelt. Das zweite Buch enthält Auszüge aus den Sagas über isländische Geschlechter. Im dritten Buch wird berichtet, wie Island an Norwegen kam; dann werden Könige aufgezählt, welche über Island geherrscht, sowie — nach den Annalen — verschiedene wichtige Ereignisse verzeichnet, die während ihrer Regierungszeit stattfanden. *Arngrímur* schrieb auch ein Werk über Grönland („Grænlandia"), das später ins Isländische übersetzt und gedruckt wurde.

Hat *Arngrímur* die genannten und noch andere Schriften auch in lateinischer Sprache und für das Ausland geschrieben, so dafs der isländische Volksgeist davon nur wenig befruchtet wurde, so hat er doch das grofse Verdienst, die Aufmerksamkeit Europas nach langer Zeit wieder auf Island gelenkt und eine richtigere Meinung über diese Insel verbreitet zu haben. Dadurch aber, dafs er seine Arbeiten zugleich auf verläfsliche einheimische Quellen stützte, war er auch der erste Wiedererwecker der alten isländischen Litteratur. So wichtige Quellen für die Geschichte Islands, wie die *Íslendingabók*, die *Sturlunga*, die *Arna saga biskups* u. a. waren ihm freilich unbekannt; er mufste sich hauptsächlich mit einer Sammlung von vierzehn Isländer-Sagas behelfen, die in einer aus dem Ende des 14. Jahrhunderts aus Vatzhorn im westlichen Island stammenden Pergamenthandschrift (*Vatzhornbók* oder *Vatzhyrna*) vereinigt waren. Doch hat er auch die als *Flateyjarbók* bekannte Sammlung zahlreicher kleiner, aber geschichtlich wichtiger Erzählungen u. s. w., welche von dem damaligen Besitzer derselben, dem Bauern *Jón Bjarnarson* auf der Insel Flatey, entlehnt gewesen sein mufste, sowie eine Membrane der *Njáls saga* (wahrscheinlich die jetzt sogenannte *Reykjabók* seines Schwagers *Ingjaldur Illugason* zu Reykir, † 1643) und zwar den ersteren Codex besonders ausgiebig benützt.[1]) *Arngrímur* übersetzte auch einige Sagas aus den Handschriften ins Lateinische und machte sie so dem Auslande bekannt, wie z. B. (1595) die *Jómsvíkinga saga* in der ältesten uns bekannten, noch dem 12. Jahrhundert angehörigen Überlieferung, die nur in *Arngrímurs* Übersetzung erhalten blieb.[2]) Durch ihn kam die reichhaltigste Pergamenthandschrift der *Snorra-Edda*, die er jedenfalls von Bischof *Guðbrandur* erhalten hatte, nach Kopenhagen, indem er sie (1628) dem dänischen Gelehrten Ole Worm schickte. Sie befindet sich jetzt als „Codex Wormianus" (No. 242 fol. membr.), bisweilen auch *Ormsbók (Orms Edda)* genannt, in der Handschriften-Sammlung der Arnamagnæanischen

[1]) Vgl. G. Storm, *Islandske Annaler indtil* 1578, S. XXX; ferner *Jón Þorkelsson* in *Íslendinga sögur udgivne efter gamle haandskrifter af det kongelige nordiske oldskrift-selskab.* IV. Bd. (København, 1889), S. 655—656. — [2]) Vgl. *Jómsvíkinga-saga i latinsk oversættelse af Arngrímr Jónsson. Udgiven af A. Gjessing.* (Kristianssand, 1877.)

Abteilung der Kopenhagener Universitätsbibliothek.[1]) Später schickte *Arngrímur* auch die *Vatzhyrna* oder vielmehr einen und zwar den gröfsten Teil dieser Handschrift nach Kopenhagen, wo sie in das Eigentum des Altertumsfreundes Peder H. Resen (Resenius) und hernach in das der Universitätsbibliothek gelangte, mit deren Büchern sie 1728 verbrannte, während von dem damals auf Island zurückgebliebenen Teil noch sieben Blätter erhalten sind, die jetzt in der Arnamagnäanischen Handschriftensammlung der genannten Bibliothek (A. M. 564ª, 4to) aufbewahrt werden. *Arngrímur* hat übrigens noch wenig Membranen gesammelt, d. h. für sich erworben, sondern das betreffende für seine Arbeiten benötigte Material, soweit er davon Kenntnis hatte, von anderen entlehnt. Nicht wenig förderte *Arngrímur* endlich das Studium der altisländischen Litteratur durch seinen Briefwechsel mit dem bereits erwähnten berühmten dänischen Arzte und Altertumsforscher Ole Worm, mit dem dänischen Historiker Stephan Stephensen u. a., denen er auch verschiedene Beiträge zu ihren Werken lieferte.

Arngrímur hat endlich auch nicht wenig gedichtet, ohne jedoch als Dichter hervorragendes zu leisten. Er war übrigens einer der ersten Isländer nach der Reformation, die in lateinischer Sprache dichteten. Seine lateinischen Distichen auf das Grab des Bischofs *Guðbrandur Þorláksson* sind ganz vortrefflich. Als Gottesmann schrieb und übersetzte er natürlich auch eine Anzahl erbaulicher Schriften für das Volk, wovon seine den beiden Töchtern des Bischofs gewidmete Übertragung von Martin Möllers (des Älteren) „Soliloquia animae de passione Jesu Christi" — Selbstgespräche der Seele über das Leiden Jesu Christi — bald zu den beliebtesten häuslichen Andachtsbüchern gehörte und noch bis gegen die Mitte unseres Jahrhunderts in Gebrauch war.[2])

Mit der systematischen Sammlung und Erwerbung älterer Handschriften begann erst *Oddur Einarsson*, Bischof von *Skálholt* (von 1589—1630), „der gelehrteste Isländer seiner Zeit" nicht nur in Theologie und Philologie, sondern auch in Mathematik und Astronomie und ein Freund Tycho Brahes, bei dem er eine Zeit lang auf Uranienburg geweilt hatte. Er brachte eine besonders grofse und wertvolle Bibliothek sowie eine reichhaltige Sammlung von Pergamentcodices zusammen, deren „ungeheure Anzahl" jedoch leider nebst vielen anderen Manuskripten bei dem Brande in *Skálholt* 1630 zu Grunde gegangen ist. *Oddur* war der erste nach der Einführung der Reformation, der geschichtliche Begebenheiten

[1]) Vgl. *Edda Snorra Sturlusonar. Edda Snorronis Sturlæi.* Tomus III. pag. XLV—LXI; oder auch *Kålund, Katalog over den Arnamagnæanske håndskriftsamling.* I. Bd., S. 213—215. — [2]) *Jón Þorkelsson, Om digtningen på Island*, S. 471—479, wo sich auch *Arngrímurs* sämtliche Schriften verzeichnet finden; *Þorvaldur Thóroddsen, Landfræðissaga Íslands*, 1. Th. S. 217—238; *Jón Borgfirðingur, Stutt rithöfundatal á Íslandi* 1400—1882 (*Reykjavík* 1884) S. 6.

(hauptsächlich die Reformationsgeschichte) in isländischer Sprache aufzeichnen, sowie wichtige Aktenstücke und Dokumente, die sonst vollständig verloren gegangen wären, abschreiben liefs.[1]) — Ein tüchtiger Altertumsforscher war ferner schon *Magnús Olafsson*, Pastor zu *Laufás* in der *Þingeyjar-Sýsla* (1573—1636). Er lieferte auf Geheifs des *Arngrímur Jónsson* im Jahre 1609 eine freie Bearbeitung der *Snorra-Edda (Wormsbók)*. Diese Rezension des *Magnús Olafsson* ist unter dem Namen der *Laufáss-Edda* (Edda Laufasina) bekannt und liegt der ersten gedruckten Ausgabe der *Snorra-Edda* durch Resen (1665) zu Grunde. — Ein eifriger Sammler von Handschriften war ferner Bischof *Þorlákur Skúlason* von *Hólar* (1628 bis 1656), der auch eine grofse Anzahl von Lebensbeschreibungen isländischer Bischöfe *(biskupa-sögur)* zusammenschreiben und einiges auf Pergament kopieren liefs. Ihm verdanken wir u. a. die Erhaltung der *Sturlunga-* und der *Árna biskups saga* in wichtigen Papierabschriften. — Aus der ersten Hälfte des Jahrhunderts ist als der fleifsigste Abschreiber alter Membranen wie als Litterat der Grofsbauer *Jón Gizurarson* auf *Núpur* (ca. 1590—1648) bekannt, ein Halbbruder des Bischofs *Brynjólfur Sveinsson*. Auch ihm ist die Erhaltung manches wertvollen Werkes zu verdanken.[2])

Besonders hervorragend sind in dieser Hinsicht die Verdienste des Bischofs **Brynjólfur Sveinsson** von *Skálholt*. *Brynjólfur* (oder wie er sich lateinisch nannte: „Lupus loricatus“ d. h. der gepanzerte Wolf), mütterlicherseits ein Enkel des bekannten *Staðarhóls-Páll*, an den auch gewisse Eigenheiten seines Charakters erinnern, war ein in den verschiedensten Zweigen gelehrter und überhaupt in vieler Hinsicht hervorragender Mann und hochherziger Förderer der Wissenschaft und Dichtkunst wie derer Adepten. Geboren 1605 zu *Holt* in *Önundarfjörður* (im nordwestlichen Island), studierte er an der Universität zu Kopenhagen, erwarb den Magistergrad und wirkte sodann eine Zeitlang als Konrektor an der Lateinschule zu Roeskilde in Dänemark, bis er 1638 zum Bischof von *Skálholt* ernannt wurde.[3]) Sowie er auf der heimatlichen Insel sein Amt angetreten hatte, wollte er gleich damit beginnen, alle alten Handschriften, die im Lande aufzutreiben waren, zu sammeln und mit lateinischen Übersetzungen und Erläuterungen drucken zu lassen. Zu diesem Zwecke gedachte er in *Skálholt* eine Druckerei zu errichten. Da ihm dies jedoch vereitelt wurde, beschränkte er sich darauf, alte Manuskripte zu

[1]) *Jón Þorkelsson*, a. a. O., S. 460; *Safn til sögu Islands*, II. Bd., S. 441; *Finnur Johannæus*, *Historia ecclesiastica Islandiæ*. Tomus III. pag. 200 und 354. — [2]) Vgl. *Guðbrandur Vigfússon* im *Formáli* zu *Biskupa sögur*, I. Bd., S. VIII, und in den *Prolegomena* zur *Sturlunga Saga* (Oxford, 1878), I. Bd., S. CXLII; dann *Jón Sigurðsson* in *Safn til sögu Islands og íslenzka bókmenta að fornu og nýju*, I. Bd., S. 644—650. — [3]) Vgl. *Pjetur Pjetursson* in „*Tímarit hins ísl. bókmentafjelags.*“ V. S. 34—67 und *Sunnanfari*, V. S. 49—99; auch *Torfhildur Þ. Hólms* geschichtlicher Roman „*Brynjólfur Sveinsson biskup*“ (*Reykjavik*, 1882) bringt vieles aus dem Leben dieses Bischofs.

sammeln und abschreiben zu lassen.[1]) Es heifst darüber in einer handschriftlichen Biographie des Bischofs: „Magister *Brynjólfur* liefs es sich sehr angelegen sein und scheute keine Kosten, um die besten Schreiber zu erhalten. die — sehr häufig mit grofser gotischer Schrift (*með stórt settletr*) — alle alten Sagas, Annalen und jede Art isländischer gelehrter Werke, die er an verschiedenen Orten dieses Landes auftreiben konnte, abschreiben mufsten.“[2]) Sein Hauptkopist war *Jón Erlendsson* (1638—1672), Pfarrer von *Vallaholt*, der beste und genaueste Schreiber jener Zeit, von dem noch ganze Folianten schönen und korrekten Manuskripts vorhanden sind.

Einen unsterblichen Namen erwarb sich *Brynjólfur* durch die Auffindung einer Sammlung altnordischer Götter- und Heldenlieder (1643). Die betreffende Membranhandschrift ist bereits gegen Ende des 13. Jahrhunderts auf Island geschrieben worden, war nun aber ungefähr zwei Jahrhunderte hindurch so gut wie unbekannt oder unbeachtet geblieben. *Brynjólfur* liefs davon eine Abschrift (auf Pergament) nehmen und gab dieser den Titel: „Edda Saemundi multiscii“ (d. h. die Edda Sämundurs des Gelehrten), wobei er von dem doppelten Irrtum befangen war, dafs diese Liedersammlung ein älteres Werk sei, von dem die prosaische „Edda“ des *Snorri Sturluson* einen Auszug bilde, und dafs der Priester *Sæmundur Sigfússon fróði* (vgl. S. 57 u. 93) der Verfasser oder doch Sammler der Lieder sei. Die Unrichtigkeit dieser Annahme ist von der wissenschaftlichen Forschung in schlagender Weise nachgewiesen worden. Nichts destoweniger benennt man die Sammlung noch heute gern mit dem ihr von *Brynjólfur* erteilten Namen „*Sæmundar Edda hins fróða*“, oder man unterscheidet sie auch als „Lieder-*Edda*“ (*Ljóða-Edda*) von der eigentlichen *Edda* (d. h. Poetik) des *Snorri Sturluson* (*Snorra-Edda*). Die — von *Jón í Oddgeirshólum* besorgte — Abschrift erhielt später der isländische Historiograph *Torfæus*; sie scheint jedoch verloren gegangen oder 1728 in Kopenhagen verbrannt zu sein. Die Originalhandschrift machte *Brynjólfur* nebst anderen Membranen dem gelehrten dänischen König Friedrich III. zum Geschenk, der es sich eben besonders angelegen sein liefs, eine königliche Privatbibliothek zu gründen. Sie befindet sich jetzt unter der Bezeichnung Codex regius No. 2365, 4a, als älteste und wertvollste Handschrift der eddischen Lieder in der alten Sammlung der „grofsen königlichen Bibliothek“ zu Kopenhagen.[3]) Die Auffindung dieses Codex war

---

[1]) Vgl. *Ný Félagsrit*, II. ár. (1842), S. 110—111, Anmerkung. — [2]) *Sturlunga saga ... edited by Dr. Gudbrand Vigfusson*, Vol. I., pag. CXLIII, Anmerkung. — [3]) Vgl die Vorrede zu S. Bugges Ausgabe von *Sæmundar Edda hins fróða. Norræn fornkvæði Islandsk Samling af folkelige Oldtidsdigte om Nordens Guder og Heroer, almindelig kaldet Sæmundar Edda hins fróða.* (Christiania, 1867). Der Codex wurde von L. F. A. Wimmer und Finnur Jónsson in phototypischer und diplomatischer Wiedergabe herausgegeben (*Codex regius af den ældre Edda.* København, 1891).

ein Ereignis von ganz ungewöhnlicher Bedeutung für die Litteratur sowohl wie für die Wissenschaft. Heute gehören diese Lieder zu den ehrwürdigsten, gefeiertsten und populärsten Werken der Weltlitteratur. Den antiquarischen Studien der Nordländer aber gaben sie einen neuen, überaus mächtigen und nachhaltigen Impuls.

Im Jahre 1640 hatte *Brynjólfur* auch eine zweite neu aufgefundene Pergamenthandschrift der *Snorra-Edda* von einem sonst unbekannten *Magnús Gunnlaugsson* angekauft und später ebenfalls Friedrich III. zum Geschenke gemacht, der sie der königlichen Bibliothek einverleiben liefs, wo sie sich als Codex regius oder *Konungsbók* (No. 2367, 4°) noch befindet.[1]) Er besafs ferner jene vielleicht noch im 13. Jahrhundert geschriebene, in letzterer Zeit besonders zu Ehren gelangte Pergamenthandschrift der *Snorra-Edda*, die unter allen erhaltenen Handschriften dieses berühmten Werkes dem Originale am nächsten zu stehen scheint. Von ihm erhielt sie 1636 St. H. Stephensen zum Geschenk, dessen Bibliothek und Sammlungen nach seinem Tode Graf De la Gardie erwarb und 1669 der Akademie zu Upsala schenkte. Seitdem befindet sich auch diese Handschrift in Upsala, wo sie jetzt als No. 11 der sogenannten Delargardie'schen Handschriftensammlung der Universitätsbibliothek aufbewahrt wird (daher Codex Upsaliensis oder Upsala-Edda genannt).[2])

Von wichtigen Handschriften, die *Brynjólfur* noch Friedrich III. schenkte, sind besonders zu nennen: die schon erwähnte *Flateyjarbók*, eine reichhaltige, namentlich für die Kenntnis der alten norwegischen Geschichte und Kultur hochwichtige Sammlung von Sagas, kürzeren Erzählungen und Gedichten, von dem Bauern *Jón Finnsson* auf der Insel *Flatey*, der dieses „grofse und dicke Pergamentbuch mit alter Mönchsschrift" als Familienerbstück besafs, dem Bischof zum Geschenk gemacht (No. 1005 fol.); dann der als „*Konungsbók*" bekannte Pergamentcodex einer sogenannten „*Grágás*" (vgl. unten), den er von seinem Grofsvater geerbt (Cod. reg. 1157). Er sandte diese beiden Codices im Jahre 1656 dem Könige.[3]) In demselben Jahre schenkte er auch bereits dem gelehrten Sammler J. Sefeld vier Pergamenthandschriften, darunter eine Membrane der *Njála* (vermutlich jene „*Gráskinna*", die sich jetzt ebenfalls in der Kgl. Bibliothek befindet und gleich der oben erwähnten *Reykjabók* zu den interessantesten und vorzüglichsten Saga-Handschriften zählt, die erhalten sind).[4])

[1]) Vgl. *Edda Snorra Sturlusonar. Edda Snorronis Sturlæi* Tomus III, pag. II—XLV. — [2]) Vgl. *Edda Snorra Sturlusonar. Edda Snorronis Sturlæi.* Tomus III. pag. LXI—LXIV, und *V. Gödel, Katalog öfver Upsala Universitets Biblioteks fornisländska och fornnorska handskrifter* (Upsala, 1892), S. 11—16. — [3]) Vgl. die Liste in *Sturlunga saga ed. by Gudbrand Vigfusson.* Vol. I, pag. CXLV. [4]) Vgl. *Jón Þorkelsson* in *Islendinga sögur*, IV. Bd., S. 697—703 und S. 785—786.

Der Fürsorge *Brynjólfurs*, welcher eine sehr alte Pergamenthandschrift von *Ari þorgilssons* kleinerer „*Íslendingabók*" (zweimal) abschreiben liefs, verdanken wir ferner allein die Überlieferung dieses höchst merkwürdigen Werkchens, da jene Membrane seither verloren ist. Auf dieselbe Weise sind durch *Brynjólfur* noch manche andere wichtige Werke auf uns gekommen, von denen die Originale verloren gegangen sind.

Recht verdienstvoll wirkte auf dem in Rede stehenden Gebiete auch der gelehrte Bauer und Gerichtsbeisitzer *(lögrjettumaður)* Björn Jónsson, nach seinem Hofe *Skarðsá* in *Skagafjörður* im Nordlande gewöhnlich *Björn* zu *Skarðsá (á Skarðsá)* genannt (1574—1655), ein Mann ohne eigentliche gelehrte Schulbildung, der aber auf verschiedenen Gebieten des Wissens für seine Zeit ganz Vortreffliches geleistet hat und daher auch für die isländische Litteratur von nicht geringer Bedeutung ist. Er sammelte ebenfalls alte Handschriften schrieb viele ab und verarbeitete sie zu Werken, die infolge des Umstandes, dafs manche von *Björn* benutzte Membrane später spurlos verschwunden ist, zum Teil von grofser Wichtigkeit und dauerndem Werte sind. Von ihm stammt u. a. eine kompilatorische Bearbeitung der „Harmonie" der damals bekannten Redaktionen von *Aris* Geschichte der Besiedelung Islands („*Landnámabók*"), die auch unter dem Namen „*Skarðsárbók*" bekannt ist und den drei ersten Ausgaben der *Landnáma* zu Grunde liegt. *Björn* war ferner, wie wir noch sehen werden, ein schätzbarer Historiker, Philologe und Jurist, wie überhaupt ein sehr gelehrter Mann, und hat auch nicht wenig und nicht schlecht gedichtet.[1])

Ehrenvolle Erwähnung verdient auch Bischof *þórður* von *Skálholt* († 1697), ein Sohn des oben genannten *þorlákur*, der zum erstenmale die isländische Buchdrucker-Presse in den Dienst der antiquarischen Bestrebungen stellte. Er verlegte dieselbe 1685 von *Hólar* nach *Skálholt* und liefs hier einige der wichtigsten Handschriften wie *Aris Íslendingabók*, *Landnámabók* und *Kristnisaga* (alle drei im Jahre 1688), dann die *Olafssaga Tryggvasonar* (1689 bis 1690) sowie eine isländische Übersetzung von *Arngríms* „*Grœnlandia*" drucken.

Endlich ist aus der zweiten Hälfte des Jahrhunderts noch der Gutsbesitzer *Magnús Jónsson* mit dem Beinamen „*hinn digri*" (d. h. der Dicke) von der Insel *Vigur* in der *Ísafjarðarsýsla* zu nennen als ein Mann von starken litterarischen Neigungen, der mit grofsem Eifer alle Arten alter Schriften sammelte und massenhaft abschreiben liefs, so dafs er schliefslich eine der gröfsten Privatbibliotheken besafs, die damals auf Island existierten. Nach *Magnús'* Tode (1702) ging diese Bibliothek in das Eigentum *Páll Vídalíns* über, des bekannten isländischen Gelehrten und Schwiegersohnes

---

[1]) Vgl. über *Björn á Skarðsá* und seine litterarische Thätigkeit: *Jón þorkelsson* in *Tímarit hins íslenzka bókmenntafjelags*, VIII. Jahrg., S. 34—99.

des *Magnús*, und von *Páll* erbte sie ebenfalls ein Schwiegersohn desselben, der reiche und gelehrte Schulmeister der Skálholter Kathedralschule und spätere Sysselmann *Bjarni Halldórsson*.[1])

Als geschätzter Kopist wäre insbesondere noch *Ketill Jörundarson* (1603—1670), zuerst Lehrer, Konrektor und kurze Zeit auch Rektor der Skálholter Schule, von 1638 an Pfarrer zu *Hvammur* in der *Dala Sýsla*, zu erwähnen.

Nächst dem Sammeln und Abschreiben der alten Membranen galt es für die Erhaltung dieser kostbaren Schätze Sorge zu tragen. Befanden sich doch die meisten Pergamenthandschriften bereits in einem argen Zustande des Verfalles, wie wir u. a. aus einer Äufserung *Björns* zu *Skardsá* ersehen können, der im Vorwort zu seinen Annalen schreibt[2]): „Diese alten Bücher sind nun alle moderig und schadhaft, so dafs sich in den wenigen, die erhalten blieben, weder Anfang noch Ende findet.“ Trotz der recht massiven Art der damals üblichen isländischen Einbände (die Blätter mittels dicker Lederriemen am Rücken an einen Mantel aus Seehundsfell oder dgl. geheftet, die Deckel aus schweren, mit Lederspangen besetzten Brettchen) übten die Feuchtigkeit und der Rauch der isländischen Hausräume doch ihre höchst verderbliche Wirkung auf das Pergament aus. Auch war bei dem Volke selbst das Verständnis für den Wert dieser teils als „papistisch“ verrufenen, teils im Geruche bösen Zaubers stehenden Codices noch keineswegs in dem Mafse vorhanden, dafs es ihnen eine entsprechende glimpflichere Behandlung schuldig zu sein glaubte. Man zerschnitt dieselben auch wohl, um das Pergament zu sonstigen Zwecken (wie z. B. zu Einbänden für andere Bücher u. dgl.) zu verwenden. Selbst mit der Bibliothek des Bischofs *Brynjólfur* ist nach dem Tode dieses eifrigsten Sammlers wenig schonungsvoll verfahren worden. Es ist deshalb im Interesse der Wissenschaft ein Glück zu nennen, dafs *Arngrímur Jónsson*, *Brynjólfur Sveinsson* u. a. bei all ihrer Begeisterung und Sorge für die alten handschriftlichen Schätze doch so wenig Gewicht darauf legten, dieselben dem eigenen Lande zu erhalten, und gerade die kostbarsten Stücke in schwer verständlicher Liberalität an das Ausland (doch fast nur nach Dänemark) verschenkten. Vieles davon ist dadurch vor dem fast sicheren Untergange gerettet worden, manches freilich auch bei der Überschiffung (durch Schiffbruch, so vermutlich eine vorzügliche Membrane der *Njálssaga*, die sog. *Gullskinna*, und die einzige, damals noch vorhanden gewesene Pergamenthandschrift der *Íslendingabók*) oder durch spätere widrige Schicksale (wie den grofsen Brand in Kopenhagen im Jahre 1728) verloren gegangen.[3]) Jene Schenkungen hatten

---

[1]) Vgl. *Jón Þorkelsson* im *Arkiv f. nord. filologi*. VIII. Bd. (1892), S. 201 ff. — [2]) *Annalar Biörns a Skardsa*. Tom. I S. 2. — [3]) Vgl. über durch Schiffbrüche verloren gegangene Handschriften z. B. *Jón Þorkelsson* in *Íslendinga sögur*, IV. Bd., S. 728—729.

übrigens des Weiteren insofern einen guten Sinn und Zweck, als man sich, wie schon erwähnt, um diese Zeit auch im Auslande, d. h. zunächst und besonders in Dänemark und Schweden, mit wahrem Feuereifer auf das Studium und die Veröffentlichung der alten nordischen Litteraturdenkmäler warf, und hier ungleich bessere Bedingungen für eine nutzbare Verwertung derselben vorhanden waren.

In Dänemark war der Sinn für antiquarische Studien schon gegen Ende des sechzehnten Jahrhunderts erwacht. So besorgte z. B. der Historiker Anders Sörensen Vedel, (1542 bis 1616), eine vorzügliche Übersetzung der „Gesta Danorum“ des Saxo Grammaticus (1575, 2. Aufl. 1610) und gab 1591 über Anregung der Königin-Witwe Sophie eine Auswahl altdänischer Heldenlieder (Kæmpeviser) heraus. Im Jahre 1594 erschien ein dänischer, von J. Mortenson angefertigter Auszug der unter dem Namen *Heimskringla* bekannten grofsen norwegischen Königsgeschichte, und 1599 lieferte Claussön eine Übersetzung dieses berühmten Werkes des Isländers *Snorri Sturluson*, die 1633 durch Ole Worm herausgegeben wurde.

Von ganz besonderer Bedeutung für die antiquarischen Studien in Dänemark und Island war jedoch die hierauf bezügliche Thätigkeit des eben genannten Ole Worm (Olaus Wormius). Dieser vielseitige Gelehrte, dessen lebhaftes Interesse für die nordische Altertumskunde wir schon kennen gelernt, hat auch auf diesem Gebiete nicht minder verdienstvoll gewirkt, als auf dem der Medizin, seinem eigentlichen Berufszweige. Er lieferte mit einer Abhandlung über das berühmte 1639 in Gallehus aufgefundene goldene Horn (De cornu aureo, 1641) die erste eigentliche antiquarische Schrift in Dänemark. Von ihm erschienen 1636 „Runer seu Danica literatura antiquissima“ und 1643 „Fasti Danici“ (dänische Jahrbücher), sowie „Danicorum monumentorum libri sex.“ Das letztere Werk war lange Zeit hindurch das wichtigste für die Runenkunde. Worm hat auch „bei aller Mangelhaftigkeit der Nachbildungen und vielen Fehlern in der Deutung eine tüchtige Unterlage für die Runenkunde geschaffen.“ Er gründete ferner in Kopenhagen ein Museum für zoologische und pathologische Gegenstände sowie nordische und fremde Altertümer (das seiner Zeit so berühmte Museum Wormianum).[1]) Worm gab auch einer Anzahl gelehrter Männer den Impuls zur Beschäftigung mit der nordischen Altertumskunde und führte eine ausgebreitete Korrespondenz auch über Fragen dieses Gegenstandes.[2])

Im Jahre 1644 veröffentlichte Steph. Hansen Stephensen (Stephanius), 1599—1650, seine gelehrte Ausgabe des Saxo mit Kommentar.

---

[1]) Worms Bedeutung für die nordische Altertumskunde wurde beleuchtet von Erich Christian Werlauff in *Nordisk Tidskrift f. Oldkyndighed*, I. Band, S. 283—368. — [2]) Vgl. die von Hans Gram herausgegebenen „Olai Wormii et doctorum virorum ad eum Epistolae“ (Kopenh. 1728, neue Auflage 1751).

Peder Hansen Resen (1625—1688) wirkte in ähnlicher Richtung wie Ole Worm durch Herausgabe eines grofsen Teiles der *Snorra Edda*, zweier eddischer u. a. Dichtungen. Auch zwei Bartholine waren auf dem Gebiete der nordischen Altertumskunde thätig, nämlich der berühmte Anatom Thomas und sein Sohn gleichen Namens (1659—1690), der im Alter von 18 Jahren Universitätsprofessor und später aufserdem königl. Antiquar wurde. Der grundgelehrte Otto Sperling der Jüngere (1634—1715) erkannte die Wichtigkeit des Studiums der isländischen Sprache und Litteratur für die Geschichte des Nordens und empfahl dasselbe nicht nur, sondern eignete sich noch in seinen alten Tagen selbst die Kenntnis dieser Sprache an.

Bei diesen Studien und Arbeiten war man nun aber, soweit es sich um die alten isländischen und norwegischen Schriftwerke handelte, in zweifacher Hinsicht auf die Mitwirkung der Isländer angewiesen, einerseits wegen der Vermittelung des betreffenden handschriftlichen Materiales, andererseits wegen des Umstandes, dafs selbst den dänischen (und schwedischen) Gelehrten die alte norwegisch-isländische Sprache so fremd geworden war, dafs ihnen das Verständnis derselben die gröfsten Schwierigkeiten bereitete. Da sehen wir nun, oder sahen wir vielmehr schon, die Isländer vom Anfang an neidlos und bereitwilligst ihre hilfreiche Hand bieten teils durch briefliche oder mündliche Aufklärungen, Übersetzungen, kritisch-kommentierende Beiträge und sonstige Beihilfe aller Art, teils — und nicht zum Wenigsten — durch Übersendung der wertvollsten Membranen. Den dänischen Gelehrten dieser Richtung waren natürlich die an der Universität studierenden oder auch sonst in Kopenhagen, Sorö, Roeskilde u. s. w. weilenden Isländer willkommene Helfer und Mitarbeiter, wenn auch von jenen beklagt wurde, dafs es so wenige isländische Studenten gäbe, die einige Kenntnisse in ihrer heimischen Altertumskunde besäfsen. So hatte Ole Worm fast beständig einen isländischen Amanuensis bei sich (z. B. den gelehrten *Sveinn Jónsson*, den Dichter *Stefán Ólafsson* u. a.), und auch Stephensen, Resen, die Bartholine u. a. hatten ihre isländischen Beiräte und Übersetzer, denen im allgemeinen die Hauptarbeit an den Werken dieser Gelehrten zufiel.

An die Erwerbung isländischer Handschriften und Antiquitäten wurde ebenfalls schon am Ende des sechzehnten Jahrhunderts gedacht. Bereits 1596 erhielt *Arngrímur Jónsson* einen königlichen Befehl solche zu sammeln, um sie dem Historiographen *Niels Krag* für dessen „Chronik Dänemarks“ (mit Übersetzungen und Auszügen) zur Verfügung zu stellen. Wieweit *Arngrímur*, der bekanntlich nur wenige Handschriften gesammelt hat, diesem Auftrage nachgekommen ist, wissen wir nicht genau; später hat er, wie wir gesehen haben, einige Membranen dem Ole Worm geschickt. Aufser Worm liefsen sich besonders auch Stephensen und Resen die Erwerbung isländischer Handschriften angelegen sein. Im Jahre 1656 sandte auch König Friedrich III. seinen Antiquar *Þórarinn Eiríkson*, einen Geistlichen — der nebenbei bemerkt der erste Isländer war, welcher diesen Posten bekleidete — nach Island, um Handschriften zu sammeln; derselbe richtete jedoch wenig aus, da er bei seinen Landsleuten als ausschweifender Mensch und Trunkenbold im schlimmsten Rufe stand.

In Schweden hatten bereits die beiden letzten katholischen Erzbischöfe von Upsala, die Brüder Johannes und Olaus Magnus, in ihren geschichtlich-kulturhistorischen Werken Saxo benützt und über die nordischen Runen gehandelt. Mit diesen letzteren beschäftigte sich in eingehender Weise auch der in so vielen Wissenszweigen bewanderte Johannes Buräus (1568—1652), dessen „Runa Känslones Lärospån. h. e. elementa runica usurpata a Sueo-Gothis veteribus" (Upsala, 1599) Ole Worm zu seinen umfassenderen Runenstudien anregte. Der Historiker und Dramatiker Johannes Messenius (1579—1637) behandelte ebenfalls schon die heimischen Altertümer. Als sich dann die Dänen mit schwunghafter Energie auf die antiquarische Forschung warfen und durch die Entdeckung der „Edda-Lieder" das Interesse für die altnordische Litteratur aufs höchste gesteigert worden war, wollten die Schweden schon aus Eifersucht und nationaler Eitelkeit auch auf diesem Felde hinter den schon im Kriege besiegten Rivalen nicht zurückbleiben.

Es war den Schweden daher eine willkommene Prise, als sie 1658 während eines neuen Krieges mit Dänemark eines von Island nach Kopenhagen fahrenden Studenten Namens *Jón Jónsson „Rúgmann"* (von *Rúgstaðir*) habhaft wurden. Sie wufsten nicht nur den jungen Mann im Lande festzuhalten und für die erwähnten Zwecke zu gewinnen — er wurde später als Translator und Adjunkt an dem von De la Gardie 1667 gegründeten „Antiquitätskollegium" (mit einem Archiv für Runendenkmäler und isländische Handschriften zu Upsala) angestellt —, sondern durch seine Vermittelung auch bald andere Isländer wie *Guðmundur Olafsson, Jón Eggertsson* u. a. nach Schweden zu ziehen, um Dänemark auch im Betriebe des Studiums der skandinavischen Altertümer Konkurrenz bieten zu können. „Es gehörte damals zum guten Ton in Schweden, sich für diese zu interessieren, und die Söhne aus vornehmen Häusern beliebten bei dem einen oder anderen Isländer in seiner Muttersprache Unterricht zu nehmen, um in jener Richtung gehörig glänzen zu können."[1])

---

[1]) K. Maurer in „Germania", Neue Reihe. 1. Jahrg. (Wien, 1868), S. 62; *G. Cederschiöld* („*Huru den gamla isländska literaturen kommit til oss*") in *Nordisk tidskrift*, 1886, S. 209—211. Über die Wirksamkeit der Isländer in Schweden vgl. — nach Maurer — ferner: Nic. Dal, Specimen biographicum de antiquariis Sveciæ (Stockholm, 1724) und *Svenska Fornskrift-Sällskapets allmänna Årsmöte*", 1847 (Stockholm, 1848), S. 7—10.

Die beiden Nationen suchten einander jetzt vor allem in der Erwerbung isländischer Handschriften zu überbieten. Im Jahre 1658 kaufte der munifizente schwedische Graf und spätere Reichskanzler Magnus Gabriel De la Gardie (1622—1686) mit Stephensens hinterlassener Bibliothek auch dessen Handschriftensammlung, die eine Anzahl wertvoller isländischer Membranen enthielt. Er schenkte dieselbe am 18. Jänner 1669 der Akademie zu Upsala, von wo sie an die dortige Universitätsbibliothek kam (die sog. Delagardie'sche Handschriftensammlung). 1660 wurde dann *Rúgmann* nach Island geschickt, um daselbst Handschriften zu erwerben. Er kehrte 1662 mit einer reichen, zumeist aus dem Nordviertel Islands stammenden Sammlung zurück, die hauptsächlich der königlichen Bibliothek zu Stockholm einverleibt wurde. In demselben Jahre wurde von Friedrich III. der später so berühmt gewordene Isländer *Þormóður Torfason* zu dem gleichen Zwecke nach Island gesandt. Er überwinterte bei Bischof *Brynjólfur* und erhielt von diesem, wie wir bereits gesehen, eine Anzahl der wertvollsten Membranen als Geschenk für den König. Im Jahre 1682 brachte dann *Jón Eggertsson* wieder eine weitere Sammlung nach Schweden, die er — ebenfalls zumeist im Nordviertel Islands — in königlichem Auftrage erworben hatte, während die zu derselben Zeit von dem kgl. dänischen Antiquar *Hannes Þorleifsson* gesammelten Handschriften eine Beute des Meeres wurden.

Von 1685—86 erwarb *Árni Magnússon* einige Handschriften für seinen Gönner Th. Bartholin. Auch sonst hatten private Sammler, und zwar nicht nur dänische und schwedische, ihre Agenten auf Island War doch z. B. schon um 1646 Kardinal Mazarin beflissen, für seine grofse Bibliothek eine Sammlung isländischer Bücher und Handschriften anzulegen, und liefs zu diesem Zwecke verschiedene, allerdings ziemlich wertlose Membranen erwerben. Es wurde schliefslich mit isländischen Handschriften ein förmlicher Handel getrieben, der einzelne spekulative Isländer sogar zur Anfertigung von Falsifikaten verleitete.[1]) Um der Verschleppung der Manuskripte zu steuern, erliefs König Christian V. von Dänemark 1685 ein eigenes Verbot, isländische Handschriften und Antiquitäten an irgend einen Fremden zu verkaufen.[2])

Es erscheinen also die Isländer auch im Auslande (in Dänemark und Schweden) als die eigentlichen Träger der antiquarischen Studien. Von diesen aufserhalb ihrer Heimatsinsel lebenden und wirkenden Isländern hat sich im siebzehnten Jahrhundert **Þormóður Torfason,** oder, wie er sich gewöhnlich nannte, Torfaeus, weit-

[1]) Vgl. Maurer „Über isl Apokrypha." I. u. II., in Germania, XIII S. 59—76 u. XX, S. 207—223. — [2]) Vgl. über die Schenkungen und Erwerbungen isländischer Handschriften im 17. Jahrhundert besonders *Guðbrandur Vigfússon* in den *Prolegomena* zur *Sturlunga-Saga*, I. Bd., § 27; ferner *Werlauff's „Tillæg"* zu *„Biografiske Efterretninger om Arne Magnusen ved Jón Olafssen fra Grunavík"* in *Nord. Tidsskr. for Oldk.*, III., S. 83 ff.

aus die meisten Verdienste erworben. Er wurde am 27. Mai 1636 auf der kleinen Insel *Engey* bei *Reykjavik* geboren, besuchte die Schule von *Skálholt* und bezog sodann die Kopenhagener Universität, an welcher er Theologie studierte. Im Jahre 1660 wurde er als „interpres regius“ angestellt mit der Aufgabe, die wichtigsten historischen Denkmäler Islands ins Dänische zu übersetzen. 1662 reiste er im königlichen Auftrage, wie schon erwähnt, nach Island, um alte Handschriften zu sammeln und ward 1667 zum „antiquarius regius“ ernannt. Er verlor jedoch diese Anstellung wieder, weil er 1671 auf der Insel Samsö bei einem auf ihn gemachten Überfalle in der Notwehr einen Mann getötet hatte. Er zog hierauf nach Norwegen und ward endlich 1682 wieder zum Historiographen und zwar speziell für Norwegen ernannt. In dieser Stellung lebte er auf der Insel Karmt in Christiansandsstift, wo er 1719 starb. Torfaeus schrieb in „zierlichem“ Latein eine Anzahl von Werken auf Grund der isländischen Quellen, die er zwar mit wenig Kritik, aber doch in einer gesammelten und geordneten Darstellung zugänglich machte. Sein Hauptwerk ist in dieser Beziehung die „Historia rerum Norvegicarum“, welche im Jahre 1711 in vier Foliobänden erschien; doch sind auch seine „Series Dynastarum et Regum Daniae“ (1702), worin er auf Grund isländischer Quellen eine von Saxo verschiedene dänische Königsreihe aufstellt (in der nämlich nicht Dan, sondern Skjold die Reihe der dänischen Regenten eröffnet — die sogenannte „isländische Hypothese“, welche zu ihrer Zeit grofses Aufsehen erregte —), sein „Trifolium historicum“ (1707) und seine erst 1777 publizierten „Notae posteriores in seriem regum Daniae“ von grofser Bedeutung gewesen. Er schrieb ferner eine „Historia Vinlandiae antiquae“ (1705) und eine „Grœnlandia antiqua“ (1706), die beide von der Entdeckung Grönlands handeln, sowie „De rebus gestis Færeyensium“ (1695), eine „Historia Orcadum“ (1697) u. a.[1]) Durch Torfaeus wurde die gelehrte archäologische Forschung des siebzehnten Jahrhunderts zur höchsten und ergebnisreichsten Blüte gebracht.

In der Heimat waren auch im siebzehnten Jahrhundert neben den genannten wissenschaftlichen Schriftstellern auf historischem Gebiet fortwährend Annalenschreiber thätig, die nicht übersehen werden dürfen. So schrieb der Priester *Jón Egilsson* (1548 bis ca. 1640) in *Skálholt* eine förmliche Saga in Annalenform über die Bischöfe von *Skálholt* bis herab auf *Gisli Jónsson* († 1587). Diese Bischofs-Annalen („*Biskupa-annálar*“) sind das älteste selbständige Werk über einen besonderen Teil der isländischen Geschichte und unterscheiden sich auch von den meisten früheren Annalen auf das Vorteilhafteste durch die Gewissenhaftigkeit und

[1]) Vgl. J. Erichsen, *Thormod Torfesens Levnetsbeskrivelse*, in „Minerva“ 1786—88 und als Separatabdruck (København 1788).

Schlichtheit, womit sie abgefaſst sind.[1]) Die lateinisch geschriebenen Annalen des Bischofs *Gísli Oddsson* in *Skálholt* (1631—1638), welche mit dem Jahre 1106 beginnen und — mit Überspringung vieler Jahre — bis 1637 gehen, sind, weil nur aus anderen älteren Annalen und Quellenschriften zusammengestellt, als solche ohne Wert und haben lediglich ein volkskundliches Interesse.[2]) Über die Bischöfe von *Skálholt* von *Stefán Jónsson* (1491) bis *Marteinn Einarsson* (1570) verfaſste auch schon der obenerwähnte Bauer *Jón Gizurarson* auf *Núpur* eine nicht unwichtige Schrift.[3])

Das Bedeutendste leistete auf diesem Gebiete *Björn* zu *Skarðsá*, von dem bereits früher die Rede gewesen ist. Er schrieb auf Veranlassung des Bischofs *Þorlákur* Annalen über die Zeit von 1400—1645 (die sogen. „*Skarðsár annálar*“), zu denen er ältere Annalen, insbesondere aber — für das 15. und 16. Jahrhundert den *Gottskálks annáll* benützte, und die, von *Halldór Þorbergsson* fortgesetzt, in den Jahren 1774—1775 auch im Druck erschienen sind. Ferner verfaſste er einen „*Grænlands-annáll*“, in dem er Verschiedenes aus der „*Gripla*“, einem alten uns verloren gegangenen geographischen Werke, mitteilte, und schrieb eine Geschichte des Einfalls der türkisch-algierischen Seeräuber auf Island im Jahre 1627 („*Tyrkjaránssaga*“), die 1866 in Druck gelegt wurde. *Björn* wird denn auch nicht mit Unrecht der „Vater der neueren isländischen Geschichtskunde“ genannt, wobei freilich nicht zu übersehen ist, daſs er „ganz und gar kein kritischer Kopf, vielmehr stets geneigt war, aus den ihm zugänglichen Notizen, ohne viel deren Verlässigkeit zu prüfen, seine Kombinationen zu bilden, und die gebildeten dann als glaubhaft überlieferte, feststehende Thatsachen weiter zu verbreiten.“[4])

Mit gleicher Vorliebe wie in der alten Zeit begann man nun auch wieder die Genealogie zu betreiben, welche im 15. und 16. Jahrhundert völlig in Vergessenheit geraten war. Man knüpfte zunächst wieder an mit der Aufstellung des Stammbaumes des letzten katholischen Bischofs *Jón Arason*. Das erste allgemeine isländische Geschlechtsregister (*ættartala*), welches nach Einführung der Reformation geschrieben wurde (von dem bereits mehrerwähnten Dichter *Magnús Jónsson prúði*) und mehreren späteren isländischen Geschlechtsregistern zur Grundlage diente, ist verloren gegangen. Bischof *Oddur Einarsson* lieſs Stammtafeln aus der dunklen Zeit des 15. und 16. Jahrhunderts zusammenstellen. *Sæmundur Árnason á Hóli*, *Þorsteinn Magnússon*, *Ketill Jörundarson*, *Þórður Jónsson*, *Jón Ólafsson í Hrauni* u. a. machten während des siebzehnten

---

[1]) Die „*Biskupa-Annálar Jóns Egilssonar*“ sind abgedruckt (mit Vorwort, Anmerkungen und Beigabe verschiedener Dokumente von *Jón Sigurðsson*) in *Safn til sögu Íslands* I. Bd. S. 15—136. — [2]) Vgl. *Gustav Storm*, *Om Biskop Gisle Oddsöns Annaler* in: *Arkiv för nordisk filologi*, VI, S. 351—357. — [3]) „*Ritgjörð Jóns Gizurarsonar um siðaskipta tímana*“ mit einer Vorrede und Anmerkungen herausgegeben von *Jón Sigurðsson* in *Safn*, I. Bd., S. 640—701. — [4]) K. Maurer, Die *Skída-ríma* (München, 1869), S. 43.

Jahrhunderts bedeutendere genealogische Aufzeichnungen. Als besonders kundige Genealogen sind ferner noch bekannt: Bischof *Guðbrandur Þorláksson*, *Arngrímur Jónsson*, *Jón Egilsson*, *Jón Gizurarson*, Bischof *Brynjólfur Sveinsson*, Bischof *Þorlákur Skúlason*, *Björn á Skarðsá* und *Hildur Arngrímsdóttir*.[1])

Hand in Hand mit den antiquarischen gingen, wie schon angedeutet, philologische Studien und Arbeiten. Denn so wenig sich auch das Isländische seit der Zeit seiner ersten Litteraturperiode verändert hatte, so enthielten doch die Sagas und ganz besonders die gekünstelten Skaldenverse seltene oder nur poetisch gebrauchte Wörter, deren Verständnis verloren gegangen war. Man verfafste deshalb Erklärungen alter Wörter und Kommentare zu Skaldengedichten. Auch Wörterbücher begann man auszuarbeiten. Auf diese Weise waren u. a. thätig: der Pfarrer *Magnús* auf *Laufás*, der einen Kommentar zu alten Gedichten schrieb und ein „Specimen lexici runici" verfafste, welches als das älteste isländische Wörterbuch erscheint und 1650 durch Worm, mit dem *Magnús* in Briefwechsel gestanden, herausgegeben wurde; *Björn* auf *Skarðsá*, der die „*Höfuðlausn*" des *Egill Skallagrímsson*, die „Rätselweisheit des Königs *Heiðrekr*" (in der *Hervararsaga*), die „*Völuspá*" und andere Gedichte der sog. Lieder-Edda erklärte und über die Runen, den Ursprung der isländischen Sprache u. s. w. handelte; *Jón Guðmundsson*, der über die *Snorra Edda* schrieb; *Stefán Ólafsson*, der einen grofsen Teil der *Snorra Edda* (nach der *Wormsbók*) sowie die *Völuspá* ins Lateinische übersetzte und letztere auch kommentierte (nach *Björn á Skarðsá*).

Von den in der Fremde lebenden Isländern sind hier besonders zu nennen: der tüchtige *Guðmundur Andrjesson* († 1654), der wegen einer harmlosen, in der Theorie für Vielweiberei plaidierenden, aber dadurch vermeintlich gegen den *Stóridómur* (vgl. oben S. 77) verstofsenden Abhandlung auf Island verhaftet und hernach einige Zeit hindurch in Kopenhagen gefangen gehalten wurde; er verfafste einen Kommentar zur *Völuspá* sowie auf Betreiben des wissenschaftsfreundlichen Reichshofmeisters Joachim Gersdorf ein sehr reichhaltiges und interessantes isländisch-lateinisches Wörterbuch: „Lexicon Islandicum" (1683);[2]) ferner *Rúgmann* († 1679) in Schweden, der über „Mono-syllaba islandica" (Upsala, 1676) schrieb und die *Heimskringla* ins Schwedische übersetzte; dann *Runólfur Jónsson* (gest. zu Christiansstad in Schonen 1654), dessen Abrifs der isländischen Grammatik („Recentissima antiquissimae linguae septentrionalis incunabula, id est grammaticae islandicae rudimenta", Hafniae, 1651) zwar nur ein schüchterner und sehr unvollkommener Versuch einer grammatikalischen Darstellung der damals gesprochenen isländischen Sprache

---

[1]) Vgl. *Jón Þorkelsson*, *Íslenzkar ártíðaskrár eða Obituaria Islandica*. I. S. 7—12. — [2]) Vgl. über *Guðmundur Andrjesson* jetzt besond. *Finnur Jónsson* in *Söguafn Stefnis*, 1895 (*Reykjavík*), S. 3—22.

war,[1]) aber doch lange Zeit hindurch als Hilfsmittel für das Studium des Altisländischen diente.

Zu den Lieblingsstudien der Isländer gehörte in der alten Zeit auch die Gesetzeskunde. Das älteste Gesetzbuch Islands war bekanntlich die im Winter 1117—1118 von *Hafliði Másson* unter der Leitung eines zum Zwecke wünschenswerter Verbesserungen eingesetzten Ausschusses besorgte Aufzeichnung des bis dahin nur mündlich vorgetragenen Landrechtes, die sog. *Hafliðaskrá*, ein in Runen geschriebener[2]), wie es scheint, nicht sehr umfangreicher Codex, der verloren gegangen ist. Um 1123 wurde auch das Christenrecht der Bischöfe *þorlákur* und *Ketill* aufgezeichnet. Zur Bequemlichkeit des privaten Gebrauches wurden dann in den letzten Zeiten des Freistaates und ersten Jahren der norwegischen Herrschaft von einzelnen diese Gesetze samt den später hinzugekommenen Novellen, beziehungsweise die Rechtsverträge darüber, wie auch Einzelentscheidungen der Gesetzsprecher, Formulare u. dgl. in freier Auswahl und Anordnung zusammengeschrieben. So entstanden jene Rechtsbücher, die man etwa im 16. Jahrhundert — aus uns nicht genauer bekannten Gründen — *Grágás*, d. h. Grau-Gans (wilde Gans), oder, was dasselbe bedeutet, in gewissem Sinne jedoch schicklicher ist, *Gráfygla (Gráfugl)* benannte.[3]) Wir haben die beiden reichhaltigsten auf uns gekommenen Rechtsbücher dieser Art, die „*Konungsbók*“ und die „*Staðarhólsbók*“ gelegentlich schon kennen gelernt. Als Island unter Norwegen gekommen war, erhielt es, wie wir ebenfalls bereits gesehen, zuerst in der *Járnsíða*, dann in der *Jónsbók* ein neues Gesetzbuch nach norwegischem Muster, das später durch Nachträge immer mehr erweitert wurde. Seit dem dreizehnten Jahrhundert hatte sich nun aber die juristische Terminologie durch den Einfluſs der norwegischen und dänischen Gesetzgebung nicht wenig verändert. Viele Wörter, die in der *Jónsbók* vorkamen, waren jetzt ganz veraltet oder vergessen, andere hatten mehr oder weniger ihre Bedeutung gewechselt, so daſs sie entweder gar nicht mehr oder nicht richtig verstanden wurden. Auch den Gerichtsbeisitzern (*lögrjettumenn*), von denen ja die meisten ganz ungebildete Leute waren, blieben so manche Wörter und Ausdrücke in den Gesetzen dunkel. Es hatte sich daher schon längst das Bedürfnis nach Erklärungen solcher Wörter und Ausdrücke geltend gemacht; doch erst mit dem Aufblühen der antiquarischen und sprachlichen Studien be-

[1]) Vgl. *Dr. Björn Magnússon Ólsen* in *Tímarit hins íslenzka bókmenntafjélags IX* (1888), S. 40—43. — [2]) Vgl. *P. G. Thorsen, Om Runernes Brug til Skrift udenfor det monumentale* S. 7 (auch als Anhang zu *Det Arnamagnæanske Haandskrift* No. 28, 8°, *Codex Runicus*, *udgivet i fotolitografisk Aftryk*, København, 1877) und *Björn Magnússon Ólsen*, *Runerne i den oldislandske literatur* (København, 1883). — [3]) Vgl. Maurer in Ersch und Grubers Allgemeine Encyklopädie der Wissenschaften und Künste. 1. Sektion, 27. Teil. S. 1—136; *V. Finsen* in der Einleitung zu seiner Ausgabe der *Staðarhólsbók* (København, 1879), S. I—XXXV.

gann man auch in dieser Richtung thätig zu sein. *Bárður Gíslason*, ein „*lögrjettumaður*" († 1670), erklärte verschiedene schwierige Stellen, *Gísli Jónsson* in *Melrakkadalur* († 1671) alte Ausdrücke des Gesetzbuches. *Björn* von *Skarðsá* schrieb mehreres über „dunkle, selten gebrauchte Wörter des isländischen Gesetzbuches und ihre Erklärung".

Aber auch rein juristische Abhandlungen über einzelne Materien des Gesetzbuches begann man nun abzufassen; man nannte solche Schriften nach dem mittelalterlichen Latein „*diskúrsar*" (discursus, Gespräch, wissenschaftliche Untersuchung), und es gab deren bald eine große Menge. Schon von *Staðarhóls-Páll* (vgl. oben S. 96 bis 97) ist aus dem Jahre 1582 eine kleine Abhandlung bekannt, worin dieser tüchtige Jurist die Rechtsgültigkeit der sogenannten „*Herjólfsrjettarbót*" (d. h. Gesetz- oder Rechtsverbesserung für *Herjólfur*) auch für Island bestreitet; es war dies eine Verordnung des Königs *Hákon háleggur* (1299—1319) über das Erbrecht der Adoptivkinder, welche zuerst (1318) in Norwegen aus Anlaß des bezüglichen Rechtsfalles eines gewissen „Meister *Herjólfur*" gegeben und später stillschweigend auch auf Island als Rechtsgebrauch angenommen wurde.[1]) Auch *Arngrímur Jónsson* handelte über das Erbrecht. Es schrieben ferner *Einar Arnfinnsson* († 1688) über die gesetzliche Alimentations-Pflicht („*framfærslukambur*"); *Guðmundur Hákonarson* zu *Þingeyrar* († 1659) über den Unterschied in der Strafe zwischen denjenigen, die keinen Befreiungseid ablegen können und jenen, die eines Verbrechens überwiesen werden; *Þorsteinn Magnússon* († 1656) über den „Unterhalt der Armen", u. dgl. m.[2])

Auf dem Gebiete der altklassischen Philologie, die in den beiden Lateinschulen getrieben wurde, ist nur Bischof *Guðbrandur Þorlákssons* 1616 herausgegebener „Donat" zu erwähnen (wie man damals eine lateinische Grammatik zu bezeichnen pflegte nach den Schriften des römischen Grammatikers Ælius Donatus [ca. 355], die fast bis in unsere Zeit hinein als Grundlage für den Unterricht in der lateinischen Grammatik benutzt wurden).

Eine neue Erscheinung im Geistesleben Islands war im siebzehnten Jahrhundert das Erwachen naturwissenschaftlicher Studien. Dieselben wurden fast ausschließlich im Zusammenhange mit der medizinischen Wissenschaft betrieben, die ja damals an der Kopenhagener Hochschule besonders eifrige Pflege fand. Es handelt sich daher auch hauptsächlich um Botanik, dann Zoologie und Mineralogie. Übrigens studierten zu jener Zeit nur wenige Isländer Medizin; was auf Island damals als ärztliche Kunst — gewöhnlich von ausländischen „Bartscherern" (*bartskerar*) — geübt wurde, war zumeist die roheste Quacksalberei. Dabei war das Interesse für die Arzneikunst unter dem Volke um so reger. Es ist noch

[1]) Vgl. Diplomatarium Islandicum. *Íslenzkt fornbréfasafn*, II. Bd. (*Kaupmannahöfn*, 1893), S. 411—414. — [2]) *Finnur Jónsson*, *Ágrip af bókmenntasögu Íslands*, II, S. 49—52.

eine grofse Anzahl von „Arzneibüchern" (*lækningabækur*) aus dem 17. Jahrhundert erhalten, zum gröfsten Teile aus Übersetzungen ausländischer Schriften bestehend. Für einen streng wissenschaftlichen Betrieb der Medizin und der Naturkunde war freilich das Jahrhundert des ärgsten Aberglaubens am wenigsten geeignet. Sehen wir doch nicht nur das gemeine Volk, sondern auch ernste Gelehrte die verkehrtesten und abergläubischsten Vorstellungen hegen über die verschiedensten Gegenstände der Natur — und zwar nicht auf Island allein. Man blättere z. B., um bei den Nordländern zu bleiben, in den „Acta medica et philosophica Hafniensia", der ersten von Th. Bartholin gegründeten wissenschaftlichen Zeitschrift Dänemarks, wenn man erfahren will, welchen abergläubischen und kindischen Ansichten die Naturforscher und Ärzte jener Zeit huldigten. Meinten sie doch z. B., dafs auch Hähne Eier legten und lebende Pflanzen in Steine verwandelt werden könnten und dergleichen Unsinn mehr. Selbst der gelehrte Ole Worm hatte die naivsten Vorstellungen über Erscheinungen und Gegenstände der Natur und wagte z. B. nicht die Möglichkeit zu bestreiten, dafs die in Norwegen zuweilen ungemein zahlreich auftretenden Lemminge aus verfaulten Wolken entständen und vom Himmel herab geregnet wären.[1])

Die ersten Isländer, die sich mit Naturkunde beschäftigt haben, waren *Guðbrandur Þorláksson* und *Arngrímur Jónsson*; doch kommen als naturkundliche Schriftsteller erst *Gísli Oddsson*, *Jón Guðmundsson* und *Jón Daðason*, sowie die übrigen unten angeführten Autoren ernstlich in Betracht; denn obgleich besonders die drei erstgenannten als Hauptvertreter des Aberglaubens erscheinen, so enthalten ihre bezüglichen Schriften doch mancherlei brauchbares Material. Bischof *Gísli* verfafste eine Beschreibung Islands (1638) unter dem Titel „De Mirabilibus Islandiæ", die trotz des darin vorkommenden Aberglaubens „recht lehrreich heifsen kann." Das Werk ist nur handschriftlich (in Oxford) erhalten. Die Überschriften der vierzig Kapitel sowie einige Stellen daraus veröffentlichte Dr. *Jón Þorkelsson* d. J. in der „Zeitschrift des Vereins für Volkskunde", I, S. 167—171.

Jón Guðmundsson, geboren 1574 in *Ófeigsfjörður* an den *Hornstrandir* auf der nordwestlichen Halbinsel Islands (gest. wahrscheinlich 1650), wegen seines reichen, wenn auch im ganzen wenig positiven Wissens „*hinn lærði*" (der gelehrte), wegen seiner Fertigkeit im Schönschreiben, Zeichnen und Malen „*máleri*" (der Maler) und, weil er Gegenstände aus Walrofszähnen zu verfertigen wufste, auch „*tannsmiður*" (der Zahnkünstler) genannt, schrieb u. a. auch mehrere naturkundliche oder dieses Gebiet berührende Werke. Das wichtigste davon führt den Titel: „Über Islands unterschiedliche Naturen". Diese Schrift ist schon aus dem Grunde interessant, weil wir daraus ersehen können, welche Pflanzen und

[1]) Vgl. *Þorvaldur Thóroddsen's Landfræðissaga Íslands*, I, S. 232—233 u. II, S. 52 ff.

Tiere die Isländer damals gekannt haben; manche Teile des Buches beruhen aber auch auf ernsten naturwissenschaftlichen Untersuchungen. Ein kurzer Abschnitt handelt zuerst von Erzen, vom Tang, von der See um Island und vom Walfischgeschlecht darin; die eigentliche Hauptschrift aber, die sehr lehrreich und mit zahlreichen Zeichnungen versehen ist, behandelt die Walfische im grönländischen und isländischen Meere, ferner die Fischarten, Schnecken, Schaltiere, das Strandgetier, die Vögel, Fliegen, Würmer und Wasserschlangen. Das Werk ist bisher nicht gedruckt worden; es findet sich am besten und vollständigsten in der Handschriftensammlung zu Stockholm. — Hauptsächlich über isländische Pflanzen und Kräuter, ihre Kräfte und Eigenschaften handelt ein anderes, ebenfalls ungedrucktes Werk von *Jón lærði*, das gewöhnlich „*lækningabók*" genannt wird. In diesen beiden Schriften, den wissenschaftlichsten aus *Jóns* Feder, findet sich weniger offenbarer Aberglaube als in seinen übrigen, und sie bilden die ersten Ansätze zu einer isländischen Naturgeschichte, speziell auf den Gebieten der Zoologie und Botanik. *Þormóður Torfason* hat denn auch *Jón Guðmundsson* wegen seiner naturwissenschaftlichen Kenntnisse und Arbeiten nicht unpassend den isländischen „Plinius" genannt. Vgl. weiteres über *Jón* S. 119.

Pastor *Jón Daðason* († 1676), ebenfalls einer der gelehrtesten und zugleich abergläubischesten Isländer seiner Zeit, verfafste u. a. eine umfangreiche Schrift, in der aufser religiös-philosophischen und allerlei anderen Materien auch verschiedene Partieen der isländischen Naturkunde behandelt waren. Er betitelte dieselbe im Hinblicke auf die vielerlei Gegenstände, die er darin besprochen hat, „*Gandreið*" (d. h. Geisterritt). In diesem Werke finden sich auch geographische Notizen über Island, die jedoch — wie damals die meisten naturkundlichen Mitteilungen der Isländer — ausländischen Autoren nachgeschrieben sind.

Þorkell Vídalín (1629—1677), ein Sohn des *Arngrímur Jónsson Vídalín*, der bei Ole Worm u. a. Medizin und Naturgeschichte studiert hatte, verfafste mehrere kleinere Abhandlungen über isländische Naturverhältnisse, so über warme Quellen, über die Lavahöhle *Surtshellir* u. a., die dann von Ole Borch in Th. Bartholins „Acta medica et philosophica" publiziert wurden. — Es schrieben ferner *Gísli Einarsson* (1621—1688) und *Þórður Sveinsson* (1613 bis 1667) über Mathematik und Physik. *Gísli* war der erste Isländer, der an der Kopenhagener Universität speziell Mathematik und Astronomie studierte und in diesen Disziplinen als Lehrer an der Skálholter Schule Unterricht erteilte. Auch *Þórður* war ein ausgezeichneter Astronom; er übersetzte Schriften des Copernicus ins Isländische. – Mit Mineralogie und Chemie beschäftigte sich *Gísli Magnússon* auf *Hlíðarendi* (1621—1696), der auch Untersuchungsreisen durch einen Teil Islands unternahm, hauptsächlich um nach nützlichen Mineralien zu suchen.

Zu den tüchtigsten Naturhistorikern des 17. Jahrhunderts, besonders als Botaniker, zählen *Oddur Oddsson* und *Þórður Vídalín*, die zugleich als Ärzte in grofsem Rufe standen. *Oddur Oddsson* zu *Reynivellir* (1565—1649) war auch sonst ein sehr gelehrter Mann, der z. B. das Hebräische auf autodidaktischem Wege erlernte; er übersetzte dänische und deutsche Arzneibücher ins Isländische und verfafste selbst eine kleine Schrift über isländische Pflanzen. *Þórður Vídalín* (1662—1742) übersetzte C. Bartholins Physik sowie mehrere arzneiwissenschaftliche Schriften und schrieb ebenfalls über die Pflanzen Islands. Er verfafste auch (in lateinischer Sprache) eine Abhandlung über die isländischen Gletscher, worin er seine z. T. ganz richtigen Anschauungen über die Bildung derselben niederlegte; die interessante, jetzt über 200 Jahre alte Schrift ist später (1754) von einem Verwandten des Verfassers, *Páll Bjarnason Vídalín* († 1757), der in Leipzig studierte, ins Deutsche übersetzt und mit Anmerkungen versehen im „Hamburgischen Magazin" (XIII. Bd., 1754. S. 9—27 und 197—218) veröffentlicht worden.[1])

Von den Anfängen geographischer Studien auf Island haben wir bereits oben gesprochen; auch *Jón Guðmundsson* hat sich als Geograph Verdienste erworben durch eine Karte von Grönland, die nicht schlechter ist als *Sigurður Stefánssons* und *Guðbrandur Þorláksson* Karte von Island. — Die Polhöhe wurde an verschiedenen Orten Islands noch gemessen von Bischof *Þórður Þorláksson*, *Páll Björnsson* in *Selárdalur*, *Runólfur Jónsson* u. a. Über allgemeine Geographie wurde im siebzehnten Jahrhundert auf Island nur wenig geschrieben; doch hat *Einar Olafsson* einen Abrifs der Geographie von Abraham Ortelius ins Isländische übersetzt.[2]) — Noch ist zu bemerken, dafs die Isländer jetzt auch ausführlichere Beschreibungen der vulkanischen Ausbrüche auf ihrer Insel zu liefern begannen.[3])

Im 17. Jahrhundert beginnt auch die eigentliche litterarische Behandlung der isländischen Volks- und Sagenkunde. Wir haben bereits von älteren Sprichwörtersammlungen (in metrischer Einkleidung) Kenntnis genommen (vgl. oben S. 84). In der zweiten Hälfte des 16. Jahrhunderts hatte dann *Sigurður Stefánsson* über Elben, Gespenster, Geister u. dgl. geschrieben, dabei aber, wie es scheint, nur fremde Sagen berücksichtigt (vgl. S. 82). Nun-

[1]) Der Titel lautet daselbst: Theodor Thorkelssohn Vidalin, gewesenen Rectoris in Skalholt, Abhandlung von den isländischen Eisbergen. Vgl. *Þorvaldur Thóroddsens* Aufsatz *Et to Hundrede Aar gammelt Skrift om islandske Jökler* in *Geografisk Tidskrift*, XIII. Bd., 1895—96. S. 56—60. — [2]) Vgl. über die naturwissenschaftlichen Studien und die angeführten Schriftsteller *Þorvaldur Thóroddsen* in *Landfræðissaga Islands*. II., S. 52 bis 100; über *Jón Guðmundsson* auch *Guðbrandur Vigfússon* im *Formáli* zu *Jón Arnasons Isl. þjóðsögur og æfintýri*. I., S. X—XVII, S. 2. — [3]) Vgl. das Verzeichnis solcher Schriften in *Þorvaldur Thóroddsens Oversigt over de islandske Vulkaners Historie* (Kobenh. 1882). S. 135—148.

mehr aber wurden derlei Gegenstände, z. T. im Zusammenhange mit der Naturkunde, immer häufiger und ausführlicher behandelt. An erster Stelle ist hier der schon bekannte *Gísli Oddsson* zu nennen. Seine Annalen enthalten eine solche Fülle von allerlei Aberglauben und Volksglauben, darunter manches, das sonst nirgends erwähnt wird, dafs man sie als „die älteste isländische Volkssagen- und Aberglauben-Sammlung" bezeichnen kann. Auch in der Schrift „De Mirabilibus Islandiae" desselben Mannes fehlt es, wie schon gesagt, nicht an Aberglauben, besonders in Elbensagen.[1])

Jón Guðmundsson hat seine reiche Sagenkenntnis und seinen vielfachen Aberglauben teils gelegentlich in anderen, teils in besonderen Schriften mitgeteilt. So finden sich in seiner obenerwähnten Abhandlung über die *Snorra Edda* mancherlei Mitteilungen über Elben, Luftgeister u. dgl. In einem „*Tidfordrif*" (d. h. Zeitvertreib) betitelten Werke ist ebenfalls neben vielem Geschichtlichen auch von Geistern und sonstigem Aberglauben die Rede, jedoch zumeist von fremdländischem. Voll echt isländischen Aberglaubens sind hingegen die Schriften: „Von verborgenen Plätzen und heimlichen Thälern auf Island", worin die erste Sammlung von Sagen geboten wird, die den späteren Sagen von friedlosen „Draufsenliegern" (vgl. oben) ähnlich sind; dann „ein kleiner Auszug über verborgene Plätze und überschattete Thäler auf Island", besonders von einem mystischen „*Aradalur*" handelnd, auf welches *Jón* auch ein Gedicht „*Aradalsbragur*" geschrieben hat, das bereits in ausgeprägtester Weise den Charakter der „Draufsenlieger"-Sagen zeigt; ferner eine Schrift „Über das gute Island", die wieder verschiedene Mitteilungen über die Elben enthält. Von *Jón* rührt wahrscheinlich auch die sogenannte „*Krukkspá*", d. h. die Weissagungen des *Jón Krukkur*, jenes gewaltigen Wahrsagers her, der zu Anfang des 16. Jahrhunderts gelebt haben soll, und nach dem jetzt gewöhnlich die meisten derartigen Prophezeiungen benannt werden. *Jón* ist schliefslich selbst wegen Zauberei verfolgt worden und mufste 1636 nach Kopenhagen flüchten. Hier kam er Ole Worm sehr gelegen, der eben mit der Herausgabe von *Magnús Ólafssons* „Lexicon runicum" beschäftigt war. Als *Brynjólfur Sveinsson* Bischof von *Skálholt* geworden war, fand er in diesem selbst etwas abergläubischen, aber sonst ausgezeichneten Manne einen Beschützer, so dafs er die letzten zehn Jahre seines Lebens (1640—1650) ruhig seinen litterarischen Arbeiten widmen konnte. *Jón lærði* war einer der belesensten und gelehrtesten Männer seiner Zeit, hat etwas Deutsch verstanden, ist des Lateinischen nicht ganz unkundig gewesen und hat auch gedichtet; er war dem katholischen („papistischen") Glauben zugethan, verehrte Maria und fand die neue Religion häfslich.

---

[1]) Vgl. *Dr. Jón Þorkelsson* d. J. in der Zeitschrift des Vereins f. Volkskunde, I., S. 161—171.

Über Elben, Geister und Gespenster schrieben auch: *Gísli Vigfússon*, Schulmeister zu *Hólar*, der Pfarrer *Þorsteinn Bjarnason* (gest. 1675 zu *Setberg*) in seiner lateinischen Dichtung „Noctes Setbergenses“; *Einar Guðmundsson* zu *Staður* auf *Reykjanes*, *Páll Björnsson* in *Selárdal*, *Jón Daðason* u. a. Wegen seiner Abhandlung über die Runen gelegentlich einer Deutung der eddischen Brunhilds-Lieder ist auch *Björn* von *Skarðsá* hier zu nennen. Um die Mitte des Jahrhunderts hat ferner der Nordländer *Ólafur gamli* ein Werk über die „Runenkunst“ geschrieben, das aus dem Grunde wichtig und interessant erscheint, weil es die erste Sammlung von Zaubersagen enthält. Es werden darin solche Sagen mitgeteilt über *Ólafur tóni* (vgl. oben), *Saurbæjar-Oddur* und die Geistlichen *Hálfdan í Felli* (vgl. oben), *Jón á Svalbarði*, *Þorkell* und *Jón í Laufási*, endlich noch über einen fünften Priester, den aber *Ólafur* nicht nennen wollte.

Aufzeichnungen über sonstigen Aberglauben scheinen im siebzehnten Jahrhundert noch spärlich vorhanden gewesen zu sein. Man nannte später solche Schriften, wie auch Aufzeichnungen von Märchen, Zaubersagen u. dgl., welche die alten Weiber den Kindern zu erzählen pflegten, und darnach dann derlei Aberglauben, Märchen und Sagen selbst: „*kerlingabækur*, d. h. Altweiber-Bücher.[1])

Als Schriftsteller auf dem Gebiete der Volkskunde wären endlich noch *Jón Rugmann*, *Hannes Þorleifsson* († 1682) und *Guðmundur Ólafsson* († 1695) zu nennen, die im Gegensatz zu den früher erwähnten Sprichwörter-Gedichten prosaische Sammlungen solch „alter Sprüche“ (*fornkvæði*), wie sie auf Island auch genannt wurden, zusammenstellten. Doch ist nur die Arbeit des Erstgenannten („Proverbia Islandica“) noch handschriftlich erhalten.[2])

Der Pulsschlag des neu erwachten Geisteslebens, der sich in dem regen Betriebe gelehrter Disziplinen so deutlich und kräftig offenbarte, wurde allmählich auch in der Dichtkunst des siebzehnten Jahrhunderts wahrnehmbar, wenngleich noch viel schwächer und intermittierend. Über die geistliche Dichtung des Jahrhunderts wollen wir später ausführlicher berichten. Hier sei nur bemerkt, daſs dieselbe ganz im Geiste des Jahrhunderts gehalten war und daher mit Vorliebe und in den grellsten Farben die Sündhaftigkeit der Menschen schilderte und die Qualen der Hölle ausmalte. Wir erinnern ferner daran, daſs um 1600, wie wir schon gesehen, über Anregung des Bischofs *Guðbrandur* neben vielen Übersetzungen fremder religiöser Lieder wieder eine originale geistliche Poesie erstand, deren Erzeugnisse zwar im ganzen genommen von wenig erfreulicher Art, aber doch in sprachlicher Hinsicht besser waren, als jene Übersetzungen.

---

[1]) Vgl. *Guðbrandur Vigfússon* a. a. O., S. XVIII–XXII. — [2]) In der Upsalaer Universitätsbibliothek, No. 716; *Salanska samml.* No. 79, 80, Bl. 50 bis 75; vgl. Gödel a. a. O., S. 67.

Von solchen originalen Dichtern, die Besseres leisteten, nennen wir hier zunächst ganz kurz: *Jón Bjarnason* (vor und um 1624), Pfarrer zu *Presthóllar*, der auf Wunsch des Bischofs *Guðbrandur* auch eine Anzahl geistlicher Rímur dichtete, die sich in der *Vísnabók* abgedruckt finden; *Einar Sigurðsson* in *Heydalir* (1539 bis 1626), welcher als „der vorzüglichste religiöse Dichter des Landes zu seiner Zeit" gerühmt wird, und dessen Rímur und Lieder beinahe den ganzen ersten Teil der *Vísnabók* ausfüllen; *Jón Þorsteinsson*, Pfarrer auf den *Vestmannaeyjar* (1627), gelegentlich der Plünderung der Inseln durch die algierischen Seeräuber getötet und deshalb „*píslarottur*", d. h. Märtyrer, genannt, der fünfzig „Genesis-Psalmen" (gereimter Auszug) dichtete und den Davidspsalter übersetzte; *Ólafur Jónsson*, Pfarrer in *Landir* (1560—1627), dessen sieben Pönitenzpsalmen („*Iðrunarsálmar*") Bischof *Brynjólfur* sehr hoch schätzte, und der auch von *Stefán Olafsson* und *Finnur Jónsson* sehr gelobt wird; dann die schon bedeutenderen Talente *Sigurður Jónsson* († 1661), ein Sohn des *Jón Bjarnason*, und *Jón Magnússon* zu *Laufás* (1601—1675), deren erbauliche Dichtungen noch in diesem Jahrhundert vom Volke gern gelesen wurden; ferner *Guðmundur Erlendsson* († 1670), der sieben Passionspsalmen dichtete; vor allen aber *Eiríkur Hallsson* (geb. 1614, noch am Leben 1689), von 1653 an Pastor zu *Höfði* im *Höfðahverfi*, der zu den besten geistlichen Liederdichtern des siebzehnten und achtzehnten Jahrhunderts zählt.[1])

All diese Männer hatten als Dichter wohl zu ihrer Zeit und in ihrer engeren Heimat einen Namen, jedoch keine wesentliche Bedeutung im allgemeinen. Und doch sollte gerade dieses Zeitalter das Beste und Vollkommenste hervorbringen, was die neuisländische Litteratur und vielleicht die Weltlitteratur überhaupt an religiöser Dichtung aufzuweisen hat. Ich meine die herrlichen Passionspsalmen und einige andere geistliche Lieder des Pfarrers **Hallgrímur Pjetursson**. Wir werden daher die Bedeutung dieses ersten, wirklich in ungewöhnlicher Weise hervorragenden isländischen Dichters der Neuzeit später eingehender zu würdigen haben. — *Hallgrímur Pjetursson* blieb nun lange Zeit das Vorbild für die geistlichen Liederdichter, von denen ihn jedoch keiner erreichte. Aus der zweiten Hälfte des Jahrhunderts verdienen indessen noch *Stefán Olafsson* und *Steinn Jónsson* genannt zu werden.

In Verbindung mit der katholisierenden Strömung, welche um die Mitte des Jahrhunderts selbst in geistlichen Kreisen auftrat,

---

[1]) In *Sveinn Nielssons Presta tal og prófasta á Íslandi* (Kaupmannahöfn, 1869). S. 189 ist 1688 als *Eiríkurs* Todesjahr angegeben; allein er mufs noch im Jahre 1689 gelebt haben, da auf einer im Besitze der isländ. Litteraturgesellschaft befindlichen Handschrift von Andachtsliedern geschrieben steht: *Sálmsversin skrifuð af Síra Eiríki Hallssyni Anno 1689.* (Schriftl. Mitteilung *Dr. Jón Þorkelssons* d. J.) Vgl. *Skýrsla um handritasafn hins íslenzka bókmennta félags* (Kaupmannahöfn, 1869, S. 165, No. 181$^{\text{80}}$,4.

finden wir auch Spuren einer in diesem Sinne gehaltenen geistlichen Poesie. So sind z. B. von Bischof *Brynjólfur Sveinsson* noch ein „Carmen votivum de Cruce“ und eine Dichtung in acht Gesängen „Ad beatam Virginem“ (worin er die Himmelskönigin um ihre Hilfe für das arme verlassene Inselvolk anfleht) erhalten.[1]) Aber auch in isländischer Sprache sind ähnliche Gedichte vorhanden, die letzten von *Daði Halldórsson* († 1721) auf die Jungfrau Maria.[2]) *Stefán Olafsson* übersetzte Jacobone de Benedettis „Stabat mater dolorosa“.

Die profane Kunstpoesie des siebzehnten Jahrhunderts erhebt sich im Verlaufe dieses Zeitalters im allgemeinen nur wenig über die Dichtung dieser Art im vorausgegangenen Jahrhundert. Sehr bemerkenswert aber ist es, wie auch die Dichtkunst sich vom Charakter des Jahrhunderts in Bezug auf Aberglauben beeinflufst zeigt. Die Dichter der damaligen Zeit verfafsten nämlich ebenso eifrig sogenannte „Engelharnische“ (*englabrynjur*) und „Teufelsscheuchen“ (*fjandafælur*), d. h. Schutzgedichte (*varnarkvæði*) zur Abwehr zauberischer oder direkt satanischer Angriffe, wie die Isländer der Gegenwart Gedächtnis- oder Loblieder auf Verstorbene dichten, ja die Anzahl dieser und anderer Beschwörungsgedichte (*særingakvæði*) stieg geradezu ins Ungeheuerliche; darum war auch das siebzehnte Jahrhundert die Hauptblütezeit der sogenannten „*krafta*“- und „*ákvæðisskáld*“. Ein klassisches Beispiel für solche Dichtungen in der ersten Hälfte des siebzehnten Jahrhunderts wie für den zu jener Zeit herrschenden Aberglauben ist eine *Drápa*, die der durch seine naturhistorischen Schriften sonst nicht verdienstlose *Jón Guðmundsson* (vgl. S. 116—117 u. 119) über sein Leben gedichtet und „*Fjölmóður*“ (Name eines winzig kleinen, unansehnlichen Vogels mit klagender Stimme) betitelt hat. Er beschuldigt in dem Gedichte seine Feinde, sie hätten ihn dermafsen mit Zauberkünsten angegriffen, dafs die Erde ihn und die Seinen habe verschlingen wollen, berichtet aber selbst von allerlei Abenteuern, die er mit Widergängern, Gespenstern, Sendlingen und Zauberern bestanden habe. Besondere Erwähnung verdient eine Affaire, die er mit einem bösartigen Widergänger der *Snæfjöll* (Schneeberge) in der *Ísafjarðarsýsla* (im Westlande) gehabt haben will. Dieses *Snæfjöll*-Gespenst, ein eben in diesem Gebirge umgekommener Pastorssohn,[3]) trieb besonders im Winter von 1611—1612 den schlimmsten Unfug, namentlich an Reisenden, die es mit Steinen bewarf u. dgl. Da that sich *Jón* mit einem anderen Beschwörungs-Dichter Namens *Þorleifur Þórðarson*, genannt „*Galdra-Leifi*“, (d. h. Zauber-L.) oder *Kjafta-Leifi* (d. h. L. mit dem bösen Maul) zusammen, um das Gespenst „nieder zu

[1]) *Jón Þorkelsson, Om digtningen på Island*, S. 112—114, wo auch Bruchstücke aus beiden Gedichten mitgeteilt sind. — [2]) *Jón Þorkelsson*, a. a. O. — [3]) Vgl. über das *Snæfjöll*-Gespenst (*Snæfjalla-draugurinn*): *Jón Arnason, Íslenzkar þjóðsögur og æfintýri*. I. Bd., S. 260—262.

singen". Zu diesem Zwecke dichtete er 1611 seine auf Island noch sehr bekannte und in zahlreichen Abschriften verbreitete „Teufelsscheuche" (das erste *Snæfjöll*-Lied), worauf er 1612 „das spätere *Snæfjöll*-Lied gegen das später herumwandernde Gespenst auf den *Snæfjöll*" folgen liefs, welches „das krasseste von allen Beschwörungsgedichten" sein soll, das überhaupt in der isländischen Litteratur bekannt ist.[1]) — Im übrigen wurden, wie schon bemerkt, im siebzehnten Jahrhundert mit besonderer Vorliebe und mit noch mehr Berechtigung als früher sogenannte Zeitgedichte (*heimsádeilukvæði, aldasöngvar*) von der oben (S. 64) bezeichneten Art verfafst, worunter manche wirklich tiefe und wahre Gefühle und namentlich eine innige Vaterlandsliebe zum Ausdruck bringen.

Im siebzehnten Jahrhundert begann auch die Hauptblütezeit der profanen und abenteuerlichsten Rímur, die besonders gegen das Ende des Jahrhunderts und dann das ganze achtzehnte Jahrhundert hindurch geradezu massenhaft produziert wurden. Mit den Rímur ging übrigens jetzt die Veränderung vor, dafs man allmählich aufhörte, sie zu den „*vikivakar*" (vgl. oben S. 66) zu singen oder vorzutragen, und man zu diesem Gebrauche eigene, sehr umfangreiche Gedichte zu dichten begann; wenigstens reichen die Poesien solcher Art, die man jetzt noch besitzt, bis auf wenige Ausnahmen nicht weiter zurück als bis ins siebzehnte Jahrhundert. Diese „*vikivaka-kvæði*" sind ganz eigenartige Dichtungen melancholischen oder kummervollen, bisweilen jedoch auch lustig-übermütigen, im Stoffe mit den isländischen Volkssagen nahe verwandten Inhaltes. Eine formelle Eigenheit dieser Gedichte ist eine Art von Refrain, der in engem Zusammenhang mit dem Inhalt der ganzen Dichtung steht, dessen einzelne zusammengehörige Zeilen aber da und dort in jeder „*vísa*" eingefügt erscheinen. Als solchen Refrain benützte man gern Fragmente alter Tanzlieder (vgl. oben S. 66). Viele dieser Gedichte sind meisterhaft ersonnen und ausgeführt, und die ganze Gattung gehört nebst den Rímur zu der volkstümlichsten isländischen Dichtung. Mit den *vikivakar* verschwanden auch sie bald im achtzehnten Jahrhundert.[2])

In das siebzehnte Jahrhundert fällt ferner die Entstehungszeit der meisten sogenannten „isländischen alten Lieder" (*íslenzk fornkvæði*). Es sind dies Nachahmungen oder vielmehr zum gröfsten Teile Übertragungen fremder, namentlich dänischer und norwegischer, alter Volkslieder (*Folkeviser, Kæmpeviser*). Eine Anzahl solcher Lieder ist schon viel früher, vielleicht um 1200, aus Dänemark und Norwegen nach Island gekommen. Die Hauptmenge

---

[1] Vgl. *Guðbrandur Vigfússon* im *Formáli* zu *Jón Árnasons Íslenzkar þjóðsögur og æfintýri*, I. Bd, S. XII, und *Jón Þorkelsson, Om digtningen på Island*. S. 485—486. — Die späteren *Snjáfjallavísur* finden sich gedruckt in *Huld* V. S. 22—31. — [2]) Vgl. *Olafur Davíðsson, Islenzkir vikivakar og vikivakakvæði*. Københ. 1894. *Finnur Jónsson, Ágrip af bókmenntasögu Islands II*. S. 27; *Jón Þorkelsson, Om digtningen på Island*. S. 119—120.

derselben wurde jedoch erst im 17. Jahrhundert dahin importiert, nachdem A. S. Vedel 1599 die erste Sammlung von Kämpeviser herausgegeben hatte (unter dem Titel „Ein Hundert ausgewählte dänische Lieder"). Die älteste isländische Sammlung, die wir kennen, findet sich in einem Liederbuche *(kvæðabók)* des Priesters *Gizur Sveinsson*, eines Bruders des Bischofs *Brynjólfur*, das im Jahre 1665 geschrieben wurde; die reichhaltigste war die des *Magnús Jónsson digri* in *Vigur*, die uns jetzt in einer (jedoch nicht unmittelbaren) Abschrift des *Gísli Ívarsson* erhalten ist. Als Übersetzer solcher Lieder im siebzehnten Jahrhundert sind namentlich bekannt: der eben erwähnte *Magnús Jónsson* und sein Vater, Probst *Jón Arason*, dann *Vigfús Jónsson*, genannt *Leirulækjar-Fúsi*, *Jón Ólafsson* „der Indienfahrer" (der den Cyklus von „*Marsk Stig*" übertrug) und *Magnús Jónsson*, der Vater des berühmten *Árni Magnússon*. Die „*fornkvæði*" sind in der Form sehr frei und nachlässig und verzichten selbst auf den sonst obligaten Stabreim. Einige von den früh eingewanderten Liedern dieser Art sind auf Island bald ebenso populär geworden und auch geblieben, wie in anderen Ländern, so das „Lied von Olaf Lilienrose", das „Asa-Lied", der „Asa-Tanz" u. a., die „das Volk sich ganz angeeignet hat, und die es als seinen eigenen Schatz betrachtet."

Es fehlt jedoch, wie gesagt, auch nicht an isländischen Originalgedichten dieser Gattung (mit isländischen Stoffen); allein sie sind weder zahlreich noch von einem höheren dichterischen Wert. Wir nennen davon des Beispiels wegen ein Lied, das den Tod *Gunnars* auf *Hlíðarendi* behandelt (*Gunnarskvæði*), und worin erzählt wird, wie *Gunnars* Weib, *Hallgerður*, ihre Rache für den von ihm erhaltenen Backenstreich aufspart, bis einst dem *Gunnar*, als er von seinen Feinden angegriffen wurde, im Verteidigungskampf der Bogenstrang zerrifs und er sie nun bat, ihm eine Locke aus ihrem Haar zu einem neuen Strang zu geben, da sein Leben davon abhänge:

Doch Hallgerdur wollt' ihm ihr Haar nicht geben;
Da war's geschehen um Gunnars Leben —

Eine bemerkenswerte Erscheinung ist es, dafs gar manche von den älteren dieser Lieder, sowohl norwegisch-dänischen wie auch isländischen Ursprungs, die auf Island selbst verschwunden sind, auf den Färöern, „wo die Wendung des Geschmackes auf ausländische Ritterromantik sich weniger durchgreifend geltend machte," sich noch erhalten haben.[1])

Auch weltliche „Dichter" gab es also im siebzehnten Jahrhundert auf Island in schwerer Menge; von wirklicher, allgemeiner

[1]) *Jón Þorkelsson, Om digtningen på Island*, S. 182—188 und *Svend Grundtvig* in *Danmarks gamle Folkeviser*, III. Bd. *Fortale* S. XIII bis XIV u. ö. Vgl. ferner *Islenzk fornkvæði, udgivne ved Svend Grundtvig og Jón Sigurðsson*, I—II (København, 1854—1885) und *Færöiske kvæder, samlede og besörgede ved V. U. Hammershaimb* (København, 1851—1855).

und dauernder Bedeutung war jedoch kaum Einer. Zur Charakteristik des isländischen Geisteslebens in dieser Zeit ist es gleichwohl notwendig, den Leser mit einigen dieser Dichter von markanterer Eigenart näher bekannt zu machen.

Da ist z. B. gleich vom Anfang des Jahrhunderts *Ólafur Jónsson* zu nennen, ein geistlicher Dichter (vgl. oben S. 121), von dem auch einige bemerkenswerte weltliche Gedichte erhalten sind, wie ein „Spanisches Lied“ (*Spönsku vísur*), das von dem Einfall spanischer Seeräuber auf Island im Jahre 1615 handelt und somit ein historisches Interesse hat;[1]) dann ein „für seine Zeit ungewöhnlich hübsches Gedicht“ auf Island „*Hrörnun Íslands*“ (d. h. der Verfall Islands) betitelt.[2])

Der ersten Hälfte des Jahrhunderts gehört auch der katholisch angehauchte „*skáldi*“ *Bjarni Jónsson* an, einer der besten Poeten seiner Zeit. Er war ein sehr fruchtbarer Rímur-Dichter, hat aber auch andere Gedichte weltlichen und geistlichen Inhalts verfafst (z. B. einen ganz hübschen „*Aldasöngur*“). Seine „*Öfugmæli*“ (d. h. „verkehrte Sprüche“, in denen nämlich das Gegenteil der Wahrheit ausgesagt wird; vgl. z. B. Heines „Verkehrte Welt“ in den „Zeitgedichten“), die andere später vielfach erweitert und fortgesetzt haben, sind zu einem Volksliede geworden, von dem noch heute jedes Kind auf Island einen gröfseren oder kleineren Teil auswendig weifs (z. B. 9. Str.: „Butter ist das beste Material für Hufeisen; Eierschalen halten die Löwen in Banden. Wollgras kann man zu Ankertauen brauchen; das Feuer friert an die Töpfe an.“ — 20. Str.: „Aus Urin und Asche bereitet man einen guten Brei zum Essen; Reinlichkeit steht den Weibern am allerschlechtesten; zu innerst in der Kirche sind oft Ochsen und in den Kuhställen sieht man Altäre.“ — 79. Str.: „Verwundert sah ich einen Schwertfisch, der seine Schritte nach der Kirche lenkte und das „Selbstgespräch der Seele“ [vgl. oben S. 101] unter dem Arme trug.“[3])

Auch der mehrerwähnte Bauer *Björn á Skarðsá* darf hier nicht übergangen werden. Er galt zu seiner Zeit als der beste Poet des Nordlandes und dichtete Rímur, ein *Kappakvæði*, ein (verloren gegangenes) hundert Sprichwörter umfassendes Sprichwörtergedicht (*orðskviðaklasi*) und vieles andere.[4])

Einer der besten Rímur-Dichter des siebzehnten und achtzehnten Jahrhunderts war der Pfarrer *Eiríkur Hallsson í Höfða*, den wir bereits als einen der hervorragendsten geistlichen Dichter

---

[1]) Gedruckt in *Tímarit hins ísl. bókmenntafjelags*, XVI. Jahrg. (1895), S. 133—156 mit Einleitung und Anmerkungen von *Ólafur Davíðsson*. — [2]) Vgl. *Jón Þorkelsson, Om digtningen på Island*, S. 455—459, wo sich auch das Gedicht auf Island abgedruckt findet. — [3]) *Jón Þorkelsson*, a. a. O., S. 397—412, wo sich sowohl die *Öfugmælavísur* wie der *Aldasöngur* abgedruckt finden. — [4]) Vgl. *Jón Þorkelsson* in *Tímarit hins íslenzka bókmenntafjelags*, VIII, S. 46–65, wo u. a. auch die „*Kappavísur*“ mitgeteilt sind.

dieser Zeitperiode kennen gelernt haben. Es werden ihm nicht weniger als zweiundzwanzig Rímur beigelegt, von denen jedoch nur acht handschriftlich erhalten, und blofs die „*Hrólfs rímur kraka*“ (die Geschichte des Königs *Hrólfur kraki* behandelnd), die *Þorvaldur Rögnvaldsson* fortsetzte und abschlofs, gedruckt worden sind. Von *Eiríkur* ist auch noch ein Gedicht „*Landbúaljóð*“ vorhanden, worin er die ihm bekannten alten Skalden Islands aufzählt[1].)

Ob seiner erstaunlichen Produktivität bei nicht zu verkennender dichterischer Begabung sticht in der zweiten Hälfte des siebzehnten Jahrhunderts *Guðmundur Bergþorsson* († 1705) hervor, ein armer Krüppel, der durch den Unterricht der Kinder sein kümmerliches Dasein fristete. Er war einer der hervorragendsten Rímur-Dichter seiner Zeit und verfafste nicht weniger als vierzehn umfangreiche, z. T. noch jetzt beliebte Rímur-Cyklen (z. B. *Olgeirs rímur*, *Eiríks rímur víðförla*, *Finnboga rímur sterka*, *Jarlmanns rímur og Hermanns*, *Bálants rímur* u. a., wovon die 1680 gedichteten *Olgeirs* [d. i. *Oddgeirs*] *rímur* nach der *Karlamagnús saga* in sechzig Gesängen die bedeutendsten sind) sowie viele andere Gedichte. Bemerkenswert sind unter diesen besonders die „*Skautaljóð*“ (um 1700), worin der Dichter sich — nicht ohne Grund — über den damals üblichen, in der That sehr geschmacklosen Kopfputz (*skaut*) der isländischen Weiber lustig machte, und womit er einen förmlichen Sängerkrieg mit anderen Dichtern heraufbeschwor. Interessant als weiteres Beispiel für die Belesenheit und höhere Bildung, die sich auf Island selbst in den ärmlichsten Verhältnissen lebende Personen bisweilen auf autodidaktischem Wege erwarben, ist *Guðmundurs* „Philosophen-Schule“ (*heimspekingaskóli*), eine Dichtung in achtzehn Abteilungen, worin er die Anschauungen der alten griechischen und römischen Schriftsteller über die Zeit, die Ewigkeit, über Gott, den Menschen, die Gerechtigkeit, die Schönheit u. a. mitteilt.[2]) *Guðmundur* galt auch für „einen der kräftigsten Beschwörungs-Dichter“ und spielt als solcher in der Volkssage eine Rolle.[3])

Wohl der beste Rímur-Dichter des 17. und 18. Jahrhunderts war der Sysselmann *Þorlákur Guðbrandsson* († 1707), ein Enkel *Arngrímurs* des Gelehrten. Er dichtete aufser anderen (wie z. B. *Rímur af Flóres og Blanzeflúr*) auch Rímur von *Úlfar* dem Starken, die

[1]) Die „*Hrólfs rímur kraka*“ erschienen 1777 unter dem Titel: *Riimur af Hroolfe Konungi Kraka, ern Ellefu fyrstu kvednar af Síra Eiriki Halls-syni, enn hinar Atta af Þorvalldi Rögnvalldssyni. Prentadar i Hrappsey i þvi nyja Konúngl. privilegerada Bokþryckerie, af G. Olafssyne 1777.* — Ich verdanke auch diese Daten ausführlicheren, von Proben der geistlichen und Rímur-Dichtung *Eiríkurs* begleiteten schriftlichen Mitteilungen *Dr. Jón Þorkelssons* d. J. — [2]) Vgl. *Jón Borgfirðingur, Stutt rithöfundatal, á Íslandi* 1400—1882, S. 25—26; *Finnur Jónsson, Ágrip af bókmenntasögu Íslands*, II., 1400—1890, S. 18—19. — Die *Skautaljóð* finden sich abgedruckt in: *Fróðlegt ljóðasafn*, II. Heft (*Akureyri*, 1857), S. 109—12, 118—24, 127—30, 132—34, 137—40 u. 143—46; *Kvæði Heimspekinga-Skóli orkt af Guðmundi Bergþorssyni* erschien 1845 zu *Reykjavík*. — [3]) Vgl. *Jón Árnasons Íslenzkar þjóðsögur og æfintýri*, I. Bd., S. 468—470.

bei den Isländern lange Zeit hindurch höchst beliebt gewesen sind und zu den besten Dichtungen dieser Art gehören; sie sind später durch *Árni Böðvarsson* fortgesetzt und abgeschlossen worden.[1]) *Þorlákur* galt für den besten Dichter des Westlandes zu seiner Zeit sowie noch lange darauf; *Eggert Ólafsson* z. B. stellte ihn noch als das Muster eines guten Rímur-Dichters auf.[2])

Profane Gedichte besserer Sorte hat auch der berühmte Psalmist *Hallgrímur Pjetursson* gedichtet (vgl. unten).

Als der bedeutendste „weltliche" Dichter des Jahrhunderts und einer der gröfsten Dichter Islands überhaupt wurde jedoch von seinen Landsleuten immer der Probst **Stefán Ólafsson** gepriesen. Wir können diesem Lobe wenigstens in seinem ersten Teile beipflichten. *Stefáns* Gedichte sind im ganzen lebhafter und flotter, frischer und fröhlicher, wenn auch nicht von viel höherem Schwunge als die seiner weltlich dichtenden isländischen Zeitgenossen, und es kommt ihm darum immerhin eine gewisse litterarhistorische Bedeutung zu, die eingehender gewürdigt zu werden verdient (vgl. unten).

Bevor wir von der Dichtung des siebzehnten Jahrhunderts Abschied nehmen, sei noch des Umstandes gedacht, dafs seit der Einführung der Reformation gelehrte Männer mit klassischer Bildung, vornehmlich also Geistliche, nun auch mit Vorliebe in lateinischer Sprache zu dichten begannen. Es galt dies in den betreffenden Kreisen für „feiner und aristokratischer". Schon von *Sigurður Stefánsson* und *Arngrímur Jónsson* sind lateinische Gedichte bekannt (vgl. oben S. 82, 101). Die besseren „*latínuskáld*" des Jahrhunderts sind: *Magnús Ólafsson* in *Laufás*, *Guðmundur Einarsson* auf *Staðastaður* († 1646), *Runólfur Jónsson*, *Sveinn Jónsson* „der Gelehrte" auf *Barð* († 1687), *Páll Hallsson* in *Hörstaður* (ertrunken 1663), Bischof *Brynjólfur Sveinsson* (vgl. oben), *Þorsteinn Björnsson* auf *Útskálar* († 1675), *Stefán Ólafsson* und *Oddur Eyjólfsson* in *Holt* († 1702).[3])

Das achtzehnte Jahrhundert brachte in Bezug auf die materielle Lage Islands bis gegen sein Ende hin wieder nur eine traurige Fortsetzung der vorhergegangenen trostlosen Zustände. Die Insel stand nun fast vierzig Jahre unter dem absolutem Regime Dänemarks und wurde von der königlichen Kanzlei und Rentenkammer aus regiert. Das Alþingi wurde jetzt völlig seiner gesetzgeberischen Gewalt entkleidet und verlor seine Autorität auch als richterliche Instanz. Die Folge dieses letzteren Umstandes war wieder ein

---

[1]) Die zu Grunde liegende Saga von *Úlfar* dem Starken (*saga af Úlfari sterka*) ist nie gedruckt worden, war jedoch in Handschriften sehr verbreitet, wovon verschiedene noch erhalten sind. Vgl. *Jón Þorkelsson* in *Arkiv för nordisk filologi*, III. Bd., S. 366 Anmerkung. — [2]) Vgl. *Kvæði Eggerts Ólafssonar* S. 8. — [3]) Vgl. über die Latein-Dichter Islands im siebzehnten Jahrhundert *Jón Þorkelsson* in *Formáli* zu seiner Ausgabe von *Kvæði eptir Stefán Ólafsson*. II. Bd. pag. LXIX—LXX.

verhängnisvoller Verfall der Rechtspflege. Im Laufe des Jahrhunderts wurde überdies die Zahl der Volksvertreter am Alþingi immer mehr vermindert. Im Jahre 1798 kamen nur mehr vier Gerichtsbeisitzer und acht Beamte nach dem alten þingplatz an der *Oxará* geritten, um alsbald wieder heimzukehren, da die seit 1691 verwendete Sitzungsstube über ihren Köpfen einzustürzen drohte. Es war dies das letzte Alþingi, das an dieser altehrwürdigen und erinnerungsreichen Stätte, wo es 868 Jahre hindurch getagt hatte, zusammentrat. In den beiden nächsten Jahren wurde es noch in *Reykjavik* abgehalten und 1800 ganz aufgehoben.

In administrativer Hinsicht wurde 1770 die Neuerung eingeführt, daſs die Insel nunmehr in zwei Ämter (ein „Süd- und West-“ und ein „Nord- und Ostland“) eingeteilt und über das ganze Land ein „Stiftsamtmann“ gesetzt wurde, der zugleich Amtmann über das Süd- und Westamt war und seinen Aufenthalt auf Island selbst haben muſste, während bisher der höchste Beamte des Landes fast niemals nach der Insel gekommen war, sondern die Führung der Geschäfte seinen Beamten daselbst überlassen hatte. Siebzehn Jahre später erhielt das Westamt einen eigenen Amtmann; der Amtmann des Südamtes aber blieb auch weiter Stiftsamtmann. Sehr ersprieſslich für das Land war auch die 1760 durch König Friedrich V. erfolgte Bestellung eines Landesphysikus sowie eine weitere Regelung des Medicinalwesens. Im Jahre 1785 wurde (infolge des vulkanischen Ausbruches 1783 und der schweren Erdbeben 1784) der Bischofssitz von *Skálholt* nach *Reykjavik* verlegt,[1]) dem Orte der Niederlassung des ersten Ansiedlers *Ingólfr Arnarson*, der im siebzehnten Jahrhundert nur aus einem ziemlich bedeutenden Hof mit dazugehöriger Kirche bestanden hatte, um 1780 Handelsplatz geworden war und 1786 mit einigen andern Handelsplätzen zur „Kaufstadt“ erhoben wurde.

Die wirtschaftliche Lage der Insel blieb jedoch fortdauernd die traurigste. Nicht nur, daſs die alten, trostlosen Zustände anhielten, auch die Pachtverhältnisse hatten sich so sehr verschlechtert, daſs sie nicht wenig zum Niedergange des Volkswohlstandes beitrugen.[2]) Die Wirkungen des Monopolhandels waren geradezu verheerend. Das Volk verarmte immer mehr und verlor dadurch im gleichen Maſse auch die Widerstandskraft gegen den Druck der Regierung, wie gegen die schweren Unglücksfälle, von denen es im achtzehnten Jahrhundert wieder so vielfach betroffen wurde. Erst im Jahre 1786, nach neuen und schlimmen Schädigungen des Volkswohles durch das Monopol, wurde der Handel mit Island wenigstens allen Unterthanen des dänischen Königs freigegeben, worauf denn auch alsbald eine Besserung in den

---

[1]) Vgl. (auſser *Jón Espólins Árbækur*) *þorkell Bjarnason, Ágrip af sögu Islands*, S. 83—105. — [2]) Vgl. *Jón Jónsson's* Aufsatz über *Fæstebondens kår på Island i det 18. århundrede*, S. 563—645.

wirtschaftlichen Verhältnissen des Landes eintraf. Unsäglich traurig waren die Heimsuchungen durch Mifsjahre, schreckliche Elementarereignisse, Volks- und Viehseuchen u. s. w., welche auch in diesem Jahrhundert über das arme Land kamen. Im Jahre 1707 herrschte eine Blattern-Epidemie (die sog. „*stóra bóla*“), die nicht weniger als 18000 Menschen, d. i. mehr als ein Drittel der gesamten Bevölkerung hinwegraffte. In dem kurzen Zeitraume von 1752—1759 starben abermals über 9000 Menschen an Hunger und Seuchen. 1755 erfolgte ein Ausbruch der *Katla*, und elf Jahre später ein Ausbruch der *Hekla*, die beide arge Verwüstungen anrichteten und grofses Viehsterben herbeiführten. Dazu kam noch, dafs im Jahre 1761 durch spanische Widder, die zur Verbesserung der isländischen Schafrasse nach der Insel gebracht worden waren, eine Schafseuche eingeschleppt wurde, die achtzehn Jahre lang andauerte und nicht früher ausgerottet werden konnte, als bis auf königlichen Befehl sieben Jahre hindurch alle kranken und verdächtigen Tiere gekeult worden waren. Die Hälfte des Schafbestandes, dieser wichtigsten Nahrungsquelle Islands, fiel der Seuche zum Opfer.[1])

Als ob damit aber des Elendes noch immer nicht genug gewesen wäre, erfolgte im Juni 1783 in der Kraterreihe des *Laki* (in der *Vestur Skaftafells Sýsla*) der schrecklichste und verheerendste vulkanische Ausbruch, der seit der Besiedelung Islands überhaupt stattgefunden hat. Da sich die Lavaströme durch die Kluft der *Skaftá* über die Landschaft ergossen, wird dieser Ausbruch auf Island allgemein das „*Skaftá-Feuer*“ (*Skaftáreldurinn*) genannt. Um dem Leser eine genauere Vorstellung von den verderblichen wirtschaftlichen Folgen dieser Eruption (wie ähnlicher vulkanischer Ausbrüche) auf Island zu vermitteln, wollen wir eine Schilderung derselben durch den trefflichen isländischen Geographen *Þorvaldur Thóroddsen* hier einschalten.

„Der Einflufs dieses Ausbruches auf die wirtschaftlichen Verhältnisse des Südlandes oder richtiger ganz Islands war unbeschreiblich. Wegen des dicken Nebels und der Aschenwolken, die den ganzen Sommer hindurch die Luft verfinsterten,[2]) konnten die Fischer nur selten auf das Meer hinaus fahren, und die Sommerfischerei war deshalb sehr unbedeutend. Die Forellen in den Seen gingen zu Grunde, da diese eine Menge vulkanischer Asche und Kies aufgenommen hatten, die von schwefelsauren Dämpfen ge-

---

[1]) Vgl. über die Mifsjahre, Seuchen und Elementarereignisse *Jón Espólín* a. a. O., *Magnús Stephensen, Island i det attende Aarhundrede historisk-politisk skildret* (Kobenhaven, 1808) S. 15—26; und *Þorkell Bjarnason* a. a. O., S. 82—100. — [2]) Weil die Luft damals infolge des emporgeschleuderten feinen vulkanischen Staubes lange Zeit hindurch neblig und rauchig erschien, werden die Unglücksjahre 1783 und 1784 von den Isländern noch heute „*reykjamóðu-*“ oder „*móðu-harðindi*“ (*reykur* Rauch, *móða* Nebelluft, Sonnenrauch, *harðindi* durch Mifswachs, Teuerung u. dgl. herbeigeführte harte Zeit) genannt.

sättigt waren. In den aufgedämmten Flüssen in der *Vestur Skaftafells Sýsla* wurde eine grofse Menge von Lachsen zurückgehalten und von den Bewohnern gefangen; die grofsen Vogelschwärme, die sich an den verschiedenen Seen oben im Hochlande aufzuhalten pflegten, wurden von den erstickenden Dämpfen vertrieben, und während die Einwohner sonst die Schwäne zur Mauserzeit zu fangen pflegten, fand man jetzt nur wenige Sperlingseier in den verlassenen Nestern, und auch diese waren faul und ungeniefsbar.

„Der gröfste Schaden, den die Ausbrüche verursachten, war jedoch die totale Vernichtung der Grasfelder und dadurch der einzigen Erwerbsquelle der Bauern, der Viehzucht. Da das Gras entweder von den Feldern abgesengt oder mit Asche und Schlamm bedeckt war, starben die Tiere an Krankheiten und Hunger. Blumen und Gebüsche verwelkten und verdorrten vom Aschenfall und von den ungesunden Dämpfen; an einzelnen Orten wurden die Heimfelder durch Kälte und Frost, welche sich nach dem Ausbruche in besonderer Strenge einstellten, halb verwüstet; grofse Flecken sonst fruchtbaren Bodens welkten hin und brachten mehrere Jahre hindurch auch nicht einen Grashalm hervor. Das für die Bewohner der *Skaftafells Sýsla* so nützliche Sandhaargras wurde ganz vernichtet, und dasselbe war der Fall mit dem Klee, dessen Wurzelstöcke die Leute hier als Nahrungsmittel gebrauchten. Das isländische Moos, das ebenfalls ein wichtiges Nahrungsmittel bildet, fehlte in den drei darauffolgenden Jahren fast gänzlich. In der *Arness Sýsla* wurden die Schnauze und die Nebenklauen der Tiere, welche auf den Wiesen weideten, von dem feinen, säuerlichen, halbdekomponierten Bimsstein- und Schwefelstaub gelb gefärbt. Das Vieh magerte ab von all der Asche und dem Staub, womit die Felder bedeckt waren, und da es beinahe gar keine Heuernte gab, mufsten die Bauern gegen den Herbst hin ein Drittel oder die Hälfte des übriggebliebenen Viehs schlachten; es war nicht Heu genug vorhanden, um die Tiere den Winter über am Leben erhalten zu können, und da die Winterkälte früher als gewöhnlich eintrat, mufsten sie schon sehr bald unter Dach gebracht werden.

„Es war deshalb nicht verwunderlich, dafs viele Menschen bereits im Herbste 1783 grofse Not litten. Im nächsten Frühjahr 1784 bekamen die noch am Leben gebliebenen Tiere von dem ungesunden Futter, das sie genossen hatten, alle möglichen Krankheiten und verendeten massenweise; auf vielen Höfen starb der ganze Viehbestand aus, Kühe, Schafe und Pferde. Am schlimmsten waren die Zustände im Nordlande; hier verödete ein Hof nach dem andern (im ganzen 315), und die Menschen kamen massenweise um infolge der Not (im Ganzen 2145). Im Winter 1783—1784 gingen auf ganz Island 11461 Stück Hornvieh, 28000 Pferde und 190488 Schafe zu Grunde. Da die Pferde das einzige Verkehrsmittel auf Island sind, vermag man sich leicht vorzustellen, welchen Einfluſs der Tod derselben auf den Verkehr hatte; denn die Lebensmittel konnten von den Kaufstädten nicht zur rechten Zeit eintreffen, und es verhungerten Leute auch dort, wo die Hilfe ganz nahe war. Im Sommer 1784 und Winter 1784—1785 dauerte dieselbe Hungersnot noch an, und das Vieh litt an denselben Krankheiten. Die Zähne der Schafe wurden von vielen Krankheiten ergriffen, besonders von der bei vulkanischen Ausbrüchen auf Island so wohlbekannten Krankheit „*gaddur*", die darin besteht, daſs sich an den Backenzähnen spitzige Auswüchse bilden, die das Zahnfleisch und den Gaumen verletzen, so daſs dort Entzündungen und tiefe Wunden entstehen. Bei anderen Schafen wurden die Zähne schwarz und fielen in Stücken aus dem Kiefer; viele konnten kein kaltes Wasser trinken, andere gingen an innerlichen Wunden und Krankheiten zu Grunde. Von diesen Krankheiten wurde das Vieh in der *Skaftafells Sýsla* bereits im Jahre 1783 befallen. Als die Tiere vom Gebirge abgetrieben und gesammelt wurden, konnten einige weder gehen noch stehen; ihre Zähne waren so locker, daſs sie nicht kauen konnten, die Backenzähne mit spitzigen Knoten besetzt, die Gelenke geschwollen, Herz, Leber, Nieren und Lungen voll von Wunden und Geschwüren, die Kiefer zerfressen und die Knochen brüchig.

„Auch die Gesundheit der Menschen litt mittelbar oder unmittelbar unter den Folgen des Ausbruches. Die verdorbene Luft und die durch die Krankheiten und den Tod des Viehes hervorgerufene Not hatten auch für sie verschiedene Krankheiten zur Folge. Ein bösartiger Skorbut plagte die Leute in den Gegenden, die dem vulkanischen Feuer zunächst lagen, verbreitete sich jedoch mit der Not selbst über die entferntesten Teile des Landes; Füſse, Arme, Hals und Kopf schwollen auf, an den Rippen und anderen Knochen entstanden Geschwülste, die Muskeln wurden von Krämpfen zusammengezogen, die Zähne gelockert, am Gaumen und im Hals bildeten sich übelriechende Wunden. Diese Krankheit hörte nicht eher auf zu rasen, als bis nach einigen Jahren die Felder wieder ihr gewöhnliches grünes Kleid trugen, und die Zeit sich zu bessern begann.

„Da die Landleute nur auf ihr Vieh angewiesen waren, muſsten sie, nachdem sie dasselbe verloren hatten, ihre Zuflucht zu den ungenieſsbarsten Dingen nehmen. Einige kochten sogar alte Häute, Felle, Taue u. dgl. um ihr Leben zu fristen, andere schlachteten die wenigen übriggebliebenen Tiere und wanderten, als diese verzehrt waren, nach der Meeresküste; allein da auch die Fischerei fehlschlug, wurden sie dem sichern Hungertode preisgegeben. Viele starben geradezu an Hunger, andere an der Ruhr, und hier und da fand man Menschen tot oder halbtot vor Hunger und Kälte an den Wegen, wo sie vor Ermattung niedergesunken waren. In Landschaften, wo sonst zwanzig Menschen jährlich zu sterben pflegten, starben jetzt zweihundert. Im ganzen starben auf Island in den Jahren 1784—1785 infolge der Einwirkungen des Ausbruches 9238 Menschen oder beiläufig ein Fünftel der ganzen Bevölkerung, und all dies Elend hatte schliefslich eine Auflösung aller bürgerlichen Verhältnisse zur Folge, weshalb Diebstähle und andere Verbrechen in beunruhigender Weise zunahmen. Von allen bekannten vulkanischen Ausbrüchen war dieser der verderblichste für Island." [1])

Das Mitleid mit dem so schwer geprüften Volke war allgemein, und die dänische Regierung dachte schon daran, dasselbe von seiner schreckenvollen und unwirtlichen Heimatsinsel fortzubringen und ihm — die Heiden Jütlands zur Besiedelung anzuweisen.

Die dänischen Könige zeigten im achtzehnten Jahrhundert überhaupt mehr Fürsorge für Island als früher. Bereits zu Beginn des Jahrhunderts bestellte Friedrich IV. (1699—1730) eine isländische „Landeskommission", welche die Insel bereisen und nicht nur einen allgemeinen Grundkataster ausarbeiten sollte, sondern auch beauftragt war, die unbefriedigenden Handelsverhältnisse zu untersuchen, die Rechtspflege zu prüfen und die Unzukömmlichkeiten in der Administration und im Gerichtsverfahren abzustellen, sowie auch Vorschläge zur Verbesserung der wirtschaftlichen Lage der Insel zu erstatten. Mit dieser schwierigen und verwickelten Aufgabe wurde 1702 der isländische Professor an der Universität Kopenhagen, *Árni Magnússon*, betraut, dem der treffliche Jurist und Vice-lögmaður *Páll Jónsson Vídalín* als Mitarbeiter zugewiesen war. Bis 1712 dauerten die Arbeiten der Kommission, als deren Hauptergebnisse die 1783 erfolgte erste offizielle Volkszählung auf Island [2]) und der nach *Árni Magnússon* (und *Páll Vídalín*) benannte, zwar nicht völlig abgeschlossene, aber doch als statistisch-topographische Beschreibung der Insel sehr wertvolle Kataster (*jarðabók*) zu verzeichnen sind. [3])

Christian VI. (1730—1746) war bestrebt, die religiösen und kirchlichen Übelstände und mancherlei sonstigen Unfug in den Sitten der Isländer abzustellen, wobei er freilich, wie wir sehen werden, viel zu weit ging. Sein Nachfolger Friedrich V. (1746 bis 1766), ein milder und freundlicher aber auch ausschweifender Herrscher — der extremste Gegensatz zu seinem Vater — er-

---

[1]) Vgl. über diesen Ausbruch besonders *Magnús Stephensen*, *Beskrivelse over den nye Vulkans Ildsprudning i Vester Skaptefells Syssel paa Island i Aaret 1783*, (København, 1785); *Th. Thóroddsen*, *Oversigt over de islandske Vulkaners Historie*, S. 77—88, wie auch desselben Autors „*Rejse i Vester-Skaptafells Syssel paa Island i Sommeren 1893*" in *Geografisk Tidskrift, udgivet af Bestyrelsen for det kongelige danske geografiske Selskab*, XII. Bd. 1893—94, S. 223—234. — [2]) Vgl. *Meddelelser fra det statistiske Bureau, Anden Samling*, S. 116, und *Olaus Olavius' Økonomisk Rejse igjennem de nordvestlige, nordlige og nord-ostlige Kanter af Island, Förste Del, 1780* (deutsche Ausgabe S. 459). — [3]) Ein Teil dieses Katasters ist abgedruckt in *Tímarit hins ísl. bókmenntafjelags* VII. (1886), S. 220—281; vgl. auch die dazugehörigen Bemerkungen von *Þorkell Bjarnason*.

nannte 1749 zum erstenmale einen Isländer, *Skúli Magnússon*, zum Landvogte und unterstützte die Bemühungen dieses wackeren Patrioten, den schädlichen Wirkungen des Monopolhandels durch Errichtung industrieller Werkstätten, Ausrüstung von Deckfahrzeugen zur Fischerei, Unterweisung im Einpökeln des Fisches u. dergl. „neue Einrichtungen“ zu begegnen.[1]) Doch waren diese Bemühungen nur von geringem Erfolge begleitet. Im Jahre 1752 erhielten abermals zwei Isländer *Eggert Olafsson* und *Bjarni Pálsson*, den Auftrag, die Insel zu bereisen und über die ökonomischen Verhältnisse daselbst wie über Mittel, die Zustände des Landes zu verbessern, Bericht zu erstatten.

Christian VII. (1766—1808) oder vielmehr Struensee, der vom 13. September 1770 bis zu seinem Sturze der eigentliche König von Dänemark war, lag das Wohl der Isländer ebenfalls sehr am Herzen. Auch er entsandte eine Kommission nach Island und suchte die wirtschaftliche Not der Insel durch Einführung von Mühlen, Aufmunterung zum Kohl- und Kartoffelbau, zur Salzsiederei, zur Besiedelung verödeter Gegenden, zu einer rationellen Pflege des Bodens u. s. w. herabzumindern. Allein das Volk war bereits zu sehr verarmt und in seinem Elende auch zu lethargisch geworden, um diese Neuerungen wirklich durchführen zu können oder auch nur zu wollen.[2]) Erst die Aufhebung des Monopols durch denselben König vermochte dem Volke langsam wieder aufzuhelfen.

Man kann sich denken, daſs bei der gedrückten Stimmung und der hinbrütenden dumpfen Ergebung des Volkes in sein schauerlich-trostloses Schicksal die Entwickelung eines lebhafteren Gemüts- und Geisteslebens in dieser Zeitperiode wenig oder vielmehr gar nicht gefördert werden konnte, und auch das sittliche Bewuſstsein des Volkes leiden muſste. Dies zeigte sich denn auch in den kirchlichen, religiösen und sittlichen Zuständen des Landes, die in der ersten Hälfte des Jahrhunderts wieder so sehr im Argen lagen, daſs über Betreiben des Rektors der Skálholter Schule, *Jón Þorkelsson* (Thorkillii), König Christian VI. den dänischen Pastor und späteren Bischof Ludwig Harboe nach Island schickte, um die Übelstände zu beseitigen und den christlichen Sinn der Bevölkerung wieder zu beleben und zu stärken. Harboe blieb vier Jahre im Lande (von 1741—1745) und wirkte nicht erfolglos.[3]) Christian VI. war ein Erzpietist von düsterer, fast krankhafter Gottesfurcht. Er wollte den christlichen Sinn seines Volkes durch allerlei Maſsregeln erzwingen. Wer Sonntags den Gottesdienst versäumte, wurde zu schweren Geldstrafen ver-

---

[1]) Vgl. über *Skúli Magnússon* besonders *Jón Jónsson* in *Safn til sögu Íslands og íslenzkra bókmennta*, III. Band, S. 1—187 u über die „neuen Einrichtungen“ in den Jahren 1752—1760 und 1760—1779 ebenda S. 31—55 und 75—112. — [2]) Vgl. *Jón Jónsson*, a. a. O., S. 622—645. — [3]) Vgl. *Jón Espólín* a. a. O. und *Þorkell Bjarnason* a. a. O.

urteilt. Tanz und Schauspiele wurden verboten. Auf Harboes ungünstigen Bericht hin konnte natürlich auch Island von der strengen Hand des königlichen Zuchtmeisters nicht weiter verschont bleiben. Im Jahre 1746 schickte er zwei Verordnungen nach der Insel, von denen die eine (vom 27. Mai) den Geistlichen mehr Eifer im Hausbesuche anbefahl, die andere (vom 3. Juni) mit peinlichster Genauigkeit die häusliche Zucht „regulierte" (isl. gewöhnl. „*Húsagatilskipunin*" genannt), beide[1] aber den Isländern nicht nur ihre, in moralischer Hinsicht allerdings nicht immer ganz harmlosen Spiele und Abendunterhaltungen (besonders die *vikivakar*), sondern auch das Singen oder Aufsagen von Rímur, ja sogar das Lesen der Sagas untersagten. Die Übertreter dieses Verbotes sollten mit dem Pranger und noch Schlimmerem bestraft werden. In Bezug auf das Sagalesen und das Rezitieren der Rímur ist aber dieses Verbot bekanntlich auf die Dauer wirkungslos geblieben, während jene Spiele doch allmählich, besonders aber seit dem Unglücksjahre 1783, aufhörten.

Die allgemeine Bildung des isländischen Volkes verblieb — wie es unter den geschilderten Umständen nicht anders zu erwarten — im achtzehnten Jahrhundert im allgemeinen noch auf derselben niedrigen Stufe, auf die sie herabgesunken war. Die ungebildete Menge wie auch manche sonst gebildete Personen huldigten noch immer dem Aberglauben in seinen verschiedensten Formen, und die Volkssage weifs auch noch aus diesem Jahrhundert von allerlei Zaubereien z. B. *Páll Vídalín's*, der fünfzig Geister in seinem Dienste hatte, *Þormóður Eiríkssons* von den *Grenlareyar*, *Eggerts* des Reichen, der Pfarrer *Þorleifur Skaptason*, *Snorri* zu *Húsafell*, *Högni Sigurðsson*, *Vigfús Benediktsson*, *Sveinn Jónsson*, *Sæmundur Holm* zu *Helgafell* und anderer zu berichten, von denen mehrere noch im neunzehnten Jahrhundert lebten.[2] Doch ist immerhin die frühere Teufelsfurcht zum gröfsten Teile geschwunden, und es scheint auch, nach der Behauptung *Magnús Stephensens*, der Gespensterglaube abgenommen zu haben.[3]

Der Druck der immer schlechter werdenden ökonomischen und sonstigen Verhältnisse lastete auch schwer auf dem höheren Geistesleben Islands.

Der Zustand der beiden Lateinschulen hatte sich wieder so sehr verschlimmert, dafs Harboes erwähnte Mission besonders auch der Untersuchung und Abstellung der betreffenden Übelstände galt. Dieser für Islands Wohl aufrichtig besorgte Mann arbeitete auch für die beiden Anstalten eine Schulordnung aus, nach welcher der Lehrstoff um Logik, Moral, Naturphilosophie, Hebräisch,

---

[1]) Die beiden Verordnungen sind abgedruckt in *P. Péturssons* Historia ecclesiastica Islandiæ. Ab anno 1740, ad annum 1840. (*Havniæ, 1841*). S. 51—59 und 61—71. — [2]) Vgl. *Jón Árnason*, *Islenzkar þjóðsögur og æfintýri* I. Bd. S. 581—602, und *Ólafur Davíðsson*, *Isl. þjóðsögur*, S. 76—91. — [3]) Vgl. *Magnús Stephensen*, a. a. O., S. 115.

Rechnen in ganzen und gebrochenen Zahlen, Welt- und dänische Reichsgeschichte, Politik und Völkerrecht (!) vermehrt und der Unterricht vertieft werden sollte. Besonderes Gewicht wurde jetzt endlich auch auf die gründliche Kenntnis und fehlerfreie Beherrschung der isländischen Muttersprache in Wort und Schrift gelegt. Dies war freilich besser gemeint als leicht durchführbar, zumal da das Lehrpersonal an jeder der beiden Schulen noch immer nur aus zwei Personen, einem Rektor und „Korrektor", wie der Adjunkt jetzt genannt wurde, bestehen sollte. Dieses Reglement wurde 1743 vom König genehmigt. War es aber überhaupt schon schwer, allen Anforderungen dieser Verordnung zu entsprechen, so stellten sich der Befolgung derselben in der Saumseligkeit der Bischöfe und dem die geistige und materielle Kraft des Volkes ertötenden Elend der darauf folgenden Zeit Hindernisse entgegen, die auch weitere, nachträglich erlassene Schulverordnungen nicht zu beseitigen vermochten. Immerhin aber bildete Harboes Reglement die Grundlage für die spätere, erfolgreichere Regelung des höheren Unterrichtswesens auf Island. Im Jahre 1785 wurde mit dem Bischofssitze auch die Schule von *Skálholt* nach *Reykjavík* verlegt, „wo sich jedoch die Musen nicht wohl befanden."[1])

Gegen Ende des Jahrhunderts erhielt Island übrigens seine erste Volksschule, indem der Rektor der Skálholter Lateinschule, *Jón Þorkelsson* (Jonas Thorkillii), sein Vermögen für die Errichtung einer solchen Schule in der *Gullbringu Sýsla* testierte, in der zwölf Kinder unterrichtet werden sollten. Die Schule wurde auch im Jahre 1781 zu *Hausastaðir* ins Leben gerufen.[2])

Die alte Landes-Druckerei wurde, nachdem sie von 1697 an ganz gefeiert hatte, im Jahre 1703 durch Bischof *Björn Þorleifsson* wieder nach *Hólar* verlegt, wo sie bis 1799 verblieb. 1772 errichtete der Studiosus *Olafur Olavius* auf der Insel *Hrappsey* eine zweite Druckerei, die 1794 von *Björn Gottskálksson* erworben und 1795 nach *Leirárgarðar* verlegt wurde, wohin 1799 auch die Überreste der Holenser Presse kamen, aus der von 1783 bis zum Winter 1796/97 kein einziges Buch mehr hervorgegangen war.[3])

In der zweiten Hälfte des Jahrhunderts wurden verschiedene Versuche und Anstrengungen gemacht, um die allgemeine Bildung der Isländer zu heben und dadurch eine Verbesserung ihrer materiellen Lage herbeizuführen.

Einen mächtigen Impuls erhielten diese Bestrebungen durch die „Aufklärung" mit ihrem bekannten Nützlichkeitsprinzip, dem gar bald die meisten gebildeten Patrioten, Schriftsteller und Dichter Islands mit allem Eifer huldigten. Als eine frische Brise berührte

[1]) Vgl. *Jón Sigurðsson* in *Ný félagsrit*, II. ár., S. 111—128; *Janus Jónsson* in *Tímarit hins ísl. bókmenntafjelags*. 14. Jahrg., S. 38—43. — Die Schulverordnung siehe in *P. Pétursson*, Hist. eccl. Isl.; S. 5—28; vgl. auch 356 ff. — [2]) *Magnús Stephensen*, a. a. O., S. 149—150. — [3]) Vgl. *Jón Borgfirðingur, Söguágrip um prentsmiðjur og prentara á Íslandi*, S. 26—44.

diese geistige Strömung auch das ferne Eiland und verdrängte allmählich die dumpfe Stickluft, in welcher der isländische Volksgeist so lange dahingebrütet: denn obgleich dem Wesen dieser „Aufklärung“ im Grunde kein völlig gesunder Geist innewohnte, so führte sie Island doch aus dem Auslande frische Stoffe und Fermente zu, die auf seine eigene Volksseele belebend und treibend einwirkten. In dieser Hinsicht war die „Aufklärung“ für Island zunächst in der That nicht ohne „Nutzen“; von praktischen Konsequenzen derselben war hingegen nur wenig zu verspüren.

Das Centrum für die isländische Aufklärung befand sich anfangs nicht im Lande selbst, sondern in Kopenhagen, im Kreise der dort lebenden oder studierenden Isländer. Hier wurde zur Aufklärung des isländischen Volkes 1779 der sogenannte „isländische Verein der gelehrten Künste“ (*hið íslenzka lærdómslistafjelag*) gegründet, dessen Obmann und Seele bis zu seinem Tode der für das Wohl seines Vaterlandes unermüdlich thätige berühmte Rechtsgelehrte, Altertumsforscher und Staatsmann *Jón Eiríksson* (J. Erichsen) war. Dieser Verein, auch die (ältere) „isländische Litteraturgesellschaft“ genannt und 1787 mit dem Prädikate „königlich“ ausgezeichnet, bestand bis 1795 und hat nicht weniger als 15 Bände Jahresschriften („*Rit þess ísl. lærdómslistafjelags*“, später als die „alten Vereinsschriften“ — „*gömlu fjelagsritin*“ — bezeichnet) mit vielen vortrefflichen Aufsätzen, besonders über Haushaltung und Landwirtschaft u. dgl., herausgegeben.[1])

Auch durch Zeitschriften suchte man nun den Sinn des Volkes für höhere Interessen zu wecken. Nachrichten aus dem Auslande sollten dazu beitragen, den geistigen Horizont der Isländer zu erweitern. Diese Anfänge des Zeitungswesens auf Island waren natürlich von rührender Primitivität. Die Dürftigkeit der Ausstattung in Bezug auf Format, Druck und Papier stimmte überein mit der Kargheit des mitgetheilten Stoffes. Die erste auf Island gedruckte Zeitschrift begann im Jahre 1773 zu erscheinen und führte den Titel: „*Islandske Maaneds Tidender*“ (d. h. Isländische Monats-Nachrichten); sie war in dänischer Sprache geschrieben und hatte hauptsächlich den Zweck, die Dänen im Lande, die nicht Isländisch verstanden, über den Zustand des Landes zu unterrichten. Nur drei Jahrgänge sind von dieser, in litterarischer Hinsicht und für das isländische Volk eigentlich ganz belanglosen Zeitschrift erschienen (Oktober 1773 bis September 1776, I. und II. Jahrgang gedruckt zu *Hrappsey*, III. zu Kopenhagen). Herausgeber derselben war der talentvolle und vielseitig litterarisch thätige Sysselmann *Magnús Ketilsson* (1729—1803).

Im Jahre 1794 gründete *Magnús Stephensen* auf Island im Verein mit seinem Vater und anderen patriotischen Männern einen „isländischen Landesaufklärungs-Verein“ („*hið íslenska landsupp-*

---

[1]) Vgl. *Magnús Stepensen*, a. a. O., S. 157—159.

fræðingar-fjelag"), der mit allen entsprechenden Mitteln für die Sache der „Aufklärung" im Lande wirken sollte und zu diesem Zwecke nicht nur zahlreiche Bücher, sowohl Originale wie Übersetzungen, sondern auch von 1796 an (bis 1808?) die „*Minnisverð Tíðindi*" (d. h. denkwürdige Nachrichten, Denkwürdigkeiten) herausgab (gedruckt zu *Leirárgarðar*), die erste Zeitschrift in isländischer Sprache auf Island selbst, die zwar hauptsächlich ein Neuigkeitsblatt, aber doch besser war, als manche der späteren isländischen Zeitschriften. *Magnús Stephensen* selbst äufserte sich über seine Zeitschrift: „Diese *Tíðendi* bringen vom Beginn des Jahres 1795 in einem zusammenhängenden, historischen Auszuge Berichte über die durch öffentliche Blätter und mehrere Journale bekanntgemachten, erinnerungswürdigen Begebenheiten in und aufser Island, besonders ausführlich jedoch alles, was sich in physisch-historischer und ökonomisch-politischer Hinsicht auf dieses Land bezieht, mit dazugehörenden kleineren Abhandlungen und Aktenstücken." [1])

Auch Lesevereine wurden schon gegen das Ende des Jahrhunderts auf Island gegründet, der erste für das Südland, ein anderer für die *Húnavatns-*, *Skagafjarðar-* und *Eyjafjarðar-Sýslur*.[2])

Die Bemühungen der isländischen Patrioten um die Hebung der Volksbildung und des sonstigen Wohles des Volkes sind auch nicht ohne Erfolg geblieben. Die neue Unterströmung, welche sich schon von der Mitte des Jahrhunderts an bemerkbar machte, brachte allmählich eine immer stärkere Bewegung hervor, die ein neues Leben herbeiführte. Alte Vorurteile begannen zu schwinden, neue Anschauungen brachen sich Bahn. Der Aberglaube ist nun nicht mehr so allgemein und stark, und die Geheimnisse der Natur werden als natürliche Erscheinungen erkannt. Die alten Einrichtungen werden durch neue ersetzt. Auch die alte Kleidertracht ändert sich. Das Volk wird immer mehr mit ausländischen Sitten und Gebräuchen vertraut. Viele vom Auslande eingeführte Neuerungen bleiben freilich noch wirkungslos, da den Leuten jede Erfahrung mangelt. „Das Volk ist wie ein unerfahrener Jüngling, der sich von der Hoffnung und dem Gefühle leiten läfst . . ." War also auch das isländische Volk in diesem Jahrhundert von dem düstersten Elende heimgesucht und schwer unterdrückt, so zeigte sich doch gegen das Ende desselben bereits der Morgenschimmer einer besseren Zeit.[3])

Obgleich nun durch all die geschilderten Verhältnisse im Lande die denkbar ungünstigsten Bedingungen zur Fortentwickelung des seit der Reformation neu erwachten Geisteslebens geboten waren, gab es doch gerade in diesem Jahrhundert, besonders gegen das

---

[1]) A. a. O. S. 161. — [2]) *Magnús Stephensen*, a. a. O., S. 164–165. — [3]) *Þorkell Bjarnason*, *Agrip af sögu Islands*, S. 99–100.

Ende desselben, eine erstaunlich stattliche Anzahl hochgebildeter und gelehrter Isländer. Nach wie vor finden wir — wenn auch jetzt nur vereinzelt — begabte und besser bemittelte junge Leute, die an der Universität Kopenhagen und auch an fremden Hochschulen (z. B. Leipzig) studierten und entweder in der dänischen Hauptstadt sich dauernd niederliefsen, um daselbst eine wissenschaftliche und litterarische Thätigkeit auszuüben, oder nach der Heimat zurückgekehrt, hier in gleicher Weise zur Aufklärung des Volkes wirkten. Ebenso gab es noch immer einzelne Autodidakten, die sich mit gelehrten Studien beschäftigten. Wir glauben uns jedoch in der Übersicht der wissenschaftlichen und schriftstellerischen Leistungen der Isländer in diesem Jahrhundert kürzer fassen zu dürfen, da es sich einerseits nicht mehr um Erscheinungen von so grundlegender Bedeutung handelt, wie es die Arbeiten waren, welche die Renaissance des Geisteslebens auf Island markierten, und andererseits gewisse geistige und litterarische Strömungen, die sich namentlich vom letzten Viertel des Jahrhunderts an geltend machten, an anderen Stellen dieses Buches ausführlicher besprochen werden sollen.

Die bedeutendste Geistesarbeit der Isländer wurde auch in diesem Jahrhundert wieder auf gelehrtem Gebiete geleistet. Die nordische Altertumskunde und Philologie zumal erhielt die stärkste Förderung durch **Arni Magnússon** (latein. Arnas Magnaeus). *Árni* wurde 1663 zu *Kvennabrekka* in der *Dala Sýsla* (im westlichen Island) geboren als Sohn des früheren Pfarrers und damaligen Sysselmannes *Magnús Jónsson* und bei seinem Grofsvater von mütterlicher Seite, dem angesehenen Pfarrer *Ketill Jörundarson* auf dem als Geburtsort des Geschichtschreibers *Snorri Sturluson* bekannten Hofe *Hvammur* in derselben *Sýsla* auferzogen. Er besuchte drei Jahre lang die Schule zu *Skálholt* und bezog sodann (1683) die Universität Kopenhagen, wo er hauptsächlich Theologie studierte. Hier wurde er alsbald der Schüler und Amanuensis des jugendlichen Professors und königlichen Antiquars Thomas Thomsen Bartholin (vgl. S. 108), an dessen für jene Zeit sehr verdienstvollen „Antiquitatum Danicarum libri III“ (1689) er einen grofsen Anteil hatte. Um diese Zeit besorgte er auch die Durchsicht und Korrektur der wichtigsten Werke seines Landsmannes und Freundes *Þormóður Torfason*, was denselben sehr zu gute kam. Von 1694—1696 hielt sich *Árni* in Deutschland (Leipzig, Jena u. a. O.) auf, wo er eine „Chronica Danorum praecipue Sialandiae“ (Leipzig 1695) herausgab und das Deutsche so gründlich erlernte, dafs er es nach seiner Muttersprache am besten sprach, „wozu ja bei den Isländern eine besondere Inklination zu bemerken“ war, wie *Jón Olafsson*, allerdings ohne nähere Begründung, in seiner Biographie *Árni Magnússons* sich äufserte.[1]) Im

[1]) In *Nordisk Tidsskrift for Oldkyndighed*, III. Bd., S. 20.

Jahre 1697 wurde *Árni* zum Archivssekretär und 1701 zum wirklichen Universitätsprofessor für Philosophie und dänische Altertümer ernannt. Er war der erste Isländer, der eine Universitäts-Professur erlangte.

Árnis hervorragende Bedeutung lag indessen nicht in seiner Professur noch in seiner schriftstellerischen Thätigkeit, (obgleich seine handschriftlichen Aufzeichnungen noch jetzt einen ganz erheblichen Wert besitzen), sondern in seinem Eifer als Sammler isländischer und sonstiger älterer nordischer Handschriften. Auf Island war freilich die Zeit der grofsen Pergamentcodices bereits vorüber. Diese waren im Verlaufe des siebzehnten Jahrhunderts, wie wir gesehen haben, zum grofsen Teile schon ins Ausland, hauptsächlich nach Dänemark und Schweden, aber auch aufserhalb des skandinavischen Nordens verschickt worden (so kamen z. B. zwei sehr interessante Pergamenthandschriften nach Wolfenbüttel). Auch waren gar manche Membranen auf Island bereits in unzusammenhängende Fragmente zerfallen oder, da man leichter lesbare Papierhandschriften besafs, beiseite geschoben worden. Es war darum auch nur eine Nachlese, die *Árni* — schon seit 1685, besonders jedoch während seines Aufenthaltes auf Island als Landkommissär (vgl. oben S. 132) und auch noch später — daselbst erntete, aber doch eine recht ergiebige. So erhielt er z. B. vom Skálholter Bischof *Jón Vídalín* nicht weniger als fünfunddreifsig, ursprünglich wohl zum gröfsten Teil der Domkirche gehörige Membranen und konnte auch noch aus dem Nachlasse der beiden Vorgänger dieses Bischofs *Þórður Þorláksson* und *Brynjólfur Sveinsson* manche wertvolle Handschrift (im ganzen ca. 40) erwerben. Von besonders grofser Bedeutung war es namentlich, dafs es ihm gelang, die Reste der berühmten Bibliothek *Brynjólfurs* zu retten, die nach dem Ableben des kinderlosen Bischofs auf seinen Neffen, den Geistlichen *Torfi Jónsson* in *Gaulverjabær* (Sohn des öfter erwähnten Kopisten *Jón Gizurarson*), übergegangen und nach dessen Tode unter die zahlreichen Erben des *Torfi* verteilt worden war. *Árni* erhielt und erwarb jedoch auch von anderen Seiten und bei Auktionen nicht wenige und wichtige Manuskripte, so mindestens drei wichtige Membranen nach Th. Bartholins Tode, sechszehn sehr wertvolle Handschriften (darunter den Codex Wormianus der *Snorra-Edda*) von dem Bischof Christen Worm, einem Enkel des Ole Worm, die Papierhandschriftensammlung des *Torfæus* (140 Stück) und noch viele andere Membranen und Papiermanuskripte von verschiedenen Personen, jedoch — wie es scheint — nur sehr wenig aus den hinterlassenen Sammlungen des *Magnús Jónsson* auf *Vigur* (vgl. oben S. 105 bis 106). *Árni* sammelte aber nicht nur, sondern liefs auch viele wertvolle Membranen abschreiben.

Árnis Handschriften- und Bücher-Sammlung ist durch die grofse Feuersbrunst in Kopenhagen im Jahre 1728 stark beschädigt worden, jedoch keineswegs in solchem Maße, als man lange glaubte. Es gingen wohl seine Aufzeichnungen — die Vorarbeiten zu einem oder mehreren Werken — zu Grunde (und diesen Verlust konnte *Árni* am wenigsten verschmerzen); auch eine Menge unersetzlicher alter Bücher sowie eine Anzahl Diplome und Abschriften von solchen wurden ein Raub der Flammen, aber kaum mehr als sechs bis sieben Pergamenthandschriften, und darunter keine einzige Saga, die nicht von anderswo her bekannt wäre.

Árni starb im Jahre 1730. Seine Handschriftensammlung sowie die Reste seiner kostbaren Bibliothek hatte er nebst einer nicht unbedeutenden Summe Geldes der Universität Kopenhagen vermacht. „Was *Árni Magnússon* an Handschriften, die zur altnordischen, besonders norwegisch-isländischen Litteratur gehören, hinterließ, hat Kopenhagen zum Centrum für das Studium der nordischen Philologie gemacht und ist von ganz außerordentlichem Werte, indem es den weit überwiegenden Teil von dem umfaßt, was von den so merkwürdigen isländischen Schriften des Mittelalters erhalten blieb, die ohne seinen Sammelfleiß und seine Opfer im Laufe der Zeiten sicher vermodert wären, ohne der Wissenschaft in einem wesentlichen Grade zu gute zu kommen."

Das „Arnamagnäanische Legat" oder „die Arnamagnäanische Stiftung" besteht nun, außer einer Anzahl gedruckter Bücher, teils aus einem Kapital von ca. 64000 Kronen, teils aus einer Handschriftensammlung, die gegen 2000, zuallermeist isländische, aber doch auch nicht wenige norwegische und dänische Pergament- und Papierhandschriften enthält, sowie aus 5--6000 Diplomen. Der Zweck der Stiftung besteht darin, die nordische Altertumskunde zu fördern, und die Zinsen des Kapitals werden nach den Bestimmungen des Testators teils zu Stipendien für zwei isländische Studenten, die im Dienste der Sammlung arbeiten, teils zur Herausgabe von Schriften der altnordischen Litteratur oder über dieselbe verwendet.[1])

Árni Magnússon hat die letzten Reste von Pergamenthandschriften, die sich noch auf Island befanden und von einiger Bedeutung waren, seiner Sammlung einverleibt. Was noch zurückblieb, bestand fast ausschließlich aus Codices des Gesetzbuches (der *Jónsbók*), von denen die interessanteren im zweiten und dritten Viertel des Jahrhunderts von dänischen Sammlern, wie Harboe,

[1]) Vgl. Kålund: *Katalog over den Arnamagnæanske Håndskriftsamling*, II. Bd., S. III—XXVI und *Nordisk Conversationslexikon*. — Über die Handschriftensammlung s. den eben genannten Katalog (2 Bände. København 1889 bis 1894); über das Legat: *Fundation for det Arna-Magnæanske Legat* (København 1813) und *Samling af Bestemmelser vedkommende det Arnamagnæanske Legat* (København, 1892). -- Über *Árni Magnússon* vgl. auch *Biographiske Efterretninger om Arne Magnússen ved Jón Olafsen fra Grunnavik. Med Indledning, Anmærkninger og Tillæg af E. Chr. Werlauff* in *Nordisk Tidsskrift for Oldkyndighed*. III. Bd. p. 1—166.

Thost u. a. erworben wurden. Da jedoch die Isländer auch ferner ihrer Liebe zum alten heimischen Schrifttum treu blieben, so suchten sie die ins Ausland gewanderten Pergamenthandschriften um so eifriger durch Abschriften derselben zu ersetzen, die nun auf dem umgekehrten Wege vom Auslande nach der Insel kamen. Von diesen Handschriften wurden später viele wieder von Ausländern gesammelt und angekauft. So entstammen die meisten Papierhandschriften der englischen Bibliotheken dieser Provenienz. Die ersten isländischen Handschriften kamen überhaupt erst im letzten Viertel des Jahrhunderts (in den Jahren 1773 bis 1777) nach England und zwar durch den Botaniker Sir Joseph Banks, der nicht nur selbst während seines Aufenthaltes auf Island (1772), sondern auch noch später durch Vermittelung des Amtmannes *Olafur Stephansson* Handschriften und gedruckte Bücher sammelte und so glücklich war, verschiedene Stücke aus der Bibliothek des *Magnús Jónsson* auf *Vigur* zu erwerben. Banks schenkte seine Sammlung — ca. 40 Nummern — dem British Museum.[1])

Nicht ohne Wert für die nordische Altertumskunde und isländische Philologie sind auch die vielen und z. T. sehr voluminösen, jedoch zumeist ungedruckten Schriften *Jón Ólafssons* des Älteren von *Grunnavík* (1705—1779), der im Hause des *Páll Vídalín* erzogen wurde, zwei Jahre lang die Lateinschule zu *Hólar* besuchte, und sodann in Kopenhagen Theologie studierte. Hier nahm ihn *Árni Magnússon* als Amanuensis zu sich, und hier lebte er auch als erster Stipendiat des arnamagnäanischen Legates ununterbrochen von 1751 bis zu seinem Tode. So sehr auch seine „tiefe Gelehrsamkeit in der isländischen Philologie und nordischen Altertumskunde“ gerühmt wird — *Guðbrandur Vigfússon* nennt ihn auch den „sagenkundigsten Isländer jener Zeit“ und „sehr gescheit“ — so fehlte es ihm doch an Kritik und Geschmack; aufserdem war er im hohen Grade abergläubisch. Als die bedeutsamste von allen seinen Schriften gilt die „Runologia“ (über das Runenritzen), „das Umfassendste und Beste, was in Island über dieses Thema geschrieben worden ist.“ Ein voluminöses isländisch-lateinisches Wörterbuch von seiner Hand ist wegen der verschiedenartigsten Notizen, die darin aufgespeichert sind, interessant und auch nicht wertlos. Beide Werke sind jedoch ungedruckt. Ihm ist auch die Überlieferung des Inhalts eines beträchtlichen Teiles der augenscheinlich ältesten aller *Íslendinga sögur*, der an Altertümlichkeiten reichen *Heiðarvíga saga*, zu danken, indem ein ziemlich bedeutendes Bruchstück der betreffenden Handschrift bei dem erwähnten grofsen Brande zu Kopenhagen zu

[1]) Vgl. *Guðbrandur Vigfússon* in den *Prolegomena* zur *Sturlunga Saga*. S. CLI., und *Jón Þorkelsson* d. J. im *Arkiv för nordisk filologi*. VIII, S. 200 bis 202.

Grunde gegangen ist. *Jón* aber später einen Auszug des Inhalts dieses Teiles aus dem Gedächtnis niederschrieb.[1])

Weit gediegener sind die Schriften *Jón Olafssons* des Jüngeren von den *Svefneyjar* (1729—1811), eines Bruders *Eggert Olafssons*. Er hatte einen sehr bedeutenden Anteil an der grofsen „*Heimskringla*“-Ausgabe (1777—1783) und verfafste u. a. die für die damalige Zeit vortreffliche Preisschrift „*Om Nordens gamle Digtekonst*“ (1786). — *Eggert Olafssons* hier einschlägige Schriften sind bei seinem Schiffbruche mit ihm zu Grunde gegangen (vgl. unten die Abhandlung über *Eggert Olafsson*).

Einer der tüchtigsten Gelehrten auf dem Gebiete der nordischen Altertumskunde und ein besonders guter Kenner der alten poetischen Litteratur war auch der Probst *Gunnar Pálsson* in *Hjarðarholt* (1714—1791). Er lieferte Erklärungen zu alten Versen und schrieb eine isländische Litteraturgeschichte. — Der „*lögmaður*“ *Björn Markússon* gab neun „*Margfróða söguþættir*“ und fünf „*Ágætar fornmanna sögur*“ heraus (1756).

Skúli Þórðarson Thorlacius (1741—1815) besorgte die Herausgabe des dritten Bandes der *Heimskringla*, lieferte in seinen „Antiquitatum borealium observationes miscellaneae,“ I—VII (Kopenhagen, 1778—1801) Beiträge zur Kulturgeschichte und Mythologie und war auch sonst an verschiedenen litterarischen Unternehmungen auf dem Gebiete der nordischen Altertumskunde beteiligt.

Guðmundur Magnússon († 1798) und *Jón Jónsson* († ?) haben den ersten Teil der arnamagnäanischen Ausgabe der Lieder-Edda — „Edda rhythmica“ — (Kopenhagen, 1787) redigiert und auch den zweiten zur Herausgabe vorbereitet, der jedoch später von *Jón Olafsson* umgearbeitet wurde. *Jón Jónsson* besorgte auch fast ausschliefslich die lateinische Übersetzung der *Njáls saga*, welche im Jahre 1809 auf Kosten des arnamagnäanischen Legates und P. Fr. Suhms zu Kopenhagen herausgegeben wurde; das dazu gehörige Glossar hat *Guðmundur Magnússon* geliefert. Dieser Übersetzung liegt die erste Ausgabe der *Njáls saga* zu Grunde, welche durch *Olafur Olafsson* (Olavius) besorgt worden und im Jahre 1772 zu Kopenhagen erschienen ist.

Hier ist auch *Grímur Jónsson Thorkelin* (1752—1829) schon zu nennen als Herausgeber altnordischer Texte (*Eyrbyggja saga*, 1787; *Konunga erfðatal ok ríkis stjórn*, 1777, *Vafþrúðnismál*, 1779, u. a.) und Übersetzer solcher Stücke, die sich auf die Geschichte Englands und Irlands beziehen („Fragments of English and Irish history in the ninth and the tenth century. In two parts.“ London, 1788). *Thorkelin* beschäftigte sich überdies sehr

---

[1]) Vgl. über *Jón Olafsson* den Älteren Nyerup's *Nord. Tidsskrift for Oldkyndighed*, III. Bd., S. 4—6 u. 5, sowie *Guðbrandur Vigfússon* in *Jón Arnason's Islenzkar þjóðsögur og æfintýri*, I, S. XXII—XXIII.

viel mit angelsächsischer Litteratur und hat zuerst das Heldengedicht „Beowulf“ ans Licht gezogen und später auch herausgegeben. Er war Sekretär der arnamagnäanischen Kommission und wurde 1791 Geheimarchivar.

Der Rektor der Holenser Lateinschule, *Hálfdan Einarsson* (1732—1785), schrieb eine zwar fast nur aus trockener Aufzählung der Autoren und ihrer Werke bestehende, jedoch wegen ihrer Vollständigkeit und Genauigkeit noch heute geschätzte „Sciagraphia historiae litterariae Islandicae“ (Kopenhagen 1786), die mit dem veränderten Titel: „Historia litteraria Islandiae“ (Kopenhagen und Leipzig) 1786 neu aufgelegt wurde.

Die isländische sprachwissenschaftliche Litteratur wurde in dankenswerter Weise durch das noch heute unentbehrliche isländisch-lateinische Wörterbuch des Probstes *Björn Halldórsson* (1724—1794) bereichert, welches, auch mit den Bedeutungen in dänischer Sprache versehen, 1814 durch Rask als „Lexicon islandico-latino-danicum Biörnonis Haldorsonii,“ mit einem Vorworte von P. E. Müller, zu Kopenhagen in zwei Bänden herausgegeben wurde.

Der in Verfall geratenen Muttersprache suchte *Eggert Olafsson* durch „Regeln, wie man die jetzt lebende isländische Sprache richtig zu schreiben, zu buchstabieren und zu sprechen hat,“ aufzuhelfen, indem er für die alte Aussprache und Schreibweise plädierte. Diese, wie es heifst, vorzügliche Arbeit ist leider nicht gedruckt worden, war jedoch auf Island in Abschriften verbreitet. [1])

Hauptsächlich zur Pflege der heimischen Altertumskunde und Geschichte wurde im Jahre 1760 auf Island ein Verein gegründet, der sich „die unsichtbare Gesellschaft“ („*hið ósýnilega fjelag*“) nannte. „Der Name selbst giebt zu erkennen, dafs sie damals im Verborgenen arbeitete und sich nicht öffentlich mit vielen leeren Namen zu schmücken suchte, sondern im Stillen durch eine auserwählte Anzahl von Männern wirken wollte, die sie sich selbst auserkor und einlud. Ihre Absicht und Bestimmung war, auf Island die wissenschaftliche Kultur überhaupt, im besonderen aber die Pflege der eigenen heimischen Geschichte sowie der nordischen Altertümer zu fördern.“[2]) Die Gesellschaft hat jedoch wenig ausgerichtet; sie publizierte 1768 eine, von dem Begründer und dem Haupte der Gesellschaft *Hálfdan Einarsson* besorgte, wissenschaftliche Ausgabe des altnorwegischen „Königsspiegels“ (Speculum regale) mit dänischer und lateinischer Übersetzung zu Soröe und stellte auch ihre Thätigkeit bald wieder ein.

Gleicherweise in die Altertumskunde und isländische Philologie einschlägig wie zur Rechtskunde gehörig, waren die berühmt gewordenen „*Skýringar yfir fornyrði Jónsbókar*“ (d. s.

---

[1]) **Finnur Jónsson**, *Ágrip af bókmentasögu Íslands*, II., Z. 45—46. — [2]) **Magnús Stephensen**, a. a. O., S. 155.

Erklärungen der Archaismen des isländischen Gesetzbuches) des ausgezeichneten Juristen und Altertumsforschers *Páll Jónsson Vídalín* (1667—1727), die jedoch erst in den Jahren 1846 bis 1854 (zu *Reykjavík*) im Druck erschienen sind und dadurch allgemein zugänglich wurden. Diese „*Skýringar*“ sind nach isländischem Urteile „die vollständigsten und zugleich zweifellos besten Worterklärungen, die je (von Isländern) geschrieben wurden“. *Páll Vídalín* hat im Verein mit *Árni Magnússon* die neue isländische Matrikel aufgenommen (vgl. oben S. 132) und ist auch sonst von der Regierung vielfach mit juristischen Aufgaben betraut worden.

Als juristische Schriftsteller des achtzehnten Jahrhunderts sind noch zu nennen: *Jón Árnason*, der Verfasser einer bemerkenswerten Schrift über das alte und neue isländische Gerichtsverfahren („*Om den islandske Rettergang*“), welche *Jón Eiríksson*, mit gelehrten Anmerkungen versehen, 1762 herausgegeben hat; *Magnús Ketilsson*, der rührige Herausgeber der „*Maaneds Tidender*“, welcher die erste, bereits sehr notwendig gewordene Sammlung von „*Forordninger og aabne Breve*“, von 1449 bis 1750 reichend (3 Bände, 1776—1787), veranstaltete und auch selbständige juristische Schriften verfaſste; *Sveinn Sölvason* († 1782), der für seine Zeit ganz gute Werke wie „Tyro juris oder das Kind in den Gesetzen“ (1754—1799) und „Det islandske jus criminale“ (in dänischer Sprache, 1776) u. a. schrieb, dabei freilich wegen seines besonders schlechten Isländisch berüchtigt wurde.[1]) *Magnús Stephensen* behandelte mehrere juridische Fragen in seinem Volksbuche „*Gaman og alvara*“. — Auch ist hier der Ausgaben mehrerer „Christenrechte“ zu gedenken, wie des sogenannten „alten“ (aus dem Jahre 1123) der Bischöfe *Þorlákur* und *Ketill* und des „neuen“ aus dem Jahre 1275 des Bischofs *Árni Þorláksson* (vgl. oben S. 49) durch *Grímur Jónsson Thorkelín*, dann des norwegischen („*Borgarþings kristinrjettur*“ oder „*Kr. Víkverja*“) durch *Dr. Hannes Finnsson*.

Einen ungeahnten Aufschwung nahm im achtzehnten Jahrhundert wieder die isländische Geschichtschreibung. Zunächst wurde in der Aufzeichnung von Annalen fortgefahren. Der Pastor *Benedikt Pjetursson* zu *Hestur* (1640—1724) schrieb deren über den Zeitraum von 1664—1724 (den sogenannten *Hests-Annáll*); *Oddur Eiríksson* auf *Fitjar* notierte die Ereignisse von 1643 bis 1719 (*Fitja-annáll*), jedoch sehr unordentlich und ungenau. *Halldór Þorbergsson* setzte die Annalen des *Björn* von *Skarðsá* fort (vgl. oben S. 112). Annalen schrieben ferner: der auch als tüchtiger Altertumskenner bekannte Pfarrer *Eyjólfur Jónsson* „der Gelehrte“ (1670 bis 1745), *Jón Jakobsson* (1738—1808), der Probst *Guðlaugur Sveinsson* in *Vatnsfjörður* (1731—1807), der den „späteren *Vatnsfjarðarannáll*“, welcher die Jahre 1750—1800 behandelt, verfaſste, u. a.

---

[1]) *Magnús Stephensen*, a. a. O., S. 204—206. — *Finnur Jónsson*, a. a. O., S. 51—53.

Das Hervorragendste aber leistete als Annalenschreiber der gelehrte Probst *Jón Halldórsson* von *Hítardalur* (1665—1736). Derselbe setzte nicht nur den *Hests-annáll* bis 1734 fort (*Hítardals-annáll* genannt) und verbesserte den *Fitja-annáll*, sondern verfaſste auch in der Art des *Jón Egilsson* (vgl. S. 111—112) d. h. mehr in zusammenhängender Darstellung als in Annalenform, einen „Kurzen Abriſs über die Marschälle („*hirðstjórar*“), Stiftsamtmänner, Amtmänner, Landvögte und Bevollmächtigten Islands“, den sogenannten „*Hirðstjóra-annáll*“ (gedruckt im 2. Bande von „*Safn til sögu Íslands og íslenzkra bókmenta*“, S. 611 ff.), sowie die Biographieen der Bischöfe von *Skálholt* und *Hólar* (*Biskupa-annáll*), der Rektoren der Skálholter Schule, der Geistlichen des Skálholter Bistums (*Skálholtspresta-annáll*), der Äbte, Lögmänner, Vögte und Lögþingis-Schreiber, desgleichen noch andere historische Schriften. Er hatte zu diesen seinen Arbeiten ein überaus reiches biographisches und litterarhistorisches Material gesammelt. *Jón Halldórsson* war zu seiner Zeit der weitaus beste Kenner der isländischen Geschichte. Er schöpfte zwar aus den früheren Geschichtswerken des *Arngrímur lærði*, *Björn á Skarðsá* und *Jón Egilsson*, verbesserte jedoch die dortigen Angaben und brachte viele neue bei. Auf seine Vorarbeiten stützten sich dann auch die späteren groſsen historischen Werke seines Sohnes und *Jón Espólíns*.[1])

Als wissenschaftlicher Geschichtschreiber überragt jedoch alle isländischen Historiker der Neuzeit **Dr. Finnur Jónsson** (lat. Finnus Johannæus), Sohn des *Jón Halldórsson*, „der gelehrteste und glücklichste Bischof Islands“. Er wurde am 16. Januar 1704 zu *Hítardalur* geboren, erhielt zuerst von seinem Vater Privatunterricht, besuchte sodann die Skálholter Lateinschule und bezog 1725 die Universität Kopenhagen, um Theologie zu studieren. Hier beteiligte er sich mit groſser persönlicher Aufopferung an der Rettung der Handschriftensammlung *Árni Magnússons* während des Brandes im Jahre 1728. Nach Island zurückgekehrt, war er lange Zeit hindurch Pfarrer zu *Reykholt*, bis er 1753 zum Bischof des Skálholter Stiftes ernannt wurde. Er starb am 23. Juli 1789. *Finnur Jónsson* war auf mehreren wissenschaftlichen Gebieten litterarisch thätig. So schrieb er eine Biographie des *Snorri Sturluson* für die Schönningsche Ausgabe der *Heimskringla*, eine Geschichte der Horologie auf Island für *Stefán Björnssons* Ausgabe der *Rímbegla*, eine Abhandlung über isländisches Kirchenrecht u. a. Seine weitaus gediegenste und auch umfangreichste Leistung war jedoch eine — gleich seinen übrigen Arbeiten in lateinischer Sprache geschriebene — Kirchengeschichte Islands („Historia ecclesiastica Islandiae. Ex historiis, annalibus, legibus ecclesiasticis, aliisque rerum Septentrionalium monumentis congesta, et constitutionibus regum, bullis pontificum Romanroum,

[1]) Vgl. *Safn til sögu Íslands*, II., 594—602.

statutis conciliorum, nationalium et synodorum provincialium, nec archiepiscoporum epistolis, edictis et decretis magistratuum, multisque privatorum litteris et instrumentis maximam partem hactenus ineditis, illustrata". vier Quartbände, Kopenhagen, 1772—1778). Das Werk giebt eine historische, mit zahlreichen Aktenstücken und Dokumenten belegte Darstellung der Entwickelung der Kirchenverhältnisse auf Island bis zum Jahre 1740 und ist durch seine umfassende Anlage, seine Exkurse über die isländische Litteratur, wie überhaupt durch seine wissenschaftliche Genauigkeit von gröfster Bedeutung für die ganze Geschichte des Landes. Es wird darum mit Recht als das beste Geschichtswerk gerühmt, das die Isländer aus der neuen Zeit besitzen.[1])

Als genealogische Schriftsteller des achtzehnten Jahrhunderts sind am bekanntesten: der Sysselmann *Jón Magnússon* (1664—1738), ein Bruder *Arni Magnússons*; der Probst *Jón Halldórsson*; der 1784 im Notjahre nach dem vulkanischen Ausbruch von 1783 verhungerte Geistliche *Jón Helgason*, der auch sonst ein tüchtiger Kenner der isländischen Geschichte war; Bischof *Hannes Finnsson*; der Sysselmann *Magnús Ketilsson* u. a.[2])

Auch in anderen, bisher wenig oder noch sehr ungenügend gepflegten Wissenszweigen wurde nunmehr Tüchtigeres geleistet. Da ist vor allem des grofsen Reisewerkes zu gedenken, das **Eggert Olafsson** auf Grund der von ihm und *Bjarni Pálsson* gelegentlich ihrer Bereisung Islands von 1752—1757 geführten Tagebücher und eingehenden Studien verfafste, und worin nicht nur eine geographisch-topographische, sondern — und zwar vielmehr noch — eine sehr genaue naturwissenschaftliche Beschreibung der Insel gegeben, und auch das Volksleben und die wirtschaftlichen Zustände Islands ausführlich und anschaulich geschildert wurden. So ist dieses Werk in gleicher Weise für die Landes-, Volks- und Naturkunde Islands von grofsem, noch heute nicht vermindertem Werte und erscheint neben der Kirchengeschichte *Finnur Jónssons* als die weitaus bedeutendste wissenschaftliche und schriftstellerische Leistung, die Island im achtzehnten Jahrhundert aufzuweisen hat. Der Titel des in dänischer Sprache von Jón Eiríksson und G. Schönning herausgegebenen zweibändigen Werkes lautet: „Vice-Lavmand Eggert Olafsens og Land-Physici Biarne Povelsens Reise igiennem Island, foranstaltet af Videnskabernes Sälskab i Kiöbenhaven, og beskreven af forbemeldte Eggert Olafsen, med dertil hörende 51 Kobberstökker og et nyt forfärdiget Kart over Island" (Soröe, 1772). Alsbald erschien auch eine deutsche Übersetzung des Werkes (Kopenhagen und Leipzig, 1774—1775, 2 Quartbände), der 1802 eine französische folgte („Voyage en Islande, fait par ordre de S. M. Danoise,

[1]) *Pétur Pétursson*. Historia ecclesiastica Islandiae. S. 474—479. — [2]) *Jón Þorkelsson* in *Íslenzkar ártíðaskrár*, S. 11.

„traduit du danois par Gauthier-de-Lapeyronie“, Paris, 5 Bände und ein Atlas“. — *Eggert Olafsson* hatte übrigens bereits früher über Islands Natur und die Entstehung sowie die Veränderungen derselben durch das vulkanische Feuer geschrieben in seinen „Enarrationes historicæ de Islandiæ natura et constitutione, formatæ et transformatæ per eruptiones ignis“ (Kopenhagen, 1749) und *Bjarni Pálsson* in demselben Jahre eine hübsche Abhandlung über einige isländische Meerpflanzen („Observationes circa plantarum quarundam maris Islandici et speciatim Algæ sachariferæ originem“ etc.) herausgegeben. Beide verfafsten auch zusammen einen Bericht über das Erdbeben und den vulkanischen Ausbruch des *Kötlugjá*, der 1755 von *Jón Eiríksson* ins Dänische übersetzt und veröffentlicht wurde.

Naturwissenschaftlichen Inhaltes ist auch des Sysselmannes *Jón Snorrason* gelehrte Schrift über den Ackerbau der Isländer („Tractatus Historico-physicus de Agricultura Islandorum, priscis temporibus cum successu usitata, postea exoleta, et jam restauranda.“ Kopenhagen 1757).

Ganz vortrefflich sind übrigens auch die Tagebücher, welche der Arzt *Sveinn Pálsson* (1761—1840) während einer Bereisung der Insel in den Jahren 1791—1797 führte, und die reich an scharfsinnigen und auf wissenschaftlichen Beobachtungen gegründeten Bemerkungen sind. Doch liegen diese Aufzeichnungen bisher nur handschriftlich vor. *Olafur Olafssons* (Olavius) Beschreibung seiner „*Oeconomisk Reyse igjennem de nordvestlige, nordlige og nordostlige Kanter af Island*“ (Kopenhagen, 1780, auch ins Deutsche übersetzt), auf die wir noch zurückzukommen haben, ist in geographischer Beziehung nicht minder verdienstvoll als in ökonomischer.

Über vulkanische Ausbrüche auf Island im achtzehnten Jahrhundert schrieben noch: *Benedikt Þorsteinsson*, *Jón Sæmundsson*, *Jón Guðmundsson*, *Halldór Jakobsson*, *Dr. Hannes Finnsson* und *Magnús Stephensen*[1]) u. a.

Allgemeine Geographie wurde auf Island auch im achtzehnten Jahrhundert nur wenig gepflegt; doch ist zu erwähnen, dafs der Geistliche *Gunnlaugur Snorrason* auf *Helgafell* (1713 bis 1796) eine veraltete deutsche Erdbeschreibung ins Isländische übersetzte und unter dem Titel „*Heimskringla*“ (Kreis der Welt) im Jahre 1779 herausgab.

Einen bedeutenden Aufschwung hat im achtzehnten Jahrhundert auf Island auch das Studium der Medizin genommen, das nun immer wissenschaftlicher betrieben wurde. Der bereits genannte Landes-Physikus *Bjarni Pálsson* (1719—1779) und dessen Amtsnachfolger *Jón Sveinsson* (1752—1803), sowie der Arzt *Jón Pjetursson* (1736—1801) schrieben kleine medizinische Abhandlungen, der

---

[1]) Vgl. *Th. Thóroddsen, Oversigt over den islandske Vulkaners Historie*, S. 143 u. 145.

erstere und der letztere auch je eine „*Lækningabók*" (Heilkunde für das Volk).

Werke aus der niederen und auch aus der höheren Mathematik wurden teils ins Isländische übersetzt, teils von Isländern selbst verfaſst; so schrieb z. B. *Stefán Björnsson* (1720—1798) eine „Introductio in tetragoniam" (1781), nachdem er 1780 die „*Rímbegla*" (oder vielmehr eine jüngere, unter dem Namen „*Blanda*" bekannte Nachahmung dieses umfangreichen Werkes über Astronomie, Zeitrechnung und Kalenderwesen) mit lateinischer Übersetzung und trefflichen Erläuterungen herausgegeben hatte. Der Geometer *Magnús Arason* († 1728) nahm eine Vermessung des Strandes Islands vor, nach welcher dann eine Karte der Insel angefertigt wurde, u. s. w.[1])

Die isländische Volkskunde wurde gefördert durch *Árni Magnússon*, der, obgleich er selbst kein Schätzer der Volkssage war, doch Zaubersagen über *Sæmundur fróði*, ältere Märchen u. a. sammelte. *Jón Olafsson* der Ältere (vgl. oben S. 141) hat in seiner „Runologia" auch über den Runenzauber gehandelt, dann in sein Wörterbuch mancherlei volks- und sagenkundliche Notizen eingestreut und endlich in einer Biographie *Páll Vídalíns* auf diesen bezügliche Zaubergeschichten mitgeteilt. *Eggert Olafsson* schrieb eine „Disquisitio antiquario-physica de ortu et progressu superstitionis circa Ignem Islandiæ subterraneum vulgo infernalem" (Kopenhagen, 1751). Im ganzen war selbstverständlich, wie schon Maurer bemerkte, weder die pietistische Periode um die Mitte, noch die Aufklärungszeit am Schlusse des Jahrhunderts der Beschäftigung mit den Volkssagen günstig. Erwähnung verdienen hier noch die prosaischen Sprichwörtersammlungen von *Olafur Gunnlaugsson*, *Jón Olafsson* d. Ä., Rektor *Hálfdan Einarsson* († 1785), u. a., von denen jedoch Genaueres nicht mehr bekannt ist.

Die desolaten wirtschaftlichen Zustände des Landes im achtzehnten Jahrhundert veranlaſsten viele um das Wohl ihrer Heimat besorgte Männer über Mittel und Wege zur Verbesserung derselben zu schreiben. Auch hier war vor allen die stets hilfsbereite Hand Jón Eiríkssons beim Werke. Wir wollen denn auch an dieser Stelle des wackeren Mannes etwas ausführlicher gedenken.

Jón Eiríksson (gewöhnl. dänisch J. Erichsen) wurde im Jahre 1728 auf dem Bauernhofe *Skálafell* im südöstlichen Island geboren, besuchte die Lateinschule zu *Skálholt*, verlieſs jedoch mit seinem Wohlthäter Harboe im Alter von siebzehn Jahren die Heimat und kam hierauf an die Lateinschule zu Throndhjem, von wo er 1748 an die Kopenhagener Universität abging. Hier studierte er hauptsächlich die Rechtswissenschaften, betrieb jedoch auch mit groſsem Eifer

---

[1]) Vgl. *Magnús Stephensen*, a. a. O., S. 185—194 und 209—214, *Finnur Jónsson*, a. a. O., S. 61—65.

nordische Altertumskunde. Im Jahre 1759 wurde er zum Professor der Rechte an der Akademie zu *Sorö* ernannt, später jedoch, nachdem er den ehrenvollen Posten eines Lehrers des Kronprinzen Friedrich abgelehnt, mit allerlei anderen Ämtern und Funktionen betraut. Wir erwähnen nur, dafs er eine Zeit lang auch die Leitung der färöischen, isländischen und finnmärkischen Angelegenheiten in der Generalzollkammer in Händen hatte und, als die Regierung 1774 selbst den isländischen, grönländischen und finnmärkischen Handel übernahm, Mitglied der Direktion dieses Handels wurde. Er war ferner Mitglied der verschiedensten Kommissionen, so der arnamagnäanischen Kommission und der Kommission, welche den allgemeinen Zustand Islands untersuchen und Vorschläge zu seiner Verbesserung, wie Freigebung des Handels u. dgl., erstatten sollte. Im Jahre 1779 wurde *Jón Eiríksson* Assessor beim höchsten Gericht und 1781 Oberbibliothekar an der grofsen königl. Bibliothek; er starb am 29. März 1787, indem er sich in einem Anfalle von Geistesstörung ertränkte. „*Jón Eiríksson* war sein ganzes Leben hindurch bestrebt, die keineswegs leichte Aufgabe zu lösen, ein eifriger dänischer Beamter und zugleich ein warmer isländischer Patriot zu sein. In dem Zeitraum von 1750 bis 1786 erschienen nur wenige die nordische Altertumskunde oder Dänemarks, Norwegens und Islands historische oder ökonomische Verfassung betreffende Schriften, und es wurden auch wenige Veränderungen hinsichtlich dieser Länder vorgenommen, ohne dafs *Jón Eiríksson* entweder als Litterat oder Administrator einen gröfseren oder geringeren Anteil an denselben hatte." Seine schriftstellerischen Arbeiten bestehen zumeist aus Vorreden, Anhängen u. dgl. zu den Werken anderer. Zu erwähnen ist auch sein Verzeichnis der „Handschriften in der alten königl. Sammlung der königlichen Bibliothek", wie denn *Jón Eiríksson* sich überhaupt um die Ordnung und Verwaltung dieser wichtigen Bibliothek in hohem Grade verdient gemacht hat.[1]) Besonders zahlreich und trefflich sind jedoch seine Arbeiten über die volkswirtschaftlichen Verhältnisse Islands mit Vorschlägen zu deren Verbesserung. Viele derselben finden sich in den alten *Fjelagsrit* gedruckt. Er hat auch „die erste und zugleich die wichtigste Schrift des ganzen Jahrhunderts" auf diesem Gebiete, nämlich *Páll Vídalíns* „Deo, Regi, Patriæ" betiteltes Werk über das Aufblühen Islands, umgearbeitet und in dänischer Sprache herausgegeben. Ebenso liefs er noch viele andere Schriften ähnlichen Inhalts von anderen Verfassern drucken.[2])

Für die Aufklärung des Volkes, namentlich in Bezug auf land- und volkswirtschaftliche Fragen, wirkte mit grofsem Eifer

[1]) *Nordisk Conversations-Lexicon* — [2]) Vgl. *Æfisaga Jóns Eyríkssonar* .. *Samantekin af Handlæknir* Sveini Pálssyni *eptir tilhlutan Amtmanns Bjarna Thorsteinssonar* .. *útgefin á kostnað ens ísl. Bókmentafélags.* Kaupmannahöfn, 1828.

auch Dr. Hannes Finnsson (Johannes Finnaeus), Bischof von *Skálholt*, ein Sohn des Bischofs *Finnur Jónsson*. Er wurde am 8. Mai 1739 auf dem Hofe *Reykholt* geboren, studierte zu Kopenhagen außer der Theologie auch die altnordische Litteratur und war später als Schriftsteller auf mannigfachen Gebieten thätig, wobei er sich der isländischen, dänischen oder lateinischen Sprache bediente. Er starb am 4. August 1796. Von seinen hier einschlägigen Schriften nennen wir „die Briefe über die Möglichkeit des Ackerbaues auf Island“ (Kopenhagen, 1772), die Abhandlungen über den Schwefelhandel auf Island, über die Abnahme der Bevölkerungszahl Islands durch Mifsjahre und Hunger u. a. (in den Schriften des *Lærdómslistafjelag*). *Hannes Finnsson* verdankt Island auch ein treffliches Volksbuch, „*Kvöld-vökur*“ (d. h. die Winterabende) betitelt, das hauptsächlich religiöse Aufsätze, jedoch auch Rätsel, Fabeln (besonders nach Gellert), eine Kinderkomödie und ähnliche, meist übersetzte oder nach fremden Originalen bearbeitete Lektüre enthält; es erschien in zwei Bänden (1794 und 1796) und wurde im Jahre 1848 neu aufgelegt.[1])

Björn Halldórsson, der selbst eine Musterwirtschaft betrieb, schrieb u. a. die auf Island allbekannten Werke „*Atli*“, ein Handbuch für junge Bauern (1780, 1783, 1834), und „*Arnbjörg*“, eine Anleitung zur Heranbildung guter Hausfrauen. — *Eggert Olafsson* verfafste eine Abhandlung über den Garten- resp. Gemüsebau, die nach seinem Tode unter dem Titel: „*Lachanologia islandica*“ (od. „*Maturtabók*“) herausgegeben wurde (Kopenhagen 1774). — Der Kammer-Sekretär *Olafur Olavius* (1742—1788) bereiste, wie schon erwähnt, einige Teile des Landes, um die wirtschaftlichen Zustände daselbst zu studieren und legte seine Beobachtungen in einem ganz trefflichen Buche über diese Reise (vgl. oben 147) nieder; er verfafste aufserdem noch andere Gegenstände der Landwirtschaft behandelnde Schriften. Der Landesvogt *Skúli Magnússon* führte mit grofser Ausdauer und besonderem Geschick die Feder gegen den Monopolshandel, und *Magnús Ketilsson* bewährte sich als ökonomischer Schriftsteller nicht minder denn als juristischer. Endlich verdient auch noch der Stiftsamtmann *Olafur Stefánsson* (1731—1812) wegen seiner auf diesem Gebiete entfalteten publizistischen Thätigkeit genannt zu werden.[2])

So gut wie unfruchtbar blieb Island wie im siebzehnten, so auch im achtzehnten Jahrhundert auf dem Gebiete der Theologie. Im 17. Jahrhundert, und zwar in den Jahren 1637—1644, gab Bischof *Þorlákur Skúlason* die Bibel *Guðbrandurs* neu heraus, um sie über königlichen Befehl mit der dänischen Übersetzung (von Resen) in Übereinstimmung zu bringen; diese Ausgabe ist auf Island unter dem Namen „Þorlákurs-Bibel“ bekannt. Auch aus dem

---

[1]) *Pétur Pétursson*, a. a. O., S. 479—484. — [2]) Vgl. *Magnús Stephensen*, a. a. O., S. 214—218; *Finnur Jónsson*, a. a. O., S. 65—67.

18. Jahrhundert sind zwei Ausgaben der Bibel zu erwähnen, von denen die eine, ziemlich verunglückte, von Bischof *Steinn Jónsson* (daher die „Steinns-Bibel" genannt) nach einer dänischen Übersetzung besorgt wurde und 1728 zu *Hólar* erschien (in Folio), die andere, die „Waisenhaus-Bibel", welche eigentlich nur ein guter Wiederabdruck der Bibel *Þorláks* war, 1747 zu Kopenhagen gedruckt wurde. Hingegen ist die sonst wenig originale religiöse Erbauungslitteratur Islands durch eine Postille des Skálholter Bischofs *Jón Þorkelsson Vídalín* (1666—1720), eines Enkels *Arngrímur Jónssons*, um ein in seiner Art geradezu klassisches und bis heute unübertroffenes Werk bereichert worden. Diese auf Island unter den Namen „*Jónsbók*" und „*Vídalínspostilla*" bekannte und überaus geschätzte „Hauspostille oder einfache Predigten über alle Evangelien der Sonn- und Feiertage des Jahres" ist zum erstenmale im Jahre 1718 zu *Hólar* gedruckt worden und hat seither noch elf weitere Auflagen erlebt (die letzte in Kopenhagen 1838). „An tiefem Verständnis der heiligen Schrift und der Gabe, ihre Worte so zu stellen, dafs sie sich gegenseitig beleuchten und erklären und darum recht zu Herzen gehen, an Kraft und Derbheit der Redeweise und tiefer Einsicht in die Bedingungen des menschlichen Seelenlebens stehen wenige Erbauungsschriften über *Vídalíns* Predigten." Kaum ein zweites isländisches Buch ist so reich an volkstümlichen Ausdrücken, Sprichwörtern und Anekdoten. Ob seiner bis dahin auf Island nie dagewesenen und auch später nicht wieder erreichten Beredsamkeit hat man *Jón Vídalín* den „isländischen Cicero" genannt.[1])

Schliefslich sei noch erwähnt, dafs man sich nun auch bemühte, bessere Lehrbücher für den Unterricht an den beiden Lateinschulen herzustellen. In dieser Richtung war besonders Bischof *Jón Arnason* von *Skálholt* (1665—1743) thätig, der auch selbst einen Abrifs der lateinischen Grammatik (1734) und ein lateinisch-isländisches Wörterbuch: „Nucleus latinitatis", von den Studenten später „der alte Kleyfsi" genannt, 1738 herausgab.[2])

Genügen auch die meisten der hier angeführten Schriften schon lange nicht mehr den Ansprüchen der modernen Wissenschaft, so sind sie doch immerhin der Beachtung wert als schöne Zeugnisse für die geistigen Bestrebungen der Isländer selbst in dieser sonst so überaus düsteren Zeit. Sie bekunden aber auch einen ganz gewaltigen Fortschritt im Vergleich mit der litterarischen und wissenschaftlichen Produktion des siebzehnten Jahrhunderts. Ja, sie verdienen geradezu Bewunderung, wenn man die damals so geringe Bevölkerung der Insel und die kleine Zahl von Männern mit gelehrter Bildung in Betracht zieht und aufserdem bedenkt, wie ungünstig für den Betrieb wissenschaftlicher Disziplinen die Verhältnisse auf Island lagen. Fast ohne

---

[1]) Vgl. *Magnús Stephensen*, a. a. O., S. 201—204; *Finnur Jónsson*, a. a. O., S. 56—58; C. Rosenberg, Nordboernes Aandsliv. III. Bd., S. 448 bis 451. — [2]) Vgl. *Finnur Jónsson*, a. a. O., S. 48.

jeglichen litterarischen Verkehr mit der Welt, ohne Bibliotheken, ohne geistige und materielle Förderung ihrer Bestrebungen und Arbeiten, zu arm, um sich auch nur die notwendigsten scientifischen Behelfe anzuschaffen, waren die meisten in der Heimat lebenden gelehrten Schriftsteller auf die primitivsten Quellen und Hilfsmittel angewiesen.

Nicht mit Unrecht bemerkte *Magnus Stephensen* in seinem Werke über „Island im achtzehnten Jahrhundert“: „Man lobt die ältesten Zeiten Islands, die ersten Jahrhunderte nach seiner Besiedelung, wegen ihres vorzüglich blühenden Studiums der Wissenschaften, und sie verdienen es auch; doch hat sich die alte nordische Poesie auf Kosten der neueren ein kaum verdientes und wirklich übertriebenes Lob erschlichen, und man thut den gegenwärtigen Zeiten sehr Unrecht. . . Die alten Isländer beschäftigten sich fast ausschliefslich mit Geschichte und einer zumeist militärischen Poesie, und sie fanden in Norwegen und in anderen Ländern, die sie in den Tagen ihres Reichtums und ihrer Kraft so fleifsig besuchten, leichter reichere Hilfsmittel, als sich jetzt auf dem bücherlosen Island vorfinden, das längst seiner Sammlungen, Arbeiten und wissenschaftlichen Schätze beraubt ist. Zu den Zeiten eines *Ari* und *Sæmundur fróði*, *Snorri Sturlason* und *Sturla Þórðarson* konnten z. B. die beiden Edden und ihre übrigen berühmten Schriften aus damals sicher vorhanden gewesenen Sammlungen und gewissen Berichten leichter kompiliert und verfafst werden, als selbst in unseren Tagen eine „Historia ecclesiastica,“ eine „Sciagraphia hist. litterar. Islandicae“ von den ältesten und uns noch dunklen Zeiten; ja sogar die Kommentare und ausgezeichneten Abhandlungen unserer Zeit über jene, jetzt so weit entfernten Altertümer erfordern eine gröfsere Arbeit und mehr Kenntnisse.“

Im Vergleich zu den Fortschritten auf so manchen anderen Gebieten des Geisteslebens in diesem Jahrhundert hat sich die Qualität der Dichtkunst auf Island im allgemeinen nur wenig gebessert; doch beginnt von der Mitte des Jahrhunderts an eine neue Strömung sich geltend zu machen, die gegen das Ende dieses Zeitraums bereits einen Aufschwung der Poesie herbeiführte. Die niedrige und wüste „Poesie“ der Rímur beherrschte noch immer den Volksgeschmack und machte sich im Verlaufe des Jahrhunderts um so breiter, als infolge der oben erwähnten kgl. Verordnung die bis dahin üblichen Abendunterhaltungen und Spiele wie die sogenannten „*Vikivakar*“ u. a. mit den daraus entsprungenen volkstümlichen Dichtungen allmählich aufhörten. Die Zahl der in diesem Jahrhundert entstandenen Rimur grenzt denn auch geradezu ans Wunderbare. Es gab jetzt Dichter, die nicht weniger als zwanzig Rímur-Cyklen hinterliefsen, von denen jeder einzelne Cyklus bisweilen aus sechzig Gesängen (Rimas) zu ca. hundert Versen bestand. Von besseren Rímur-Dichtern sei *Arni Böðvarsson* genannt, der als Haupt-Rimnaskáld des Jahrhunderts gilt.

Die höhere Kunstdichtung bewegt sich bis um die Mitte des Jahrhunderts in dem alten, ausgefahrenen Geleise des gewohnten öden und engbegrenzten Terrains fort, um dann allmählich unter dem Einflusse fremder dichterischer Strömungen in die neue Bahn einzulenken, die sie im nächsten Jahrhundert zu freier und sonniger Höhe emporführen sollte. Dieses Fremde kam aus Deutschland, England und Frankreich auf dem Umwege über Dänemark-Norwegen und bestand in neuen Vorbildern für die Dichtkunst, welche der isländischen Litteratur durch überraschend gelungene Nachdichtungen einverleibt wurden. (Vgl. hierüber die genaueren Ausführungen in dem Abschnitte über *Jón Þorláksson, Sigurður Pjetursson* und *Benedikt Gröndal* d. Ä.)

Fällt nun aber auch der Beginn der Renaissance für die isländische Dichtkunst erst in die zweite Hälfte des Jahrhunderts, so gab es doch in der ersten einige weltliche Kunstdichter alten Schlages, die noch unsere Beachtung verdienen. Wir nennen hier den Sysselmann *Jón Sigurðsson* mit dem Beinamen „*Dalaskáld*", d. h. Dichter der Thäler († 1720), der eine für seine Zeit recht talentvolle allegorische Satire mit dem Titel „*Tímaríma*", d. h. Ríma über die (damalige) Zeit, gedichtet hat, worin er seine Landsleute wegen allerlei Fehler und Thorheiten geifselt. Die auf Island sprichwörtlich gebrauchten Verse:

„Die Welt, so klug sie auch mag scheinen,
Kennt nicht das Edle im Gemüt;
Es kann das Herz bisweilen weinen,
Wenn fröhlich auch die Wange glüht —"

stammen aus dieser Dichtung, welche zugleich als Beispiel der auch in diesem Jahrhundert und noch später auf Island sehr beliebten Zeitgedichte dienen mag. Sie ist erst nach dem Tode des Verfassers zu Kopenhagen in Druck erschienen (1772) und hat bisher vier Auflagen erlebt (die letzte in *Reykjavík* 1884).

Von gröfserer Bedeutung waren **Páll Jónsson** Vídalín (1667—1727), **Arni Böðvarsson** (1713—1777) und **Gunnar Pálsson** (1714—1791), die wir denn auch unter Mitteilung von Proben ihrer Dichtungen zusammen in einem besonderen Abschnitte besprechen wollen.

Die Aufschwungsperiode der isländischen Dichtung wird durch **Eggert Ólafsson** (1726—1768) eingeleitet, den auch sonst um sein Vaterland hochverdienten und darum von seinen Landsleuten bis auf den heutigen Tag gefeierten Poeten, bei dem bereits fremde Einwirkungen wahrzunehmen sind; (vgl. unten die eingehendere Würdigung der dichterischen und sonstigen schriftstellerischen Thätigkeit dieses trefflichen Mannes).

Ein schätzbarer Originaldichter war auch **Jón Þorláksson** (1744—1819); doch besteht sein — erst im neunzehnten Jahrhundert in Betracht kommendes — Hauptverdienst in meisterhaften Übertragungen vorzüglicher ausländischer Dichtungen ins

Isländische. **Sigurður Pjetursson** (1759—1827), der sich von dem norwegischen Dichter Wessel beeinflufst zeigt, ist hauptsächlich interessant als erster Dramatiker Islands und witziger Bekämpfer der ausgearteten Rímur-Poesie. Die vornehmste Erscheinung unter den bahnbrechenden Poeten am Schlusse des Jahrhunderts war jedoch **Benedikt Gröndal** der Ältere (1762 bis 1825), ein kraftvoller und formgewandter Lyriker und vortrefflicher Übersetzer. Wir werden der Bedeutung dieser Dichter-Trias, deren Wirksamkeit bereits in das neunzehnte Jahrhundert hinüberleitet, ebenfalls noch in ausführlicher Darstellung gerecht zu werden versuchen. — Als guten Dichter des achtzehnten Jahrhunderts lobt *Magnús Stephensen* wiederholt den Vicelögmann *Sveinn Sölvason* und zwar hauptsächlich wegen einer Dichtung „*Lorìu-Lilja*."

Die geistliche Dichtung des achtzehnten Jahrhunderts hat im ganzen wenig bemerkenswertes aufzuweisen. Das Beste sind wohl einige Gedichte religiösen Inhalts von dem oben erwähnten Pfarrer *Jón Þorláksson*; doch können auch *Þorlákur Þórarinsson*, Probst zu *Möðruvellir* (1711—1773), dessen Gedichte geistlichen und weltlichen Inhaltes, das „*Þorlákskver*", sehr geschätzt waren und 1775, 1836 und 1858 gedruckt worden sind, dann der Pfarrer *Magnús Einarsson* auf *Tjörn*, „der Schwan auf dem Weiher" (*tjörn* = Weiher), wie er mit einem hübschen Wortspiel genannt wird, ferner Probst *Kristján Johannsson* in *Stafholt* (1736 bis 1806) und der Pfarrer *Þorvaldur Böðvarsson* (1758—1836), der auch eine Anzahl Gedichte von Gellert und Pope ins Isländische übersetzte,[1]) als nicht unbegabte Dichter geistlicher Lieder anerkannt werden.[2])

Auch in lateinischer Sprache ist im achtzehnten Jahrhundert auf Island noch viel gedichtet worden, am besten von Bischof *Jón Vídalín*, der überhaupt für den vorzüglichsten „Lateindichter" Islands gilt, dann auch von dessen Bruder, dem Rektor *Þórður Þorkelsson Vídalín* († 1742), sowie — aus demselben Geschlechte von dem Lögmanne *Páll Vídalín*, dem Sysselmanne *Oddur Vídalín* und dem Studiosus *Páll Bjarnason Vídalín* (gest. ca. 1770 zu Leipzig); ferner von *Sjera Sigfús Egilsson* in *Glaumbær* († 1724), *Sjera Eyjólfur Jónsson*, „dem Gelehrten", auf *Vellir* († 1745), dem Rektor *Jón Þorkelsson* dem Älteren (Thorchilii), der die Geschichte Islands in lateinische Verse umsetzte († 1759), dem Rektor *Hálfdan Einarsson*, von *Sjera Kolbeinn Þorsteinsson* in *Miðdalur* († 1783), *Sjera Hjörleifur Þórðarson* auf *Valþjófstaður* († 1786), *Sjera Gunnar Pálsson* († 1791), *Sjera Jón*

[1]) *E. Henderson*, Island, deutsche Übersetzung von C. F. Franceson (Berlin 1820—1821), 4. Tl., S. 112. — [2]) *Finnur Jónsson, Agrip af bokmenntasögu Islands*. II., S. 26—27; vgl. über diese Dichter ferner *Hálfdan Einarsson's* Sciagraphia historiae litterariae Islandicae.

Jónsson in *Grundarþing* († 1795), dem Sysselmann *Pjetur Þorsteinsson* († 1795), *Sjera Pjetur Björnsson* auf *Tjörn* († 1803) u. a.[1])

Das neunzehnte Jahrhundert. Dieses viel gepriesene und viel geschmähte Zeitalter der Freiheit, des Fortschrittes und des Umsturzes brachte endlich auch für Island eine Verbesserung seiner materiellen Lage und eine erweiterte Selbständigkeit in seinem Verhältnis zu Dänemark, wenn auch noch keineswegs eine Erfüllung aller Wünsche seines Volkes. Und diese Errungenschaften mufsten heifs genug erkämpft werden. Das neue Jahrhundert begann für die Isländer zunächst wieder in wenig erfreulicher Weise. War ihnen doch soeben (1800) das Heiligste, was sie aus der alten Zeit des Freistaates noch bewahrt hatten, ihr Alþingi, genommen und Island nunmehr gerade so der obersten Leitung des souveränen Königs unterstellt worden, wie Dänemark, Norwegen und die deutschen Herzogtümer. Bald sollte auch die Insel, welche bisher wenigstens von den auswärtigen politischen und kriegerischen Wirren unberührt geblieben war, von einem fremden „Eroberer“ heimgesucht werden. Dies war jedoch nicht etwa Napoleon, sondern ein dänischer Uhrmacherssohn und Abenteurer Namens Jörgen Jürgensen (isländisch gewöhnlich *Jörundur Jörundarson* genannt), und das ganze Ereignis ist für die damals auf Island herrschenden Verhältnisse so bezeichnend, dafs wir darüber etwas ausführlicher berichten wollen.

Infolge der zwischen England und Dänemark seit 1807 bestandenen Kriegsfeindschaft war Island die Zufuhr von Nahrungs- und Handelsartikeln abgeschnitten worden. Um nun das arme, an dem Kriege ganz unschuldige Land nicht einer Hungersnot preiszugeben, erwirkten es mächtige Gönner des isländischen Volkes, dafs der Insel von England aus die notwendigsten Nahrungs- und Handelsartikel zugeführt werden durften. Ein Seifenhändler von London, Namens Samuel Phelps, schickte daraufhin (am 29. Dezember 1808) ein mit Waren befrachtetes, aber auch mit Kanonen armiertes Schiff („Clarence“) mit Jürgensen als Kapitän und Dolmetsch für das Dänische nach der Hauptstadt Islands.

Aus Mifstrauen gegen die englischen Kaufleute, welche den Preis für ihre Waren übertrieben hoch ansetzten und für die isländischen Produkte ebenso niedrige Preise boten, entschlossen sich die isländischen Behörden nicht eher, als bis ihnen mit der Beschiefsung *Reykjaviks* gedroht worden war, den Engländern den Handel auf der Insel zu gestatten.

Gegen Ende März fuhr Jürgensen mit der „Clarence“ nach England zurück, um gegen Ende Juni auf einem anderen, ebenfalls armierten Schiffe, der Fregatte „Margarethe und Anna“, mit Phelps an Bord wieder nach Island zurückzukommen. Und nun-

---

[1]) *Jón Þorkelsson* in seiner Ausgabe der *Kvæði eptir Stefán Ólafsson*. II. S. LXX–LXXI.

mehr sollten sich auf der fernen Insel Ereignisse abspielen, die trotz ihrer im Grunde ernsten Natur sich zu einer fast komisch wirkenden Episode in der Geschichte Islands gestalteten. Am 25. Juni, einem Sonntage, kam des Morgens ein grofses Boot von der „Margarethe und Anna" ans Land gerudert, dessen aus ungefähr 12 Mann bestehende, mit Gewehren, Schwertern und Pistolen bewaffnete Besatzung dann später während des Gottesdienstes unter der Anführung des Schiffskapitäns und in Begleitung von Phelps und Jürgensen in militärischer Ordnung nach dem Hause des Gouverneurs von Island, Grafen Trampe, marschierte, diesen gefangen nahm und auf die „Margarethe und Anna" brachte, wo er zwei Monate lang in Gewahrsam gehalten wurde. Tags darauf wurde den Bewohnern *Reykjaviks* durch von Jürgensen unterzeichnete Anschlagplakate kund und zu wissen gethan, dafs die dänische Herrschaft über Island aufgehört habe, dafs bis auf weiteres kein dänischer Kaufmann oder königlicher Beamter seine Wohnung verlassen dürfe und dafs alle Schlüssel zu den Warenmagazinen und Kaufläden, alle Gelder, alle amtlichen und Geschäftsbücher, sowie alle Gewehre samt Munition an die neuen Machthaber abzuliefern seien. Alles dänische Eigentum wurde für konfisziert, alle Schulden an dänische Kaufleute und Beamte für aufgehoben erklärt. Die Insel sollte von nun an unter dem Schutze Englands stehen und eine konstitutionelle Regierung erhalten. Bis dahin nahm jedoch vorläufig Jürgensen alle obrigkeitliche Gewalt an sich. Er schenkte den im Zuchthause zu *Reykjavik* befindlichen Gefangenen die Freiheit und bildete aus den männlichen Personen derselben, sowie auch anderen Leuten zweifelhaften Rufes eine uniformierte Leibwache für seine Person; dafür liefs er mehrere höhere Beamte vorsichtshalber hinter Schlofs und Riegel setzen. Bald jedoch stellte er es den Beamten frei, ihre früheren Posten wieder einzunehmen, und die meisten derselben trugen auch nicht lange Bedenken, unter dem neuen Regiment weiter zu dienen.

Am 12. Juli erklärte sich Jürgensen zum Regenten der Insel mit dem Titel eines „Beschützers Islands und Höchstgebietenden zu Wasser und zu Lande", und um sich auch äufserlich ein Ansehen zu geben, zeigte er sich nun häufig in der Uniform — eines englischen Postkapitäns. Des weiteren legte er sich den Titel „Exzellenz" bei. Um seinem Unternehmen mehr Nachdruck und Ernst zu verleihen, liefs er in der Nähe von *Reykjavik* eine Schanze aufwerfen (Fort Phelps benannt) und mit drei aus der Erde gegrabenen, verrosteten Kanonen armieren. Anderseits stellte er den Isländern, um sie für sich zu gewinnen, immer mehr Verbesserungen der öffentlichen Zustände in Aussicht. So versprach er zum Beispiel eine Landesbank mit über 100 000 Reichsthalern zu errichten, den Spitälern und der Lateinschule eine modernere Einrichtung zu geben, die materielle Lage der Geistlichkeit zu heben u. s. w. Um die am meisten notleidenden Landesteile mit den wichtigsten Nahrungsmitteln zu versehen (und zugleich für Phelps Handelsgeschäfte zu betreiben), dann aber auch um dänisches Eigentum zu konfiszieren und sich etwa noch ungefügige Beamte und sonstige mafsgebende Personen zu unterwerfen, unternahm er hierauf in Begleitung seiner Leibwache eine Bereisung der nördlicheren Teile der Insel, wobei er seine Zwecke oft durch Anwendung brutaler Gewalt zu erreichen versuchte.

Bald nach Jürgensens Rückkehr von dieser Reise fand jedoch auch die Herrlichkeit seines Regententums ein Ende. Es war zwar schon eine Verschwörung gegen ihn vorbereitet; allein die entscheidende Wendung wurde durch das Erscheinen eines englischen Kriegsschiffes herbeigeführt, dessen Kapitän mit zwei der höchsten königlichen Beamten der Insel, die sich Jürgensen nicht unterworfen hatten, nämlich dem wackeren Brüderpaare *Magnús* und *Stefán Stephensen*, am 22. August eine Konvention abschlofs, durch welche alle Verordnungen und Regierungsbeschlüsse Jürgensens annulliert und die frühere Regierungsform unter dänischer Oberherrschaft wieder hergestellt wurde; auch sollten die konfiszierten Gelder und Güter zurückerstattet oder dafür Ersatz geleistet werden. Die Regierung der Insel wurde vorläufig den beiden schon erwähnten isländischen Funktionären übertragen, Jürgensen aber in Haft genommen und nach England gebracht. Nunmehr, nach seinem Sturze, gaben ihm die Isländer, weil sein „Königtum“ in die Zeit der Hundstage fiel, den Spottnamen „der Hundstagekönig“, der ihm bis auf den heutigen Tag geblieben ist.[1]) —

---

[1]) Jörgen Jürgensen, auch aus Öhlenschlägers „*Erindringer*“ I (Kopenh. 1850) S. 53—56 bekannt, war im Grunde kein schlechter, sondern nur ein sehr verwegener und leichtsinniger Mensch, dessen Schicksale in mehr als einer Hinsicht interessant sind. Vor seinem isländischen Abenteuer befand er sich 8 Jahre lang auf Fahrten in der Südsee und hat sich dabei an der Untersuchung der Südküste Australiens betheiligt, durch die zum erstenmale die insulare Lage von Tasmania (Van Diemensland) festgestellt wurde. Er half hier mit an der Gründung mehrerer Städte, besonders auch der Hauptstadt Hobarttown, dieser jetzt so viel gepriesenen Sommerfrische („summer resort“) unserer Antipoden. Nach seinem kurzen „Königtum“, das er zunächst — angeblich wegen seiner verbotenen Entfernung aus England — im Gefängnis zu büfsen hatte, setzte er sein Leben in nicht minder abenteuerlicher Weise fort. Von der Leidenschaft des Spiels ergriffen, verdarb er sich durch dieselbe immer wieder die ihm häufig gebotenen Aussichten auf eine gesicherte und ehrenvolle Lebensstellung. Er war sogar von der englischen Regierung mit einer politischen Mission nach dem französisch-deutschen Kriegsschauplatze und nach Warschau betraut worden und verkehrte auf dieser Reise — die er wegen Geldmangels streckenweise zu Fufs, bettelnd und in defektester Kleidung zurücklegen mufste — mit so hochgestellten Persönlichkeiten wie dem Marschall Soult in Paris, den Fürsten Blücher und Pückler-Muskau in Berlin, dem Grofsherzog von Hessen-Darmstadt u. a. Nach Warschau kam er nicht, da er in Dresden seine ganze Habe verspielte und flüchten mufste. Nach London zurückgekehrt, verscherzte er sich durch seine Spielschulden neuerdings das Wohlwollen der Regierung. Er wurde abermals in einem Gefängnis interniert und sodann

Man wird fragen, wie es möglich war, dafs dem kühnen Abenteurer der Streich auf Island so leicht gelang. Die Antwort ist, dafs die Isländer oder vielmehr die Bewohner *Reykjaviks* auf eine solche Überrumpelung eben nicht vorbereitet waren und auf dänische Hilfe nicht rechnen konnten; aufserdem befanden sie sich in Unklarheit über den Stand der kriegerischen Verhältnisse und meinten, Jürgensen handle im Auftrage der ihnen freundlich gesinnten englischen Regierung.

Der Krieg des mit Frankreich verbündeten Dänemark gegen England und Schweden dauerte noch vier Jahre lang und endete 1814 mit dem Frieden zu Kiel, in dem Norwegen an Schweden fiel, während Island bei Dänemark verblieb.

Die französische Juli-Revolution (1830) hatte auch für Dänemark zur Folge, dafs es Provinzialstände erhielt. Island sollte durch zwei Abgeordnete auf dem Landtage der „Insel-Dänen" vertreten sein. Die Isländer jedoch protestierten mit Recht gegen eine so unvollkommene Vertretung ihrer Interessen und wufsten es durchzusetzen, dafs sie von Christian VIII. im Jahr 1843 wieder ihr eigenes „Alþingi" bewilligt erhielten, das aus einundzwanzig vom Volke und sechs vom König gewählten Abgeordneten bestand und 1845 zum erstenmale tagte. Allein dasselbe hatte doch nur eine beratende Stimme und daher einen ganz anderen Charakter als das alte Alþingi, sodafs es die Isländer keineswegs befriedigen konnte. Ein Erfolg der isländischen Politik war hingegen die Errichtung einer eigenen, dem dänischen Justizminister unterstellten isländischen Kanzlei oder „Regierungsabteilung" in Kopenhagen im Jahre 1848, an deren Spitze ein Isländer stand, und wo die isländischen Angelegenheiten abgesondert von den dänischen behandelt wurden.

Die bekannten Ereignisse des Jahres 1848 stählten auch das politische Nationalitätsbewufstsein der Isländer und gaben denselben die Widerstandskraft, nicht nur die jetzt beabsichtigte völlige

---

des Landes verwiesen. Da er über die ihm bestimmte Frist hinaus im Lande blieb, wurde er zum Tode verurteilt, jedoch zu lebenslänglicher Deportation begnadigt, nach Australien eingeschifft und in Hobarttown ans Land gesetzt, das nun schon zu einer blühenden Stadt geworden war. Nachdem er sodann an der Erforschung der Westküste von Van Diemens-Land thätigsten Anteil genommen hatte, erhielt er seine Freiheit wieder und wurde als Polizeimann über ein grofses, oft von Räubern und Wilden überfallenes Gebiet angestellt. Für seine Verdienste um die Säuberung seines Rayons von diesem Gesindel erhielt er 100 Acker Landes; er verkaufte dieselben aber und endete in grofser Armut. Jürgensen war auch schriftstellerisch thätig; er verfafste eine Anzahl der verschiedenartigsten Werke wie: Über den Handel der Engländer und Amerikaner im stillen Ocean (Kopenhagen 1807), Der Zustand des Christenthums auf der Insel Otaheiti (London, 1811), Reisen in Frankreich und Deutschland (London, 1817), Der christliche Glaube ist der Naturglaube (London 1825?) u. a. Handschriftlich sind noch andere Werke Jürgensens vorhanden, darunter eine Geschichte der Revolution auf Island, 1809, und zwei Dramen. Vgl. *Jón Þorkelsson, Saga Jörundar Hundadagakóngs*. Kopenhagen, 1892.

Einverleibung ihrer Insel in Dänemark, sondern auch die Ausdehnung des dänischen Grundgesetzes vom 5. Juni 1849 auf Island mit Festigkeit abzuwehren. „Ein volles Vierteljahrhundert hindurch erlebte man jetzt das wunderliche Schauspiel, dafs derselbe König als konstitutioneller Monarch in Dänemark und als absoluter Herrscher in Island regierte —, dafs der dänische Reichstag, ohne von Island aus beschickt zu sein, das Budget für die Insel feststellte und Gesetze für dieselbe mit dem König vereinbarte, obwohl seine Mitglieder bei jeder Gelegenheit beteuerten, dafs sie von isländischen Zuständen gar keine Kenntnis hätten —, dafs endlich ein und derselbe Minister, natürlich stets ein dänischer Mann, gleichzeitig als verantwortlicher Ratgeber des Königs für Dänemark und als unverantwortlicher Beamter desselben für Island diente." [1]) Die Isländer aber kämpften während dieser Zeit unter der schneidigen Führung des ausgezeichneten Gelehrten und Politikers *Jón Sigurðsson* († 1879) mit ruhmvoller Entschlossenheit und Ausdauer um die Erlangung einer den eigenartigen Verhältnissen ihres Landes entsprechenden Verfassung, bis sie endlich in dem Gesetze „über Islands verfassungsmäfsige Stellung im Reiche vom 2. Jänner 1871" und in dem „Verfassungsgesetz für Islands besondere Angelegenheiten" vom 5. Jänner 1874 wenigstens die Selbständigkeit Islands Dänemark gegenüber sowie den Anspruch auf ein eigenes Gesetzgebungs- und Steuerbewilligungsrecht errangen und im Jahre 1874 das Jubelfest des tausendjährigen Bestandes der Bevölkerung Islands immerhin mit gehobeneren Gefühlen feiern konnten. [2])

Für die Dauer wollten und konnten sich die Isländer freilich auch mit dieser, aufserdem auch auf formell inkorrektem Wege zustande gekommenen Verfassung nicht bescheiden, und ihre politischen Bestrebungen zielen seither auf eine Verfassungsrevision ab, die nach dem vom Alþingi im Jahre 1893 genehmigten und auch 1894 in der gleichen Fassung angenommenen Vorschlage eine noch gröfsere Unabhängigkeit von Dänemark anstrebt. Nach diesem Entwurf soll das isländische Ministerium in Kopenhagen aufgehoben und die Regierung Islands einem Gouverneur und drei vom Gouverneur zu ernennenden Ministern übertragen werden. Der Gouverneur soll vom König ernannt werden, unmittelbar dem König verantwortlich sein und in *Reykjavik* wohnen. Der König hat jedoch diesem Entwurfe bisher die Genehmigung verweigert.

Eine wichtige Änderung in der kirchlichen Administration war die im Jahre 1801 erfolgte Verschmelzung der beiden Bistümer der Insel in ein einziges mit dem Sitze des Landesbischofs zu *Reykjavik*. Gleichzeitig wurde auch die Schule zu *Hólar* nach *Reykjavik* verlegt, oder vielmehr mit der bereits an diesem Orte be-

---

[1]) K. Maurer, Zur politischen Geschichte Islands, S. 282—283. — [2]) K. Maurer, a. a. O.

findlichen (Skálholter-) Schule zu einer einzigen Landesschule vereinigt. Die Bewohner des Nordlandes empfanden diese Mafsregeln überaus schmerzlich; wurden sie doch dadurch des alten, an so hehren geschichtlichen Reminiszenzen reichen Bischofssitzes und der Bildungsstätte, des Mittelpunktes ihres geistigen Lebens, beraubt. Heute noch ist in ihnen die Erinnerung lebendig an die frühere Bedeutung des Ortes, an die jetzt — wie ja auch zu *Skálholt* — nur noch die zu einer Annexie herabgesunkene Domkirche und einige wenige andere Überreste gemahnen.

Hinsichtlich der Religion ist zu bemerken, dafs seit 1874 auch auf Island Glaubensfreiheit besteht. Doch bekannte sich nach dem Ausweise der letzten Volkszählung (1890) noch die ganze Bevölkerung, wenn auch, wie wir wohl behaupten dürfen, z. T. nur formell, zur evangelisch-lutherischen Kirche mit Ausnahme von 12 Freidenkern, 1 Unitarier, 3 Konfessionslosen, 8 Mormonen und 3 Katholiken.[1]) Der Versuch zweier französischer Missionäre, Anhänger für die katholische Kirche zu gewinnen, ist gescheitert. Nichts destoweniger beauftragte Papst Leo XIII. im Jahre 1894 die Propaganda, auf Island wieder eine katholische Mission zu errichten.

Eine entschiedene Besserung ist in unserem Jahrhundert endlich auch in der materiellen Lage Islands eingetreten. Die Insel wurde zwar fortgesetzt von verderblichen Elementarereignissen heimgesucht. So lagert sich noch immer durchschnittlich jedes 5. bis 6. Jahr das Meereis in gröfseren und geringeren Massen um die nördliche Küste des Landes und verursacht durch sein langes Verweilen oftmals Mifswachs und Hungersnoth, wie z. B. in dem Jahre 1882. Auch gab es vulkanische Ausbrüche im Jahre 1821 aus dem *Eyjafjallajökull*, 1823 aus der *Katla*, 1845 aus der *Hekla*, 1875 aus den *Dyngjufjöll* u. s. w. Mifsjahre waren 1802, 1807, 1812—13, 1821, 1859, 1869 u. ö. Von Ende August bis gegen Mitte September 1896 fanden im südlichen Teile der Insel die schweren Erdbeben statt, welche in Bezug auf die durch sie angerichteten Verwüstungen an die fürchterlichen Katastrophen von 1783 und 1784 gemahnen (vgl. S. 3). Besonders schlimme Folgen hatte auch eine im Jahre 1856 durch englische Widder eingeschleppte Krankheit der Schafe, die erst 1877 wieder verschwunden ist.

Im Jahre 1854 erfolgte endlich die gänzliche Freigebung des Handels, und damit war nun das gröfste Hindernis für den wirtschaftlichen Aufschwung des Volkes beseitigt. Durch mancherlei weitere Mafsnahmen, wie Verbesserung der Wege, Herstellung von Brücken, Ausdehnung der Küstenschiffahrt u. dgl. wurden auch sonst Handel und Verkehr erleichtert und der Landwirtschaft aufgeholfen. Selbst die neuesten Einrichtungen auf dem Gebiete der

[1]) *Folketællingen paa Island*, den 1. November 1890, S. 98.

Elektrizität haben auf Island bereits Eingang gefunden. So giebt es jetzt bereits ein Telephon (*taluþráður* d. h. Sprechdraht), das *Reykjavík* und *Akureyri* mit einander verbindet, und *Reykjavík* steht im Begriffe eine elektrische Beleuchtung zu erhalten. Es wird vermutlich auch nicht mehr lange dauern, bis Island mit dem übrigen Europa durch einen Telegraphen in Verbindung gebracht wird. Dafs der ökonomische Zustand der Insel sich gleichwohl nicht in dem Mafse gebessert hat, als es nunmehr unter normaleren Verhältnissen hätte sein können, daran tragen z. T. die Isländer selbst die Schuld. Wohl bildet die Schafzucht noch immer ihre wichtigste Erwerbsquelle; es wird auf Island ungefähr eine Million Schafe gehalten, und in der letzteren Zeit sind jährlich 60000 lebendige Schafe nach England ausgeführt worden. Allein es ziehen noch immer allzu Viele die Fischerei einem rationellen Betriebe der Landwirtschaft vor. Ich habe mich hierüber bereits in meinem Buche „Island“ ausführlicher geäufsert, auf das ich mir in Bezug auf diesen Abschnitt überhaupt zu verweisen erlaube.[1]) Hier sei nur bemerkt, dafs die Fischerei, die nur bei offener See betrieben werden kann, viel zu unsicher und nicht ergiebig genug ist, da ja der arme Isländer in seinem kleinen, offenen Boote nicht mit den grofsen Deckfahrzeugen der fremdländischen Fischer konkurrieren kann; denn — es ist unglaublich, aber wahr — die Schätze des Meeres um Island, der einzige Reichtum, den die Insel aufzuweisen hat, sind nicht etwa geschütztes Eigentum der Isländer, sondern jedermann preisgegeben, der danach langen will. Ein vom Alþingi eingebrachtes Gesetz, durch welches wenigstens die Fischerei in den Fjorden den Bewohnern des Landes vorbehalten werden sollte, wurde von der dänischen Regierung verworfen.

Die Folge dieser noch immer unerfreulichen Zustände ist eine übertriebene Unzufriedenheit der Landbevölkerung, die, durch gewissenlose Agenten geschürt, Viele dazu verleitet, ihre Heimat zu verlassen, um sich anderwärts, besonders in Nordamerika, eine neue, wie sie hoffen, bessere Existenz zu gründen. Die Auswanderungen der Isländer haben seit 1873 einen geradezu bedenklichen Umfang angenommen, indem bereits über ein Achtel des gesammten Volkes sich in Amerika befindet. Zum Glück sind es im allgemeinen nicht gerade die besten Elemente der Bevölkerung, welche auf diese Weise die sprichwörtlich gewordene Vaterlandsliebe der Isländer verleugnen.[2])

Die Bevölkerung Islands hat sich denn auch seit dem Jahre 1880 nicht nur nicht vermehrt, sondern im Gegenteil um 2 1/0 ver-

[1]) Über den Export der isländischen Handelsprodukte vgl. *Ditlev Thomsen, Markeder for islandske Produkter i forskjellige Lande. Indberetning til Ministeriet for Island* (København, 1894). — [2]) Vgl. *[Benedikt Gröndal:] „Den islandske Emigration“* in der norwegischen Zeitung *Christianssands Tidende, 12. Aargang No. 130* (9. Juni 1894).

mindert. Die Bewegung derselben im neunzehnten Jahrhundert wird ersichtlich aus den folgenden Ziffern. Es lebten auf Island im Jahre 1801: 47240, im Jahre 1840: 57094, im Jahre 1860: 66987, im Jahre 1880: 72445 und im Jahre 1890: 70927 Personen.

Zu den wertvollsten Errungenschaften des neunzehnten Jahrhunderts zählt für die Isländer der Aufschwung ihres höheren und niederen Unterrichts-, bezw. Schulwesens, obgleich dasselbe in der ersten Zeit des Jahrhunderts noch ziemlich im Argen lag. Nachdem auf Grund eines kgl. Reskriptes vom 29. April 1785 die Skálholter Schule im Jahre 1787 nach *Reykjavík* verlegt worden war, wurde durch ein weiteres Reskript vom 2. Oktober auch die Domschule zu *Hólar* mit derselben vereinigt. Die Baulichkeiten, in denen die Schule untergebracht wurde, waren jedoch so schlecht, dafs die Anstalt 1805 interimistisch nach *Bessastaðir* übersiedeln mufste, wo sie bis 1846 verblieb. Bis zum Jahre 1822 unterrichteten daselbst drei Lehrer (der Rector oder erste Lehrer wurde nun „Lector“ genannt), worauf ein vierter (für Geometrie und einen wissenschaftlicheren Unterricht in der Arithmethik) bestellt wurde. Die Gegenstände, welche an der Schule zu *Bessastaðir* gelehrt wurden, waren (aufser isländischem Stil): Religion, Latein, Griechisch, Hebräisch, Dänisch, Geschichte, Geographie, Arithmetik und Geometrie. Das Hauptgewicht wurde auf den Unterricht in der lateinischen und griechischen Sprache gelegt, und noch heute werden die klassischen Kenntnisse der alten „Bessastadenser“ von den Isländern gerühmt.

Im Jahre 1827 wurde angeordnet, dafs an der gelehrten Schule in Hinkunft eine öffentliche Feier des Geburtstages des Königs stattfinden und zu dieser Feier alljährlich durch eine gedruckte Einladungsschrift (*boðrit*) mit einem wissenschaftlichen Aufsatze von einem der Lehrer der Anstalt eingeladen werden sollte, was denn auch von 1828 an geschah. Vom Schuljahr 1840 bis 1841 angefangen erschien dann auch jährlich ein Bericht (*skýrsla*) über alle die Schule berührenden Ereignisse des Vorjahres, der später (von 1851 an) die Einladungsschrift unter Beibehaltung der wissenschaftlichen Abhandlung ersetzte. In diesen Schulprogrammen, bei denen nur ausnahmsweise die wissenschaftliche Beilage entfiel, finden sich gar viele Arbeiten von hohem wissenschaftlichen oder litterarischen Wert niedergelegt.[1])

Seit dem Wintersemester des Jahres 1846 befindet sich „die gelehrte Schule“ wieder in *Reykjavík* und zwar in einem geräumigen Holzbaue. Im Jahre 1877 wurde die Schule in fünf, im Jahre 1879 in sechs Klassen eingeteilt. Sie besitzt nunmehr auch mehrere wissenschaftliche Sammlungen, darunter eine ansehnliche Bibliothek, die in einem eigenen steinernen Gebäude untergebracht ist. Diese Bibliothek (*skólabóksafn*), welche zur

---

[1]) Vgl. K. Maurer „Die Programme der gelehrten Schule Islands“ in Germania XVI, (1871) S. 442—449.

Zeit der zweiten Übersiedelung der Lateinschule nach *Reykjavik* kaum 1000 Werke — fast nur alte lateinische und griechische, meist theologischen Inhalts — enthielt, zählt jetzt ca. 10000 Bände isländischer, lateinischer, griechischer, dänischer, schwedischer, französischer, englischer u. a. namentlich auch deutscher Werke, von denen im Jahre 1894 ca. 800 entlehnt worden sind. Für den Ankauf und Einband von Büchern steht der Lateinschule eine jährliche Dotation von 600 Kronen zur Verfügung.[1]) Wie die „*Skýrsla*“ über das Schuljahr 1895—1896 ausweist, wirkten an dieser sechsklassigen Schule aufser dem „Rektor“ vierzehn Lehrer, und wurden als Unterrichtsgegenstände gelehrt: Isländisch, Dänisch, Englisch, Französisch, Deutsch, Latein, Griechisch, Religion, Geschichte, Geographie, Mathematik, Physik, Naturgeschichte, Zeichnen, Gesang und Turnen. Aus Anlafs des fünfzigjährigen Bestandes der Lateinschule zu *Reykjavik* veröffentlichte der gegenwärtige Rektor derselben Dr. *Björn M. Olsen* eine interessante Gedenkschrift,[2]) aus der wir erfahren, dafs von 1847—96 538 Studenten mit dem Maturitätszeugnisse von dieser Schule abgegangen sind. Von diesen 538 Abiturienten waren (bis Mitte August 1896) 217 Geistliche, 57 Ärzte, 48 Staatsbeamte, 34 Mittel- oder Volksschullehrer, 3 Universitätsprofessoren, 3 Bibliothekare, 3 Schriftsteller, 7 Journalisten, 11 Kaufleute, 8 Bauern geworden; die übrigen haben sich andern Berufszweigen zugewendet oder noch keine ihren Studien und Prüfungen entsprechende feste Anstellung erhalten.

Im Jahre 1847 erhielt Island in dem „Pastoralseminar“ eine theologische Schule (*prestaskóli*) zur höheren Ausbildung des Landklerus, der früher direkt aus der Lateinschule hervorgegangen war. Der Kursus dauert zwei Jahre. Als Einleitung zu demselben wird philosophische Propädeutik (*forspjallsvísindi*) vorgetragen. 1874 wurde ferner eine medizinische Schule (*læknaskóli*) gegründet; die Studienzeit an dieser Anstalt dauert vier Jahre; doch müssen die Kandidaten, bevor sie als Ärzte angestellt werden, einen Kurs in den Spitälern und besonders an der Gebäranstalt in Kopenhagen absolvieren. Die juridische und sonstige höhere Fachausbildung kann nur aufserhalb Islands erworben werden, was natürlich trotz der für die isländischen Studenten in Kopenhagen noch bestehenden Wohlthat des Regensen (vgl. oben S. 91) sein Mifsliches hat und für die Juristen, d. h. die zukünftigen politischen und richterlichen Beamten der Insel auch insofern nicht eben sehr zweckmäfsig erscheint, als an der Kopenhagener Universität für isländisches Recht keine besondere Lehrkanzel besteht. Es ist daher seit langer Zeit der Wunsch der Isländer, auch eine juridische Fachschule (Juristenseminar) zu erhalten; allein die dänische Regierung hat sich bisher hartnäckig

[1]) Briefliche Mitteilung des früheren Rektors *Dr. Jón Þorkelsson*. — [2]) *Minningarrit fimtíu ára afmælis hins lærða skóla í Reykjavík* (*Reykjavík*, 1896).

geweigert, diesen gewifs nicht unbilligen Wunsch zu erfüllen, obgleich das Land die Kosten für eine solche Anstalt noch sehr leicht aus eigenen Mitteln aufbringen könnte.

In jüngster Zeit ist auch eine lebhafte Agitation für die Errichtung einer förmlichen Universität auf Island eingeleitet worden. So sympathisch aber auch der Gedanke ist, auf der ruhmvollen Heimstätte der höchsten altgermanischen Bildung eine moderne Universitas litterarum erstehen zu sehen, so wenig praktisch will er uns — ehrlich und als aufrichtiger Freund Islands gesprochen — erscheinen, wenn wir uns, abgesehen von den kaum zu besiegenden pekuniären und anderen Schwierigkeiten, vor Augen halten, dafs es für die Träger der höchsten Bildung auf Island durchaus wünschenswert, ja unerläfslich erscheint, die Welt, d. h. die gröfseren Verhältnisse und wissenschaftlichen wie sozialen Centren derselben wenigstens in Kopenhagen kennen zu lernen, mit dessen an Sammlungen und sonstigen Mitteln so reichen Universität eine isländische Hochschule doch kaum jemals sich dürfte messen können. Auch haben die jungen Leute selbst den Drang, einmal aus den kleinlichen Lebensverhältnissen ihrer isolierten Heimat hinauszukommen und die Welt zu sehen; darum beziehen fast alle Abiturienten der Lateinschule, die es nur einigermafsen imstande sind, die Kopenhagener Universität, und die beiden heimischen Anstalten, das Pastoralseminar und die medizinische Schule, fristen aus diesem Grunde nur ein sehr kümmerliches Dasein. Und so würde es ohne Zweifel auch dann noch sein, wenn Island seine eigene Universität hätte.[1])

Neben der Ausgestaltung und Verbesserung des höheren Unterrichtswesens liefsen sich die Isländer in diesem Jahrhundert mit grofsem Eifer auch die Hebung der allgemeinen Volksbildung angelegen sein. In diesem Bestreben errichteten sie je eine Realschule (*gagnfræðaskóli*) zu *Möðruvellir* im *Hörgárdalur* und in *Flensborg* (wo auch Volksschullehrer ausgebildet werden), eine Handelsschule (*verzlunarskóli*) in *Reykjavík*, sowie bei 20 Volksschulen (*alþýðu-, barnaskólar*) in den Kaufstädten und an einigen Hafenplätzen, besonders im Südlande, worunter die Kommunalschule zu *Reykjavík* natürlich die bedeutendste und besuchteste ist. Auch besondere Mädchenschulen (*kvennaskólar*) wurden gegründet, von denen sich dermalen je eine zu *Reykjavík*, *Laugaland* und *Ytriey* befindet. Von grofsem Nutzen sind ferner die in letzter Zeit errichteten landwirtschaftlichen Schulen (*búnaðarskólar*) zu *Eiði*, *Hólar*, *Hvanneyri* und *Ólafsdalur*. In *Reykjavík* wird auch ein Kurs zur Ausbildung von Steuermännern (*stýrimannaskóli*), also eine Art nautische Schule, abgehalten. Für den Unterricht jener Kinder, welche keine Schule besuchen können, ist durch ein

---

[1]) Vgl. auch Küchler „Islands höheres Schulwesen und das isl. Universitätsprojekt“ in der Akademischen Revue, herausgegeben von Salvisberg. München, 1895, S. 200—206.

Gesetz vom 9. Jänner 1880 vorgesehen, das die Eltern verpflichtet, Sorge zu tragen, dafs ihre Kinder lesen, schreiben und rechnen lernen; versäumen sie diese Pflicht, so ist der Geistliche, dem die Aufsicht über den Unterricht obliegt, verhalten, denselben auf Kosten der Eltern besorgen zu lassen. Eine grofse Anzahl von Wanderlehrern (*umgangskennarar*) erleichtert übrigens den Eltern und Geistlichen diese Aufgabe. Im Jahre 1881 wurde auch im Alþingi ein eigenes Komité eingesetzt, das sich mit der Frage der Volksaufklärung zu beschäftigen hat. Wieviel Gewicht jetzt Island im allgemeinen auf sein Bildungswesen legt, ist auch aus dem Umstande zu ersehen, dafs nicht weniger als ein Viertel der gesamten Ausgaben seines Budgets für Unterrichtszwecke verwendet wird.

Eine Bildungsanstalt von nicht geringer Bedeutung erhielten die Isländer in diesem Jahrhundert auch in der öffentlichen Landesbibliothek (*landsbókasafn*), bis 1881 Stiftsbibliothek (*stiftsbókasafn*) genannt, zu *Reykjavík*. Sie verdankt ihr Entstehen den rastlosen Bemühungen des um die Bekanntmachung der altisländischen Sagas hochverdienten dänischen Gelehrten C. Chr. Rafn, der hierin von der Stiftsobrigkeit, sowie ganz besonders von der Isländischen Litteraturgesellschaft nach besten Kräften unterstützt wurde. Als der Zeitpunkt ihrer Gründung kann das Jahr 1818 gelten. Obwohl bis zum Jahre 1881 mit nur geringen Geldmitteln dotiert — einem Grundkapital, das im Jahre 1895 7400 Kronen betrug —, zählt diese Bibliothek infolge ihr zugewendeter grofsmütiger Schenkungen — z. B. von der Verlagsbuchhandlung F. A. Brockhaus — gegenwärtig doch bereits 25000 Werke in ca. 30000 Bänden und nicht weniger als ca. 1500 bis 2000 z. T., besonders für die neuere Geschichte Islands, wertvolle Manuskripte. Jetzt erhält die Bibliothek eine staatliche Jahresdotation von 2500 Kronen, sowie, seit dem Jahre 1887, zwei Pflichtexemplare von allem, was in isländischen Buchdruckereien gedruckt wird.[1])

Vom Staate erhaltene, mit 200 Kronen jährlich dotierte Bibliotheken sind ferner die „Amtsbibliotheken“ zu *Akureyri* im Nordlande (im Jahre 1891 ca. 2800 Bände), zu *Stykkishólmur* im Westlande (1887 ca. 850 Bände) und zu *Seyðisfjörður* im Ostlande (1893 ca. 600 Bände). Eine öffentliche Bibliothek befindet sich endlich auch noch zu *Ísafjörður* (1891 ca. 700 Bände).[2]) —

[1]) *Jón Árnason, Um skiptsbókasafnið í Reykjavík* (*Reykjavík*, 1862). — Kataloge der Landesbibliothek erschienen 1828, 1842 u. 1874; der Titel der letzteren Ausgabe lautet: *Skrá yfir prentaðar ísl. bækur og handrit í stiptsbókasafninu í Reykjavík* (*Reykjavík*, 1874); aus Anlafs der grofsen Bücherschenkungen in dem Jubeljahre wurde noch ein besonderer Katalog dieser geschenkten Bücher herausgegeben unter dem Titel: *Skýrsla um bækur þær er gefnar hafa verið stiptisbókasafninu á Íslandi í minningu þjóðhátíðar Íslands* 1874 (*Reykjavík*, 1874). Für die Zeit von 1887—1894 erschien jährlich ein Accessionskatalog: *Ritauka-skrá landsbókasafnsins* ... (*Reykjavík*, 1885—1896). — [2]) Briefliche Mitteilung des Herrn Adjunkten *Pálmi Pálsson*.

Mehr oder minder ansehnliche Büchersammlungen besitzen auch die ungefähr vierzig Lesevereine (*lestrarfjelög*) auf Island.

Die einzige Buchdruckerei des Landes befand sich zu Beginn des Jahrhunderts bis 1816 zu *Leirárgarðar* in der *Borgarfjarðarsýsla*; hierauf wurde sie nach dem benachbarten Hofe *Beitistaðir* gebracht, wo sie sich von 1817—1818 befand, um im Jahre 1819 nach dem alten Klostergebäude auf der Insel *Viðey* bei *Reykjavík* (*Viðeyjar klaustur*), dem Wohnsitze *Magnús Stephensens*, verlegt zu werden, wo sie bis 1844 verblieb. Im Sommer dieses Jahres übersiedelte sie nach *Reykjavík*, um dem wieder errichteten Alþingi bequemer zur Hand zu sein, und sie wurde nunmehr offiziell zur „Landesbuchdruckerei" (*landprentsmiðja*) erhoben. Im Jahre 1852 erhielten endlich auch die Nordländer wieder eine Druckerei und zwar zu *Akureyri*. Gegenwärtig besitzt Island zwei Druckereien zu *Reykjavík*, eine zu *Akureyri*, eine zu *Ísafjörður* (im Westlande) und eine zu *Seyðisfjörður* (im Ostlande).

Für die Hebung der Volksbildung durch Verbreitung nützlicher Kenntnisse und für die Förderung der einheimischen Litteratur wirkten noch ferner und immer umfassender Gesellschaften und Vereine. Der 1794 gegründete Landesaufklärungsverein (vgl. oben S. 136—137), auch „*vísindastiftun*" (d. h. wissenschaftliches Institut) genannt, nahm nach Erwerbung der Druckerei unter *Magnús Stephensens* energischer Leitung bald einen kräftigen Aufschwung und erhielt schon 1800 das Protektorat des Königs und das Attribut „königlich". Er publizierte eine Anzahl nützlicher Werke, sowie die Zeitschriften „*Minnisverð Tíðindi*" und „*Klausturpósturinn*" und bestand bis 1826.

Inzwischen war (1816) von dem bekannten dänischen Sprachforscher und begeisterten Freunde Islands, Rasmus Chr. Rask, im Vereine mit den Isländern *Finnur Magnússon, Bjarni Thorsteinsson* und *Árni Helgason* ein neuer Verein, „die Isländische Litteratur-Gesellschaft" („*hið íslenzka bókmenntafjelag*") in Reykjavik und Kopenhagen gegründet worden, deren Aufgabe es sein sollte, „durch Herausgabe isländischer Werke die Sprache und Litteratur der Isländer zu sichern und dadurch den geistigen Interessen des isländischen Volkes nicht minder als seinem nationalen Selbstgefühl eine kräftige Förderung zu verleihen". Im besonderen bestimmen die Statuten „die Herausgabe isländischer Werke, namentlich solcher, deren Verfasser bereits verstorben, und die daher leichter dem Verluste ausgesetzt, und solcher, die für die niederen Klassen der Bevölkerung von praktischem Nutzen, oder die als Lehr- und Unterrichtsmittel in der gelehrten Schule zu *Reykjavík* dienen können". Die Gesellschaft besteht aus zwei Abteilungen, von denen die eine ihren Sitz in Kopenhagen, die andere in *Reykjavík* hat. Sie hat bereits — aufser ihren Jahreszeitschriften (vgl. unten) — eine sehr stattliche Anzahl hervorragender Publikationen aufzuweisen. Die Gesellschaft steht unter dem Protektorate des Königs von Dänemark und erfreut sich eines grofsen Ansehens. Die Anzahl ihrer wirklichen Mitglieder belief sich nach dem letzten Ausweise vom Jahre 1895 auf 673, worunter sich nicht wenig ausländische befanden.[1])

Im Jahre 1869 wurde von *Jón Sigurðsson* eine „Gesellschaft der Volksfreunde" (*Þjóðvinafjelag*) zur Verteidigung der Rechte des isländischen Volkes gegründet, die sich 1878 in eine litterarische Gesellschaft umwandelte und seit 1874 ein Jahrbuch („*Andvari*"), sowie noch verschiedene andere belehrende Schriften für das Volk herausgiebt und dadurch sehr erspiefslich wirkt.

Ein ausschliefslich wissenschaftlicher Verein ist die 1879 von *Sigurður Vigfússon* im Vereine mit Prof. Willard Fiske und Matthías Jochumsson gegründete „Isländische archäologische Gesellschaft" („*hið íslenzka fornleifafjelag*") mit dem Zwecke, die isländischen Altertümer zu schützen und bekannt zu machen sowie die Kenntnis der alten Sagas und der Sitten und Gebräuche der alten Isländer zu vermehren. Als Organ dieser Gesellschaft erscheint zu *Reykjavík* seit 1881 ebenfalls ein wertvolles Jahrbuch.[2])

Im Jahre 1889 wurde zu *Reykjavík* auch eine naturwissenschaftliche Gesellschaft („*hið íslenzka náttúrufræðisfjelag*") gegründet, die von Zeit zu Zeit einen Bericht (*Skýrsla*) über ihren Zustand und ihre Thätigkeit, begleitet von wissenschaftlichen Abhandlungen, erscheinen läfst; die Seele derselben ist bisher der Naturhistoriker und Dichter *Benedikt Gröndal*.

Island hat ferner einen Lehrerverein (*kennarafjelag*), eine Gartenbaugesellschaft (*garðyrkjufjelag*), eine Bibelgesellschaft (*biflíufjelag*) und noch andere Vereine, wovon der vielen Lesevereine, die sehr aufklärend wirken, und des Frauenvereins bereits gedacht worden ist.

Auch das Zeitschriften- und Zeitungswesen, welches sich zu Beginn des Jahrhunderts auf Island noch in den ersten Anfängen befand, nahm besonders von der Mitte des Jahrhunderts an einen mächtigen Aufschwung. Es erschienen bis heute Jahrbücher, Monats- und Halbmonatsschriften u. s. w., politischen, religiösen, wissenschaftlichen, schöngeistigen, gemeinnützigen, kurz des verschiedensten Inhaltes, von denen allerdings nur wenige längere Zeit hindurch bestanden oder sich bis auf die Gegenwart erhielten. Wir wollen nur die bedeutenderen derselben hier nennen und erwähnen, dafs dieselben entsprechend dem kleinen Publikum, für das sie bestimmt sind, und im Vergleiche zu unseren Publikationen dieser Art an Umfang und Ausstattung immer noch sehr bescheiden erscheinen, gewissermafsen ein Miniatur-Zeitschriftenwesen darstellend.

---

[1]) Vgl. über die Gründung der Gesellschaft und ihre Thätigkeit bis 1866: „*Hið íslenzka bókmenntafélag. Stofnan félagsins og athafnir um fyrstu fimmtíu árin* 1816—1866" (Kaupmannahöfn, 1867). Die revidirten Statuten: *Lög hins íslenzka bókmenntafélags. Attunda útgáfa* (Kaupmannahöfn, 1877). — [2]) Vgl. die Statuten in „*Arbók hins íslenzka fornleifafélags 1880 og 1881* (*Reykjavík*. 1881), S. 2—5.

Zu Beginn des Jahrhunderts bis 1804 besafs Island nur eine einzige Zeitschrift, das schon erwähnte, 1796 gegründete Neuigkeitsblatt „*Minnisverd Tídindi*“ des *Magnús Stephensen* (vgl. oben), dann bis 1818 gar keine. Von diesem Jahre an bis 1827 gab derselbe *Magnús Stephensen* die Monatsschrift „*Klausturpósturinn*“ d. h. die Klosterpost (so genannt, weil sie von dem früheren Klostergebäude auf der Insel *Viðey* ausging; vgl. oben) heraus. Diese Zeitschrift „war eine der besten Schriften, die in isländischer Sprache erschienen sind, und es dürfte zu jener Zeit in den nordischen Ländern wohl überhaupt keine Zeitschrift gegeben haben, die mit ihr hätte verglichen werden können.... Man findet zwar die „Klosterpost“ jetzt in mancher Hinsicht etwas wunderlich, namentlich was den Stil betrifft; allein es ist doch sicher, dafs sehr viele Isländer das Hauptsächlichste ihrer Bildung aus ihr geschöpft haben und dafs sie zu vielem Guten im Lande den Grund gelegt hat. Nirgends fanden wir die Nachrichten aus dem Auslande besser und unterhaltender erzählt als hier; es wurde auch von neuen Entdeckungen und Erfindungen berichtet, was unumgänglich notwendig ist, wenn man dem Zeitgeist folgen will, was jedoch später in keiner isländischen Zeitschrift mehr geschah; denn es fehlten den späteren Herausgebern die Lebhaftigkeit und Vielseitigkeit, der Fleifs und die Energie des *Magnús*, und sowohl „Der Bote aus dem Süden“ („*Sunnanpósturinn*“) wie „Die Reykjaviker Post“ („*Reykjavíkurpósturinn*“), welche die „Klosterpost“ ablösten und sie ersetzen sollten, stehen in allen Beziehungen weit hinter derselben zurück“.[1])

Nach dem Aufhören der „Klosterpost“ erschien auf Island selbst — wenn wir von den jährlichen Einladungsschriften der Lateinschule absehen — bis 1835 wieder gar keine Zeitschrift. In diesem Jahre kam dann die schon erwähnte Monatsschrift „*Sunnanpósturinn*“, von der jedoch nur drei Jahrgänge (1835, 1836 und 1838 zu *Viðeyjar Klaustur*) erschienen. Auch die Monatsschrift „*Reykjavíkurpósturinn*“ brachte es nur bis zu drei Jahrgängen (1846—1849 zu *Reykjavík*). Das Jahrbuch „*Gestur Vestfirðingur*“ (fünf Jahrgänge, von 1847—1850 zu *Reykjavík*, 1855 zu Kopenhagen herausgegeben) war hauptsächlich landwirtschaftlichen Inhaltes.

Am 5. November 1848 erschien die erste Nummer der politischen Zeitung (anfangs Halbmonatsschrift) „*Þjóðólfur*“ (alter Mannsname, gewählt wegen *þjóð*, d. h. Volk, um die volkstümlich nationale Richtung des Blattes anzudeuten, deutsch etwa durch „Dietolf“ wiederzugeben) zu *Reykjavík*, die also gegenwärtig (1897) im 49. Jahrgange steht und somit das älteste isländische Journal ist. Ihr erster Redakteur war der Hilfsgeistliche *Sveinbjörn Hallgrímsson*, ihr gegenwärtiger ist cand. theol. *Hannes Þorsteinsson*.

Von später auf Island noch erschienenen Jahrbüchern, Zeitschriften und Zeitungen erwähnen wir nur: „*Norðri*“, die erste im Nordviertel

---

[1]) *Benedikt Gröndal* in „*Gefn*“, *I. ár 1870* (Kaupmannahöfn), S. 2.

Islands herausgegebene Zeitschrift (Halbmonatsschrift: 9 Jahrgänge, *Akureyri*, 1853—1861), an deren Stelle 1862 der „*Norðanfari*“ trat, welcher bis 1885 (in 24 Jahrgängen) erschien. Von 1873 bis 1891 gab die Reykjavíker Abteilung der isländischen Litteraturgesellschaft ihre jährlichen „*Frjettir frá Íslandi*“ d. h. Nachrichten aus Island, die in ihrer Art und Einteilung des Stoffes auffallend an *Magnús Stephensens* „Klosterpost“ erinnern, in separaten Heften heraus. Am 19. September 1874 begann zu *Reykjavík* das politische und Neuigkeitsblatt „*Ísafold*“ (poetischer Name für Island) zu erscheinen, das noch besteht; sein gegenwärtiger Redakteur ist cand. phil. *Björn Jónsson*. Von 1875—1882 erschien zu *Akureyri* ein zweites Blatt für die Nordländer, der „*Norðlingur*,“ dem sich 1880 ebenda ein drittes, „*Fróði*“ (bis 1887) beigesellte. Im Jahre 1880 begann die isländische Abteilung der Litteraturgesellschaft das gelehrte Jahrbuch „*Tímarit hins íslenzka bókmentafjelags*“ herauszugeben, das noch erscheint. 1884 stellte sich das politische Halbmonatsblatt „*Fjallkonan*“ d. h. „Die Bergfrau“ (poet. Name für Island) ein, redigiert von *Valdimar Ásmundarson*. Von 1884—1889 erschien „*Iðunn*“ (Name der Göttin mit den verjüngenden Äpfeln), eine „Monatsschrift zur Unterhaltung und Belehrung“. (Herausgeber: *Björn Jónsson, Jón Ólafsson, Steingrímur Thorsteinsson*). Seit 1891 giebt Frau *Torfhildur Þ. Hólm* die Jahresschrift „*Draupnir*“ (der Tropfer, Name des mythischen Ringes, von dem in jeder neunten Nacht acht gleich schwere Ringe heruntertropfen), „eine Sammlung von Novellen und wahren Geschichten u. dgl., Originalen und Übersetzungen“, seit 1892 eine andere Jahresschrift „für jüngere und ältere Kinder“ unter dem Titel „*Tíbrá*“ heraus (*tíbrá* — ein sehr poetisches Wort — bezeichnet die zitternden Bewegungen der Luftwellen an sonnigen warmen Sommertagen). — In *Seyðisfjörður* erscheint seit 1891 dreimal monatlich der „*Austri*“ als Blatt für das Ostviertel Islands (Herausgeber und Redakteur cand. phil. *Skapti Jósepsson*). Vgl. auch oben S. 9.

Verschiedene zum Teil sehr wichtige Zeitschriften und Jahrbücher wurden zu Kopenhagen von dort lebenden Isländern herausgegeben. Im Jahre 1816 begannen die (ganz allein von *Finnur Magnússon* geschriebenen) „*Íslenzk sagnablöð*“, das Organ der isländischen Litteraturgesellschaft, zu erscheinen, die 1827 durch das bis auf die Gegenwart fortgeführte Jahrbuch „*Skírnir*“ (= Reiniger, Putzer; so hieſs der Diener des Gottes *Freyr*) ersetzt wurden, welches zumeist Nachrichten politischen Inhaltes aus dem Auslande enthält. Recht gut war „*Ármann á alþingi*“ (*Ármann* — ein Mannsname — auf dem Alþingi) von *Baldvin Einarsson* und *Þorgeir Guðmundsson* (1829 bis 1832); es wurden darin vorwiegend politische, ökonomische und nationale Fragen behandelt. Das Bestreben der Herausgeber, besonders *Baldvins*, die isländische Sprache wieder zu ihrer alten Würde zu erheben, verleiht derselben einen höheren Wert. Von gröſster Bedeutung für das isländische Schrifttum, auch in sprachlicher Hinsicht, war jedoch „*Fjölnir*“ (1835—1847). Wir werden auf dieses interessante, von einem kleinen Kreise isländischer Litteraten herausgegebene Jahrbuch noch öfter und ausführlicher zurückkommen.

Ebenso wichtig und schon durch die lange Dauer ihres Bestandes einflufsreicher waren die Jahrbücher, welche eine andere Vereinigung von Isländern unter der Führerschaft und hauptsächlichsten Mitwirkung *Jón Sigurðssons* herausgab, und die mit Bezug auf die Schriften des früheren „*Lærdómslista-fjelag*“ (vgl. oben) „*Ný fjelagsrit*“, d. h. „Neue Vereinsschriften“, genannt wurden (1841—1873; 30 Jahrgänge). Der Hauptzweck der Neuen Vereinsschriften war jedoch ein politischer, nämlich der, das Rechtsbewufstsein und das Freiheitsgefühl des Volkes zu wecken und dieses für die Selbstregierung geschickt zu machen. Als Fortsetzung der „*Ný fjelagsrit*“ ist „*Andvari*“, das schon erwähnte Organ des „Vereines der Volksfreunde“, zu betrachten. Von 1859—1862 und 1865 erschien (anonym herausgegeben) ein Jahrbuch „*Ný sumargjöf*“ d. h. Neue Sommergabe,[1]) das viele, zumeist aus dem Dänischen, Deutschen und Englischen übersetzte Aufsätze sehr gemischten, hauptsächlich aber historischen, naturgeschichtlichen und ästhetischen Inhaltes enthielt, die fast durchwegs von *Steingrímur Thorsteinsson* und *Benedikt Gröndal* d. J. beigesteuert wurden. Eine vornehme Zeitschrift von mannigfaltigem (politischem, wissenschaftlichem, poetischem u. s. w.) Inhalt war *Benedikt Gröndals* „*Gefn*“, die vom Herausgeber allein geschrieben wurde, aber leider nur von 1870—1874 (fünf Jahrgänge in 7 Heften) erschien. Die vielversprechende belletristische „*Verðandi*“ (1882) konnte nicht festen Fufs fassen; ebenso erging es dem illustrierten Monatsblatte „*Heimdallur*“ (1886), während sich der ebenfalls illustrierte „*Sunnanfari*“ (Herausgeber und Hauptredakteur bis Juni 1896 Dr. *Jón Þorkelsson*, der Jüngere, seit Juli d. J. *Þorsteinn Gíslason* in *Reykjavík*, wo nun auch das Blatt selbst erscheint) bereits seit dem Jahre 1891 behauptet. Seit 1895 erscheint zu Kopenhagen eine zweite illustrierte Zeitschrift, „*Eimreiðin*“ d. h. die Lokomotive, herausgegeben von einigen Isländern und redigiert von Dr. *Valtýr Guðmundsson*, die der Dichtkunst sowie der Verbreitung wissenschaftlicher Kenntnisse gewidmet ist. (Man vgl. was über diese vier Zeitschriften weiter unten bei Besprechung der litterarischen Bestrebungen „Jung Islands“ ausgeführt ist.)

Von eigentlichen Fachzeitschriften wären zu nennen: das „Jahrbuch der isländischen archäologischen Gesellschaft“ (*Árbók*, 1881 ff.; vgl. oben S. 167), die „Zeitschrift für Erziehung und Bildung“ (*Tímarit um uppeldi og menntamál*), herausgegeben von *Jóhannes Sigfússon*, *Jón Þórarinsson* und *Ögmundur Sigurðsson* (*Reykjavík*, 1888—92), die „landwirtschaftliche Zeitschrift“ (*Búnaðarrit*), herausgegeben von *Hermann Jónasson* und *Sæmundur Eyjólfsson* (*Reykjavík*, 1887 ff.), das „Kirchenblatt“ (*Kirkjublaðið*), Redakteur:

---

[1]) So bezeichnet zum Unterschiede von Probst *Guðmundur Jónssons* „*Sumargjöf handa börnum*“ (*Leirárgörðum*, 1795) einer Sammlung kleiner didaktischer Erzählungen für Kinder.

Þórhallur Bjarnarson (*Reykjavík*, 1891—96). Der Verein der Volksfreunde gab seit 1885 von Zeit zu Zeit, d. h. in Zwischenräumen von mehreren Jahren zu Kopenhagen und später zu *Reykjavík* ein Heft heraus unter dem Titel: „*Dýravinurinn*", d. h. der Tierfreund, das, wie schon der Titel besagt, tierschutzfreundlichen Bestrebungen diente (bisher 6 Hefte). Als „offizielles Gesetz- und Regierungsblatt" erscheint „*Stjórnartíðindi fyrir Ísland*" (die erste Abteilung zu Kopenhagen, die zweite und dritte zu *Reykjavík*). Die Verhandlungen des Alþingi werden im „*Alþingistíðindi*" publiziert (Reykjavík und Kopenhagen).

Im ganzen erschienen im Jahre 1896 einschliefslich der von den ausgewanderten Isländern in Amerika herausgegebenen und der Jahrbücher bei 30 isländische Zeitschriften und Zeitungen. Man sieht hieraus, dafs der Isländer jetzt ein eifriger Zeitungsleser geworden ist (vgl. auch oben S. 9). Es scheint ihm auch einen besonderen Reiz zu gewähren, Herausgeber oder Redakteur einer Zeitung zu sein, denn fortwährend tauchen neue Blätter auf, von denen aber nur selten eines sich längeren Bestandes erfreut. Die isländischen politischen Journale sind in mancher Beziehung sehr eigenartig. Sie befassen sich, aufser mit Lokalchronik, fast ausschliefslich mit der Politik und den wirtschaftlichen und sozialen Verhältnissen des eigenen Landes, während die grofse europäische oder Weltpolitik, wie die sonstigen wichtigeren Weltereignisse in der isländischen Presse — mit seltener Ausnahme — nur schwache Wellen werfen. Ganz seltsam, doch sympathisch mutet es an, an der Stelle des Leitartikels zuweilen ein schwungvolles Gedicht oder gar eine philosophische, kritische oder andere gelehrte Abhandlung zu finden. Auch besteht eine isländische Zeitung so gut wie ausschliefslich aus Original-Artikeln. Was ausländischen Blättern entnommen wird, mufs zum mindesten erst übersetzt werden. Dafür haben eben die isländischen Blätter Korrespondenten und Mitarbeiter im ganzen Volke, indem nicht selten auch Bauern und Fischer und zwar meist mit grofser Einsicht und stilistischer Gewandheit, politische, wirtschaftliche und sonstige brennende Tagesfragen erörtern.

Trotz des höheren Bildungsgrades des Volkes konnte freilich im neunzehnten Jahrhundert der Aberglaube in den mannigfachsten Formen auf Island so wenig ausgerottet werden, als in anderen noch höher stehenden Kulturländern.[1]) So galt noch der Pfarrer *Sæmundur Magnússon Hólm* zu *Helgafell* († 1821) beim Volke als Zauberer und Abkömmling der Elben, und er selbst, ein sonst vielseitig und auch naturwissenschaftlich gebildeter Mann, glaubte an die Existenz der Elben.[2]) Sehr abergläubisch

---

[1]) Vgl. über den Stand des Aberglaubens auf Island um die Mitte des Jahrhunderts „*Tímarit hins íslenzka bókmenntafjelags*", 1892, S. 227—236; 1894, S. 231—236; 1895, S. 219—223. — [2]) Vgl. *Jón Arnason, Ísl. þjóðsögur og æfintýri*, I. S. 104 u. 601—602.

war ferner noch der Geschichtschreiber *Jón Espolín* (1836), wie man aus seinen „Jahrbüchern Islands“ ersehen kann. Vor einigen Jahren erst schrieb Prof. K. Maurer über den isländischen Volksaberglauben der Gegenwart: „Man gebraucht noch, wie bei uns, mancherlei Besprechungen und geheime Mittel, und glaubt noch an allerlei Spuck und Vorzeichen; habe ich doch selbst noch auf Island Leute gekannt, die bei den Elben im Berg gewesen sein sollten (darunter einen Polizeidiener in *Reykjavík!*) oder an deren Person und Geschlecht sich Folgegeister knüpften.“ Was übrigens gerade den Elbenglauben betrifft, so scheint dieser nunmehr doch auch auf Island im Aussterben begriffen zu sein. Dr. *Finnur Jónsson* wenigstens schreibt in „*Eimreiðin*“, (*I. ár* 1895, S. 103): „Jetzt ist der Elbenglaube auf Island zum gröfsten Teile oder ganz tot; die Bildung, die Schulen, der Fortschritt sind ihm ans Leben gegangen, und die Elben ruhen nun auf ihren Kirchhöfen und stehen niemals wieder auf“. Wir nehmen nicht ohne eine gewisse Wehmut Kenntnis von dieser Thatsache; „denn der Elbenglaube ist nicht nur der schönste und lieblichste Zug des ganzen isländischen Aberglaubens der verflossenen Zeit, sondern auch der getreue Spiegel, in dem das isländische Volk sich selbst, sein Leben und seine Denkungsart sehen kann“.

Dafs auch in der Sagenbildung in diesem Jahrhundert kein Stillstand eingetreten ist, beweisen Zauber- und andere Sagen von dem oben genannten *Sæmundur Hólm*, von dem Dichter *Bjarni Thórarensen* und seinem Sohne,[1]) sowie von anderen Personen, die im neunzehnten Jahrhundert und z. T. sogar bis vor nicht langer Zeit gelebt haben.[2])

Von den gewaltigen Fortschritten, welche auch die Isländer in die unserem Jahrhundert in der geistigen Kultur gemacht haben, möge der folgende Überblick über die bedeutenderen Leistungen dieses kleinen Volkes auf den verschiedenen Gebieten der Wissenschaft, Dichtkunst und Litteratur ein genaueres Bild geben. Da wir nicht imstande sind, über all die verschiedenen hier zu erwähnenden wissenschaftlichen Leistungen ein eigenes Urteil auszusprechen, sei es gestattet, von Fall zu Fall die Urteile und Ansichten der kompetentesten Fachautoritäten anzuführen.

Wir beginnen gleich mit jener Wissenschaft, in der die Isländer sich auch im neunzehnten Jahrhundert den meisten Ruhm erworben und führende Geister beigestellt haben, mit der altnordisch-isländischen Philologie und Altertumskunde, die nunmehr, in edlem Wettstreit, auch von den Dänen, Schweden, Norwegern und Deutschen betrieben, eines der vornehmsten Gebiete der Germanistik bildet.

---

[1]) Vgl. K. Maurer, Isländische Volkssagen der Gegenwart S. 13. (*Jón Árnason* I. S. 45—46.) — [2]) Vgl. z. B. *Ólafur Davíðssons Íslenzkar þjóðsögur*, S. 92—95. u. ö.

Gleich vorweg sei indessen bemerkt, dafs neben dem streng wissenschaftlichen Betrieb der genannten Disziplinen auch in diesem Jahrhundert noch der dilettantische in der althergebrachten Weise von nicht studierten Leuten, wie z. B. Bauern, fortgesetzt wurde und wird, und dafs demselben aufser Abschriften und Sammlungen von Manuskripten mancherlei ganz verdienstliche Arbeiten selbständigerer Natur zu verdanken sind. Was speziell das Abschreiben und Sammeln von Manuskripten betrifft, so wurde diese Lieblingsbeschäftigung der litterarisch interessierten Isländer auch in der ersten Hälfte des Jahrhunderts noch mit gleichem Eifer betrieben, wenngleich zumeist in gewinnsüchtiger Absicht, sowie mit der abgeschwächten Bedeutung, welche die oben erörterten veränderten Verhältnisse bedingten. Und selbst heute noch ist diese Sitte nicht ganz ausgestorben. *Þorvaldur Thóroddsen* hat auf seinen Forschungsreisen in Island in abgelegenen Gegenden Bauern angetroffen, die nicht unbedeutende Manuskriptensammlungen besafsen, welche sie selbst abgeschrieben hatten, ja er sah auch Abschriften von gedruckten Büchern.[1]) Umfangreichere Sammlungen von Handschriften besafsen oder erwarben auch in diesem Jahrhundert auf Island selbst besonders Bischof *Steingrímur Jónsson*, in Kopenhagen die Isländer *Grímur Jónsson Thorkelin*, *Finnur Magnússon* und *Jón Sigurðsson*. Namentlich *Finnur Magnússon* sammelte eine grofse Anzahl solcher Handschriften, um sie nachher zu verkaufen. Von ihm (und schon früher auch von *Thorkelin*) erwarben nicht nur (1826) die Advocates' Library in Edinburg den gröfsten Teil der daselbst befindlichen, 99 Nummern zählenden, isländischen Handschriftensammlung und die Bibliotheca Bodleiana zu Oxford (1832) alle ihre 153 isländischen Handschriften, sondern auch (1837) das British Museum, das übrigens ebenfalls schon von *Thorkelin* eine Anzahl weiterer Handschriften gekauft hatte, noch ca. 435, also alle drei Bibliotheken zusammen ca. 680 Nummern; und dennoch hinterliefs er bei seinem Tode noch 329 Stück. Die weitaus gröfste Anzahl der in den öffentlichen Bibliotheken Englands und Schottlands befindlichen isländischen Handschriften ist, wie schon früher bemerkt, wertlos oder nur für die neuere Litteratur und Geschichte Islands von einiger Bedeutung. Überhaupt besitzt nur das British Museum einige Pergament-Codices (im ganzen ca. 481 Handschriften) und die Advocates' Library einen einzigen (eine *Jónsbók*). In englischen Privatbibliotheken befinden sich ebenfalls einzelne isländische Handschriften, wie u. a. die Erfahrung mit dem Codex Scardensis zeigt, einer Pergamenthandschrift, die allein die *Postula sögur* vollständig enthält, und welche seit Anfang dieses Jahrhunderts verloren war, vor nicht langer Zeit jedoch in Sir Thomas Phillipps

[1]) *Geografisk Tidskrift*, 13. Band: 1895—96, S. 56.

großer Handschriftensammlung im Thirlestaine House zu Cheltenham entdeckt wurde.[1]) — Aus den Bibliotheken der Bischöfe *Hannes Finnsson* und *Steingrímur Jónsson* sowie *Jón Sigurðssons* stammen zumeist die Handschriften, welche die Landesbibliothek zu *Reykjavík* besitzt.[2]) Die Manuskriptensammlung der Isländ. Litteraturgesellschaft endlich besteht fast ausschliefslich aus Handschriften neueren und neuesten Datums und des verschiedensten Inhaltes.[3]) Kaum in Betracht kommen die Pergamentblätter u. dgl., die sich in der Antiquitätensammlung (*forngripasafn*) zu *Reykjavík* befinden.[4])

Zu dem Aufschwung dieser Wissenschaft zunächst im Norden selbst trugen in erster Linie mehrere Gesellschaften zur Förderung der nordischen Altertumskunde und zur Herausgabe altnordischer Litteraturdenkmäler bei, in denen Isländer als Gründer oder Hauptmitarbeiter wichtige Rollen spielten, so die „Kgl. Gesellschaft für nordische Altertumskunde“ (*Det Kongelige Nordiske Oldskrift-Selskab*), gegründet 1825 von C. C. Rafn im Verein mit den Isländern *Þorgeir Guðmundsson* (1794—1871) und *Sveinbjörn Egilsson*, welche „*Fornmanna sögur*“ (1825—1837, 12 Bde.), „*Fornaldar sögur Norðrlanda*“ (1829—30, 3 Bde.), „*Íslendinga sögur*“ (A. 1829—30, 2 Bde., B. 1843—89, 4 Bde.), „Antiquitates Americanae“ (1837), „*Grönlands historiske Mindesmærker*“ (1838—1845) und „Antiquités Russes“ (1850—1852, 2 Bde.), sowie die Zeitschriften „*Hermod*“ (1825—1826), „*Tidsskrift for nordisk Oldkyndighed*“ (1826—1829), „*Nordisk Tidsskrift for Oldkyndighed*“ (1832—1836), „*Annaler for nord. Oldk.*“ [von 1846 an dazu: *og Historie*] (1836—1866), „*Aarbøger for nord. Oldk. og Historie*“ (1866—1879), „*Antiquarisk Tidsskrift*“ (1845—1864) und „Mémoires de la Société royale des Antiquaires du Nord“ (1836—1852) herausgab; dann die „Nordische Litteraturgesellschaft“ (*Det nordiske Litteratursamfund*), im Jahre 1847 von zehn Dänen und den Isländern *Brynjólfur Pjetursson* (1810—1851), *Halldór Kr. Friðriksson* und *Konráð Gíslason* gegründet, welcher wir die Herausgabe der unter dem Titel „*Nordiske Oldskrifter*“ erschienenen altnordischen Texte u. a. zu danken haben. Die „isländische Litteraturgesellschaft“ gab, wie wir gesehen haben, ebenfalls mehrere alte Texte heraus, und auch die Arnamagnäanische Kommission, welche von den ihr anvertrauten handschriftlichen Schätzen und Geldmitteln lange — in fast unverantwortlicher Weise — nicht den von ihrem Stifter

---

[1]) Vgl. *Jón Þorkelsson* d. J. im *Arkiv för nord. filologi.* VIII., S. 199 bis 237, und *Eiríkur Magnússon* ebenda S. 238—245. Vgl. aufserdem *E. M.* im *Arkiv*, XIII, S. 1—14, bezüglich des Codex Lindesianus in Lord Crawford of Balcarres berühmter „Bibliotheca Lindesiana“ (Haigh Hall, Wigan. Lancashire). — [2]) Vgl. *Skrá yfir prentaðar ísl. bækur og handrit í skiptisbókasafninu í Reykjavík* (Reykjavík, 1874), S. 91—188. — [3]) Vgl. *Skýrsla um handritasafn hins ísl. bókmenntafélags*, I u. II (Kopenh., 1869 u. 1885). — [4]) Vgl. *Skýrsla um forngripasafn Íslands í Reykjavík*. I, 1863—1866. II, 1867—1870, II (bis 1. Heft 1871—1875. (Kopenh. u. *Reykjavík*, 1868—81).

bestimmten Gebrauch gemacht hatte, begann nunmehr das Versäumte einzuholen und fleifsig zu publizieren.[1])

Den Grundstein zum streng wissenschaftlichen Aufbau dieser Disziplinen, hauptsächlich des Sprachstudiums, in diesem Jahrhundert legte bekanntlich ein Däne, der geniale R. K. Rask. Er ist der erste gewesen, der die Grammatik des Altisländischen wissenschaftlich behandelte; er stellte Regeln auf für die isländische Orthographie, die in ihren Hauptpunkten noch der jetzt gebräuchlichen zu Grunde liegen; auf sein Betreiben hin wurde der bereits in der zweiten Hälfte des vorigen Jahrhunderts wieder sporadisch vorkommende alte Buchstabe *ð* (*eð*) für den aspirierten weichen d-Laut allgemein in die Schrift eingeführt,[2]) und er hat auch das verloren gegangene z (für s, wenn vor diesem t, d oder *ð* ausgefallen ist) neuerdings angewendet.[3]) Rask war ferner der eifrigste Vorkämpfer für die Reinigung und Reinhaltung des Isländischen von Danismen und anderen fremden Sprachelementen; ja, „er lehrte durch seine philologischen Schriften die Isländer erst ihre eigene Sprache verstehen und richtig schreiben; alle, die das Isländische einigermafsen erlernen wollten, mufsten sich zu seinen Füfsen setzen und aus seinen Schriften lernen; und sie müssen das selbst heute noch thun."[4]) Rask versah auch das isländisch-lateinische Wörterbuch des *Björn Halldórsson* (vgl. S. 143) mit einer dänischen Übersetzung und beförderte es zum Drucke; er gab zum erstenmale die beiden Edden vollständig heraus, u. s. w. Von Rask lernten zunächst *Hallgrímur Schering* und *Sveinbjörn Egilsson*, die auch dessen sonstige Bestrebungen hinsichtlich der Reinigung der Sprache und Hebung der Litteratur Islands teilten und durch ihren Unterricht an der Lateinschule mit dem besten Erfolge praktisch zur Geltung brachten. Von Rask ging auf diese Weise auch der erste Anstofs aus zu jener lebhaften litterarischen Bewegung, die von 1835—1847 in dem isländischen Jahrbuche „*Fjölnir*" nach aufsen hin so fruchtbringend in die Erscheinung trat.

Was nun den Anteil der Isländer an dem Ausbau der in Rede stehenden Wissenschaft betrifft, so war derselbe verhältnismäfsig sehr bedeutend sowohl auf den Gebieten der Grammatik, der Lexikographie, der Textkritik und der Poetik, wie auch auf denen der Litteraturgeschichte, der Realienkunde u. s. w. und einige Isländer zählen selbst zu den hervorragendsten Autoritäten in

---

[1]) Vgl. Th. Möbius, Über die altnordische Philologie im skandinavischen Norden (Leipzig, 1864). — [2]) Vgl. *Skírnir*, II. Jahrg. (1828), S. 41—43. Bereits *Eggert Olafsson* hatte das Zeichen ð wieder in die Orthographie aufgenommen. In Rask's „*Lestrarkver handa heldri manna börnum*" (Kopenh., 1830) finden sich ð und *z* dem Alphabete einverleibt. — [3]) Vgl. Rask's „*Lestrarkver*", S. 35; *z* wird also für *s* geschrieben in Wörtern wie *vizka* (st. *viska*), Weisheit; Rask nahm *z* auch für *st* am Ende der Wörter z. B. *takaz* für *takast*. — [4]) *Björn Magnússon Olsen* in *Tímarit h. ísl bókmenntafjelags*, IX. Jahrg. (1888), S. 48.

dieser Wissenschaft. Wir können indessen die Leistungen dieser wie der übrigen tüchtigeren Gelehrten Islands auf dem in Rede stehenden Gebiete hier nur in aller Kürze besprechen oder verzeichnen.

Ein tüchtiger, dabei überaus fruchtbarer Gelehrter, wenngleich noch auf einem wenig wissenschaftlichen Standpunkte stehend, war bereits *Finnur Magnússon* aus *Skálholt* (1781—1847), Professor der altnordischen Litteratur und Mythologie an der Universität und Kunstakademie zu Kopenhagen. Er galt zu seiner Zeit für einen der hervorragendsten Altertumsforscher, namentlich auf den Gebieten der Mythologie und Runologie; allein es mangelte ihm an kritischem Sinn, und er war in seinen Hypothesen zu phantastisch. Immerhin aber war er der Erste, der — in seinem preisgekrönten Werke „*Eddalæren og dens Oprindelse*“ (1824—1826) — über die nordische Mythologie umfassende und tiefsinnige Untersuchungen angestellt hat. Als zwei weitere Hauptwerke dieses Gelehrten sind noch zu nennen: „Priscae veterum Borealium Mythologiae Lexicon“ (1828) und „Runamo og Runerne“ (1841).

Finnur Magnússon wird weit übertroffen durch *Sveinbjörn Egilsson*, zuerst Lehrer dann Rektor der Lateinschule zu *Bessastaðir*, beziehungsweise *Reykjavík* (vgl. unten). Das Hauptwerk dieses ausgezeichneten Kenners der alten isländischen Sprache und Litteratur ist ein „Lexicon poëticum antiquae linguæ septentrionalis“ (1844—1860), das „wertvollste und noch immer unentbehrliche Hilfsmittel für das Verständnis der nordischen Poesie, wenn auch in Bezug auf Ansetzung der Sprachformen veraltet und in den Bedeutungsangaben mannigfacher Korrekturen bedürftig.“ [1]) Was dem überaus trefflichen Werke seinen ganz besonderen Wert verleiht, sind die Erklärungen aller schwierigen Stellen der alten Gedichte und der Eigentümlichkeiten der Skaldensprache in Bezug auf die dichterischen Ausdrücke und Umschreibungen gewisser Begriffe u. s. w. „Dieses Werk legte den Grund zur systematischen Skaldenkritik, zur rationellen Behandlung und vernünftigen Erklärung der alten Poesie.“ *Sveinbjörn Egilsson* gab ferner die *Snorra-Edda* (*Reykjavík*, 1848—49) sowie mehrere Skaldengedichte mit Erläuterungen heraus, übersetzte elf Bände der „*Fornmanna sögur*“ ins Lateinische und lieferte das Material für den zwölften Band dieser interessanten Sammlung von Sagas. Er besorgte auch die lateinische Übersetzung der Snorra-Edda-Ausgabe der Arnamagnäanischen Kommission und die Erklärung des gröfsten Teiles der darin enthaltenen Gedichte und Verse.

Nächst *Sveinbjörn Egilsson* verdient auch dessen Kollege an der Lateinschule *Hallgrímur Scheving* genannt zu werden, obgleich er nur wenig publizierte. Er war ebenfalls ein scharfsinniger Interpret der alten Poesie, gab (1831) „*Hugsvinnsmál*“ und (1837)

[1]) H. Paul im „Grundrifs der germanischen Philologie“, I. Bd., S. 127.

„Forspjallsljóð“ heraus und unterstützte auf jede Weise die Arbeiten *Sveinbjörn Egilssons*. Beide Männer unternahmen es gemeinsam, den Sprachschatz ihrer Heimat zu sammeln und zu verarbeiten, und zwar sollte *Hallgrímur Scheving* einerseits ein Wörterbuch über die Prosasprache der Saga-Zeit, andererseits ein solches über die Volkssprache der Gegenwart verfassen. Allein er ist damit infolge seiner übertriebenen Selbstkritik nicht zustande gekommen. Noch kurz vor seinem Tode verbrannte er einen Teil seiner lexikalischen Sammlungen, der ihm nicht genügen wollte, so daſs sogar handschriftlich nicht alles von ihm Gesammelte erhalten ist. Doch soll ein einigermaſsen vollendetes Wörterbuch über die alte Rechts- und Urkundensprache, dann ein weiteres über die Sprache der Gegenwart gerettet sein.[1])

Einen bedeutenden Fortschritt sowohl von der isländischen Grammatik Rasks, insbesondere von dessen Lautlehre, wie auch von den Erklärungen der Skaldenpoesie durch *Sveinbjörn Egilsson*, dann aber auch in Bezug auf das bis dahin üblich gewesene Verfahren bei der Herausgabe alter Schriften bedeuten die Werke, Abhandlungen und Ausgaben *Konráð Gíslasons* (geb. am 3. Juli 1808 zu *Löngumýri* im Nordlande, gest. am 4. Jänner 1891, von 1848 an Dozent, von 1853—1886 Professor der nordischen Sprachen an der Universität Kopenhagen). Seine Schrift *„Um frumparta íslenzkrar túngu í fornöld“*, d. h. über die Elemente der altisländischen Sprache (Kopenhagen, 1846), eine auf Grund der Schreibweise von ca. 30 der ältesten und besten Handschriften, sowie der Silbenreim-Gesetze der skaldischen Metrik „mit bis dahin unbekannter Genauigkeit und Ausführlichkeit“ angestellte Untersuchung über die einzelnen Laute, Lautverbindungen und Lautveränderungen, wurde „grundlegend für das Studium des Altnordischen“ und „leitete eine neue Epoche in der isländischen Philologie ein.“ Es werden darin u. a. auch zum erstenmale in evidenter Weise die zwischen dem Alt- und Neuisländischen entstandenen Verschiedenheiten im Wortschatze und in den Wortformen festgestellt. Der Einfluſs der grammatischen Arbeiten Rasks, besonders aber der „deutschen Grammatik“ Jakob Grimms, auf dieses Werk ist übrigens nicht zu verkennen. *Konráð Gíslason* behandelte später die altisländische Lautlehre nochmals überaus eingehend in dem 1858 erschienenen ersten Hefte seiner *„Oldnordisk Formlære“*, das leider keine Fortsetzung fand. In demselben Jahre gab *Konráð* die noch vorhandenen Bruchstücke der altisländischen Übersetzung des Elucidarius heraus, begleitet von höchst schätzbaren orthographischen und paläo-

[1]) *Præfatio* zu *Sveinbjörn Egilssons Lexicon poeticum. pag.* XVII und K. Maurer in dem Artikel „Altnordische Wörterbücher“ im Anzeiger f. Kunde der deutschen Vorzeit. X. Bd. (Nürnberg. 1863), Spalte 428—429.

graphischen Erläuterungen, sowie später (1869) auch von einem photo-lithographischen Abdruck. Diese Ausgabe — wie z. T. schon seine im Verein mit *P. G. Thorsen* besorgte Ausgabe der „*Hrafnkelssaga Freysgoða*“ (1839) — gehört zu dem Sorgfältigsten und Besten, was von Drucken altisländischer Schriften vorliegt. Nicht geringes Verdienst erwarb sich der unermüdliche Gelehrte auch durch zwei umfassende lexikographische Arbeiten. Er gab 1851 ein grofses dänisch-isländisches Wörterbuch („*Dönsk orðabók með íslenzkum þýðingum*“) heraus („ein Buch, das einem lange gefühlten Mangel abhalf und noch das einzige wirkliche dänisch-isländische Wörterbuch ist, das existiert“), und er war auch der Hauptverfasser des über Anregung und auf Kosten eines reichen Engländers Namens Richard Cleasby ausgearbeiteten, später von *Guðbrandur Vigfússon* — leider nicht am besten — erweiterten und vollendeten „Icelandic-English Dictionary, based on the Ms. Collections of the late Richard Cleasby, enlarged and completed by Gudbrand Vigfusson“ (Oxford 1869 bis 1874), obgleich sein so bedeutender Anteil an dieser Arbeit weder im Titel zum Ausdruck gebracht, noch auch in der Vorrede, Einleitung und Biographie Cleasbys in gebührender Weise anerkannt wurde. Wie das Werk vorliegt, ist es wohl „das reichhaltigste (isländische) Wörterbuch, aber nicht immer ganz zuverlässig; die Etymologieen sind gänzlich verfehlt“ (Noreen). Bis jetzt unübertroffen ist *Konráð Gíslason* endlich als Kenner und Erklärer der Skaldenpoesie. Seine Abhandlung „*Nogle Bemærkninger om Skjaldedigtenes Beskaffenhed i formel Henseende*“ (1872) war für die altnordische Poetik von derselben grundlegenden Bedeutung wie seine „*Frumpartar*“ für die Grammatik, seine Ausgaben der „*Hrafnkelssaga*“ und des „Elucidarius“ für die Textkritik. Die Erklärungen von Skaldenversen finden sich in einer Anzahl gelegentlicher Abhandlungen, insbesondere aber im zweiten Bande der von ihm im Vereine mit *Erik Jónsson* besorgten „monumentalen“ Ausgabe der „*Njála*“ (1. Bd. 1875, 2. Bd. 1879 bis 1889) niedergelegt. Die sicheren Ergebnisse seiner Untersuchungen auf diesem Gebiete verwertete er in einer erst nach seinem Tode von der arnamagnäanischen Kommission herausgegebenen Auswahl altnordischer Skaldengedichte („*Udvalg af oldnordiske Skjaldekvad med Anmærkninger*“, Kopenh. 1892). Seine Vorlesungen über altnordische Skaldengedichte erschienen als erster Band der von ihm hinterlassenen Schriften, welche dieselbe Kommission 1895 herauszugeben begonnen hat („*Konráð Gíslason. Efterladte skrifter. Förste Bind. Forelæsninger over oldnordiske skjaldekvad*“). „Das Neue an *Konráð Gíslasons* Behandlung der alten Verse war, dafs er nicht nur zu den Handschriften selbst zurückging, sondern hauptsächlich die ästhetische Seite ihrer Erklärung so scharf ins Auge fafste und gerade dadurch die bisher so oft verkannte wirkliche Poesie der Skalden (in den Umschreibungen und im Zusammenhang) zu ihrem vollen Rechte gelangen liefs. *Sveinbjörn Egilsson* hatte nicht besondere Gelegenheit gehabt, diese Seite der Sache hervorzuheben, obgleich sie ihm nicht verborgen war. *Konráð Gíslasons* unvergängliches Verdienst ist es, speziell dieses hervorgehoben und unermüdlich eingeprägt zu haben.“ [1])

Auf denselben Gebieten, die *Konráð Gíslason* mit so glänzendem Erfolge pflegte, sammelte sich auch Dr. *Jón Þorkelsson* (geb. am 5. November 1822 auf *Sólheimar* in *Skagafjörður*, seit 1859 Lehrer, von 1872—95 Rektor der Lateinschule zu *Reykjavík*) nicht wenige und grofse Verdienste. Er lieferte wertvolle grammatische Arbeiten („*Um r og ur í niðrlagi orða og orðstofna*“, *Reykjavík*, 1863; „*Breytingar á myndum viðteingingarháttar í fornnorsku og fornislenzku*“, *Reykjavík*, 1887; „*Beyging sterkra sagnorða í íslenzku*“, *Reykjavík*, 1888—1894), verfafste drei isländisch-dänische Supplemente zu isländischen Wörterbüchern mit Anführung der Belegstellen, von denen das dritte der neuisländischen Sprache gewidmet ist, ohne freilich den gesamten in der gedruckten Litteratur vorliegenden Wortschatz zu erschöpfen („*Supplement til islandske Ordböger*“ I., *Reykjavík*, 1876; II., ibid. 1879—1885; III., ibid. 1890 ff.); ferner erklärte er geistvoll und zumeist treffend eine grofse Anzahl von Skaldengedichten und gab mehrere kleinere Sagas und Sagabruchstücke heraus. Er gilt dermalen als der beste Kenner der isländischen Sprache.

Ohne *Konráð Gíslason* oder *Jón Þorkelsson* an Gründlichkeit des Verständnisses seiner Muttersprache gleichzukommen und trotz mancher Verirrungen und Wunderlichkeiten hat auch der genial veranlagte *Guðbrandur Vigfússon* (geb. am 13. März 1829 in *Galtardalur* in der *Dalasýsla*, gest. am 31. Jänner 1889 als Professor an der Universität Oxford) auf den genannten Gebieten eine sehr ersprießliche Thätigkeit entfaltet. Er lenkte zuerst die Aufmerksamkeit auf sich durch eine ebenso gelehrte wie scharfsinnige Abhandlung über die Zeitrechnung in den Isländersagas („*Um tímatal í Íslendingasögum*“ in *Safn til sögu Íslands* I. Bd. S. 185—500), in der auch die ungewöhnliche Vertrautheit des Verfassers mit der Sagalitteratur erstaunen machte. Die Hauptthätigkeit *Guðbrandur Vigfússons* war jedoch der Herausgabe der alten Sagas und Dichtungen gewidmet. So besorgte er die Drucklegung des gröfseren Teiles der wichtigen *Biskupasögur* (2 Bde., 1858 und 1878), fünf kleiner Sagas (*Bárðarsaga Snæfellsás* etc., 1860), der *Eyrbyggja saga* (1864), der „Icelandic sagas and other historical documents relating to the settlement

---

[1]) *Finnur Jónsson* in „*Arkiv för nordisk filologi*“. VII. Bd. S. 298; auf den dort S. 293—303 befindlichen Nekrolog dieses trefflichen Schülers *Konráð Gíslasons* sei hier besonders hingewiesen, wie nicht minder auf den umfangreicheren Aufsatz eines anderen Lieblings des verstorbenen Meisters, *Björn Magnússon Olsens* in *Tímarit hins íslenzka bókmenntafjélags*. XII. (1891), S. 1—16.

and descents of the Northmen in the British Isles" (2 Bde., 1887), dann — mit Möbius — dreier „*Fornsögur*" (1860), — mit Unger — der *Flateyjarbók* (3 Bde., 1860—1868), endlich — mit seinem englischen Mitarbeiter Powell — der *Sturlunga saga*, deren Prolegomena eine ausführliche Übersicht der altnordischen Litteratur enthalten (2 Bde., 1878). Er gab ferner ein „Corpus poeticum boreale" (2 Bde., 1883) mit Übersetzung der Gedichte ins Englische, bemerkenswerter Einleitung, einer Anzahl schätzbarer Exkurse und vielen Anmerkungen, Erläuterungen u. s. w., sowie — mit Powell — „An Icelandic Prose-Reader with Notes, Grammar and Glossary" (1879) heraus, und bearbeitete in der bereits angedeuteten Weise *Konráð Gíslasons* Materialien zu Cleasbys „An Icelandic-English Dictionary" (mit vorausgeschickten „Outlines of Grammar", p. XV—XLIV).[1])

Sehr verdienstlich wirkte auf den Gebieten der isländischen Philologie und Archäologie auch der Politiker *Jón Sigurðsson* teils durch Herausgabe und Bearbeitung der alten Quellen, teils durch Vorreden, Einleitungen, Anmerkungen u. dgl. Wir heben besonders hervor seine Beteiligung an der Herausgabe der isländischen Annalen (1847), der Snorra-Edda (durch die arnamagnäanische Kommission), der beiden ersten Bände der „*Íslendinga sögur*" (1843 und 1847), der „Antiquités russes" (2 Bde., 1850 bis 1852), der „*Biskupa sögur*" und der unter dem Titel „*Íslenzk fornkvæði*" (2 Bde., 1854—1885) erschienenen Sammlung älterer isländischer Volkslieder. Er gab die Bischofsannalen *Jón Egilssons* und die Reformationsgeschichte *Jón Gizurarsons* (in *Safn til Sögu Íslands og íslenzkra bókmennta*, I, 1856), sowie mehrere kleinere Sagas heraus. Er schrieb auch die Vorreden zu den Wörterbüchern von *Sveinbjörn Egilsson* und *Erik Jónsson*, welche „höchst bedeutsame Aufklärung über die Geschichte der isländischen Sprache bringen," wie denn überhaupt seine gelehrten Erzeugnisse philologischer oder geschichtlicher Natur „jedem zur Hand sein müssen, der auf jenen Gebieten thätig werden will."[2])

Von den älteren Gelehrten erwähnen wir noch: den (ganz auf *Konráð Gíslason* sich stützenden) Grammatiker *Halldór Kr. Friðriksson* (geb. 1819), der in seinen „*Íslenzkar rjettritunarreglur*" (1859) eine isländische Rechtschreibungslehre (mit kurzem Abriſs der Formenlehre) geboten hat, worin er „durch die Art, in der seine Regeln teils etymologisch, teils handschriftlich, teils metrisch begründet, für die Lautkenntnis der alten Sprache manchen schätzbaren Beitrag lieferte," und dessen „*Íslenzk málmyndalýsing*" (1861) die erste in isländischer Sprache geschriebene

---

[1]) Vgl. den Nekrolog über *Guðbrandur Vigfússon* von *Jón Þorkelsson* d. J. im *Arkiv för nordisk filologi* VI. Bd., S. 156—163. — [2]) Vgl. Konrad Maurers Zur politischen Geschichte Islands, S. 301—318; *Eiríkur Briem* in *Andvari*, VI. Jahrg., S. 1—43 und *Jón Þorkelsson* d. A. in *Tímarit hins íslenzka bókmenntafjelag*, III. Jahrg., S. 1—30.

Grammatik des Isländischen bildet; dann den Lexikographen *Eiríkur (Erik) Jónsson* (geb. 1822), dessen „*Oldnordisk Ordbog*“ (1863), ohne Belegstellen, zwar strengeren wissenschaftlichen Anforderungen nicht genügt, aber doch für jeden unentbehrlich ist, der sich mit der neueren isländischen Litteratur beschäftigen will; ferner *Benedikt Gröndal*, den Jüngeren, der in seiner „Clavis poëtica antiquæ linguæ septentrionalis“ (Kopenhagen, 1864) eine systematische Übersicht der dichterischen Wörter und Umschreibungen der Skaldenpoesie nach *Sveinbjörn Egilssons* „Lexicon poeticum“ gab und eine Anzahl gelehrter Abhandlungen, z. B. noch in neuester Zeit: „über *Guðbrandur Vigfússons* Sturlungasaga und Prolegomena,“ „über die Sæmundar-Edda und nordische Mythologie, Ansichten Bugges und Rydbergs“ „über die alte Dichtung der Isländer und Norweger,“ über *Guðbrandur Vigfússons* „Corpus poëticum boreale“ u. a. schrieb.

Auch *Eiríkur Magnússon*, der erfindungsreiche Bibliothekar der Cambridger Universitäts-Bibliothek hat sich durch mehrere isländisch-philologische Abhandlungen wie durch die Herausgabe mehrerer alter Texte, z. B. der *Lilja* des *Eysteinn Asgrímsson*, der *Thomas saga erkibyskups* u. a., und durch Übersetzung dieser wie einer Anzahl sonstiger alt- und neu-isländischer Texte, insbesondere Sagas, ins Englische, gewöhnlich in Gemeinschaft mit William Morris, hervorgethan. Er giebt mit Morris jetzt auch „The saga Library“ heraus. Ihm ist es geglückt, den Codex Scardensis, der seit Anfang unseres Jahrhunderts verloren war, auf einer englischen Bibliothek wieder aufzufinden (vgl. oben S. 173—174).

Von jüngeren Gelehrten nennen wir als besonders tüchtig Dr. *Finnur Jónsson* (geb. 1858), der bereits eine Reihe gediegener Werke, Abhandlungen, Ausgaben wichtiger alter Texte (wie der Edda-Lieder, der *Heimskringla*, der *Egilssaga* u. a.) und sonstige Arbeiten geliefert hat, darunter — in dänischer Sprache — eine umfassende, alle positiven Ergebnisse der wissenschaftlichen Forschung berücksichtigende altnorwegische und altisländische Litteraturgeschichte („Den oldnorske og oldislandske Litteraturs Historie.“ I. 1894), ferner „Kritiske Studier over en del af de ældste norske og islandske Skjaldekvad“ (1864), einen knappen Abrifs der isländischen Litteraturgeschichte („*Agrip af bókmenntasögu Íslands*,“ I. 900 bis 1400; II. 1400—1890, *Reykjavík* 1891—92), eine kurze isländische Verslehre („*Stutt íslenzk bragfræði*“, 1892). Sehr verdienstlich wirkt auch Dr. *Jón Þorkelsson* d. J., ein ausgezeichneter Kenner der mittelisländischen Litteratur, dessen „Om Digtningen på Island i det 15. og 16. Århundrede“ (1882) bereits ein unentbehrliches Quellenwerk geworden ist, und von dem auch eine Reihe sehr lehrreicher Abhandlungen vorliegt. Dr. *Björn Magnússon Olsen*, der neue Rektor der Lateinschule zu *Reykjavík*, stellte treffliche Untersuchungen über „*Runerne i den oldislandske Litteratur*“ (1883) an, welche „die erste gründliche Arbeit über die grammatische Thätigkeit der alten Isländer bilden," schrieb „*Um Versene i Kormakssaga*" (1888) sowie eine Anzahl von Aufsätzen und gab „*Den tredje og fjærde grammatiske Afhandling i Snorres Edda*" etc. (1884) heraus.

Als Herausgeber von Sagas u. dgl. verdienen noch *Þorleifur Jónsson*, dem man auch eine handliche Ausgabe der *Snorra-Edda* (1875) verdankt, sowie *Valdimar Ásmundarson* genannt zu werden. Um die isländische Altertumskunde hat sich ferner der Goldschmied und spätere Kustos der Antiquitätensammlung zu *Reykjavík*, *Sigurður Vigfússon* (1828—1891), ein Bruder *Guðbrandurs*, verdient gemacht durch seine zahlreichen Untersuchungen und Nachgrabungen an historisch merkwürdigen Stätten und die Berichte, die er darüber — zumeist in den Jahrbüchern des „*Ísl. fornleifafjelag*" — veröffentlichte.

Als Lexikographen sind noch zu nennen: *Jónas Jónasson*, der ein neues dänisch-isländisches („*Ný dönsk orðabók*", *Reykjavík*, 1896), und G. T. Zoëga, der ein englisch-isländisches Wörterbuch („*Ensk-íslenzk orðabók*", *Reykjavík*, 1896) herausgegeben hat.

Die Geschichtschreibung ist in diesem Jahrhundert ebenfalls fleifsig betrieben worden. Die Geschichte Islands von der Zeit der Unterwerfung der Insel unter Norwegen bis 1832 behandelte nach Jahren und in Sagaform der Sysselmann **Jón Jónsson Espólín** „*hinn fróði*", (geb. den 22. Oktober 1769 auf dem Hofe *Espihóll* im nördlichen Island, Sohn des Sysselmannes *Jón Jakobsson*; nach 1791 vollendeten juridischen Studien Sysselmann zuerst der *Snæfellsnessýsla*, 1796 der *Borgarfjarðarsýsla* und 1803—1825 der *Skagafjarðarsýsla*, gest. den 1. August 1836). Das betreffende Werk betitelt sich: „*Íslands Árbækur í söqu-formi*" und ist in zwölf Teilen von 1821—1855 zu Kopenhagen von der isländischen Litteraturgesellschaft herausgegeben worden. Obgleich nicht mit wissenschaftlicher Kritik gearbeitet, ist dieses überaus fleifsige Werk doch eine höchst schätzbare Fundgrube für die Geschichtschreiber Islands; denn „nirgends in der gedruckten Litteratur finden sich so viele Begebenheiten, grofse und kleine, und so viele Personen besprochen wie hier; und das meiste ist doch sehr zuverlässig. *Espólíns* Jahrbücher sind daher eine ausgezeichnete Geschichtsquelle, aus der man für alle Zeiten schöpfen mufs, obgleich sie keine wirkliche Geschichte sind" (*Finnur Jónsson*). Die geradezu verblüffende Kenntnis der heimatlichen Geschichte, die in den „Jahrbüchern" niedergelegt erscheint, ist aber nicht der einzige Vorzug dieses trefflichen Werkes. Auch Sprache und Stil sind so vorzüglich und gleich der ganzen Konzeption so urisländisch, dafs sich *Espólín* von allen Schriftstellern einer langen Zeit vor ihm unterschied „wie Gold von Kupfer", um einen im Isländischen beliebten Vergleich anzuwenden. „Er war der einzige zu seiner Zeit, der ein gutes Isländisch schrieb, ehe *Sveinbjörn Egilsson* auf den Plan trat (1820)". Als Geschichtschreiber aber bildete er eine förmliche Schule, die bis auf den heutigen Tag nicht ausgestorben ist.[1]) *Espólín* übersetzte auch eine Anzahl ausländischer geschichtlicher Werke, verfaſste theologische Schriften, dichtete geistliche und weltliche Lieder und war überhaupt einer der vielseitigsten und fleiſsigsten Litteraten Islands.

Im Geiste und Stile *Jón Espólíns* schrieben namentlich mehrere Autodidakten mit überaus reichen heimatsgeschichtlichen Kenntnissen. Wir nennen vor allen den Bauern *Gísli Konráðsson* (1787 bis 1877), Vater des Professors *Konráð Gíslason*. Er zählte zu den gründlichsten Kennern der Geschichte Islands und hat eine überaus groſse Anzahl von Abhandlungen und Werken historischen, biographischen und sagenkundlichen Inhaltes teils selbständig, teils nach dänischen Vorlagen und zwar in vorzüglichem Isländisch geschrieben, wovon jedoch nur der geringste Teil gedruckt wurde.[2]) *Jón Espólín* und *Gísli Konráðsson* waren überhaupt die bedeutendsten Geschichtschreiber ihres Landes in isländischer Sprache seit der alten Zeit, und *Gísli* hat sogar noch viel mehr geschrieben als *Espólín*.

Weiters ist des *Daði Níelsson* zu gedenken, ebenfalls „*hinn fróði*“ genannt (1809—1856), eines Menschen ohne Schulbildung und eigentlichen Beruf, der eine Zeit lang Nachtwächter in *Akureyri* war, zeitweilig wohl auch als Knecht sein Brot verdiente, zumeist aber das Leben eines Landstreichers (*flækingur*) führte. Er hatte sich jedoch kein geringes Maſs von Bildung angeeignet, verstand Dänisch und war in den alten isländischen Sagas so bewandert, daſs er sie fast auswendig wuſste. Er schrieb u. a. „*Prestaæfir*“ d. h. die Biographieen aller (!) Geistlichen Islands, ein sehr umfangreiches Werk, welches dem „*Presta tal og prófasta á Íslandi*“ des Probstes *Sveinn Níelsson* (1801—1881) zu Grunde liegt, das 1869 von der isländischen Litteraturgesellschaft herausgegeben wurde, ferner Biographieen verschiedener anderer merkwürdiger Männer („*Andvaka*“) u. v. a.[3]) Auch der Buchbinder, später Polizeidiener zu *Reykjavík*, *Jón Borgfirðingur* (geb. 1826), Vater des rühmlich bekannten Dr. *Finnur Jónsson*, muſs zu dieser Schule gerechnet werden. Derselbe verzeichnete die Geschicke der Buchdruckerei auf Island in einem sehr ansprechenden Schriftchen „*Söguágrip um prentsmiðjur og prentara á Íslandi*“ (*Reykjavík*, 1867) und hat sich auch sonst mehrfach als guter Geschichtskenner seines Landes erwiesen. Am liebsten beschäftigte er sich jedoch mit litterar-

[1]) Vgl. *Saga Jóns Espólíns hins fróða, sýslumanns í Hegranesþingi. Rituð af sjálfum honum í dönsku máli, en Gísli Konráðsson færði hana á íslenzkt mál, jók hana og hélt henni fram* (Kopenhagen, 1895) und *Jón Þorkelssons* d. J. Vorwort zu diesem Werke, S. III—XLIII, bes. XXXIV bis XXXV. — [2]) Vgl. *Sunnanfari*, IV (1894), S. 25—27, mit einem Bildnis *Gísli Konráðssons*. Mehrere personalgeschichtliche Aufsätze *Gísli Konráðssons* erschienen neuestens in „*Huld*“, I—V. Vgl. auch die Anmerkung 7 auf S. 42. — [3]) *Jón Borgfirðingur*, *Rithöfundatal*, S. 84. *Jón Sigurðsson* im Vorwort zu *Sveinn Níelsson's Presta tal og prófasta*, S. V, und private Mitteilungen.

historischen Studien. Ein „kurzes Verzeichnis der Schriftsteller auf Island“ (*Stutt rithöfundatal á Íslandi*), das er 1884 herausgab, enthält zwar mancherlei z. T. recht schwere Irrtümer, gereicht ihm aber dennoch nicht zur Unehre. Recht gut ist auch seine, übrigens zumeist auf eine Vorarbeit *Gísli Konráðssons* gestützte Biographie *Sigurður Breiðfjörðs*. *Jón Borgfirðingur* hat außerdem verschiedene Dichtungen, besonders Rímur, von anderen, namentlich aber von dem zuletzt genannten Poeten, herausgegeben.[1]) — Im Geist und Stile dieser Schule ist auch *Brynjólfur Jónssons (frá Minna Núpi)* treffliche „*Saga af Þuríði formanni og Kambránsmönnum*“ gehalten, welche seit 1893 (in Beilagenheften der Zeitung *Þjóðólfur*) erscheint und von *Gísli Konráðsson* geschrieben sein könnte.[2])

Bischof *Pjetur Pjetursson* (1808—1891) schrieb eine geschätzte Fortsetzung der „Historia ecclesiastica Islandiae“ des Bischofs *Finnur Jónsson* (vgl. oben S. 145) von 1740—1840, erschienen 1841 zu Kopenhagen.

Durch gehaltvolle geschichtliche Aufsätze, wie z. B. das „Verzeichnis der *Lögsögumenn* und *Lögmenn* auf Island“ (in *Safn*, II, S. 1—250), Einleitungen und Erläuterungen zu anderen historischen Arbeiten, sowie durch die Herausgabe solcher Schriften, ganz besonders des „Diplomatarium islandicum“ (I. Bd., 1857 bis 1876) hat ferner *Jón Sigurðsson* sich die gröfsten Verdienste um die Geschichte Islands erworben, und obgleich er kein eigentliches selbständiges Geschichtswerk verfaßte, hat er für die Geschichte Islands vielleicht mehr gethan als *Jón Halldórsson*, *Finnur Jónsson* und *Hannes Finnsson* zusammen.[3])

Páll Melsteð (geb. 1812) verfaßte eine allgemeine Weltgeschichte für das Volk („*Veraldarsagan: Fornaldarsagan*“, erweiterte Übersetzung eines dänischen Werkes von H. G. Bohr, 1764; „*Miðaldasagan*“, 1866; „*Nýja sagan*“, 1868—1887) und ebenso eine für das Volk berechnete Geschichte der nordischen Länder („*Norðurlandasaga*“, 1891) u. a. — Die Geschichte der Reformation auf Island behandelte *Þorkell Bjarnason* (geb. 1839) in seinem Buche „*Um siðbótina á Íslandi*“ (1878); von diesem Autor rührt auch ein kurzer Abriß der Geschichte Islands („*Ágrip af sögu Íslands*“, 1880), sowie eine Anzahl geschichtlicher Aufsätze her.

Nicht wenig wurde zur Geschichte des Landes auch durch Biographieen mehr oder minder bemerkenswerter Männer, welche daselbst gelebt und gewirkt haben, beigetragen. So lieferte *Jón Þorkelsson* der Ältere in seiner „*Æfisaga Gizurar Þorvaldssonar*“ (1868) eine Lebensbeschreibung jenes *Gizurr jarl*, der Island unter

---

[1]) Vgl. *Sunnanfari*, a. a. O., S. 27—28, mit einem Bildnis *Jón Borgfirðingurs*. — [2]) Vgl. über die Schule *Espólíns Jón Þorkelsson* d. J. im Vorworte zur *Saga Jóns Espólíns hins fróða*, S. XXXVIII—XXXIX. — [3]) Vgl. *Jón Þorkelsson* d. Ä. in *Tímarit hins íslenzka bókmenntafélags*, III, (1882), S. 28.

die Botmäfsigkeit der Könige von Norwegen brachte, und damit zugleich „selbstverständlich einen fortlaufenden Kommentar zu dem gröfseren Teile der *Sturlunga* und zu gar manchen Kapiteln der *Hákonar saga gamla*"; *Jón Þorkelsson* der Jüngere gab in der „*Saga Jörundar Hundadagakóngs*" (1892) eine authentische Darstellung des fast komischen Abenteuers, das Island im Sommer 1809 mit seinem „Hundstagekönig" Jörgen Jürgensen erlebte (vgl. oben S. 155—158), und schrieb aufserdem eine höchst eingehende Biographie des vielseitig gebildeten und hervorragenden *Magnús Jónsson* „des Eleganten" aus der zweiten Hälfte des 16. Jahrhunderts, den wir auch in diesem Buche bereits als trefflichen Dichter und Juristen kennen gelernt haben („*Saga Magnúsar prúða*", 1895). *Jón Jónsson* behandelte das Leben und Wirken des Landvogtes *Skúli Magnússon*, sowie die ökonomischen Verhältnisse Islands zur Zeit dieses um sein Vaterland so sehr verdienten Mannes (in *Safn til sögu Íslands*, III Band, S. 1—191) und lieferte einen umfangreichen und sehr belehrenden Aufsatz über die Verhältnisse der Pachtbauern auf Island im achtzehnten Jahrhundert.

Hier ist auch des historisch-statistischen Werkes über Island im achtzehnten Jahrhundert zu gedenken, welches *Magnús Stephensen* zuerst (1806) in isländischer Sprache unter dem Titel „*Eptirmæli átjándu aldar*", sodann (1808), vollständig umgearbeitet, in dänischer Sprache („Island i det attende Aarhundrede, historisk-politisk skildret") herausgegeben hat, und das die Verhältnisse Islands im achtzehnten Jahrhundert in physischer, ökonomischer, wissenschaftlicher und politischer Hinsicht behandelt.

Die heimische Genealogie ist noch immer ein beliebtes Studium der Isländer. „Den Stammbaum der hervorragendsten Geschlechter zu verfolgen, ist ein alter und guter Brauch in den Biographieen der Isländer, der durchaus nicht abkommen sollte," bemerkt *Jón Sigurðsson* in seiner Biographie *Jón Þorlákssons*. Die bekanntesten Genealogen dieses Jahrhunderts, welche Geschlechtsregister verfafsten, sind: *Jón Espólín* (seine trefflichen, 8 dicke Bände umfassenden „*ættartölur*" sind leider noch immer nicht gedruckt), *Gísli Konráðsson*, *Daði fróði*, *Ólafur Guðmundsson Snókdalín* († 1843), Bischof *Steingrímur Jónsson*, *Bogi Benediktsson* († 1849), *Jón Sigurðsson* in *Steinar*, *Einar Isleifsson* zu *Seljaland*, der Justitiarius *Jón Pjetursson* und *Jón Þorkelsson* d. J. Doch liegen ihre Arbeiten bisher nur handschriftlich vor, mit Ausnahme der „*Sýslumannaæfir*" des *Bogi Benediktsson*, welche, mit zahlreichen trefflichen Anmerkungen und Zusätzen von *Jón Pjetursson* versehen, seit 1881 erscheinen, sowie der „*ártaskrár*", welche *Jón Þorkelsson* d. J. seiner Ausgabe „Isländischer Todestagsverzeichnisse" („*Íslenzkar ártíðarskrár eða Obituaria Islandica*", Kopenhagen, 1893 bis 1896) beigegeben hat, einem Werke, das auch sonst sehr schätzenswerte Beiträge zur isländischen Genealogie enthält. Als vorzügliche Kenner der isländischen Geschlechtskunde sind ferner aus diesem

Jahrhundert noch bekannt: *Finnur Magnússon, Jón Sigurðsson, Guðbrandur Vigfússon, Gísli Brynjólfsson*, Pastor *Sigurður* zu *Útskálar*, Frau *Hólmfríður Þorvaldsdóttir* und deren Schwester *Kristín*. Von den Jüngeren gilt cand. theol. *Hannes Þorsteinsson frá Brú* für den weitaus tüchtigsten Kenner der heimischen Genealogie.[1])

Einen grofsen Fortschritt machte in diesem Jahrhundert, und zwar besonders in der neuesten Zeit, der Betrieb der isländischen Volkskunde. Waren auch die Bestrebungen dreier gelehrter Gesellschaften in Dänemark, nämlich einer 1807 errichteten Kommission für die Erhaltung von Altertümern, dann der isländischen Litteraturgesellschaft und der Gesellschaft für nordische Altertumskunde, die nach einander in den Jahren 1817, 1839 und 1846 Aufforderungen zur Einsendung auf Altertümer und volkskundliche Gegenstände bezüglicher Berichte nach Island ergehen liefsen, ohne besonders ausgiebigen Erfolg geblieben, so haben doch einzelne isländische Gelehrte nicht wenig und sehr schätzbares Material zu ihrer heimischen Volkskunde beigesteuert.

Wir erwähnen zuerst die Sprichwörtersammlungen des Probstes *Guðmundur Jónsson* († 1836) und des Lateinschullehrers Dr. *Hallgrímur Schering*. Die Sammlung des ersteren, welche 1830 unter dem Titel „*Safn af íslenzkum orðskviðum, fornmælum, heilræðum, snilliyrðum, sannmælum og málsgreinum*" (Sammlung von isländischen Sprichwörtern, alten Gedankensprüchen, guten Ratschlägen, treffenden Aussprüchen, Wahrsprüchen und Aphorismen) erschien, „ist zwar sehr reich, aber sie enthält neben echt isländischen Stücken auch gar manche ausländische oder neuerfundene, welche auf der Insel nie in den Volksmund übergegangen sind; sie enthält ferner, wie auch ihr Titel andeutet, nicht nur Sprichwörter, sondern auch blofse Lebensregeln, Sentenzen u. dgl., deren volkstümlicher Charakter vollends anfechtbar ist." Die Sammlung *Hallgrímur Scherings* (*Íslendskir málshættir*), erschienen in zwei Programmen der Lateinschule (1843 und Nachtrag 1847), enthält „eine Reihe weit sorgsamer ausgewählter und behandelter Sprichwörter", welche zum Teil auch mit Nachweisen ihres Vorkommens versehen sind.[2])

Angeregt durch die „Kinder- und Hausmärchen" der Gebrüder Grimm (erschienen 1812—1815), gaben *Magnús Grímsson* († 1860) und *Jón Árnason* († 1888) im Jahre 1852 zunächst ein kleines Bändchen isländischer Volkssagen, Volkslieder und Schwänke („*Íslenzk æfintýri*") heraus, welchem der letztere in den Jahren 1862—64 eine stattliche, zweibändige Sammlung „isländischer Volkssagen und Märchen" (*Íslenzkar þjóðsögur og æfintýri*, Leipzig), die von *Guðbrandur Vigfússon* mit einer „sehr lesenswerten" Einleitung versehen wurde, folgen liefs. Das Werk enthält nicht nur Volkssagen

[1]) Vgl. *Jón Þorkelsson* in *Ísl. ártíðaskrár eða Obitiaria islandica* (Kopenh. 1893—97), S. 13. — [2]) K. Maurer in der Zeitschrift d. Vereins f. Volkskunde. 1891, S. 45—46. — Vgl. auch die Besprechung der beiden Sammlungen in *Fjölnir*, VII. S. 100—103.

und Märchen, sondern auch Schwänke (*kýmnisögur, skrýtlur*) und allerlei isländischen Volksaberglauben (*kreddur*); es handelt in letzterer Beziehung z. B. von den „*vîti*", d. i. von Strafen, die dieser oder jener, oft scheinbar ganz unverfänglichen Handlung folgen sollen, von Vorzeichen (*fyrirburðir*), und zwar sowohl von denjenigen, welche auf Unglück deuten (*illsvitar*), als von denen, welche Glück anzeigen (*góðsvitar*) oder auch gleichgültiger Art sind, wie auch von den Witterungs- und Jahresvorzeichen; endlich von besonderen Gebräuchen (*venjur*), die an bestimmte Zeiten und Tage im Jahre sich knüpfen. Interessant ist es, dafs der Sammler die einzelnen Sagen, Märchen u. s. w. fast ausnahmslos mit den Worten des Gewährsmannes, der dieselben beigesteuert, mitteilt. „Es hat diese Einrichtung ihre guten wie ihre schlimmen Seiten. Die Gleichförmigkeit der Darstellung, sogar der Orthographie, wird durch dieselbe verletzt, manche Wiederholung veranlafst, auch hin und wieder die Aufnahme eines Stückes verschuldet, das nach Form und Inhalt für die Sammlung nicht recht geeignet ist. Dagegen wird aber auch die Originalität der einzelnen Sagen auf keinem anderen Wege so vollständig gewahrt wie auf diesem; die Sammlung gewinnt an Mannigfaltigkeit gerade durch die Verschiedenheit der Diktion und an Lokalfarbe, welche jede einheitliche Redaktion notwendig beeinträchtigen müfste." Ohne den Vorrat an isländischen Volkssagen, Märchen und Schwänken auch nur annähernd zu erschöpfen, liegt in den beiden Bänden doch „eine so reiche Fülle des trefflichsten Materiales vor, und überwiegt die Zahl der gut und zum Teil ausgezeichnet erzählten Sagen so entschieden gegenüber den minder gut oder schlecht zu nennenden, dafs der Eindruck des Ganzen auf den Leser nur ein überaus angenehmer und erfrischender, der Gewinn, welcher aus dem Werke zu ziehen ist, nur ein sehr bedeutender genannt werden kann."[1]) Eine Auswahl aus den Sagen dieser Sammlung erschien auch in deutscher Übersetzung von Frl. Margarete Lehmann-Filhés („Isländische Volkssagen", 2 Bde. Berlin, 1889 u. 1891); eine Anzahl Elbensagen verdeutschte Dr. H. v. Lenk im (Berliner) „Centralorgan für die Interessen des Realschulwesens" (XIV, 1886, S. 497 bis 509), verschiedene Aberglauben Felix Liebrecht in seinem Buche „Zur Volkskunde", S. 362—373. Fünfunddreifsig Märchen aus dieser Sammlung und ein ihm von *Steingrímur Thorsteinsson* mitgeteiltes hatte sich bereits 1884 der Schreiber dieser Zeilen ins Deutsche

[1]) K. Maurer in Germania, VII., S. 242 und IX., S. 231—243—244. Wir machen auf die dort (VII., S. 247—251 und IX., S. 23—245) befindlichen, ausführlichen Besprechungen des Werkes durch diesen ausgezeichneten Kenner der isländischen Volkssage, der bekanntlich selbst eine vorzügliche Sammlung „Isländische Volkssagen der Gegenwart vorwiegend nach mündlicher Überlieferung gesammelt und verdeutscht" (Leipzig, 1860) herausgegeben hat, ganz besonders aufmerksam, und verweisen ferner noch auf die Besprechung des Werkes durch F. Liebrecht a. a. O., XXI, S. 68—75 (auch in dessen Schrift: „Zur Volkskunde", S. 262—372).

zu übersetzen und zu veröffentlichen erlaubt („Isländische Märchen. Aus den Originalquellen übertragen.“ Wien). Aufserdem erschienen Übersetzungen ausgewählter Stücke der Sammlung in dänischer, norwegischer, französischer und englischer Sprache.

Jón Árnason gab ferner 1887 eine reichhaltige Sammlung isländischer Rätsel heraus („*Íslenzkar gátur*“), wovon die berühmten Rätsel des *Gestumblindi* (in der „*Hervarar saga ok Heiðreks konungs*“) ebenfalls durch den Verfasser dieses Büchleins zuerst nach der Ausgabe N. M. Petersens in „Aus Hellas, Rom und Thule“ (Leipzig, 1882, S. 151—183), dann nach der Bugges in „Das Tyrfingschwert, eine altnordische Waffensage“ (Hagen i. W. und Leipzig, 1883) verdeutscht worden sind.

Sehr schätzbare Bereicherungen der isländischen Volkskunde bilden die Werke über isländische Volksbelustigungen („*Íslenzkar skemtanir*“, Kopenhagen, 1888—1892) und über die unter dem Namen „*Vikivakar*“ bekannten alten Tanzunterhaltungen mit den dabei gesungenen Liedern („*Íslenzkir vikivakar og vikivakakvæði*“, ebenda 1894), welche ein Verwandter *Jón Árnasons*, der junge tüchtige Folklorist *Ólafur Davíðsson*, auf Grund eigener und fremder Sammlungen herausgegeben hat. Von demselben Autor erschien auch eine neue Sammlung isländischer Volkssagen und Märchen („*Íslenzkar þjóðsögur. Safnað hefir Ó. D.*“ *Reykjavík* 1895), die ganz trefflich ist, auch eine neue Kategorie von Sagen, nämlich „*stórlygasögur*“ oder „*haugalygar*“ d. s. lügenhafte Erzählungen in der grotesk-komischen Art der Münchhausiaden, enthält, jedoch an dem Nachteile leidet, dafs die Sagen mit den eigenen Worten des Herausgebers erzählt sind und daher des charakteristischen Volkssagenstils (*sögukerlingastýl*) entbehren.[1])

An volkskundlichen Schriften oder Aufsätzen erschienen in diesem Jahrhunderte ferner noch: von Dr. *Valtýr Guðmundsson* eine sehr tüchtige Arbeit über die Privatwohnungen auf Island in der Sagazeit („*Privatboligen på Island i Sagatiden*“, Kopenhagen, 1889), sowie eine Abhandlung über die altnordische Bundbrüderschaft (in „*Þrjár ritgjörðir, sendar og tileinkaðar Herra Páli Melsteð af Finni Jónssyni, Valtý Guðmundssyni og Boga Th. Melsteð*“, Kopenhagen, 1892); von *Benedikt Gröndal* eine (viel zu wenig beachtete) interessante Abhandlung über den Volksglauben im Norden mit besonderer Hinsicht auf Island („*Folketro i Norden, med særligt Hensyn til Island*“ in *Annaler for nordisk Oldkyndighed*, 1863, S. 3—178), wie auch eine solche über Seeungeheuer und Seegespenster („*Sjóriti og sjóskrímsl* in *Tímarit hins íslenzka bókmenntafjelags*, S. 98—135); von *Sæmundur Eyjólfsson* Abhandlungen über „Volksglauben und Volkssagen“ und über „Oðinn im Volksglauben der späteren Zeit“ (in *Tímarit*, 1891, S. 97—145 u. 1894, S. 134—197); von Dr. *Finnur Jónsson* Abhandlungen über „Zauberei und Wahrsagerei in der

---

[1]) *Sunnanfari*, IV., 9, S. 70—71.

alten Zeit" (in *Þrjár ritgjörðir*, S. 5—28), sowie über „Namengedichte und Rätsel" (in: Germanistische Abhandlungen zum LXX. Geburtstag Konrad von Maurers, Göttingen, 1893).

Seit dem Jahre 1890 erscheint auf Island (zu *Reykjavík*) auch eine der isländischen Volkskunde gewidmete Zeitschrift unter dem Titel: „*Huld. Safn alþýðlegra fræða íslenzkra*", herausgegeben von *Hannes Þorsteinsson*, *Jón Þorkelsson*, *Ólafur Davíðsson*, *Pálmi Pálsson* und *Valdimar Ásmundarson*.

In der isländischen Rechtskunde, der alten wie der neuen, hat sich *Vilhjálmur Finsen* (1823—1892) einen glänzenden Namen erworben durch seine vorzüglichen, mit trefflichen Erläuterungen versehenen Ausgaben der noch vorhandenen, unter dem Namen „*Grágás*" (vgl. oben S. 114) bekannten, alten isländischen Rechtsbücher bezw. Fragmente, sowie durch eine Reihe höchst gediegener Abhandlungen prozessualischen und historischen Inhaltes. — *Jón Sigurðsson* gab mit *Oddgeir Stephensen* und zuletzt allein eine Sammlung der isländischen Gesetze (*Lovsamling for Island*, 17 Bände, 1853—1877) heraus, die nicht nur für den praktischen Juristen „geradezu von kapitaler Bedeutung" ist, sondern durch *Jón Sigurðssons* geschichtliche und historische Einleitungen zu den meisten Gesetzen, Verordnungen u. s. w. eine wahre „Goldgrube" für die politische und Rechtsgeschichte wie Rechtskunde Islands bildet und daher auch unentbehrlich ist für jeden, der sich mit isländischer Geschichte überhaupt beschäftigt. — Nicht unerwähnt dürfen *Magnús Stephensens* rechtsbelehrende Schriften für das Volk (z. B. „*Handbók fyrir hvern mann*", 1812, u. a.) bleiben.

Einen sehr bedeutenden Aufschwung nahm in diesem Jahrhundert die Erd- und Naturbeschreibung, insbesondere insoweit sich dieselbe auf Island selbst erstreckte. Ein stattliches und für seine Zeit recht gutes allgemein geographisches Werk war „*Almenn landa-skipunarfræði*" (2 Bände, Kopenhagen, 1821 bis 1827) zum gröfsten Teile von dem Pastor *Gunnlaugur Oddsen* (1788—1835) verfafst.[1]) Als eine glänzende Leistung ist die Karte von Island zu bezeichnen, die *Björn Gunnlaugsson* (1788—1876), Lehrer an der Lateinschule, mit Hilfe der von Seiten der Isl. Litteraturgesellschaft wie der dänischen Regierung bewilligten Geldmittel und auf Grund der für die Küsten des Landes bereits in den Jahren 1780—1820, für das Innere des Landes aber von ihm selbst unternommenen Vermessungen nach zwölfjähriger Arbeit

---

[1]) Vgl. ***Pétur Péturssons*** Historia ecclesiastica Islandiæ (Kopenhagen, 1841, S. 391—392), wo als Datum der Geburt ***Gunnlaugur Oddsens*** der 9. Mai 1788 genannt wird. Dasselbe Datum wird auch in der Grabschrift angegeben, die sich in der ***Minning Síra Gunnlaugs Oddssonar*** (Kopenhagen, 1838) abgedruckt findet. ***Jón Borgfirðingur*** (***Rithöfundatal***, S. 86) giebt 1783, ***Finnur Jónsson*** (***Ágrip af bókmenntasögu***, II., S. 76) 1786 als Geburtsjahr an.

vollendet hat. Sie ist in einer gröfseren Ausgabe zu vier Blättern (im Mafsstabe 1:480,000) und in physisch-geographischer, administrativer und hydrographischer Illumination, und in einer kleineren in einem Blatte (Mafsstab 1:960,000) in administrativer Illumination erschienen. *Halldór Friðriksson* und *Þorvaldur Jónsson Thóroddsen* (ein Sohn des Dichters *Jón Þórðarson Thóroddsen*), beide ebenfalls Lehrer an der Lateinschule, verfafsten je eine kurze Beschreibung Islands („*Lýsing Islands*"). Dr. *Þorvaldur Thóroddsen* schrieb aufserdem eine „*Oversigt over de islandske Vulkaners Historie*" (København, 1882), eine Geschichte der Geographie Islands („*Landfræðissaga Islands*"; bisher erschien der I. Teil, *Reykjavik*, 1892 bis 1896, auch ins Deutsche übersetzt von A. Gebhardt), sowie zahlreiche gröfsere Abhandlungen über die Ergebnisse seiner geographischen und naturwissenschaftlichen Untersuchungen auf Island, die er seit einer Reihe von Jahren in unermüdlicher Arbeit und unter den gröfsten Anstrengungen in bisher gar nicht oder nur ungenügend erforschten Teilen der Insel angestellt hat, und durch welche die geographische Kenntnis Islands erst auf eine wissenschaftliche Grundlage gestellt wurde. Die höchsten akademischen und sonstigen wissenschaftlichen Auszeichnungen sind denn auch bereits dem wackeren Forscher zur Ehre seines Vaterlandes zu teil geworden.

Obwohl *Thóroddsen* bereits alle seine Vorgänger in den Schatten gestellt hat, möchten wir doch noch *Oddur Hjaltalíns* (1782—1840) isländische Botanik („*Grasafræði*", 1830) und *Jónas Hallgrímssons* naturwissenschaftliche Aufsätze in „*Fjölnir*" und in Krögers „*Naturhistoriske Tidskrift*" gedenken. *Jónas* hat auch zum erstenmale eine vollständig zuverlässige Schilderung der Geschichte der isländischen Vulkane gegeben. Doch ist diese — ungedruckte — Abhandlung „nicht so vollständig als sie sein könnte und leidet an einem fühlbaren Mangel an Quellencitaten."[1]) *Benedikt Gröndal* d. J. schrieb eine Naturgeschichte Islands („*Um náttúru Íslands*" 1874), sowie je ein Lehrbuch der Zoologie („*Dýrafræði*", 1878), der Mineralogie und Geologie („*Steinafræði og jarðarfræði*", 1878), der Geographie („*Landafræði*", 1882) und der Chemie („*Efnafræði*", 1886). Übersetzt wurde J. G. Fischers Physik („*Eðlisfræði*") durch *Magnús Grímsson* (1852), B. Stewarts Physik (1880) und A. Geikiefs „Naturbeschreibung der Erde" (1839) durch *Halldór Kr. Friðriksson* sowie H. E. Roscoes „Chemie" durch *Benedikt Gröndal* d. J.

In der Mathematik, und zwar sowohl in der Arithmetik wie in der Geometrie, leistete Vortreffliches der schon genannte Lehrer an der Lateinschule *Björn Gunnlaugsson* in seiner grofsen „Arithmetik" („*Tölvísi,*" 1865) und seiner Anleitung zur Feldmefskunst („*Einföld landmæling*" 1868). Derselbe veröffentlichte auch in den Einladungsschriften der Lateinschule mehrere Abhandlungen

---

[1]) *Þorvaldur Thóroddsen, Oversigt over de islandske Vulkaners Historie,* S. 9.

astronomischen Inhaltes (in lateinischer Sprache). *Jónas Hallgrímsson* übersetzte Ursins „Astronomie" ins Isländische. Sehr bewandert in der Mathematik und Sternkunde war auch der Bauer *Jón Bjarnason* (1791—1861) in *Þórormstunga* im *Vatnsdalur*, von dem viele Arbeiten auf diesen Gebieten handschriftlich vorhanden sind.

Auf dem Gebiete der Medizin haben die Isländer bisher noch keine bedeutenderen wissenschaftlichen Leistungen aufzuweisen; doch liegen immerhin einige bemerkenswerte Schriften und Abhandlungen derartigen Inhalts vor, so von den Landesphysici *Jón Þorsteinsson* (1794—1855) und insbesondere *Jón Hjaltalín* (1807—1882), der u. a. eine „*Lækningabók*" schrieb und das medizinische Blatt „*Heilbrigðistíðindi*" herausgab. Auch *Jónas Jónasson* (geb. 1840) hat viel geschrieben und auch übersetzt.

Zahlreiche Schriften und Abhandlungen erschienen auch in diesem Jahrhundert auf den Gebieten der Land- und Seewirtschaft, der National- und Staatsökonomie. Wir nennen nur: *Jón Sigurðssons* „*Lítil fiskibók með uppdráttum og útskýringum handa fiskimönnum á Íslandi*" (Kopenhagen 1859), eine Anleitung zum rationellen Betriebe der Fischerei, sowie „*Lítil varningsbók handa bændum og búmönnum á Íslandi*" (ebenda, 1861), eine Anleitung zur besseren Herstellung und Verwertung der Landesprodukte Islands, wovon das letztere Werkchen auch für den Historiker „von sehr erheblichem Interesse" ist; ferner des Probstes *Guðmundur Einarssons* (1816—1882) Buch über Viehzucht („*Um nautpeningsrækt*", *Reykjavík*, 1859) und die bereits erwähnte Preisschrift des Bauern *Einar Asmundsson* (geb. 1828) über die Fortschritte Islands auf wirtschaftlichem Gebiete („*Um framfarir Íslands*", Kopenhagen 1871). — Eine „Nationalökonomie" („*Auðfræði*", Kopenhagen 1880) schrieb der Pfarrer *Arnljótur Olafsson* (geb. 1824), „*Om Islands Folkemængde og oeconomiske Tilstand*" (Kopenhagen, 1834) der Amtmann *Bjarni Thorsteinsson* und ebenfalls über die Volksmenge auf Island Probst *Tómas Sæmundsson* (im 5. Jahrgange des „*Fjölnir*"), der auch in seinen „*Þrjár ritgjörðir*" (Kopenhagen, 1841) über Staatsökonomie handelte. Verschiedene Abhandlungen über die Größe Islands, seine Bevölkerung in verschiedenen Jahren, tabellarische Übersichten der ökonomischen Verhältnisse, des Handels, des Armenwesens u. dgl. enthalten die von der isländischen Litteraturgesellschaft von 1855 bis 1875 herausgegebenen „*Skýrslur um landshagi á Íslandi*".

Auf theologischem Gebiete ist vor allem der Revision und z. T. Neuübersetzung der Bibel zu gedenken und zwar der Übersetzung des Neuen Testamentes (*Viðeyar Klaustur*, 1825—26, spätere Ausgabe zu *Reykjavík*, 1848—49) und des Alten Testamentes (*Viðeyar Kl.* 1841); dieselbe erhielt jetzt einen besonderen Wert durch die meisterhaften Übertragungen, welche *Sveinbjörn Egilsson* für sie angefertigt hatte. Von anderen theologischen und religiösen

Schriften seien erwähnt: die übrigens ziemlich rationalistische „Postille“ des Bischofs *Arni Helgason* (1777—1869), *Sigurður Melsteðs* „Vergleichung der von einander abweichenden Lehren der katholischen und protestantischen Kirche“ (1859) und „Erklärung der Briefe an die Kolosser und an Philemon“ (1882), des Bischofs *Pjetur Pjetursson* „Predigten“ (1856) und sonstige religiöse und erbauliche Werke, *Helgi Hálfdanarsons* „Allgemeine Kirchengeschichte“ (2 Hefte, 1883 und 1885) und *Magnús Eiríkssons* (1806—1881) zahlreiche über den christlichen Glauben handelnde, zumeist in dänischer Sprache geschriebenen Schriften.[1])

Die **Dichtkunst** endlich erhob sich im neunzehnten Jahrhundert bis zur Höhe der Klassizität und erstreckte sich nunmehr auch auf das moderne Gebiet der Prosadichtung. Wir haben bereits die Einwirkung fremder Litteraturen als vorbereitendes Moment kennen gelernt. Dieselben übten auch noch weiter ihren den Geschmack läuternden und in mannigfacher Hinsicht anregenden Einfluſs aus, der bei aller Originalität der isländischen Dichtung unverkennbar ist. Die Vorläufer dieser neuen Periode der isländischen Dichtung waren, wie erwähnt, hauptsächlich *Jón Þorláksson* und *Benedikt Gröndal*, deren Lebens- und Schaffenszeit sich auch noch in die beiden ersten Dezennien unseres Jahrhunderts erstreckt. Der Letztere zwar verstummte vorzeitig wegen seiner Kränklichkeit; *Jón Þorláksson* hingegen erreichte erst gegen das Ende des zweiten Dezenniums hin die Höhe seines Ruhms durch poetische Übersetzungen von Miltons „Verlorenes Paradies“ und Klopstocks „Messiade“. Durch diese Meisterwerke des armen Pfarrers von *Bægisá* kam die isländische Dichtung auch im Auslande, wo sie bisher ganz unbeachtet geblieben war, zum erstenmale in Ruf.

Indessen hatte sich bereits von Kopenhagen aus auch auf Island jene Art von Poesie Bahn gebrochen, die wie anderwärts auch hier einen neuen Aufschwung der Kunstdichtung herbeiführte. Es war dies die sogenannte romantisch-lyrische Dichtung und zwar jene Richtung derselben, welche von dem dänischen Dichter Ohlenschläger ausging, und die wir als die skandinavische, auf die eigene heldenhafte Vorzeit zurückweisende Romantik kennen. Auch die isländische Poesie schöpfte aus diesem Dichterquell wie aus einem Jungbrunnen neue Kraft und Lebensfrische, ohne doch dabei den heimischen Boden zu verlassen, dessen alte romantische Geschichte und Litteratur ihr ja den reichlichsten Stoff darbot. Der erste Dichter dieser neuen Richtung war **Bjarni Thórarensen** (1786—1841), der vielgerühmte, dessen interessantes Charakterbild wir an einer anderen Stelle dieses Buches zu skizzieren versuchen.

---

[1]) Vgl. *Jón Borgfirðingur, Stutt rithöfundatal* a. a. O. und *Finnur Jónsson, Ágrip af bókmenntasögu Íslands*, II., S. 75—78.

Neben der Romantik wirkte auch der deutsche Klassizismus auf die isländische Dichtung ein, und zwar zunächst durch Klopstock und Schiller. *Bjarni Thórarensen* war der erste, welcher Schillersche Gedichte ins Isländische übertrug; ihm folgten *Sveinbjörn Egilsson* und *Jónas Hallgrímsson* sowie spätere Dichter. Eine ganz merkwürdige Anziehungskraft übte schon damals und noch lange nachher Heine auf eine Anzahl des Deutschen kundiger isländischer Dichter und Litteraturfreunde aus. Goethe hingegen gewann nur langsam einzelne Freunde und Schätzer unter den gebildetsten Isländern.

Aber auch die altklassische Dichtung blieb nicht ohne günstige Einwirkung auf die isländische Poesie und wurde dem Volke immer mehr durch gelungene Übersetzungen einzelner Gedichte, besonders von *Benedikt Gröndal* und *Bjarni Thórarensen*, vermittelt. Selbst Klassisches leistete auf diesem Gebiete **Sveinbjörn Egilsson** durch prosaische Übersetzungen der beiden homerischen Epen und eine poetische Nachdichtung der Odyssee. Die ersteren waren zugleich grundlegend für die moderne isländische Kunstprosa. *Sveinbjörn* war übrigens auch selbst Dichter und zwar Lyriker voll Geschmack und von tadelloser Form und Sprache. Seine Bedeutung für die isländische Litteratur soll denn auch noch eingehender gewürdigt werden. — Wegen seiner „astronomisch-philosophischen“ Dichtung „*Njóla*“ verdient in gleicher Weise der sonst als Mathematiker ausgezeichnete **Björn Gunnlaugsson** eine ausführlichere Besprechung.

Noch impulsiver als die fremden und einheimischen litterarischen Anregungen wirkten die politischen, das Nationalgefühl erweckenden Strömungen zu Beginn der dreifsiger Jahre auf die Erstarkung der isländischen Litteratur ein, und wieder war Kopenhagen der Ausgangspunkt dieser Bewegung. Zuerst erhob der talentvolle und feurige *Baldvin Einarsson* (1801—1833) seine Stimme im „*Ármann á alþingi*“ (vgl. oben S. 169), um auch für Island eine gröfsere politische Freiheit und namentlich die Wiederherstellung des Alþingi zu verlangen. *Baldvin* starb jedoch schon nach dem Erscheinen des vierten Bandes seines Jahrbuches. Er hat die darin niedergelegte politische Meinung auch in dänischer Sprache propagiert in dem Schriftchen „*De danske Provindsialstænder med Hensyn til Island*“ (Kopenhagen, 1832).

Zwei Jahre nach dem Tode *Baldvins* trat als Verfechter derselben Ideen *Tómas Sæmundsson* (geb. 1807) auf den Plan, und um seine Fahne scharten sich noch drei andere hochbegabte junge Isländer, *Brynjólfur Pjetursson*, *Jónas Hallgrímsson* und *Konráð Gíslason*, zur Gründung einer Zeitschrift, welche den politischen Sinn des Volkes wecken und zur Hebung des materiellen und geistigen Zustandes der Isländer beitragen sollte. Diese Zeitschrift war das Jahrbuch „*Fjölnir*“; sie erschien zum erstenmale im Jahre 1835. Das Leben und die Seele des Unternehmens blieb *Tómas*, obgleich er noch vor dem Erscheinen des ersten Jahrganges nach Island zurückgekehrt war. Er starb jedoch schon 1841 als Probst zu *Breiðabólstaður* in der *Fljótshlíð*. Der „*Fjölnir*“ brachte es zwar nur auf neun Jahrgänge, hat aber auf das isländische Geistesleben den gröfsten Einflufs genommen. Er fegte wie ein scharfer, aber erfrischender Wind durchs Land und wirbelte alles, was da in der Litteratur noch welk oder faul war, zu Boden. Nach dem Tode *Tómas Sæmundssons* ging's jedoch auch mit dem „*Fjölnir*“ abwärts. *Tómas* aber verdient den Nachruhm, einer der tüchtigsten Patrioten und besten Prosaschriftsteller Islands gewesen zu sein. An selbständigen Schriften desselben sind die dänisch geschriebene Broschüre „*Island fra den intellectuelle Side betragtet*“ (Kopenhagen. 1832), dann „*Þrjár ritgjörðir*“ („3 Aufsätze“ über den isländischen Handel, über das Alþingi, über eine nationalökonomische Schrift *Jón J. Jóhnsens*), Kopenhagen, 1841, und *Tækifærisræður*“ (Gelegenheitsreden), *Viðeyjar Klaustur*, 1841, zu nennen.[1])

Der dichterische Geist des „*Fjölnir*“ war **Jónas Hallgrímsson,** der bedeutendste, auch in Sprache und Form mustergültige Lyriker sowie der erste Novellist Islands (vgl. den besonderen Artikel über J. H.). Doch auch er starb frühzeitig, und der „*Fjölnir*“ überlebte ihn nur, um sein Grablied zu singen und ihm durch die Veröffentlichung seines dichterischen und sonstigen litterarischen Nachlasses ein Denkmal zu setzen.

Inzwischen hatte — seit 1841 — in Kopenhagen ein neues isländisches Jahrbuch zu erscheinen begonnen, das ebenfalls von einer Vereinigung (*fjelag*) junger Isländer herausgegeben und von den tüchtigsten Federn geschrieben wurde: die „*Ný fjelagsrit*“ (vgl. oben S. 170). Der Führer dieser kleinen Schar und der Haupt-Begründer und Mitarbeiter des neuen Jahrbuches war der vielseitig gelehrte und dabei journalistisch gewandte Politiker *Jón Sigurðsson*, der unerschrockenste und energischeste Verfechter der Rechte und Vorkämpfer für eine gröfsere politische Unabhängigkeit Islands. (*Jón Sigurðsson* wurde 1811 zu *Rafnseyri* im nordwestlichen Island geboren, 1829 Student, war dann eine Zeitlang Amanuensis des Bischofs *Steingrímur Jónsson*, bezog 1833 die Universität Kopenhagen, wo er Philologie studierte, und lebte später als Privatgelehrter und Litterat. Seit der Wiedererrichtung des Alþingi 1845 war er Mitglied und zehnmal Präsident desselben. Er starb am 7. Dezember 1879 zu Kopenhagen).[2]) *Jón Sigurðsson* setzte in seiner Zeitschrift fort, was *Baldvin Einarsson* im „*Ármann á alþingi*“ begonnen und *Tómas Sæmundsson* im „*Fjölnir*“ hauptsächlich gewollt hatte. Die „*Ný*

---

[1]) Vgl. über das Leben und die Werke *Tómas Sæmundssons*: *Fjölnir* VI., S. 1—6, sowie den Aufsatz *Steingrímur Thorsteinssons* in *Andvari*. XIV. Jahrg. (1888), S. III—XVI. — [2]) Vgl. über *Jón Sigurðsson* K. Maurer in: Zur politischen Geschichte Islands, S. 303—318, *Eiríkur Briem* in *Andvari*. VI. Jahrg. (1880), S. 1—43, mit dem Bildnis *Jón Sigurðssons*, und Dr. *Jón Þorkelsson* d. Ä. in *Tímarit h. ísl. bókmentafélags*, III. Jahrg. (1882), S. 1—30.

fjelagsrit" brachten wohl auch Gedichte sowie kritische Aufsätze über die neuesten Erscheinungen der isländischen Litteratur, Reisebeschreibungen u. s. w.; das Politisch-Nationale stand darin aber so sehr im Vordergrunde, dafs mehrere Jahrgänge ausschliefslich der Politik gewidmet waren. Die 30 Bände dieses Jahrbuches enthalten eine überaus reiche Fülle der beachtenswertesten Aufsätze und Abhandlungen (über Volksvertretung, Handel, Schulwesen, Finanz- und Verfassungszustände Islands u. s. w.), welche dem Volke einerseits die politische Bildung vermittelten, die es in den Stand setzte, seine erfolgreichen Verfassungskämpfe zu führen, andererseits das Geistesleben desselben mit höheren Interessen erfüllten und vielerlei Aufklärung verbreiteten. Dafs die „*Ný fjelagsrit*" nebenbei auch die litterarische Produktion förderten und namentlich nicht wenig zur Ausbildung des modernen isländischen Prosastiles beitrugen, braucht wohl nicht erst besonders bemerkt zu werden, wenn man sich vor Augen hält, dafs die Mehrzahl der Artikel aus den Federn *Jón Sigurðssons* selbst sowie anderer hervorragender und hochgebildeter Mitarbeiter wie *Guðbrandur Vigfússon* u. a. stammten.

Die Veredelung des dichterischen Geschmackes und die Erweckung des ästhetischen Schönheitsgefühles bei dem Volke geschah jedoch durch die beiden Jahrbücher ebensowenig mit einem Schlage, als die Dichtungen *Bjarni Thórarensens* und *Jónas Hallgrímssons* oder ihrer Vorläufer einen plötzlichen Umschwung in dieser Beziehung herbeizuführen vermochten. Jene wurden auch nicht allgemein, sondern nur von gewissen gebildeteren Leuten gelesen. Die ungebildete Menge fand noch immer — von den Rímur abgesehen — ein besonderes Gefallen an den alten Lieblingsgedichten. Dies beweist uns u. a. auch der Umstand, dafs noch Sammlungen solcher Dichtungen gedruckt wurden, wie z. B. „*Nockur gamankvæði orkt af ýmsum skáldum á 18. öld*" (Einige lustige Gedichte von verschiedenen Dichtern des 18. Jahrhunderts), herausgegeben von *Þórarinn Sveinsson* (Kopenhagen, 1832), worin u. a. die „*Tímaríma*" *Jón Sigurðssons*, die „*Skipafregn*" *Arni Böðvarssons* und ein Gedicht *Guðmundur Bergþórssons* enthalten waren, dann „*Fróðlegt ljóðasafn*" (Sammlung belehrender Gedichte), herausgegeben von dem Buchbinder *Grímur Laxdal* (1. Heft, *Akureyri* 1856, 2. Heft ebd. 1857), eine Sammlung verschiedener, recht unbedeutender Gedichte aus dem 17., 18. und 19. Jahrhundert. Hingegen wurde in der trefflichen lyrischen Anthologie „*Snót, nokkur kvæði eptir ýmiss skáld*" (Kopenhagen, 1850, herausgegeben von *Gísli Magnússon* und *Jón Þórðarson Thóroddsen*; 2., vermehrte Aufl., *Reykjavík*, 1865, herausgegeben von den genannten und *Egill Jónsson*; 3. Aufl., *Akureyri*, 1877, „Herausgeber: *Gísli Magnússon* und mehrere") die neue Dichtung in befriedigender Weise berücksichtigt. Auch sonst bildeten noch in der Mitte dieses Jahrhunderts — aufser den Sagas — die älteren Schriften, wie die Publikationen des *Lærdómslistafjelag*, *Atli*, *Gaman og alvara*, *Vinagleði*, *Kvöldvökur* und die Zeitschriften *Minnisverd Tídindi*, *Klausturpósturinn* und *Sunnanpósturinn* die Lieblingslektüre des Volkes. Viel gelesen, beziehungsweise den Hausgenossen vorgelesen, wurde von den neueren Wochschriften „*Ármann á alþingi*“ und (seit November 1848) das mit Jugendfrische und Feuer geschriebene politische Halbmonatsblatt *Þjóðólfur*.[1])

Wir haben auch zunächst noch zweier Dichter alten Schlages zu gedenken, die ohne gelehrte oder sonstige höhere Bildung waren und von der hohen Kritik jener Zeit übel angesehen wurden, denen aber doch eine gewisse Bedeutung nicht abzusprechen ist. Wir meinen *Sigurður Breiðfjörð* und *Hjálmar Jónsson*. Viel zu sehr unterschätzt wurde namentlich der vom „*Fjölnir*“ hart mitgenommene Fafsbinder **Sigurður Breiðfjörð**. Fehlten ihm auch Bildung und Geschmack, und hafteu deshalb seinen zahlreichen Dichtungen viele Mängel und Kunstfehler an, so traf er doch nicht selten den echten Volkston, ragte auch sonst durch wirkliches Talent hoch über die Dutzenddichter seiner Zeit hinaus und behauptet sich bis heute als Volkspoet neben den gelehrten Kunstdichtern. — Auf viel tieferer Bildungsstufe als *Sigurður Breiðfjörð* stand **Hjálmar Jónsson**, genannt *Bólu-Hjálmar*, ein armer Häusler und Vagant, dem ebenfalls eine ungewöhnliche poetische Begabung zu teil geworden war. Er vergeudete jedoch sein starkes Talent fast ganz in Hafs- und Spottgedichten, die zwar in ihrer Art ungemein kraftvoll und originell, andererseits aber nur all zu häufig voll Schmutz und Geifer sind, die abstofsend wirken. Aus den Gedichten *Bólu-Hjálmars* spricht zugleich eine sozialdemokratische Denkungsart, die hauptsächlich aus den Lebensverhältnissen des bettelarmen Mannes entsprang. Beide Dichter erscheinen uns trotz ihrer Schwächen so interessant, dafs wir uns mit ihnen noch ausführlicher beschäftigen wollen.

Durch *Bjarni Thórarensen* und *Jónas Hallgrímsson* hatte die isländische Dichtung ihre bis dahin höchste Vollendung erreicht. Es waren nun endlich die seit der zweiten Hälfte des vorigen Jahrhunderts neben einander laufenden Strömungen des neuen ausländischen und des alten heimischen Geistes vereinigt und innig mit einander vermischt worden. Von diesem modernen Geiste ist die isländische Dichtung auch während der nun folgenden Periode eines kräftigen nachromantischen Epigonentums beseelt, das noch fortwährend und immer mehr aus den fremden Litteraturen, namentlich der englischen, nordischen und deutschen, Nahrung zog (vgl. unten die Einleitung zu dem Artikel „*Steingrímur Thorsteinsson — Matthías Jochumsson*“). Diese Periode, welche ungefähr mit der Verleihung einer eigenen Verfassung für Island abschliefst, ist noch von dem Hauche der Romantik und des

[1]) Vgl. *Tímarit h. ísl. bókmenntafjelags*. XIII, S. 225—226, XV., S. 230 u. XVI., S. 217.

Idealismus beseelt und zugleich erwärmt von dem Feuer politischer Leidenschaft, das durch den Kampf um jene Verfassung entzündet worden war. Der anstürmende Geist *Jón Sigurðssons*, des gewaltigen Führers in diesem Kampfe, hat auch der Dichtung dieser Zeit sein scharfgeschnittenes Gepräge aufgedrückt. Die Hauptvertreter der romantischen Periode leben zum gröfsten Teile noch und dichten in ihrer alten Weise; allein sie gelten der heutigen jungen, antiromantischen Dichtergeneration eben als die „abgelebten Alten“.

Als die interessanteste Erscheinung im isländischen Schrifttum dieser Periode darf wohl das Aufblühen einer Novellen- und Roman-Litteratur gelten. Diese Dichtungsgattung erscheint uns zwar auf Island zunächst wie eine künstlich gezogene exotische Pflanze, die man haben wollte, weil eben auch „die Anderen“ sie besafsen; allein sie hat sich daselbst doch bereits akklimatisiert und auch schon einzelne Blüten getrieben, die eine weitere gesunde und kräftige Entwickelung dieses Spröfslings erhoffen lassen. Die Isländer nennen diese für sie neue Art der Erzählung im Gegensatze zu ihren alten Sagas „*Nýsaga*“ und — jetzt gewöhnlich — „*skáldsaga*“ d. h. dichterische Erzählung, und den Verfasser einer Novelle oder eines Romanes „*söguskáld*“.[1])

Die dramatische Dichtung (vgl. oben S. 154) wurde auf Island auch jetzt nur spärlich gepflegt und hat bisher noch keine Erzeugnisse von wirklich litterarischer Bedeutung aufzuweisen.

Wir verzeichnen nunmehr die hervorragenderen Poeten der in Rede stehenden Periode.

In der jüngeren „Fjölnir“-Gesellschaft noch befand sich ein Mitglied, das zu den besseren Dichtern des Jahrhunderts zu zählen ist. Es war dies der spätere Pastor *Gísli Thórarensen* (1818 bis 1874), ein Neffe des berühmten *Bjarni Thórarensen*. Seine „*Ljóðmæli*“ wurden 1885 zu *Reykjavík* herausgegeben. Am gelungensten sind darin einige humoristische Gedichte und Epigramme. *Gísli* fühlte sich besonders von *Jónas Hallgrímsson* und dem dänischen Dichter J. B. Heiberg angezogen, scheint jedoch am ehesten mit dem Norweger Wessel verwandt gewesen zu sein. Er dichtete auch — in dänischer Sprache — ein Drama, dessen Stoff der *Laxdæla saga* entnommen war, und das von Heiberg sehr günstig beurteilt, wenn auch für die Bühne nicht brauchbar befunden worden ist.[2])

Beim ganzen Volke beliebt als reimgewandter Lyriker heiteren

---

[1]) Carl Küchler hat die isländische Novellistik mit liebevoller Ausführlichkeit, jedoch auch mit all zu überschwenglicher Lobpreisung behandelt in seiner „Geschichte der isländischen Dichtung der Neuzeit (1800—1900)“. 1. Heft. Novellistik. (Leipzig. 1896) — [2]) Die letztere Angabe entstammt einer privaten Mitteilung. Vgl. über *Gísli Thórarensen* die von *Jón Olafsson*, dem Herausgeber der *Ljóðmæli Gísla Thórarensens*, diesen vorausgeschickte Lebensskizze (S. IX—XVI).

Sanges und von litterarhistorischer Bedeutung als erster eigentlicher Novellist Islands war der Sysselmann **Jón Þ. Thóroddsen,** mit dem wir unsere Leser noch genauer bekannt machen wollen — zusammen mit seinem Freunde, dem Universitäts-Dozenten **Gísli G. Brynjúlfsson,** der ebenfalls ein hübsches poetisches Talent besafs, jedoch oft zu steif und gelehrt dichtete und daher häufig dunkel erscheint. Für uns ist *Gísli* hauptsächlich interessant als politischer Dichter Islands. Eingehendere Besprechung verdient auch der unglückliche **Kristján Jónsson,** der als armer, junger Bauernknecht mit einem Schlage zu einem „Volksdichter" Islands wurde, jedoch, einer höheren Ausbildung zugeführt, dem Pessimismus und dem Trunk verfiel und ein vorzeitiges Ende fand.

Als warmer Gefühlslyriker wird noch Pastor *Jón Þorleifsson* (1825—1860) geschätzt; seine „*Kvæði*" erschienen 1868 zu Kopenhagen und enthielten u. a. auch eine kurze unvollendete Erzählung „Aus dem Alltagsleben" (*Úr hversdagslífinu, dálítil frásaga*) und Übersetzungen von Tiecks „Der Becher" und Schillers „Der Spaziergang unter den Linden". Sehr rühmlich hat sich auch Pastor *Páll Sigurðsson* (1838—1887) hervorgethan durch seinen „*Aðalsteinn*", eine romanartige Erzählung aus dem isländischen Volksleben, die zwar stellenweise etwas zu breit geraten, jedoch in einer viel besseren Sprache geschrieben ist als die früheren isländischen Erzählungen (mit Ausnahme jener *Jónas Hallgrímssons*), und worin auch der Stoff gut beherrscht erscheint („*Aðalsteinn. Saga Æskumanns*". *Akureyri* 1877).

Ein gewandter Gelegenheits-Dichter (*tækifærisskáld*), dem jedoch auch manch tiefer empfundenes Lied gelang, war *Sigvaldi Jónsson Skagfirðingur* (1814—1879); das beste von seinen Dichtungen hat *Eggert O. Brím* ausgewählt („*Ljóðmæli*", *Reykjavík*, 1881). — Kaum gewöhnliches isländisches Mittelgut an Versen sind jedoch *Gísli Eyjúlfssons* „*Ljóðmæli*", herausgegeben von *Björn Jónsson* (*Seyðisfjörður*, bezw. *Eskifjörður*, 1883).

Unter den noch lebenden Vertretern der guten alten Schule, wie man sie jetzt schon nennen darf, befinden sich zugleich die Häupter und sonstigen Besten derselben, deren dichterischer Art und Bedeutung wir nur in mehr oder minder ausführlicher Darstellung gerecht werden können. Es sind dies: der hochernste und kernige Nestor der isländischen Dichter, **Grímur Thomsen,** der vielseitige **Benedikt Gröndal,** der Jüngere, mit dem übersprudelnden Geist und der schwunghaften Phantasie; der bald weich-melancholische, bald scharf-satirische **Steingrímur Thorsteinsson;** der hochtönende, immer jugendlich-frische **Matthías Jochúmsson,** der auch das bisher beste isländische Drama („*Útilegumennirnir, leikur í 5 þáttum*," *Reykjavík*, 1864) geschrieben hat, und die gleich begabten, jedoch so verschieden gearteten Brüder **Páll** und **Jón Olafsson,** von denen der erstere durch seine behagliche Gemütlichkeit, der letztere durch sein Feuer uns wohl gefällt.

Mehr als Denker denn als Dichter schätzen wir *Brynjólfur Jónsson* von *Minni Núpur* in der *Árness sýsla* (geb. 1838); er besitzt weder eine höhere Bildung noch Weltkenntnis, wie sich ja von einem Manne, der immer in engen Verhältnissen und zumeist nur in bäuerlichen Kreisen gelebt hat, nichts anderes erwarten läfst, ist jedoch sehr begabt und kenntnisreich. Seine „Gedichte" („*Kvæði*", *Reykjavík*, 1889) enthalten wohl viele tiefsinnige Gedanken, aber wenig Poesie. Dasselbe gilt auch von der epischen Dichtung „*Guðrún Ósvífsdóttir*" (*Reykjavík*, 1892), welche einen Stoff der *Laxdæla saga* recht geschickt und in hübscher Sprache behandelt, jedoch zu arm an Leben und zu reich an Reflexionen ist. Man nennt *Brynjólfur* auf Island gern einen „philosophischen" Dichter; von wirklicher Philosophie ist jedoch in seinen philosophischen Gedichten („*Kvæði*", S. 20—37; „*Skuggsjá og ráðgáta*" d. h. Spiegel und Rätsel, *Reykjavík* 1875) so wenig zu finden wie in der „*Njóla*" *Björn Gunnlaugssons*; sie sind im Grunde ebenfalls nichts anderes als religiös-erbauliche Betrachtungen.

Pastor *Þorleifur Jónsson* zu *Skinnastaðir* dichtete eine „*Íslendinga drápa*" (*Akureyri*, 1884) u. a. — *Indriði Einarsson* hat sich nicht unvorteilhaft bemerkbar gemacht durch ein Drama „Die Neujahrsnacht" („*Nýársnóttin, sjónarleikur í 3 sýningum*", *Akureyri*, 1872), dessen Stoff der isländischen Volkssage entnommen ist. *Indriði* übersetzte auch in Gemeinschaft mit *Eggert Ó. Brím* Ibsens „Die Krieger auf Helgeland" (*Reykjavík*, 1892). *Eggert Brím* war auch selbst als dramatischer Schriftsteller thätig; er schrieb u. a. ein Schauspiel in fünf Akten „*Gizurr Þorvaldsson*" (erschienen nach dem Tode des Dichters in „*Draupnir*" III., 1895). Der Buchbinder und Bauer *Ari Jónsson* dichtete ein Schauspiel in fünf Akten „*Sigríður Eyjafjarðarsól*" (S., die Sonne des *Eyjafjörður*), *Akureyri*, 1879, also ebenfalls ein Stück mit nationalem Inhalt. Der Kaufmann *Þorsteinn Egilsson* gab zwei Dramen „*Prestskosningin*" (*Reykjavík*, 1894) und „*Útsvarið*" (ebenda, 1895) heraus. *Eiríkur Magnússon* übersetzte und kommentierte Shakespeares „Der Sturm" (I. *Íslenzk þýðing*; II. *Frumtexti, út gefinn með skýringum*, *Reykjavík*, 1885).

Alle Achtung und Anerkennung verdient *Torfhildur Þorsteinsdóttir Holm*. Diese Frau hat aufser einer Anzahl kleinerer, zumeist für die Jugend bestimmter Erzählungen, drei geschichtliche Romane aus der Vergangenheit Islands geschrieben, die zu dem Bedeutendsten gehören, was Island bisher an dichterischer Prosalitteratur hervorgebracht hat. Der eine dieser Romane, „*Brynjólfur Sveinsson biskup. Skáldsaga frá 17. öld*" (*Reykjavík*, 1882), handelt von dem bekannten Entdecker der sogenannten „Edda-Lieder"; der zweite, viel umfangreichere und auch weitaus gediegenere, mit dem etwas gesuchten Titel „Der Blitz" („*Elding. Söguleg skáldsaga frá 10. öld*", *Reykjavík*, 1889) — gemeint ist nämlich der Blitz des Christentums, der die Nacht des Heidentums erleuchtete — führt uns unter lebhafter Schilderung des Volkslebens, der Bildung, der

Anschauungen und Sitten jener Zeit den Kampf des Heidentums mit dem Christentum auf Island im allgemeinen, sowie in der Brust der beiden Hauptpersonen im besonderen vor. Der dritte Roman „*Jón biskup Vídalín*“ (gedruckt in den Jahrgängen 1892 u. 1893 der in *Reykjavík* erscheinenden Jahresschrift „*Draupnir*“) bildet gewissermaßen eine Fortsetzung des ersten. Alle drei Werke beruhen auf ernsten Quellenstudien und sind daher auch als Geschichtsbilder wertvoll; durch den hohen sittlichen Ernst, den sie bekunden, sind sie so recht auch zur bildenden Volkslektüre geschaffen, wie denn Frau Holm überhaupt als eine Volksschriftstellerin im besten Sinne bezeichnet zu werden verdient. Sie schrieb außerdem eine treffliche kleine Dichtung „*Kjartan og Guðrún*“ (*Reykjavík*, 1886), eine Novelle „*Högni og Ingibjörg*“ (ebenda, 1889), sowie eine große Anzahl kürzerer, hauptsächlich für die Jugend bestimmter Erzählungen, Märchen, Allegorieen u. dgl., die sie in den Sammlungen „*Sögur og æfintýri*“ (*Reykjavík*, 1884); „*Smásögur handa börnum og unglingum*“ (ebenda, 1886); „*Barnasögur*“ (ebenda, 1890) und „*Tibrá*“ I. und II. (ebenda, 1892—93) herausgegeben hat. *Torfhildur* wurde am 2. Februar 1845 als die Tochter eines Pastors geboren, wirkte anfangs an verschiedenen Orten ihrer Heimatsinsel als Lehrerin, heiratete 1873 den Faktor eines Handelshauses, Jakob Holm, der jedoch nach einem Jahre schon starb, wanderte 1878 nach Amerika aus und blieb dort — zumeist in Winnipeg — dreizehn Jahre hindurch; im Jahre 1889 kehrte sie wieder in die Heimat zurück, und sie lebt jetzt in *Reykjavík*. — Über den sonstigen Anteil des weiblichen Geschlechtes an der Dichtkunst und Litteratur Islands im neunzehnten Jahrhundert vgl. oben S. 43—45.

Zu Beginn der achtziger Jahre wurde von einigen jungen Dichtern in Kopenhagen eine neue Richtung in der Poesie eingeschlagen, welche die „realistische“ benannt wurde und dem „veralteten Idealismus“ ein Ende bereiten sollte. Als Vorläufer dieser Richtung kann schon *Jón Ólafsson* gelten; die eigentlichen Bahnbrecher derselben waren jedoch **Hannes Hafsteinn, Gestur Pálsson, Einar Hjörleifsson** und *Bertel E. Ó. Þorleifsson*, durchwegs mehr oder minder stark begabte Männer, auf die wir — wie auf die neuesten Lyriker **Hannes Blöndal** und **Þorsteinn Erlingsson** — bei der eingehenderen Besprechung dieser Richtung, die übrigens bei dem Volke keinen Beifall fand, noch zurückkommen werden. Andere begabtere Lyriker der neuesten Zeit sind *Þorsteinn V. Gíslason* („*Kvæði*,“ *Reykjavík*, 1893), *Bjarni Jónsson*, *Einar Benediktsson*, *Sigfús B. Blöndal* und *Friðrik Friðriksson*.

Ein vortrefflicher Novellist ist *Jónas Jónasson* (geb. 7. August 1856, Pastor zu *Hrafnagil*), der mit der neuen Schule die Vorliebe teilt, hauptsächlich die düsteren Seiten des Lebens — und selbst in seinen kleinsten Zügen — mit unerbittlicher Realistik zu schildern. Er schrieb u. a. „*Glettni lífsins*“, d. h. Die Ironie des Lebens, „*Brot úr æfisögu*", d. h. Ein Lebensfragment, „*Yfirmenn og undirgefnir*", d. h. Vorgesetzte und Untergebene, „*Björn* von *Gerðar*", „*Offrið*", d. h. Das Opfer, und „*Frelsisherinn*", d. h. Die Freiheitsarmee, sämtlich in der Zeitschrift „*Iðunn*" erschienen, sowie „*Randiðr* von *Hrassafell*, eine Erzählung aus dem fünfzehnten Jahrhundert" (*Reykjavík*, 1892). Diese Erzählungen aus dem isländischen Landleben sind zumeist trefflich erfunden und gut komponiert; auch die Zeichnung der Charaktere läfst gewöhnlich nichts zu wünschen übrig; doch ist *Jónas Jónasson* trockener und schlichter in der Darstellung als *Gestur Pálsson*.

Einige Beachtung verdient unter den isländischen Novellisten noch der Bauer *Jón Stefánsson* (geb. ca. 1850), der unter dem Pseudonym *Þórgils gjallandi* schreibt. Er zeichnet sich durch eine scheinbar harmlose, aber doch treffsichere Satire aus, ist dabei aber Isländer mit Leib und Seele. Nur im sprachlichen Ausdruck zeigt er sich seiner Aufgabe nicht immer völlig gewachsen. In Buchform erschien von ihm das Werkchen „*Ofan úr sveitum*," d. h. Aus den Landgemeinden, aus vier Novellen bestehend, von denen „*Leidd í kirkju*", d. h. Der Kirchgang [1]), *Sjera Sölvi* d. h. Pastor *Sölvi*, und *Ósjálfstæði*", d. h. Willensschwäche, die besten sind.

Von den sonstigen Novellisten und Romanschriftstellern Islands nennen wir nur noch den Tischlermeister *Jón Jónsson Mýrdal* (geb. 1825) wegen seines Romanes „*Mannamunur*", d. h. verschiedene Menschen (*Akureyri*, 1872) und der Novelle „*Vinirnir*", d. h. die Freunde (*Akureyri*, 1878), den Kaufmann *Þorlákur Jónsson* (geb. 1840) wegen der Novelle „*Mínir vinir*", d. h. meine Freunde (*Reykjavík*, 1879), *Guðmundur Hjaltason* (geb. 1858) wegen der drei Sammlungen „*Dalarósir*", d. h. Thalrosen (*Oddeyri*, 1885), „*Jökulrós*" d. h. Gletscherrose (*Akureyri*, 1883), und *Melablom*, d. h. Sandblume (*Akureyri*, 1882), ferner *Páll Jónsson* (geb. 1857), der zugleich ein geschmackvoller Lyriker ist, wegen seiner Novelle „*Skin og skuggi*", d. h. Licht und Schatten (*Akureyri*, 1880; als Anhang sind dem Büchlein auch einige Gedichte beigegeben), und endlich den nach Amerika ausgewanderten *Gunnsteinn Eyjólfsson* wegen seiner nicht ohne Talent geschriebenen „*Elenóra-Saga frá Winnipeg*" (*Reykjavík*, 1894), die übrigens eine keineswegs vorteilhafte Schilderung vom Leben und Treiben der Isländer in Amerika entwirft.[2])

Neben der höheren weltlichen Kunstpoesie ist auch in diesem Jahrhundert noch, und zwar hauptsächlich in der ersten Hälfte desselben, die **Rímur-Dichtung** fleifsig gepflegt worden, obwohl diese nationale Dichtungsgattung nunmehr die schärfste und wohl endgültige Verurteilung auch von weltlich-kritischer Seite fand, so besonders durch *Magnús Stephensen* (am schonungslosesten in

---

[1]) Von C. Küchler ins Deutsche übersetzt (in den Leipziger Litteratur-Berichten, 1894, S. 226–230. — [2]) Vgl. über all diese sowie noch andere isländ. „Novellisten", Küchlers Geschichte der isländ. Dichtung der Neuzeit.

seinem Werke „Island i det attende Aarhundrede“, S. 235—236) und durch *Jónas Hallgrímsson* (in dem Jahrbuche *Fjölnir*, 1837, S. 18 und 29). Von 1831 bis 1836 sind noch nicht weniger als dreizehn Rímur-Cyklen gedruckt erschienen, und das Volk fand an dieser Art von Dichtung noch immer das gröfste Wohlgefallen. Durch *Sigurður Breiðfjörð* ist dieselbe überdies vorübergehend auf eine höhere Stufe gehoben worden, und erst neuestens hat es selbst ein gelehrter und hochgeschätzter Kunstdichter, *Benedikt Gröndal*, nicht verschmäht, dem Volksgeschmacke — natürlich in feinerer Weise — zu huldigen. Trotzdem scheint aus den schon oben (S. 10—11) angeführten Gründen die Rímur-Dichtung im grofsen und ganzen mit diesem Jahrhundert ihr Ende finden zu sollen.

Die geistliche Poesie des Jahrhunderts ist hinter dem Aufschwung, den die weltliche während dieses Zeitraumes genommen, nicht zurückgeblieben, was ganz natürlich erscheint, da sie ja z. T. von denselben Dichtern gepflegt wurde, die auch in der profanen Poesie hervorragendes geleistet haben. Wir nennen z. B. nur *Sveinbjörn Egilsson*, *Steingrímur Thorsteinsson*, *Matthías Jochumsson* und *Gísli Thórarensen*. Des letzteren geistliche Lieder sind leider in die Sammlung seiner „*Ljóðmæli*“ (vgl. oben S. 197) nicht aufgenommen worden, obgleich sie viel besser sind als diese seine weltlichen Gedichte. Den ersten Platz unter den geistlichen Lieder-Dichtern nimmt jetzt *Valdimar Briem*, Pastor zu *Stóri Núpur*, ein (geboren den 1. Februar 1848, von der Lateinschule abgegangen 1869, zum Priester geweiht 1879). Er gilt bei dem isländischen Volke als der bedeutendste Psalmendichter nach *Hallgrímur Pjetursson*. Seine Lieder zeichnen sich nicht weniger durch tiefe religiöse Empfindung als durch Formschönheit aus, sowohl in Bezug auf die Sprache wie auf den Versbau. Er hat auch einen umfangreichen Cyklus von Gedichten mit biblischem Stoffe („*Biblíuljóð*“; 1. Band, 1896) gedichtet, der zu den bedeutendsten poetischen Schöpfungen zählt, die Island überhaupt aufzuweisen hat. Von *Valdimar Briem* rühren überdies einige sehr schöne weltliche Gedichte her. Aber auch *Helgi Hálfdanarson*, der Direktor des Pastoralseminars zu *Reykjavík*, ist ein trefflicher Psalmendichter. Beide Poeten haben sich das gröfste Verdienst um die Herstellung des neuen Psalmenbuches („*Salmabók til kirkju- og heimasöngs*, *Reykjavík*, 1886) erworben, in welches die besten geistlichen Lieder Aufnahme fanden. Es enthält auch eine bedeutende Anzahl neuer Lieder, die ebenso durch Schönheit der Form wie Innigkeit des Gefühls sich auszeichnen und zumeist von den beiden zuletzt genannten Psalmendichtern (100 allein von *Valdimar Briem*) herrühren.

Isländische Dichter der Neuzeit.

Hallgrímur Pjetursson.

Der Reformation in Deutschland kommt bekanntlich auch für das deutsche Schrifttum eine ungewöhnlich hohe Bedeutung zu, da Luther selbst durch seine Kirchenlieder, seine prosaischen Werke und vor allem durch seine Bibelübersetzung die Grundlage der neuhochdeutschen Schriftsprache geschaffen hat. Sie brachte aber auch einen Dichtungszweig zur Blüte, der bis dahin in deutscher Sprache verhältnismäfsig wenig gepflegt worden war: das geistliche oder Kirchenlied. Da nämlich die Liturgie der lutherischen Kirche solcher Gesänge bedurfte, die natürlich auch dem Geiste der neuen Lehre entsprechen sollten, dichtete zunächst Luther selbst siebenunddreifsig Lieder für den Kirchengesang, und dem Beispiele des Reformators folgten alsbald mehr oder minder poetisch begabte Anhänger und Anhängerinnen seiner Lehre. Ein Teil derselben brachte die ganze biblische Geschichte und die Glaubenslehren (das Glaubensbekenntnis, die zehn Gebote, das Vaterunser, Katechismusstücke u. a.) in Verse, hauptsächlich zu didaktischem Zwecke und zum Gebrauche für die Jugend. Eine grofse Rolle spielten darunter bald die Umdichtungen der Psalmen, besonders der des Königs David. Luther selbst veranlafste die Abfassung der Psalmen in Liedform, und in der Mitte des sechzehnten Jahrhunderts schon erschien der erste vollständige Psalter in Liedform, 1553 der zweite. Durch Ambrosius Lobwasser (1515—1585) wurden im Jahre 1565 die von Marot und Beza aus dem Lateinischen ins Französische übertragenen und von den schweizerischen und französischen Calvinisten gesungenen Psalmen mit dem vierstimmigen Satze Goudimels in deutscher Übersetzung eingeführt, und dieser Psalter gelangte — wohl wegen seiner leichteren und lebhafteren Melodieen — bald auch bei den Lutheranern zu grofser Beliebtheit.

In den Liedern aus der ersten Zeit der Reformation lodert noch die ganze Glaubensbegeisterung in ihrer ursprünglichen Frische und Kraft, während am Ende des sechzehnten und in der ersten Hälfte des siebzehnten Jahrhunderts mehr die dogmatische Seite des neuen Glaubens hervortritt. Die ersten bedeutenderen Kirchenliederdichter gehören dieser letzteren Periode an, wie z. B. Johannes Heermann (1585—1647, „Devota musica cordis, Haufs- und Hertz-Musica", 1630), Paul Fleming (1609 bis 1640; „Teutsche Poëmata", später „Geist- und weltliche Poëmata", 1642) u. a. Durch Paul Gerhardt (1607—1676) wurde die geistliche Lyrik wieder von der Dogmatik befreit und dafür von einer tiefen Gemütspoesie erwärmt, die vom Herzen kam und wieder zu den Herzen ging. In Paul Gerhardts 120 geistlichen Liedern, die zuerst einzeln in geistlichen Liedersammlungen (wie in Krügers Kirchenmelodieen, Müllers Erquickungsstunden), sodann gesammelt unter dem Titel „Geistliche Andacht" 1666 erschienen sind, erreichte die protestantische Kirchenliederdichtung Deutschlands ihren Höhepunkt. Neben der geistlichen Lyrik entstand dann auch eine homiletische und Erbauungs-Litteratur von derselben Glaubensbegeisterung wie jene. Wir nennen hier nur Johann Arnds (1555—1621) Predigten und ganz besonders dessen „Paradiesgärtlein voller christlicher Tugenden" (1642), das durch seinen „herzgewinnenden und volkstümlich schlichten Ton" (der ja auch die Predigten so populär machte) „im dreifsigjährigen Kriege zur Trostquelle für Unzählige" wurde. Die poetischen Gebete Arnds legte Paul Gerhardt zum Teile seinen Liedern zu Grunde. Trefflich waren ferner Johann Gerhards (1582—1637) in die meisten europäischen Sprachen übersetzte „Meditationes sacrae" (1627).

Die üppige Entwickelung des protestantischen Kirchenliedes wirkte nun auch befruchtend auf die katholische geistliche Lyrik ein, die sich jenem bald als gleichwertig an die Seite stellen konnte. Das älteste katholische Gesangbuch ist das von Michael Vehe (1537 erschienen), das jedoch bald von dem des Johannes Leisentrit übertroffen wurde. Der Jesuit Freiherr von Spee (1591—1635), dessen „Trutz-Nachtigall oder geistlichs-poetisch Lustwäldlein" (Köln, 1649) noch heute Verehrer findet, dichtete „herzliche, anmutige und phantasievolle Lieder, deren eigentümlichster Zug die Vereinigung eines kindlichen, tiefen, innigen Naturgefühles mit inbrünstiger Liebe zum Heilande ist"; und auch die mehr als 200 geistlichen Lieder („Heilige Seelenlust oder geistliche Hirtenlieder der in ihren Jesum verliebten Psyche", 1657) des schon vom Mysticismus beeinflufsten, im Jahre 1653 vom Protestantismus zum Katholicismus übergetretenen Johannes Scheffler, bekannter unter dem von ihm nach seiner Konversion angenommenen Namen Angelus Silesius (1624—1677), „zeichnen sich durch Innerlichkeit und Innigkeit so bedeutend aus, dafs sie zum Allerbesten gerechnet werden müssen, was in dieser Weise jemals gedichtet worden ist". Es ist überhaupt hervorzuheben, dafs die geistliche Dichtung jener Periode, die protestantische wie die katholische, — in ihren besten Erzeugnissen wenigstens — einen angenehmen Kontrast bildet zur gleichzeitigen weltlichen Poesie, die durch ihre Künstelei und ihre erlogenen Gefühle berüchtigt ist.

Auch in den skandinavischen Ländern hatte die Reformation ein ähnliches Aufblühen der geistlichen Dichtung zur Folge. Doch entwickelte sich diese Poesie hier weniger selbständig, indem sie sich zumeist die deutschen Kirchenlieder, und nicht die protestantischen allein, zu Vorbildern nahm, die nachgeahmt oder geradezu übersetzt wurden. So sind die meisten Psalmen von Hans Thomissens „Danske Psalmebog" (1569), dem anderthalb Jahrhunderte hindurch am meisten benützten Kirchengesangbuch, aus dem Deutschen übersetzt. Indessen wagte man doch bald schüchterne Versuche, die Stoffe, aus denen schon Luther und seine Freunde die ersten Lieder geschaffen, namentlich gewisse Stücke des Katechismus und die Psalmen Davids, selbständig dichterisch zu bearbeiten. Einzelnen Originalliedern begegnen wir bei den Dänen und Schweden, die anfangs von einander ihre Psalmen entlehnten, ebenfalls schon ziemlich früh (Olof Persson, Arvid Pedersen, Hans Tavsen). Der erste bedeutendere Psalmendichter des skandinavischen Nordens (in der zweiten Hälfte des sechzehnten Jahrhunderts) war jedoch der Däne Hans Kristensen Sthen (ca. 1540 bis ca. 1600), dessen Lieder an Kraft und Schönheit hoch über den anderen religiösen Dichtungen jener Zeit stehen. Zur eigentlichen Blüte gelangte jedoch die Psalmen- und sonstige geistliche Poesie auch in Skandinavien erst im siebzehnten Jahrhundert. In Dänemark-Norwegen erstand ein bedeutender Dichter zunächst in Anders Arrebo (1587—1637), dessen „K. Davids Psalter" (1623) ein ganzes Jahrhundert hindurch das geistliche Lieblingsbuch der Norweger war, und der durch sein „Hexaëmeron" (eine Nachdichtung des Französischen, auch ins Deutsche und Holländische übersetzten Lehrgedichtes „La première Semaine" von Du Bartas, mit eingeflochtenen norwegischen Naturschilderungen) sich auch als geistlicher Lehrdichter hohen Ruhm — besonders wieder in Norwegen — erwarb. Ihn übertraf Thomas Kingo (1634—1703), bekanntlich der weitaus bedeutendste Psalmendichter der nordischen Lande (mit Ausnahme Islands) und einer der gröfsten dänischen Dichter überhaupt („Aandelig Siunge-Koor. I. Part, 1674; II. Part, 1681; Vinterpart, 1689). Endlich ist auch der Norweger Peder Dafs (1647—1707) zu nennen, dessen geistliche Gedichte in seinen verschiedenen, erst nach dem Tode des Poeten erschienenen Werken enthalten sind. In Schweden erreichte die geistliche Dichtung ihren Höhepunkt durch Haqvin Spegel (1645—1714), der auch als geistlicher Lehrdichter bekannt ist, und durch Jesper Svedberg (1653—1735), dessen 1694 erschienenes „Psalmbok" jedoch als ketzerisch kassiert wurde. Was noch im besonderen die geistliche Poesie Schwedens betrifft, so ist dieselbe in Bezug auf den Umfang viel ärmer, dabei aber an Übersetzungen namentlich aus dem Deutschen (Heermann, Rist, Paul Gerhardt, Angelus Silesius u. a.) verhältnismäfsig reicher als die dänisch-norwegische. In letzterer Hinsicht ist es interessant, dafs auch Gustav Adolfs II. berühmter Kriegspsalm, der beim Gottesdienste im Morgennebel auf dem Felde bei Lützen (6. November 1632) gesungen wurde, „dieser tiefste und edelste Psalmenton, der je aus dem Herzen des schwedischen Volkes gekommen ist", zuerst in deutscher Sprache erklang. An die dänisch-norwegische Dichtung reicht die schwedische nicht hinan; doch eignet ihr eine reinere Sprache und ein edlerer Stil.[1])

Auf **Island** begegnen wir im allgemeinen derselben Erscheinung, wie in den übrigen nordischen Ländern. Auch hier wurden anfangs die für den liturgischen Kirchengesang benötigten Lieder zum gröfsten Teile fremden Mustern wie den alten lateinischen Kirchenliedern, vor allem aber Luthers eigenen Psalmen, nachgebildet. Die erste uns bekannte Übersetzung derselben rührt von dem Skálholter Bischof *Marteinn Einarsson* her, dessen kleines „*Psálmakver*" (Kopenhagen, 1555) überhaupt das älteste isländische Psalmenbuch ist, das wir jetzt kennen. Drei Jahre später (1558), erschien dann auch von dem Nachfolger *Marteinn Einarssons* im Bischofamte, *Gísli Jónsson*, ein Heft „Psalmen", die jedoch in Bezug auf Poesie und Sprache alles zu wünschen übrig liefsen. Einen kräftigeren Aufschwung nahm die geistliche Dichtung erst infolge der darauf abzielenden Bestrebungen des Bischofs *Guðbrandur Þorláksson* von *Hólar*, dem die Isländer auch die erste vollständige Bibelübersetzung zu verdanken haben (vgl. oben S. 80). Über Betreiben des Königs Friedrich II. stellte *Guðbrandur* sein neues Psalmenbuch (*Ein ny Psálma Bók*) zusammen, das 1589 zu *Hólar* erschien und ca. 346 Psalmen, fast ausschliefslich Übersetzungen aus dem Deutschen und Lateinischen, enthielt. Diesem liefs er 1594 ein „Graduale", d. i. „*Ein almenneleg Messusönga Bók*" folgen, das ebenfalls zumeist aus Übersetzungen bestand. All diese Übersetzungen waren jedoch, wie schon früher bemerkt, herzlich schlecht. „Man machte sich allzu abhängig von dem fremden Text, behielt gern dieselben Reimsilben wie im Original und radebrechte die Sprache auf eine fast unbeschreibliche Weise, so dafs die geistlichen Lieder eine jämmerliche und nichts weniger als anständige Form erhielten."[2]) Gleichwohl blieb das Psalmenbuch wie das Graduale fast unverändert bis um den Beginn unseres Jahrhunderts in den Kirchen und Häusern in Gebrauch, und der Ersatz derselben durch ein neues geistliches Liederbuch im Jahre 1801 erregte sogar bei der Mehrheit der Bevölkerung einen Sturm des Unwillens.[3])

Aufser Liedern wurden auch auf Island schon frühzeitig Stücke des Katechismus (*Catechismusvísur*), die zehn Gebote Gottes (*boðorða-*

---

[1]) Vgl. über die Entwickelung der geistlichen Dichtung nach der Reformation in Dänemark, Norwegen und Schweden C. Rosenbergs „*Nordboernes Aandsliv fra Oldtiden til vore Dage.* III. Bd. 1. Abteilung S. 140 bis 171 u. 500—587. — [2]) *Jón Þorkelsson. Om digtningen på Island.* S. 422. — [3]) Vgl. *Jón Þorkelsson* a. a. O., S. 428—429.

rímur) u. a. in Verse gebracht.[1]) Um 1600 begann sich dann rasch und üppiger als anderswo die bibel- und evangeliengeschichtliche Dichtung (erbauliche Rímur) zu entwickeln. Den Hauptanstofs dazu gab wieder *Guðbrandur Þorláksson.* In seinem Eifer, den christlichen und sittlichen Sinn des Volkes zu heben, waren ihm gewisse weltliche Dichtungen und namentlich die Rímur mit ihrem rohen und oft recht unmoralischen Inhalt ein Greuel. Da er bei der Vorliebe des Volkes für diese Dichtungen, deren Vortrag die liebste Abendunterhaltung bildete, nicht hoffen durfte, die Rímur als solche ganz ausrotten zu können, wollte er dieselben wenigstens durch christlich-erbauliche Dichtungen dieser Art verdrängen und veranlafste deshalb mehrere Geistliche und andere gebildete Männer, Rímur mit biblischem Inhalte zu dichten. Es entstanden Rímur von Adam, von Moses, von Saul und David, vom Propheten Jonas, von Samuel, von den Königsbüchern, von Jesus, vom heiligen Kreuz u. s. w. Der Zweck, den diese Dichtungen verfolgten, war gewifs sehr löblich; allein sie entbehrten als poetische Produkte jedes Wertes, und das Volk fand an den frommen Geschichten keinen Gefallen. Die Leute wollten bei ihrer abendlichen Hausarbeit in der „Badstube" etwas Unterhaltendes hören. Die Meinung eines alten Weibes: „Das Evangelium ist nicht lustig; es kommt keine Schlacht darin vor," war auch die Meinung des Volkes bezüglich der „christlichen" Rímur. Gar manche sahen auch eine Entheiligung des Wortes Gottes darin, dafs es in Rímur gebracht wurde. Diese sind denn auch niemals populär geworden und in kurzer Zeit wieder verschwunden.[2]) Das Interessanteste an diesen Rímur ist, dafs sie in den alten nationalen Rímur-Weisen gedichtet waren.

Dichtungen epischen Charakters waren ferner solche, welche Stoffe des Neuen Testamentes, besonders der Evangelien, kürzer und nicht in Rímur-Form behandelten (*guðspjallavísur*). Man benutzte diese Stoffe jedoch auch zu lyrischen Gedichten (*guðspjallasálmar*); namentlich war die Leidensgeschichte des Heilandes ein beliebter Gegenstand für das geistliche Lied (*passíusálmar*). Im übrigen bestand die originale religiöse Lyrik aus Bufsliedern (*iðranarvísur*), Gebeten (*bænarsálmar*), Morgen- und Abendliedern, Grabliedern u. dgl.[3]) Den gröfsten Teil dieser Dichtungen aus der Zeit des Endes des sechzehnten und des Beginnes des siebzehnten Jahrhunderts gab *Guðbrandur Þorláksson* in seiner 1612 erschienenen Sammlung „*Ein ný Vísnabók*" (d. h. ein neues Liederbuch) heraus, die daher einen nicht geringen litterarhistorischen Wert besitzt. Die besprochenen Originaldichtungen waren in metrischer und sprachlicher Hinsicht wohl im allgemeinen

---

[1]) Vgl. *Jón Þorkelsson* a. a. O., S. 100—102. — [2]) *Jón Þorkelsson, Om digtningen på Island*, S. 132 und *Finnur Jónsson, Agrip af bókmenntasögu Íslands*, II, S. 16—17. — [3]) Vgl. *Jón Þorkelsson*, a. a. O., S. 100—108 und 433 fgd.

besser als die Übersetzungen jener Zeit, jedoch, wie schon bemerkt, ohne höhere poetische Bedeutung — wenige ausgenommen. Der erste bessere Dichter war *Einar Sigurðsson*, der denn auch in der *Vísnabók* besonders reichlich vertreten ist (mit Rimur von Ruth, Judith, Esther und Tobias, mit Evangelien-Psalmen und dem isländischen *Dies irae: „Dimmt er í heiminum, drottinn minn, er deginum tekur að halla“*). Auch *Jón Bjarnason, Olafur Jónsson* und *Jón Þorsteinsson* werden als gute Dichter der ersten Periode der geistlichen Dichtung gerühmt (vgl. oben S. 121). *Jón Þorsteinsson* verdanken die Isländer den ersten vollständigen Psalter in der Form einer Übersetzung oder vielmehr Nachdichtung von Lobwassers Davids-Psalter, „die so gelungen ist, dafs sie sich in Bezug auf Würdigkeit und Nachdruck des Ausdruckes wohl mit Arrebos ungefähr gleichzeitigem Werke messen kann“.[1]) Die Dichtung ist jedoch erst im Jahre 1662 gedruckt worden.

Von ca. 1620 an beginnt dann eine Zeit höheren Aufschwunges der religiösen Poesie, u. zw. vornehmlich wieder unter dem Einflusse der deutschen Kirchenlieder-Dichter und Erbauungs-Schriftsteller, die auf Island, wo damals die Kenntnis der deutschen Sprache sehr verbreitet war, merkwürdig schnell bekannt geworden sind. Da ist zunächst *Sigurður Jónsson* zu nennen, der auch von besonderer Bedeutung als erster didaktischer Dichter in gröfserem Stile erscheint. Er lieferte eine poetische Bearbeitung der bereits durch Bischof *Þorlákur Skúlasons* Übersetzung beliebt gewordenen „Meditationes sacrae“ von Johann Gerhard in fünfzig „*Hugvekju-Sálmar*“ d. h. erbaulichen Liedern (1632), die bis auf unsere Zeit herab zu den häuslichen Andachten gebraucht wurde, und bisher nicht weniger als neunzehn Auflagen (die letzte 1843) erlebt hat. In ähnlicher Weise dichtete er nach dem „Liber precum vel exercitium pietatis“ desselben Gerhard sechsundvierzig „Psalmen aus der täglichen Übung der Gottesfürchtigkeit“ („*Sálmar út af daglegri iðkun guðrækninnar*“), die ebenfalls sehr beliebt waren (erster Druck 1742, letzter 1835).[2]) Auch *Jón Magnússon* zu *Laufás*, dessen Dichtungen u. a. von *Eggert Olafsson* nicht wenig gelobt wurden,[3]) hat in seiner, übrigens erst 1734 zu Kopenhagen erschienenen „*Hústafla* (Haustafel) oder Oeconomia Christiana“, die in elf Gedichten von den Pflichten der Menschen in den verschiedenen Ständen handelt, ein treffliches Erbauungsbuch geschaffen, das noch 1842 neuerdings gedruckt worden ist. Von den übrigen geistlichen Dichtern dieser Periode sei nur noch der recht begabte *Eiríkur Hallsson* zu *Höfði* genannt, von dessen zahlreichen Originalgedichten (darunter das ausgezeichnete, auch in

[1]) Rosenberg a. a. O., S. 484, während *Finnur Jónsson*, (*Ágrip af bókmennta sögu Islands*, II 24) findet, dafs „diese Psalmen nicht gut gedichtet“ seien. — [2]) Vgl. *W. Fiske, Bibliographical Notices V. Books printed in Iceland* 1578—1844. *A third Supplement to the British Museum Catalogue*. S. 7, No. 8. — [3]) *Kvæði Eggert Olafssonar* (Kopenh. 1832). *Formáli* S. 4. —

das neue isländische Psalmenbuch noch aufgenommene Lied: „*Til himins upp ég augum lít*“) nur weniges in Druck erschienen ist. Er übersetzte auch Arnds „Paradiesgärtlein“ in 130 Psalmen.[1]) Bei diesen Dichtern waren nicht nur die Versifikation und die Sprache besser als bei ihren Vorgängern, sondern sie erhoben sich schon zeitweilig zu einem höheren poetischen Schwung. In mehreren Rímur aus dieser Zeit finden wir auch stellenweise den alten Rímur-Stil angewendet mit seinen poetischen Namen, dichterischen Umschreibungen (*kenningar*) und dem sonstigen Schmuck der Skaldenpoesie. In anderen Gedichten begegnen wir — wie in der katholischen Zeit — alten skaldischen Versmafsen, besonders dem „*Dróttkvæt*“ (vgl. oben), woraus zu ersehen ist, dafs die alte Skaldenpoesie damals keineswegs abgestorben oder in Vergessenheit geraten war, wie gern behauptet wird.[2])

Im grofsen und ganzen genommen, war jedoch diese geistliche Poesie mit ihrem monotonen Gejammer über die Sündhaftigkeit der Welt und die Nichtswürdigkeit des Menschen auch jetzt noch — vom kunstpoetischen Standpunkte betrachtet — so mittelmäfsig, dafs man nicht erwarten konnte, dieselbe fast urplötzlich und früher als in Dänemark und Schweden den Gipfelpunkt hoher Vollendung erreichen zu sehen, wie es in der That der Fall war. Der Dichter, dem dies gelang, und der dadurch der geistlichen Poesie Islands eine weltlitterarische Bedeutung verschaffte, war *Hallgrímur Pjetursson.* Nach seinem Auftreten ging es auch mit diesem Dichtungszweige wieder zurück, wenngleich derselbe — Dank der Nachwirkung *Hallgrímurs* — nicht mehr auf jene tiefe Stufe sank, die er vorher eingenommen hatte. Das beste wurde noch — wenigstens im weiteren Verlaufe des siebzehnten Jahrhunderts — in Übersetzungen von *Kingos* „*Sjungekor*“, namentlich durch *Stefán Olafsson*, geleistet, wie denn auch sonst die Übersetzungen auf diesem Gebiete der Dichtung wieder stark überhand nahmen. Durch Talent und Fruchtbarkeit ragt noch verhältnismäfsig — neben *Eiríkur Hallsson*, der *Hallgrímur* um beiläufig fünfzehn Jahre überlebte — *Steinn Jónsson* (1660—1739) hervor, der u. a. vierzig „Auferstehungs-Psalmen“ („*Upprisu-Psálmar*“, 1726) dichtete, die jedoch an die Passions-Psalmen *Hallgrímur Pjeturssons*, die er gleich vielen anderen nachahmte, bei weitem nicht hinanreichen.

Hallgrímur Pjetursson war der Sohn eines Glöckners zu *Hólar*, ohne jedoch daselbst geboren zu sein. Der Ort und die

---

[1]) Eine geringe Anzahl religiöser Gedichte des *Sjera Eiríkur* findet sich zerstreut gedruckt in verschiedenen geistlichen Liederbüchern, so in der „*Litla Vísnabók*“ (*Hólar*, 1757, und *Videy* 1839; darunter ein Psalm aus dem Paradiesgärtlein), in der „*Höfuðgreinabók*“ (*Hólar*, 1772), in der „*Flokkabók*“ (ibid., 1780), in der „*Sálmabók*“ (*Reykjavík*, 1871), und in der jetzt gebrauchten „*Sálmabók*“, (ibid., 1886) [Mitteilung des Dr. *Jón Þorkelsson* d. J.]. — [2]) Vgl. über diese Dichter auch Rosenberg, a. a. O., S. 482—487.

genaue Zeit seiner Geburt sind nicht näher bekannt; doch mufs sie wohl in das Jahr 1614 fallen. *Hallgrímur* lernte hier lesen und schreiben und besuchte auch schon die Lateinschule, als er plötzlich, 13 oder 14 Jahre alt, aus bisher nicht aufgeklärten Gründen — die Sage erzählt, weil er auf die Weiber des Bischofshofes Spottverse gedichtet — Island verlassen mufste. Er kam von da zuerst nach Glückstadt, dann nach Kopenhagen, um das Schmiedehandwerk zu erlernen. Hier machte er die Bekanntschaft seines Landsmannes *Brynjólfur Sveinsson*, des späteren Bischofs von *Skálholt*. Dieser nahm ihn zu sich und verschaffte ihm 1632 den Eintritt in die Metropolitanschule Kopenhagens, welche er auch vier Jahre hindurch, bis in die oberste Klasse, besuchte. Als im Jahre 1636 eine Anzahl Isländer, welche 1627 von türkischen Seeräubern geraubt, später aber von König Christian IV. wieder losgekauft worden waren, auf ihrer Heimreise von Algerien sich längere Zeit in Kopenhagen aufhielt, wurde *Hallgrímur*, noch als Schüler der genannten Schule, zum Religionslehrer und Prediger für dieselben bestellt. Er verliebte sich in ein Weib dieser Schar, das bereits verheiratet gewesen war, verliefs die Schule und kehrte mit seiner Braut im Frühjahr 1637 nach Island zurück.

Hier lebte er, nachdem er bald darauf geheiratet, als Häusler, Taglöhner und Fischer, bis ihn 1644 sein Gönner *Brynjólfur Sveinsson*, der nun bereits Bischof war, zum Priester weihte und ihm zuerst die Pfarre *Hvalsnes*, später (1651) die von *Saurbær* (in der *Borgarfjarðarsýsla* am *Hvalfjörður*) verlieh. Nicht lange Zeit darauf wurde er jedoch vom Aussatz — einer damals auf Island noch sehr häufigen Krankheit — befallen, der ihn auch langsam dahinraffte. Er starb am 27. Oktober 1674 zu *Ferstikla*, ungefähr sechzig Jahre alt. *Hallgrímur* war natürlich kein fein gebildeter Mann; er verstand jedoch Deutsch und war in der alten heimischen Sprache und Dichtung so bewandert, dafs Bischof *Brynjólfur Sveinsson* und *Þormóður Torfason* ihn zu litterarischen Arbeiten auf diesem Gebiete heranzuziehen versuchten. Als Seelenhirt scheint er geachtet und beliebt gewesen zu sein, und er hatte auch nicht mehr mit so schweren Sorgen zu kämpfen. Die Sage von seiner grofsen Armut auch als Pfarrer ist zum mindesten stark übertrieben. In seinen letzten Lebensjahren mochte er sich indessen immerhin in einer bedrängten Lage befunden haben, da er sich infolge seiner Krankheit anfangs genötigt sah, einen Hilfsgeistlichen zu halten, dann aber die Pfarre ganz aufgeben mufste.[1])

Hallgrímur hat sein poetisches Talent zuerst in weltlichen Dichtungen bekundet, die oft recht profanen Inhaltes sind. Selbst Tanzlieder, sogenannte „*Vikivakakvæði*“ (vgl. oben S. 123), sind von ihm

---

[1]) Vgl. *Grímur Thomsens* Biographie des Dichters in „*Sálmar og kvæði eptir Hallgrím Pétursson*“ I. S. VII—XXX.

bekannt,[1]) und ein Trinklied („Der guten Stunde freu' ich mich . .") ist noch heute bei den Isländern sehr beliebt und wird häufig gesungen. Zu seinen besten weltlichen Dichtungen zählt ein längeres Zeitgedicht (*Aldaháttur*) im Geschmacke des siebzehnten Jahrhunderts. Er dichtete auch mehrere weltliche Rímur (*Rímur af Krókaref, R. af Lykla-Pjetri og Magelónu, R. af Flóres og Leo*), die sich von den meisten anderen Produkten dieser Art in sympathischer Weise dadurch unterscheiden, daſs ihre Helden nicht wie gewöhnlich als halb übernatürliche Wesen, sondern als natürliche Menschen dargestellt erscheinen. Manches weltliche Gedicht und Lied stammt auch aus der Zeit, da *Hallgrímur* sein geistliches Amt ausübte; denn er war überhaupt eine zu Scherzen geneigte und satirische Natur.

Als Probe von *Hallgrímurs* weltlicher Dichtung möge das eben erwähnte Trinklied („Ölerindi") dienen („*Sálmar og kvæði*," II., S. 417—418).

Trinklied

(beim Abschied zu singen).

Der guten Stunde freu' ich mich,
Wie jeder sehen kann;
Für das Gelage lobe ich
Gott und den Wirt, den braven Mann.

Mit Freunden sitz' ich fröhlich hier,
Wie jeder sehen kann;
Manch' Freundlichkeit erwies man mir,
Drum wohl dem Wirt, dem braven Mann.

Wenn man beim Bier zu viel oft spricht,
Wie ich es wohl gethan,
So trifft die Schuld den Gast doch nicht,
Vielmehr den Wirt, den braven Mann.

Und lustig ist's auch, wird beim Wein
Der Becher froh geschwenkt.
Doch schön ist's, sittsam stets zu sein,
Wird noch so oft dir eingeschenkt.

---

[1]) Vgl. „*Nokkur Ljóðmæli eptir Hallgrím Pétursson* (Reykjavík. 1885), S. 67—71; *Olafur Davíðsson, Islenzkir vikivakar og vikivakakvæði* (Kopenh. 1894) S. 270—273; andere *Vikivakar*-Lieder *Hallgrímur Pjeturssons* in *Nokkur Ljóðmæli*. S. 60—67. *Olafur Davíðsson*, a. a. O., S. 181—182, 211—212.

Thu, was nach bess'rer Sitte recht,
Und was du machst, ist gut.
Unmäſsigkeit steht immer schlecht;
Drum glücklich, wer auf seiner Hut.

Geht hoch das Spiel, so laſs davon,
Ich dir noch raten kann. —
Doch nun ist's Zeit zum Aufbruch schon . .
Ein Wohl dem Wirt, dem braven Mann!

Als wirklich bedeutender Dichter jedoch erwies sich *Hallgrímur* erst in seinen geistlichen Liedern und auch hier eigentlich nur in seinen Passionspsalmen und in einem Grabliede; denn seine übrigen Poesieen dieser Art erheben sich nicht in dem Maſse, als zu erwarten wäre, über die ähnlichen Produkte seiner Zeit, wenngleich Innigkeit des Gefühls, höherer Schwung der Gedanken, sowie künstlerische Form- und Sprachbehandlung auch hier nicht selten das groſse Talent des Dichters verraten. Diese lyrischen und didaktischen Gedichte: ein Neujahrspsalm, ein Sommerlied, einige Morgen- und Abendlieder, Buſs-, Trost- und Danklieder, Morgen- und Abendgebete für die Jugend, ein Katechismus-Gedicht u. dgl. andere Poesieen wurden später gesammelt und herausgegeben als „*Andlegir Psálmar og Kvæði*“ — das sogenannte „*Hallgrímskver*“ — (zuerst 1755 zu *Hólar* erschienen und in der Folge noch oft neugedruckt). Noch weniger Poesie enthalten *Hallgrímurs* bibelgeschichtliche Dichtungen wie die „*Samúelssálmar*“, welche nur trockene gereimte Übersetzungen und zwar im Auszuge bilden.

Es war im Jahre 1666, als zu *Hólar* in einem Hefte mit den sieben „Passionsliedern“ des oben (S. 121) erwähnten Pastors *Guðmundur Erlendsson* auch fünfzig Lieder von *Hallgrímur Pjetursson* erschienen, welche ebenfalls das Leiden und Sterben des Heilandes behandelten und gleich jenen nach bekannten geistlichen Melodieen gesungen werden konnten. Sie waren bereits im Jahre 1659 gedichtet und dann zunächst in dem engeren Bekanntenkreise des Dichters handschriftlich verbreitet worden. Diese Lieder nun waren so ganz anders als die übrigen religiösen Dichtungen, welche seit der Herrschaft des Luthertums dem geistlichen Bedürfnisse der Bevölkerung dargeboten wurden; sie sprachen so einfach und dabei so natürlich — auch im sprachlichen Ausdrucke — zu den Herzen und Gewissen, daſs sie alsbald die erbauliche Lieblingslektüre des Volkes, besonders während der Fastenzeit, bildeten und es bis auf den heutigen Tag geblieben sind.

Was die Passionslieder („*Fimmtíu Passíu Sálmar*“) oder, wie der eigentliche Titel lautet, „Geschichte des Leidens und Sterbens unseres Herrn Jesu Christi in Psalmen und Melodieen“, so sehr auszeichnet, ist weniger der Stoff an sich als das tiefsinnige religiöse Gefühl, „die alte katholische Andacht zum leidenden und sterbenden Erlöser“, welche aus ihnen spricht, dann die echt dichterische und kunstvolle Art, wie die einzelnen Punkte der Passion auf das menschliche Leben angewendet werden, die Lebhaftigkeit und Kraft der an sich doch so schlichten und klaren Darstellung, wie nicht minder die volle Beherrschung der Sprache und der poetischen Technik.

Niemand hat die Eigenart dieser Lieder besser gekennzeichnet als der dänische Litterarhistoriker Carl Rosenberg (Nordboerners Aandsliv, III. Bd., S. 487—499), dem denn auch wir hier das Wort darüber abtreten wollen. Er bemerkt, dafs in den fünfzig Passions-Psalmen der historische, lyrische und didaktische Gesang zu einer organischen Einheit zusammengewachsen sei. Der Bibeltext sei nämlich zwar beinahe wörtlich und vollständig wiedergegeben; „allein zwischen die in Versen umschriebenen Sätze des Textes — die zur augenblicklichen Anleitung für den Singenden typographisch hervorgehoben sind — werden stets die durch das Bibelwort hervorgerufenen Stimmungsäufserungen, Betrachtungen und Ermahnungen eingeschoben. Hierdurch hat sich der Dichter die besten Bedingungen zur Erreichung seines religiösen und poetischen Zweckes geschaffen, nämlich: die Gewissen zu treffen. Einerseits kann er, während die Erzählung beständig im Gang gehalten wird — die 50 Psalmen sind ein Epos von Anfang bis zu Ende — den Singenden nötigen, dem Erlöser Schritt für Schritt auf seinem Kreuzweg zu folgen; andererseits bekommt er Zeit und Raum, um immerfort sein: Du bist es, dem dies gilt! einzuschärfen, indem er im Spiegel seines Gesanges jeden Lichtschimmer aufzufangen vermag, der von den einzelnen Momenten der Erzählung auf die Verhältnisse und Aufgaben des christlichen Lebens fallen kann; endlich ist ihm Gelegenheit geboten, überall, wo ein Anlafs vorhanden, seiner bewegten Stimmung in Worten der Reue, der Bitte, des Dankes, der Lobpreisung Ausdruck zu geben — alles zur Verherrlichung des Erlösers. In der Ausführung dieses Planes zeigen sich *Hallgrimurs* dichterische Fähigkeiten sozusagen potenziert durch die Gröfse des Stoffes. Nirgends offenbart sich dieser Tiefsinn, der in dem Stoffe immer noch eine neue bisher verborgene Bedeutung entdeckt, auf feinere Weise, nirgends zeigt sich diese Einbildungskraft, welche fortwährend neue, sowohl das Nachdenken erweckende als das Gewissen ergreifende Bilder findet, reicher und schöpferischer; nirgends verrät der Dichter eine solche Fülle an religiöser Erfahrung, nirgends ist sein Stil kerniger oder einfältig-grofsartiger. Denn stöfst man auch bisweilen auf etwas gezwungene Anwendungen des Wortes oder auf Spitzfindigkeiten, so zerschmilzt doch alles Schwere und Harte im Feuerstrom des Mitleides, der Andacht und des Eifers, der in jedem Vers, in jedem Worte glüht. Grundtvig hat Kingos Bibel-Psalmen eine Kirchen-Messiade genannt, welche die dänischen Christen noch erfreuen und erfrischen wird, wenn Klopstocks Schul-Messiade von den Deutschen längst vergessen sein wird. Hier haben wir eine andere nordische Kirchen-Messiade oder richtiger **Hausandachts-Messiade**, über welche ebenfalls die Zeit keine Gewalt gehabt hat. Ist sie auch im höchsten Grade isländisch, namentlich durch die Lust zu sinnreichem Gedankenspiel und durch die Treue gegenüber dem Bibelwort, welche dem Sinn der Isländer sowohl für das historische wie für das aktenmäfsig Festgestellte entspricht, so sind doch die allgemeinen religiösen und poetischen Vorzüge des Werkes so grofs, und dieses ist eine so original-nordische Geistesfrucht der alten lutherischen Zeit, dafs es heute noch auch andere nordische Christen ergreifen müfste — wenn es ihnen zugänglich gemacht werden könnte."

In den Passionsliedern finden sich übrigens unverkennbare Spuren einer Beeinflussung durch deutsche religiöse Dichter jener Zeit. So stimmt z. B. gleich der erste Vers der Einleitung zum ersten Passionstexte („*Upp, upp min sál og alt mitt geð!*") fast wörtlich überein mit dem Verse in Paul Gerhardts Osterliede: „Auf, auf, mein Herz mit Freuden!", und auch sonst kommen mannigfache Anklänge namentlich an die deutschen Kirchenlieder-Dichter vor.

Es ist schwer dem Leser eine Vorstellung von der poetischen Kraft und Vollkommenheit dieser Lieder zu verschaffen, ohne ihn mit einer Anzahl derselben bekannt zu machen. Dies ist jedoch beinahe unmöglich; denn sie bieten in ihrer so durch und durch isländischen Eigenart der Übersetzung geradezu unbesiegbare Schwierigkeiten dar, und müssen selbst unter der gewandtesten Hand an Schönheit der Form und Innigkeit des Ausdruckes allzu viel verlieren. Ph. Schweitzer hat in seiner „Geschichte der skandinavischen Litteratur" gleichwohl eine Verdeutschung der ersten sieben Strophen des zweiten Liedes versucht, die wir denn auch unseren Lesern nicht vorenthalten wollen. (Das Original in „*Sálmar og kvæði eptir Hallgrím Pjetursson*," I. S. 9—10.)

Aus dem zweiten Passionslied.

Jesus in den Garten ging,
Vom Keltern den Namen er empfing:
Gethsemane, so hiefs der Hain.
Der Herr war auch ein Ölbaum fein:
Seht, sein Herz bot hier, in Qual,
Des Heiles Öl zum erstenmal.

Ein Garten Adams Sünde sah,
Sühne ist in diesem nah!
Der Baum, defs' Äpfel Adam nahm,
Elend trug, und Sünd und Scham.
Der Jesus-Baum will Bessrung geben:
Bufse er trägt und ewiges Leben.

Dem Judas war der Ort bekannt;
Oft dorthin den Weg er fand.
Passend er als Schauplatz scheint
Schwarzen Thuns dem bösen Feind.
Den Platz zu wählen wufst er klug:
Wenig Zeugen hat sein Trug!

Dem Judas gleich auch Satan sinnt,
Sucht', wie er die Stätte find' —
Sei's bei Nacht, und sei's bei Tag —
Wo sicher er mich packen mag:
Wo Gott zu Bitt' und Lob mich lädt,
Am liebsten Satan mich verrät.

Dem Weltkind hat er die List gelehrt:
Lug und Trug es übt und ehrt,
Und folgt darin dem Führer gern;
Doch Falschheit schlägt den eignen Herrn.
Vor Satans Joch und Judas' Schlich,
Herr Jesus Christ, bewahre mich!

Oft zu dem Garten gegangen war
Gottes Sohn, d'rum weifs ich klar,
Oft des Sterbens dort er dacht',
Demutsvoll sein Opfer bracht',
Flehte zu Gott, betrübt zum Tod,
Dafs Tröstung ihm werd' in seiner Not.

Ein Garten des Herrn ist jeder Ort —
Eifrig geh' zu beten dort —
Wo Tote ruh'n im grünen Grund.
An Grüften schrei zu Gott dein Mund:
Des Todes acht', doch auch dabei,
Dafs Aufersteh'n gewifs dir sei!

Der freundschaftlichen Güte und vielbewährten Verskunst Richard v. Kraliks verdanken wir auch noch die Nachdichtung der folgenden sechs Strophen aus dem fünften Psalm im Versmafse und in der Reimfolge des Originales (*Sálmar og kvæði*, I., S. 22—23):

Ich bin es!

„Ich bin es!“ sagte Jesus dort
Im Garten. Und dies hehre Wort
War also mächtig, dafs die Schar
Der Feinde hinsank sinnesbar.
Was jenen schuf so grofse Not,
Ist meiner Seele Morgenrot;
Es ist mir Trost in Angst und Not.

Wenn oft auch straucheln mag mein Fufs,
Wenn Gott der Herr mir zürnen mufs,
Dann sagt mein Jesus: „Ich bin der,
So von dem Himmel kam hierher.
Mit meinem Blut, mit meiner Pein,
Mach ich dich von den Sünden rein,
Dafs dir nicht zürnt der Vater mein.“

Wenn Teufel, Sünde, böser Mut
Mich hier zu quälen nimmer ruht,
Sagt Jesus wieder: „Ich bin hier,
Und nehm die Missethat von dir,
So wie der Wind die Wolken jagt,
Bis sie verschwinden. Unverzagt
Vertrau dem Spruch, den ich gesagt!“

Wenn Krankheit, Schmerzen, Armut mich
Verwunden werden, hör' ich dich,
O Jesus, sagen: „Sieh mich an,
Ich bin es, der dich heilen kann!
Der Himmel sichert Trost dir zu,
Er wandelt deine Pein im Nu.
Dem Weltbesieger traue du!“

Im Tod und vor des Richters Thron
Wird mir dein Wort, o Gottessohn,
Zum Troste sein: „Ich bin es, ich,
Der dich zum Heil führt sicherlich.
Mein Knecht sei da, wo ich auch bin!“ —
In diesem Glauben fahr ich hin
Aus dieser Welt mit frohem Sinn.

Dann laſs mich sagen: „Jesu mein,
Ich bin's; du kennst mich, ich bin dein.“
Und holde Antwort werde mir:
„Ich liebe dich; dein harr' ich hier.“
Wie dies Gespräch auf Erden leis'
Begann, ertön es dir zum Preis
Dann ewig. Amen, also sei's!

Von der tiefen Wirkung, welche diese Passionslieder auf das isländische Volk ausübten, zeugt wohl am besten der Umstand, daſs sie schon 1671 neuerdings gedruckt wurden und noch im siebzehnten Jahrhundert selbst drei weitere Auflagen erlebten. Gegenwärtig stehen sie bereits vor der vierzigsten.[1]) Es ist dies ein Erfolg, wie ihn kein anderes isländisches Buch auch nur annähernd aufzuweisen vermag. Die Psalmen wurden sogar ins Lateinische übersetzt, so von *Kolbeinn Þorsteinsson*, dessen Übertragung 1778, und von *Hjörleifur Þórðarson*, dessen gleiche Arbeit 1785 in Kopenhagen erschienen ist. In der Form einer Nachdichtung scheinen *Hallgrímurs* Passionslieder auch in Deutschland nicht ganz unbekannt zu sein; dem Schreiber dieses Buches wurde wenigstens von einem ausgezeichneten Kenner der isländischen Sprache und Litteratur, dem amerikanischen Universitäts-Professor Willard Fiske, vor Jahren erzählt, daſs ihm einmal in Deutschland eine handschriftliche Sammlung von religiösen Liedern gezeigt und gerühmt wurde, welche er als *Hallgrímurs* Passionslieder erkannte. Sie haben den Weg zu uns dann jedenfalls durch die lateinischen Übersetzungen gefunden. Auch *Grímur Thomsen* deutet auf die handschriftliche Verbreitung einer deutschen Bearbeitung der Passionslieder hin.[2])

Als Anhang war dem oben erwähnten Hefte, in dem zuerst

[1]) Die letzte Auflage erschien 1890; dieselbe ist unrichtig als achtunddreiſsigste bezeichnet; sie ist in Wirklichkeit die neununddreiſsigste. Vgl. W. Fiske, Bibliographical Notices, V. No. 43. Ein genaues Verzeichnis aller Ausgaben der Passionslieder findet sich in desselben Autors Bibliographical Notices. IV. S. 5—6. — [2]) Vgl. *Sálmar og kvæði eptir Hallgrím Pétursson* I. Bd. pag. XXVIII—XXIX.

Hallgrímurs Passionslieder erschienen, ein Grabgesang desselben Dichters beigedruckt, der jenen Psalmen vollkommen ebenbürtig erscheint und ebenfalls nach einer bekannten geistlichen Melodie gesungen werden konnte. Es ist dies das schöne Lied: „Von der ungewissen Todesstunde" („*Um dauðans óvissan tíma*"), das auf Island noch heute bei allen Beerdigungen nach der Grabrede gesungen zu werden pflegt und „vielleicht zu den schönsten und innigsten Liedern gehört, welche die geistliche Dichtung der Lutheraner aufzuweisen hat," wie der treffliche Litterarhistoriker und Priester der Gesellschaft Jesu, Alexander Baumgartner, bemerkt, der diese Perle isländischer Poesie übersetzt hat.[1]) Übrigens finden sich auch hier fast wörtlich anklingende Reminiscenzen an Paul Gerhardt, und zwar an dessen Grablied „Ich weiſs, daſs mein Erlöser lebt." Wir reproduzieren hier Baumgartners recht gelungene Verdeutschung des Liedes („*Sálmar og kvæði*," II., S. 255—259).

Von der ungewissen Todesstunde.

Wie eine Frühlingsblume
Aufsprieſst aus dunklem Grund,
Gezeugt am reinen Lichte,
In des Tages Morgenstund',
In einem Nu ergriffen
Sinkt zu der Erde Schoſs,
Mit welkem Kelch und Blättern:
So ist des Menschen Los.

So läuft die frohe Jugend
Unsichern Todesweg,
So wankt der Fuſs des Greises
Entgegen demselben Steg.
Und keiner hat Brief und Siegel
Auf nur ein Stündchen Zeit.
Es trennt der Tod uns alle
Ohne Barmherzigkeit.

Fürwahr der Tod gleicht völlig
Dem flinksten Schnittersmann,
An alles vor seinen Füſsen
Legt er die Sense an.

[1]) In „Nordische Fahrten. Skizzen und Studien. Island und die Faröer." (Freiburg i. Br., Herdersche Verlagshandlung, 1889), S. 388—390; (auch in den „Stimmen aus Maria Laach," Jahrgang 1885, S. 538—539).

Die grünen Gräser und Kräuter,
Die Blumen farbenreich,
Das Rohr und die strahlende Rose,
Er rechnet sie alle gleich.

Es stürmt voran das Leben,
Hält inne nicht im Lauf,
Bis daſs mit grimmem Griffe
Der Tod das Grab macht auf.
Und die ganze Welt muſs wandern
Denselben Weg daher
Ob willig oder gezwungen,
Ob leicht es scheint, ob schwer.

Es weicht der Tod kein Haarbreit
Vor Macht und Majestät,
Für alles Geld der Erde
Kommt er keine Minute zu spät.
Ihn kümmert nicht im mindesten,
Ob er gefällt, miſsfällt,
Kein Flehen kann ihn sänft'gen
Kein Zorn ihn innehält.

Die Menschen irren im Dunkel
Und keiner weiſs sich Rat,
Wann und zu welcher Stunde
Und wo der Tod ihm naht.
Derselbe Weg führt alle
Ein in dieses Erdenhaus,
Doch ziehen verschiedene Pfade
Nach allen Seiten hinaus.

Die Macht des Todes kränket
Alle mit gleicher Pein:
Wie sollt' ich hoffen dürfen,
Er schonte mein allein?
Von Adam stammt mein Leben,
Mein Leib, des Moders Raub,
Und meine eig'nen Thaten
Verdammen mich zum Staub.

Ich hab' es nicht erobert
Dies Leben, nicht erwählt,
Gott hat als höchster Lehnsherr
Den Geist dem Leib vermählt.
In seinen Händen ruht er,
Sein Dasein und Geschick;
Der Tod holt nur als Bote,
Was Gottes ist zurück.

Wohl! in des Herren Namen,
Da solche Not mir droht,
Gleich' ich nicht den Begrab'nen,
Die längst umfing der Tod?
Denn wenn der Ruf erdröhnet,
Da kauft sich keiner frei:
So mag die Nacht denn kommen
Ich zitt're nicht dabei.

Es lebt ja meine Liebe,
Mein Heiland und mein Freund,
Und Jesus ist sein Name,
Der alle Macht vereint.
Als Todesüberwinder
Er selbst am Kreuze starb.
Dem ärmsten aller Sünder
Er Seligkeit erwarb.

Sterbend hat er getötet
Den Tod, und Sieg gebracht,
Vernichtet des Todes Scepter,
Zerstört des Grabes Macht.
Senkt in das Grab die Leiche;
Mein Geist hebt sich befreit,
Kein Leid kann ihn erreichen
In ewiger Seligkeit.

Jesus ist all mein Sinnen,
Ich ruhe in seiner Macht,
Ob ich draufsen oder drinnen,
Bei Tage wie bei Nacht.

Er ist mir Hort und Hilfe,
Mein Leben nenn' ich sein,
Er wird, des bin ich sicher,
Im Tode mit mir sein.

Ich leb' in Jesu Namen,
Ich sterb' in Jesu Hand.
Wenn alle mich verlassen,
Bleibt er der Hoffnung Pfand.
Tod! du gewalt'ger Herrscher!
Jetzt bin ich kampfbereit;
In Christi Kraft ich rufe:
Willkomm! zu jeder Zeit!

Es sei auch noch bemerkt, dafs *Hallgrímur* zwei vortreffliche, bis in unsere Zeit hinein in Gebrauch gebliebene Erbauungsbüchlein geschrieben hat, die jedoch erst nach seinem Tode gedruckt wurden (beide 1677 zu *Hólar*). Das eine führt den Titel: „Diarium Christianum. *Eður dagleg iðkun af öllum Drottins dagsverkum*" (7. Auflage, 1860) und enthält für jeden Wochentag eine Betrachtung (*iðkun*) teils über Gottes Schöpfungswerk an dem betreffenden Tage, teils über den (isländischen) Namen dieses Tages; das andere besteht aus „sieben geistlichen Betrachtungen" oder Gesprächen des christlichen Menschen mit sich selbst an jedem Tag in der Woche, des Abends und des Morgens („*Sjö guðrækilegar Umþenkingar*"; letzte, das ist siebente, Auflage 1794)[1]).

Grímur Thomsen bemerkt in der Einleitung zu seiner eleganten und trefflichen zweibändigen Ausgabe der Dichtungen *Hallgrímurs* ganz richtig: „Wir Isländer können uns befriedigt fühlen, dafs wir unter so vielen kleinwüchsigen auch einen so grofsen Dichter wie *Hallgrímur Pjetursson* besitzen, der unstreitig den besten protestantischen Psalmendichtern der grofsen und zahlreichen Völker völlig gleichwertig zur Seite steht und, wo er am besten ist, an Begeisterung, Innigkeit der Gefühle und Schwung der Ideen den trefflichsten katholischen Psalmendichtern Franz Xaver und Jacopone de Benedettis (da Todi), dem Verfasser von „Stabat mater dolorosa," am nächsten kommt. Es ist für uns ein grofser Trost in der Armut, solche Männer zu besitzen, wenn auch nur wenige. Es zeigt dies, dafs doch noch etwas von geistiger Tüchtigkeit bei uns übrig geblieben ist, und dafs wir doch noch kein ganz verdorrter Zweig auf dem Stamme des Nordens sind." [2])

---

[1]) Vgl. Rosenberg, a. a. O., S. 467—468. — [2]) *Sálmar og kvæði eptir Hallgrím Pétursson*, I. Bd., S. XXIX.

Hallgrímur Pjetursson lebt denn auch auf Island nicht nur in seinen Dichtungen, sondern sogar in der Volkssage fort, die allerlei Seltsames aus seinem Leben zu berichten weiſs (vgl. z. B. oben S. 30—31). Im Jahre 1885 wurde ihm zu *Reykjavík* vor der Domkirche ein Gedenkstein — ein zwanzig Ellen hoher Obelisk aus isländischem Stein — gesetzt, dessen Enthüllung am 2. August, dem Jahrestage der tausendjährigen Jubelfeier der Besiedelung Islands, mit groſser Festlichkeit und einer warmempfundenen Rede des seither verstorbenen Bischofs *Pjetur Pjetursson* stattfand. *Hallgrímur* ist auch von vielen Dichtern besungen worden, am besten jedoch von *Steingrímur Thorsteinsson* in seinem Gedichte auf die Enthüllung des eben erwähnten Gedenksteines (*Ljóðmæli*, 2. *útgáfa*. S. 36), welches in deutscher Übersetzung lautet:

Des Glaubens allgeliebter Liederschwan,
Vom Zeitenstrome, längst dahingeflossen,
Tönt noch dein Himmelssang an unser Ohr;
Mit deinem Blut hast du dein Lied ergossen,
Den Tod im Herzen schon, in finst'rer Zeit
Singend verkündet Gottes Herrlichkeit.

Ruhmreichster Glaubensdichter uns'res Volks,
Dir gilt's vor allen unsern Dank zu sagen,
Denn nie veraltet die Begeisterung —
Vom Fittich der Unsterblichkeit getragen —
Die deine Muttersprache[1]) hat geweiht
Durch Schönheit, Kraft und Geist für alle Zeit.

---

[1]) Anspielung auf eine Stelle im 35. Passionspsalm, 9. Strophe, welche lautet:

„Gieb, daſs die Muttersprache mein —
Die Bitte, Gott, gewähre —
Von jedem Irrtum frei und rein
Dein Wort des Kreuzes lehre
Im Lande hier,
Zur Ehre Dir, u. s. w.“

Stefán Ólafsson.

Neben der hochragenden, von der Nachwelt mit dem Lorbeer unsterblichen Dichterruhmes bekränzten Gestalt des schlichten Pfarrers von *Saurbær*, der die glanzumflossene geistliche Poesie der alten Zeit wie mit Zauberkraft aus ihrem Todesschlafe erweckt zu haben schien, verschwinden alle anderen frommen Psalmisten Islands jener und auch der späteren Zeit. Aber es kommt *Hallgrímur Pjetursson* auch lange kein weltlicher Dichter an poetischer Kraft und Gedankenhoheit gleich. Wurde auch die profane Kunstdichtung ununterbrochen in der alten Tradition fortgeführt, so war sie doch im allgemeinen in Hinsicht auf den geistigen Gehalt wie auf poetische und sprachliche Technik so tief herabgesunken, dafs sie sich fast durchwegs auf dem Boden der alltäglichsten Trivialität bewegte. Wenige Dichter des siebzehnten Jahrhunderts bekunden auch nur ein Mittelmafs von Begabung. Wir haben über den traurigen Zustand der weltlichen Poesie dieser Zeit mit ihren „Engelharnischen", „Teufelsscheuchen" und Beschwörungsgedichten bereits oben (vgl. S. 122—123) ausführlicher berichtet; wir wollen hier nur noch bemerken, dafs der Sinn der besseren Leute auf Island damals teils wegen der politischen und wirtschaftlichen Verhältnisse des Landes, die an sich schon für ein frisches Aufleben heiterer Poesie die ungünstigsten Bedingungen darboten, besonders aber infolge der starken geistlichen Strömung, welche die Reformation auch auf Island hervorgerufen hatte, vom Irdischen abgelenkt und religiösen Betrachtungen zugewendet wurde und daher an den nichtigen weltlichen Dingen wenig Gefallen fand.

Es wurde daher auch auf die weltliche Dichtung weniger Wert gelegt und weniger Phantasie und Kunst angewendet. Man ersieht dies besonders deutlich an Poeten, die zugleich bessere oder selbst, wie *Hallgrímur Pjetursson*, vorzügliche geistliche Dichter waren. In dieser Hinsicht bemerkt *Grímur Thomsen*: „Diejenigen, welche nach Verdienst die geistliche Poesie dieser Männer bewundern, erkennen dieselben nicht wieder in ihrer weltlichen Dichtung. Diese Poeten glauben, dafs ihnen der Ernst mehr gezieme als der Scherz, und dafs der Scherz nicht immer unschuldig und sittsam sei. Auch wurde mehr Gewicht darauf gelegt, in so künstlichen Formen als möglich (*dýrt*) zu dichten, statt vielmehr mit gutem Geschmack und sorgfältigem Ausdruck; und diese Männer besafsen doch eine genaue Kenntnis der Sprache, so dafs es zweifelhaft ist, ob neuere Dichter sie darin übertreffen. Sie waren geübt in den Versmafsen, bewandert in der Edda und hatten stets alle skaldischen Umschreibungen in Bereitschaft ... Allein es lag noch nicht im Geschmack jener Zeit, Flickwörter und Danismen zu vermeiden, die daher nicht selten die Dichtung dieser Männer verunzieren." [1])

Der einzige oder doch erste, dessen Weisen sich von dem monotonen oder gekünstelten Singsang jener Periode wenigstens durch hellere Tonart und flotteres Tempo gefällig abhoben, war *Stefán Ólafsson*, ein Sohn *Ólafur Einarssons*, des gelehrten Probstes von *Kirkjubær* im Ostviertel (*Austfirðir*) Islands, und Enkel des oben erwähnten geistlichen Liederdichters *Einar Sigurðsson*, des Stammvaters einer Reihe hervorragender isländischer Dichter und sonstiger hochverdienter Männer. Als sein Geburtsjahr wird mit gröfster Wahrscheinlichkeit 1620 angenommen.[2]) Er besuchte die Schule des Bischofsitzes *Skálholt* und erwarb sich hier bald die besondere Gunst des Bischofs *Brynjólfur Sveinsson*, den wir bereits mehrfach als warmen Freund der Dichtkunst und Litteratur überhaupt, sowie als hilfsbereiten Förderer von Talenten kennen gelernt haben. Im Herbste des Jahres 1643 bezog er die Hochschule in Kopenhagen, an der er mit allem Eifer theologischen und philosophischen Studien oblag und den berühmten Arzt und Altertumsforscher Ole Worm zum „præceptor privatus" hatte, dem er seinerseits wieder bei dessen altnordischen Studien behilflich war (vgl. oben S. 108). Im Jahre 1646 sollte er auf Grund einer Empfehlung Worms als Bibliothekar und Translator (Antiquar) an die vom Kardinal Mazarin gegründete und noch zu erweiternde Sammlung isländischer Bücher und Handschriften (vgl. oben) nach Paris gehen, um daselbst das Studium des Isländischen zu fördern; allein da Bischof *Brynjólfur*, dessen Rat er sich erbeten, mit dieser Berufung — wie es scheint aus Furcht, dafs sein eigener Ruhm im Auslande verdunkelt würde — nicht einverstanden war, lehnte *Stefán* das für ihn sehr verlockende Anerbieten ab. Im Jahre 1648, also nach fünfzehnjährigem Aufenthalte in Kopenhagen, kehrte er in die Heimat zurück, wo er zum Priester geweiht und schon am 20. Januar 1649 von seinem Vater zu *Vallanes* (welches ebenfalls im Ostlande gelegen ist) als Probst eingekleidet wurde. Hier blieb er auch bis an sein Lebensende. Er starb 1688, nachdem er von seinem vierzigsten Jahre an kränklich und zum Trübsinn geneigt gewesen war.

Stefán Ólafsson hat sich stets in guten Verhältnissen befunden und nie mit Not und Kümmernissen ums Dasein zu kämpfen ge-

[1]) In der biographisch-kritischen Einleitung zu seiner Ausgabe der *Sálmar og kvæði eptir Hallgrím Pétursson*, I. Bd., S. XII—XIII. — [2])Vgl. *Jón Þorkelsson* im „*Formáli*" zu *Kvæði eptir Stefán Ólafsson*, aus dem die hier mitgeteilten Daten geschöpft sind.

braucht. Er war denn auch, so lange es sein Gesundheitszustand ihm erlaubte, ein Freund heiteren Lebensgenusses und zu lustigen, oft sogar ausgelassenen Scherzen geneigt, dabei voll Humor und Satire; er fand Gefallen an eleganter äufserer Erscheinung, liefs sich Branntwein und Schnupftabak schmecken und war empfänglich für weibliche Reize. Eine besondere Vorliebe hatte er auch für Pferde, und er war, wie alle Isländer, ein vorzüglicher Reiter. Aufserdem galt er — was nicht von allen Isländern gesagt werden kann — für einen trefflichen Sänger mit guter Stimme.

All die Lebensfreudigkeit und muntere Laune nun, welche *Stefán* in seinen jüngeren Jahren an den Tag legte, tritt uns auch in seinen Gedichten entgegen. Es geht ein fröhlicher, oft stark humoristischer Zug durch dieselben, eine frische, gesunde Natürlichkeit, welche eben der weltlichen Poesie Islands so lange schon gefehlt hatte. Er ist witzig und treffend im Ausdruck, bisweilen jedoch allzu beifsend und derb. Die Verse sind dabei leicht und fliefsend. Am meisten wurden immer seine Scherzgedichte, Trink- und Liebeslieder u. dgl. geschätzt, in denen er „geschwätziger ist, als es sich für einen Geistlichen ziemt“, wie sein Landsmann, der gelehrte und auch als Dichter berühmte *Páll Vídalín* nicht mit Unrecht bemerkte.[1] Die Zeitgenossen haben *Stefán* den isländischen Horaz genannt.[2] Man könnte ihn eher als den isländischen Peder Dafs bezeichnen; denn mit diesem etwas jüngeren norwegischen Dichter hat er — worauf zuerst Schweitzer aufmerksam machte — in der That einige Verwandtschaft. „Dieselbe frische Laune, dieselbe Leichtigkeit schwierige Versformen zu bewältigen, dieselbe Wahrheit und Anschaulichkeit zeichnet ihn aus. Doch ist er als Dichter eine schwungvollere Natur.“ Von diesem höheren poetischen „Schwung“ oder gar von einem höheren dichterischen Flug, vermögen wir übrigens in den Gedichten des *Stefán* nur sehr wenig wahrzunehmen.

Der Dichter holt auch schon seine Stoffe mit Vorliebe aus den Niederungen des alltäglichen Lebens. Wir begegnen in seinen heiteren Gedichten fast immer nur drolligen Burschen und Bauern, Knechten und Mägden, Hunden und Pferden; er pflegt das Trinklied, macht Verse auf das Reiten sowie auf das Schachspiel, das auf Island von Alters her mit Vorliebe gepflegt wurde. Besonders bemerkenswert sind auch seine Gedichte auf den Schnupf- und Kautabak, der sich auf Island seit 1619 ungemein schnell eingebürgert hat und schon zur Zeit des Dichters zu den scheinbar unentbehrlichsten Bedürfnissen des Lebens gehörte; (man nennt auf Island passionierte Schnupfer oder sonstige unmäfsige Tabakliebhaber „*tóbaksvargar*“ d. h. Tabakswölfe). Diese Menschen, Tiere, ländlichen Vorgänge und

---

[1] Vgl. *Jón Þorkelsson* im *Formáli* zu *Kvæði eptir Stefán Ólafsson*, pag. LXVI. — [2] Vgl. *Jón Þorkelsson*, a. a. O., pag. LVI.

Alltagsgebräuche werden aber nicht, wie man erwarten könnte, zu poetisch-idyllischen Gemälden, sondern zu mehr oder minder lustigen Schwänken verwertet. Der Probst von *Vallanes* ist in dieser Hinsicht ein Dichter im Sinne der modernen Realisten. Nur äufserst selten erhebt er sich zu höheren Empfindungen, wie z. B. in dem von den Isländern noch heute sehr geschätzten lyrischen Gedichtchen „Schmerzlich ist es, sein Mädchen zu verlieren“ (*Sárt er meyjar að missa*). Es ist darin immerhin etwas poetische Stimmung vorhanden; doch wird sie in der dritten Strophe durch das geschmacklose, übertriebene und z. T. in der vierten Strophe noch wiederholte Bild von dem „grofsen Kummer“, der den Dichter, „wie ein Schauer von eisernen Geschossen überwältigt“ (wie es im Original wörtlich heifst) nicht wenig gestört. Das Gedicht lautet in etwas freier Übersetzung:

Schmerzlich ist es, sein Mädchen zu verlieren.

(Kvæði, II, S. 37—39.)

Mich liebt' ein rein
Blond Mägdelein
Im kalten Land des Eises;
Voll bitt'rem Schmerz
Ist nun mein Herz:
Sie brach die Treu, ich weifs es.

Es ging ihr Sinn
Wo anders hin,
Als ich so lange glaubte,
Die Stimm' mir brach,
Der Puls schlägt schwach,
Denn all mein Glück sie raubte.

Grofs ist mein Schmerz,
Als fiele Erz
In Schlofsen auf mich nieder;
Die edle Maid —
Auf Lebenszeit
Vergefs ich sie nicht wieder.

Des Leides Last
Erlieg ich fast,
Da ich von dir mufs scheiden;
Doch — lebe wohl,
Mein Lieb', und soll
Ich auch den Tod erleiden!

Zu den besseren Gedichten *Stefán Ólafssons* gehört auch das (nach dänischen Motiven gedichtete?) Lied von einem zwölfjährigen vornehmen Mädchen, das schon von heifser Sinnenglut verzehrt wird („*Stáitsmeyjar-kvæði*“). August Seuffert hat die Verse nach der Fassung derselben in der Anthologie „*Snót*“ (2. Ausgabe, S. 260—262) im Metrum des Originales, wie folgt, nachgedichtet:

Das vornehme Mädchen.

Blafs von Sorgenschimmer
Ein jung Mägdlein safs;
Mütterchen durchmafs
Trüben Sinns das Zimmer.

Sprach mit bangem Herzen:
„Warum schweigst du, Kind?
Ob sie schwer auch sind,
Klag' mir deine Schmerzen.“

„„Sah vom Traum umfangen
Einen Jüngling schlank —
Nun ist's Herz mir krank,
Freud' und Lust vergangen!""

„„Will zum Mann ihn haben!
Giebst du ihn nicht gleich,
Magst du todesbleich
Morgen mich begraben!""

„Willst, ein Kind, den Gatten
Schliefsen an die Brust?
Dämpfe deine Lust,
Kann dir's nicht gestatten."

„„Kann ans Herz doch schliefsen
Heifs den Liebsten mein!
Mag allein nicht sein —
Venus will geniefsen!""

„Lern' die Spindel drehen,
Spinnen Flachs und Lein,
Strümpfe stricken fein,
Mufst du erst verstehen."

„„Will das schon probieren —
Gieb' zum Mann ihn mir,
Denn sonst müfst ich schier
Den Verstand verlieren!""

„„Fühl' im Herzen flammen
Heifs der Liebe Glut.
Vor des Schmerzes Wut
Brech' ich sonst zusammen.""

Ihre Augen brechen —
Leblos lag sie da;
Sie auch hatte ja
Aller Mädchen Schwächen.

Kalte Wasserreibung
Löst des Todes Bann —
Sie erwacht sodann
Rasch aus der Betäubung.

Kaum das Auge offen
Klagt sie bitterlich:
„„Amors Pfeil hat mich
Tief ins Herz getroffen!""

„„Uror igne gravi —
Wie das brennt und nagt!
Doch am meisten plagt:
Amo, amor, amavi!""

Aus der sehr grofsen Menge seiner Gedichte heben wir noch das „Lied von den Dieben" *Þórður* und *Björn* (*Þjófabragur*), das „Lied von Oddur" und seinem Boot (*Oddsbragur*) sowie das Moralgedicht: „Viel sind der Widrigkeiten" (*Margt er manna bölið*) hervor, da diese noch heute bei den Isländern allbekannt und beliebt sind.

Auch möchten wir noch *Stefáns* Pferdelieder gedenken. Dem Isländer ist bekanntlich das Pferd von jeher besonders teuer gewesen und mit Recht. Obwohl nur von der Gröfse eines Pony ist das isländische Pferd mit dem grofsen Kopf, der starken Mähne und dem langen, dichten Winterpelz doch von einer Stärke, Tüchtigkeit und

Ausdauer, dafs es ebenso gut als Lastträger wie als Reittier verwendet werden kann, und zwar auf dem schlechtesten Terrain, das es überhaupt wohl giebt. Es ist dem Isländer aber auch ganz unentbehrlich. Da es auf der Insel keine Wagen noch sonstige Vehikel giebt, geschieht eben jeder Transport auf dem Rücken des Pferdes, vor allem auch der der Menschen; denn die Isländer legen jede längere Wegstrecke zu Pferde zurück. Selbst den toten Isländer mufs das Pferd zu Grabe tragen. Das Tier ist dabei von einer Klugheit, Sicherheit und Unermüdlichkeit, dafs man darüber nicht genug staunen kann; „es durchschreitet mit seinem Reiter oder mit Gepäck beladen sicheren Trittes die holperigsten und gefährlichsten Pfade, durchschwimmt die reifsendsten Ströme und weifs selbst in Sümpfen und Mooren diejenigen Stellen zu finden, wo das Wurzelgewebe der Sumpfpflanzen die einzige zum Übergange taugliche Stelle bildet, und bei Tage und bei Nacht, bei Frost Nebel und Schneetreiben und in den gefahrvollsten Lagen kann sich der Reiter ihm stets anvertrauen und mufs ihm dann seine eigene Wahl gestatten.“ Es bringt auch seinen Bauern — oder *Sjera* — heil nach dem Hofe zurück, wenn er „schwerbeladen“ von der Kaufstadt oder vom Besuche eines guten Freundes heimkehrt oder doch heimkommen möchte; kurz das isländische Pferd ist ein geradezu bewunderungswürdiges Tier, das alle Hochschätzung verdient. Darum haben die Isländer geradeso ihre Pferdestammbäume und Pferdelieder (vgl. oben) wie die Araber, an welche ihr Rossekult erinnert. *Stefán Ólafsson* war nun, wie schon erwähnt, ein besonders passionierter Pferdefreund (*hestamaður*) und hat auch von allen isländischen Poeten die meisten Pferdelieder gedichtet. Wir teilen eines von diesen Gedichten (*Hestakaupavísur*) hier mit, das sich allerdings mehr mit dem Treiben und den Schlichen der isländischen Bauern beim Pferdehandel als mit den Tieren selbst beschäftigt, jedoch wegen seiner ziemlich treuen Lokalfärbung nicht uninteressant ist. Die sehr freie, aber sonst gelungene Übersetzung der Verse verdanken wir A. Baumgartner;[1]) sie lautet:

Das Lied vom Pferdekauf.

(Kvæði, I, S. 219—229.)

Wenn sich unsre Nachbarn treffen,
Kömmt bei Jón und Thórr und Steffen
Gleich der Pferdekauf in Schufs:
Alte Hengste, Füllen, Stuten,
Und es tauschen sich die Guten
Manchen Grufs und manchen Kufs.

[1]) In Nordische Fahrten. Island und die Faröer. S. 168—170.

„Sei gegrüfst!“ — „Heil dir und Frieden!“ —
„Ist was Neues dir beschieden?“ —
„Neues nicht, mein wack'rer Mann;
Aber schau zur rechten Seite:
Dieses Pferd biet' ich dir heute —
Prächtig ist's — zum Kaufe an.“ —

„Ist es alt?“ — „Gerad' acht Winter,
Und es steckt kein Fehl' dahinter,
Wer es zügelt ist ein Held.
Hier die Peitsche, hier der Zügel;
Freund, steig' gleich nur in den Bügel
Und versuch's auf ebnem Feld.“ —

„Schau, der Racker will nicht springen,
Kaum ist er voranzubringen,
Kneift man nicht gehörig ein.“ —
„Langsam! O du meine Güte!
Noch von gestern ist er müde
Komm herunter! Lafs es sein!

„Lieber Freund, du mufst ihm schmeicheln,
Mit ihm reden und ihn streicheln,
Nur nicht hetzen! Sonst geht's schief. —
Jetzt wird's besser, ohne Zweifel!
Schlag' ihn nicht; das ist der Teufel.
Schau, wie herrlich jetzt er lief.

„Lafs die Kraft sich nur vertoben;
Dann wirst du das Röfslein loben“ —
„Bruder, dir sei Ruhm und Heil!“ —
„Schau, der ist mir gleichfalls käuflich.
Wie gefällt er dir? Begreiflich
Ist er nur für Freunde feil.“ —

„Himmlisch, Freund, bist du geartet!
So viel hätt' ich kaum erwartet.
Solch ein Pferd hab' ich gesucht.“ —
„Jung ist es und fett und munter,
Kräftig, schön, ein wahres Wunder,
Gut gebaut von bester Zucht,

„Es ist nicht bei mir erzogen;
Hinkte etwas, weil verbogen
Sich ein Nagel — kurze Zeit.
Doch das hat sich längst verloren.
Jetzt ist es wie neu geboren;
Nimm, das Tier steht dir bereit.

„Nimm das Pferd, dein ist es würdig,
Ganz dem andern ebenbürtig;
Für dich ist's ein Kapital.
Unter meinem schweren Rücken
Würde seiner bald sich bücken
Doch du bist ja schlank und schmal."

Topp! der Handel wird geschlossen,
Und es knallt, als würd' geschossen:
Abschiedsküsse sind es nur.
Und die zwei gekauften Renner
Traben mit dem Pferdekenner
Fröhlich auf die weite Flur.

„Weh! Wenn ich betrogen wäre!
Ist das eine Schindermähre!
Odin hol' das magre Vieh!
Auch der andre ist nicht besser,
Spitz der Rücken wie ein Messer:
Solchen Klepper sah ich nie.

„Faul der eine, siech und häſslich,
Widerspenstig, steif und gräſslich,
Auf dem Rücken kahl und wund.
Lahm und mitten halb gebrochen,
Schleppt der andre seine Knochen,
Nichts ist an dem Tier gesund."

Brummend greift er nun sein Messer,
Zwackt am Huf — es wird nicht besser —
Bohrt, bis daſs ein Loch entsteht,
Sattelt wieder, reitet weiter;
Elend humpeln Roſs und Reiter,
Und ein scharfer Nordwind weht.

Endlich eines Hofes Mauer!
Er pocht an. Es guckt der Bauer
Zu der kleinen Thür heraus:
„Heil sei dir und Glück verliehen!“
Spricht er, ich lafs dich nicht ziehen;
Bleib' die Nacht in meinem Haus.“ —

Dank' dir, Schatz! ich kann nicht bleiben.
Hundert schwere Nöten treiben
Mich um jeden Preis voran.
Doch ich mufs mein Leid dir klagen:
Hab' mein Pferd zu stark beschlagen,
Schau einmal das Loch dir an.

„Da dies Unheil nun geschehen
Möcht' ich's lassen bei dir stehen;
Denn den Pferden geht's hier gut;
Wirst wohl kaum ein solches haben
Von so vielgesuchten Gaben,
Wuchs und Schönheit, Kraft und Mut“ —

„Ist dies Tier nicht zum Entzücken?
Schau wie rund und glatt der Rücken,
Und die Mähne voll und lind.
Glaube mir, dafs oft ich staune:
Über Moor und Sumpf und Hraune [1])
Fliegt es hin als wie der Wind.“ —

„Freund, es ist nicht wie die meinen:
Krumm scheint es mir an den Beinen.“ —
„Bestes Herz! Das mufs so sein.
Sollst mir jammern nicht und schreien,
Will dir meinen Grauen leihen;
Der ist wohl so stark und fein.“

Nacht ist's schon. Er dankt und scheidet,
Sprengt, so gut's das Dunkel leidet,
Fröhlich in die weite Welt;

[1]) Hraun, isl. Wort für Lavafeld.

„Traun, es ist ein wahr' Vergnügen
Sich auf diesem Pferd zu wiegen;
Hurtig fliegt es über Feld.“

Doch der Weg beginnt zu holpern,
Und das Roſs beginnt zu stolpern
Fast an jedem Busch und Stein.
„Vorwärts, Gaul!“ Die Mähre wackelt
Abgehetzt und abgetackelt,
In das tiefste Loch hinein.

„Himmel! Keine Menschen taugen!
Herr! Der Gaul hat keine Augen,
Stockblind ist das Büttelstier.
Kein Paar Schuh' sind drum zu haben.
Kerl! sie sollen mich begraben,
Spiel' ich keinen Possen dir!“ —

Stefán Ólafsson hat auch eine Anzahl geistlicher Lieder gedichtet, sowie den ersten Teil von Kingos „Psalmen“ aus dem Dänischen und die berühmte Sequenz des Minoriten Jacopone „Stabat mater dolorosa“ aus dem Lateinischen ins Isländische übersetzt. Diese letzte Thatsache ist besonders aus dem Grunde interessant, weil sie als ein weiteres Zeugnis dafür anzusehen ist, daſs selbst noch ein Jahrhundert nach der Einführung der Reformation ein starker katholischer Geist auf Island vorhanden war und nicht etwa nur im Volke, sondern sogar im Klerus. Das „Stabat mater“ gehört ja zu jenen Gedichten, in denen der inbrünstige Marienkultus des Mittelalters den herrlichsten Ausdruck gefunden hat.

Auch andere Übersetzungen sind von *Stefán* vorhanden, welche Beachtung verdienen. So brachte er dreizehn Fabeln von Äsop und zwei Gedichte von Horaz („Rectius vives ..“ und „Lætus in præsens“) in hübsche isländische Reime. Er hat ferner eine Anzahl recht gelungener Fabel- und Märchengedichte verfaſst, und war überhaupt auch als Poet sehr vielseitig. Gleich *Hallgrímur Pjetursson* galt er für einen Dichter, dessen Verse unter Umständen eine gewisse Zauberkraft besaſsen (*kraftaskáld*; vgl. oben S. 29—31), und es haben sich auch über ihn Sagen gebildet.[1])

Stefán Ólafsson galt schon zu seinen Lebzeiten und noch lange nachher als der beste Dichter Islands nächst *Hallgrímur Pjetursson*, und beider Ruf drang auch über ihre Heimatsinsel hinaus. Der

[1]) Vgl. *Kvæði eptir Stefán Ólafsson.* II. Bd., pag. LXXIII—LXXVIII.

hochgelehrte dänische Geschichtsforscher und Philologe Hans Gram schrieb sogar später augenscheinlich in Bezug auf diese beiden Poeten: „Principes poetarum et principes oratorum in tota Europa Islandi fuere“ d. h. die Isländer sind die hervorragendsten Dichter und hervorragendsten Redner in ganz Europa gewesen. (!) Was *Stefán* betrifft, so ist er gleich *Hallgrímur* von seinen isländischen Zeitgenossen und auch später noch vielfach nachgeahmt worden, und in den *Austfirðir* hat sich sogar eine förmliche Dichterschule nach ihm gebildet.[1]) Man kann ihn auch im Verhältnis zu den anderen Vertretern der profanen Poesie seiner Zeit immerhin als guten Dichter gelten lassen; ihn jedoch als Poeten ersten Ranges zu preisen, wie es die Isländer bisher fast immer gethan,[2]) ist eine ganz haltlose Überschätzung. Es kommt ihm lediglich eine gewisse litterarhistorische Bedeutung zu, der wir in diesen Zeilen hoffentlich gerecht geworden sind. Eben diese Bedeutung des Dichters hat offenbar auch die Isländische Litteraturgesellschaft veranlaſst, der ersten von ihr im Jahre 1823 herausgegebenen und längst vergriffenen Sammlung von Gedichten desselben (dem sogenannten „*Steffánskver*“ d. h. Liederheft des *Stefán*) eine neue, möglichst vollständige und mit einem textkritischen Apparate versehene Ausgabe folgen zu lassen. Sie wurde von Dr. *Jón Þorkelsson* jun. mit der ihm eigenen Tüchtigkeit besorgt und ist 1885—1886 in zwei elegant ausgestatteten Bänden unter dem Titel „*Kvæði eptir Stefán Ólafsson*“ erschienen.

---

[1]) Vgl. *Jón Þorkelsson* im Vorwort zu den *Kvæði eptir Stefán Ólafsson*, pag LXVI. — [2]) So z. B. selbst *Eggert Olafsson* in: *Reise igiennem Island* (Sor. 1772), S. 860: *„en af de beste Poeter, der have været i Island“* und noch jetzt *Finnur Jónsson* in: *Agrip af bókmenntasögu Islands*, II. (1892), S. 28: *„hann má og telja með beztu skáldum.“*

Páll Jónsson — Árni Böðvarsson — Gunnar Pálsson.

Die furchtbaren Schicksalsschläge, welche Island im siebzehnten Jahrhundert getroffen hatten und durch die das verarmte, decimierte Volk seiner letzten wirtschaftlichen Lebenskräfte beraubt worden war, hatten, wie wir bereits gesehen, den bald nach der Reformation eingetretenen geistigen Aufschwung der Isländer nicht zu hemmen vermocht. Wir finden denn auch in der hier zunächst in Betracht kommenden ersten Hälfte des achtzehnten Jahrhunderts, eine stattliche Anzahl unverdrossener Männer in verschiedenen wissenschaftlichen Disciplinen und mit nicht zu verkennendem Erfolge thätig. Die allgemeine Volksbildung machte allerdings noch keine bemerkbaren Fortschritte; doch sind nun wenigstens die schlimmsten Zeiten des Aberglaubens vorbei. Der dem isländischen Volke von jeher innewohnende litterarische Sinn blieb ungeschwächt, und auch die Freude an der Dichtkunst war den Isländern nicht genommen worden. Diese scheint vielmehr in diesen trüben Zeiten der Not ihre einzige Trösterin gewesen zu sein. Doch zeigte sich in der ersten Hälfte des achtzehnten Jahrhunderts weder in der Volksdichtung der Rímur noch in der höheren Kunstpoesie ein dauernder Fortschritt, sondern eher wieder ein Rückgang von der durch *Stefán Olafsson* erreichten Etappe in der Richtung nach einem freieren Standpunkt der Poesie. Von den Dichtern dieser Zeitperiode sind denn auch nur die drei, deren Namen über diesen Zeilen stehen, einiger Beachtung wert, die wir ihnen hiermit in Kürze schenken wollen. —

Es ist in diesem Buche bereits ausführlich und zu wiederholten Malen von dem dichterischen Improvisations-Talent der Isländer berichtet worden. Solche Augenblickskinder der Muse pflegen in der Kunstlitteratur eines Volkes sonst keine Rolle zu spielen. Für Island sind sie indessen gleichwohl auch von litterarischer Bedeutung, da sie dort seit den ältesten Zeiten als eine eigene Dichtungsgattung gepflegt wurden, und manch ein glänzendes poetisches Talent fast nur in derartigen Stegreifdichtungen sich offenbarte. Ein solcher Improvisator — und wohl der populärste und beste, den Island bisher aufzuweisen hat — war

Páll Jónsson Vídalín (geboren im Jahre 1667 auf dem Hofe *Víðidalstunga* im nördlichen Island als Sohn des Bauern *Jón*

Þorláksson und der *Hildur*, Tochter *Arngrímur Jónssons* des Gelehrten; er besuchte die Lateinschule zu *Hólar*, studierte hierauf von 1685—1688 an der Universität Kopenhagen Theologie, wurde 1690, also im Alter von 23 Jahren, Rektor der Lateinschule zu *Skálholt*, 1697 Sysselmann und „*varalögmaður*“ d. h. Vizelögmann — *Páll Jónsson* war der erste, dem dieser Titel verliehen wurde — und im Jahre 1705 wirklicher Lögmann; er starb am 18. Juli 1727). Wir haben *Páll Jónsson* bereits als trefflichen patriotischen Schriftsteller sowie tüchtigen Juristen und Altertumsforscher kennen gelernt (vgl. oben S. 149 u. 143—144). Er schrieb auch in Form eines Briefes an Bischof *Jón Árnason* über das isländische Kirchenpatronatsrecht (von *Magnús Ketilsson* 1771 in dänischer Übersetzung herausgegeben) und hinterliefs im Manuskripte ein Verzeichnis der isländischen Dichter und Schriftsteller des siebzehnten und der ersten Decennien des achtzehnten Jahrhunderts sowie ein isländisches Wörterbuch.[1])

Nicht minder bedeutend denn als Gelehrter war *Páll Jónsson*, wie gesagt, als Dichter. Insbesondere seine zahlreichen „kaustischen“ Stegreifverse und Epigramme waren so vortrefflich, dafs die meisten derselben alsbald in den Volksmund übergingen und auch hauptsächlich durch diesen bis auf die Gegenwart fortgepflanzt wurden, in der sie sich noch der allgemeinsten Beliebtheit erfreuen. Leider liegt bisher keine gedruckte Sammlung dieser eigenartigen Poesieen vor, welche dieselben auch Nichtisländern leichter zugänglich machen könnte. Sie sind übrigens so durchaus isländisch in Inhalt und Form, dafs sie der Ausländer nur sehr schwer versteht und daher auch nicht leicht nach ihrem wahren Werte zu schätzen vermag. Derselbe Grund bietet ja auch einer ansprechenden Übersetzung dieser Improvisationen schier unbesiegbare Schwierigkeiten dar. Einige Proben haben wir gleichwohl bereits mitgeteilt (vgl. oben S. 14 u. 17). *Páll* hat natürlich auch anderes gedichtet und sogar eine sehr grofse Anzahl von Gedichten des verschiedensten Inhaltes — darunter auch einen „Versarten-Schlüssel“ (vgl. oben S. 22) — hinterlassen, von denen aber nur einige und an verschiedenen Orten zerstreut gedruckt worden sind. Auch eine Sammlung geistlicher Lieder, teils von ihm selbst gedichtet, teils von ihm aus dem Lateinischen und Dänischen übersetzt, ist handschriftlich vorhanden; drei davon wurden in eine spätere Ausgabe des „Graduale“ (vgl. S. 206) aufgenommen. — Hier noch eine Kleinigkeit als weitere Probe der Dichtung *Páll Jónssons*. Die Originalverse finden sich z. B. in „*Snót, nokkur kvæði eptir ýmis skáld*“, 2. Ausgabe, *Reykjavík*, 1865, S. 322 („*Sjálfum sér næstur*“).

---

[1]) Vgl. *Æfisaga Páls lögmanns Jónssonar Vidalíns. Skrásett 1846 af Þórði Sveinbjarnarsyni* in: *Skýringar yfir Fornyrði Lögbókar þeirrar, er Jónsbók kallast, samdar af Páli lögmanni Vidalín* (*Reykjavík*. 1854), p. I bis LXIV.

Jeder ist sich selbst der Nächste.

Es hatte ein Weib einen kranken Mann.
„Gern sterb' ich, wenn ihn ich nur retten kann!"
Doch als der Tod an der Thür erschien,
Da rief sie: „Dort liegt er!" und zeigte auf ihn
„Ich bin mir selber der Nächste," denkt
Doch jeder, wenn ihn die Not bedrängt.

* * *

Die Isländer haben immer einen starken Hang zu Spott und Hohn gezeigt und kleideten ihre Ausfälle von je her gern in Verse — kurze epigrammatische Gedichtchen in der Art der mehrerwähnten Improvisationen. Sie sind zumeist gegen bestimmte Personen gerichtet, beifsend und witzig. Obgleich wir nun aber diese Neigung auch bei fast allen hervorragenderen Dichtern des merkwürdigen Inselvolkes finden, ist die isländische Litteratur doch überaus arm an eigentlichen satirischen Dichtungen im strengeren und besseren Sinne des Wortes. Durch diesen Umstand gewinnt ein dem Bauern *Árni Böðvarsson* zugeschriebenes, im Jahre 1734 entstandenes Gedicht an Bedeutung, das sich als eine in ihrer Art treffliche Satire erweist.

Árni Böðvarsson (1713—1777) ist sonst als einer der fruchtbarsten und dabei besten Rimur-Dichter des achtzehnten Jahrhunderts bekannt, der auch die allbeliebten und verhältnismäfsig recht guten *Úlfars-Rímur* des *Þorlákur Guðbrandsson* fortgesetzt und vollendet hat.[1]) *Árni* wurde zu *Slítrindastaðir* in der *Snæfellsnes-Sýsla* als der Sohn eines Pastors geboren, besuchte von seinem 18. bis 20. Jahre, wie es heifst mit gutem Erfolge, die Lateinschule zu *Hólar* und lebte später — verschwenderisch und dem Trunk ergeben — als Bauer auf dem Hofe *Akrar* in der *Mýra-Sýsla*. Wie schon oben erwähnt, wurde er gewissermafsen der Leibdichter des Sysselmanns *Jón Árnason* auf *Ingjaldshóll*, für den er die meisten seiner Rimur verfafste, und an den er auch die meisten Einleitungsgedichte zu denselben richtete. Er kam regelmäfsig zu den hohen Festzeiten (wie Weihnachten u. s. w.) nach *Ingjaldshóll*, um seinem Gönner Rimur und was er sonst neues gedichtet hatte, vorzutragen, und erhielt dafür aufser reichlicher

---

[1]) *Riimur af Ulfari Sterka, kvednar af Þorláke Gudbrandssyne fordum Sýslumanne í nyrdra parte Isafiardar Sýslu og Arna Bödvarssyne. Utgefnar epter Sira Eiolfs á Völlum eiginn handar rite. Prentadar í Hrappsey í þvi nýa Konúngl. privilegerada Bokþryckerie af E. G. Hoff 1775.* — Zweite Auflage: *Rimur etc. Utgefnar eptir Hrappseyar útgáfunni. Videyar Klaustri, 1834.* — Ein kurzes Bruchstück aus den *Úlfarsrímur* findet sich mitgeteilt in Rasks *Sýnishorn af fornum og nyjum norrænum ritum* . . (*Holmiæ*. 1819), S. 264—268.

Bewirtung gewöhnlich ein — Fäfschen Branntwein als Dichterlohn. Später lebte er ganz im Hause des Sysselmannes.[1])

Das erwähnte Gedicht *Árni Böðvarssons* führt den Titel „Schiffsneuigkeiten" (*Skipafregn*) und ist auch in kulturgeschichtlicher Hinsicht so interessant, dafs es — in der etwas gekürzten Verdeutschung A. Baumgartners[2]) — hier mitgeteilt zu werden verdient. Der Übersetzer leitet dies „etwas derbe Genrebild à la Jan Steen" aus dem isländischen Volksleben des vorigen Jahrhunderts mit folgenden launigen Bemerkungen ein: „Das belebte Treiben auf dem Schiffe erinnerte unwillkürlich an die komische Seite, welche die Ankunft von Schiffen, besonders im Anfang des Jahres, früher darbot, als der Verkehr noch nicht so lebhaft war. Da kamen gegen Ende des langen Winters besonders die Schnupfer und die Schnapsbrüder in grofse Not und zählten die Tage bis zur Ankunft des ersten Seglers oder Dampfers. Auch das übrige Volk sehnte sich dann nach überseeischen Waren und Neuigkeiten — und das erste Schiff aus Kopenhagen war wie ein Freudenengel aus einer besseren Welt. Die durstigen Bauern wufsten dann freilich nicht immer Mafs zu halten und verprafsten mitunter auf einem Sitz die Ersparnisse mancher mühsamen Wochen." Wir ersehen aus dem Gedichte, dafs es in Bezug auf die Trunksucht in der guten alten Zeit auf Island nicht besser war als jetzt, und finden, dafs der Dichter nur wenig übertreibt (vgl. oben S. 90). Es gab indessen und giebt auch heutzutage auf Island neben grimmen „Branntwein-Berserkern" (*brennivínsberserkir*), wie arge Trunkenbolde genannt werden, viele ganz mäfsige und durchaus musterhafte Bauern. Die Verse[3]) lauten:

Schiffsneuigkeiten.

Ach Gott! was wird das Frühjahr lang
Den Leuten drinnen im Lande!
Noch immer kein Schiff! Und sie warten so bang,
Sie sitzen mit allem im Sande.
Kein Mehl ist in den Truhen mehr,
Kein Branntwein mehr im Glase,
Die Schreine sind leer, die Taschen sind leer,
Und kein Tabak in der Nase!

---

[1]) Vgl. *Jón Þorkelsson, Om Digtningen på Island i det 15. og 16. Århundrede* (København, 1888), S. 122, und *Ljóðmæ'i Sigurdar Péturssonar* (*Reykjavík*, 1844), S. 117. — [2]) In Nordische Fahrten. I., S. 350—353. — [3]) Das Gedicht ist zum erstenmale 1783 und zwar zu *Hrappsey* als Anhang zur zweiten Ausgabe der *Tíma-Ríma* gedruckt erschienen mit dem Titel: *Skipafregn kveðen 1734*. Es findet sich ferner abgedruckt in Rasks *Sýnishorn*, S. 281 bis 82, und in *Snót* (1865, S. 238—248).

Mit ödem Kopf, mit langem Gesicht
Begegnen sie sich auf der Wiese:
„Heil sei dir, Freund! Hast du mir nicht
Noch eine letzte Prise?“ —
„Ach, hätt' ich das, wie wär' ich froh,
Da könnt' der Sturm nur wettern!
Doch, ach, ich schnupf' seit langem Stroh
Und Staub von dürren Blättern.“ —
„So steht's mit dir, du armer Mann?
Mir wird's auch unerträglich;
Statt Tabak kau' ich Thymian,
Wir leben ganz unsäglich.“ —
„Ach, Thord, hast du von Branntewein
Nicht einen Rest noch über?“ —
„Ach, hätt' ich den, ich teilt' ihn fein
Sofort mit dir, mein Lieber!
Allein, allein — zum Kuckuck nur.
Ich sah seit sieben Wochen
Von Branntewein nicht eine Spur,
Hab' nichts davon gerochen.“ —
„Doch sag', wer reitet dort daher.
Den Kittel schief und offen?
Der Bjarni ist's, der alte Bär —
Er ist ja knallbesoffen“ —
„He, Bjarni! Halt ein wenig still —
Sag', ist ein Schiff gekommen?“ —
„Jau! Das ist's, was ich melden will.
Hab' meinen Schnaps bekommen.“ —
„Und was giebt's neues in der Welt?“ —
„Kann noch nicht viel euch sagen,
Man zankt um Glauben und um Geld
Und will sich nicht vertragen,
Und London ist mit Mann und Maus
In einer Nacht versunken;
Der Kaufmann sagt's, ein wackres Haus,
Bei dem ich eins getrunken!“ —
Da lebt der alte Adam auf,
Verjüngt strahlt nun die Erde,
Sie springen nach Haus im fröhlichen Lauf,

Sie setzen sich hurtig zu Pferde.
„Das Schiff! Das Schiff! Wir müssen es seh'n!
Den Kaufmann seh'n, den Dänen,
Nun werden vom Jammer wir aufersteh'n
Und trocknen unsre Thränen!“ —
„Auf! Auf! Mein Rösslein, spute dich,
Flieg' hin über Mooren und Steinen!“
Sie reden kaum, schau'n nicht um sich,
Sie zappeln mit Armen und Beinen.
Sie sausen dahin wie das wilde Heer,
Zur Peitsche dient nur der Zügel,
Bis die Kaufstadt winkt am blauen Meer,
Am dunkeln, felsigen Hügel.
Hurrah! Da steht das Schiff im Sund,
Mit Schätzen reich befrachtet,
Da steh'n die Händler mit lächelndem Mund,
Den Göttern gleich geachtet.
Die Bauern grüssen mit schüchterner Hand
Und biegen tief den Rücken:
„Willkommen, Herr Kaufmann, hier zu Land,“
Sie stammeln voll Entzücken. —
„Gud velsigne jer“ [1]), so spricht er froh
Und zeigt sein Waarenlager;
„Alt i buden I skal faa,
Hvad Eder behager.“ [2])
„Prächtige Waren bringen wir,
Lammsfell fest und trocken,
Dichtgesponnene Wolle hier
Und hellgraue Socken.“ —
Pfiffig guckt der Kaufmann drein:
„Hvad er det I vil begjære?“ [3])
„Tabak, Tabak und Branntewein,
Branntwein und ikke mere.“ [4])
Und es perlt im Gläschen das köstliche Nass,
Es rieselt durch Mark und Beine,
Ein zweites — ein drittes — „Ach, hätt' ich ein Fass!“
Kein Gläschen bleibt alleine.

---

[1]) Der Kaufmann spricht dänisch: „Gott segne euch!“ — [2]) „Alles in der Bude sollt ihr bekommen, was jedem gefällt.“ — [3]) „Was ist's, das ihr verlangt?“ — [4]) „Und nichts mehr.“

„Was sind wir schuldig, edler Mann?" —
„Nichts weiter, ihr habt noch zu gute."
Ach, keiner mehr recht rechnen kann,
Es flimmert der Schnaps im Blute.
„Sechs Fische liegen ja auf dem Tisch,
Lafst euch den Trunk nur schmecken!" —
„Was?" munkeln die Bauern, „ein Centner Fisch?
Wir bleiben in Schulden stecken."
Ein jeder legt noch sechs Fische zu,
Ein jeder drei Paar Socken,
Sie trinken weiter in seliger Ruh',
Die Gurgel wird nicht trocken.
Zum Abschied läfst ein jeder sich
Noch eine Flasche füllen
„Topp," sagt der Kaufmann, „die geb' ich
Umsonst der Freundschaft willen!"
Da fallen die Bauern ihm um den Hals,
Bedecken ihn mit Küssen,
Das Haus ist voll des Freudenschall's:
„Ihr habt noch ein Gewissen!
Euch segne der Herr auf dem salzigen Meer,
Zu Land mög' der Herr euch beschenken.
Ach, kommet das nächste Jahr wieder her
Und bringt uns von diesen Getränken!"
Sie steigen zu Pferd, sie sprengen davon,
Doch nicht mehr stumm und stille,
Es saust der Peitsche schriller Ton
In der Lachenden Gebrülle.
Sie lachen und jauchzen und schimpfen und schrei'n,
Sie hauen auf die Pferde,
Sie peitschen auf einander drein,
Sie peitschen daneben die Erde.
Der eine taumelt, der andere fällt,
Der dritte liegt schon im Grase,
Im Kopfe tanzet die ganze Welt,
Es bluten Mund und Nase.
Zum Glück ist's nicht mehr weit vom Haus,
Man schleppet sie zu Bette,
Man schirrt die armen Gäule aus

Und jammert um die Wette.
Die Waren alle sind verkauft,
Doch kam kein Geld zurücke,
Geschirr und Kleider sind zerrauft,
O arge Schicksalstücke!
Das Prümchen und der Schnupftabak
Ging unterwegs verloren,
Zerrissen ist der Mantelsack,
Zerschlagen Kopf und Ohren.
Das Fäfschen mit dem Branntewein,
Die Quelle aller Wonnen —
Es steckt kein Zapfen mehr darein,
Es ist ganz ausgeronnen.
Kein Mann ist heil, kein Gaul bereit,
Ihn auf den Markt zu tragen.
Das ist die neuste Neuigkeit
Vom Schiff aus Kopenhagen.

* * *

Die freudig-begeisterte und intensiv sich versenkende Beschäftigung mit der altnationalen Litteratur, namentlich auch mit den poetischen Hauptwerken derselben, wie sie im achtzehnten Jahrhundert bereits auf Island nicht minder wie in den übrigen skandinavischen Ländern in mannigfachen Erscheinungen sich kund gab, hat auch einige hübsche poetische Früchte getragen. **Gunnar Pálsson,** von 1742—1753 Rektor der Lateinschule zu *Hólar*, hierauf Pfarrer und Probst zu *Hjarðarholt*, einer der fleifsigsten isländischen Altertumsforscher und „der ausgezeichnetste Kenner der alten isländischen Poesie“ (vgl. oben S. 142), verfafste aufser anderen auch mehrere Gedichte im Stil und Ton der sogenannten Eddalieder, und zwar mit solchem Geschick und zugleich auch dichterischer Empfindung, dafs eines derselben, „*Gunnars slagur*“, d. h. Gunnars (Harfen-)Schlag, später eine Zeitlang für ein wirkliches „Eddalied“ gehalten und sogar, obwohl schon der Unechtheit verdächtigt, in die erste gedruckte Ausgabe der „älteren Edda“ aufgenommen wurde. Auch Rask reproduzierte 1818 das Gedicht als Anhang zu seiner Edda-Ausgabe, und zwar mit der Bemerkung, dafs „der allgemeinen Meinung auf Island zufolge *Sjera Gunnar Pálsson* das Lied mit Bezug auf seinen eigenen Namen gedichtet habe; allein die Dichtung sei so vorzüglich und der Inhalt stimme so gut zur *Niflunga Saga*, dafs die meisten Leser sie gewifs lieber kennen lernen als vermissen würden.“ Simrock hat ebenfalls das Lied in seine Übersetzung der Edda, wenngleich unter Verwahrung, aufgenommen, was aber andere doch wieder veranlafste, dasselbe gerade so, als ob es echt und alt wäre, zu verwerten und anzuführen.[1])

Das Gedicht behandelt ein tragisches Motiv aus der nordischen Fassung der Nibelungen-Sage. Dieser Sage zufolge liefs Atli (Etzel) den König Gunnar (Günther) in einen Schlangengarten werfen, damit er hier umkomme. Allein Gunnar verstand es, durch seinen Gesang und sein Harfenspiel die giftigen Nattern einzuschläfern — bis auf eine einzige, alte, die ihn auch endlich ins Herz bifs. Diese böse Natter war Atlis Mutter, welche Schlangengestalt angenommen hatte.

Der rührende Stoff ist schon in älterer Zeit bearbeitet worden: im vierzehnten Jahrhunderte wenigstens war noch ein solches Lied vorhanden, das ebenfalls den Namen „*Gunnars slagur*“ trug, jedoch verloren gegangen ist.[2]) Man hielt nun anfangs die Dichtung des Probstes *Gunnar*, so lange dessen Verfasserschaft nicht bekannt war, für dieses verloren gegangene Lied, ein Irrtum, an dem der Probst selber ganz unschuldig war,[3]) zu dem aber das Gedicht wegen seiner so täuschend nachgeahmten altertümlichen Sprache und Metrik leicht verleiten konnte. Wir teilen die schon ob ihrer Schicksale merkwürdige Dichtung hier in Simrocks Übersetzung mit.

Gunnars Harfenspiel.

1. Einst war's, dafs Gunnar
Den Tod erwartete,
Gjukis Sohn,
In Grabaks Saal.
Die Füfse waren frei
Dem fürstlichen Erben,
Die Hände mit hartem
Haft gebunden.

2. Die Harfe gab man
Dem streitkühnen Helden,
Da zeigt er die Kunst
Mit den Zweigen der Füfse.
Herrlich trat er
Die Harfenstränge:
Wie der König konnte
Keiner spielen.

3. Solchen Gesang
Sang da Gunnar:
Die Harfe spricht
Mit menschlicher Stimme,
Nicht süfser sänge sie,
Wär' sie ein Schwan:
Der Wurmsaal schallt
Von der Saiten Gold.

4. „Die Schwester sah ich
Unselig vermählt
Ihm, der den Bund
Der Niflungen brach.
Her lud Atli
Högni und Gunnar,
Seine Schwäger beide,
Sie zu ermorden.

---

[1]) Konrad Maurer hat den genauen Sachverhalt mit diesem Liede ausführlich besprochen in seinem Aufsatze Über isländische Apogrypha I. in Germania, XIII. Jahrg., S. 72—75. — [2]) Vgl. Konrad Maurer, a. a. O., S. 72. — [3]) Vgl. Konrad Maurer, a. a. O., S. 284.

5. Statt voller Kelche
Ward ihnen Kampf,
Mordlich Gefecht
Statt fröhlichen Mals.
So lange Leute
Nun leben, heifst es:
So falsch an Freunden
That keiner zuvor.

6. Wie ahndest du, Atli,
Also den Zorn?
Brynhild stach sich
Selber tot,
Sie, die Sigurden
Erschlagen liefs.
Was willst du Gudrunen
Drum weinen lassen?

7. Der Rabe schrie heiser
Vom hohen Baum,
Uns gefährde das Leben
Des Schwagers Fall.
Auch sagte mir Brynhild,
Budlis Tochter,
Uns werde Atli
Überlisten.

8. Glaumwör wufst' es
Wohl zuvor,
Da wir zuletzt
Beisammen lagen
Widrige Träume
Schreckten mein Weib:
„Fahre nicht, Gunnar!
Falsch ist dir Atli.

9. „Deinen Speer gerötet
Sah ich von Blut,
Den Erben Giukis
Den Galgen erbaut.
Ich dachte, die Disen
Lüden dich:
Drum traut nicht, Brüder,
Man will euch betrügen."

10. Auch hub Kostbera an,
Högnis Vermählte,
Von verritzten Runen,
Abratenden Träumen.
Doch kühn war das Herz
In der Helden Brust,
Sie bangten beide nicht
Vor dem bittern Tod.

11. „Uns ist von den Nornen
Das Alter bestimmt,
Uns Erben Giukis,
Nach Odins Willen.
Wider das Schicksal
Mag niemand sich setzen,
Noch von Heil verlassen
Dem Herzen vertraun.

12. „Mich lächert, Atli,
Dafs du lassen mufst
Die roten Ringe,
Die Reidmar besafs.
Ich weifs allein nun,
Wo sie verborgen sind,
Seid ihr dem Högni
Nach dem Herzen schnittet.

13. „Mich lächert, Atli,
Dafs dem lachenden Högni
Dein hunisch Heer
Nach dem Herzen schnitt.
Nicht ächzte der Niflung
Als das Messer eindrang,
Verzog nicht die Braue
Bei dem bittern Tod.

14. „Mich lächert, Atli,
Dafs du lassen mufstest
So manchen der Mannen,
Der mutigsten gar,
Durch unsre Schwerter,
Eh' du's vollbrachtest.
Unsre hehre Schwester,
Erschlug dir den Bruder.

15. „Kein furchtsam Wort
Bringt Gunnar vor,
Ginkis Sohn,
In Grafwitnirs Höhle.
Nicht wird er harmvoll
Heervater nahn,
Längst ist der Fürst
Der Leiden gewöhnt.

16. „Eher soll Goin
Ans Herz mir graben
Und Nidhöggr
Die Nieren saugen,
Linn und Langbakkr
Die Leber zehren,
Ehe der Gleichmut
Gunnarn verläfst.

17. „Doch wird es Gudrun
Grimmig rächen,
Dafs uns Atli
Also betrog.
Sie wird dir Herrscher
Die Herzen bringen
Deiner Söhne gesotten
Zum Abendschmaus.

18. „Aber mit Met
Vermischt ihr Blut
Sollst du aus der Schädel
Schalen trinken.
Am härtesten härmt
Dir aber das Herz,
Wenn dich Gudrun feige
Und grausam schilt.

19. „Kurz währt dein Leben
Nach der Könige Tod,
Böses bringt Dir
Der Verrat an den Brüdern:
Wohl scheinst du es wert,
Dafs wir durch die Schwester,
Die notgezwungene,
Den Treubruch zahlen.

20. „Dich wird Gudrun
Mit dem Ger durchbohren,
Zur Seite soll ihr
Niflung steh'n.
Hohe Lohe wird
Deine Halle umspielen
Und dann in Nastrand
Dich Nidhöggr saugen.

21. „Grabak schläft schon
Und Grafwitnir,
Goin und Moin
Und Grafwölludr,
Ofnir und Swafnir,
Die giftgeschwollnen,
Nadr und Nidhöggr
Und die Nattern alle,
Hring und Höggwardr,
Vom Harfenschall.

22. „Alleine wacht noch
Atlis Mutter:
Die wundet das Herz mir
Bis an die Wurzel,
Saugt mir die Leber,
Frifst die Lunge,
Läfst nicht länger
Den König leben.

23. „Verhalle, Harfe,
Von hinnen mufs ich,
Das weite Walhall
Bewohnen fürderhin;
Mit den Göttern trinken
Den teuren Met
Von Sæhrimnir speisen
In Odins Saal."

24. Gunnars Harfenschlag
Ist ausgesungen,
Mein Lied erlabt euch
Zum letztenmal.
Kein Fürst wird hinfort
Mit der Füfse Zweigen
Die hellen Saiten
Der Harfe schlagen."

Eggert Ólafsson.

Zu den betrüblichen Folgen, welche die dänische Oberherrschaft für Island hatte, gehörte eine sehr bedeutende Schwächung des einst so starken Nationalgefühles. Der Verkehr mit den dänischen Beamten und Kaufleuten übte auf das isländische Volk trotz seiner nur zu berechtigten Abneigung gegen dieselben, die Wirkung aus, dafs sich zunächst die Gebildeten, dann aber auch die gröfsere Menge des Volkes von den fremden Beherrschern in ihren heimischen Sitten und Gewohnheiten beeinflussen liefsen und allmählich immer häufiger dänische Art nachahmten und dänisches Wesen in sich aufnahmen. Die dänische Sitte galt ihnen in jeder Hinsicht für feiner und vornehmer als die eigene, noch von den ruhmreichen Ahnen ererbte. Das Dänentum spielte namentlich seit der Einführung des Absolutismus auf Island dieselbe Rolle, die seit eben dieser Zeit das Deutschtum in Dänemark spielte — während Deutschland bekanntlich im Banne des französischen Wesens stand. Hier wie dort wurde das Fremde hochgeschätzt und nachgeahmt, das Heimische, Altnationale hingegen gering geachtet und vernachlässigt oder aufgegeben. Dafs auch die Isländer, trotz der Abgeschiedenheit ihrer Insel von der übrigen Welt und ihrer sonst konservativen Sinnesart, dem fremden Einflusse nicht mehr Widerstand entgegensetzten, erscheint begreiflich, wenn man bedenkt, wie sehr dieses Volk durch die zahlreichen vernichtenden Schicksalsschläge, besonders im siebzehnten Jahrhundert, an allen seinen Kräften geschwächt und sein Selbstgefühl abgestumpft wurde. Doch haben die Isländer auch in dieser Zeit wenigstens die Liebe zu ihrer nationalen Dichtkunst bewahrt und an dem im sechzehnten Jahrhundert erwachten und seither immer mehr erstarkten Interesse an den alten Litteraturwerken einen Widerhalt gegen die fremde Strömung gefunden.

Wenn wir in Bezug auf die angedeuteten Zustände im besonderen die Mitte des achtzehnten Jahrhunderts ins Auge fassen, so sehen wir das isländische Volk bereits so sehr vom dänischen Einflufs durchtränkt, dafs selbst manche seiner besten Männer es als ganz selbstverständlich ansahen, in allem „vom Dänischen zu dependieren“. Besonders schlimm war es, dafs die Isländer auch die Sprache, dieses kostbarste und so lange in seiner alten Form erhaltene Erbstück des ganzen Volkes, und zwar besonders die Schrift- und Gesetzessprache, in brutaler Weise zu danisieren begonnen hatten. Es wurde nicht nur eine grofse Anzahl dänischer Wörter ins Isländische aufgenommen, sondern auch die Aussprache und der syntaktische Bau dem Dänischen nachgeahmt. Es war so weit gekommen, dafs schon *Páll Jónsson Vídalín* zu Beginn des achtzehnten Jahrhunderts behaupten konnte, es habe seit dem Tode des Bischofs *Guðbrandur Þorláksson* (1627), insbesondere aber seitdem Bischof *Brynjólfur Sveinsson* dahingegangen sei (1675), niemand mehr das Isländische richtig schreiben können als *Árni Magnússon* und die wenigen, welche seine Schüler waren; und er klagt: „Es ist beweinenswert, den verunstalteten, fehlerhaften Stil zu sehen, den jetzt hier die meisten schreiben." [1])

Es ist nicht abzusehen, wie weit und wie lange das isländische Volk noch seiner selbst vergessen hätte, wenn nicht zur rechten Zeit patriotische Männer erstanden wären, welche durch ihren persönlichen Einflufs, durch Schriften und Dichtungen das so tief gesunkene Nationalgefühl wieder zu heben suchten. Der begeistertste und auch begabteste von diesen Männern war unstreitig *Eggert Ólafsson*, ein echter Isländer vom alten Schlag, der sowohl durch persönliches Beispiel und gediegene Schriften wie durch treffliche Dichtungen in einem neuen, edleren Geiste seine Landsleute aufforderte, zu den alten nationalen Sitten zurückzukehren, und das Fremde, wo es sich nicht von wirklichem Nutzen erwies, wieder auszumerzen.

Eggert wurde am 1. Dezember 1726 auf einer der *Svefneyjar* im *Breiðifjörður* als Sohn des Bauern *Ólafur Gunnlaugsson* geboren. Im Alter von zwölf Jahren kam er nach alter isländischer Sitte zur Erziehung zu seinem Oheim, dem Sysselmann *Guðmundur Sigurðsson*, einem der gelehrtesten, sittenstrengsten und gottesfürchtigsten Männer seiner Zeit, der auch in seinen Zögling den Keim zur Entwickelung derselben Eigenschaften legte. Im Herbste des Jahres 1741 wurde er in die Lateinschule zu *Skálholt* gegeben, die er 1746, zwanzig Jahre alt, verliefs, um an der Universität zu Kopenhagen nordische Geschichte und Altertumskunde sowie alte und neuere Poesie zu studieren, aber auch Mathematik, Physik und Ökonomie, überhaupt die Naturwissenschaften, zu betreiben. Schon 1749 gab er hier ein in lateinischer Sprache geschriebenes Werkchen heraus, worin er den vulkanischen Ursprung Islands nachzuweisen suchte (vgl. oben S. 147). Im Jahre 1750 kam er mit seinem Freunde und engeren Studiengenossen *Bjarni Pálsson* nach Island, um in Gemeinschaft mit ihm verschiedene Naturverhältnisse der Heimatsinsel genauer zu untersuchen. Im Herbste desselben Jahres kehrten beide wieder nach Kopenhagen zurück, erhielten aber schon im Frühjahr 1751 von König Friedrich V. den Auftrag, neuerdings

---

[1]) *Páll Vídalín. Skýringar yfir Fornyrði Lögbókar* (*Reykjavík*, 1854), S. 138.

Island, und zwar das ganze Land, zu bereisen und vornehmlich in statistischer, ökonomischer und naturwissenschaftlicher Hinsicht zu untersuchen und zu beschreiben. Sie hielten sich zu diesem Zwecke von 1752—1757 in Island auf, und die Frucht ihrer eingehenden Studien war das klassische Werk „Reise durch Island" (vgl. oben S. 146), das hauptsächlich von *Eggert* ausgearbeitet wurde, jedoch erst nach seinem Tode erschienen ist.

Von 1760—1764 lebte *Eggert* bei seinem Schwager, dem Probste *Björn Halldórsson* im *Sauðlauksdalur*, den wir bereits als Lexikographen sowie ausgezeichneten Landwirt und Verfasser des „*Atli*" und der „*Arnbjörg*" (vgl. oben S. 143 u. 150) kennen gelernt haben. Hier beschäftigte er sich nicht nur mit der Ausarbeitung des genannten Reisewerkes, sondern trieb auch weitere Studien auf naturwissenschaftlichem, landwirtschaftlichem, sprachlichem und anderen wissenschaftlichen Gebieten und verfaſste verschiedene Schriften. Von 1764 bis 1766 weilte *Eggert* wieder in Kopenhagen, wo er die Reisebeschreibung beendete. 1767 wurde er zum *Vicelögmaður* ernannt, und im selben Jahre verheiratete er sich auch mit *Ingibjörg*, einer Tochter seines Oheims und Erziehers *Guðmundur*, und lieſs zu *Hofstaðir* (im *Miklaholts*-Bezirk) ein sehr ansehnliches Gehöft für sich erbauen. Die Hochzeit wurde mit groſsem Gepränge und nach der Sitte des fünfzehnten Jahrhunderts auf dem altberühmten Hofe *Reykholt* abgehalten. Es fand dabei zum letztenmale die alte Ceremonie des sogenannten „Bräutigams-Rittes" (*brúðgumareið*) statt, die darin bestand, daſs der Bräntigam und sein Gefolge in einem prächtigen Aufzuge zur Wohnung der Braut oder zu dem Orte, wo die Hochzeit abgehalten wurde, geritten kamen. Als *Eggert* im Mai 1768 nach seinem eigenen Heim übersiedeln wollte, ertrank er auf der Fahrt dahin samt seinem jungen Weibe im *Breiðifjörður* im 42. Lebensjahre.[1])

Ganz Island betrauerte den frühen Tod dieses ausgezeichneten Mannes, und es hatte vollen Grund dazu; denn *Eggert* hing mit heiſser Liebe an seinem armen Vaterlande. Schon als Student zu Kopenhagen bekundete er sein starkes patriotisches Gefühl in lebhafter Weise. Unter den isländischen Studenten daselbst hatten sich zwei Parteien gebildet, die mit gleichem Eifer, jedoch auf verschiedenen Wegen für die Verbesserung der traurigen Lage ihrer Heimatsinsel zu wirken suchten. Die eine, das volkstümliche Alte und Traditionelle repräsentierende Partei, welche die studentische Verbindung „*Sakir*"[2]) bildete, erblickte alles Heil für das Vaterland hauptsächlich in der Rückkehr zu den Zuständen und Sitten der besseren Vorzeit. Der Wortführer dieser Gruppe war *Eggert Ólafsson*, dem später seine Brüder *Jón* der Ältere, *Magnús* und

[1]) Vgl. über *Eggert Ólafsson* das Schriftchen von *Bjarni Jónsson*, *Um Eggert Ólafsson* (*Reykjavík*, 1892). — [2]) *Sakir* (Plur. v. *sök*) bezeichnet nach dem damaligen Sprachgebrauch eine Zusammenkunft zu gemischten Diskussionen oder diese Diskussionen selbst.

Jón der Jüngere, zur Seite standen; man nannte dieselbe wegen der bäuerlichen Herkunft der „Svefneyjar-Brüder“ den „*Bændasona-flokkur*“ d. h. die Partei der Bauernsöhne. Die andere, mehr aristokratische, dem Neuen, Europäischen zugewandte Partei, an deren Spitze *Hannes Finnsson*, der Sohn des berühmten Bischofs *Finnur Jónsson* (vgl. oben S. 145—146 u. 150), mit seinen Brüdern stand — daher der „*Biskupssonaflokkur*“ d. h. die Partei der Bischofssöhne genannt — meinte, dafs die Verhältnisse auf Island vollständig nach den Prinzipien des neuen Zeitgeistes, denen die civilisierten Länder Europas huldigten, umzuordnen seien.[1]) *Eggert* blieb seiner Jugendanschauung auch fürder treu und stand für dieselbe in Wort, Schrift und Dichtung ein. Er bethätigte diese Anschauung mit Konsequenz auch auf praktische Weise, indem er z. B. nur isländisch-nationale, aus isländischen Stoffen und auf Island verfertigte Kleider trug. Zu dem Alten, das er bewahrt wissen wollte, gehörten jedoch nicht gewisse Vorurteile der Isländer, welche kein geringes Hindernis für den wirtschaftlichen Aufschwung des Landes bildeten. Darum suchte er auch seine Landsleute für verschiedene „neue Einrichtungen“, insbesondere auch für den Gemüsebau, zu gewinnen, mit dem sich die Isländer so wenig befreunden konnten, dafs es der strengsten Mafsregeln der Regierung bedurfte, um wenigstens zwei bis drei der gröfsten Hofbesitzer jedes Bezirkes zur Anlage und Bebauung von Kohlgärten zu verhalten.

Tief zu Herzen ging *Eggert* der Verfall seiner Muttersprache. Er verlangte die Rückkehr zur alten Sprech- und Schreibweise und erschlofs den Weg hierzu in vortrefflichen „Sprachregeln“ (vgl. oben S. 143), durch die er sich den Ruhm des ersten Vorkämpfers für die Restauration der isländischen Sprache erwarb. Auf seinen Einflufs war es ohne Zweifel zurückzuführen, dafs bereits in den Schriften des 1779, also zwölf Jahre nach *Eggerts* Tod, gegründeten „*Lærdómslistafjelag*“ der Versuch gemacht wurde, das Isländische rein zu schreiben, und dieses Bestreben dann nicht mehr verschwand, bis die Wiederherstellung der Sprache in ihrer originalen Gestalt durchgeführt war.

Eggert war nämlich ein überaus vielseitig gelehrter Mann, der sich auch als tüchtiger Philologe und vorzüglicher Kenner der alten heimischen Litteraturprodukte erwies. Er verfafste u. a. auch ein Glossar und eine Chronologie zu den meisten Isländer-Sagas, ein Vorwort und Register zur Edda, übersetzte einen Teil der *Heimskringla* ins Lateinische, schrieb Biographieen der alten Dichter *Ólafur hvítaskáld* (mit einer lateinischen Übersetzung seiner Gedichte) und *Sturla Þórðarson*, dann ein isländisch-lateinisches Lexikon über seltene Wörter. *Eggert* schrieb ferner isländische Annalen seit der Besiedelung der Insel und war auch auf juristischem Gebiete litte-

[1]) Vgl. *Jón Þorkelsson* d. J. im Vorwort zur *Saga Jón Espólíns*.

rarisch thätig; er verfaſste Kommentare zu einer groſsen Anzahl isländischer und norwegischer Gesetze, erklärte alte, auſser Gebrauch gekommene Wörter und Ausdrücke in denselben, u. s. w. Daneben oblag er mit groſsem Eifer dem Studium der modernen Hauptsprachen und schrieb ein französisch-isländisches, ein englisch-isländisches und ein deutsch-isländisches Wörterbuch. Alle die hier genannten Schriften sind jedoch nebst anderen wertvollen Manuskripten bei dem Schiffbruche *Eggerts* eine Beute des Meeres geworden.[1])

Eggerts Hauptwerk war die mehrerwähnte Beschreibung Islands, die sich durch ihre Wissenschaftlichkeit einen dauernden Wert erhalten wird. Als ein Beispiel der Gründlichkeit, mit welcher dieses Werk gearbeitet ist, verdient bemerkt zu werden, daſs *Eggert* die isländischen Pflanzen bereits nach dem Linnéschen System einteilte und auch die wichtigsten naturwissenschaftlichen Werke der Engländer und Deutschen (z. B. Leibnitz') angezogen hat. Eine ganz vorzügliche und jedenfalls bis heute noch die beste isländische Arbeit in ihrer Art ist ferner *Eggerts* „Lachanologia oder Buch über Gemüsepflanzen" (Kopenhagen, 1774). Beide Werke haben nicht wenig dazu beigetragen, auf Island naturwissenschaftliche Kenntnisse zu verbreiten.

War *Eggert* schon durch seinen besonders feurigen Patriotismus und seine so viele Wissenszweige umfassende und dabei so produktive Gelehrsamkeit eine ungewöhnliche Erscheinung seines Jahrhunderts, so gewinnt er noch an interessanter Originalität durch den Poetenruhm, der ihn umgiebt; denn *Eggert Olafsson* war zugleich der weitaus beste Dichter seiner Zeit. Er stellte auch dieses Talent vor allem in den Dienst seiner patriotischen, auf das Alte zurückzielenden Bestrebungen. Aber auch in seinen Dichtungen zeigt es sich ganz deutlich, daſs *Eggert* trotz seiner Vorliebe für das Alte bereits von den neuen europäischen Ideen und litterarischen Strömungen beeinfluſst war. Er bekennt sich zur Nützlichkeitstheorie der „Aufklärung", dichtet deshalb weniger zur Unterhaltung als zum Nutzen des Volkes, bevorzugt aus diesem Grunde das Lehrgedicht und versieht seine Gedichte gern mit erklärenden Einleitungen, Übergängen und Anmerkungen, ähnlich wie Pope, dessen Dichtungen er gekannt haben muſs. Er findet besonderen Gefallen an der naturbeschreibenden Poesie der Engländer und ist deshalb später ein entschiedener Parteigänger des ersten und bedeutendsten nordischen Vertreters dieser Richtung, des Norwegers Tullin (vgl. unten), an den seine Dichtung zum Teil erinnert.

Eggert dichtete jedoch mehr aus gelehrter Neigung als aus eigentlicher Inspiration und ist dabei ganz Scholastiker (nach der Art des *Olafur hvítaskáld* in den Abhandlungen des Anhanges zur *Snorra*

[1]) Vgl. *Bjarni Jónsson*, S. 36.

Edda), wie schon aus der Vorrede zu seinen Gedichten erhellt. Darum sind auch seine Dichtungen oft steif, hölzern, geschmacklos. In dieser Vorrede spricht der Dichter übrigens auch sehr gesunde Anschauungen über das Wesen und die Aufgabe der Dichtkunst aus. Wir lesen da Sätze und poetische Regeln wie: „die Dichtkunst ist nichts Anderes als die oberste Stufe der Redekunst, und Ziel und Nutzen der Dichter und der Redner müssen ganz dieselben sein, nämlich: menschliche Herzen zu rühren und sie dahin zu bringen, dafs sie dasselbe meinen“ (wie jene) . . . „Manche (isländische Dichter) reimen schnell und gewandt, allein es fehlt ihnen an Stoff, Gedanken und Begeisterung; sie heifsen zwar auch gute Dichter und werden für solche gehalten, besitzen jedoch nur jene besondere Gewandtheit und Geschicklichkeit im Reimen und Versifizieren, die wir „*hagmælska*“ nennen. Andere haben dichterische Ideen und eine gewaltige Begeisterung; allein es fehlt ihnen das Geschick des Reimens und der Versifikation. Die Dritten wieder besitzen dichterische Phantasie und Begeisterung sowie von jener technischen Fertigkeit die Kunst der schönen Phrasen (*orðgnótt*); sie dichten aber dennoch steif. Dann sind Vierte, die all diese notwendigen Eigenschaften haben, denen es jedoch an der Herrschaft über die Dichtkunst gebricht, welche dieser das richtige Mafs und die notwendige Beschränkung giebt und sie schliefslich krönt. Mancher z. B. braucht eine heitere Melodie bei einem traurigen Stoff, mancher singt von einem Bauern wie von einem Herrn, von einem Sysselmann (Bezirkshauptmann) wie von einem König, vom König wie von Gott; mancher macht zu viel aus Kleinem, zu wenig aus Grossem;“ . . . „Ein vollkommener Dichter soll also folgende Hauptfähigkeiten besitzen: Reimgewandtheit, Geist und Geschmack; im Geschmacke ist die Kunst der richtigen Wahl, das Mafshalten und der feine Takt für das Richtige enthalten; das erste lockt und besänftigt, das zweite überwältigt und besiegt, das dritte aber erhält und bewahrt und läfst gedeihen.“ U. dgl. m.

Eggert selbst hat freilich seinen eigenen strengen Anforderungen, namentlich hinsichtlich des Geschmackes, nicht immer entsprochen. Infolge seiner archaisierenden Bestrebungen gebraucht er gern alte, längstvergessene Wörter und Formen (seltsamerweise neben modernen Fremdwörtern!), die das Verständnis der überdies mit philosophischen Reflexionen durchsetzten Gedichte erschweren. Dennoch bildet dies alles, sowie der Umstand, dafs er eine Menge neuer Stoffe behandelte, einen wohlthuenden Kontrast gegenüber dem geistlosen Wesen, den psalmodischen Lamentationen und dem pessimistischen Gejammer der damaligen Poesie. Einige Gedichte sind auch wirklich hübsch, leicht und anmutig, so dafs *Eggert* der weitaus erste Rang unter den Dichtern seiner Zeit nicht streitig gemacht werden kann. Es darf dabei aufserdem nicht übersehen werden, dafs ja die Poesie, besonders die lyrische, damals nicht nur auf Island sondern auch im übrigen skandinavischen Norden auf einer sehr niedrigen Stufe stand.

Der Grundzug in *Eggerts* Dichtung ist, wie bereits angedeutet, die innigste Liebe zu seinem Vaterlande. Diese Liebe zeigt sich am schönsten in seinem Hauptgedichte, dem „*Búnaðarbálkur*“, einer didaktisch-idyllischen Beschreibung der isländischen Landwirtschaft in drei Gesängen und hundert und sechzig Strophen, erschienen nach seinem Tode 1783 zu *Hrappsey*.[1]) Eggert dichtete dasselbe in der Zeit von 1756—1764, und es diente ihm dafür die bäuerliche Musterwirtschaft seines Schwagers *Björn Halldórsson* im *Sauðlauksdalur* zum Vorbilde. Der erste Gesang, „das Lied des Elends oder der bösen Wesen Aufenthaltsort oder das Leben der Langweile“, handelt davon, „wie auf Island das tägliche Leben und der Ton auf den Höfen so unleidlich und unnatürlich geworden seien.“ Im zweiten Gesange, „genannt die Wonne der Natur, oder Fessel des Trübsinns und Fülle der Hoffnung“, wird gezeigt, „wie auch auf Island die ganze Natur und besonders das sorgenlose Leben der Tiere, vor allem jedoch Gottes Vorsehung den Menschen auf gute Hoffnung und Vergnügen hinweist“. Im dritten Gesange, „das Thal der Glückseligkeit“ oder „Bauern-Leben und Liebe zum Lande“ betitelt, führt der Dichter den Isländern vor Augen, wie auch auf ihrer Insel tüchtige Bauern heiter und vergnügt leben und „sogar mancherlei Überfluſs von den Landeserzeugnissen haben können, die jetzt verwendet werden oder noch verwendet werden könnten, und in all dem Tüchtigkeit und Liebe zum Vaterlande zeigen.“ Das Gedicht sagt natürlich dem heutigen Zeitgeschmack wenig zu; es ist nicht frei von Übertreibungen und Plattheiten, und manche Stellen erscheinen uns wie versifizierte Prosa. Doch finden sich auch nicht wenige wirklich poetische und heute noch anziehende Strophen in dem Gedichte; besonders die Naturschilderungen sind oft — wie auch sonst bei *Eggert* — recht trefflich. Im allgemeinen bedeutete diese Dichtung einen erfreulichen Fortschritt in der isländischen Poesie, da es nun eine neue Dichtungsgattung, das naturbeschreibende Gedicht, einführte. Es hat denn auch den vollen Beifall der Isländer, besonders der Bauern, gefunden und erfreute sich unter diesen lange Zeit hindurch einer weitreichenden Beliebtheit. Der gelehrte Antiquar Professor *Finnur Magnússon* hat die Dichtung auch ins Dänische übersetzt oder vielmehr paraphrastisch umgedichtet (in ungereimten fünffüſsigen Jamben), jedoch in einem so hochtrabenden Stile, daſs die Einfachheit und Naivetät des Originales verloren ging.[2])

[1]) Der Titel der Dichtung lautet in dieser Ausgabe: *Nockrar hugleidingar frammsettar i liódum sem nefnast: Bænadar-Baalkur;* später wieder gedruckt in der Zeitschrift *Armann á alþingi*, 1829, und in *Kvæði Eggert Olafssonar* (*Kaupmannahöfn*, 1832), S. 30—50. — [2]) *Det Islandske Landlevnet. Et Læredigt i tre Sange. Efter Eggert Olafsens islandske Original oversat af Finn Magnusen.* (Kopenhagen, 1803.)

Glücklich war hingegen die Wahl des jambischen Quinars, da die metrische Form des Urgedichtes dem modernen Geschmacke wenig entspricht. Wir folgten diesem Beispiele bei sonst gröfster Treue in der Übersetzung der unten mitgeteilten Proben aus dieser immerhin noch der Beachtung werten Dichtung.

Ein gröfseres naturbeschreibendes Gedicht, jedoch ganz anderen Charakters, ist auch die *„Ferðarolla"* (d. h. eine längere Reihe von Versen über die Reise) in einem alten skaldischen Versmafse und mit eingeschalteten Erklärungen in Prosa. Der Dichter berichtet darin von den verschiedensten Naturmerkwürdigkeiten Islands, die er bei seiner Bereisung des Landes kennen gelernt hatte.

Aufser der allgemeinen Vaterlandsliebe kommt in *Eggerts* Gedichten besonders auch seine Vorliebe für das isländische Altertum zum kräftigsten, volltönigen Ausdrucke; so z. B. in den *„Mánamál"* (Lied von *Máni* d. i. *Þorkell máni*, dem Enkel *Ingólfurs*, des ersten Besiedlers Islands), das auch im alten *„Fornyrðislag"* und in altertümelnder Sprache abgefafst ist. *Ingólfur*, der erste Besiedler Islands, der sich in dem späteren *Reykjavík* einen festen Wohnsitz gründete, sein Sohn *Þorsteinn*, sein Enkel *Þorkell* und *Örlygur* auf *Esjuberg* erheben sich aus ihren Grabhügeln, sehen auf ihre Nachkommen im 18. Jahrhundert und besprechen untereinander den traurigen Unterschied der Verhältnisse auf Island zu dieser und zu ihrer Zeit.

Ingólfur sagt u. a. zu *Máni*, indem er seine Nachkommen im achtzehnten Jahrhundert betrachtet:

„Jetzt findet man Grofsthun
Statt Freigebigkeit
Und Lobesgehudel
Statt Heldenthaten.
Die Leute giefsen
Tinte auf Linnen,[1]
Mit Rabenfedern
Fechten die Männer.
Wo ich einst wohnte,
Hausen nun Wichte,
Die, Tanzweisen trällernd,
Kramhandel treiben
Sie geh'n aus und ein
Nicht an Arbeit gewohnt,

---

[1]) d. i. Papier.

Gemahnen im Sprechen
An Meerkatzen,
In ihrem Benehmen
An Meerkatzen-Junge."

Dasselbe Thema behandelt das Gedicht „Island", in dem *Eggert* Island selbst als Frau und Mutter den Kindern ihre Lebensschicksale — die Geschichte des Landes — erzählen läfst.

Seiner Betrübnis über den Verfall der Sprache hat *Eggert* in der Dichtung „Krankheit und Tod der isländischen Sprache, unserer hochbetagten Mutter" auch einen schmerzlichen poetischen Ausdruck gegeben. Das Isländische wird personifiziert als sterbenskranke Mutter, die ihre Kinder um sich versammelt, ihnen von ihrer Krankheit und deren Ursachen erzählt, und mehrere Söhne in die verschiedenen Landesviertel aussendet, um die Sprechweise der Leute zu untersuchen und zu verbessern, sowie gedruckte Schriften, beschriebene Blätter und Pergamente in reinem Isländisch zu kaufen, zur Erquickung ihrer Seele, wodurch sie wieder gesunden könne. Es zeigt sich, dafs die Sprache zwar in den *Austfirðir* (im Ostlande) besser als in anderen Gegenden, aber doch nirgends mehr — am wenigsten in *Reykjavik* — rein gesprochen werde, und dafs ihr nicht mehr zu helfen sei; auch konnte kein einziges ordentliches Buch oder eine Pergamenthandschrift in unverfälschtem Isländisch aufgetrieben werden. Der Zustand der Kranken verschlimmert sich infolgedessen immer mehr bis sie — „an der Kolik" — stirbt. Hierauf werden kurz die Schicksale dieser „wohlgeborenen" Frau erzählt. Das Leichenbier wird getrunken, und die Kinder wachen ein halbes Menschenalter hindurch an der Bahre. Mit einer Aufforderung an die Isländer, ihre Muttersprache rein und hoch zu halten, und mit dem Vorhalte, welche Schande es für sie sei, dafs sie eben diese Sprache, die von den europäischen Völkern so überaus hoch geschätzt werde, nicht selbst rein bewahren, sondern in dieser Hinsicht den Vögeln gleichen, die ihr eigenes Nest beschmutzen, schliefst das merkwürdige, stellenweise doch recht geschmacklose Gedicht. *Eggert* bekennt übrigens bei dieser Gelegenheit in lobenswerter Aufrichtigkeit, dafs er selbst ein „*sprokverskur*" (d. h. einer der gern Fremdwörter gebraucht) sei, und entschuldigt sich damit, dafs er so vielfach mit Ausländern zu verkehren habe.

Liegt schon in des Dichters Lobpreisung der alten Zeit im Vergleich zur neuen ein herber Tadel für diese, so tritt *Eggert* in den meisten seiner übrigen Gedichte überhaupt nur als Tadler und Moralprediger auf, der mit den strengsten und heftigsten, oft fast allzu derben Worten und mit der schärfsten, beifsendsten Satire die Sünden, Schwächen und Gebrechen des isländischen Volkes im achtzehnten Jahrhundert rügt. Selbst in seinen heiteren und scherzhaften Gedichten findet sich dieser bittere Kern verborgen, wie z. B. in „*Íslands sæla*“ (das glückliche Leben auf Island), worin dargelegt wird, wie viel besser und angenehmer es für die meisten Isländer sei, in ihrer Heimat ansässig zu sein als im Auslande. *Eggerts* Tadel galt übrigens nicht nur der Entfremdung von den Traditionen der guten alten Zeit, den verschlechterten Verhältnissen und der laxen, energielosen Lebensführung seiner Landsleute im allgemeinen, sondern auch ganz bestimmten Erscheinungen des isländischen Volks- und Geisteslebens seiner Zeit. So führt er z. B. in dem Gedichte „Mädchen-Verderber“ (*Píknaspillir*) darüber Klage, dafs sich auf Island die Töchter selbst der besten und angesehensten Familien so leicht zu Falle bringen lassen und unsittliche Verhältnisse eingehen. Er ist überhaupt auf die weibliche Treue nicht gut zu sprechen, wie schon der in jeder Strophe wiederkehrende Refrain andeutet, welcher eine Übersetzung der bekannten lateinischen Verse „Crede ratem ventis, animum ne crede puellis: namque est feminea tutior unda fide“ bildet. Doch schätzt er das weibliche Geschlecht auch wieder wegen der verständnisvollen Liebe desselben zur Dichtkunst und des konservativen, länger an den alten Sitten und Traditionen festhaltenden Sinns; er pries diese Eigenschaft der Weiber in seiner „*Heimildarskrá*“, aus der wir oben eine Anzahl von Strophen mitgeteilt haben (vgl. S. 37—38). Die von *Eggert* gerügte Sittenlosigkeit war übrigens nicht erst das Produkt der sozialen Verhältnisse des achtzehnten Jahrhunderts, sondern im Gegenteil ein ziemlich altes Erbübel, an dem das männliche Geschlecht nicht minder krankte als das weibliche (vgl. oben).

Eggert war auch ein frommer Mann voll Gottvertrauen, wie u. a. aus dem Gedichte „*Leiðarsteinn góðra farmanna í hafvillum heims þessa*“ („Kompafs für gute Seefahrer bei den Irrfahrten dieser Welt“) und dem kurz vor seinem Tode gedichteten „Bekenntnispsalm“ (*Viðurkenningar-sálmur*) zu ersehen ist. Er tadelt darum in dem Gedichte „Die Stockblindheit“ (*Hellblinda*) die Abnahme des christlichen Sinnes bei den Isländern, von denen ein grofser Teil dem Fatalismus ergeben, ein anderer völlig glaubenslos sei.

Obgleich nun aber *Eggert* ein strenger Moralist war, hat er doch auch selbst einige schlüpfrige Verse in der Art Langbeins gedichtet z. B. in dem ausgelassenen, dabei aber in seiner Art recht gelungenen und beim Volke beliebten „Mädchen-Geschrei“ (*Píkuskrækur*), worin an einem Mönch und einer Nonne „die Schwäche und Heimlichkeit der Männer und Weiber in Amors-Sachen“ vor Augen geführt wird. Für die isländische Sittengeschichte interessant sind die „Hochzeits-Lieder“ mit erklärenden Bemerkungen in Prosa, und der ebenfalls populär gewordene Gesang beim Gang der Braut aus der Stube ins Bett.[1])

---

[1]) Abgedruckt in *Snót, nokkur kvæði eptir ýmis skáld; önnur útgáfa* (*Reykjavík*, 1865), S. 170—172.

Wenn wir noch erwähnen, dafs *Eggert* auch beachtenswerte Gedichte philosophischen Inhaltes und lustige Trinklieder (z. B. das früher viel gesungene: „O meine schöne Flasche“) verfafst hat, so glauben wir seine dichterische Thätigkeit wenigstens nach ihren verschiedenen Richtungen kurz charakterisiert zu haben. Sie ist ebenso umfassend wie seine wissenschaftliche; doch übte *Eggert* als Dichter sowenig wie als Gelehrter auf seine Zeitgenossen eine unmittelbare Wirkung aus, und er hat darum auch keine „Schule“ gebildet. Nicht einmal *Jón Þorláksson* zeigt sich merkbar von ihm beeinflufst, es sei denn, dafs seine Vorliebe für die alte, volkstümliche Dichtung auf *Eggerts* Beispiel zurückzuführen wäre, was immerhin annehmbar ist. In dieser Hinsicht wie im Gebrauche veralteter Wörter gemahnt ja auch *Benedikt Gröndal*, der Ältere, an unseren Dichter.

Geradezu seltsam erscheint es, dafs selbst seine populärste und verständlichste Dichtung, der „*Búnaðarbálkur*“, soweit mir bekannt, zwar noch spät — bei den Fjölnir-Männern (vgl. unten) — patriotische Begeisterung erweckte, jedoch keine Nachahmung fand. Hingegen ist die von *Eggert* begonnene Verherrlichung der Vorzeit und der Vaterlandsliebe bald zum Lieblingsthema der besten isländischen Dichter geworden und lange Zeit hindurch auch geblieben. Seine Gedichte sind übrigens erst im Jahre 1832 gesammelt im Druck erschienen,[1]) waren also bis dahin — vom *Búnaðarbálkur* abgesehen — fast nur aus Handschriften und daher nicht allgemein bekannt. Aus diesem Grunde haben seine Dichtungen auch erst später die ihnen gebührende Würdigung gefunden. Diese, noch mehr aber seine glühende Vaterlandsliebe, die jugendlich schwunghafte Energie seiner ganzen Wirksamkeit wie nicht minder das tragische Geschick, das derselben ein so frühes Ende bereitete, umgaben ihn in den Augen der Nachwelt mit der Gloriole eines volkstümlichen Helden. *Jónas Hallgrímsson* hat denn auch dem Andenken *Eggerts* in seinem „Lied von der Hulda“ ein poetisches Denkmal gesetzt, das den Isländern die Erinnerung an diesen seltenen Mann noch lange bewahren wird. *Matthías Jochumsson*, ein Dichter unserer Zeit, feierte ihn in einem trefflichen Gedichte (vgl. unten), worin es u. a. heifst:

„Das war Herr Eggert Ólafsson!“
Seufzt Islands Schutzgeist schwer.
„Wahrhaftig, einen gröfsern Mann
Bewein' ich nimmermehr!“ —

---

[1]) *Kvæði Eggerts Ólafssonar, útgefin eptir þeim beztu handritum er feingizt gátu* (Kaupmannahöfu, 1832).

Hier nun einige Proben aus den isländischen „Georgica“:

Das Lied vom Landbau.

Zweiter Gesang, 18.—36. Strophe.

Unschuldige Gedanken lenkten einst
Auf einem Gang ins Freie meine Schritte
Und hatten mich vom Wege abgeführt.
Ich kam in eine Gegend ohne Pfade;
Dort safs, auf Gottes Machtgebot, das Glück
Mich still erwartend in dem grünen Thal.
Was Gott bestimmt hat, das erfüllt sich auch.

Wie ich dann weiter in die Berge komme,
Da öffnet bald die Landschaft sich vor mir.
Ich steige einen steilen Hang hinan
Und sehe nun in einem breiten Kessel
Ein Plätzchen, recht, ein Heim dort aufzuschlagen.
Hier, sagt' ich zu mir selber, müfst' es wohl
Glückbringend sein, sich dauernd anzusiedeln.

Was eine Landschaft bei uns schmücken kann,
War alles hier auf einem Fleck vereint:
Viel bunte Blümelein in jedem Busch
Und Kräuter, die gesunden Duft verbreiten,
Ein fettes Erdreich: Haiden reich an Beeren,
Anhöhen, ebne Flächen, Seen auch,
Und rings herum der Vögel muntres Volk.

Ein jeder Vogel sang nach seinen Noten,
So dafs es eine Lust war zuzuhören.
Zufrieden in unschuld'ger Liebesfreude,
Erfüllt den Tieren alles sich nach Wunsch.
Die Paare, die sich erst zusammenfanden,
Umflatterten ihr Nest, das noch im Bau;
Und keins von ihnen zeigte sich verdrossen,
Obgleich ein jedes seine Arbeit hatte.
Der andern Weibchen safsen schon im Neste,
Indes die Männchen in der Nähe weilten
Und sorglos Nahrung suchten auf der Erde,
Denn andre hielten unterdessen Wacht.

Das eine, das den Duft der Blumen merkt
Und ihre Blüte, pflückt die schönste ab;

Ein andres pickt den Samen aus den Gräsern
Und fliegt mit seiner Beute fröhlich heim;
Ein drittes sammelt Würmer, Falter, Fliegen —
Es hat an solchem Vorrat seine Lust.
Beim Eingang zu dem Neste bleiben sie
Nie ruhig, fliegen oftmals artig auf,
Stets ihre kleinen Melodieen zwitschernd,
Als ob sie zu den andern sagen wollten:
„Seht, alles dies, was ich gesammelt hier,
Will ich jetzt meinem lieben Weibchen geben!“
Es ist darum wahrhaftig eine Lust
Den Tieren zuzuseh'n und zuzuhören.
Waren die Jungen aus dem Ei gekrochen,
So atzte sie die Mutter liebevoll.
Und auch die Väter hatten mitzusorgen
Und mufsten ihren Jungen Nahrung geben,
Die sich den winzig kleinen Schlund erweitern
Und piepend füttern lassen immerfort.
Als nach dem Flaume Federn sie bekamen,
Da lernten sie die Flügel bald gebrauchen,
Erst mit den Alten fliegend, dann allein.
Damit war auch der Eltern Müh' zu Ende,
Und jedes mufst' sich selbst nun weiterhelfen.
Und ebenso ging's mit den andern Tieren;
Sie lebten sorgenlos nach ihrer Lust.
Das Schaf vergnügte sich auf grüner Weide
Und afs sich an dem reichen Grase satt,
Von dessen Säften sich die Milch vermehrte,
Die dann das Lämmlein aus dem Euter sog.
Im Flusse, der nach seiner Mündung eilt,
Sah ich die Fische sich vergnüglich tummeln
Und mit dem Schwanze aus dem Wasser schlagen,
So dafs sich kleine Wirbel bildeten.
Auch sah ich Fische, deren Seiten glänzten,
Als wär' es Silber oder Gold gewesen.
Ich sah sie Wasser nehmen, springen, spielen,
Dann wieder still und regungslos verharren.
In ihrem kühlen Elemente leben
Auch sie zufrieden, und des Winters Frost
Vermag den lieben Tieren nicht zu schaden.

Gar viele andre Dinge sah ich noch,
Die meinen Sinn berückten, Dinge, die ich
In Vers und Wort euch nicht beschreiben kann. —
Die erste Morgenröte strahlte eben
Auf Berge, Wiesen und Gehöfte nieder,
Als ich daran ging, dort mich anzusiedeln;
Und alles, was ich fürder unternahm,
War stets begleitet von dem Segen Gottes.
Nur eines war, das mir schlaflose Nächte
Bereitete, noch eins schien mir zu fehlen.
Die übrigen Geschöpfe hatten alle
Ein Eh'gespons; dasselbe war der Fall
Auch bei den meisten schon erwachs'nen Männern.
Ich war allein noch, und da wünscht ich denn
Auch ein geliebtes Wesen zu besitzen.
Es möge drum mich niemand tadeln, dafs ich
Nur wenig Ruh auf meinem Lager fand;
Es drängte alles mich nach diesem Ziele . . .
Und was ich wünschte, ward mir auch gegeben:
Der Himmel schenkte mir ein braves Weib,
Und jeder Sorge los war nun mein Herz.
Da brach die Sonne völlig erst durchs lichte
Gewölk, und vor mir ausgebreitet lag
Die ganze Welt in ihrer Schönheit. Alles
Befand sich jetzt im Zustand höchster Blüte.
Das Gras selbst auf den feuchten Fluren blinkte,
Behangen mit des Nachttaus Silberperlen;
Es glänzte überall wie von Smaragden.
Und während so der volle Strahlenglanz
Hernieder strömte aus des Himmels Fenstern,
Da schwanden alle Sorgen spurlos hin;
Der Erde Angesicht war neu belebt,
Und Allnatur erschien wie eine Blume,
Die aufgeschossen sich dem Sonnenlicht
Zuwandte, ihr ein Opfer darzubringen
Von Wohlgeruch und honigsüfsem Nafs.
Die Pflanzen paarten sich, erhielten Samen,
Die Tiere gaben sich der Liebe hin,
Die wilden und die scheuen wurden zahmer
— Die alternden hingegen stöhnten mürrisch —

Und junges Leben sprofste bald hervor.
Ich zog daraus für mich den besten Nutzen,
Und auch auf meinem Hof gab's bald mehr Leben.
Nun ist es herrliche Mittsommerszeit,
Und Glück versüfst mein Leben hier als Landmann.
Preis sei dir, Gott, der dieses Glück mir schenkte!
Mög' unser Land desselben Glücks sich freu'n!
Damit schliefs ich für diesmal den Gesang.

Dritter Gesang.

1.—26. Str.

Es ist doch herrlich, wenn man es versteht,
So seine Wirtschaft richtig zu betreiben,
Die Gaben Gottes richtig anzuwenden
Und seine Werke richtig auszunützen —
Dabei ihm selbst den Preis des Dankes bringend;
Sich und den andern Gutes stets zu thun,
In Freude und Zufriedenheit zu leben
Und um den Spott der Welt sich nicht zu kümmern;
Die Pflichten des Berufes zu erfüllen
Und auf dem Pfad der Tugend fortzuschreiten;
Nie falsche Ehre eitel anzustreben
Und nicht vom Lärm und vom Geschwätz der Welt
Sich schrecken oder ängstigen zu lassen;
Wohlthätig gegen Arme stets zu sein
Und Unrecht und Gewalt hintan zu halten,
Indem man selber in der eignen Brust
Den bösen Hang bekämpft und auch verhindert,
Dafs andre Unrecht und Gewalt verüben.
Ja, glücklich der, dem es gegeben ist,
In Frieden und in Ruhe fortzuleben,
Vertrauensvoll und unverzagt, beschirmt
Von der Barmherzigkeit des Herrn, umgeben
Von Engelsscharen, die vor Unglück schützen,
Gesichert vor dem Angriff böser Geister
Und endlich von der Hoffnung auch erfüllt,
Bei Gott die ew'ge Seligkeit zu finden. —
Ein solches Glück kann nicht verborgen bleiben,
Ich habe selbst davon mich überzeugt;
Allein am besten sieht und kennt doch der es,

Dem selber es beschieden ist; darum
Will mehr ich nun berichten, wie mein Leben
Als Landmann sorgenlos bisher verlief.
  Ich fand die Hoffnung, diesen Kern des Lebens,
Vom Himmel uns gesandt. Von ihr erfüllt,
Hat auch der Dürftige die Mittel, die
Hinreichen zur Begründung eines Haushalts.
Der ein' und andre Glücksfall brachte mir
Vorteile ein, bis dafs genug ich hatte.
  Bei welcher Arbeit immer ich auch war,
Mein Geist vergnügte sich daran; auch wählte,
Die Zeit zu kürzen, oft er einen andern,
Ihm lieben Stoff, darüber nachzudenken;
Allein er durfte niemals sündhaft sein,
Damit er meinem Glück nicht schaden konnte.
Ich wählt' zum Gegenstande der Betrachtung
Am liebsten mir die Ordnung der Natur,
Wie sie im grofsen und im kleinen herrscht
Und meinen Sinnen sich bemerkbar machte.
Ich fand darin, dafs alles doch und jedes
Nur Gottes Macht und Weisheit offenbart.
  Dann sah ich auch bei jeder Arbeit mir
Die Dinge gern von allen Seiten an
Und suchte etwas Neues dran zu finden,
Das aufser dem, was mir bekannt schon war,
Noch Schaden oder Nutzen bringen konnte —
Mit Vorsicht nur des Landes Bräuchen trauend;
Und schien mir etwas der Verbess'rung fähig,
Liefs ich's sogleich versuchen, teilte es
Auch dem Gesinde und den Nachbarn mit,
Damit auch ihnen es zum Nutzen werde,
Zur Freude des nachkommenden Geschlechts,
Und dafs im Land das Neue sich verbreite.
  Ich hol' verschied'ne Dinge aus der Erde,
Die mir nutzdienlich scheinen, und bisweilen
Wälz' ausgesuchte Steine ich herbei,
Um eine Mauer aufzuführen oder
Sonst etwas nützliches damit zu bau'n.
  Nach Gold und Silber, Schmuck und Edelsteinen
Hab' niemals ein Verlangen ich getragen.

Mög' immerhin der Grofsmogul sich eines
Halbpfünd'gen Riesendiamanten freu'n;
Die Fürsten mögen selbst die Felsen spalten,
Um in dem Erdreich dort nach Gold zu graben:
Ich bin zufrieden ohne Reichtum auch,
Wenn ich mein täglich Brot mir nur verdiene.

— — — — — — —

— — — — — — — — — — — —

Ich baue nicht für mich allein nur, sondern
Für meine Kinder auch und Kindeskinder,
Für alle Mitbewohner des Bezirks.
Mein Werk soll auch nach meinem Tod noch währen;
Es wirken stets Beispiele dieser Art
Aufmunternd für das kommende Geschlecht.
Zaunwälle, Brücken bau ich, rode Steige
Den Nächstumwohnenden zu Nutz und Vorteil.
Bin ich ermüdet von der schweren Arbeit,
Steif und von Schweifs durchnäfst, dann ruh' ich aus
Und finde Trost zugleich in dem Gedanken,
Dafs nützliches ich schuf. Mag da auch immer
Ein wenig feucht und steif mein Rücken sein:
Die Nacht und Ruhe des gesunden Schlafs,
Sie werden bald den Schweifs des Tages trocknen.

Bin ich, notwend'ges einzuschaffen, fort
Auf Reisen, in entfernten Bergeswüsten,
Geht all mein Sehnen — o, ihr wifst, wohin...
Wie gut doch ist es wieder heimzukommen!
Mein Herz ist nur ein Halbteil und ich freu' mich,
Mit ihr, dem andern Teil, vereint zu sein.
Ich weifs, sie ist desselben Sinns wie ich;
Sowie ich sie verlasse, fehl' ich ihr;
Obgleich die Arbeit ihr viel Freude macht,
Vermifst sie alles doch, vermifst sie mich.
„Kommt er nicht bald zum Tún[1]) hereingesprengt?
Ich träumte schon von ihm!“ fragt sie sich selbst.
Schon von der Höh' aus seh' ich Zaun und Wiese;
Ein solcher Anblick macht das Herz mir warm

---

[1]) *Tún* = Heimfeld, das gedüngte, für den Grasanbau bestimmte Stück Land, welches den Bauernhof umgiebt und in der Regel eingezäunt ist.

Ich messe jedes Wegstück mit dem Masse
Von einer Spanne nur; ich lass mein Pferd
Hinfliegen im Galopp, und immer scheint mir's
Ein weites Stück noch bis zum Hof zu sein.
Doch zeig' die Ungeduld ich nicht vor andern.
  Mein gutes Weibchen späht schon immer aus,
Und wie sie mich erblicket, lässt sie leicht
Das Tuch hingleiten über ihren Mund,
Und eilt, noch während ich zu Pferde sitze,
Auf mich zu, legt den weissen Arm gar zärtlich
Mir um den Hals und giebt sich ungescheut
Der Freude unsres Wiedersehens hin.
  Sie küsst mich ab und streichelt mich und sagt:
„Grüss Gott, mein lieber Mann! hab' ich dich wieder?
Wie lange, lange, warst du von mir fort!“
Auch das Gesinde freut sich und die Kinder,
Es will der Jubel schier kein Ende nehmen.
  Dann trete in das Haus ich ein und fühle
Mich wieder frisch und stark. Lieb Weibchen selber
Zieht schleunig mir die nassen Kleider aus;
Bald flackert auch ein lustig Feuer auf,
Um mir die kalten Glieder zu erwärmen
Und einen leckern Imbiss zu bereiten.
Es wird das allerbeste aufgetischt,
Was in der Speisekammer nur sich fand.
Sie schmeichelt mir mit manchem Kosewort,
Als wären wir ein neuvermähltes Paar;
Jetzt bittet sie, dass ich doch mehr noch esse,
Dann klagt sie, dass die Speise mir nicht munde,
Und endlich drängt sie: „Schau, du bist so müd;
Es ist nun Zeit, dass du zur Ruhe gehst!“
Sie macht aufs Beste mir das Bett zurecht,
Damit bequem wir beide schlafen können.
Schon neigt ja auch der Tag dem Ende zu.
Da ich recht müde bin, so schlafe ich
In meines Weibes Armen, bis das Frühlicht
Sich in dem ganzen Hause schon verbreitet.
  Erscheint das Morgenrot, dann wach' ich auf
Frisch und mit neuen Kräften, um mich ganz
Der Sorge für die Wirtschaft hinzugeben.

So, denk' ich, schlaf' ich süfser auf dem Fries,
Als manch ein König wohl auf Seide schlief,
Dem schwere Sorgen das Gemüt bedrückten.
Wie herrlich ist es nicht, so heim zu kommen!
Wer drum ein gleiches thun will, merk' es sich!
Auch so als Eh'mann auf dem Land zu leben —
Es ist ein Glück, wie du kein zweites findest.
Beneidenswerter Mann mit solchem Heim,
Der auch ein solches Weib gefunden hat!

Jón Þorláksson — Sigurður Pjetursson — Benedikt Gröndal.

Die gewaltige geistige Bewegung, welche durch die englisch-französischen Aufklärungs- und Umsturz-Ideen in den civilisierten Ländern Europas im achtzehnten Jahrhundert hervorgerufen wurde, ist auch an Island nicht spurlos vorüber gegangen. Während sie aber auf dem Kontinent zur gigantischen Sturmflut anschwoll, die den Umsturz eines grofsen Staatswesens zur Folge hatte und die Welt mit Schrecken erfüllte, kam sie nach der fernen Insel als frische Brise mit freundlichem Wellenschlage, die dem Lande neue Lebenskeime zuführte und einen entschiedenen Umschwung zum Besseren bewirkte. Dieses Bessere bestand zunächst darin, dafs die führenden Geister des Landes als Anhänger der Nützlichkeitstheorie sich die Aufklärung des Volkes d. h. die Unterweisung desselben in nützlichen Dingen und die allgemeine Hebung seines Bildungsgrades auf das eifrigste angelegen sein liefsen.

Aber auch die Dichtkunst wurde von der fremden Geistesströmung günstig beeinflufst, indem sie neue, aus dieser hervorgegangene oder mit ihr in Zusammenhang stehende Vorbilder erhielt. Die Isländer schwärmten ja damals überhaupt für alles Fremde. Dieses aber war — wie wir gesehen haben — zunächst das Dänische, und wie die ganze hier in Rede stehende geistige Bewegung von Dänemark aus sich nach Island verpflanzte, so waren es auch die dort beliebtesten oder angesehensten fremden und einheimischen Dichtungen, welche von den Isländern nachgeahmt oder in ihre Sprache übersetzt wurden. Werfen wir darum einen kurzen Blick auf die damaligen litterarischen Zustände Dänemarks sowie auch des mit demselben staatlich verbundenen Bruderlandes Norwegen, das ja in der Dichtkunst oft den Ton angab.

Den Ursprung und die Wege der Einwanderung jener fremden Muster nach Dänemark-Norwegen zu verfolgen, liegt unserer Aufgabe zu fern; wir müssen uns damit begnügen, sie ins Auge zu fassen, wie wir sie im „Zwillingsreiche" und zwar von der Mitte des Jahrhunderts an bereits vorfinden oder erscheinen sehen. Wir wollen unseren Blick zuerst auf Dänemark allein richten, dessen Hauptstadt damals auch das litterarische Centrum für Norwegen bildete. Dieses Land stand schon seit länger als einem Jahrhundert unter der Oberherrschaft des Deutschtums. Nachdem die deutsche

Sprache bereits seit der Reformation in Dänemark heimisch geworden war, hatte König Friedrich III. sie als Hofsprache eingeführt. Unter seinem Nachfolger, Christian V., kam ein zahlreicher deutscher Hofadel auf, der den Gebrauch der deutschen Sprache statt der dänischen auf weitere Kreise übertrug. Friedrich V. berief über Bernstorfs Veranlassung Klopstock nach Dänemark (1751), durch den der Einfluſs des Deutschtums noch mehr erweitert wurde. Ihren Höhepunkt erreichte die deutsche Herrschaft unter Christian VII. oder vielmehr Struensee, dem Verächter alles Dänischen.

Hatte sich die Vorliebe für das Deutsche bisher vornehmlich im sozialen Leben gezeigt, so wurde sie seit Klopstocks Auftreten in Dänemark nun auch auf die Dichtkunst übertragen. Zunächst galt der Sänger des „Messias“ selbst den meisten dänischen Dichtern als hehres nachzuahmendes Vorbild. Selbst Johannes Ewald († 1781), der beste dänische Lyriker des Jahrhunderts, stolzierte auf dem zur Mode gewordenen Kothurn des Klopstockschen Odenstils einher. Doch hatte auch Gottsched seine Anhänger in Dänemark. Unter diesen war der Geschmack hauptsächlich zwischen Rabeners „Satiren“ und Gellerts auch auſserhalb dieses Kreises rasch beliebt gewordenen „Fabeln und Erzählungen“ geteilt. Die Verehrung Klopstocks wurde nach einiger Zeit bei dem deutsch gebildeten Teile der Gesellschaft von der Begeisterung für Schiller abgelöst, die jedoch vom groſsen dänischen Publikum in der Folge nicht geteilt wurde. Von den übrigen deutschen Klassikern gewannen im achtzehnten Jahrhundert nur noch Wieland (z. B. auf Baggesen) und Lessing (auf die dänischen Kritiker) einigen Einfluſs, während für Herder und Goethe das richtige Verständnis erst im nächsten Jahrhundert kam. Doch haben „Werthers Leiden“ (1774) in Dänemark kaum weniger Sensation hervorgerufen als in Deutschland selbst.

Die Norweger hatten sich — bis auf wenige Ausnahmen — mit dem Deutschtum in Dänemark nie recht befreunden können; sie fühlten sich mehr von England angezogen. Es machte sich denn auch immer eine eigentümliche norwegische Geistesrichtung im Gegensatze zur dänischen geltend. Diese Richtung kam auch bei den norwegischen Dichtern zum Vorschein. Schon Holberg (1684—1754) suchte seine Vorbilder lieber in der englischen und französischen Litteratur als in der dänischen. Durch den Norweger Chr. B. Tullin (1728—65), der sich an den damaligen englischen Mustern, insbesondere an Pope, Thomson und Young, gebildet hatte, wurde nun auch die bis dahin in Dänemark so gut wie unbekannte englische Poesie in entschiedenster Weise den deutschen Vorbildern gegenüber zur Geltung gebracht. Das Besondere dieser Poesie war die Naturschilderung, die dichterische Verkündigung des Naturevangeliums, welches die englischen „Freidenker“ in philosophischen und religiösen Schriften predigten, und eine ebenso korrekte wie elegante Form. Tullin führte diese englische Richtung in der Poesie zuerst durch sein Hochzeitsgedicht „Der sechste Mai" (1758) ein, das in seinem Inhalt und in seiner Form durchaus englisches Gepräge trug. Diese an sich wenig bedeutende Gelegenheitsdichtung erweckte in Dänemark-Norwegen, insbesondere aber in Kopenhagen, eine wahre Begeisterung, die selbst von den Bewunderern Klopstocks geteilt wurde. Ja, sogar in Deutschland, wo das Gedicht alsbald durch Cramers (unvollständige) Übersetzung bekannt geworden war, fand dasselbe solchen Beifall, dafs auch der sonst so strenge Lessing ihm seine Bewunderung zollte.[1]) Auf den „Maitag" folgten dann die preisgekrönten Dichtungen „Über den Ursprung und die Wirkungen der Seefahrt" und „Über die Vorzüglichkeit der Schöpfung mit Rücksicht auf die Ordnung und den Zusammenhang der geschaffenen Dinge", worin der englische Einflufs noch deutlicher zu Tage trat. In dem letzteren Gedichte namentlich sind Youngs „Nachtgedanken" mit ihrer Verstandesreligiösität als Vorbild für dasselbe unverkennbar. Durch Tullins Dichtungen wurde dann auch bei den Dänen der Geschmack für seine englischen Muster wie für die englische Litteratur überhaupt in solchem Grade erweckt, dafs die Übersetzer, welche früher fast ausschliefslich deutsche — und einige französische — Werke übersetzten, nun auch die englischen Dichter dem Publikum zugänglich machten. So veröffentlichte Hans Schiermann eine Übersetzung von Popes „Essay on criticism", Kr. K. Lous eine solche von „Essay on man" und mehreren moralischen Briefen desselben Verfassers, sowie Stücke von Milton, Schönheider eine Übersetzung von „Paradise lost" dieses letzteren Dichters. Auch mit einer prosaischen Übersetzung von Youngs „Night Thoughts" wurde begonnen u. s. w.[2])

Neben und mit dem deutschen Einflusse lief seit Ludwigs XIV. Zeit eine leichte, auch von den Norwegern begünstigte französische Strömung einher, die sich von der Mitte des Jahrhunderts ab besonders auf dem Gebiete der dramatischen Litteratur wahrnehmbar machte. Die dänische Bühne stand von da an vollständig unter der Herrschaft der bereits tendenziös gewordenen und im Verfalle begriffenen französischen Tragödie, die dem Publikum teils in — wenig gelungenen — Übersetzungen, teils in sklavischen Nachahmungen französischer Stücke mit ihrer mifsverstandenen Anwendung der aristotelischen Einheiten der Zeit, des Ortes und der Handlung, ihren meist antiken Stoffen und

---

[1]) Vgl. G. E. Lessings sämtliche Schriften. Herausgegeben von Karl Lachmann (Leipzig, 1854). VI. Bd. S. 121. — [2]) Vgl. über Tullin und die litterarischen Zustände in Dänemark-Norwegen insbesondere H. Jægers Literaturhistoriske Pennetegninger (København, 1878), S. 1—136; dann auch L. Dietrichson, Omrids af den norske Poesis Historie. Literaturhistoriske Forelæsninger I. (København, 1866), S. 144 ff.; P. Hansen, Illustreret dansk Litteraturhistorie, II. Bd. (København), 1886, S. 143 ff.

monotonen Alexandrinern, vorgeführt wurden. Daneben ergötzte man sich auch mit Vorliebe an den französischen Singspielen, den sogenannten „Comédies melées d'ariettes" und an den italienischen Opern.

Die Nachahmer der französischen dramatischen Litteratur ernsten und leichten Genres waren fast ausschliesslich Norweger. Aber ein Norweger war es auch, Johann Hermann Wessel (1742 bis 1785), ein Grofsneffe des berühmten Seehelden Tordenskjold, der gegen die Unnatur in der französischen dramatischen Poesie (und in der italienischen Oper) einen zunächst allerdings nur moralisch vernichtenden Streich führte und sie für immer lächerlich machte. Den Anreiz zu dieser verdienstvollen litterarischen That gab dem Dichter die Tragödie „Zarine" seines Landsmannes J. N. Brun, die nach allen Regeln des französischen Dramas geschrieben war. Wessel parodierte in seinem komischen Trauerspiele „Liebe ohne Strümpfe" dieses Stück und damit die ganze Gattung in so überaus gelungener Weise, dafs er dadurch nicht wenig zur Gesundung des dichterischen Geschmackes bei seinen Landsleuten sowohl wie bei den Dänen beitrug und sich einen unsterblichen Namen erworben hat.

Endlich ist auch noch des Einflusses zu gedenken, den die „Aufklärungs"-Ideen schon vor der Mitte des Jahrhunderts, ganz besonders jedoch seit Struensees kräftiger Propaganda für diese freisinnigen Anschauungen, wie im ganzen Geistesleben so auch in der Dichtkunst ausübten, und der sich zunächst in der Vorliebe für reflektierende Poesie, für das Lehrgedicht, die Nützlichkeitsdichtung, äufserte.

Von all diesen ausländischen Geistesströmungen blieben natürlich auch die in Kopenhagen studierenden Isländer nicht unberührt; viele von ihnen beteiligten sich auch selbst an dem litterarischen Leben der Hauptstadt, und diese waren dann zumeist eifrige Parteigänger ihrer alten Stammesbrüder, der Norweger.[1]) In die Heimat zurückgekehrt, wirkten sie dann in derselben Richtung weiter und machten dadurch auch ihre Landsleute mit den neuen Geistesströmungen bekannt. Die Einwirkung der fremden litterarischen Vorbilder führte jedoch auf Island nicht zur sklavischen Nachahmung derselben, sondern zu Übersetzungen oder vielmehr kongenialen Nachdichtungen einzelner gefeierter Werke im nationalen Sprachgeiste und zumeist auch in den alten poetischen Formen, wodurch in Wirklichkeit die eigene Poesie der Isländer um klassische Muster bereichert wurde. Die fremden Dichtungs-Stoffe und -Gattungen wirkten dabei immerhin auch anregend und befruchtend auf die heimische Produktion, sie beförderten den Aufschwung des isländischen Dichtergeistes aus den dumpfen Niederungen reiz- und geistloser Reimereien, aber nicht

[1]) Vgl. *Ný félagsrit.* VII. Jahrg. S. 189.

zum Fluge nach fremden Landen, sondern nach den blauen, lichtvollen Höhen der eigenen Heimat. Keineswegs kann noch von einer völligen Verschmelzung des dichterischen Volksgeistes mit den importierten Elementen unter Einbuſse an seinem eigenen Wesen gesprochen werden.

Es ist darum nicht leicht, die Einwirkungen der ausländischen Litteraturen auf die isländische Dichtung in allen Fällen genau zu konstatieren. Auch sind ja die fremden Dichtungen nur wenigen, zumeist nur den gelehrten Isländern zugänglich gewesen. Von deutschen Dichtern waren Hagedorn, Uz, v. Cronegk, Gellert, Klopstock, von den englischen Milton, Addison, Pope und Thomson teilweise von einzelnen Isländern gekannt. Am beliebtesten waren verhältnismäſsig Pope und dann Gellert, von dem nicht nur *Jón Þorláksson* eine Anzahl Gedichte (vgl. unten), sondern auch *Þorvaldur Böðvarsson* den „Christ“[1]) u. a. übersetzte. Mit dem Wesen der englischen Naturpoesie wurden die Isländer auſserdem durch Übersetzungen einzelner Dichtungen des Norwegers Tullin bekannt gemacht. Für sie muſs auch die dänisch-norwegische Dichtung, insoweit dieselbe damals wirklich originale Schöpfungen hervorbrachte, als weiteres fremdes Element angesehen werden, und einige zu ihrer Zeit besonders berühmte oder beliebte Repräsentanten derselben wie Tullin, Wessel (und zwar zunächst als Dichter meist trefflich gelungener gereimter Erzählungen), Ewald, Baggesen, aber auch Th. Thaarup, namentlich bekannt als Verfasser dramatischer Idyllen mit anmutigen, stimmungsvollen Gesängen, welch letztere sich der weitesten Verbreitung erfreuten; Frankenau, Arzt und Lyriker, wegen seiner formreinen, gefühlvollen Verse ein Lieblingsdichter seiner Zeit, dessen Gesellschafts-, besonders Trinklieder, wie: „Punktuli, Punktuli, lustig mein Freund!“ oder das noch beliebtere „Freu dich des Lebens“ u. a. allgemein gesungen wurden; V. Chr. Hjort, Pastor, später Bischof, Verfasser geistlicher und anderer mehr gutgemeinter als poetischer Lieder, u. a. fanden auf Island Schätzer und Übersetzer. Ferner hat der fremde Geist der „Aufklärung“ auch im allgemeinen seine Spuren in der isländischen Dichtung abgesetzt, indem er, wie schon erwähnt, das Lehrgedicht in Schwang brachte und die Poesie nicht minder wie die übrige geistige Produktion dem streng verstandesmäſsigen Nützlichkeitsprinzipe unterwarf.

Wir haben gesehen, daſs bereits *Eggert Olafsson* die Dichtungen der englischen Naturalisten, Tullins u. a. gekannt hat und von denselben nicht unbeeinfluſst geblieben ist. Die direkte Vermittelung hervorragender fremder Muster durch Übersetzungen und Nachdichtungen geschah jedoch zuerst durch die auch als selbständige Originaldichter mehr oder weniger bedeutenden Poeten

---

[1]) *Útleggingar Tilraun a Gellerts Qvædi, er kallast Sá Kristni, ásamt Viðbætir eptir sama, gjörd af Þorvaldi Bödvarssyni. Leirárgördum vid Leirá,* 1800.

Jón Þorláksson, Sigurður Pjetursson und *Benedikt Gröndal* den Älteren.

Durch den Umfang seiner dichterischen Übersetzungsarbeit bei ungewöhnlich glänzenden Leistungen wie durch starkes eigenes Talent imponiert von den drei genannten Poeten am meisten **Jón Þorláksson.** Er ist geboren am 13. Dezember 1744 als Sohn des damaligen Pfarrers *Þorlákur Guðmundarson* zu *Selárdalur* in den *Arnarfjarðardalir,* besuchte von 1760—1763 die Lateinschule zu *Skálholt* und erhielt 1768 die Pfarre *Saurbær* in der *Dala sýsla.* Wegen unmoralischen Lebenswandels verlor er jedoch nach zwei Jahren dieses Amt und die geistliche Würde. Den Winter 1771—1772 verbrachte er als Schreiber bei dem Landesphysikus *Bjarni Pálsson,* worauf ihm doch wieder eine Pfarre verliehen wurde. Allein aus ganz dem gleichen Grunde wie früher wurde er kurze Zeit darauf abermals seines geistlichen Amtes entsetzt. Er fand dann Beschäftigung als Korrektor an der 1773 durch *Olafur Olafsson* (*Olavius*) zu *Hrappsey* errichteten Druckerei und verheiratete sich, obgleich er kaum für sich selbst zu leben hatte. Im Jahre 1786 wurde er endlich wieder rehabilitiert und ein Jahr später erhielt er die kleine Pfarre *Bægisá* in der *Eyjafjarðar sýsla,* wo er in den bescheidensten Verhältnissen — er bezog z. B. noch als fünfundsiebzigjähriger Greis aufser dem Ertrag des zur Pfarre gehörigen Grundstückes blofs ein jährliches Einkommen von 30 Thalern — bis zu seinem Tode lebte. Er starb am 21. Oktober 1819, nachdem er kurz vorher noch die Freude erlebt hatte, seinen Ruhm in einer auf Island bis dahin unerhörten Weise, nämlich durch ein ihm vom König bewilligtes Dichtergehalt und ein Ehrengeschenk von seiten einer englischen Gesellschaft auch aufserhalb Islands anerkannt zu sehen. Er selbst hat seine Heimatsinsel nie verlassen.[1])

Jóns poetische Begabung offenbarte sich bereits in seiner Jugend, wie ein noch erhaltenes kurzes Spottgedicht zeigt, das er im Alter von zwölf Jahren als Pferdejunge am Alþingi auf einen als Vielesser, Sauf- und Raufbold berüchtigten Menschen dichtete; sie erwies sich auch bald als ebenso eigenartig wie produktiv. *Jón* verfafste eine Unzahl Gedichte profanen und geistlichen Inhalts, darunter besonders viele Leichenpoeme, sog. „lose Strophen“ und Spottverse. Nicht alles, was er gedichtet hat, ist von gleicher Güte; nirgends aber verleugnet seine Muse ihre isländische Herkunft. Es ist geradezu merkwürdig, wie wenig der Übersetzer so vieler fremder Dichtungen sich von diesen beeinflussen liefs,[2]) und wie er in seinen eigenen Schöpfungen der echte unverfälschte Isländer blieb, der er mit Leib und Seele war.

---

[1]) Vgl. die Biographie des Dichters von *Jón Sigurðsson* im II. Bande der *Íslenzk Ljóðabók Jóns Þorlákssonar.* — [2]) Dies wird auch von *Jón Sigurðsson* ausdrücklich betont a. a. O., II. Band, S. XXXIX.

Am meisten hat er sich die alte heimische Dichtung zum Vorbilde genommen, wohl *Eggert Olafssons* Beispiele folgend. Seine Gedichte sind launig und witzig, leicht und treffend im Ausdruck und korrekt in der Sprache. Einen charakteristischen Grundzug des Dichters bildet dabei eine gewisse gesunde Derbheit in der Denkungsweise und Sprache, wie sie eben dem Mann aus dem Volke eigen ist. *Jón* erwarb sich deshalb bei seinen Landsleuten eine grofse Popularität und wurde mit Recht als „Volksdichter" gefeiert.

Für die Gegenwart besitzen *Jón Þorlákssons* Gedichte natürlich nicht mehr denselben Reiz und dasselbe Interesse wie für die Zeit, in der sie entstanden sind. Dennoch wollen wir einige kurze Proben unseren Lesern nicht vorenthalten. Es sind dies Verse, die der Poet auf sich selbst und die widrigen Schicksale, von denen er sein ganzes Leben hindurch verfolgt war, dichtete. So klagt er („*Íslenzk Ljóðabók*", II. Bd. S. 517):

Nicht geboren zur Erdenpein
Oder gestorben würde ich sein,
Wäre mir selber gegeben
Schlofs und Schlüssel zum Leben.

Am meisten bedrückte ihn seine Armut; doch hat er sich gegen sein Lebensende hin in stiller Resignation mit dieser seiner treuen Gefährtin befreundet, wie die folgenden Verse zeigen („*Ljóðabók*", II. Bd. S. 523):

Die Armut ist meine Begleiterin,
Seit ich zur Erde geboren bin.
Wir sind so beisammen als treues Paar
Gar bald nun schon das siebzigste Jahr.
Ob je wir uns trennen werden im Leben,
Weifs Er nur, der uns zusammen gegeben. —

Er sah nur selten Fleisch in seinem Topfe, so sehr ihn auch darnach gelüstete. Darüber scherzt er in wenig geistlicher Weise und — unverbesserlich, wie er in dieser Hinsicht war — auf seine andere Fleischeslust anspielend, die doch eben seine Armut zumeist verschuldet hatte („*Ljóðabók*," II. Bd., S. 521—522):

Mir stand nach einem Bissen Fleisch,
Weifs Gott, allzeit mein Sinn;
Im Fleische ja bin ich gezeugt,
Aus Fleisch ich selber bin.

Doch wenn ich sterbe, fällt das Fleisch
Mir wieder vom Gebein;
Und wenn ich aufersteh', wird auch
Kein Fleisch zu haben sein.

Hebt einen warmen Schenkel mir
Drum auf bis zu der Zeit;
Dann wird gewifs mir, glaubt es nur,
Zu teil die Seligkeit.

Jón schrieb sich selbst die folgende, in ihrer Einfachheit recht ergreifende

Grabschrift.

(Isl. Ljóðabók, II. Bd., S. 586—587.)

In diesem Grabe ruht
Der Spielball des Geschicks;
Doch war mehr schlimm als gut
Die Laune ihm des Glücks.
Die Ruh', die er gewollt,
Ihm nie beschieden ward,
Und Ruh' er finden sollt'
Allein auf diese Art.

Es ist Jón Þorláksson,
Der dieses Grab bewohnt,
Und hofft des Lebens Frohn
Im Jenseits bald belohnt
Bedenke, Mensch, du bist,
Was er hier einstens war;
Du wirst, was er jetzt ist;
Dies scheinet dir wohl klar.

Ein andres Leben bricht
Für ihn nun wieder an:
Darum auch richte nicht,
Was er bisher gethan.
Preis' nicht, was ist, zu sehr,
Wart' ab, was kommen wird;
Du weifst nicht mehr als er,
Was das Geschick erkürt.

Jón Þorlákssons Gedichte wurden nebst seinen kürzeren Übersetzungen auf Kosten eines munifizenten landsmännischen Litteraturfreundes, *Þorsteinn Jónssons*, durch keinen geringeren als *Jón Sigurðsson* 1842—1843 zu Kopenhagen herausgegeben.[1])

Von gröfserer Bedeutung jedoch als die Originalgedichte waren für die isländische Litteratur einige poetische Übersetzungen *Jón Þorlákssons*. Der Dichter versuchte seine Kunst, wie es scheint, über Anregung des bekannten *Ólafur Ólafsson* (Olavius), zuerst an dem norwegischen Poeten Tullin, dessen Ruhm auch nach Island gedrungen war. Er übersetzte u. a. den berühmten „Sechsten Mai" und gab dieses Gedicht nebst einigen anderen kleineren Poesien aus dem Dänischen, mit einem Vorwort *Ólafurs* versehen, 1774 zu *Hrappsey* heraus.[2]) Obgleich die Sprache dieser Übersetzungen noch mancherlei Mängel aufwies, waren sie doch viel besser als das meiste, was damals auf Island gedruckt wurde, und fanden denn auch einen solchen Anklang beim Volke, dafs schon nach vier Jahren eine neue u. a. durch Tullins „Seefahrt" sowie einige eigene und fremde isländische Gedichte vermehrte Auflage erscheinen konnte.[3]) 1789 begann *Jón* mit der Übertragung von Popes „Versuch über den Menschen" (nach der dänischen Übersetzung von L. K. Lous, Sorö, 1750), die er 1796 vollendete und 1798 herausgab.[4])

Inzwischen hatte er von seinem Gönner *Halldór Hjálmarsson* Schönheiders dänische Übersetzung von Miltons „Verlorenem Paradies" erhalten und für dieses Epos sich in dem Mafse begeistert, dafs er daran ging, dasselbe auch seinen Landsleuten zu vermitteln. Die ungenügende, dänische Übersetzung vertauschte er bald mit der besseren deutschen von Zachariä;[5]) das englische Original hingegen hat er nicht benützt und auch nicht benützen wollen, da er des Englischen zu wenig mächtig war. Im Jahre 1805 hatte er auch diese Arbeit beendigt und damit ein Werk geschaffen, das grofse Bewunderung erregte und auch verdiente. Schon die Wahl der Versart — *Jón* entschied sich für das alte eddische *Fornyrðislag* — war sehr glücklich. Der Übersetzer erweist sich aber auch in der ganzen Behandlung der Dichtung als ein dem englischen Poeten kongenialer Geist. Selbst ein so

---

[1]) *Íslenzk Ljóðabók Jóns Þorlákssonar prests að Bægisá, prentað á kostnað Þorsteins studenls Jónssonar.* (Kaupmannahöfn, 1842—1843). 2 Bände. — [2]) *Nogle af C. B. Tullins Vers, tilligemed et Anhang af andre Materier. Oversatte på Islandsk ved J. Th. — Nockur þess alþeckta danska skálds C. B. Tullins kvæde, etc. Hrappsöe*, 1774. — [3]) *Nockur Lioodmæle, sem þad Heidurlega og Velgáfada Skáld Jón Þorláksson kveded hefur og nú i eitt eru samannteken til Brúkunar og Fródleiks, þeim slíkt gyrnast ... Hrappsey*, 1783 — [4]) *Tilraun ad snúa á Islendsku Pópes Tilraun um Manninn eptir danskri útleggingu. Af Jóni Þorlákssyni .. Leirárgördum vid Leirá*, 1798. — [5]) Das Verlohrne Paradies; aus dem Englischen Johann Miltons in reimfreye Verse .. von Friedrich Wilhelm Zachariä. Altona, 1760—1763. 2 Teile in Quart. Diese Übersetzung ist in Hexametern abgefafst.

strenger und fachkundiger Kritiker wie der grofse dänische Sprachforscher Rask äufserte sich dahin,[1]) dafs die Arbeit, als Kunstwerk an und für sich, im ganzen vortrefflich sei, da der Dichter die reichste und herrlichste Sprache, welche Europa aufweisen könne, vollkommen in seiner Gewalt gehabt, und mit echtem Dichtergeist wenigstens die Hauptidee bei Milton aufgefafst und sie mit ausgezeichneter Klarheit und Kraft wiedergegeben habe. Der Engländer Rev. Ebenezer Henderson aber, ein hochgebildeter und auch mit dem Isländischen vertrauter Mann, der den Dichter gelegentlich einer Bereisung Islands in Angelegenheit der englischen Bibelgesellschaft im Jahre 1814 besucht hatte, schrieb über das Gedicht: „Es ist nicht blofs allen anderen Übersetzungen Miltons überlegen, sondern es wetteifert auch mit dem Original, und an manchen Stellen, wo die Phraseologie der Edda eingeführt ist, scheint es dasselbe sogar zu übertreffen. Nicht damit zufrieden, den allgemeinen Charakter des Gedichtes ausgedrückt zu haben, eine Eigenschaft, welche von jedem Übersetzer gefordert wird, hat *Þorláksson* die besonderen darin vorkommenden Wendungen und die feineren Nuancierungen sorgfältig nachgeahmt; und obgleich es ihm bei gewissen Gelegenheiten unmöglich gewesen ist, die besondere Wirkung gewisser Töne hervorzubringen, so wird doch dieser Mangel mehr als ersetzt durch die grofse Menge glücklicher Kombinationen, wo im Originale keine vorkommen;" u. s. w.[2]) Jedenfalls ist der Sprachton der Übersetzung im ganzen und allgemeinen so glänzend, dafs dieselbe wie eine Originaldichtung zu lesen ist und bisher unübertroffen blieb. Zu Lebzeiten des Dichters erschienen nur die drei ersten Gesänge des isländischen Milton im Druck und zwar in den Schriften des „*Lærdómslistafjelag*". Die ganze Dichtung wurde erst 1828, wie es heifst auf Kosten zweier Engländer, zu Kopenhagen herausgegeben.[3])

Aufser Miltons „Verlorenem Paradies" und Popes „Versuch über den Menschen" übersetzte *Jón Þorláksson* zu jener Zeit noch eine Anzahl dänischer Gedichte (von Baggesen, Wessel, Thaarup, C. A. Lund, B. W. Luxdorph, M. H. Bornemann, Zetlitz, Frankenau, J. Rein u. a.) sowie auch deutsche, darunter ca. zwanzig von Gellert, für den er eine besondere Vorliebe gehegt zu haben scheint, dann einzelne von Hagedorn und Bürgers „Lenardo und Blandine" (letzteres Gedicht übrigens nach der dänischen Übersetzung Baggesens in dessen „Ungdomsarbejder"). Hierbei ist der Um-

---

[1]) In seinem Literaturblad, Jahrg. 1829, Nr. 20 und 21 (nach Mohnikes Angabe in: Die Verslehre der Isländer von E. Chr. Rask, verdeutscht von G. Chr. Fr. Mohnike, Berlin 1830). — [2]) S. Ebenezer Hendersons Island. Oder: Tagebuch seines Aufenthaltes daselbst in den Jahren 1814 und 1815. Aus dem Englischen übersetzt von C. F. Franceson. 1. Teil (Berlin 1820), S. 146. — [3]) *Ens enska skálds, J. Miltons, Paradísar missir. A Islenzku snúinn af þjóðskáldi Islendinga, Jóni Þorlákssyni.* Kaupmannahöfn, 1828).

stand bemerkenswert, dafs die Übersetzungen aus dem Deutschen viel gelungener erscheinen als die aus dem Dänischen.[1])

Der Dichter war sich dieses Vorzuges wohl selbst bewufst und gewann dadurch wie aus seiner bereits erworbenen Sicherheit in der Beherrschung der epischen Form den Mut, auch Klopstocks „Messias“ ins Isländische zu übertragen. Mit einer für sein Alter bewunderungswürdigen Energie schritt er an dies Riesenwerk, und im Jahre 1814 hatte er bereits vierzehn Gesänge des umfangreichen Epos übersetzt und den fünfzehnten begonnen. Henderson berichtet über die geistige Verfassung und die Besorgnisse des Dichters in Bezug auf diese Arbeit: „Er gestand indessen die Unmöglichkeit, in der er sich befunden, die kühnen und gewagten Flüge dieses Dichters ebenso glücklich zu erreichen, wie er sich einst mit Milton emporgeschwungen hatte, da er jetzt ein Alter von mehr als siebzig Jahren erreicht habe. In Anspielung auf dieses Stocken in seinen Dichterkräften sagte er, dafs man sich über diese Abnahme nicht wundern dürfe, da Milton ihn mehrere Jahre hinter einander als sein Reitpferd gebraucht und ihn unbarmherzig durch die himmlischen, chaotischen und höllischen Gefilde gespornt habe.“[2]) Im Jahre 1819 war indessen auch dieses gewaltige Werk vollbracht — jedoch zugleich auch die Lebensuhr des Dichters abgelaufen. Seine Übersetzung der „Messiade“ aber, gleichfalls in der alten Versform des *Fornyrðislag* abgefafst, steht hinter der des „Verlorenen Paradieses“ keineswegs zurück, im Gegenteile: sie weist nicht nur dieselben Vorzüge auf wie diese, sondern „übertrifft und hebt auch durch ihre altisländische Kraft das deutsche Werk.“ Diese bis jetzt umfangreichste Dichtung der isländischen Litteratur wurde später von der isländischen Litteraturgesellschaft in zwei Bänden (Kopenhagen, 1834—1838) herausgegeben.[3])

Jón Þorláksson erscheint uns als die Morgenlerche des neuen Tages, der mit dem neunzehnten Jahrhundert für die isländische Dichtkunst anbrach. Töne, wie sie insbesondere aus der Übersetzung des „Verlorenen Paradieses“ klangen, waren der isländischen Sprache bis dahin niemals abgelockt und sind auch später nicht übertroffen worden.

Neben dem gefeierten Pfarrer von *Bægisá* war es für den lebensfrohen, gemütlichen Sysselmann **Sigurður Pjetursson** nicht leicht, sich zu der Geltung zu bringen, die er immerhin verdiente. Geboren im Jahre 1759, kam er mit fünfzehn Jahren in die Lateinschule zu Roeskilde in Dänemark und bezog 1779 die Universität Kopenhagen, um Philologie und Jurisprudenz zu studieren. Hier wohnte er im sogenannten „Regensen“ und war zusammen mit

---

[1]) Vgl. *Jón Sigurðsson* in *Ísl. Ljóðabók Jóns Þorlákssons* II. Bd. S. XXXIII. — [2]) S. Ebenezer Henderson, a. a. O., S. 147. —. [3]) *Kloppstokks Messías, einn Hetju-diktr um Endrlausnina, af Þýzku á Íslenzku snúinn af Jóni sál. Þorlákssyni, presti til Bægisár ok Bakka í Vöðlu-sýslu. Útgefinn að tilhlutan ens íslenzka bókmentafélags.*

Geir Vidalín, dem späteren Bischof von Island, mit dem ihn fortan die innigste Freundschaft verband. In Kopenhagen nahm er auch regen Anteil an dem litterarischen Leben und war dabei ein eifriger Anhänger der Norweger in ihren gegen das verdeutschte Dänentum gerichteten Bestrebungen. Den Mittelpunkt der norwegischen Litteraturgruppe bildete damals noch immer der Dichter Wessel, und zu diesem fühlte sich auch *Sigurður* ganz besonders hingezogen. Beide hatten ein verwandtes Naturell und dieselben heiter-satirischen dichterischen Neigungen. Wessel seinerseits mochte den lebenslustigen Isländer ebenfalls gut leiden und er soll ihm einmal die Hände auf den Kopf gelegt haben, wie um seinen Geist auf ihn zu übertragen. — Im Jahre 1789 kehrte *Sigurður* nach Island zurück und wurde daselbst Sysselmann der *Kjósar-Sýsla*. Er bekleidete dieses Amt bis 1803, worauf er auf dasselbe verzichtete und bis 1823 bei Bischof *Geir Vidalín* und dann bis zu seinem Tode (1827) bei dessen Witwe lebte.[1])

Sigurður Pjetursson war als Dichter im allgemeinen das abgeschwächte Ebenbild Wessels. Er pflegte wie dieser die gereimte Erzählung und komische Improvisation, sowie aufserdem das Spott- und Gesellschaftslied und die poetische Epistel. Einige dieser Gedichte sind auch recht flott und gefällig; im ganzen aber fehlen *Sigurður* poetische Ideen und eine stärkere dichterische Schwungkraft. Seine Sprache ist nichts weniger als tadellos und namentlich voll Danismen, was bei *Sigurðurs* fünfzehnjährigem Aufenthalte in Dänemark ja nicht verwunderlich erscheint. Hatte er doch, als er von Roeskilde an die Hochschule kam, das Isländische zum grofsen Teile vergessen, so dafs *Geir Vidalín* ihn erst wieder in seiner Muttersprache unterrichten mufste. Dadurch aber, dafs er immerhin eine neue Spielart in die isländische Dichtkunst brachte, hat er sich um dieselbe — auch abgesehen von seinen sonstigen noch zu besprechenden poetischen Arbeiten — ein zwar bescheidenes, jedoch nicht zu verkennendes Verdienst erworben. Hier eine kleine Probe seiner selbständigen Dichtung, in der zugleich auch seine gemütliche Lebensauffassung zum Ausdruck kommt.

Es gleicht sich alles aus.

(Ljóðmæli Sigurdar Pétursonar. S. 262, 5)

Wenn Leiden schwer dein Gemüt bedrücken,
Die Peitsche der Not auf die Wange dich brennt,
Die Welt kaltmütig dir kehrt den Rücken
Und für dein Leid Hohnlachen nur kennt,
Denk': Rund ist alles und läfst sich drehen;
Heute lacht, den morgen du weinen wirst sehen;
Es gleicht sich alles aus. —

[1]) Vgl. *Árni Helgasons* recht magere Biographie des Dichters, in dessen *Leikrit og nokkur ljóðmæli*.

Wertvoller als *Sigurðurs* eigene Gedichte ist seine freie Nachdichtung von Wessels gereimter Erzählung „Stella“ in der Form der Rimur. Wie der norwegische Dichter in seinem komischen Trauerspiel „Liebe ohne Strümpfe“ das damals besonders von seinen Landsleuten nachgeahmte französische Musterdrama lächerlich machte, so dichtete *Sigurður* die „*Stellu-Rimur*“, um die entartete isländische Rimur-Dichtung zu verspotten. Wessels „Stella“ zählt keineswegs zu den bedeutenderen Schöpfungen dieses genialen, jedoch oft mehr aus Not als aus Inspiration dichtenden Poeten. Sie erschien zuerst in dem von Wessel herausgegebenen gereimten Wochenblatte „Votre Serviteur — Otiosis“ und ist eine jener wenig unterhaltenden Erzählungen, deren Stoff der Dichter irgend einer Anekdotensammlung entnommen und zu so vielen Versen ausgesponnen hat, dafs sie bei grofser Schrift und weiten Spatien zwischen den Zeilen eine Anzahl von Nummern des Blattes füllen konnte.[1]) Es lohnt sich darum auch gar nicht, von dem Inhalte derselben mehr zu erzählen, als dafs es sich um die romantische und wenig moralische Geschichte eines Liebespaares — Stella und Bendtir — handelt. *Sigurður* hat nun den Stoff mit wirklichem Humor und Witz behandelt. Die Persiflage der Rimur mit ihrer alten Skaldensprache, ihren Übertreibungen und Ungereimtheiten, von denen selbst bessere Dichtungen wie die *Ulfars-Rimur* — an die *Sigurður* nicht zuletzt gedacht haben mag — keineswegs frei waren, ist ihm vortrefflich gelungen und wahrhaft ergötzlich. In keiner Beziehung zur Rimur-Dichtung steht jedoch die überaus lustige Geschwätzigkeit der *Stellu-Rimur*, die vielmehr als ein Ausflufs des übersprudelnden Humors des Dichters anzusehen ist, oder, wenn man will, als Satire auf die Geschwätzigkeit überhaupt, die mit so vielen Worten so wenig sagt und nie zur Sache kommt. Schade nur, dafs Nichtisländer kaum imstande sind, die Dichtung nach ihrem vollen Werte zu schätzen. — Der Zweck, den *Sigurður* mit seiner Satire verfolgte, ist übrigens nicht erreicht worden. Die *Stellu-Rimur* fanden wohl allgemeinen Beifall, aber sie wurden auch mifsverstanden, indem man den Scherz des Dichters für Ernst nahm, und manche Rimur-Sänger die in satirischer Absicht begangenen Übertreibungen und Geschmacklosigkeiten der Dichtung sich zum Vorbilde nahmen und nachahmten. Das nachfolgende Bruchstück aus den *Stellu-Rimur* möge als Probe für diese und zugleich auch für die Art der darin gegeifselten Rimur-Dichtung dienen.

Aus den „Stellu-Rimur.“

Dritte Rima (Ljóðmæli, S. 41—46).

7\. Noch niemals harrte meiner je so schwierige Arbeit;
Ein schrecklich Helmgetöse[2]) soll eben
Von Wunden-Gerten[3]) sich erheben.

[1]) S. Johan Herman Wessel. Samtlige Skrifter (Kobenhavn, 1879), S. 95—111. — [2]) Kampf, Schlacht. — [3]) Schwertern.

8. Die gröſsten alten Skalden von dem Volk des Frostes[1])
Die meiste Ehre davon trugen,
Wenn sie die gröſsten Schlachten schlugen.

9. In jeder Rima blitzte die Sonne von Rögnirs Stube[2]).
Senkte ins Spere-Meer[3]) sich nieder
Und hob in dem Wunden-Strom[3]) sich wieder.

10. Nicht zurücksteh'n will ich hinter den besten Skalden;
Der Männer und Weiber Lieb' zu gewinnen,
Will ich den gröſsten Streit ersinnen.

11. Es wird vom Volke stets entschiedenes Lob gespendet,
Dem es geglückt, die Kunst zu finden,
Vergnügen und Nutzen zu verbinden.

12. Allein aus eigner Macht vermag ich nichts; Walvater
Geruh' drum, Hilfe mir zu bringen,
Daſs mir dies Kunststück möge gelingen.

13. O, laſs, damit das Volk am Sange Gefallen finde,
Ein greulich Schwertgewitter[4]) kommen,
Wie es von solchem nie vernommen.

14. Vergönn' dem heldengleichen Manne — er heiſst Bendtir —
Mir scheint . . mein Gedächtnis ist benommen . .
Sein Name ist noch nicht vorgekommen.

15. Gieb also, daſs zweimal, noch lieber dreimal, zwölf er sende
Zu Hel[5]) hinunter mit einem Streiche,
Auf daſs er Úlfars Ruhm erreiche.[6])

16. Gebiete, daſs die gröſsten Riesen auf steilem Felsen
Im Blute waten bis an die Weichen,
Ja manche den Boden nicht erreichen.

17. Der Helme Besen[7]) fege die Köpfe von den Leibern,
Es spritze aus den Kehlen das Blut,
Die Rümpfe schwimmen in roter Flut.

[1]) Die Isländer. — [2]) Rögnirs Stube = Walhall, deren Sonne = Schwert. — [3]) Das Blut. — [4]) Schlacht. — [5]) Göttin der Unterwelt und diese selbst. — [6]) Der Held der Úlfars-Rimur. — [7]) Das Schwert.

18. Ein mächtiger Haufe in schwerem Kampf gefallener Knechte
Türme so hoch sich himmelan,
Dafs Nordris Schulter [1]) ausruhen kann.

19. Die Männer sollen den ganzen Tag und Nachts noch kämpfen,
Und zum Schlusse gebe es keinen,
Der zurückbleibt auf seinen Beinen.

20. Und immer schwerer und schwerer soll die Bedrängnis werden,
Des Morgens wieder erstehen das Heer,
Der Blutstrom versiegen nimmermehr.

21. Die Männer werden nach altem Brauch zu Löwen, Drachen,
Schlangen, Wölfen, Hündinnen, Geiern,
Bären und anderen Ungeheuern.[2])

22. Nicht Sonne noch Himmel soll man sehen im Schwerter-Schauer;[3])
Die Knechte erwachen zum Kampf und bestellen
Quartier für die Männer in Niflheims Sälen.[4])

23. Von allen Weltenden wimmeln die Raben daher und die Wölfe,
Im Labetrank der Wunden[5]) zu schlemmen,
Der da schier kein Ende will nehmen.

24. Ich will hier nicht mehr Worte noch darauf verwenden:
Werd' ja die schlimmsten Schauergeschichten,
Sobald die Schlacht begonnen, berichten.

25. Übertreib' ich nur recht nach Dichterart, dann sagen
Die Leute, die mein Büchlein gelesen:
„Ist das ein grofser Dichter gewesen!“

26. Doch Odins Rabe ist wieder da und schreit am Fenster;
Im Bündel da bringt für das Volk er wohl
Mir Schalen von Sóns Taue voll.[6])

---

[1]) Vgl. *Snorra-Edda. Gylfaginning.* cap. 8: Die Söhne Burs „nahmen den Schädel Ymirs und fertigten daraus den Himmel und setzten ihn über die Erde auf vier vorstehenden Spitzen, und unter jede Spitze setzten sie einen Zwerg, den Austri, Vestri, Norðri und Suðri. — [2]) Vgl. oben S. 65. — [3]) Schlacht — [4]) Unterwelt. — [5]) Das Blut. — [6]) Dichtertrank, Poesie.

27. Will's drum an dem langen Mansöngur[1]) jetzt genug sein lassen;
Gleich hört' ihr von Kämpfen, gar wundersamen;
Doch schweigt nun alle, in Gottes Namen!

---

28. Ist recht mir, so ward die zweite Rima dort abgebrochen,
Wo schon zur Schwerter-Freude[2]) die Scharen
Dicht an einander geraten waren.

29. Jetzt ist mir aber das Ganze beinah' in Verwirrung geraten ...
Der Schwertsturm soll nun aufs höchste steigen,
Des Dichters Kunst sich erst hier recht zeigen.

30. Nun — alle kämpfen, angreifend diese, sich wehrend jene;
Gleich einer empfindlichen Wage Schwanken,
Scheint der Sieg zwischen beiden zu wanken.

31. Der harte Kampf da ein Ende nahm; denn Bendtir machte
Solch einen Angriff jetzt auf die Mannen,
Dafs bald sie alle zu fliehen begannen.

32. Die meisten fielen, und die noch fliehen konnten, die flohen;
Da stellte Bendtir den Kampf gleich ein;
Es freute das Land sich des Sieges sein.

33. Doch die ihr hofftet, dafs Odins Wetter[2]) noch länger währe,
Und eine Schwert-Messe[2]) hören wollt',
Mir billig nun es verzeihen sollt',

34. Dafs ich für dieses Mal nicht weiter gehe und wenig
Von Männer-Mord auch nur gesprochen;
Es hat Allvater mich unterbrochen.

35. Er sprach: „Ich kann dich noch nicht beizählen dem Chor der Skalden;
Du bist zu jung, und das Schwerterklirren
Scheint dir noch den Sinn zu verwirren.

36. Mit Übertreibung der schlimmsten Art begannst dein Lied du,
Erdacht aus purem Unverstand nur,
Weil du nicht beachtet hast die Natur.

---

[1]) Vgl. S. 64. — [2]) Die Schlacht.

37. All der Bombast hat keinen Sinn und ist nichts als Dummheit;
Man soll die Dinge nur schildern eben,
Wie sie in Wirklichkeit sich begeben.

38. Von Spukgestalten und häſslichen Ungeheuern zu hören,
Ist kein Vergnügen; es kann nur beirren
Und bei dem Volk das Verständnis verwirren.

39. Wie oft hast Hildurs Spiel [1]) du geseh'n und kämpfende Männer,
Das Schwert in der Hand, zerhau'ne Brünnen
Und Blutbäche, die von den Kehlen rinnen?

40. Nicht vielen in eurem Land ward die Ehre zu teil, mich zu sehen;
Es hat ja das Volk durch die neuen Sitten
An Mut den gröſsten Schaden erlitten.

41. Die einst zum Kampf bestimmte und eingeweihte Klinge
Ist durch Gesetz verbannt aus dem Land.[2])
Und andere Arbeit übt nun die Hand.

42. Die ruhmreiche Schwertzeit wurde zur Schwatzzeit und Schreibzeit;
Des Wortschwalls Schwerter zwar beiſsen auch gut
Und können verletzen bis aufs Blut.

43. Verläumdungs-Pfeile sind es zumeist mit vergifteter Spitze,
Die jetzt nicht minder die Leute verwunden,
Daſs schwer es ist, davon zu gesunden.

44. Es liefern die Männer jetzt nur Schlachten auf weiſser Fläche;
Und all ihre Tapferkeit zeigen sie hier;
Doch die Walstatt ist ein — Bogen Papier.

45. Einst sind in den Schlachten rote Bäche Blutes geflossen,
Jetzt tröpfelt — welch flaue Kriegesfinte! —
Ein schwarzer, klebriger Schlamm von Tinte.

46. Die Männer schwingen nicht mehr das blanke Schwert wie früher;
Als schneidige Kampfeswaffe haben
Sie Spieſse vom — Hinterteile des Raben.[3])

---

[1]) Schlacht. — [2]) Vgl. oben S. 67. — [3]) Vgl. oben *Eggert Ólafssons* Verse S. 235.

47. Allein es gelingt euch doch — fürwahr eine große Ehre —,
Gar vielen das Leben damit zu vergällen
Und manchen auch zu Tode zu quälen.

48. Doch noch einen Unterschied in neu'rer Zeit ich finde:
Erst raubt ihr den Leuten die Ehre, um neben
Den Ehrlosen doch dann weiter zu leben.

49. Das Volk ist so tief herabgesunken, daß es ein Jammer;
Nur Federkriege sind heute im Schwang,
Die Tapferkeit ist vergessen schon lang'.

50. Ich will die toten Männer des Schneesturm-Landes nicht bringen
Auf Frostis Schiff[1]) und dir die Geschichten
Vom Wirbelwinde des Schwerts[2]) berichten."

51. Dies sind die wenig freundlichen Worte Odins; nun bitt' ich:
Urteilet, was Wahres daran sei;
Ich selber spreche von Schuld mich frei. —

Sigurður Pjetursson hat übrigens für die isländische Litteratur noch insofern eine gewisse Bedeutung, als er mit *Geir Vidalin* zuerst die dramatische Dichtung in dieselbe einführte. Mit Recht bemerkt Schweitzer: „Es gehen Island alle Vorbedingungen für eine Komödiendichtung ab. Das weit verstreute, auf Einzelhöfen wohnende Volk ist kaum so zahlreich wie die Einwohnerschaft einer mittleren deutschen Stadt; bedeutende Orte giebt es nicht. Das Leben der Bauern, Landhändler und Beamten bietet wenig dramatische Bewegung."[3])

Der Anstoß zu diesen Dichtungen ging von der Lateinschule zu *Skálholt* aus. Es war hier nämlich alter Brauch, daß nach Beginn eines neuen Schuljahres der oberste Schüler unter Feierlichkeiten zum König der Schule gekrönt wurde und als Zeichen seiner Würde Krone, Scepter und Reichsapfel erhielt. Zugleich wurden verschiedene Beamte wie: ein „Stiftsamtmann", ein „Bischof" und ein „Richter" ernannt. Der „Bischof" mußte zur Feier des Tages eine Predigt halten, die humoristischen Inhalts war. Als die Schule dann nach *Reykjavík* und *Bessastaðir* verlegt worden war, wurde diese Sitte noch eine Zeitlang beibehalten, jedoch mit dem Unterschiede, daß nach der französischen Revolution der Schulkönig noch am Krönungstage abdankte, um dem Volke

[1]) Frosti, ein Zwerg; das Schiff des Zwerges ist die Poesie. — [2]) Die Schlacht. — [3]) Geschichte der skandinavischen Litteratur, II. Bd., S. 220.

die Freude der „Selbstregierung“ zu bereiten, und daſs an die Stelle der Bischofspredigt eine dramatische Aufführung trat. Für die erste dieser Aufführungen schrieb zunächst Bischof *Geir Vídalín* eine ganz ansprechende dramatische Scene aus dem isländischen Volksleben, die nach ihrem Helden „*Brandur*“ betitelt ist.

Später dichtete *Sigurður* zu demselben Zwecke zwei Lustspiele, jedes zu drei Akten, „*Hrólfur*“ und „*Narfi*“, und auch der Stoff zu diesen beiden Stücken ist dem isländischen Volksleben entnommen. Beide sind, gleich dem „*Brandur*“, auf der Moral aufgebaut, daſs „das Gute belohnt und das Böse bestraft“ wird. Alle drei Dramen bilden denn auch nur Variationen derselben Idee, und in „*Narfi*“ wird sogar das Grundmotiv des „*Brandur*“, die heldenhafte Rettung von Menschenleben zur See, wiederholt. „*Hrólfur*“, ein Landstreicher, und „*Narfi*“, ein Handlungsbedienter, der sich auf einen dänischen Stutzer hinausspielt — die schurkenhaften und groſssprecherischen „Helden“ der gleichnamigen Stücke — wollen beide einen wohlhabenden aber einfältigen Bauern übertölpeln und die einzige Tochter desselben zum Weibe gewinnen, werden jedoch im letzten Augenblicke noch entlarvt, worauf der arme, aber „brave“ Liebhaber das Mädchen heimführt.

Die Komödien *Sigurðurs* sind mit gröſster Flüchtigkeit hingeworfen und „*Narfi*“ insbesondere ist mit einer Unbeholfenheit in der dramatischen Technik gearbeitet, die beinahe rührend erscheint. Andererseits frappieren wieder die lebensvollen Scenen, die treffliche Zeichnung einzelner Charaktere, die zwar derbe, jedoch gesunde Komik einzelner Partieen und die oft sehr gewandte und stramme Führung des Dialoges — Vorzüge, die z. T. an Holbergs und Heibergs Stücke erinnern, welche dem Dichter wohl auch vor Augen geschwebt haben.

Sigurður Pjetursson verdient also immerhin einen bevorzugten Platz in der Geschichte des isländischen Schrifttums, wenn er auch nicht zu den eigentlichen Wiedererweckern der poetischen Litteratur Islands gezählt werden kann. Seine Gedichte und Dramen sind, und zwar die ersteren („*Ljóðmæli*“) 1844, die letzteren („*Leikrit*“) 1846, zu *Reykjavík* herausgegeben worden.[1])

Klassischer und kunstvoller als *Jón* und *Sigurður*, doch weniger

---

[1]) *Ljóðmæli Sigurdar Péturssonar Sýslumanns í Kjósar sýslu og Héradsdómara í Gullbbríngu sýslu frá 1789 til 1803. Reykjavík 1844. Prentud á kostnad Egils Jónssonar* (mit einem Bildnis des Dichters) und *Leikrit og Nokkur Ljóðmæli Sigurdar Péturssonar. Sídari deild. Reykjavík 1846. Prentad í prentsmidju landsins á kostnad E. Jónssonar.* Die Ausgabe ist sehr nachlässig besorgt und enthält auch vieles, was nicht von *Sigurður* herstammt, wie den *Brandur* von *Geir J. Vídalín* u. a.; vgl. *Ný Félagsrit*, VII. Jahrg. (1847), S. 186—195. Das Lustspiel *Hrólfur* erschien zum erstenmale gedruckt unter dem Titel: „*Audun lögréttumadr. Gledispil af Sigurdi Péturssyni sýslumanni, leikid í Reykjavík*, 1814“ in Rasks *Sýnishorn af fornum og nýjum norrænum ritum í sundrlausri og samfastri rædu* (*Holmiæ* 1819), S. 209—256.

geschmeidig und auch nicht so produktiv war **Benedikt Jónsson Gröndal**. Er wurde am 13. November 1762[1]) auf dem Hofe *Vogar* am *Mývatn* geboren, wo sein Vater Pfarrer war. Im Alter von sechzehn Jahren kam er in die Lateinschule zu *Hólar*, die er 1781 verliefs, worauf er noch ein Jahr lang bei dem Rektor und Stiftsprobste *Hálfdan Einarsson* als Schreiber in *Hólar* blieb. Vom Herbste 1782 bis 1785 war er in gleicher Eigenschaft bei dem Amtmanne *Ólafur Stefánsson* zu *Innri-Hólmur*; sodann reiste er nach Kopenhagen, um die Rechte zu studieren. Hier betrieb er indessen auch andere Wissenszweige und legte den Grund zu der grofsen Gelehrsamkeit, die an ihm bewundert wurde. Im Jahre 1791 legte er das juridische Beamten-Examen ab und wurde gleich darauf auch zum *Vice-Lögmaður* ernannt. Als solcher kehrte er im Herbste desselben Jahres nach Island zurück. 1800 wurde er wirklicher *Lögmaður* sowie erster „Assessor“ bei dem in diesem Jahre errichteten Oberlandesgerichte. Er bekleidete diese Stellung bis 1817, worauf er wegen anhaltender Kränklichkeit in den Ruhestand trat und am 30. Juli 1825 starb.[2])

Gröndal besafs eine vorzügliche klassische Bildung, und seine poetischen Vorbilder waren einerseits Theokrit, Anakreon, Horaz, andererseits die alten nordischen Skalden Er schwärmte überhaupt gleich *Eggert Ólafsson* für die Herrlichkeit der alten Zeit. In seiner Vorliebe für dieselbe übersetzte er auch Popes „Tempel des Ruhmes“ (Temple of fame) und gebrauchte dabei ebenfalls das *Fornyrðislag*, wodurch die Übersetzung, wie auch schon Schweitzer bemerkt, „einen anderen, weit kräftigeren Charakter erhielt als das Original, ja zuweilen an die ethische Dichtung der Edda erinnert“.[3]) Gelesen wird die Dichtung auf Island jetzt freilich so wenig wie die anderen trefflichen Produkte dieser Art aus der damaligen Zeit. Nicht minder gelungen sind seine Übertragungen von Gedichten des Horaz, Anakreon, Theokrit, Claudian und anderer altklassischer sowie einiger deutscher Poeten (besonders schön ist „Die Rose“ aus dem Deutschen übersetzt; *Kvæði*, S. 65—67).

Was *Gröndals* eigene Gedichte betrifft, so ist der Stoff derselben zumeist ziemlich unbedeutend. Gelegenheitspoëme (Epitaphien u. dgl.) und Epigramme wiegen vor; um so mehr aber fesselt die fast überall klassische, abgeschliffene Sprache und die sorg-

[1]) So nach *Sveinbjörn Egilsson* in seiner biographischen Einleitung zu den *Kvæði . . Benedikts Gröndals*, S. IV, *Jón Sigurðssons Lögsögumannatal og lögmanna á Islandi* in: *Safn til sögu Íslands og íslenzkra bókmenta, II.*, S. 165; *P. Pétursson*, Historia ecclesiastica Islandiae, pag. 401; *Finnur Jónsson*, *Agrip af bókmenntasögu Islands, II. 1400—1890* (*Reykjavík*, 1892), S. 31, und anderen; vgl. jedoch die Bemerkung des Rektors *Jón Þorkelsson* in *Jón Borgfirðingurs Stutt rithöfundatal á Islandi 1400—1882* (*Reykjavík*, 1884), S. 111 Anm. 2, nach der *Benedikt Gröndal* im Jahre 1761 geboren sein müfste. — [2]) Vgl. *Sveinbjörn Egilssons* biographische Einleitung zu den *Kvæði . . Benedikts*; ferner *Jón Sigurðsson* a. a. O. S. 165—166. — [3]) Die Übersetzung erschien zuerst in den *Rit þess Konungliga Lærdómslista Félags* (X. Band, S. 285—312, XI. Band, S. 280—288), später in *Gröndals Kvæði* (S. 1—45).

fältige, stringente Form, obgleich er — wieder wie *Eggert Ólafsson* — gern veraltete Wörter gebraucht, die das Verständnis seiner Gedichte erschweren. Die meisten dieser Verse verraten eine ungewöhnliche Belesenheit und Stärke in der alten Dichtersprache, ein sicheres Erfassen des dunklen und inhaltsschweren Geistes der Skalden, was um so bewunderungswürdiger ist, als zu jener Zeit noch keine brauchbaren sprachlichen Hilfsmittel (wie Wörterbücher, Glossare) existierten, und auch nur wenig von der alten Poesie herausgegeben war. Im übrigen liegt das Besondere und Wertvolle seiner Poesie hauptsächlich in dem ganzen kräftigen Ton derselben wie in der plastischen Gestaltung der Bilder, die bis dahin in der isländischen Dichtkunst völlig unbekannt war. *Gröndal* ist hierin gewissermaſsen der Vorläufer *Bjarni Thórarensens*. Die meisten Lieder und Verse des Dichters sind jedoch so speziellen und ephemeren Inhalts, daſs sie heute auch aus diesem Grunde selbst von den Isländern nicht mehr ganz verstanden werden, geschweige denn von Ausländern.

Besonders hervorzuheben wären unter den Originalgedichten *Gröndals* etwa: ein Hochzeitspoëm („*Samtal vakanda og sofanda, sömuleidis ástargydjanna Sjafnar, Lofnar og Varar, flutt í brúdkaupi Prentarans Péturs Jónssonar og Sigrídar Jónsdóttur ad Hólum í Hjaltadal* 1780“, gedruckt zu *Hólar* 1780, und in *Kvædi*, S. 75 bis 80) von unübertroffener Pracht der Sprache, das *Gröndal* schon mit achtzehn Jahren gedichtet hat, und worin ein damals gänzlich unbekanntes Naturgefühl zum Ausdruck kam; dann „Die Verlobten“ („*Tilhugalíf*“, vgl. unten) und die klassisch-schönen Verse auf den Tod des Bischofs *Hannes Finnsson* (*Kvædi*, S. 96). Auch in geschichtlicher Hinsicht interessant ist „Der Tag des Herrn“ (*Herradagurinn*), weil augenscheinlich ein Huldigungsgedicht an *Jörgen Jürgensen*, als dieser sich zum Herrscher Islands aufwarf (vgl. oben S. 155 bis 157). Das merkwürdige Gedicht beginnt (*Kvædi*, S. 189):

„O König, wir sind zwar willens gern,
Zu krönen dich als des Landes Herrn;
Doch wisse: wenn die Krone dich schmückt,
Ein schweres Gewicht deinen Scheitel drückt!“

Gröndal war zu seiner Zeit der „am meisten kultivierte Dichter Islands“ wie *Magnús Stephensen* bemerkt, der auch jene zwei anonym bekannt gewordenen Strophen *Benedikts* auf den Tod des Bischofs *Hannes Finnsson* in einem seiner Werke abdruckte und mit den Worten begleitete: „Ein jeder, der echten Dichtergeist zu schätzen weiſs, wird sogleich den Verfasser erraten und fühlen, daſs diese Strophen dem meisterlichen Dichtergeiste des Assessors *Benedikt Gröndal* würdig sind.“ [1]) Von dem Ansehen, in dem *Gröndal*

[1]) *Magnús Stephensens Eptirmæli átjándu aldar* (*Leirárgördum*, 1806), S. 702; vgl. auch die dänische Ausgabe dieses Werkes, Island i det attende Aarhundrede, S. 221.

bei seinen isländischen Zeitgenossen stand, zeugt u. a. auch ein Gedicht *Bjarni Thórarensens* auf den Tod desselben, das mit den Versen beginnt:

„Vom hehren Baume erklangen
Weich-kräftige Lieder früher
Des Vogels, der so prächtig
In Bragis Hain gesungen.
Nun ist's still im Neste,
Die Nachtigall ist verschwunden.
Sie fehlt uns, obschon seit sechzehn
Jahren sie geschwiegen.[1])

Benedikt Gröndals Gedichte wurden 1833 von seinem Schwiegersohne *Sveinbörn Egilsson* herausgegeben.[2]) Aus den oben angedeuteten Gründen ist es nicht leicht, zur Übersetzung geeignete charakteristische Proben der Dichtung *Gröndals* zu finden. Durch seine Einfachheit und seinen schmucklosen Realismus dürfte indessen das schon erwähnte nachfolgende Gedicht bei manchem Leser Gefallen finden.

Die Verlobten.

(Kvædi, S. 113—115).

Er. O wie sehr lieb' ich dich!
Mich raufen und zernichten
Nur gerne möchte ich,
Daſs eines Gatten Pflichten
Ich dir doch nicht erfüllen kann;
Was hilft's auch, daſs ich will und will.
Hab' nichts daheim als Elend viel —
Und drauf kommt's an!

Sie. Wenn's noch so wenig wär',
Ich lebte doch in Freuden,
Murrt' nicht, wenn noch so sehr
Auch Not ich müſste leiden:
Du bist ja immer alles mir!
Müſst' in ein Erdloch ich hinein,
Ich legt' mich an die Wange dein,
Daſs ich nicht frier'.

[1]) Zuerst gedruckt in *Kvædi Benedikt Gröndals*, Einleitung XIII bis XIV; auch in *Kvædi eftir Bjarna Thórarensen* (*Kaupmannahöfn*. 1884), S. 110. — [2]) *Kvædi Landsyfirréttar Assessors Benedikts Gröndals. Útgefin og kostud af Sveinbirni Egilssyni. Videyjar Klaustri*, 1833; 16°, XXIV u. 204 S.

Er. Ich hab' kein Bettzeug, nichts,
Wofür der Mann zu sorgen;
An Werkzeug selbst gebricht's.
Und wer will geben . . . borgen?
Der Hanfe Kinder dann im Nu,
Die nackt und zum Verhungern schier . . .
Mir ist's, als säh' ich sie vor mir . . .
Und dich dazu!

Sie. Ich seh', wie du dich wehrst,
Lieblos in feigem Zagen.
Laſs Gott nur Sorge erst
Für unsre Hütte tragen;
Er giebt dann auch den Kindern Brot.
Sie werden in die Welt gesetzt
Mit gleicher Lust, ob reich man jetzt,
Ob in der Not.

Und gleichen sie dann dir
In dem, worin ich wollte,
Und sind auch ähnlich mir —
Nicht mehr doch, als es sollte,
Glaub' nicht, daſs schlimm ich ihnen wär'.
Was red' ich viel: Ich setze dir
Den Liebesbecher vor dahier —
Den nimm und leer'!

Er. Du weiſst, ich liebe dich;
Du weiſst es auch weswegen
All die Bedenken ich
Mit gutem Grund muſs hegen.
Gott selber ist's miſsfällig wohl,
Daſs ich von der Vernunft Gebot
Auch fuſsbreit nur, selbst in der Not,
Abweichen soll.

Sie. Du hältst mit solchem Thun
Zum besten mich nicht länger.
Ich kenn' dich völlig nun,
Duckmausiger Kopfhänger!

Mir wendet niemand Mitleid zu;
Dein Sinn war nur von Falschheit voll;
Gott dank' die Freiheit ich. Leb' wohl —
Treuloser du!

Ein wenig grobianisch zwar, jedoch wohl bewährt und unter den gegebenen Umständen auch wirklich zu empfehlen ist des Dichters

Rat.

(Kvædi, S. 158—159.)

Ein dummer Geck, wenn du ihn hätschelst,
Zudringlicher nur wird,
Bis er zuletzt mit Eselstritten
Sogar dich noch traktiert.
Gutmütigkeit, die taugt nur wenig,
Maulschellen dreist versetz'!
Das wirkt — ich weiſs es aus Erfahrung —
Am allerbesten stets.

Eine sehr schöne Nachdichtung anakreontischer Verse ist das Gedichtchen:

„Flieh', schön Mägdelein nicht meine Näh'!"

(Kvædi, S. 55—56.)

Flieh', schön Mägdelein, nicht meine Näh',
Weil mir schon weiſs vom Schnee der Jahre
Hernieder fällt das Gelock der Haare!
Meine Liebe du nicht verschmäh',
Mögen so rosig auch deine Wangen
Von der Jugend Blüte erglänzen;
Schön doch die schneeweiſsen Lilien prangen
Zwischen Rosen in Maienkränzen.

Bjarni Thórarensen.

Zu Beginn unseres Jahrhunderts sind in der isländischen Poesie deutlich zwei Strömungen wahrzunehmen: die alte nationale und eine noch schwache neue, die ihren Ursprung im Auslande hatte. Die letztere wurde, wie bereits bekannt, schon durch *Eggert Olafsson* nach Island geleitet, um der vaterländischen Dichtung neue und edlere Keime zuzuführen. Sie konnte jedoch — wohl wegen des doktrinären Wesens in *Eggerts* dichterischer Propaganda — nicht recht zur Geltung gelangen. Diese Strömung gewann an Intensität, als *Jón Þorláksson* und *Benedikt Gröndal* mit glücklicherer Hand und stärkerer poetischer Kraft in dem idealeren Geiste des Auslandes dichteten und die Isländer mit hervorragenden fremden Dichtungen gröfseren oder geringeren Umfanges durch kongeniale poetische Übertragungen in ihre Sprache bekannt machten. Allein auch diese Poeten vermochten dem Volke und den nicht gelehrten Dichtern des Landes kein Verständnis für ihre Bestrebungen abzugewinnen. Es fehlte dem neuen Geiste und der neuen Form ihrer Dichtung der nationale Inhalt. Dazu kam noch die lähmende Wirkung, welche die Aufklärungs-Bestrebungen *Magnús Stephensens* auf das isländische Schrifttum ausübten, indem sie den Sinn und Geschmack für eine idealere Dichtung, insoweit dergleichen überhaupt noch vorhanden war, nur noch mehr verminderten. Und das damalige Geistesleben auf Island stand eben völlig unter dem Banne der litterarischen Thätigkeit *Magnús Stephensens*, welche überhaupt die Signatur jener Zeit bildete. Zur Charakteristik jener Epoche erscheint es daher notwendig, zunächst mit einigen Strichen das Bild des interessanten und trotz seiner Ausländerei wahrhaft patriotischen Mannes zu skizzieren, der Dezennien hindurch die isländische Litteratur fast allein beherrschte.

Magnús Stephensen (geb. am 22. Dez. 1762, gest. am 3. März 1832) war ein Sohn des späteren Stiftsamtmannes *Olafur Stephánsson* und erhielt eine vorzügliche und umfassende Bildung. Noch vor der Ablegung seines juridischen Examens (1788) wurde er von der Regierung mit wichtigen amtlichen Aufgaben betraut, und von 1789 an bis zu seinem Tode bekleidete er unter wechselnden Formen die Stellung des Oberrichters („Justitiarius“) von Island. Er besafs eine damals bei Isländern ganz ungewöhnliche Gelehrsamkeit auf den verschiedensten Gebieten, sowie eine seltene Kenntnis fremder Litteraturen und Geistesströmungen, liefs sich jedoch von den letzteren so völlig gefangen nehmen, dafs er das Gefühl für das Heimisch-Nationale verlor. Am meisten zeigte er sich von deutschem Geiste beeinflufst; er war aber auch ein Anglomane und Gallomane, als letzterer insbesondere ein Verehrer Voltaires, dabei doch auch ein Freund der Antike. Völlig aber wurde er von dem Geist der „Aufklärung" hingerissen, deren Segnungen er nun auch seiner Heimatsinsel zuwenden wollte. Reich, hochgestellt und daher unabhängig, wie er war, befand er sich auch in der Lage, in dieser gutgemeinten patriotischen Absicht mit einer Ausdauer und Energie zu wirken, die man bewundern mufs. Insbesondere war er für seine Bestrebungen litterarisch thätig. Dabei kam es ihm allerdings sehr zu statten, dafs die beiden Buchdruckereien des Landes in eine einzige vereinigt wurden und diese ganz in die Dienste des „Isl. Landesaufklärungsvereins (vgl. oben S. 136—137) kam, dessen Vorstand er war, so dafs er eine lange Reihe von Jahren hindurch (1799—1826) die litterarische Produktion Islands so gut wie allein in Händen hatte.

Magnús Stephensen begann seine schriftstellerische Thätigkeit bereits mit der Gründung der eben erwähnten Gesellschaft; wir haben ihn ferner schon als den Herausgeber der Zeitschriften „*Minnisverd Tídindi*" und „*Klaustur-Pósturinn*" kennen gelernt. Im Jahre 1797 hatte er „*Vina-Gledi*", ein unterhaltendes und belehrendes Buch für das Volk, und 1798 eine ähnliche Schrift „*Margvíslegt Gaman og Alvara í Safni Qvæda og Smárita ýmislegra Höfunda*" (Allerlei Scherz und Ernst in einer Sammlung von Gedichten und Aufsätzen verschiedener Schriftsteller) veröffentlicht, welch letztere im Jahre 1818 dann noch eine Fortsetzung fand. Seines historisch-statistischen Werkes über Island im 18. Jahrhundert ist ebenfalls schon gedacht worden. Er schrieb auch viele Artikel für die Schriften des „Landesaufklärungsvereins" und war überhaupt als Schriftsteller ungemein fruchtbar. Sein Stil litt jedoch an Schwerfälligkeit, und sein Isländisch war voll von Germanismen und Danismen. Er hat sich auch gern als Dichter versucht, besafs aber wenig Sinn für Schönheit der Form und noch weniger dichterischen Geschmack.[1]) Dies letztere zeigte sich u. a. auch gelegentlich der Herausgabe eines neuen Kirchengesangbuches, welches an die Stelle des alten *Graduales* treten sollte und dessen Redaktion ihm und dem Bischof *Geir Vídalín* überlassen war. Er kam sogar mit dem Dichter *Jón Þorláksson* in eine heftige Fehde, weil er die von diesem für das Gesangbuch gelieferten Lieder ohne dessen

[1]) Die in seinen verschiedenen Schriften zerstreuten Gedichte *Magnús Stephensens* wurden später von dem Sohne desselben, *O. M. Stephensen*, herausgegeben unter dem Titel: *Ljódmæli Conferenceráds Magnúsar Stephensens* (*Videyar Klaustri*, 1842).

Vorwissen in stümperhafter Weise geändert hatte. *Jón* dichtete aus diesem Anlasse die gegen *Magnús Stephensen* gerichteten „*Leirgerðarrímur*“, welche schon im Titel eine witzige und boshafte Anspielung zugleich auf den Ort *Leirárgarðar*, wo das Gesangbuch damals gedruckt wurde, und auf die schlechten dichterischen Qualitäten des letzteren enthalten. (*Leirgerður* als weiblicher Name eine Personifikation schlechter Poesie; vgl. *leir* und *leiruskáld* oben S. 27).

Magnús Stephensen beschränkte sich jedoch nicht auf eine rein litterarische Propaganda seiner Ideen und Bestrebungen, sondern griff auch selbst werkthätig ein, wo er es vonnöten fand. So hat er hauptsächlich die Einführung des neuen Kirchengesangbuches betrieben, das er auch mit neuen Melodieen versah. Um seinen Landsleuten mehr musikalischen Sinn beizubringen, sah er auf die Pflege des Gesanges und brachte zu diesem Zwecke das erste Harmonium nach Island. Er zählt auch zu den energischesten Verfechtern der Handelsfreiheit auf Island und hat zur endlichen Erwirkung derselben nicht wenig beigetragen. In seinem Übereifer bewies er freilich wenig Pietät für die alten Überlieferungen und nahm keine Rücksicht auf nationale Sympathien. Wie er das „*Graduale*“ abschaffte, so bekämpfte er auch die Rímur. (Vgl. oben S. 201—202). Er war es ferner, der die Verschmelzung der beiden isländischen Bistümer und Lateinschulen sowie den Ersatz des Alþingi durch ein Obergericht durchführte. Kein Wunder denn, dafs er wenig beliebt war, ja vielfach angefeindet wurde. Trotz all dem blieb seine Thätigkeit in mancher Hinsicht nicht ohne günstigen Einflufs; und er selbst darf, wie er körperlich von grofser imponierender Gestalt und voll Vornehmheit war, auch geistig immerhin als eine überragende Erscheinung jener Zeit gelten. —

Alsbald nach der Wende des Jahrhunderts, also noch zur Zeit der regsten litterarischen Thätigkeit *Magnús Stephensens*, sollte sich jedoch in der höheren isländischen Kunstdichtung jener Umschwung vollziehen, der durch die früher genannten Poeten vorbereitet worden war und durch die Vereinigung der beiden oben erwähnten Strömungen, der ausländischen und der nationalen, bewirkt wurde. Das Heil aber kam vom Auslande und zwar von der deutschen Romantik, und der es brachte, war *Bjarni Thórarensen.*

Bjarni Vigfússon Thórarensen wurde am 30. Dezember 1786 zu *Brautarholt*[1]) im Südviertel Islands als der Sohn des Sysselmannes (Bezirkhauptmannes) *Vigfús Þórarinsson* geboren. In seinem dritten Jahre kam er nach dem altberühmten Gute *Hlíðarendi*, wo er in der Ungebundenheit und Freiheit der islän-

[1]) So nach *Bogi Th. Melsteð* in dessen *Sýnisbók ísl. bókmennta á 19. öld.* (Kopenhagen, 1891), S. 339, während nach *Grímur Thomsen* und C. Rosenberg (in *Gæa*, bezw. *Illustreret Tidende*) *Bjarni* zu *Hlíðarendi*, nach *Einar Hjörleifsson* (in der Biographie des Dichters vor der zweiten Ausgabe der *Kvæði eptir Bjarna Thórarensen*) zu *Lágafell* geboren wäre.

dischen Kinder aufwuchs. Den Unterricht erhielt er anfangs durch den Pfarrer (und trefflichen Psalmendichter) *Þorvaldur Böðvarsson*, später durch den Bischof *Geir Vidalin*, und zwar mit so vorzüglichem Erfolge, dafs er bereits mit fünfzehn Jahren für das Studium an der Hochschule vorbereitet war. Im Frühjahr 1803 reiste er nach Kopenhagen, um an der dortigen Universität Jura zu studieren und sich nachher der Beamtenlaufbahn zu widmen. Er bestand seine Examina mit vorzüglichem Erfolge, da er nicht nur fleifsig, sondern auch mit einem ungewöhnlichen Gedächtnis begabt war. (Ein Zug aus seinem Studentenleben ist in dieser Hinsicht bezeichnend. *Bjarni* pflegte nämlich des Morgens mit einem Freunde das „Intelligenzblatt" auswendig zu lernen; derjenige von den beiden, welcher den Wortlaut des Blattes nach einmaligem Durchlesen am sichersten hersagen konnte, war für den ganzen Tag des andern Gast; für das Hersagen in umgekehrter Ordnung war aufserdem noch eine besondere Belohnung festgesetzt.) Neben dem Brotstudium betrieb er schon an der Universität auch Ästhetik und beschäftigte sich mit Vorliebe mit der altnordischen Poesie sowie mit der Lektüre fremder Dichter. Esaias Tegnér, J. L. Heiberg, Shakespeare und Schiller waren unter diesen seine Lieblinge. Für Goethe hatte er sich hingegen trotz Steffens Propaganda nicht erwärmen können. — Bereits 1807 trat er, und zwar in Kopenhagen selbst, in den Staatsdienst; 1811 wurde er an das Obergericht nach *Reykjavik* versetzt und 1833 zum „Amtmann" des Nord- und Ostamtes ernannt, als welcher er am 24. August 1841, 55 Jahre alt, im Amthause *„Friðriksgáfa"* zu *Möðruvellir* im *Hörgárdalur* starb.

Als *Bjarni Thórarensen* zeitig im Frühjahre 1803 nach Kopenhagen kam, stand die gebildete Gesellschaft dieser Stadt noch ganz unter dem Banne jenes litterarischen Ereignisses, das zunächst für Dänemark eine neue Periode der Dichtkunst herbeiführen sollte. Zu Weihnachten 1802 war nämlich von dem jungen Oehlenschläger ein Band „Gedichte" erschienen, womit dieser bereits zuvor anerkannte Dichter sich von der trockenen und steifen Poesie der „Aufklärung" lossagte und zur Romantik überging. Es war dies bekanntlich das Ergebnis jenes für die Litteraturgeschichte stets denkwürdigen Gespräches, das Oehlenschläger mit dem 1802 aus Deutschland — und zwar aus dem Kreise von Männern wie Goethe, Schiller, Herder, Wieland, Schelling, Fichte, A. W. Schlegel — nach der dänischen Hauptstadt zurückgekehrten norwegischen Naturphilosophen und Romantiker Henrik Steffens, diesem „Wecker und Lehrer dreier Nationen", geführt. Dieses sechzehnstündige Gespräch hatte in den Anschauungen des jungen Dichters einen solchen Umschwung bewirkt, dafs er gleich darauf sein berühmtes Gedicht auf „die goldenen Hörner" schrieb, das den eigentlichen litterarischen Ausgangspunkt der neuen Richtung bezeichnet. Diese — zwei — goldenen Hörner waren im Jahre 1639 bezw. 1734 zu Gallehus in Schleswig gefunden worden und stammten aus der Zeit der Völkerwanderung im Norden (ca. 560 n. Chr. oder etwas früher). Das kleinere derselben enthielt eine, nunmehr längst enträtselte Runeninschrift; beide waren mit figürlichen Darstellungen, Schlangenbildern, Sternen u. s. w. geschmückt, die verschieden gedeutet worden sind. In jenen Tagen nun waren die beiden auf ca. 16000 Kronen geschätzten und von dem verständnislosen Publikum auch hauptsächlich wegen ihres hohen Wertes angestaunten Hörner aus der königlichen Kunstkammer abhanden gekommen. (Sie waren gestohlen und sodann eingeschmolzen worden.) Oehlenschläger wählte das Verschwinden der Hörner als Thema eines Gedichtes und behandelte dasselbe in ganz romantischer Weise, indem er in den Hörnern eine Gabe der alten Götter erblickte, der Nachwelt gesandt, um sie an ihren halbvergessenen Zusammenhang mit der Vorzeit zu erinnern. Da jedoch die Menge diese Bedeutung der kostbaren Gegenstände nicht erkannte, so wären dieselben von den Göttern selbst den Menschen wieder genommen worden. — Die „Gedichte" enthielten aufserdem ein lyrisches Drama „St. Hans Aftenspil" (das Spiel am St. Johannis-Abend), worin sich der Dichter ausdrücklich von der alten Schule der Poesie lossagte und zur Romantik bekannte. Die Anhänger der Aufklärungspoesie wehrten sich nach Kräften, jedoch vergeblich:

„Die mondbeglänzte Zaubernacht,
Die den Sinn gefangen hält,
Die wundervolle Märchenwelt
Stieg auf in der alten Pracht."

Die dänische Romantik war übrigens viel gesünder und kräftiger als die deutsche, und blieb auch nicht wie diese im Mittelalter stecken, sondern ging, eine vollkommen selbständige Richtung nehmend, zurück bis ins heldenreiche Altertum. Sie stärkte auch nicht wenig das Nationalgefühl des Volkes, das übrigens kurz vorher erst — und zwar durch ein kriegerisches Ereignis — aus langem Schlafe geweckt worden war. Dies geschah durch die für die Besiegten keineswegs unrühmliche Seeschlacht auf der Kopenhagener Rhede am Gründonnerstag (2. April) 1801, in der die Engländer unter Parker und Nelson die dänische Flotte schlugen und Kopenhagen bombardierten. Zur ersten Aufserung gelangte das dänische Selbstgefühl in einer nationalen Reaktion gegen das Ausland, namentlich auch gegen das bis dahin so sehr bevorzugte Deutschtum.

Auch *Bjarni Thórarensen* wurde von der neuen Geistesrichtung angezogen. Ob er Steffens', „des Blitzmannes", zündende Vorträge gehört oder mit Oehlenschläger persönlichen Umgang gepflogen, ist mir nicht bekannt. Dafs er sich aber der Romantik ergeben hatte, bewies er bereits durch sein im Jahre 1808 gedichtetes

Lied: „Erinnerung an Island“, das zwar in Bezug auf poetischen Schwung und gedanklichen Inhalt mit Oehlenschlägers „Goldenen Hörnern“ kaum verglichen werden kann, jedoch — äufserlich wenigstens — für die isländische Poesie eine ähnliche Bedeutung erlangte wie Oehlenschlägers Dichtung für die dänische. Er dichtete sodann noch in Kopenhagen eine Anzahl anderer Lieder in gleichem Geiste, die zu seinen schönsten lyrischen Ergüssen zählen, und blieb auch in seinem späteren poetischen Schaffen ein treuer Anhänger der Romantik, ohne jedoch die alten heimischen Weisen und Dichtungsarten zu verschmähen. Jenes Lied war aber noch in besonderem Grade dadurch bedeutsam, weil darin der nationale Ton, die Liebe zur isländischen Heimat, so voll und kräftig angeschlagen wurde, wie es bis dahin noch nie der Fall gewesen war. *Bjarni* bekannte sich schon hier als der feurige Patriot, der er sein Leben lang geblieben, und der uns auch in seiner ganzen Dichtung so sympathisch entgegentritt.

Nach Island zurückgekehrt, wohin ihm bereits sein Dichterruf vorausgeeilt war, fand er als Anhänger der neuen Ideen des neunzehnten Jahrhunderts wenig Gnade in den Augen des Gebietigers der heimischen Litteratur, *Magnús Stephensen*, der zugleich sein Vorgesetzter war. Beide erstrebten ja das Beste für das Land. *Stephensen* aber, als eingefleischter Rationalist, wollte demselben die Kenntnisse des Auslandes vermitteln unter Preisgebung des eigenen Volkstums, während *Bjarni Thórarensen* in seinem romantischen Patriotismus alles Ausländische hafste und das Volk aus sich selbst heraus bilden wollte durch Erweckung eines kräftigen Nationalgefühls aus der Erinnerung an die eigene ruhmreiche Vorzeit des Volkes. Er sympathisierte daher auch später mit den ganz ähnlichen Bestrebungen des litterarischen Kreises jüngerer isländischer Männer in Kopenhagen, welcher das Jahrbuch „*Fjölnir*“ ins Leben rief. Ebenso stand er mit seinen politischen Ansichten und Wünschen ganz im Lager der „Fjölnir-Männer“ und wollte die Wiederherstellung des Alþingi in der alten freiheitlichen Form und auf der alten Alþingi-Stätte an der *Öxará*. (Vgl. unten den Artikel über *Jónas Hallgrímsson*.) Aus all dieser Gegnerschaft zu *Magnús Stephensen* und dessen starkem Anhange erwuchsen dem Dichter, der auch unter allerlei ganz unbegründeter übler Nachrede in Bezug auf seinen persönlichen Charakter zu leiden hatte, viel Verdrufs und Ungemach, die seine Stimmung, wie aus vielen seiner Gedichte ersehen werden kann, oft arg verbitterten.

Bjarni Thórarensen war Islands erster, vollgewichtiger Dichter der neueren Zeit. Seine Vorzüge sind: Ideenreichtum, Innigkeit des Gefühls, Kraft und Tiefe. Dann ist er auch als Poet ganz Isländer. Er wählte nicht nur zumeist heimische Stoffe für seine Dichtung, sondern holte auch, kühner als irgend ein Dichter vor ihm, Bilder von den eigentümlichsten isländischen Naturphänomenen und Stimmungen. Er ist hier so echt isländisch, dafs seine Poesie lebhaft an all die seltsamen, bald grofsartig-prächtigen, bald wunderlich-grotesken Naturerscheinungen gemahnt, welche dem feuergeborenen „Eislande“ eigen sind. Die Kühnheit seines Gedankenfluges artet bisweilen freilich in eine Zügellosigkeit der Phantasie aus, die den Dichter bis hart an die Grenze des Geschmacklos-Abstrusen führt. Dabei sind viele seiner Gedichte von einer beinahe schon allzu freien Ungebundenheit in der Form, die störend wirkt. Doch dürfte diese Vernachlässigung der Form weniger auf Mangel an Sorgfalt in der Arbeit, als vielmehr darauf zurückzuführen sein, dafs der Dichter sein Augenmerk mehr auf das Adäquate und die Kraft des Ausdruckes als auf die sprachliche Schönheit gerichtet hat. Es scheint überhaupt, dafs *Bjarni* mit ziemlich grofser Mühe gedichtet hat und besonders die Beherrschung der Form ihm nicht leicht fiel. (Aus diesem Grunde bevorzugte er wohl die bequemere Versart des „*Fornyrðislag*“.) Er schrieb auch, jedenfalls in seinen reiferen Jahren, jeden Vers, den er dichtete, sorgfältig in seine „*Syrpa*“ (Liederheft) ein.[1]) Die angedeuteten Mängel beeinträchtigen denn auch einigermafsen den Wert seiner Dichtung und verhalfen dem jüngeren, minder ideenreichen, minder gewaltigen, aber in Form und Sprache meisterhaften *Jónas Hallgrímsson* in der Folge zur gröfseren Popularität und zum entschiedenen Vorrang.

Am treffendsten, wenn auch ein wenig mit dem Überschwange landsmannschaftlicher Begeisterung hat ein anderer isländischer Poet, *Grímur Thomsen*, den eigenartigen Charakter der Dichtung *Bjarni Thórarensens* mit folgenden Worten gekennzeichnet: „Als Dichter gehörte *Bjarni Thórarensen* zu den energischen Lyrikern, deren glänzende Phantasie und Gefühlsinnigkeit bisweilen mit dem Geschmack und dem Verstande durchgeht; er ist einer jener poetischen Giganten, die sich von einer kleinlichen Ästhetik keine Regeln vorschreiben lassen, denn sie hauen alle Paraden durch und machen durch die Urkraft des Genies selbst Unregelmäfsigkeiten zur Schönheit und Originalität, so dafs, was bei mittelmäfsigen Poeten Mifsbehagen erwecken würde, bei jenen als ein noch gröfseres Zeichen des Schwunges, der Begeisterung, der Gleichgültigkeit des Geistes gegen das Äufsere, der sich in der Fülle der Inspiration nicht die Zeit nimmt, seine Worte abzuwägen, zu Tage tritt. Es folgt daraus von selbst, dafs *Thórarensens* Poesie zur erhabenen und nicht zur harmonisch-schönen Dichtung gezählt werden mufs, denn seine ernsten Gedichte streifen immer an das Dithyrambische, seine heiteren, z. B. die Epigramme auf seinen Diener Klaus an das Groteske; dies steht aber in genauer Verbindung mit dem nordischen Charakter, mit der Natur seines Vaterlandes und mit der Nationalität seines Volkes.

[1]) So wurde mir wenigstens von sehr kompetenter isländischer Seite versichert im Gegensatze zu einer Bemerkung *Grímur Thomsens* in „Gæa“, 1845.

„Jeder, der die Edda und die alten Sagas kennt, mufs gestehen, dafs die altnordische Litteratur eine wichtige Quelle für das Studium des Erhabenen ist. Die Grofsartigkeit der Bilder, die Innigkeit des Gefühls, die in sich ruhende Festigkeit und Energie der Charaktere, die stoische Selbstverleugnung der Persönlichkeiten, die dämonische Verschlossenheit und der unbeugsame Stolz finden sich kaum anderswo so bestimmt ausgeprägt als hier. Man wird einwenden, dafs die negative Seite zu sehr hervorgekehrt sei; aber wie viel Erhabenes ist nicht in der standhaften Innigkeit der Blutrache, die ja überdies auf Treue in Freundschaft und Liebe hinweist, wie viel Grofses liegt nicht dem individuellen Trotz zu Grunde, welcher wohl gebrochen, aber nicht gebeugt werden kann; und dann diese Zurückhaltung des Gefühls, welche die nervöse Empfindelei als Phlegma der Stumpfheit auslegt, die sich aber der gesunden Betrachtung gerade als ein unfehlbares Zeichen eines tiefen und männlichen Gemütes zeigt, das keine Befriedigung findet in sentimentaler Wortergiefsung und gefühlvollen Ohnmachtsanwandlungen, sondern in sich selbst verschlossen, gleich dem schneebedeckten Vulkan, aufsen kalt und ruhig ist, während es im Innern kocht und siedet. So ist die Litteratur, so ist die Edda, für deren tiefe und erhabene Poesie Oehlenschläger die besten Beweise in seinen „Göttern des Nordens“ gegeben hat, so sind die Sagas, an deren Kraft und Innigkeit selbst die südlichen Nationen, z. B. die Franzosen, so grofses Gefallen haben finden können, so ist das melancholische Land, dessen kolossalen Gebirge, unüberschreitbaren Hochsteppen, schäumenden Bergströme und gähnenden Felsenklüfte, so erhaben sie auch für das Auge sein mögen, doch ein niederdrückender Beweis von der Herrschaft der Natur über den Menschen sind. So ist endlich die Nationalität; zwar sind wir aus vielen Gründen unterdrückt und unfrei geworden, aber im Grunde des Volkscharakters ruht doch noch etwas Grofses. Oder mufs nicht die Resignation in die Beschwerden des Lebens und die Standhaftigkeit in dem ewigen Kampfe mit der Natur, die uns noch niemand abgesprochen hat, mufs nicht die Treue gegen Freund wie Feind, die, Gott sei Dank, doch noch unter uns gefunden wird, dahin gerechnet werden?

„Im selben Stile ist nun *Thórarensens* Poesie; das Gebirge hat ihr seine Erhabenheit, der Wasserfall seine Energie, der Vulkan sein Feuer und der Schnee seine Reinheit verliehen. Die Keuschheit des Sternenhimmels atmet in einigen seiner Liebesgedichte, so vollständig ist alles Sinnliche davon ferngehalten; in anderen spielt eine fast südliche Naivetät. Seine patriotischen Gedichte sind alle in kräftiger Tonart, sie geben sich keiner weichlichen Klage hin und verschwinden nicht im Nebel der Vergangenheit wie bei Ossian; sie lassen der Gegenwart volles Recht widerfahren und zerschmelzen nicht in einem müfsigen und wortreichen Pessimismus. Seine satirischen Gedichte und seine vortrefflichen Spottgedichte, welche leider zu lokal und persönlich sind, als dafs man Proben davon geben könnte, sind so bitter, beifsend und sarkastisch, wie es selbst der nordischen Hypochondrie nur möglich ist, sie zu machen." [1])

Bevor wir zu einzelnen Gedichten dieses eigenartigen Poeten übergehen, wollen wir kurz seiner Übersetzungen aus fremden Sprachen gedenken und vor allem bemerken, dafs *Bjarni* der erste war, der Schillersche Verse ins Isländische übertrug, nämlich das Reiterlied aus Wallensteins Lager „Wohl auf, Kameraden, aufs Pferd, aufs Pferd!" und ein Bruchstück aus „Elysium". Er übersetzte ferner, aufser Kleinigkeiten von Ossian und Tegnér, Laurettas Gesang („En Huldre boer under stejle Fjeld") in Oehlenschlägers „Correggio." Interessant sind die Umdichtungen in isländischen Metren von Ovids erotisch-üppiger Elegie „Æstus erat" (Amor. Lib. I, 5), Catulls „Vivamus, mea Lesbia, atque amemus", Persius' „Nec fonte labra prolui caballino" und zweier Gedichtchen Anakreons. Bis heute im Isländischen unübertroffen ist die gereimte Übersetzung von Sapphos berühmter Ode auf ihre Schülerin und Freundin Atthis. [2]) Bemerkenswert ist ferner die Wiedergabe zweier Epigramme Martials, der Verse 5—14 aus Ovids Tristia, Eleg. IX: „Donec eris felix, multos numerabis amicos" u. s. w. im elegischen Versmafse der Originale.

Werfen wir nun einen Blick auf die Dichtungen *Bjarni Thórarensens* selbst, so tritt uns darin vor allem die innigste Vaterlandsliebe entgegen. Diese kommt jedoch weniger in begeisterten Schilderungen der isländischen Natur, als vielmehr in der Erinnerung an den alten Ruhm des Landes, an die tapferen Kämpen, die einst dort gehaust, kurz in der Liebe zum alten Sagalande zum Ausdruck. Wie jeder Isländer zieht er die Berge und Gletscher seiner vielfach öden, dabei aber doch pittoresken Heimatsinsel den üppigen Gefilden anderer Länder, den Aufenthalt daheim dem Leben in einer grofsen Stadt vor. Darum — aber auch aus ganz anderen Gründen — mag er besonders Dänemark nicht leiden, das, personifiziert gedacht, weder Auge, noch Nase, überhaupt kein Gesicht hat. (Denselben Gedanken bringt *Bjarni* auch in dem 1809 in Kopenhagen entstandenen Gedichte „*Sjáland og Ísland*" zum Ausdruck.) Und schon gar Kopenhagen (isl. *Kaupmannahöfn*, d. h. Hafen der Kaufleute, gewöhnlich abgekürzt: *Höfn*, d. h. Hafen) ist ihm verhafst, dies „Babylon am Öresund", wo sich namentlich die isländischen Studenten nie heimisch fühlten. Das schon erwähnte Gedicht „Erinnerung an Island", das, nach der Melodie von „Heil dir im Siegerkranz" gesungen, zum National-

---

[1]) In der dänischen Zeitschrift „Gæa", Jahrg. 1845, deutsch von Jul. Reuscher in „Nordischer Telegraph". 1 Bd. (Leipzig, 1849), S. 490—492. — [2]) Vgl. Poestion, Griechische Dichterinnen, Wien, 2. Aufl. 1882, S. 74. (Græske Digterinder, Kopenh. 1884, S. 69—70; *Ἑλληνίδες ποιήτριαι*, Athen, 1884, S. 54—55).

liede der Isländer geworden ist, giebt diesen Gefühlen den wirksamsten, wenn auch nicht gerade poetischesten Ausdruck. Wir teilen dasselbe, schon seiner litterarhistorischen Bedeutung wegen, hier mit und zwar in der gelungenen Übertragung A. Baumgartners.[1]) Es lautet:

Erinnerung an Island.

(Kvæði, 1884, S. 1—2)

„Uralte Ísafold,
Heimat, so traut und hold,
Bergkönigin:
So lang' die Sonne glüht,
Meer um die Länder zieht,
Liebe im Herzen blüht,
Denkt dein mein Sinn.

Ach, aus des Hafens[2]) Qualm
Sehn' ich mich heim zur Alm,
Heimat zu dir.
Denn in der Stadt Gewühl
Lockt uns der Thoren Spiel,
Sind wir des Spottes Ziel,
Fremdlinge hier.

Land ohne Bergeshang,
Machst mich ganz krank und bang
Mit Nebelhauch.
Nie schmückt dich Zauberlicht,
Hast ja gar kein Gesicht,
Hast eine Nase nicht,
Auge fehlt auch.

Ganz anders siehst du aus,
Schimmerndes Bergeshaus,
Hoch in der Luft.
Leuchtender Sonnenstrahl
Blitzt in den Fluſs zu Thal,
Flammt hin am Gletschersaal
Durch Fels und Kluft.

---

[1]) In Nordische Fahrten. I., S. 43. — [2]) Hafen = Kopenhagen.

Uralte Isafold,
Heimat, so treu und hold,
Bergkönigin:
Freude und Heil sei dir,
Beten von Herzen wir,
So lang' des Weltalls Zier
Nicht sinkt dahin. —

Wie die Herrlichkeit der alten Sagazeit in politischer und ökonomischer Hinsicht verschwunden ist, so haben sich an vielen Orten der Insel auch die Naturverhältnisse bedeutend verschlechtert. Gar manche einst blühende Landschaft ist seither durch die vulkanischen Ausbrüche, Überschwemmungen u. dgl. verwüstet worden oder verödet. Dies war auch mit der Landschaft *Fljótshlíð* der Fall, in der *Bjarni* die Jahre seiner Kindheit verlebt hat. Ihre Schönheit in der alten Zeit hat *Jónas Hallgrímsson* in dem Gedichte „*Gunnarshólmi*“ besungen, das der Leser an einer anderen Stelle dieses Buches mitgeteilt findet. Der Vergleich des gegenwärtigen Zustandes dieser Landschaft mit dem früheren hat *Bjarni* wiederholt schmerzlich bewegte Verse erpreſst, wie z. B. die folgenden, welche gewissermaſsen als Epilog zu dem erwähnten Gedichte *Jónas Hallgrímssons* gelten können.

Fljótshlíð.

(Kvæði, 1884, S. 73—74).

Ein wüster Fleck
Ist Fljótshlíð geworden,
Das einst so wunder-
Lieblich gewesen!
Bergkies umflieſst
Die Füſse jetzt,
Die ehmals auf grünem
Grasfeld gestanden.

Gunnar vom hohen
Grabhügel sieht
Die früher so schönen
Steige verblaſst,
Und er bereut's jetzt,
Daſs er zurück kam,
Um in so öder
Erde zu ruhen.

Zu den patriotischen Gedichten *Bjarni Thórarensens* gehören auch zwei Kriegslieder; doch war es nicht sein engeres Vaterland, dem diese waffenklirrenden Verse galten, sondern das sonst so ungeliebte Dänemark. Den Anstoſs zu diesen Gedichten („*Herhvöt*“, d. h. Aufmunterung zum Kampf, und „*Herganga*“, d. h. Kriegsmarsch) gab jedenfalls das unerhörte Vorgehen der Engländer, welche im Jahre 1807, weil Dänemark sich weigerte, eine Allianz mit ihnen einzugehen und als Unterpfand für dieselbe seine Flotte sowie die

Festung Kronborg zu übergeben, Kopenhagen drei Tage lang (vom 2. bis 5. September) bombardierten und die dänische Flotte wegführten. Durch das Bombardement wurden dreihundert Häuser und Gebäude, darunter die schöne Frauenkirche, in Asche gelegt und viele hundert Menschen getötet oder verwundet. Infolge dieser frevelhaften Gewaltthat steigerte sich die kriegerische Stimmung der Dänen, namentlich aber der unmittelbar so schwer betroffenen Bewohner der Hauptstadt, bis aufs äufserste. Auch *Bjarni Thórarensen* wurde gleich manch anderen seiner Landsleute von gerechtem Zorne gegen die Engländer erfüllt, so dafs er — poetisch wenigstens — für den Krieg zu schwärmen begann. Es ist übrigens nicht unwahrscheinlich, dafs er dem Studentenkorps angehörte. Aus dieser Stimmung heraus dichtete er nun jene Kriegslieder, von denen „der Kriegsmarsch“ entschieden das bedeutendste ist. Dieser erscheint auch sonst interessant und der Beachtung würdig als das einzige nennenswerte Kriegslied in isländischer Sprache wie auch als moderne Nachdichtung des berühmten altnordischen Kampfaufmunterungsliedes „*Bjarkamál*“ (vgl. oben S. 23—24) und endlich wegen des Umstandes, dafs demselben eine in den napoleonischen Kriegen entstandene Tiroler Marschmelodie zu Grunde liegen soll. Das auf Island sehr populär gewordene und noch immer gern gesungene Lied kann in deutscher Übersetzung etwa wie folgt (im Versmafse des Originals) wiedergegeben werden:

Kriegsmarsch.

(Kvæði, 1884, S. 17—18).

Siegend durchs Dunkel bricht sich Bahn
Schon das Licht; der Tag rückt heran
Über die Wälder
Wiesen und Felder;
Sein Gefieder sträubt der Hahn.
Wachet drum auf, ihr Freunde, hei!
Auf und greift nach Stahl und Blei!
Zeit für die Mut'gen
Ist's zum blut'gen
Schwerterkampf zu gehen aufs neu'.

Nicht zum Gekos' mit Mägdelein
Weck ich euch, nicht zum Gelag bei Wein,
Sondern auf bleichen
Männerleichen
Hilds[1]) Spiel zu üben, lad' ich euch ein.

[1]) Hildr = Walküre des Kampfes.

Blaues Blei die unholde Maid[1])
Aus dem grauen Munde speit;
Bald werden fühlen
Wir auch der kühlen
Bajonette Hunger im Streit.

Frisch das schneidige Schwert geschwenkt!
Keinem Feinde das Leben geschenkt,
Bis selber wir müssen
Sterbend küssen
Der Walstatt Sand, vom Blute getränkt!
Ehrenvoll ist des Kriegers Stand;
Tapferkeit sei unser Band.
Schön ist's, ihr guten
Brüder, zu bluten
Und zu sterben fürs Vaterland![2])

Die Eigenart des Dichters tritt jedoch am meisten in seinen **Totenklagen** und **Liebesgedichten** zu Tage.

Die **Totenklagen** (*erfiljóð*) bilden bekanntlich eine von den Isländern bis auf den heutigen Tag mit besonderer Vorliebe gepflegte Dichtungsgattung (vgl. oben). Auf diesem Gebiete hat *Bjarni Thórarensen* weitaus das herrlichste geschaffen, was die isländische Litteratur besitzt. — Auf den Tod eines ihm sehr befreundeten Lehrers der Lateinschule zu *Bessastaðir*, Namens *Jón*

---

[1]) Die Flinte oder Kanone. — [2]) Privater isländischer Mitteilung zufolge soll *Bjarni Thórarensen* selbst die Melodie zu seinem Kriegslied als einen Tiroler Marsch aus den napoleonischen Kriegen bezeichnet haben. Es ist mir jedoch trotz Umfrage bei den besten musikalischen Kennern der Tiroler Volkslieder nicht gelungen, die Richtigkeit dieser Behauptung festzustellen. Die Melodie lautet:

Marcato.
Sie-gend durchs Dunkel bricht sich Bahn Schon das Licht; der
Tag rückt heran ü - ber die Wäl-der, Wiesen und Fel - der;
Sein Ge - fie - der sträubt der Hahn.

Jónsson, der 1817 unter den berüchtigten *Svörtuloft*, an den Felsen des *Saxhólsbjarg* am Fuße des Gletschers *Snæfellsjökull* (also nordwestlich von *Reykjavík*), beim Schiffbruch des Postschiffes „Dorothea“ mit den übrigen Passagieren und der gesamten Bemannung ertrank, dichtete *Bjarni* die nachfolgenden Strophen. (Er spielt darin, wie es scheint, auf die Verbitterung und Lebensunlust des Verstorbenen an, die dem noch jungen Manne aus Anfeindungen von seiten des Bischofs *Geir Vídalín* erwachsen waren.) Das Gedicht ist im *Fornyrðislag* abgefaßt und lautet in deutscher Übersetzung:

Jón Jónsson.

(Kvæði, 1884, S. 38—42).

Ich hör' in der Dämmerung
Dumpf einen Laut
Aus der Gegend, wo es
Kein Leben giebt,
Wo Schlaf die Sonne
Sucht, wo der Tag
Sterbend sich neigt
Und die Nacht herrscht.

Vom schneebedeckten
Snäfellsstrande —
So sagt er mir —
Sei er gekommen
Dort habe Ägir
Unter den Felsen
Ausgelöscht
Das Leben Jóns.

Läuten vom Wolkenturm
Dort im Nordwest
Nicht Leichenglocken
Auf Luftbalken?
Und tragen die Wogen
Nicht Totenlieder
Aus der Ferne herbei
Nach des Fjordes Scheren?

Um Erlösung sie bat,
Als in Leibes Banden
Seine Seele
Sehnend noch lag.
Er trug unwilliger
Als manch einer
Die Fessel der Erde
Und lebte drum freudlos.

Es ist, als flüstre
Ins Ohr mir der düstre,
Traurige Laut
Eine Todeskunde . .
Kühl weht der Nordwest,
Als wär' über eine
Leiche er
Soeben gestrichen.

Sie selbst, die Seele,
Mit ihrem Scharfblick,
War gleich bereit
Zu guten Werken,
Aufrichtig
Und edelmütig,
Gott und alles
Gute liebend.

Frei ist sie nun,
Und sie flog zu ihm,
Dem heiligen Herrscher
Des Lichts und des Lebens;
Im Willen rein,
Im Wissen vollkommen,
Lenkt sie sich selbst
In der Seligkeit jetzt.

Dort harrt des neuen
Heims sie, das schöner
Und besser auch,
Als ihr altes war, sein wird:
Aus blauen Wogen
Wieder erstanden,
Wie einst die Welt
Dem Wasser entstiegen.

Ausgekämpft hat sie
Den Kampf mit dem Leibe,
Schuldfrei tritt sie
Vor ihren Herrn,
Der da in aller
Ewigkeit
Keinen ungerecht
Anklagen wird.

Indessen aber,
Bis dies geschieht,
Wird sanft er schlummern
Am Grunde der See
Zu den Füfsen unserer
Mutter Erde,
Die er im Tode
Jetzt umarmt.

Ich seh' einen Rifs
In der schwarzen Wolke
Und einen Stern
Stehen dahinter;
Es ist, als säh' ich
Der Ewigkeit Tag
Leuchten durch eine
Lücke des Grabes.

Von markiger Kraft und kühnstem Gedankenfluge, dabei freilich auch wieder von grofser Nonchalance in den Bildern wie in der Form, ist die Klage über den Tod des *Sæmundur Magnússon Hólm*. Dieser *Sæmundur* (geboren 1743, gest. 1821) ist derselbe Mann, den wir bereits wegen der Rolle, die er im Volksaberglauben spielte, flüchtig kennen gelernt haben.[1]) Er war von 1789—1819 Pastor zu *Helgafell* in der *Snæfellsnes Sýsla*, hatte sich früher 16 Jahre hindurch in Kopenhagen aufgehalten und hier u. a. auch zu einem guten Zeichner ausgebildet. Die wenigen Portraits hervorragender Isländer seiner Zeit (wie z. B. des Dichters *Sigurður Pjetursson*, des Bischofs *Geir Vídalín* u. a.) sind fast sämtlich von ihm mit roter Kreide gezeichnet. Er war auch in den Naturwissenschaften sehr bewandert, schrieb

[1]) Vgl. oben S. 171 u. 172.

recht gute Verse und wurde als ein ausgezeichneter Sänger und vorzüglicher Schwimmer gerühmt, wie er denn überhaupt ein vielseitig begabter Mensch gewesen sein soll. Ein Freund der Armen und Verächter der Wohlhabenderen, wurde er von diesen angefeindet, von jenen geliebt. Im übrigen scheint er in seinen guten Absichten mifsverstanden worden zu sein und sich auch als verkanntes Genie gefühlt zu haben. Jedenfalls ist er ein arger Sonderling gewesen, mit dem man schwer auskommen konnte, und der darum beständig in Prozesse verwickelt war. Als Geistlicher liefs er sich schwere Pflichtversäumnisse zu schulden kommen, weshalb er sogar angeklagt wurde; und er wäre auch sicherlich seines Amtes entsetzt worden, wenn nicht gerade *Bjarni Thórarensen* mit einigen anderen Mitgliedern der betreffenden Gerichtskommission der Sache eine solche Wendung gegeben hätte, dafs *Sæmundur* straflos ausging. Den Namen *Hólm* hatte er nach seinem Geburtsorte *Hólmasel* in der *Skaftafells-Sýsla* angenommen.[1]) Das im *Fornyrðislag* und *Ljóðaháttur* abgefafste Gedicht, von dem — kaum zutreffend — behauptet wurde, es sei „wohl die tiefste Weisheit, welche je aus der Feder eines Isländers gekommen ist.“[2]) lautet in deutscher Übersetzung:

Sæmundur Magnússon Hólm.

(Kvæði, 1884, S. 75—81.)

Sæmundur, hör' ich,
Sei hingesunken.
Er legte den müden
Leib zur Ruhe
Ins weiche Bett.
Das für uns alle
Bereitet ist
Hier auf der Erde.

Gottheitsflammen
Durchglühten sein reines
Herz, wenn auch oft sie
Nebel verhüllten.
Mit Händen zu greifen
Sein grofses Talent war,
Und dennoch dünkte
Der Dümmste sich klüger.

Für sein Vaterland
Hätte mit Freuden
Er Glück und Leben gegeben.
Er wirkte mehr
Als die meisten andern
Und erntete Undank und Spott nur.

Wen er für gut hielt,
Liebte er auch
Wie seinen Sohn oder Bruder;
Selbst fand Liebe er
Fast bei niemand
Und noch weniger Mitleid.

Viele werden
Gefeiert für Gaben —
Von andrer Gute gegeben.

---

[1]) Vgl. *Kvæði eptir Bjarna Thórarensen* (Kopenh. 1884), S. 278. —
[2]) *Einar Hjörleifsson* in *Kvæði eptir Bjarna Thórarensen*, S. XLV.

Er gab von seinem
Selbst — und reichlich;
Vergessen sind seine Gaben.

Er kränkte keinen,
Ihm doch ward Kränkung
Zugefügt von vielen.
Ein unruhiger
Kopf hiefs er oft,
Wenn unter Hieben er aufschrie.

Weshalb ward für dumm
Das Talent gehalten?
So wenig geliebt,
Der die andern liebte?
Zielscheibe für Dumme
Und Tückische er?
Droht' ihm das Schwert,
Wenn umarmen er wollte?

Im zahlreichen Zug
Nach dem Zeltplatz des Todes
Behandeln die Reisenden
Jene gehässig,
Die ihr Gepäck nicht,
Obgleich es ihr eignes,
Ebenso ordnen,
Wie all die andern.

Die Maulwurfs-Seele
Im Menschen-Leibe
Sieht nur sich selber,
Aber nicht weiter.
Kurzsicht'gem Geschöpf
Erscheint, was ihm nahe,
Kleiner als es selbst ist,
Weil selbst es sich näher.

Doch aber fürchtet's
Das Äufs're beweg' sich,
Da es ja einmal
Angestofsen.

Und was die meisten
Machen, thut's auch,
Damit man ja sehe,
Es sei nicht von Sinnen.

Am leichtesten ist es
Nachzuäffen
In unbedeutenden Dingen;
Und das thun sie;
Und thust du's nicht auch,
Glauben sie gleich, du kannst's nicht.

Und wärst im Besitz du
Der Weisheit der Welt,
Wie sie im Besitze der Dummheit,
Nennen sie doch dich
Dumm, denn sie kennen
Keine höhere Weisheit.

Die Maulwurfs-Seele
Wird dich nicht lieben,
Hat Furcht sie vor dir nicht.
Vorteil nur sucht sie;
Doch solchen erwartet
Sie nicht vom machtlosen Manne.

Hassen dich Mächtige,
Wird umsomehr noch
Hafs dir vom Haufen, dem dummen.
So, seh'n sie, können
Sie ja der Menge
Vollen Beifall stets finden.

Sah oft, wie der feigste
Wicht dann angriff,
Wenn er auf wenig
Widerstand hoffte,
Oder sich seines
Siegs über Unschuld
Rühmt', wenn er wufste,
Es räche sie niemand.

Mancher rühmt einen,
Der ihm verhafst ist,
Doch viele Freunde besitzet.
Aber noch mehr sind,
Die nicht loben,
Den die Dummen verlästern.
Sie wissen, die Dummheit
Herrscht auf der Welt,
Und fürchten ja stets
Vor der stärkeren Macht sich.

Oft drum ward Sæmund
Auf seiner Wand'rung
Hinausgestofsen
Vom Weg ins Gestein,
Weil sein Gepäck er
Nicht band mit denselben
Knoten, wie alle
Die andern sie knüpften.

Nun ist er nicht mehr
Der andern Fufsbrett.
Alles, was früher
Ihm fehlte, hat jetzt er.
Dafs Gutes er wirkte,
So weit er nur konnte,
Ihm lohnt es nun Er,
Der auch lohnet den Willen.

Du Isländer aber,
Voll Vaterlandsliebe,
Spare doch endlich
Den Spott auf Sæmund!
Es liebte der Mann
Euer beider Mutter;
Er weinte, weil helfen
Er wollt' und nicht konnte.

Einen Heringschwarm seh' ich,
Seh' wie der Dorsch
Heringe hascht aus dem Schwarme.
Es jagen den Hering
Ja andere, gröfsre
Fische und folgen dem Schwarme.

So ist es mit allem;
Es jagen die gröfsern
Fische die kleineren Fische,
Dem Hering zur gleichen
Herberge folgend:
Im Wanste des tötenden Wales. —

Kaum minder bedeutend erscheint indessen auch die Elegie auf seinen teuersten Freund, den Arzt und Naturforscher *Oddur Hjaltalín*, der ein Jahr vor *Bjarni* starb (1840). *Oddur* war ein hochbegabter Mann mit der edelsten Gesinnung, jedoch im übrigen, gleich dem Dichter selbst, von einem starken, ungezügelten Naturell, das nicht selten ins Groteske hinüber spielte. Das Gedicht ist zugleich das letzte, welches *Bjarni* gedichtet hat. Es lautet:

Oddur Hjaltalín.

(Kvæði, 1884, S. 204—207.)

Niemand wird tadeln
Den, der auf Felsen
Liegt mit zerschlagenen
Gliedern — lebend,
Den Leib zerhauen
Von Lava-Äxten,
Dafs nicht melodisch
Nach Noten er jammert.

Wund're sich niemand,
Dafs da wachsen
Seltsame Blumen,
Wo den Boden von unten
Durchglüht des Schmerzes
Glut und von oben
Der Feuerregen
Der Thränen befeuchtet!

Tadelt drum auch nicht
Oddur Hjaltalín,
Dafs seine Worte
Oft wenig gefielen!
Es waren Frostrosen
Der Todeskälte,
Des Harmes Lachen
Und Hel-Blumen.[1])

Gleich von der Jugend an
Hat sich das irdische
Glück ihm beständig
Abhold erwiesen
Ihm folgte die Armut
Auf allen Wegen,
Doch hatt' er die meisten
Sorgen zu Hause.

Von Herzen ein König,
Doch sonst nur ein Häusler,
Verarmte er selber
Aus Mitleid mit Armen;
Andre beglückend
Ging selbst er zu Grunde:
Er heilte die Kranken,
Der selber doch krank blieb.

Doch reich war sein Geist;
Und lagen von Krankheit
Und Sorgen oft Berge
Ihm auf der Brust,
So warf er die Last ab
Und schuf sich lustige
Trolle, Schildmädchen
Und Märchenwälder.

Diese seltsamen
Gesichte neckten
Dann wohl eine Weile
Seine Sorgen.
Andern zum Ärger
Schuf Oddur sich so
Eine Welt des Lachens,
Wo weinen er sollte.

Nun schweigt Oddur;
Es schauen die toten
Augen der Seele
Nach in die Ewigkeit;
Dort wird eine solche
Welt sie finden,
Dafs sie nicht braucht
Eine bess're zu schaffen. —

Du, der da schlafend
Schwimmt auf dem Strome
Des Lebens zur Mündung
Ins Meer des Todes:
Lästere nicht
Den Lachs, der gegen
Den Strom ankämpft
Und Fälle erklettert.

Dafs des Dichters Phantasie auch zarte und anmutige Bilder zu schaffen verstand, beweisen gerade auch einige in die Kategorie der Grabeselegieen gehörige Gedichte, wie z. B. die hübschen

[1]) Hel, die Göttin der Unterwelt und diese selbst.

Strophen auf den Tod der *Guðrún Stephensen*, Gemahlin des mehrerwähnten Justitiarius *Magnús Stephensen*, einer tüchtigen und dabei sehr bescheidenen Hausfrau. Die erste Strophe dieser feinpoetischen Schöpfung lautet (*Kvæði*, 1884, S. 146):

Stürzt im Sturm die hohe Eiche,
Wird's von Berg zu Berg erzählt;
Sinkt Blauveilchen hin, das bleiche,
Niemand Kunde wohl erhält.
Erst, wer seinen Duft vermifst,
Merkt, dafs es verschwunden ist.

Wen rührt nicht auch die Lieblichkeit des Gedankens in den folgenden Versen?

An ein Kind.

(Kvæði, 1884, S. 92—93).

Jammert nicht, weil in die Erde
Die schöne Hülle hinabsinkt!
Ein Röslein ist's, ausgerissen
Ehvor sich die Knospe gerötet;
Es rifs sie der aus dem Erdreich,
Dem sie gehörte, der Gärtner;
Er nahm sie fort, um in bessern
Boden sie zu verpflanzen.

Sie lernte die Liebe nicht kennen,
Noch Leid und Freude auf Erden;
Sie kannte ihn nicht, der mit kalten
Lippen sie eben geküfst hat,
Und sie mit seinen beiden
Breiten Schwingen dahintrug,
Wo es allein nur Liebe
Und niemals irgend ein Leid giebt.

Ein ganz wundersamer Zauber webt in *Thórarensens* Liebeslyrik. So leidenschaftlich und tief dieselbe im ganzen erscheint, ist sie doch so keusch, so frei von aller Sinnlichkeit, dafs man sich wohl kaum eine reinere und idealere Erotik denken kann. Die Liebe zwischen Mann und Weib ist ihm nur ein seelisches Band, das daher auch über den Tod hinaus bestehen bleibt. Die Macht der Liebe über den Tod war überhaupt eine Vorstellung, die unserem Dichter immer nahe lag, und wo dieselbe völlig zum Durchbruch gelangt, erkennt man bald, dafs in des Dichters Brust dieselben Gefühle lodern, welchen die wilden aber tief empfundenen Schilderungen todbringender und dem Tode trotzender Liebe entsprungen sind, die uns in den „Eddaliedern“ so mächtig ergreifen. Welche Leidenschaft liegt z. B. nicht in den wenigen Versen des Gedichtchens

„Küsse mich!“

(Kvæði, 1884, S. 187.)

Küsse mich, o Liebchen mein,
Du bist krank!
Küsse mich, o Liebchen mein,
Denn du stirbst!

Heiter trink' den Tod ich
Aus der Rose,
Aus der Rose
Deiner Lippen,
Denn der Becher ist so rein!

Am höchsten von allen Liebesgedichten schätzen die Isländer selbst **das Lied an Sigrún**, welches — auch schon durch seinen Namen — an die berühmte Stelle im herrlichen zweiten Gesang der „Edda“-Lieder von Helge, dem Hundingtöter, erinnert, wo Sigrún den Geist des Helge im Grabhügel umarmt. Das Lied lautet im Versmafse des Originals:

Das Lied an Sigrún.

(Kvæði, 1884, S. 68—70).

Betrübt hast du mich neulich
Mit deinen Worten, Sigrún!
Ich bat dich, mir zu erscheinen,
Im Falle du vor mir stürbest.
Du meintest, ich würde nicht wollen
Die kalten Lippen küssen,
Und dich im weifsen Laken
An meinen Busen drücken

Dann kann mein Mädchen auch nicht
An meine Liebe glauben,
Sobald es Zweifel heget,
Daſs ich's auch tot noch liebe.
Sind's denn nicht deine Lippen
Wenn sie dann auch kalt sind?
Deine Wangen seh' ich,
Wenn sie auch weiſs geworden!

Küſst im kalten Winter
Kalten Schnee die Sonne
Nicht so gern wie rote
Rosen im Sommer?
Weiſs ist auch die Lilie,
Weiſs bist selbst wie Schnee du;
Wirst du denn minder schön sein,
Wenn Mund und Wangen weiſs sind?

Fehlt des Lebens Rot auch
Deinen Lippen, so schmückt sie
Hold doch der Hauch der blauen
Hallen der Ewigkeit.
Engelweiſs wird ja der Wangen
Unversehrte Form dann
Ebenso schön wie rot sein,
Erlischt die ird'sche Fackel.

Darum, geliebtes Mädchen,
Laſs nicht allein mich, wenn schon
Vor mir du nach des Himmels
Friedenssälen wanderst!
Komm, sobald im Herbste
Kalte Winde wehen
Und um Mitternacht
Gewölk den Mond verbirgt.

Es wird der bleiche Mond wohl
Mitleidsvoll den Schleier
Von sich werfen, so daſs ich
Seh' dein wonnig Lächeln.

Eil' zu meinem Pfühle
Dann geschwind, mein Mädchen,
Und mit deiner weifsen,
Weichen Hand berühr' mich.

Streck' ich, erwacht, die Arme
Nach dir aus, o so kehre
Den schneekalten Busen
Schnell nach meinem Herzen!
Fest presse Brust an Brust du
Und bleib', bis du befreit mich
Aus des Leibes Fesseln,
Damit ich dir kann folgen.

Charakteristisch für des Dichters seelische Auffassung der Liebe ist auch das folgende Gedicht:

„Küsse mich nochmals!“

(Kvæði, 1884, S. 187—188.)

Sollst dich nicht wundern, o Svava,
Dafs die Wort' ich nur stammle —
Ohne Zusammenhang — einzeln —
Die Atemnot macht es —
Noch, dafs ich wieder dir nahe,
Da wir soeben geküfst uns.
Dräng' mich von dir nicht zurück,
Du bist mir etwas schuldig!

Weifst du nicht, dafs unsere Seelen
An den Thoren sich trafen?
Da setzte die meinige, Svava,
Sich dir auf die Lippen;
Ruhend auf rosigem Lager
Dünkte sie reich sich!
Noch im Schlummer dort nickt sie
Und träumt von dir, Svava!

Weifst du's! Es liegt nun mein Leben
Auf deinen Lippen!
Lafs es mich schlummernd saugen
Vom schimmernden Lager!

Lafs nicht den Tod mich erleiden,
Ich bitte dich, Svava:
Gieb mir zurück meine Seele
Und küsse mich nochmals!

Reizvoll sind auch die folgenden, in Kopenhagen gedichteten Verse:

Der Westwind.

(Kvæði, 1884, S. 223—224.)

„Der du im Lenz mit deinem
Lauen Hauch des Reifes
Harte Decke fortnimmst
Von den Halden Islands
Und sie dafür mit grünem
Grasgewand bekleidest,
Westwind, sag', hielt'st wohl du,
Was wir zwei vereinbart?

Hast mitgebracht den Kufs mir
Übers Meer vom Liebchen
Mit roten Wangen, weifst ja,
Wie du es mir versprochen?"

„„Ja, ich nahm auch einen
Kufs von deiner Liebsten
Mit den roten Wangen,
Wie ich es dir versprochen.
Trug über blaue Wogen
Weit durch die klare Luft ihn,
Doch — du darfst mir nicht zürnen —
Dafs ich ihn dir nicht bringe.

Sah da heut im Haine,
Wie ihr Haupt, das bleiche,
Eine lichte Lilie
Hingelegt zum Sterben.
Bat mich da die Holde,
Sie vom Tod zu retten;
Ganz mein Wort vergessend
Gab ich deinen Kufs ihr.

Da erwachte zum Leben
Wieder die Halbtote;
Und das Haupt erhebend
Ob der herzenswarmen
Liebessendung sah sie
Lächelnd nun zu mir auf.
Deiner Liebsten Küsse
Dankt sie jetzt das Leben.""

Von allerliebster Schalkhaftigkeit und köstlicher Originalität in der Verwendung des nordisch-mythologischen Motivs, dafs die Göttin der Liebe (Freyja), wenn sie ausfährt, zwei Katzen vor ihren Wagen gespannt hat, ist das nachfolgende Gedicht:

Freyjas Katzen.

(Kvæði, 1884, S. 188—190).

Des Abendsternes Königin,
Die du erweckst der Liebe Macht,
Dein strahlend Goldgefährt, darin
Du thronst in deiner lichten Pracht,
Die allerschönsten Tiere zieh'n:
Die süfs spinnenden schneeweifsen Katzen!

Doch dienen sie ganz anders auch
Der Liebesgöttin, hehr und mild;
Sie jagen, wie es Katzenbrauch;
Doch Mäuse nicht sind dann ihr Wild:
Auf Männer ist es abgezielt,
Und oft schickt sie die Göttin aus zu jagen.

Der Erdenkatzen Lauerlist
Die Himmelstiere nicht verschmäh'n;
Jedoch bei weitem edler ist
Dabei ihr Treiben anzuseh'n:
Zu Mädchen ins Versteck sie geh'n
Und liegen hinter ihren Augensternen

Wohl haschen sie gar manchen Mann
Aus diesem Hinterhalt geschwind;
Doch auch dabei man sehen kann,

Was sie für Meisterkatzen sind:
Sie schnurren wohl gar süfs und lind,
Doch keinem, der's nicht selber will, sie schaden.

Wer stets sie meidet, der wird nie
Auch spüren ihre scharfen Klau'n;
Von Blick zu Blick nur springen sie.
D'rum merke: Mädchen oder Frau'n
Sollst du nicht in die Augen schau'n,
Denn hinter ihnen lauern Freyjas Katzen!

Es giebt auf dieser Erde grofs
Kaum einen, der sich rühmen kann,
Dafs diesen Katzen wundenlos
Und ohne Schaden er entrann;
Doch kläglich bleibt es immer, wann
Für Freyjas Katzen Männer Mäuse werden.

Aus den übrigen Gedichten ist zunächst hervorzuheben das grofsartig-prächtige:

Der Winter.

(Kvæði, 1884, S. 142—145).

Wer braust da die gold'ne
Brücke herab
Vom hohen Himmel
Auf schneeweifsem Hengste,
Der wild die bereifte
Mähne wirft
Und Funken schlägt
Mit den scharfen Eisen?

Es glänzt des Kämpen
Graufarbige Brünne,
Ein Eisschild hängt
An des Helden Schultern;
Kalt vom geschwungenen
Schwerte weht es,
Als Helmbusch flattert
Ein Büschel Nordlicht.

Vom Reich der Mitternacht
Kommt er geritten,
Vom Kraftborn der Welt,
Der Weichlichkeit Schrecken;
Nicht Frühling noch Wollust
Freut dort sich des Lebens
Im Heim des Magneten,
Auf Magnetbergen.

Er kennt nicht das Alter,
Der älter als die Welt doch
Und gleichen Alters mit Gott selbst.
Er wird überleben
Die Welten alle
Und sie als Leichen liegen seh'n [1])

Es wächst des Kräftigen
Kraft, der ihm naht,
In seiner Umarmung
Erstarrt die Erde,
Zu Demant sich wandelt
Ihr Blut, und die Wolle
Des grünen Mantels
Wird grau und verschwindet.

Doch läfst er der Scholle
Schwache, grüne
Kinder nicht fühlen
Die Kraft — der Gewaltige.
Er schläfert sie ein,
Damit sie verschont
Bleiben vom Elend
Des Alter-Todes.

Ganz dann kommt er,
Umklammert mit seinen
Eisenarmen
Die Erde und küfst sie.

---

[1]) Anspielung auf die Kosmogonie der Edda.

Mutter sie wird
Und die Maiensonne
Wählet sie sich
Zur Wehfrau aus.

Man sagt, vor dem Frühling
Fliehe der Winter;
Er flieht nicht, er hebt nur
Höher empor sich.
Unten ist Frühling,
Doch oben des Winters
Breite Brust
Hoch raget ins Blaue.

Niemals entfernt
Der Ruhmvolle so weit sich,
Dafs er von beiden
Polen der Erde
Los sich löste
Oder verliefse,
Was hier auf der Erde
Dem Himmel zunächst ist.

Drum sieht man mitten
Im Sommer des Winters
Zier auf der Berge
Prächtigen Kuppen;
Drum will auch des Himmels
Reif auf den Häuptern
Der Greise nicht tauen
Beim Grünen des Frühlings.

Einen weiteren Einblick in die originelle Gedankenwelt unseres Poeten gewinnen wir durch die beiden Gedichte „Die Nacht“ und „Der Tod“, welche ebenfalls Reflexionen enthalten, die für die isländische Dichtung damals noch ganz neu erschienen:

Die Nacht.

(Kvæði, 1884, S. 215—216.)

Ich seh', dafs die Sonne
Gesunken ins Meer;
Ich kann auf der Erde
Nichts unterscheiden,
Dem Auge entweicht selbst
Alles, was nahe ist;
Mufs schau'n in den öden
Raum des Entschwundnen.

Alles ist gleich,
Ununterscheidbar,
Lichtfleckchen leuchten —
Leuchten so schön.
Das sind die grofsen
Verstorbenen Männer,
Die nieder auf ihre
Nachkommen blicken.

Was für ein Mädchen ist es,
Das dort mit mildem Blicke
Hinschaut auf die Lichtlein,
Die ihr entgegen flackern?
Die Saga ist es,
Die selbst die Erinnerung
Nährt an die Männer
Und davon genährt wird.

Lichtbüschel wallen,
Buntfarbig schöne,
Bedecken mit flackernden
Flammen den Himmel;
Hinfährt der Ruhm da
Der Helden des Nordens;
Davon ihren Namen
Die Nordlichter haben.

Der Tod.

(Kvæði, 1884, S. 61—62.)

Nimmer ist's traurig, zu denken,
Von dieser Erde zu scheiden,
Auf einem Sterne da droben
Zu steh'n — schon thun wir's im Geiste —
Von dort, was mitten im Munde
Des Mondes sich birgt, zu sehen
Und schnell dann wie der Gedanke
Selbst die Sonn' zu erforschen.

Auch ist es wohl kaum betrüblich,
Auf einmal nun mehr zu wissen,
Als zeitlebens da lehrten
Leibnitz, Kant und Fichte,
Oder zu wandern zu allen
Den Weisen, die hingeschieden,
Und was selbst sie lernten,
Wieder zu lernen von ihnen

Zum Weinen nicht Grund hat der Gute,
Weil er zum Richterstuhl geh'n mufs,
Wo unsern besten Freund wir
Finden werden als Richter,
Ihn, der allein nur weifs,
Was wir auf Erden verschuldet;
Streng wird die Schwäche nicht strafen,
Der selbst uns die Stärke gegeben.

Fürcht' dich darum auch nicht,
Den Tag ohne Abend zu schauen,
Oder so krank zu werden,
Dafs öfter du nicht mehr krank wirst.

Neben solchen Gedichten voll Erhabenheit der Gedanken finden sich in dem Liederbuche des Poeten nicht wenige von köstlicher Laune und Lustigkeit, wie die Epigramme auf seinen treuen, jedoch trunksüchtigen Diener Klaus, ferner treffliche Spottgedichte, die aber wie schon *Grímur Thomsen* bemerkt, zu lokalen und persönlichen Charakters sind, als dafs man dieselben mitteilen könnte. Wir wollen dafür einige Proben kurzer Stimmungsgedichte geben.

Als der Dichter eines Tages in sehr gedrückter Stimmung längs des Meeresstrandes dahin ging und die gegen die Scheren tobende Brandung betrachtete, wurde er zu den folgenden Versen angeregt (*Kvæði.* 1884, S. 211):

Ewig ächzt die Schere
Draufsen in dem Fjorde,
Doch es bricht die Brandung
Ihre Brust auch immer.
Vor dem toten Felsen
Fühle Scham der Mensch doch,
Der den Schicksalswogen
Weichend geht zu Grunde. —

Auf Island ist, bei den wenigen Brücken, die es in diesem Lande giebt, das Durchreiten oder Durchwaten eines Flusses ein alltägliches, aber keineswegs gefahrloses Vorkommnis. Es gilt da unerschrocken und mutig zu sein. Dies wendet der Dichter auf das menschliche Leben an, besonders auf den

Streit mit den Menschen.

(Kvæði, 1884, S. 219.)

Stark müh' ich ab im Strom mich,
Steh' bis an die Arme im Wasser,
Schwere Wogen wälzen
Wuchtig auf meine Brust sich.
Auf gut Glück nur wat' ich,
Gleite oft aus im Kiessand.
Kräftig die Flut bekämpfend
Komm' ich doch heil ans Land noch.

Derselbe Gedanke liegt auch den folgenden Versen zu Grunde, die uns zugleich ein Stimmungsbildchen vom Nordpolar-Meere geben (*Kvæði*, 1884, S. 218):

Weit draufsen im Meer, in des Nordpols Nähe
Sitz' ich allein hier in meinem Boot.
Hoch geht die See, keine Sonne ich sehe,
Die Wogen drohen mit sicherem Tod.
Doch fest ist mein Kahn, hält wacker Stand,
Und führ' ich die Ruder mit starker Hand,
So läfst mich ja unter seinem Schirme
Wohl lebend landen der Vater der Stürme.

Zum Schlusse noch ein Epigramm lehrhaften Inhaltes, das wegen des darin angewendeten Metrums bemerkenswert erscheint.

Warnung.

(Kvæði, 1884, S. 210.)

Mensch, warum blickst du ins Ferne? — Ich schau', wie dort weiter der Weg ist. —
Mensch, schau näher doch zu! Sieh auf dem Weg hier den Stein!

Bjarni Thórarensens Gedichte wurden erst nach dem Tode des Poeten gesammelt und — bisher zweimal — von der isländischen Litteraturgesellschaft zu Kopenhagen herausgegeben, das erstemal im Jahre 1847 („*Kvæði Bjarna Thórarensens*“), das zweitemal im Jahre 1884 („*Kvæði eptir Bjarna Thórarensen*“). Über den Dichter und seine Poesie schrieben ausführlicher Dr. *Grímur Thomsen* in der Zeitschrift „Gæa“ (Kopenhagen, 1845) und danach Julius Reuscher in „Nordischer Telegraph. Eine Wochenschrift für Politik, Litteratur und Kunst Skandinaviens und der Niederlande.“ Erster Band. Oktober 1848 bis Juni 1849. Leipzig, S. 490—493; ferner Carl Rosenberg in „Illustreret Tidende.“ Kopenhagen, 24. Bd. (1883), S. 415—420, 427—429 und 437—439 und *Einar Hjörleifsson* in der zweiten Ausgabe der Gedichte *Bjarni Thórarensens* S. IX bis XLVI. — Die Gedichte „Erinnerung an Island“, „Lied an Sigrún“, „Küsse mich wieder“, „Oddur Hjaltalín“ und „Der Westwind“ wurden auch von M. Lehmann-Filhés übersetzt in ihren „Proben isländischer Lyrik“ (Berlin, 1894), S. 5—15.

* * *

Bjarni Thórarensen hat also die Romantik in die isländische Dichtung eingeführt und dadurch einen bedeutenden Umschwung in derselben hervorgerufen. Man darf sich jedoch unter dieser Wendung nicht eine plötzliche Abschwenkung der gesamten isländischen Dichtung zur Romantik vorstellen. *Bjarni Thórarensen* war vielmehr der erste und wegen seiner hohen Begabung wirklich erfolgreiche Bahnbrecher für die neue Richtung, welcher dann die jüngeren Poeten wie *Jónas Hallgrímsson, Grímur Thomsen, Benedikt Gröndal* d. J. u. a. folgten, während die älteren im allgemeinen noch auf den von ihnen bereits eingeschlagenen Pfaden weiter wandelten. Es mufs überhaupt in Bezug auf die isländische Romantik bemerkt werden, dafs man sich darunter ebensowenig eine ausschliefsliche Herrschaft der romantischen Poesie als das Vorhandensein einer romantischen Schule denken darf. Eine andere Einwirkung der deutschen Romantik auf die isländische Dichtung als das Vordringen des Idealismus und die Anknüpfung an die alten nationalen Erinnerungen läfst sich nicht nachweisen. Auch die durch Oehlenschläger vertretene dänische Romantik übte ja in materieller Hinsicht keinen weiteren Einflufs auf die isländische Poesie aus, da dieser Dichter seine Stoffe aus den eigenen Quellen der Isländer schöpfte. Eben diese Quellen — die alten Gedichte und die Sagas mit ihrer glücklichen Mischung von Idealismus und Realismus — bewahrten die isländischen Dichter vor einer ausschliefslichen Pflege des ersteren auf Kosten des letzteren, weshalb wir auch in der isländischen Poesie dieses Jahrhunderts die idealistische Hauptströmung immer von einer realistischen Unterströmung begleitet sehen.

Sveinbjörn Egilsson — Björn Gunnlaugsson.

Die Hauptsitze des isländischen Geisteslebens in den ersten Decennien dieses Jahrhunderts waren auf Island selbst das ehemalige Kloster auf der Insel *Viðey* bei *Reykjavík*, als Wohnsitz des litterarisch ungemein thätigen *Magnús Stephensen* (vgl. oben S. 290 bis 291), wo sich auch die einzige Druckerei des Landes befand und von 1819—1827 die „Klosterpost“ erschien, und — von 1810 angefangen — die Lateinschule zu *Bessastaðir*. Die weitaus gröfsere Bedeutung für die Fortschritte der Kultur auf Island während eines Vierteljahrhunderts erlangte von diesen beiden Stätten die Lateinschule; denn hier wirkten fast ununterbrochen ausgezeichnete Lehrkräfte, die teils durch eigene litterarische Schöpfungen zur Hebung der allgemeinen Bildung und Verbesserung des ästhetischen Geschmackes beitrugen, teils durch ihren anregenden Unterricht oder durch ihren sonstigen Verkehr mit den Schülern auf diese einen bildenden und veredelnden Einflufs nahmen, der später wieder in den Leistungen einer Anzahl dieser Schüler zur Geltung und dem Volke zu gute kam. Hier vornehmlich wurde die Saat gestreut, die einerseits in der frischen litterarischen und politischen Bewegung der dreifsiger und vierziger Jahre und auch noch später, andererseits in den vorzüglichen Arbeiten der isländischen Altmeister der nordischen Philologie, Rechtsgeschichte u. s. w. so glänzende Früchte trug.

Bessastaðir ist auf dem nordöstlichen Teil der Landspitze von *Alftanes*, einer kleinen, flachen Halbinsel zwischen dem *Skerja-* und dem *Hafnarfjörður*, gelegen und besteht aus einem ansehnlichen steinernen Gebäude mit einer Kirche. An dieser Stelle stand einst ein Hof des berühmten Geschichtschreibers und Politikers *Snorri Sturluson*, der einmal von *Reykholt* samt Familie und Gesinde hierher flüchtete und hier einige Zeit hindurch seinen Wohnsitz hatte. Später wohnten hier gewöhnlich der königliche „Befehlshaber“ während seines sommerlichen Besuches, sowie dessen Vogt das ganze Jahr hindurch, dann vom Ende des siebzehnten Jahrhunderts angefangen der Amtmann mit dem Landvogte, endlich der Stiftsamtmann, der höchste Beamte der Insel, welcher seine Residenz hier aufgeben mufste, als dieselbe für die Aufnahme der Lateinschule bestimmt wurde. Das Gebäude wurde übrigens erst im Jahre 1760 für den damaligen Amtmann aus Stein aufgeführt. Die Lateinschule fand darin nur eine sehr notdürftige Unterkunft. Der Direktor sowohl wie die übrigen Lehrer mufsten aufserhalb desselben in der Nachbarschaft wohnen. Auch sonst waren die Ubikationen und Einrichtungen von der primitivsten Art.[1]) Dessen ungeachtet gab es unter der Jugend ein fröhliches Leben, wie wir aus einer köstlichen Schilderung *Jón Thóroddsens* in seiner Dorfgeschichte „Jüngling und Mädchen" ersehen können.[2]) Dabei war das Verhältnis der Lehrer zu den Schülern väterlich und freundschaftlich, und der Unterricht besonders tüchtig und anregend.

Von all den trefflichen Männern, die aus dieser Schule hervorgegangen sind, nennen wir nur: den Essayisten und Patrioten Probst *Tómas Sæmundsson* (von der Schule abgegangen 1827), den Juristen und Mitbegründer des Vereines *„Det nordiske Literatursamfund"* *Brynjólfur Pjetursson* (abgegangen 1828), den Naturhistoriker und Dichter *Jónas Hallgrímsson* (abgegangen 1829) und den Sprachforscher und Universitätsprofessor Dr. *Konráð Gíslason* (abgegangen 1830) — die vier Herausgeber des *„Fjölnir"*; ferner den Arzt und medizinischen Schriftsteller *Jón Hjaltalín* (abgegangen 1830), den Historiker *Páll Melsteð* (abgegangen 1834), den Lyriker und Novellisten *Jón Thóroddsen* (abgegangen 1840), den ausgezeichneten Juristen und Schriftsteller *Vilhjálmur Finsen* (abgegangen 1841), den Sammler und Herausgeber isländischer Volkssagen und Märchen *Jón Arnason* (abgegangen 1843), den Dichter und Docenten *Gísli Brynjúlfsson* (abgegangen 1845), den Naturhistoriker und Dichter *Benedikt Gröndal* d. J. (abgegangen 1846), die Sprachforscher Dr. *Jón Þorkelsson* (abgegangen von der Schule zu *Reykjavík* 1848) und Dr. *Guðbrandur Vigfússon* (abgegangen von *Reykjavík* 1849).

Als Direktor („Lector") stand der Schule von 1810 bis 1846 *Jón Jónsson* vor, der Religion lehrte und besonders diejenigen Schüler, welche sich dem geistlichen Stande widmen wollten, auszubilden hatte, da zu jener Zeit noch das blofse Abgangszeugnis von der Lateinschule genügte, um als Geistlicher im Lande angestellt zu werden. Er war der unbedeutendste von den drei, von 1822 an vier Lehrern der Schule, und ist, wenn man will, eigentlich nur denkwürdig, weil er von allen isländischen Rektoren am längsten dieses Amt bekleidete, und die Schule gerade während seines Rektorates so vorzügliche Erfolge aufzuweisen hatte.

Die anderen Lehrer — „adjuncti" — waren Dr. *Hallgrímur Hannesson Schering* (Lehrer von 1810 bis 1846, Oberlehrer in *Reykjavík* von 1846 bis 1850), Dr. *Sveinbjörn Egilsson* (Lehrer von 1819 bis 1846, Rektor in *Reykjavík* von 1846 bis 1851) und

---

[1]) Vgl. *Jón Th. Thóroddsen*, Jüngling und Mädchen, deutsch von J. C. Poestion; 3. Aufl. (Leipzig), S. 197—198 und Anmerkung 40. — [2]) Vgl. *Jón Th. Thóroddsen*, a. a. O., S. 91—96.

Björn Gunnlaugsson (Lehrer von 1822 bis 1846, dann in *Reykjavík* Oberlehrer von 1851 bis 1862). Für das Ansehen und die Schätzung dieser Männer in den Augen ihrer Schüler sind die folgenden Verse bezeichnend, welche in der Lateinschule im Umlauf waren:

Scheviugum metuo, Egilsson laudibus orno,
Gunnlaugsson adamo, de Lectore dicere nolo.[1])

Hallgrímur Scheving (geboren 1781) studierte zuerst Altnordisch und Philosophie, dann klassische Philologie am pädagogischen Seminar zu Kopenhagen. Seine Leistungen hier waren so tüchtig, daſs er zwei Jahre hintereinander die goldene Medaille der Universität erhielt; 1817 wurde er zum Doktor der Philosophie promoviert. Seine spätere wissenschaftlich-litterarische Thätigkeit ist uns bereits bekannt (vgl. oben S. 176—177 u. 186). Als Lehrer war er namentlich in seinen früheren Jahren sehr tüchtig und gewissenhaft. Er blieb ein besonders gewandter Lateiner, obgleich sein eigentliches Studium später immer ausschlieſslicher Alt- und Neuisländisch war. Daneben bekundete er ein lebhaftes Interesse für alles Nationale und Volkstümliche (er lieſs auch von der Jugend wieder den alten nationalen Ringkampf, die „*glíma*“, pflegen) und erweckte dasselbe auch bei seinen Schülern. Seine Unterredungen mit diesen waren immer sehr belehrend und unterhaltend.[2]) Er nahm sich ferner in förderndster Weise der dichterisch begabten Zöglinge der Schule an.[3]) Er starb im Jahre 1861.[4])

Die beiden anderen Lehrer, *Sveinbjörn Egilsson* und *Björn Gunnlaugsson* waren nicht nur Gelehrte ersten Ranges, sondern haben auch als Dichter so viel Anerkennung gefunden, daſs wir meinen, ihrer etwas ausführlicher gedenken zu sollen.

Sveinbjörn Egilsson wurde am 6. März des Jahres 1791 auf dem Hofe *Innri Njarðvík* in der *Gullbringu Sýsla* geboren. Sein Vater *Egill Sveinbjarnarson* war ein reicher Bauer, und auch *Sveinbjörn* sollte Bauer werden. Im Alter von zehn Jahren kam er zu dem Justitiarius *Magnús Stephensen*, um eine bessere Erziehung zu erhalten, als sie ihm im Elternhause zu teil werden konnte. *M. Stephensen* erkannte jedoch bald die besondere Begabung des Knaben und lieſs ihn für die Hochschule vorbereiten. Im Jahre 1810 erhielt derselbe das Reifezeugnis; wegen des dänisch-englischen Krieges aber bezog er erst 1814 die Universität Kopenhagen, um Theologie zu studieren. Hier glänzte er durch ungewöhnliche Tüchtigkeit und rastlosen Eifer im Betriebe seiner Studien, versäumte es aber auch nicht, sich in Fertigkeiten, wie

---

[1]) *Sunnanfari*, V., S. 17. — [2]) Private Mitteilung eines Schülers Dr. *Hallgrímur Schevings*. — [3]) Vgl. *Hannes Hafsteinn* in *Ljóðmæli og önnur rit eftir Jónas Hallgrímsson*, S. XIII. — [4]) Vgl. über *Hallgrímur Scheving* auch *Sunnanfari*, a. a. O., S. 15—19 (mit einem Bildnis des Gelehrten).

im Tanzen und im Flötenspiel auszubilden. Im Jahre 1819 machte er das theologische Amtsexamen und kehrte hierauf nach einem viereinhalbjährigen Aufenthalte in Kopenhagen nach Island zurück. Hier trat er alsbald die ihm verliehene Lehrstelle an der Bessastaðir-Schule an, welche schon seit dem Tode des 1817 durch Schiffbruch verunglückten Adjunkten *Jón Jónsson* (vgl. oben S. 302) erledigt war. Im Jahre 1822 heiratete er *Helga*, eine Tochter des Dichters *Benedikt Gröndal*, und lebte mit ihr in glücklichster Ehe. Im Herbste 1835 übersiedelte *Sveinbjörn* nach *Eyvindarstaðir* auf *Alftanes*, dessen Hof er gekauft und neu hatte aufführen lassen. Als er 1846 zum Rektor der nunmehr wieder nach *Reykjavík* verlegten Schule ernannt worden war, verkaufte er *Eyvindarstaðir* und übersiedelte nach *Reykjavík*, wo er ein Haus erwarb, in dem er bis zu seinem Tode wohnte.

An der genannten Schule wirkte er zweiunddreifsig Jahre lang als Lehrer und nach der Übersiedelung derselben nach *Reykjavík* noch fünf Jahre (bis 1851) als Rektor. Neben seinem Lehrberufe entfaltete *Sveinbjörn* sein Leben lang eine überaus fruchtbare und erfolgreiche wissenschaftliche und schriftstellerische Thätigkeit. Er war auch einer der Hauptbegründer der am Geburtstage König Friedrichs VII. am 28. Januar 1825 ins Leben gerufenen „Königlichen Gesellschaft für nordische Altertumskunde“, die sich in der Folge durch ihre zahl- und umfangreichen Publikationen hervorgethan hat (vgl. oben S. 174), an denen wieder *Sveinbjörn* selbst einen so namhaften Anteil hatte. Seinen gediegenen Leistungen wurde denn auch u. a. die Anerkennung zu teil, dafs er im Jahre 1843 von der Universität Breslau zum Ehrendoktor der Theologie ernannt wurde. Er beschlofs sein überaus arbeitsreiches Leben als weitberühmter Mann am 17. August 1852. Von der Wertschätzung und Liebe, die er in seiner Heimat genofs, zeugen u. a. die Reden, die bei seiner Beerdigung gehalten wurden.[1])

Sveinbjörn Egilsson ist also in dreifacher Hinsicht für sein Vaterland von hoher Bedeutung gewesen: als Gelehrter, als Lehrer und als Schriftsteller und Dichter. Seine Arbeiten und Verdienste auf philologischem Gebiete haben wir bereits oben (S. 176) im einzelnen sachlich gewürdigt; sie bleiben immerdar in der Geschichte der Wissenschaften verzeichnet.

Als Lehrer hat er einerseits durch sein pädagogisches Geschick, seinen stets unermüdlichen Pflichteifer, sein umfassendes Wissen und seine Begeisterung für alles Edle, Schöne und Ideale, andererseits durch seine Vorträge aus der Geschichte und der isländischen Litteraturgeschichte wie durch seine für die Schule

---

[1]) *Ræður fluttar við jarðarför Sveinbjarnar Egilssonar* (*Reykjavík*, 1855). — Vgl. über *Sveinbjörn Egilsson* die Biographie *Jón Arnasons* in *Ljóðmæli Sveinbjarnar Egilssonar*, S. V—LXXII.

ausgearbeiteten musterhaften Übersetzungen altklassischer Schriftwerke wohl das meiste zu den glänzenden und nachhaltigen Erfolgen beigetragen, welche die Lateinschule zu seiner Zeit aufzuweisen hatte. Ganz besonders gerühmt wurde namentlich seine Milde und Geduld, die es den Schülern so angenehm und daher auch so leicht machten, nach seinem Unterrichte zu lernen. Es war deshalb kein Wunder, dafs *Sveinbjörn* von seinen Schülern ganz besonders geliebt wurde. Dieser Liebe der Schüler zu ihrem Lehrer hat auch einer derselben, der damalige Professor und spätere Bischof *Pjetur Pjetursson*, beim Begräbnisse *Sveinbjörns* in einer Rede Ausdruck gegeben, worin es u. a. hiefs: „Es ist natürlich, dafs wir, die wir als junge Leute seinen Unterricht genossen haben, vor allem daran denken, was für ein trefflicher Lehrer er gewesen ist; dafs wir vor allem seiner ungewöhnlichen Geschicklichkeit im Unterricht gedenken, die, im Verein mit seinem milden und liebevollen Wesen uns das Lernen so leicht machte; es ist natürlich, dafs wir in jenem Alter besonders ihn hochschätzten und liebten, der ein so ausgezeichnet begabter, geschickter und wohlwollender Lehrer war.“ [1])

Aber auch als Schriftsteller und Dichter leistete *Sveinbjörn Egilsson* geradezu Ausgezeichnetes in prosaischen und poetischen Übersetzungen, sowie ganz Vorzügliches in eigenen Gedichten. Wir wollen zunächst *Sveinbjörns* Thätigkeit als Übersetzer eine kurze Betrachtung widmen und dabei vorerst seine prosaischen Übersetzungen ins Auge fassen, da dieselben in mancher Hinsicht von grundlegender Bedeutung waren.

Wie schon erwähnt, übersetzte *Sveinbjörn* für den Unterrichtsgebrauch eine Anzahl von Werken griechischer Klassiker teils in ihrem ganzen Umfange, teils in einzelnen Partien derselben; wir nennen nur Äschylos' „Zug der Sieben gegen Theben“, Xenophons „Memorabilien“ und „Anabasis“, Platons „Apologie des Sokrates“, „Kriton“, „Menon“, „Phädra“, „Euthyphron“, eine Anzahl Gespräche und Satiren von Lukianos, mehrere Biographieen Plutarchs u. a. Diese Übersetzungen sind jedoch nur in Handschriften erhalten. Gedruckt liegen blofs Übersetzungen der Iliade und Odyssee vor. Diese aber sind beide als klassische Meisterwerke nicht minder der Übersetzungskunst wie der neuisländischen Prosa zu bezeichnen. Besonders die Odyssee („*Odysseifs-Drápa*“) ist überaus gelungen; denn in dieser hat der Übersetzer den naiven homerischen Ton so unvergleichlich getroffen, dafs man das Buch beinahe wie ein Original und mit dem höchsten Genusse liest. Die Ilias-Übersetzung („*Ilions-Kviða*“) ist zwar ebenso klassische Prosa, ja eigentlich noch klassischer in Bezug auf die Reinheit der Sprache; doch kommt sie dem Tone der Urdichtung

---

[1]) *Ræður fluttar við jarðarför S. Egilssonar*, S. 21—22.

nicht so nahe wie die „*Odysseifs-Drápa*".[1]) Bewunderungswürdig ist aufserdem die Korrektheit dieser Übersetzungen als solcher, wenn man bedenkt, welch unzulängliche wissenschaftliche Hilfsmittel *Sveinbjörn* damals zu Gebote standen. Dr. *Finnur Jónsson* bemerkt hierüber: „Ich habe die ganze *Ilions-Kviða* mit dem griechischen Original verglichen und dazu die neuesten und besten Wörterbücher benutzt. *Sveinbjörn Egilsson* hat besser als irgend ein anderer Homerübersetzer das Ursprünglich-Kindliche in der Darstellung getroffen, das bei Homer so eigentümlich und wirkungsvoll ist. Über die Sprache (die Übersetzung) selbst brauche ich weiter nichts zu sagen; sie ist diese meisterhafte Mischung unserer Sagasprache und Umgangssprache, die jeden, der sie liest, ergreift und gefangen nimmt; und bei all dem entspricht doch die Übersetzung Wort für Wort dem Original." [2])

Für Island hatten diese Übersetzungen auch noch einen ganz speziellen didaktischen Wert. Sie sollten nach der Absicht *Sveinbjörns* den damals an der Lateinschule ziemlich mangelhaften Unterricht in der Muttersprache ersetzen, und dieser Zweck wurde auch vollkommener erreicht, als es durch den sonst üblich gewesenen Sprachunterricht der Fall gewesen wäre; denn die erwähnten Meisterwerke bildeten nicht nur die beste Anleitung für den korrekten Sprachgebrauch, sondern erweckten bei vielen Schülern auch das Schönheitsgefühl für die heimatliche Sprache, welches später zu der von *Konráð Gíslason* und *Jónas Hallgrímsson* ins Werk gesetzten Sprachreinigung führte. *Sveinbjörn Egilsson* ist dadurch der Begründer der neuisländischen Kunstprosa geworden, und seine Übersetzungswerke haben daher für die isländische Litteratur eine Bedeutung, die den gewöhnlichen Wert auch vorzüglicher Übersetzungen weit übertrifft.

Nicht minder meisterhaft sind übrigens auch die Übersetzungen verschiedener Bücher der Heiligen Schrift aus dem Hebräischen und Griechischen, welche *Sveinbjörn* für die letzte isländische Bibelausgabe beigesteuert hat; vgl. oben S. 191.

Den poetischen Übertragungen *Sveinbjörn Egilssons* ist gleichfalls hohes Lob zu spenden. Den ersten Rang nimmt auch hier eine Übersetzung der Odyssee (*Odysseifs-Kvæði*) ein. Die Sprache derselben ist edel, rein und schön; allein der Dichter wählte als Metrum das alte einheimische *Fornyrðislag*, und dieses ist unhomerisch und wirkt störend, und dem Versmafs entsprechend klingt auch der Sprachton zu altnordisch und eddaisch. Dennoch ist dieses Werk ein glänzender Beweis der hohen sprachlichen

---

[1]) *Odysseifs-Drápa* erschien in den *Boðsrit* der Bessastaðir-Lateinschule von 1829, 1830, 1835, 1838, 1839 u. 1840, gedruckt in *Viðeyjar Klaustur*. — *Ilions-Kviða* erschien 1855 zu *Reykjavík* als erster Band der *Rit Sveinbjarnar Egilssonar*. — [2]) *Nokkur varnarorð fyrir Dr. Sveinbjörn Egilsson móti ofsóknum Gísla Brynjólfssonar*, (*Reykjavík*, 1886), S. 2.

und dichterischen Begabung des ausgezeichneten Mannes.[1]) *Sveinbjörn* übersetzte ferner noch — mehr oder minder frei — Gedichte aus dem Altgriechischen (von Anakreon, Sappho, Moschos u. a.), aus dem Lateinischen (von Horaz, Ovid u. a.), aus dem Dänischen und Schwedischen, aus dem Englischen und aus dem Deutschen (Paul Gerhardts „Befiehl du deine Wege“, drei Gedichte von Gellert, Schillers „Die Teilung der Erde“ und „Hektors Abschied“, dann Uhlands „Der weifse Hirsch“).

Als originaler Dichter war *Sveinbjörn Egilsson* Lyriker. Er zeigt sich ziemlich stark von *Benedikt Gröndal* beeinflufst, dessen Vorbilder — die griechisch-römischen Klassiker und die altnordischen Skalden — ja auch die seinigen waren; doch hatte er einen reineren, geläuterteren Geschmack als sein Schwiegervater. Dabei ist seine Poesie bisweilen sehr kräftig. Die Zahl seiner Gedichte ist übrigens nicht grofs und der Hauptwert derselben liegt in der herrlichen Sprache und tadellosen Form; mehrere davon sind von klassischer Schönheit und zählen zu den Perlen isländischer Lyrik. Nach dem Tode *Bjarni Thórarensens* und *Jónas Hallgrímssons* war er „zweifellos der beste der damals lebenden Dichter“ Islands.[2])

Nicht unerwähnt darf bleiben, dafs *Sveinbjörn Egilsson* auch eine Anzahl trefflicher Gedichte in elegantem Latein verfafst hat.[3])

Als Beispiel seiner Lyrik diene das folgende

Gedicht.

(Ljóðmæli Sveinbjarnar Egilssonar, S. 13—14.)

Nicht immer glänzt im Morgenschimmer
Der gold'ne Tau an Halm und Strauch;
Auch lächeln Land und Meer nicht immer,
Noch wiehert stets der Rossegauch[4]);

[1]) *Hómers Odysseifs-Kvæði* wurde 1854 zu Kopenhagen von der Isländischen Litteraturgesellschaft herausgegeben. Ein Teil des XIX. Gesanges (von St. 264 bis Schlufs), dann der XXI., XXII. und XXIV. Gesang sind von *Benedikt Gröndal* d. J., dem hochbegabten Sohne *Sveinbjörns*, übersetzt; vgl. *Καταλογος. Prose and poems. Rit og ljóðmæli eptir Benedikt Gröndal frá 1847 til 1885* (*Reykjavík*, 1885). S. 21. — [2]) *Ræður fluttar við jarðarför Sveinbjarnar Egilssonar*, S. 13. — [3]) *Sveinbjörn Egilssons* Originalgedichte in isländischer und lateinischer Sprache sowie die Übersetzungen kleinerer Gedichte erschienen nach dem Tode des Dichters, mit einem Bildnis desselben geschmückt, unter dem Titel *Ljóðmæli Sveinbjarnar Egilssonar* als zweiter Band der *Rit Sveinbjarnar Egilssonar Rektors og Drs. theol.*; herausgegeben von *Th. Johnson, E. Þórðarson, E. Jónsson* und *J. Árnason*, deren erster Band die *Ilions-Kviða* enthält (*Reykjavík*, 1855—1856). — [4]) Rossegauch, Pferdekuckuck (*hrossagaukur*) heifst auf Island die Bekassine oder Heerschnepfe (*Gallinago cœlestis*) wegen ihrer an das Pferdegewieher erinnernden Stimme und weil sie auf Island als wahrsagender Vogel den Kuckuck vertritt. Vgl. Ornis. Internationale Zeitschrift für die gesamte Ornithologie. III. Jahrg. (Wien, 1887.) S. 597. Die Bekassine gilt gleich dem Brachvogel (*lóa*) den Isländern auch als Frühlingsbote (vgl. *Jónas Hallgrímsson* in *Fjölnir*, IX, S. 58.)

Gott sah's für das beste an:
Milde menge
Sich mit Strenge;
Was er thut, ist wohlgethan.

Nicht immer fällt ein Hagel nieder
Aufs arme Gras vom Gletscher her,
Durcheist der Nordwind unsre Glieder,
Das Land und auch das tiefe Meer.
Gott sah's für das beste an:
Milde menge
Sich mit Strenge;
Was er thut, ist wohlgethan.

Drum hebt sich auch an lichten Tagen
Die Brau', wenn froh die Wange glüht;
Und senkt sie sich, wenn Sorgen nagen,
Die Sonne mit der Freude flieht.
Wie der Tau vertrocknet bald
Klar am Morgen,
Ruh'n die Sorgen,
Bis die Nacht kommt, feucht und kalt.

Nicht fürchte, wenn dein Boot den Tücken,
Der Woge preisgegeben ist;
Windstille schläft auf ihrem Rücken
Und wartet, ob du tapfer bist.
Doch die kalte Hohlsee ruht
Auch darunter,
Still, doch munter;
Sei drum stets auf deiner Hut!

Björn Gunnlaugsson wurde am 28. September 1788 zu *Tannstaðir* in der Landschaft *Hrútafjörður* geboren. Sein Vater *Gunnlaugur Magnússon* war ein armer Bauer, der jedoch nach dem Zeugnisse des Bischofs *Geir Vídalín* ein so bedeutendes Talent namentlich für Geometrie und Baukunst besafs und in verschiedenen kunstvollen Arbeiten bethätigte, „dafs er wohl der Archimedes Islands genannt zu werden verdiente, wenn es ihm nicht an den nötigen Mitteln gefehlt und er die richtigen Regeln seiner Kunst gekannt hätte." [1])

[1]) Vgl. das Abgangszeugnis *Björn Gunnlaugssons*, abgedruckt in *Andvari, tímarit hins íslenzka þjóðvinafjelags.* IV. Jahrg. (Kopenhagen, 1883) S. 15—16.

Auch *Björn* würde dem bäuerlichen Berufe nicht entzogen worden sein, hätte er nicht frühzeitig durch dieselben Geistesanlagen, welche seinen Vater so interessant erscheinen liefsen, Aufmerksamkeit erregt. Er wurde nur ganz kurze Zeit hindurch privatim in den Gegenständen der Lateinschule unterrichtet und erhielt gleichwohl im Jahre 1808 vom Bischof *Geir Vídalín* das glänzendste Reifezeugnis für die Hochschule. Wegen der kriegerischen Unruhen reiste er jedoch erst im Jahre 1817 nach Kopenhagen. Während dieser Zeit machte er die Bekanntschaft der beiden Lieutenants Scheel und Frisach, welche damals mit der Vermessung der isländischen Küste beschäftigt waren, und denen er manche praktische und theoretische Belehrung in seinem Lieblingsstudium, der Landesvermessung, zu verdanken hatte. An der Universität studierte er Mathematik, isländische Philologie und Philosophie mit so ausgezeichnetem Erfolge, dafs er zweimal — das erste Mal gleich nach seinem Eintritt in die Hochschule — für die beste Lösung geometrischer Preisfragen die goldene Medaille erhielt. An der Lateinschule wirkte er im ganzen vierzig Jahre. Er starb am 17. März 1876.[1])

Von den wichtigeren seiner wissenschaftlichen Arbeiten und namentlich seiner grofsartigen Karte von Island ist bereits an den betreffenden Stellen die Rede gewesen. Hier sei noch der Seltsamkeit halber erwähnt, dafs diese Karte eigentlich nicht unter seinem Namen, sondern unter dem eines *Ólafur Nikolas Olsen* erschienen ist. *Björn* schrieb auch eine Anzahl naturgeschichtlicher und astronomischer Artikel für isländische Zeitschriften, namentlich für den „*Islendingur*", in dem sich auch zwei in die Volkskunde einschlägige Notizen von ihm, „*Um stöðvar útilegumanna*" (Über die Aufenthaltsorte der „Draufsenlieger") und „*Um útilegumenn*", befinden (II. Jahrg. S. 11; III. Jahrg. S. 167). Als Lehrer war er — wegen seiner Zerstreutheit — nicht so tüchtig wie seine Kollegen. Er sprach auch nur wenig und lebte, unschuldig wie ein Kind — „der Philosoph mit dem Herzen eines Kindes" nannte ihn *Sjera Helgi Hálfdanarson* in seiner Leichenrede auf ihn — fast nur seiner inneren Gedankenwelt. Was er jedoch sprach, war oft mit dem Stempel des Genius geprägt. Auf die Jugend übte er schon durch seine erhabene Erscheinung wie durch sein ideales, in allem von der edelsten Gesinnung zeugendes Wesen einen starken, erhebenden Einflufs aus.[2])

Björn Gunnlaugsson versuchte sich, namentlich in seinen jüngeren Jahren, auch als Dichter und zwar mit so viel Glück, dafs er in dieser Eigenschaft ebenfalls eine mehr als blofs oberflächliche Beachtung verdient. Es handelt sich allerdings fast nur um eine einzige Dichtung, die jedoch in ihrer ganz dem

---

[1]) Vgl. *Andvari*, IX., S. 3—15. — [2]) Private Mitteilungen eines Schülers *Björn Gunnlaugssons*.

durchgeistigten Wesen des Dichters entsprechenden Art in der isländischen Litteratur ihres Gleichen sucht. Es ist dies „*Njóla eða hugmynd um alheimsáformið*“ (d. h. die Nacht oder Vorstellung von dem Zweck des Weltalls) in 518 Strophen. Man bezeichnet „*Njóla*“ gewöhnlich als eine philosophische Dichtung; das ist sie im Grunde nicht, sondern vielmehr eine Betrachtung des Sternenhimmels mit den Augen des Glaubens, ein astronomisch-naturbeschreibendes Gedicht, in dem jedoch die Natur selbst bei aller Bewunderung ihrer Schönheit nicht so sehr den eigentlichen Gegenstand der Dichtung als vielmehr den steten Anlaſs bildet, denjenigen zu preisen, der sie erschaffen hat und erhält. Diese Betrachtung regt den Dichter allerdings auch zu mancherlei philosophischen Reflexionen an. Die Dichtung erscheint darum stellenweise für das Volk etwas dunkel. weshalb ihr auch vom Dichter selbst ein Kommentar beigegeben wurde; allein sie wird von einem so hochpoetischen Geiste getragen, spricht zu uns mit einer solchen Innigkeit des Gefühls und ist so reich an schönen Gedanken, daſs das isländische Volk sie noch immer gern liest und sie auch immer einen gewissen Wert behalten wird. Von der Popularität derselben zeugt u. a. der Umstand, daſs sie bereits dreimal gedruckt worden ist (zum erstenmale 1842 in der Einladungsschrift der Lateinschule, dann 1853 und 1884). Nicht das Uninteressanteste an derselben ist aber, daſs *Björn Gunnlaugsson* sie noch als armer Hirtenknabe dichtete, die Schafe hütend, welche er freilich nicht immer vollzählig nach Hause brachte.

Man kann wohl sagen, daſs *Björn Gunnlaugsson* in anderen Verhältnissen und wenn er einem gröſseren Volke angehört hätte, eine Geistesgröſse ersten Ranges geworden wäre.

Hier nun eine Probe aus der Dichtung:

Die Nacht.

(Schluſsgesang, Str. 507—518; „Njóla“, 1884, S. 77—79)

O Sonne Gottes! mögen wir
Dein Licht auch matt hier finden,
Wird einstens doch der Wolkenflor,
Der dich verhüllt, verschwinden.

In immer jungem Glanze wird
Die Ewigkeit dann prangen,
Der Lebenskräfte frischer Trieb,
Zur Blüte schnell gelangen.

Jahrhunderte hindurch wird sich
Der Lebensbaum entfalten;
Auf dafs er ewig blühe, defs
Wird Gottes Kraft dann walten!

Schau'n wir dich stets in neuer Pracht,
O Herrlichkeit der Sonne,
Wie wirst nach tausend Jahren du
Uns strahlen erst voll Wonne!

Wenn bittrer Kummer manch ein Aug'
Auf Erden hier befeuchtet,
Schick' einen Strahl vom Glanz, der dann
Nach tausend Jahren leuchtet.

Und können wir der Sonne Schein
Auch hier bewundern immer,
Ist doch beim Tag der Ewigkeit
Der erste Tagesschimmer.

Und rollt das Rad der Zeiten auch
Durch Ewigkeiten immer,
Ist doch beim Tag der Ewigkeit
All dies der Morgenschimmer.

Erhabener als alles: Zeit,
Die nie zum Ende neiget,
O Gottes-Herrlichkeit, die uns
Sich immer schöner zeiget!

O schöne Engelwelt, o Land
Der Liebe, o der reichen
Vielfältigkeit des Weltenraums,
O Leben ohne Gleichen!

Sieh, Mensch, des Lebens Majestät!
Gott dankend fest vertraue!
Und mit des Geistes klarem Aug'
Des Schöpfers Liebe schaue!

Solch wahre Seligkeit einst geb'
Um Christi Güte willen
Uns Gott in seiner Herrlichkeit,
Der Seele Wunsch zu stillen!

Jónas Hallgrímsson.

Die französische Julirevolution des Jahres 1830 hatte bekanntlich in dem gesamten civilisierten Europa wieder die Geister und Gemüter aufgerüttelt und das Nationalbewufstsein und Freiheitsgefühl der Völker entflammt. Auch auf die skandinavischen Länder und speziell auf Dänemark übte dieses Ereignis dieselbe Wirkung aus, die sich, wie wir gesehen haben, zunächst auf dem Gebiete der Politik geltend machte, aber auch die Dichtkunst und Litteratur überhaupt beeinflufste, indem sie Begeisterung für neue Ideale erweckte. In Kopenhagen hielt sich damals eine Anzahl besonders begabter und hochsinniger Studenten und Männer auf, deren Gemüt von diesen neuen Idealen mächtig bewegt wurde, und die in aufrichtigem Patriotismus jene auffrischende geistige Strömung auch nach ihrem abgelegenen Heimatslande verpflanzen wollten, um ihm die erhofften Früchte derselben zuzuwenden.

Auf Island stagnierte damals wieder das politische Leben. Die Insel lag wie in tiefem Schlafe, unbekümmert um all die Ereignisse, welche „draufsen“ in der Welt vorgingen. Es galt daher, die Landsleute aus ihrer Lethargie aufzurütteln, auch sie zu einem kräftigen Nationalbewufstsein zu erwecken und den Keim zur Entwickelung eines mächtigen Freiheitsgefühles in ihre Brust zu legen. An der Spitze dieser jungen Männer standen *Baldvin Einarsson,* der Herausgeber des „*Ármann á Alþingi*“, und *Tómas Sæmundsson*; von den übrigen Genossen seien genannt: *Brynjólfur Pjetursson,* später Vorstand der isländischen Regierungsabteilung in Kopenhagen, und dessen Bruder *Pjetur Pjetursson,* später Bischof, sowie (von 1831 an) der spätere Universitätsprofessor *Konráð Gíslason* und (von 1832 an) der Dichter *Jónas Hallgrímsson.* Von den beiden Führern trat jedoch *Tómas* im Jahre 1832 eine grofse Reise an, und *Baldvin* starb im Februar 1833. Der kleine Kreis blieb indessen treu beisammen und verfolgte mit gleichem Eifer seine patriotischen Bestrebungen. Diese erhielten eine weitere Nahrung durch das Erscheinen der Gedichte *Eggert Ólafssons* (Kopenhagen, 1832), des begeisterten Vaterlandsfreundes und Lobsängers der alten Zeit aus dem vorigen Jahrhundert, dem ebenfalls das Wohl seiner armen Heimatsinsel die Hauptsorge war (vgl. oben S. 246—256). Im Mai 1834 kam *Tómas* wieder nach Kopenhagen zurück. Er hatte Stettin, Berlin, Leipzig, Dresden, Prag, München und Wien besucht, den Winter 1832—1833 in Rom verbracht, war dann noch nach Neapel, Sizilien, Athen, Konstantinopel und Smyrna gekommen und über Paris und London nach Dänemark zurückgekehrt. Als nun *Tómas* von all den schönen und nützlichen Einrichtungen erzählte, die er im Auslande kennen gelernt, erschienen den Genossen die betrüblichen Zustände in ihrem eigenen Vaterlande in noch grellerem Lichte, und sie beschlossen daher, nunmehr energisch ans Werk zu schreiten, um diese Zustände auf dem politischen, ökonomischen und auch litterarischen Gebiete zu verbessern. Als politisches Ideal schwebte ihnen besonders die Wiedereinführung des Alþingi mit gesetzgebender Gewalt (und zwar auf der alten þing-Stätte *Þingvellir*), als wirtschaftliches aber die Wiederherstellung der viel besseren Zustände in der alten Zeit vor Augen.

Das Volk sollte nun vor allem nach diesen beiden Richtungen hin aufgeklärt und ermuntert werden; man mufste ihm die Ziele zeigen und als begehrenswert darstellen, die es anzustreben hatte, um eine Verbesserung seiner Lage herbeizuführen. Dies konnte zunächst nur auf litterarischem Wege geschehen. Allein es fehlte hierzu an einem publizistischen Organ; denn aufser dem für diesen Zweck nicht geeigneten „*Skírnir*“, dem Jahrbuch der isländischen Litteraturgesellschaft, erschien damals auch nicht eine einzige isländische Zeitschrift. Da fafsten sie nun den Beschlufs, selbst eine solche herauszugeben. Es sollte wegen der geringen Mittel, die ihnen zu Gebote standen, ebenfalls nur ein Jahrbuch sein. In Bezug auf das engere Programm desselben herrschte jedoch vom Anfang an insofern eine Meinungsverschiedenheit unter den eigentlichen Herausgebern, nämlich: *Tómas*, *Konráð*, *Jónas* und *Brynjólfur*, als der erstere, gleich *Baldvin*, das Hauptgewicht auf politische und ökonomische Artikel gelegt haben wollte, während *Jónas* und *Konráð*, von ihren persönlichen wissenschaftlichen und litterarischen Neigungen geleitet, die Ansicht vertraten, dafs zunächst durch allgemein belehrende, besonders naturwissenschaftliche und auf ausländische Verhältnisse bezügliche, dann ästhetisch-kritische und reinlitterarische Aufsätze die Volksbildung gehoben, wie auch die Sprache gepflegt und von eingedrungenen fremden Elementen gereinigt werden müsse.

Man einigte sich dahin, das Jahrbuch in zwei Abteilungen zu sondern, von denen die erste den speziell isländisch-politischen, wirtschaftlichen und naturkundlichen Angelegenheiten gewidmet sein, die zweite aber Aufsätze allgemeineren Inhalts und Übersetzungen enthalten sollte. Bereits 1835 erschien zu Kopenhagen der erste Jahrgang der Zeitschrift, die sie „*Fjölnir*“ (ein Name Oðinns, „der Vielgestaltige“?) benannten. Der Zweck des Jahrbuches aber wurde in den Worten ausgedrückt, dafs es gelte, „im Volke das Leben zu erwecken und wach zu erhalten, sowie Freiheit, Glück und Bildung desselben zu fördern." Wir glauben übrigens, die ursprüngliche Tendenz der Herausgeber nicht deutlicher zur Anschauung bringen zu können als durch Mitteilung des Inhalts dieses ersten Jahrganges. Derselbe wird eröffnet durch einen von *Tómas* geschriebenen Einführungsartikel, der sogleich mit einem Hinweise auf die ähnlichen Bestrebungen *Eggert Olafssons* beginnt, und worin als die vier Hauptgesichtspunkte des Unternehmens „Nutzen, Schönheit, Wahrheit, und was gut und sittlich ist", bezeichnet werden. Ausdrücklich wird ferner betont, dafs in der neuen Zeitschrift auf die Sprache die möglichste Sorgfalt verwendet sowie angestrebt werden soll, „das Schönheitsgefühl zu wecken, das gar manche bei uns Isländern ziemlich schwach finden." Die erste Abteilung wird eingeleitet durch das prächtige Gedicht „*Island*" von *Jónas Hallgrímsson*, diesen Mahnruf an die jungen Männer und die erwachsenen Söhne des Landes, „auf dem heiligen Gesetzesfelsen das Heidekraut nicht jedes Jahr von Beeren blau werden zu lassen, Kindern und Raben zur Lust", sondern Sorge zu tragen, dafs aus den Überresten auf *Þingvellir* das Alþingi wieder erstehe. Es folgen „Einige Worte über die Landgemeinden auf Island" ebenfalls von *Jónas*, „Bemerkungen über die Isländer, besonders in Glaubenssachen", übersetzt (von *Jónas* und *Konráð*) aus „*Den nordiske Kirke-Tidende*", „Aus einem Briefe aus Island" von *Tómas*, in dem über alle möglichen isländischen Verhältnisse wie Handel, Schulwesen, Litteratur, Landesverwaltung, Landwirtschaft, Vernachlässigung der Sprache u. s. w. gehandelt wird, und endlich eine kritische Notiz über *Bjarni Thorsteinssons* Schriftchen „*Om Islands Folkemængde og oeconomiske Tilstand siden Aarene 1801 og 1802 til Udgangen af Aaret 1833*". Die zweite Abteilung enthält einen vorzüglichen und dabei leicht verständlichen Aufsatz von *Jónas* „Über die Natur und die Entstehung der Erde", dann die Übersetzungen: „Die erste Buchdruckerei auf der Insel Eimeo", zwei kurze Kapitel aus Lamennais' „Paroles d'un croyant", ein kleines Bruchstück aus Heines „Reisebildern", Tiecks Märchen „Der blonde Eckbert", „Über die Westleute" (worunter ein altes westliches Nachbarvolk der Chinesen verstanden ist, das diese Sifan, d. h. westliche Fremdlinge nannten)[1]) und eine Notiz über den Kometen des Jahres 1835, fast durchwegs ganz kurze, magere Stücke von z. T. geradezu lächerlicher Bedeutungslosigkeit für die Isländer. Für die zweite Abteilung, besonders die übersetzten Stücke, zeigte denn auch das Volk nur geringes Verständnis, weshalb die weiteren Jahrgänge in dieser Abteilung mehr allgemein belehrende und unterhaltende Aufsätze enthielten. Im dritten und fünften Jahrgang entfiel diese Abteilung

---

[1]) Vgl. C. Ritters „Die Erdkunde von Asien," 2. Ausgabe, 3 Bd. (Berlin, 1834), Seite 501—506, woraus die Notiz über die „Westleute" und die in Übersetzung mitgeteilte Beschreibung dieses Volkes (S. 504—506) geschöpft ist.

ganz; hingegen kam schon im zweiten eine neue für Nachrichten (Jahresbericht) hinzu; vom sechsten Jahrgange an wurde diese Einteilung überhaupt nicht mehr geübt.

Von dem Inhalte des Jahrbuches, so lange es von den vier genannten Männern herausgegeben wurde (bis incl. 1838), sei — aufser einigen Gedichten von *Jónas Hallgrímsson* und *Bjarni Thórarensen* — noch erwähnt: eine Abhandlung von *Konráð Gíslason* über die isländische Rechtschreibung und Sprache überhaupt (I, 1836; II, 1837), worin für die phonetische Orthographie (die auch zugleich im 2., 3., 4. und 6. Jahrgang des *Fjölnir* selbst angewendet ist) plaidiert wird; dann eine Rede desselben Gelehrten über die isländische Sprache (im 4. Jahrgange), „wohl das Beste, was bisher über diesen Gegenstand veröffentlicht wurde"; ferner der in diesem Buche öfter erwähnte ungemein scharfe Artikel *Jónas Hallgrímssons* gegen die Rímur des *Sigurður Breiðfjörð* (im 3. Jahrgange). Den fünften Jahrgang gab *Tómas Sæmundsson* ganz allein heraus, der, obgleich er noch vor dem Erscheinen des ersten Jahrganges nach Island zurückgekehrt war, doch mit gleichem Feuereifer bei dem Unternehmen blieb. Er hatte sich mit der von *Konráð* und *Jónas* geübten allzu starken Bevorzugung des sprachlichen Momentes noch immer nicht befreunden können, und zwar um so weniger, als eben die sprachlichen Neuerungen bei der älteren gebildeten Generation vielfach Anstofs erregt und dem *Fjölnir*, dem überdies noch wegen des rücksichtslosen Angriffes auf den bei vielen beliebten Volksdichter *Sigurður Breiðfjörð* eine nicht unbedeutende Anzahl von Feinden erstanden war, nicht wenig neue Gegner geschaffen hatten. Dieser Jahrgang enthielt von *Tómas* u. a. einen umfangreichen und trefflichen Artikel über den wenig erfreulichen Zustand der isländischen Litteratur seit dem Tode *Magnús Stephensens*.

Durch die schwere Erkrankung *Tómas Sæmundssons* und den zeitweiligen Aufenthalt *Jónas Hallgrímssons* auf Island, sowie durch verschiedene andere Umstände war nun aber die Vereinigung der Männer, die hinter dem *Fjölnir* standen — die „*Fjölnismenn*", wie sie genannt wurden — beinahe in völlige Auflösung geraten, und es mufste im Jahre 1840 förmlich eine neue Gesellschaft zur weiteren Herausgabe des Jahrbuches gegründet werden, die auch mit *Brynjólfur Pjetursson* und *Konráð Gíslason* an der Spitze (sowie natürlich *Tómas Sæmundsson* und *Jónas Hallgrímsson* als treuen Genossen) zustande kam. Dem Verein trat auch der bekannte Politiker und Gelehrte *Jón Sigurðsson* bei, der bereits seit 1833 in Kopenhagen weilte. Da jedoch der *Fjölnir*, wie erwähnt, bei einem grofsen Teile des isländischen Publikums unbeliebt war, wollten nun *Jón* und mit ihm die Mehrzahl der Mitglieder nicht, dafs die Zeitschrift unter dem alten Namen weiter erscheine, während die übrigen, darunter besonders *Konráð* und *Brynjólfur*, auf der Beibehaltung desselben bestanden. Die Folge dieser

Uneinigkeit war, dafs *Jón* mit seinem Anhang aus dem Vereine austrat und eine neue Gesellschaft (*fjelag*) zur Herausgabe einer Zeitschrift gründete. Bereits im Jahre 1841 erschien der erste Jahrgang dieser neuen trefflichen und langlebigen Zeitschrift unter dem schlichten Namen „Neue Vereinsschriften" — *Ný fjelagsrit* — (vgl. oben S. 194—195). Die politischen Bestrebungen *Jón Sigurðssons* und seines publizistischen Organs waren im allgemeinen dieselben wie die *Tómas Sæmundssons*, nur zeitgemäfser und praktischer, indem *Jón* nicht auf der genauen Wiederherstellung der alten Zustände und auf *Þingvellir* auch als der Stätte des neuen Alþingi bestand, während die „*Fjölnismenn*", hauptsächlich auf das Betreiben *Konráð Gíslasons*, bei dieser Forderung beharrten und dieselbe auch in ihren 1843 endgültig beschlossenen Statuten ausdrücklich formulierten mit den Worten: „Wir wollen das Alþingi auf *Þingvellir* haben."

Hatte der Fjölnir-Verein schon auf solche Weise eine beträchtliche Schwächung erfahren, so traf ihn bald ein weiterer Schlag durch den im Jahre 1841 erfolgten Tod seines geistigen Führers *Tómas Sæmundsson*. Mit der Rückkehr *Jónas Hallgrímssons* aus Island gegen Ende 1842 kam indessen gleich wieder ein kräftigeres Leben in den Verein, der nun auch durch den Beitritt neuer Mitglieder gestärkt wurde. Von diesen neuen Mitgliedern seien nur erwähnt: *Gísli Magnússon, Grímur Thomsen, Pjetur Pjetursson, Halldór Kr. Friðriksson* und *Gísli Thórarensen*. Nach dreijähriger Pause erschien 1843 der *Fjölnir* als sechster Jahrgang wieder, „herausgegeben von einigen Isländern". Als Redakteure sind genannt für den siebenten Jahrgang (1844) *Gísli Magnússon*, für den achten (1845) und neunten (1847) *Halldór Kr. Friðriksson*. Mit dem Tode *Jónas Hallgrímssons* im Frühjahre 1845 war jedoch auch für den *Fjölnir* das Ende seiner Tage gekommen. Im Jahre 1846 erschien er gar nicht und 1847 eigentlich nur mehr, um dem dahingegangenen Freunde einen — von *Konráð Gíslason* verfafsten — biographischen Nachruf zu widmen und die nachgelassenen Gedichte und Schriften desselben dem Volke bekannt zu machen. In den letzten vier Jahrgängen der Zeitschrift kam das ästhetisch-litterarische Moment noch weit mehr zur Geltung als in den früheren; hingegen wurde vom siebenten Jahrgang an und zwar auf *Konráð Gíslasons* eigenes Betreiben der *Fjölnir* mit einer weniger radikalen Orthographie geschrieben, die dann von *Halldór Friðriksson* auch an der Lateinschule zu *Reykjavík* eingeführt ward und auf Island bis auf den heutigen Tag allgemein üblich geblieben ist.[1])

Seine eminente, ja bahnbrechende Bedeutung für das isländische

---

[1]) Vgl. über die Geschichte des *Fjölnir* den Aufsatz über *Konráð Gíslason* von *Björn Magnússon Olsen* in *Tímarit hins ísl. bókmenntafjelags* XII., 1891, S. 20—63 und 89—96, dem wir auch folgten.

Schrifttum hatte aber der *Fjölnir* einerseits seinem litterarisch-poetischen Gehalt, namentlich den darin zuerst erschienenen Gedichten *Jónas Hallgrímssons*, andererseits seinen sprachreinigenden, wenn auch bisweilen etwas geistlos-pedantischen Bestrebungen zu verdanken. Im übrigen freilich macht diese Zeitschrift heute einen ziemlich dürftigen Eindruck, wie ja auch nicht zu leugnen ist, dafs die Herausgeber derselben bei all ihrer sachlichen Tüchtigkeit doch nicht auf einer besonders hohen Stufe allgemeiner Bildung und journalistischen Geschmackes standen.

Über die Aufnahme, welche der *Fjölnir* bei der jüngeren gebildeten Generation gefunden, und über den Eindruck, den sie von dieser Zeitschrift bekam, schreibt *Benedikt Gröndal*, der Jüngere, der damals selbst zu jener Generation und im letzten Jahre des Bestandes der Fjölnir-Gesellschaft auch zu den Mitgliedern dieses Vereins zählte, in seinem Jahrbuche „*Gefn*“ (I, S. 4—5): „Das ist ganz sicher: besafsen wir auch zu jener Zeit manches Tüchtige (in der Litteratur), so begann doch mit dem *Fjölnir* eine neue Periode in der Kulturgeschichte unseres Landes — es war als ob ein Schimmer der Morgenröte sich zeigte; es war als hätte man in der Ferne die Zukunft gesehen, schön und glänzend, aber doch unsicher und matt. Wir erinnern uns noch daran, als die ersten Jahrgänge des *Fjölnir* erschienen und eine Bewegung hervorriefen, die man früher nie wahrgenommen hatte. Die Alten fanden zwar, dafs in manchem wohl etwas zu weit gegangen sei, hatten aber doch nichts dagegen, dafs sie geweckt wurden; die Jüngeren nahmen den *Fjölnir* mit beiden Händen auf. Immerhin war ja so manches darin seltsam und absonderlich, was nicht zu verwundern ist; denn so geht es immer, wenn man auf einen stärkeren Widerstand und jähes Festhalten an dem, was sich im Lande eingelebt hat, gefafst sein mufs. Allein die Wirkungen, welche der *Fjölnir* ausübte, waren nichtsdestoweniger so grofs, dafs man von den Jahren, in denen er mit ungeschwächter Kraft seiner vier Herausgeber erschien, sagen kann, sie seien für Island in vieler Hinsicht eine der schönsten Zeiten gewesen. Wir erwachten zu Freiheit und Fortschritt und erwarteten, dafs diejenigen, welche sich zu Aposteln unserer Freiheit und unseres Fortschrittes machten, dafür sorgen würden, dafs der Zustand des Landes sich bessere, bevor wir alle unter den grünen Rasen kämen.“

Wir haben die Geschichte des *Fjölnir* hier aus dem Grunde mit einer gewissen Ausführlichkeit erzählt, weil mit dieser Zeitschrift das ganze ideale Streben und dichterische Schaffen des hochbegabten Mannes, dem diese Skizze gewidmet ist, auf das engste verknüpft erscheint, und die Schicksale derselben daher gewissermafsen auch die Geschichte seines Geisteslebens darstellen. Und der grofse litterarische Erfolg, den der *Fjölnir* errungen hat, und der ihm eine so hohe litterarhistorische Bedeutung verlieh, er war ja — wie schon erwähnt — zum grofsen Teile *Jónas Hallgrímsson* zu verdanken, der die dichterische Seele dieses patriotischen Unternehmens bildete.

Jónas Hallgrímsson wurde am 16. November 1807 zu *Steinstaðir*[1]) in der *Eyjafjarðar Sýsla* im Nordviertel Islands als Sohn des *Hallgrímur Þorsteinsson*, Hilfsgeistlichen des *Jón Þorláksson*, zu *Bægisá*, geboren. Neun Jahre alt verlor er seinen Vater, der beim Fischen im *Hraunsvatn* ertrank und die Familie in Armut zurückliefs. Vierzehnjährig kam er zu dem Pastor *Einar Thorlacius*, um bei diesem den Vorunterricht für den Besuch der Lateinschule zu erhalten. Zwei Jahre später wurde er in die *Bessastaðir*-Schule aufgenommen, wo er mit Vorliebe die alten Sagas und Gedichte las und sich von allen Gegenständen am liebsten mit Naturkunde und Mathematik befafste. Im Herbste 1829 erhielt er das Abgangszeugnis. Um sich die Mittel zur Reise nach Kopenhagen zu verschaffen, war er drei Jahre hindurch Schreiber bei dem damaligen Landvogt Ulstrup zu *Reykjavík*. Im Herbste 1832 konnte er endlich die Universität beziehen, um nach seinem Vorhaben so schnell als möglich die juridischen Studien zu absolvieren und daheim Beamter zu werden. Unter dem Einflusse seiner gleich veranlagten Freunde, besonders *Tómas Sæmundssons*, wandte er sich jedoch bald anderen Disziplinen zu und begann mit grofsem Eifer sein Lieblingsgebiet, die Naturwissenschaften, sowie daneben auch sprachliche und litterarische Studien zu betreiben. In dem Kreise der jungen Isländer, welche die oben geschilderten patriotisch-litterarischen Bestrebungen vereinigten, spielte er — wie wir gesehen haben — eine Hauptführerrolle. Ein besonders inniges Freundschaftsverhältnis verband ihn bald mit dem schon damals vielseitig gelehrten *Konráð Gíslason*, der in mehr als einer Hinsicht auf die Geistesrichtung seines sehr bildsamen Landsmannes bestimmenden Einflufs nahm.

Durch seine naturwissenschaftlichen Studien kam *Jónas* auch in persönlichen Verkehr mit mehreren Universitätsprofessoren, wie dem Zoologen Reinhardt und dem Geologen Forchhammer, die seine Begabung schätzten. Im Jahre 1837 unternahm er eine wissenschaftliche Reise nach Island, kehrte aber schon im Herbste nach Kopenhagen zurück, um 1839 mit Unterstützung der Regierung eine zweite Reise zur naturwissenschaftlichen Erforschung seiner Heimatsinsel zu unternehmen, die er auch vier Sommer hindurch (bis 1842) kreuz und quer bereiste. Er nahm seine Aufgabe sehr ernst und entledigte sich derselben mit so gutem Erfolge, dafs Professor Japetus Steenstrup, der damals ebenfalls eine wissenschaftliche Bereisung Islands unternahm, von ihm behauptete, es hätte seit *Eggert Olafsson* niemand eine so genaue Kenntnis des Landes und Volkes besessen wie *Jónas Hallgrímsson*. Im Auftrage der isländischen Litteraturgesellschaft hatte *Jónas* auch ein reiches

---

[1]) Vgl. *Lýður*, zweiter Jahrgang (*Akureyri*, 1890) S. 23.

Material für eine ausführliche Beschreibung Islands gesammelt, die er aber nicht mehr fertig brachte. Was er übrigens als Naturhistoriker geleistet, haben wir bereits früher (S. 190) gesehen. Hat er auch als solcher nicht bahnbrechend gewirkt, so gewann er doch die Anerkennung, Freundschaft und Unterstützung so hervorragender Fachmänner wie Reinhardt, Forchhammer und Steenstrup. Bei dem letzteren war er noch von 1843—1844 in Sorö zu Gaste. Jedenfalls berechtigte er auch auf diesem Gebiete noch zu weiteren und höheren Erwartungen, die leider durch seinen frühzeitigen Tod vernichtet wurden. Er starb am 26. Mai, siebenunddreifsig Jahre alt, im Spitale zu Kopenhagen, wo er auf dem sogenannten Assistenz-Friedhofe begraben liegt.

Jónas hat bereits in früher Jugend poetisches Talent bekundet. Auch war er ja bei *Jón Þorláksson* gewissermafsen von Kindheit an mit der Dichtkunst aufgewachsen. Doch erst in dem landsmännischen Kreise zu Kopenhagen sollte sein reicher poetischer Born erschlossen und der Dichter zu jenen trefflichen Schöpfungen angeregt werden, die wir von ihm kennen und ob ihrer dichterischen und sprachlichen Schönheit bewundern. — Bevor wir den Leser mit einzelnen Dichtungen des *Jónas Hallgrímsson* bekannt machen, wollen wir es versuchen, im allgemeinen die Eigenart seiner Poesie zu kennzeichnen und die Vorbilder nachzuweisen, von welchen sie bei all ihrer Originalität mehr oder weniger beeinflufst erscheint. Vorweg sei bemerkt, dafs *Jónas* nicht nur in Versen, sondern auch in Prosa gedichtet hat und dafs wir zunächst den Prosaisten von dem Dichter im engeren Sinne scheiden wollen.

Die Liebe zur Natur, die *Jónas* von Kindheit an innewohnte und ihn später auch dazu antrieb, sich den Naturwissenschaften zu widmen, beherrscht in gleich sympathischer Weise seine Poesie. Er ist auch als Dichter Naturalist in idealerem Sinne: er liebt und besingt vor allem die Schönheit der Natur und als Isländer wieder ganz besonders die lieblichen oder erhabenen Reize seiner Heimatsinsel, „des Landes mit der milden Braue, mit blauen Bergspitzen, Schwanengesang, Forellenbächen, seligen blumigen Auen, steilen Wasserfällen, klaren Seen und breiten Gletscherkuppen.“ [1]) Dieses Natur- und Schönheitsgefühl kam auch in der Behandlung seiner Muttersprache zur Geltung, indem er sich befleifsigte, dieselbe natürlich, rein und schön zu schreiben. Sein eigenes Gefühl ward hier noch durch den Einflufs seines Freundes *Konráð Gíslason* gestärkt, der ja auch dem *Fjölnir* sein sprachliches Gepräge gegeben hat. Dasselbe Natur- und Schönheitsgefühl, das uns in der poetischen Diktion und Form des Dichters anmutet, bewahrte *Jónas* zugleich vor unnatürlichen, unschönen und unwahren Bildern und Vergleichen.

Es ist aber vorzüglich das Äufsere der Natur, das seinen

[1]) *Jónas Hallgrímsson, Íslands minni* in *Ljóðmæli og önnur rit*, S. 66—69

Sinn gefangen nimmt, und hierin, wie in der Ebenmäfsigkeit der Form und Natürlichkeit der Gedanken und Bilder unterscheidet sich *Jónas* am meisten von seinem älteren Zeitgenossen *Bjarni Thórarensen*. Dieser ist *Jónas* an Reichtum und Kraft der Phantasie, *Jónas* dem *Bjarni* hingegen an Schönheit der Form und der Bilder überlegen. Über den Hauptunterschied im Wesen der Dichtung beider Poeten bemerkt auch *Jónas'* Biograph, *Hannes Hafsteinn*, „dafs *Bjarni* seinen Blick direkt ins Innere des Menschenlebens versenkt, während *Jónas* das Leben der Menschen durch die Bilder des Landes und der Sprache sieht, mit anderen Worten: *Bjarni* ist der Dichter des Inneren, *Jónas* mehr der des Äufseren.“ Übrigens waren es gerade *Bjarnis* Gedichte, die *Jónas* sich zuerst, d. h. bevor er nach Kopenhagen ging, zum Vorbild genommen hatte. Dies zeigt sich u. a. deutlich in der Mehrzahl seiner Grabelegien; allein er vermochte weder die Kraft und Tiefe noch den hohen Gedankenflug dieses Romantikers zu erreichen.[1]) *Bjarni* selbst schätzte das Talent des jüngeren Dichters sehr hoch. Als er im Jahre 1841 zu *Reykjavík* mit *Jónas* zusammen traf, klopfte er ihm auf die Schulter und sagte: „Wenn ich sterbe, wirst du unser einziger Volksdichter sein, mein lieber *Jónas!*“ (vgl. auch unten).

Später vertiefte sich *Jónas* hauptsächlich in die deutsche Poesie und studierte mit Vorliebe Schiller und Tieck, ganz besonders aber Heine. Wieder war es augenscheinlich *Konráð Gíslason*, der den Dichter auf diesen Pfad führte. Durch ihn wurde *Jónas* offenbar erst zum Studium der deutschen Sprache angeregt, sowie auch mit den deutschen Dichtern bekannt gemacht; und Heine war auch *Konráðs* deutscher Lieblingsdichter. Im ersten Jahrgang des *Fjölnir* schon findet sich eine längere Notiz von *Konráð* und *Jónas* über „*Hænir*“, wie sie den Namen des deutschen Dichters islandisierten[2]), und die Übersetzung eines Kapitels aus den „Reisebildern“. Mit *Konráð* übersetzte *Jónas* auch Tiecks Märchen „Der blonde Eckbert“ für denselben Jahrgang des *Fjölnir*. Von gröfserer Bedeutung waren indessen seine poetischen Übertragungen oder vielmehr freien Nachdichtungen deutscher Gedichte, besonders von Schiller und Heine. Obwohl er sich nicht genau an die Form der Originale hielt, hat er doch den Geist derselben im ganzen sehr gut getroffen. Dies zeigt z. B. die Behandlung zweier an Form, Inhalt, Geist und Ton so verschiedener Gedichte wie Schillers „Die Kindesmörderin“ und Heines „Leise zieht durch mein Gemüt ...“, die beide in ein und dieselbe alte eddische

---

[1]) *Ljóðmæli og önnur rit.* S. XL—XLI. — [2]) *Hænir*, ausgesprochen „hainir“ mit e-haltigem i der zweiten Silbe, also fast wie „heiner“ ist sonst bekanntlich der Name eines nordischen Gottes, der öfter in der Gesellschaft von *Oðinn* und *Loki* auftritt. In der Überschwenglichkeit ihres Nationalgefühls islandisierten nämlich die Isländer in Kopenhagen damals — wenig geschmackvoll — auch fremde Eigennamen wie z. B. noch: John Russel in *Jón Hrésill*, Robert Peel in *Hrobjartur Píll*, Stuttgart in *Hrossagarður*, u. s. w.

Form des *Fornyrðislag* umgegossen sind und doch wie die Originale wirken. Nur schade, dafs das letztere Gedichtchen in der isländischen Bearbeitung dadurch das meiste von seinem so zarten ursprünglichen Reiz verliert, dafs *Jónas* in den Schlufsversen („Wenn du eine Rose schaust, Sag' ich lass' sie grüfsen“) die Rose, das Sinnbild der Schönheit und Liebe, mit dem Lauch vertauschte, ein Bild, das selbst für die Isländer in dieser Verbindung wenig geschmackvoll und sinnig erscheint. Sehr gelungen ist auch die Nachdichtung des 32. Gedichtes („Durch den Wald im Mondenscheine“) des „Neuer Frühling“ betitelten Cyklus von Heines „Neuen Gedichten“, die im Isländischen die Überschrift „*Álfareiðin*“ (d. h. der Elfenritt) erhalten hat und mit dem Verse „*Stóð eg úti í tunglsljósi, stóð eg út við skóg*“ beginnt. Sie ist seither auf Island zu einem beliebten und oft gesungenen Volksliede geworden. Ganz vortrefflich ist Chamissos „Küssen will ich, ich will küssen“ nachgedichtet. Auf eine poetische Anregung, die *Jónas* durch ein Gedicht Goethes erhielt, werden wir später noch zu sprechen kommen. *Jónas* übersetzte ferner einige Gedichte oder kleinere Bruchstücke von Dichtungen des Horaz, Oehlenschläger (aus „Aladdin“), Paludan-Müller (aus „Abels Tod“), des norwegischen Volksdichters Klaus Frimann (den populären Lobgesang „Seer jeg til den Himmel blaa“), Ossians und Addisons.

In deutlich erkennbarer, ja auffallender Weise wurde *Jónas* in seiner eigenen Dichtung jedoch nur durch Heine beeinflufst, den er auch vielfach, und zwar nicht nur wie z. B. in dem ganzen Cyklus „Zur See und auf dem Lande“, in der Form nachahmte. *Hannes Hafstein* erklärt diese Neigung des isländischen Poeten zu Deutschlands „ungezogenem Liebling der Musen“ durch eine Gemütsverwandtschaft beider Dichter. Er schreibt: „Der Grund derselben war nicht nur Heines Witz und Formgewandtheit, die eine entsprechende Saite bei *Jónas* trafen, sondern in den lyrischen Gedichten Heines lag noch etwas anderes, das ihn besonders anlockte, nämlich die lachende Thräne, die zarte Weichheit, die plötzlich mit einem schallenden Gelächter endet, sowie der Witz und die Ausgelassenheit, welche die tiefsten Gefühle verdecken. Denn *Jónas* gehörte zu jenen Menschen, die ihre wahre Stimmung zu verbergen wissen, und obgleich sie lachen, doch traurigen Sinnes sind. Er liebte es nicht, seinen Kummer und seine Gefühle zu offenbaren. Nun hatte aber *Jónas* sein eigenes besonderes Streben, das von den Einwirkungen, die er von Heine erhielt, ganz verschieden war, und deshalb sind auch diejenigen Gedichte, welche in Heineschem Geiste gehalten sind, beinahe nur Nachahmungen“.[1]) Wenn aber *Hannes* als eine solche Nachahmung das Gedicht „*Sæunn*, das Meerweib“, anführt, welches „ja fast eine Übersetzung“ sei, so ist das ganz unrichtig, da Heines Verse „Der

---

[1]) *Ljóðmæli og önnur rit*, S. XLII–XLIII.

Abend kommt gezogen“ (Buch der Lieder No. 14), die „*Sæunn*“ zu Grunde liegen, *Jónas* vielmehr zu einer ganz meisterhaften Umdichtung derselben anregten, die das Original übertrifft. Bei aller Eingenommenheit für Heine bewahrten indessen den isländischen Dichter sein geläuterter Geschmack, seine edle und reine Empfindung, sein allem Niedrigen fremder Geist und sein gesundes ästhetisches Schönheitsgefühl davor, auch die Frivolitäten und sonstigen „Ungezogenheiten“ seines Vorbildes nachzuahmen.

Durch das Studium der fremden Dichter wurde *Jónas* auch mit den fremden Versmafsen und Strophenformen, welche durch die Romantiker in Schwang kamen, vertraut und er führte sie durch eigene Gedichte in diesen Metren, um den Reiz des Stabreims verschönt, in die isländische Poetik ein. Daneben pflegte er jedoch mit Vorliebe die alten heimischen Formen der Eddalieder und der Skalden.

Die Gedichte *Jónas Hallgrímssons* wurden nach dem Tode des Dichters von der isländischen Litteraturgesellschaft gesammelt und im Jahre 1847 zum erstenmale unter dem Titel „*Ljóðmæli Jónasar Hallgrímssonar*“, im Jahre 1883, um die prosaischen Arbeiten vermehrt und mit einem Bildnis des *Jónas* geschmückt, zum zweitenmale als „*Ljóðmæli og önnur rit eptir Jónas Hallgrímsson*“ (d. h. Gedichte und andere Schriften von J. H.) zu Kopenhagen herausgegeben. Die zweite Ausgabe wurde von dem Dichter *Hannes Hafsteinn* besorgt, welcher dem Buche auch eine Biographie und kritische Würdigung des Dichters vorausschickte.[1])

Man kann die eben nicht sehr zahlreichen Gedichte *Jónas Hallgrímssons*, von den bei allen isländischen Poeten obligaten Grabelegien und kurzen Gelegenheitspoëmen abgesehen, in isländisch-patriotische, die Natur und das Volksleben schildernde und Liebesgedichte gruppieren.

Als patriotischer Dichter ist *Jónas* ganz vom Geiste *Eggert Olafssons* erfüllt. Auch ihm erscheint die alte Zeit seines geliebten Heimatlandes gut und herrlich, die neue hingegen elend und traurig. Seine Phantasie weilt gern bei den farbigen Bildern des politischen Lebens in der Periode des Freistaates und hier wieder bei dem Centrum desselben, dem Alþingi, das auf einer auch durch ihre grofsartige landschaftliche Scenerie[2]) erhaben scheinenden Stätte tagte, auf dem hochgelegenen Lavafelde an der *Öxará* (dem „Beilflusse“) zwischen der imposanten, von dem eben genannten Flusse durchbrausten *Almannagjá* („aller Leute Schlucht“) und der kaum minder grofsartigen *Hrafnagjá* (Rabenschlucht), mit dem *Lögberg* (Gesetzesfelsen), dem Mittelpunkte des Alþingi, von dem aus die neuen Gesetze, die stattgefundenen

[1]) Vgl. auch C. Rosenbergs hübschen Aufsatz über *Jónas Hallgrímsson* in *Illustreret Tidende*, Kopenhagen, 1883 (24. Band), S. 523—528 und 540 bis 543. Sieben Gedichte von *Jónas Hallgrímsson* wurden auch von M. Lehmann-Filhés übersetzt in ihren „Proben isländischer Lyrik“ (S. 21—36). — [2]) Vgl. über diese Scenerie Poestion, Island, S. 216 ff.

Begnadigungen, der Kalender fürs nächste Jahr u. s. w. verkündet wurden. Damals kamen die „Teilnehmer" mit einem zahlreichen Gefolge und sonstigem grofsen Gepränge nach dem „Þingplatz" *(Þingvöllr)* und schlugen hier für die Dauer des Alþingi ihre Buden und Zelte auf, um erfüllt von heiligem Ernste und patriotischem Eifer, über staats-, kirchen- und privatrechtliche Angelegenheiten zu beraten und zu entscheiden. Jetzt aber, zur Zeit des dänischen Absolutismus, gab es überhaupt kein Alþingi mehr, keine Freiheit, keinen Wohlstand; das Volk ist längst in seiner Thatkraft gelähmt, ist für höhere Ziele, für ein kräftiges politisches Streben, für wirtschaftliche Energie abgestumpft und untauglich geworden. Sein schmerzliches Gefühl ob dieses Unterschiedes zwischen der alten und der neuen Zeit giebt der Dichter, der seine Heimat trotzdem über alles liebt, in einem Gedichte Ausdruck, das zu den besten Schöpfungen der isländischen Kunstpoesie gehört. Über den merkwürdigen äufseren Anlafs zu dieser Dichtung und ihre Form, wie über den Anteil *Konráð Gíslasons* an demselben wurde bereits berichtet (vgl. oben S. 16). Die Verse lauten in deutscher Übersetzung:

Island.

(Ljóðmæli og önnur rit, S. 38 – 40).

Island, glückliches Land
Und gute reifweifse Mutter!
Wo ist dein früherer Ruhm,
Freiheit und männliche That?
Alles wechselt auf Erden
Und deine glorreiche Glanzzeit
Leuchtet wie nächtlicher Blitz
Fern aus entlegener Zeit.
Lieblich und schön war das Land,
Schneeweifs die Spitzen der Gletscher,
Heiter der Himmel und blau,
Hell auch und blinkend das Meer.
Damals kamen die Väter,
Der Freiheit ruhmreiche Helden,
Über das östliche Meer
In der Glückseligkeit Land,
Bauten sich Haus und Hof
Im Schofse blumiger Thäler,
Lebten hier glücklich dahin,
Glänzend durch mancherlei Kunst.
Dort auf der Lava, hoch oben,

Wo noch wie damals der Beilfluſs
Aus der Allmännerkluft strömt,
Tagte das Alþingi einst.
Dort stand Þorgeir, als christlich
Das Volk am Thinge geworden,
Dort waren Gissur und Geir,
Gunnar und Hjeðin und Njáll[1]).
Helden durchschritten die Gaue,
Und herrlich gerüstete Schiffe
Brachten, aufs beste bemannt,
Waren in Fülle stets heim.
Schwer jedoch ist es, stille zu steh'n,
Und es streben die Menschen
Immer entweder zurück
Oder nach vorwärts die Bahn.
Was ist in sechshundert Jahren
Aus unserer Arbeit geworden?
Gingen den richtigen Weg
Wir wohl zum Guten empor?
Lieblich und schön ist das Land noch,
Schneeweiſs die Spitzen der Gletscher,
Heiter der Himmel und blau,
Hell auch und blinkend das Meer;
Doch auf der Lava, hoch oben,
Wo noch wie damals der Beilfluſs
Aus der Allmännerkluft strömt,
Tagt das Alþingi nicht mehr.
Snorris[2]) Zelt ist ein — Stall
Und es steht der heilige Lögberg
Jährlich von Beeren ganz blau,
Kindern und Krähen zur Lust! —
O, ihr Jünglinge all'
Und Islands erwachsene Söhne,
So ist der Vorfahren Ruhm
Völlig vergessen, — dahin!

---

[1]) *Þorgeir* war Gesetzsprecher, auf dessen Antrag das Alþingi (i. J. 1000) das Christentum auf Island gesetzlich eingeführt hat. *Gissur*, *Geir*, *Gunnar*, *Hjeðin* und *Njáll* sind aus den alten Sagas rühmlichst bekannte Isländer. — [2]) *Snorri*, der berühmte isländ. Historiograph, Dichter und Politiker († 1241); während des Alþingi schlugen die Teilnehmer in der Umgebung Zelte oder Buden auf

Es war, wie wir bereits wissen, der Lieblingswunsch des Dichters wie der übrigen Fjölnir-Männer (auch *Bjarni Thórarensens* u. a.), das ersehnte Alþingi auf der alten þing-Stätte an der *Öxará* wieder erstehen zu sehen, während nach dem Plane einer anderen, nüchterner und praktischer denkenden Partei die als Sitz des Dänentums verhafste Hauptstadt *Reykjavík*, und zwar das auf der östlichen Anhöhe (*þingholt*) der Stadt neu erbaute geräumige Gebäude der Lateinschule, als passendster Ort für den Landtag ausersehen war. Seinem Unmute über die Nichterfüllung jenes Wunsches wie über die beschränkte Gewalt des Alþingi, das eben nur ein Landtag mit beratender Stimme und aufserdem mit sechs vom König ernannten Abgeordneten der Regierung sein sollte, machte *Jónas* u. a. in einer Totenklage über *Bjarni Thórarensen* Luft, der bereits am 4. August 1841 gestorben war und daher die Wiedererstehung des Alþingi unter so wenig befriedigenden Umständen nicht mehr erlebt hat. Der Dichter sah im Geiste schon dieses Alþingi vor sich, bei dem die Regierungsabgeordneten, welche natürlich königliche Beamte waren, in dem gewöhnlichen europäischen Staatskleide, dem schwarzen Fracke, erschienen und den Dichter dadurch an das „Raben-Thing" (*hrafnaþing*) der Volkssage[1]) erinnerten, während den Isländern doch ihr alt- und weitberühmter Edelfalke als das Symbol des echten, freiheitsliebenden Patriotismus galt. Die drei ersten Strophen des Gedichtes, von denen die dritte augenscheinlich erst später, nach der definitiven Entscheidung über die Natur und Zusammensetzung wie den Ort des Alþingi, entstanden ist, lauten im Versmafse des Originales (Ljóðmæli o. fl. r., S. 109—110) übersetzt:

Schnell ist im heurigen Sommer
Die Sonne verschwunden;
Sah ich den Schwan doch entfliegen
Ins schönere Lichtland.
Keinen Gesang mehr vernimmst du
In kalten Bergthälern;
Stumm auf den Hausgiebeln stiert nun
Der Vogel der Trauer.

Schnell wurde all deinen Freunden
Die Freude genommen,
Íslands Liebling, der Heimat
Gar herrliche Blüte.

[1]) Vgl. *Jón Árnason, Íslenzkar þjóðsögur og æfintýri*, I, S. 116 (Lehmann-Filhés, II, S. 10); auch Maurer, Isländische Volkssagen, S. 170.

Früher, da safs er mit Freunden
Bei fröhlicher Rede;
Trauer nun weilt in den Häusern
Und wandert die Wege

Eins ist mein Trost, dafs der Aar nicht,
Den Eulen zur Freude,
Sollte das Raben-Thing schauen
Auf steiniger Höhe,
Anstatt eines Thinges von Falken
Wie einst auf dem „Felsen".
Glücklich entflogst du zur Sonne,
Indes es hier dunkelt.

Nicht minder als die politische und wirtschaftliche Lage betrüben die geistigen und litterarischen Zustände Islands unseren Dichter. Denn obgleich seit der Mitte des vorigen Jahrhunderts auch von seinen Landsleuten mit regerem Eifer verschiedene Wissenschaften betrieben wurden, und die Kunstpoesie durch einzelne Dichter einen höheren Schwung genommen hatte, so war es um die allgemeine Bildung des Volkes doch immer noch sehr schlimm bestellt; es herrschte in der volklichen Dichtkunst noch derselbe verwilderte Geschmack, der an den rohesten und banalsten Erzeugnissen der Rímur-Fabrikation den meisten Gefallen fand. Es schien wirklich, als ob das isländische Volk jedes Schönheitsgefühl und jede Empfänglichkeit für echte Poesie verloren hätte, und auch hier die eindringlichen Rügen *Eggert Ólafssons* erfolglos geblieben wären. Darum erhebt gleich diesem auch *Jónas* zürnend seine Stimme, um in den bittersten Worten sein Volk zu tadeln. Er that dies zuerst in jenem beifsenden Aufsatze gegen *Sigurður Breiðfjörð* im *Fjölnir* (vgl. oben S. 335) und wiederholte seine Strafpredigt mit gesteigertem Pathos in einem längeren Gedichte, das er dem Andenken *Eggerts* gewidmet, dieses von ihm mit glühender Begeisterung verehrten „Helden der Rüge", der ja zugleich, wie *Jónas* selbst, ein so warmer Schätzer und Lobsänger der Reize der Natur, des Schönen, gewesen. Dieses Gedicht, „Das Lied von der Hulda" (*Hulduljóð*) betitelt, ist denn auch in gleicher Weise eine Verherrlichung *Eggerts* wie der ländlichen Reize Islands mit Reminiscenzen an die lieblichsten Details der Naturschilderung in *Eggerts* Dichtung vom Landbau. Durch seine wunderbare Formvollendung und edle Sprache bei dramatischer Struktur und Lebendigkeit steht dieses Gedicht, trotzdem es vom Dichter nur im ersten Entwurf und ungefeilt hinterlassen wurde, in seiner Art in der isländischen Poesie einzig da, weshalb es von den Isländern mit Recht überaus hoch geschätzt wird. Wir finden bei sonst gleicher Anerkennung die Dichtung denn doch allzu überschwänglich und rhetorisch. Aus diesem Grunde beschränken wir uns auch auf die Mitteilung nur einiger Stellen des Gedichtes, wobei wir uns wegen der besonderen Schwierigkeiten der Übersetzung gestatten, die sechszeiligen Reimstrophen des Originales in ungereimten fünffüfsigen Jamben wiederzugeben.

Beim Einbruche der Nacht fordert *Hulda*, eine Elbin, die zugleich als Islands Schutzgeist gedacht ist, den Dichter, „den schwermütigen Mann", auf, zu dichten. An einem Wasserfalle bei *Huldas* Felsenwohnung sitzend, vom Nebelschleier der Nacht umwallt, will denn der Dichter an der Seite des schönen Elbenmädchens, während „die Nachtgestalten wandern", seinen Gesang ertönen lassen, „schlicht wie die Stimme des Brachvogels vom Steinhügel klingt". Er beginnt sogleich mit der Klage über sein Volk, über die Unempfänglichkeit desselben für Aufklärung und Belehrung (*Ljóðmæli o. ö. r.*, S. 193—201):

„Belehrung? Wem ist hier gelegen an Belehrung?
Der Dummkopf macht zum Knecht sich der Gewohnheit.
Vergessen sind des Landes alte Lieder.
Versstümperei'n und neblichtes Gefasel
Erfüllt das Land mit elendem Geschwätz.
Es leiert der bedauernswerte Mann
Uns seine abgeschmackte Rima her.

Schmähworte, Huldas Ohr verletzend, sollen
Nicht mehr entstellen unseren Gesang.
Schickt einen anderen, um eure Sänger
Zu überzeugen, Njörður, Þór und Freyr!
Und lasse jeder Ase, den im Lied sie
Besudeln, endlich seine Langmut fahren
Und nehm' an ihnen eine grimme Rache!"

Aus diesen trübsinnigen Betrachtungen wird der Dichter erst durch die Erscheinung *Eggert Ólafssons* gerissen (*Eggert* ist bekanntlich 1768 im Meere ertrunken; vgl. S. 248). „Der Held der Rüge" wirft den nassen Meeresschleier von sich und steht in starker Rüstung vor ihm. Der Dichter preist nun *Eggert* wegen seiner hohen Gesinnung und Kenntnis der Natur, segnet die Stunde, wo dessen Fufs wieder fruchtbares Erdreich betrat, und spricht, bald zu *Hulda* bald zu *Eggert* gewendet:

„Warum stieg aus den blauen Wogen er
Ans Land, das in der Nacht Umarmung ruht?
Ich weifs, so bald zur Ruh' sie eingegangen,
Will keiner von den Freunden mehr sich zeigen;
Wie mufst' verlangen er, sein Land zu seh'n,
Das vielgeliebte mit dem majestätisch
Hoch aufgetürmten weifsen Hauptesschmuck!

Der Freude Thränenperlen seh' ich blinken
Und zittern durch dein schönes Lockenhaar,.
O sonnig-schöne Maid! Dein Auge sah
Wohl keinen Kämpen noch, der diesem glich.
Du liebst ihn, Hulda, Eggert, Islands Blüte,
Die starke Stütze meines Vaterlandes,
Den Stolz, die Ehre für sein ganz Geschlecht!

Wie schön, o Eggert, ist doch auch dein Gang!
Dein Aufenthalt da draufsen in der See
Hat lang gedauert und ist hart gewesen.
Lieb ist mir deiner Ankunft Tag, o Vater! ...
Nun küfst er, Hulda, deine Muttererde.
Sonnige Maid! Er blickt um sich mit Thränen;
Der salzbesprengte Held, der See entstiegen.

Du liebst ihn — ich vergönn' es ihm mit Freuden;
Die Lieb' ist mächtig und du bist ihr Schutzgeist.
Hier will ich sitzen, hier ist unser Platz,
O Hulda, bis dem Meer entsteigt die Sonne.
O lehne doch dein blondes Lockenhaupt,
Geliebte Hulda, an die Freundesbrust! —

Er blickt um sich; schon ruht im Lande alles:
Die Mutter hat die Kinder eingeschläfert,
Die kleinen wie die grofsen, und es schläft
Der Löwenzahn nun schon auf grüner Au.
Der Rabe auf dem Felsen, der Gesunde
Auf einem Daunenlager und der Kranke
Vielleicht auf einem harten Brette auch.
Er blickt um sich im feuchten, kühlen Nachtwind.

Es schweift sein Auge über Meer und Land
Bis ganz hinauf zur hohen Bergesspitze.

— — — — — — — — — — —

Er schwebt nun übers blühende Gefild.
Von ihrem ruhig-nächt'gen Schlummer blicken
Die farbenschönen Blumen langsam auf,
Um ihn, den edlen Dichter, zu erfreu'n.
Und alles andere vergessend schaut
Betrachtend eine Weile er auf sie.
Da finden Freunde sich auf grüner Flur:
„Willkommen, Eggert! Bleibst recht lang bei uns?"

Eggert begrüfst nun in lieblichen Versen die Blumen der Flur:

„Ihr kleinen Freunde, der Erde Zier,
Du Löwenzahn auf der grünen Au
Und Stiefmütterchen, rot und blau,
Viel hätten einander zu sagen wir!

— — — — — — — — — — — — —

Ich spielte mit euch so manche Stund';
Nun sah eine Zeit ich den Meeresgrund,
Und wie sich der Hering flink bewegt,
Wie überall gleiches Leben sich regt.

— — — — — — — — — — — — —

Arme Ranunkel, siehst du mich nicht?
Schlafe nur süfs und deck' dich zu!
Sanft ist in tauiger Nacht die Ruh';
Schlaf du nur ruhig und träum' von Licht!"

— — — — — — — — — — —

Zu *Hulda* gewandt fährt hierauf der Dichter fort:

„Sieh' nur, vom jungen Blumenplan hinweg
Schwebt weiter noch die freundliche Gestalt!
In Allem stark und frei und schön noch schreitet
Eggert dahin, um den Bezirk zu seh'n,
Zu sehen, ob das Volk dort glücklich lebt,
Nach dem er sich am meisten doch gesehnt.

Es lacht das glückliche Gehöft ihm zu
Auf einer Anhöh', reinlich, grün und klein —
Hier lebte viele Jahre lang sein Vetter[1])

---

[1]) Probst *Björn Halldórsson;* vgl. oben S. 248.

Mit Weib und einer Schar geliebter Kinder.
In Gottes Frieden ist ein ländlich Glück
Den heitern Hofbewohnern dort erblüht.

Dort hat vollständig alles sich erfüllt,
Was einst der weise Bauernfreund vom Leben
Hier in den Thälern sang im „Landbau-Lied“ —
Vom Bauernleben, wie's am schönsten wäre.
O sonnig-schöne Maid! jetzt schwebt zum Hof er,
Der Meerbewohner, jungem Wandrer gleich!“

Die Erscheinung verschwindet; ein Hirte aber, der zu seinen Schafen geht, hat dieselbe ebenfalls gesehen und erkannt und preist nun in drei Strophen den „klugen Mann“ und Sänger der Natur und des Landlebens:

„Das war Eggert Ólafsson.
Jung und flink, an Weisheit reich,“ u. s. w.

Es beginnt nun allmählich zu tagen, weshalb der Dichter von dem Elbenmädchen, das er nicht wieder sehen soll, Abschied nehmen mufs:

„Nun lebe wohl! Bleibst du mir auch verborgen,
So denk' ich alle Tage doch an dich.
Leb' wohl! Denn hell wird schon das Thal vom Morgen,
Der laute Wasserfall ruft dich zu sich;
Er breitet vorn am Berg sein Prunkkleid aus,
Vom feuchten Nafs bespritzet ist dein Haus.“ —

Ein ganz naturwissenschaftliches und zwar geologisches Gedicht von eigentümlichem Reiz ist „Der Berg *Skjaldbreiður*“. Der Dichter schildert hier nach seiner Vorstellung die vulkanischen Umwälzungen, welche einst, in vorhistorischer Zeit, in der Gegend des seither ausgebrannten und zu oberst mit Schnee bedeckten *Skjaldbreið* stattgefunden und die dortige Lavamasse, den *Þingvellir*-See (*Þingvallavatn*), die grofsen Schluchten, den Gesetzesfelsen, kurz die schon bekannte landschaftliche Scenerie des alten Þing-Platzes gebildet haben. Der Berg selbst sieht einem runden, schwach gewölbten Schilde ähnlich, wovon er seinen Namen hat („Berg mit breitem Schild“). Das Gedicht entstand gelegentlich eines Ausfluges des Dichters von *Þingvellir* nach dem Berge, wobei *Jónas* im Freien nächtigen mufste. Es lautet:

Der Berg Skjaldbreiður.

(Ljóðmæli o. ô. rit, S. 103—106.)

Berg du mit des Schnees hohem
Fald[1]) geschmückt so wunderbar,
Bietest breit der Lava dunklen
Wogen ein Gebirgsthal dar.
Längst hat Lokis[2]) Zorn vollendet
Dieses Gufswerk, grausig wild;
Du verdienst drum deinen Namen:
Kuglig-breiter Schreckens-Schild.

Um den Berg mir zu beschauen
Reit' ich Morgens aus einmal;
Frührot liegt schon auf dem Gipfel,
Färbet Hügel, Steig und Thal.
Grad gen Nord der schöne Berg steht
(Röfslein trabet nun gar schnell)
Lambahlið siehst auf dem Weg du
Und mehr südlich Hlöðufell.

Sicher über das erstarrte
Flammenmeer trägt mich mein Rofs.
Seit wie lang wohl diese Lava
Aus der Erde sich ergofs?
Kein Getier freut' sich des Lebens
Hierzuland zu jener Stund,
Und es hat kein Mensch gesehen
Dieses Lavastromes Grund.

Jäh der Gletscherberg erbebte
Unter brüllendem Getos',
Gleich als ob vom Himmel fielen
Alle Sterne, klein und grofs
Mückenschwärmen ähnlich flogen
Funken wirbelnd in der Luft;
Finst're Nacht ward aus dem Tage,
Feuer speiend dröhnt' die Kluft.

---

[1]) Faldur, ein weifser Kopfputz der Isländerinnen. — [2]) Der Feuergott.

Rote Flammenflüsse brüllten;
Übers Land streicht dunkler Rauch,
Busch und Wald darunter schwinden
Und der Vogelbeere Strauch.
Nicht ertrugen solche Schrecken,
Ach, die schwachen Blümelein,
Senkten bleich den Kopf zur Erde;
Gott, der Herr, sah dies allein.

Alle Wasser, die da früher
Fielen von der Höhe dort,
Fliefsen jetzt in finstern Gängen
Unterirdisch zitternd fort,
Bis zur Stelle, wo des Feuers
Fluten endlich sich gestaut,
Und das Aug' jetzt Islands gröfsten
See in breiter Eb'ne schaut.

Breit umsäumt vom Lavabogen
Schläft das Land in müder Ruh';
Fröhlich jetzt die Sterne funkeln,
Blinken Höh'n und Heiden zu.
Berstend in die hohle Wölbung
Sank die Lava auf den Grund
— Laut erdröhnt's davon zum Himmel —
Dunkles Wasser füllt den Schlund.

Schaurig-mächtig meinem Volke
Dann der heil'ge Berg erscheint;
Und der eisbedeckte Breiður
Tritt jetzt den gebund'nen Feind.
Wo die Gluten früher strömten,
Grünt die Flur nun Jahr für Jahr,
Felsenwände und das Wasser
Schützen jetzt sie vor Gefahr.

Wer hat solches je geschaffen,
Aufgebaut solch' eine Wehr:
Aus erstarrten Feuer-Massen
Eine Felsenfestung hehr?

Gott erbaute diese Feste;
Stark, mein Kind, ist seine Hand.
Gott nur und das Feuer brachten
Solch ein Wunderwerk zustand.

Östlich steigt ein Felsengürtel
Aus der breiten Raben-Kluft,
Westlich strebt noch mächt'ger eine
Andre Felswand in die Luft.
Nun versteh' ich's, dafs das teure
Thing sie einst hierher verlegt;
Fest noch steht die Kluft, die ihren
Namen vom „Allvolke" trägt.

Lafst mich, Geister, fröhlich wandern
In der Berge Wüstenei;
Bin allein mit Pferd und Hund nur,
Jeder Last und Bürde frei.
Ach, wie viel giebt's hier zu denken,
Wie viel Herrlichkeit ist hier!
Will drum auch im Freien nachten . . .
Welcher Unhold schadet mir?

Eines der reizendsten, naturbeschreibenden Gedichte, namentlich in Bezug auf den musikalischen Klang seiner Sprache, der natürlich in der Übersetzung gleich so mancher anderen Schönheit des Originals verloren geht, ist

Das Lied vom Thale.

(Ljóðmæli, o. ö. r., S. 152—154.)

Blumenhügel, grüne Flur,
Halde, reich an Moos und Beeren,
Moorland, Stiefkind der Natur,
Blumenhügel, Kleefeldflur,
Weil' bei euch am liebsten nur,
Auch wenn Leiden mich beschweren,
Blumenhügel, grüne Flur,
Halde, reich an Moos und Beeren!

Schluchtbewohner, Wasserfall,
Enge Kluft mit steilem Hange,
Spalt voll Kräuter überall,
Schluchtbewohner, weifser Fall,
Warst zum Heil uns allzumal
Und verbleibst es uns noch lange,
Schluchtbewohner, Wasserfall,
Enge Kluft mit steilem Hange!

Rieselbächlein, blau und klar,
Flufs mit Hügeln an den Seiten,
Linder Lufthauch, wunderbar,
Rieselbächlein, lieblich-klar,
Euch im Thale immerdar
Höchste Wonne sie bereiten;
Rieselbächlein, blau und klar,
Flufs mit Hügeln an den Seiten.

Gipfelberge, himmelblau,
Felsenmauern, Firner oben,
Schaut aufs Heufeld und die Au!
Gipfelberge weifs und blau,
Euch das Thal ich anvertrau':
Schützt es mir, wenn Stürme toben,
Gipfelberge, himmelblau,
Felsenmauern, Firner oben!

Thal, das keinen Reiz entbehrt,
Reich gesegnet vom Allwalter,
Sonnenglanz sei dir beschert,
Thal, das nichts, was schön, entbehrt,
Und das Beste doch gewährt:
Lust der Jugend, Ruh dem Alter,
Thal, das keinen Reiz entbehrt,
Bleib' gesegnet vom Allwalter!

Die Naturbeschreibung steht in der Dichtung *Jónas Hallgrímssons* so sehr im Vordergrunde, dafs sie sich auch dort geltend macht, wo den Anforderungen einer künstlerischen Komposition zufolge das Schwergewicht auf den inneren Kern der Dichtung zu legen wäre. Dies ist besonders bei einem der schönsten Gedichte unseres Poeten, dem vielberühmten „Gunnarshólmi“, der Fall, worin die Vaterlandsliebe eines altisländischen Helden verherrlicht wird. Die Naturbeschreibung überwuchert hier so sehr den eigentlichen Kern der Dichtung, dafs die Figur des Helden nur sehr unvollständig zur Geltung kommt. Allein die wundervolle Schönheit der Naturschilderung, wie auch der Zauber der Sprache versöhnen mit dieser Schwäche der Komposition und erweckten denn auch bei den gebildeten Landsleuten des Dichters eine solche Bewunderung, dafs *Bjarni Thórarensen*, als er das Gedicht gelesen hatte[1]), ausrief: „Nun glaub' ich, es ist am besten, ich höre auf zu dichten.“ Zum besseren Verständnis des Gedichtes für den Nichtisländer mögen noch die folgenden Bemerkungen dienen.

An der Südküste Islands, oberhalb *Landeyjar*, zwischen dem *Eyjafjalla*-Gletscher und der Landschaft *Fljótshlíð*, erstreckt sich eine gröfsere Ebene, die in älteren Zeiten mit Gras bewachsen war, jetzt aber durch die Überschwemmungen des *Þverá*-Flusses in eine Sandwüste verwandelt ist. Nur an einer Stelle dieser Ebene, etwa auf der Mitte des Weges zwischen dem Hofe *Hlíðarendi* und dem Meere, befindet sich noch, einer Insel im Sandmeere gleich, ein grüner Rasenplatz, der sich nur ganz wenig über seine nächste, ganz flache Umgebung erhebt. Auf diesem Platze hat der Sage nach der edle Kämpe und „ritterlichste Held auf Island“, *Gunnar* von *Hlíðarendi*, der mit seinem Bruder *Kolskeggur* wegen mehrerer Totschläge auf drei Jahre in die Verbannung gehen sollte, als er schon zum Schiffe hinabritt, sich noch einmal umgesehen, und war dabei von der Schönheit seiner Heimat so ergriffen worden, dafs er lieber umkehrte und dadurch sein Leben verwirkte, als das Vaterland verliefs. Aus diesem Grunde hat der Ort den Namen *Gunnarshólmi* (d. h. Insel des *Gunnar*) erhalten. „Wenn man von diesem Platze aus sich umsieht, hat man ganz in der Nähe im Osten den stumpfen Kegel des 1705 m hohen *Eyjafjalla*-Gletschers vor sich, dessen Fufs von einer steilen Felsenwand gebildet wird, über die sich ein imposanter Wasserfall, der *Seljandafoss*, herabstürzt; gegen Nordost sieht man ins Thal des *Markarfljót* hinein; über der Mündung desselben und den nördlichen Abhängen erhebt sich die spitzzackige Gebirgsmasse des *Tindafjalla*-Gletschers, dessen 25 □ km grofse Firnmulde mit den dazwischen liegenden, aufragenden Felsenrücken und spitzen Gipfeln ihm eine grofse Ähnlichkeit mit den Gletschern der Alpen verleiht. Von den *Tindafjöll* ausgehend erstreckt sich gegen Westen in die Ebene des *Rangá*-Flusses hinaus ein langer Bergrücken, dessen südlicher Abhang die Landschaft *Fljótshlíð*

[1]) *Bjarni* hat das, wie es scheint, von ihm selbst angeregte Gedicht nicht erst im „*Fjölnir*,“ wo es 1838 erschien, sondern bereits im Jahre 1837, sogleich nach seinem Entstehen, in einem Manuskripte *Jónas Hallgrímssons* gelesen, das dieser ihm zugesandt hatte. Vgl. *Lýður* a. a. O.

(d. h. Abhang am Flusse) bildet. Am Ende dieses Bergrückens liegt der Hof *Hlíðarendi* d. h. Ende des Berghangs (*hlíð* = Bergabhang). In der Ferne, gegen Norden zu, erblickt man den Gipfel der Hekla, auf welchem an vielen Stellen blanker, schwarzer Achat frei zu Tage tritt, so dafs man denselben schon in weiter Entfernung glänzen sieht. Die ganze Landschaft bietet heute noch einen grofsartigen und zugleich angenehmen Anblick dar, mufs aber in der alten Zeit, wo mehr oder minder üppiger Wald die Abhänge bedeckte, und die Ebene ein fruchtbares Grasfeld war, viel prächtiger gewesen sein." — Noch sei bemerkt, dafs *Gunnars* Lieblingswaffe und kostbarster Schatz eine ganz ausgezeichnete Hellebarde war, die er im Kampfe einem Vikinger abgenommen hatte, und welche die Eigenschaft besafs, dafs sie es zuvor durch weithin vernehmbares Klingen anzeigte, wenn sie eine Todeswunde schlagen sollte.

Das in Terzinen und zuletzt Stanzen abgefafste Gedicht versuchten wir in deutscher Übersetzung wie folgt wiederzugeben:

Gunnarshólmi.

(Ljóðmæli o. ö. r., S. 52—55.)

Die sommerliche Sonne ist im Sinken;
Mit goldigroter Glut sie noch bestrahlt
Des Eyja-Gletschers silberblauen Zinken.

Gen Ost dort steht die mächt'ge Gestalt
Und kühlt das Haupt, so licht und hoheitsvoll,
Im Quell des Äthers, herrlichklar und kalt.

Wildtosend redet mit dem Felsentroll
Der Wasserfall, wo die zwei Zwerge sitzen,[1])
Das Gold bewachend, das dort liegen soll.

Hier steh'n die Tindafjöll mit ihren Spitzen,
Den grünen Gürteln, Mänteln, dunkelblauen,
Und blanken Helmen, die im Schneeglanz blitzen.

Von ihrer lichten Höhe überschauen
Die Hochlandwässer sie, die tief gebläut
Hernieder fliefsen durch die grünen Auen,

[1]) Im Original werden hier ohne besonderen Grund die aus der Edda bekannten Zwerge Frosti und Fjalar genannt. Es handelt sich jedoch dem Dichter nur im allgemeinen um Zwergnamen, um auf die alte Vorstellung hinzuweisen, dafs unter Wasserfällen Schätze verborgen seien und von Naturgeistern bewacht werden.

Wo kleine Bauernhöfe, rings zerstreut,
Traulich in Fluren liegen, bunt an Blüten.
Vom Norden her der Hekla Gipfel dräut.

Eis lagert oben, unten Flammen wüten
In graus'ger Tiefe, wo in Fesseln, bleich,
Nun lang schon Tod und Schrecken lauernd brüten.

Hoch in den Lüften blinken, Spiegeln gleich,
Die Achatdächer überm schwarzen Saal;
Von hier siehst du ein Bild gar anmutreich:

Vom Markarfljót durchbraust ein waldig Thal
Mit Ackerfeld; den Fluſs entlang erstrecken
Herrliche Wiesen sich in groſser Zahl;

Gleich buntgestickten Teppichen bedecken
Die Ufer sie. Die gelben Klauen krallt
Der Adler, beutefroh, der Fische Schrecken;

Denn fischreich ist der Fluſs, so klar und kalt.
Ein Drosselschwarm sich in die Lüfte schwingt
Und aus dem Wald es fröhlich widerhallt. —

Zwei Rosse, aufgezäumt zur Reise, bringt
Geführt man von dem Herrensitze droben,
Wohin der Brandung fernes Brausen dringt.

Denn mildes Wetter selbst kann nicht das Toben
Der See beschwicht'gen, das auf Eyja and
Mit Rans[1]) beständigem Weltkrieg angehoben.

Und drauſsen harrt ein Schiff mit schönem Rand —
Ein offner Rachen dräut vom Schnabel nieder —
Die Segel an der Raa, vertaut ans Land.

Zwei edle Kämpen soll's entführen, Brüder,
Vom Heimatsstrand, um lange, vielleicht nie,
Das schöne Vaterland zu sehen wieder.

---

[1]) Ran, die Meergöttin.

Dafs fort das Paar in fremde Lande zieh',
Verbannt und freudlos leb' in künft'gen Tagen:
Dies Urteil sprach das Schicksal über sie.

Das herrliche Gewaffen wird getragen
Vom Hofe jetzt; man sieht im Abendschein
Fort Gunnar mit der Hellebarde jagen.

Auf rotem Zelter sprengt dicht hinterdrein
Ein Mann mit blauem Schwerte an der Seite;
Man kennt ihn gleich, Kolskegg, den Bruder sein.

So reiten sie hinab die grüne Leite;
Schon sind beim Flusse sie; mit starrem Blick
Sieht Kolskegg nach dem Sund hinaus ins Weite.

Doch Gunnar schaut noch einmal jetzt zurück;
Da gilt's ihm gleich, ob auch der Tod ihm werde
Von Feindeshand zum baldigen Geschick.

„Nie", ruft er, „sah ich schöner dies Stück Erde;
Die rote Blume blinkt im gelben Hage,
Zerstreut auf breiten Weiden geht die Herde.

Hier will verbringen ich die Lebenstage,
Die noch beschieden mir. — Ich bleib' im Land!
Leb' wohl, mein Bruder!" — Dies ist Gunnars Sage.

* * *

Denn er verschmähte Heil an fremdem Strand;
Den Tod im Lande hat er vorgezogen.
Es liefs der Held in grimmer Feinde Hand
Sein Leben bald, durch schlaue List betrogen. —
Lieb dünkt mir Gunnars Saga, wenn im Sand
Ich stehend staune, wie der Macht der Wogen
Der Gunnarsholm, so niedrig er auch liegt,
In seinem grünen Schmucke noch obsiegt.

Durch Sand rollt jetzt die Þverá, wo einmal
Es Äcker gab, umsäumt von grünen Auen;
Des Stroms Verheerung in dem schönen Thal
Im Sonnenrot die alten Berge schauen.

Die Zwerge floh'n, der Felstroll starb, und Qual
Der Not herrscht drückend in den öden Gauen;
Doch schirmt den Ort geheimnisvolle Macht,
Wo Gunnar umgekehrt trotz seiner Acht. —

Den naturbeschreibenden Gedichten reihen wir am besten auch die schönen, wenngleich in den Gedanken etwas verschwommenen Verse des Dichters auf seine Muttersprache, das Isländische, an, für deren Reize *Jónas* ein so feines Gefühl und Verständnis besafs. Er nennt sie *Ásta*, was eine Verkörperung des weiblichen Namens *Ástríður* ist und eine Anspielung auf *ást*, d. h. Liebe enthält. Das Gedicht lautet, im Versmafse des Originals übersetzt:

Ásta, die Muttersprache.

(Ljóðmæli o. ð. r., S. 127—128.)

Herzliebste, holdtraute Sprache
Und herrlichster Laut du,
Schon dem Säugling gesungen
Am schwanweifsen Busen!
Muttersprache, du süfse,
Schmiegsame und reiche,
Wörter wie früher noch hast du,
Mir Freude zu machen.

Weifst, dafs dir leuchtet der Liebe
Belebende Sonne,
Hell ins Antlitz und Herz dir
Der heiligste Stern scheint?
Ásta, das Auge der Welt,
Das im innersten Grunde
Worte erweckt, die dein Mund dann
Wonniglich ausspricht?

Weifst du's, es liegt mein Leben
Auf deinen Lippen!
Dort sind sie festgebunden,
Die viellieben Worte.
Schenke, du Schelm, einem kleinen
Gefangenen die Freiheit;
Er befreit sicher die andern,
Und ich bin glückselig. —

Als begeisterter Naturfreund pflegte *Jónas* auch jene auf Island so volkstümliche Dichtung, die den Menschen in seinen Beziehungen zur Natur schildert, sei es nun zur blumigen, grasreichen Wiese, zur Tierwelt oder zur Gefahr drohenden See. Einige der schönsten Gedichte unseres Poeten gehören zu dieser Gattung, wie die „*Sláttuvísur*“ (Heumahd-Lied) im skaldischen *Dróttkvætt*, mit dem hier eine ganz überraschende, das Sausen der Sense nachahmende Klangwirkung erreicht wird; dann die „*Formannsvísur*“ (Lied des Bootsführers), in denen das Treiben beim Fischfang und der Kampf des Menschen mit dem Meere in überaus lebhafter und anschaulicher Weise geschildert wird und zwar auf der Fahrt in die See hinaus („*framróður*“), während des Fischfangs selbst bei stillliegendem Boote („*seta*“) und auf der Heimfahrt („*uppsigling*“). Wir müssen es uns aus räumlichen Gründen versagen, auch diese beiden Gedichte in deutscher, übrigens selbst bei bestem Gelingen die Schönheit und den sprachlichen Zauber der Originale nie erreichender Übersetzung mitzuteilen.[1]) Es möge dafür ein kleines Bildchen aus dem Leben der isländischen Vogelwelt hier Platz finden.

Der Brachvogel oder Goldregenpfeifer (Charadrius pluvialis Linn., isländ. *heiðló*, d. h. Vogel der Hochebene, gewöhnlich *heiló* und *heilóa*, auch einfach *lóa* genannt und — ganz unrichtig[2]) — bisweilen *heylóa*, d. h. Heuvogel geschrieben) gehört zu den häufigsten Zugvögeln Islands und wird bei seinem Erscheinen mit Freuden als Frühlingsbote begrüfst. Bei dem fast völligen Mangel an anderen gefiederten Sängern gilt er den Isländern als Singvogel. Sein schwermütiger Ruf klingt ungefähr wie „dirrindi“, was das isländische Volksohr als „*dýrðindi*“ (*dýrðin* = die Ehre, die Herrlichkeit, der Preis u. dgl.) verstehen und als Lobgesang auf Gott auffassen will. Die Verse lauten:

Brachvogels Lied.

(Ljóðmæli o. fl. r., S. 41—42.)

Brachvöglein singt morgens früh
Frisch und froh sein „Dirrindi“
In der Luft, der lauen:
„Preiset Gottes Güte laut,
Seht, wie hell der Himmel blaut,
Grün sind alle Auen!

[1]) Man vergleiche übrigens die Übersetzung der *Formannsvísur* durch Margarete Lehmann-Filhés in deren Proben isländischer Lyrik. Berlin, 1894, S. 29—33. — [2]) Vgl. *Benedikt Gröndal* in Ornis. Internationale Zeitschrift für die gesamte Ornithologie. III. Jahrg. (Wien, 1887), S. 595—596, und *Steinbjörn Egilssons* Lexicon poeticum antiquæ linguæ septentrionalis S. 529, s. v. *lóa*.

Flog vom Nest im Moose fort,
Friedlich harren meiner dort
Kindlein, noch ganz kleine.
Füttre treu die frohe Schar,
Fliegen bring' ich oder gar
Würmer, wunderfeine."

Heimwärts flog Brachvöglein bald;
Frühlingsmild die Sonne strahlt,
Blumen blüh'n im Thale.
Doch kein Kindlein findet's mehr;
Frafs ein Rabe kurz vorher
Sie zum Morgenmahle.

Von einem eigenartigen Reiz sind auch die Liebesgedichte *Jónas Hallgrímssons*. Der Dichter hatte schon, bevor er zum erstenmale die heimatliche Insel verliefs, einen Herzensbund mit einem Mädchen in *Reykjavík* geschlossen, das aber dem Geliebten nicht in die Fremde folgen konnte und, wie es scheint, diesem im Tode vorausgegangen war. *Jónas* starb bekanntlich unvermählt. Man könnte die folgenden Gedichte wohl ganz gut auf dieses Mädchen beziehen.

Die Augen des Mädchens.

(Ljóðmæli, o. ö. r., S. 175.)

Lichtaufblickend Mädchen mein,
Traun! ich mufs die Augen dein
Zwei Brenngläser nennen;
Sonnenstrahlen sammeln sie,
Doch von innen, weifs es gut,
Dafs an ihrer Strahlenglut
Deine Freunde sich verbrennen.

Von Sorö aus, wie es scheint, wo der Dichter bekanntlich bei Steenstrup lebte, schickte er der Liebsten folgenden poetischen Grufs:

Ich lasse grüfsen.

(Ljóðmæli, o. ö r., S. 161 – 162)

Der liebe Süd haucht Lüfte, mild und lind,
Und auf der See erheben sich zum Wandern,
Die kleinen Wellen, eine nach der andern;
Zu dir, mein Island, eilen sie geschwind.

Mit sanftem Laut grüfst, die mir teuer sind,
Im Lande dort, und die ich nun entbehre!
Küfst Wellen, mir das Fischerboot im Meere,
Umfächle schöne Wangen, Frühlingswind!

Lenzbote, treuer Vogel, der du ziehst
Hoch durch die Lüfte nach dem Sommerthal,
Um dort zu singen froh die Lieder dein;

Ein Englein in der Jacke, wenn du siehst,
Mit Mütz' und roter Quaste,[1]) grüfs zumal;
Dies, liebe Drossel, ist die Liebste mein!

Erinnerungen an eine Reise, die *Jónas* in seiner Schulzeit in Gesellschaft mit dem ebenfalls noch sehr jungen Mädchen gemacht hatte, sind die folgenden anmutigen Verse geweiht.

Ende der Reise.

(Ljóðmæli o. ö. r., S. 168—171.)

Dunkle Nachtwolken
Bedecken den Stern
Der Liebe über Lavafelsen;
Er lachte am Himmel;
Nun härmt sich sehnend
Der Knabe tief im Thale.

Ich weifs, wo die Hoffnung,
Die Welt mein, erstrahlt
In Gottes lichter Lohe;
Des Gedankens Bande
Brech' ich und ganz
Eil' ich in deine Arme.

Ich seh' und versenk' mich
In deine Seele,
Und dein Leben nur leb' ich;
Jeden deiner
Atemzüge
Fühle ich heifs im Herzen.

---

[1]) Die Werktagstracht der Isländerinnen besteht aus einem schwarzen eng anschliefsenden, vorne halb offenen Jäckchen, einem dunklen Rock, einer bunten Schürze und — was das Charakteristische an derselben ist, — einer kleinen, schwarzen, flach anliegenden, fast den ganzen Kopf frei lassenden Mütze oder Calotte mit langer, seidener, links vorne herabfallender Quaste.

Im Gebirge Blumen
Wir beide pflückten
Auf hoher Bergeshalde;
Ich band einen Straufs,
Und in den Schofs dir
Legt' ich die lieben Gaben.

Du aber setztest
Einen duftenden Kranz mir
Lichter, blauer Blumen aufs Haupt,
Einzig nur mir,
Und alles gefiel dir,
Und nahmst ihn hernach wieder fort.

Wir lachten auf der Heide,
Der Himmel klärte sich
Prächtig über den Bergen;
Nichts Schöneres
Schien mir's zu geben,
Als unser Leben zu leben.

Da weinten, ach, gute
Blumen-Elfen,
Sie wufsten, wir sollten scheiden;
Wir hielten's für Tau,
Und die Tropfen, die kalten,
Küfsten wir von der Weide.

Hielt im reifsenden Flusse
Dich fest auf dem Pferde
Und fühlte im vollsten Empfinden:
Könnt' diese Blume
Ich tragen und hüten
Mein ganzes Leben lang!

Kämmte, so gut ich
Nur konnt', an der Galtará [1])
Dir die lichten Locken;

[1]) Ein Flufs.

Der Blumenmund lächelt,
Die Sehsterne blinken,
Rot wird die heifse Wange.

Fern ist nun deine
Frohe Begleitung
Dem Knaben tief im Thale;
Hinter den Wolken
Winkt der Stern
Der Liebe über Lavafelsen.

Der Himmelsraum scheidet
Die hohen Welten,
Das Blatt[1]) scheidet Rücken und Schneide;
Doch Seelen, die innig
Einander lieben,
Kann keine Ewigkeit scheiden.

Zu *Jónas* schönster Liebespoesie zählt das Gedicht „Sehnsucht“ (*Söknuður*), das auch noch in anderer Hinsicht bemerkenswert ist. *Jónas* ist zu diesem Liede offenbar durch Goethes Gedicht „Nähe des Geliebten“ (Ich denke dein . . .) angeregt worden, zu dem bekanntlich ein lappländischer Poet den Grundton angeschlagen hat.[2]) Es ist nun, wie auch Schweitzer bemerkt, interessant zu sehen, wie Goethes Worte in dem Isländer fortwirken, und wie er dieselben zu einem echt isländischen Ausdruck des ihn bewegenden Gefühles umzugestalten wufste. *Jónas* gofs dabei auch das Gold seiner Worte in die alte urkräftige Form des *Ljóðaháttur*. Das Gedicht lautet:

Sehnsucht.

(Ljóðmæli, o. 5. r., S. 98—99.)

Dein gedenk' ich,
Wenn am Tag die Sonne
Hoch am Himmel leuchtet;
Gedenk' ich, wenn der Mond
Zum Meeresschofse
Niedersinkt silberblau.

---

[1]) Blatt eines Messers. — [2]) Vgl. R. Bergström, Spring min snälla ren! in „Nyare bidrag till kännedom om de svenska landsmålen ock svenskt folkliv. Tidskrift utgifven . . . genom J. A. Lundell“. V. 4. (Stockholm, 1885.)

Himmelslüfte
Hauchen deinen
Namen mit Lauten der Liebe;
Ihn auch plätschert
Plaudernd das Bächlein
Heiter auf grüner Halde.

Manches, merke ich,
Möchte dir gleichen
Auf Gottes guter Erde.
Der Anmut dein das Frührot,
Den Augen die Sterne blau,
Den lichtern Händen die Lilien.

Warum hat das Schicksal
Uns auf verschiedene
Bahnen beide gewiesen?
Warum liefs es
Mein ganzes Leben
Nicht mit dir mich geniefsen?

Lange werde ich,
Eh' dein lichtes Bild
Mir aus der Erinnerung schwindet,
Den Weg, den du jetzt
Wandeln mufst,
Trauernden Aug's betrachten.

Die sonnigen Mädchen,
Die ich seither sah,
Alle an dich erinnern.
Drum geh' ich einsam
Und ohne Stütze
Zu den dunklen Thüren.

Stütz' auf den Stein mich,
Starr wird die Zunge,
Die Lebensflamme flackert. —
Gesunken ist das Weltlicht,
Silbersterne flimmern,
Nach dir allein verlang' ich. —

Jónas Hallgrímsson hat aber nicht allein durch seine ebenso poesievollen wie formvollendeten Gedichte eine grofse Bedeutung für die isländische Litteratur unseres Jahrhunderts erlangt; er war auch der Begründer des modernen dichterischen Prosastils und Schöpfer der Novellistik auf Island, nachdem *Sveinbjörn Egilsson* in seinen Übersetzungen der Ilias und Odyssee eine klassische Kunstprosa geschaffen hatte. Reinheit und Wohllaut, überhaupt Schönheit der Sprache, galt dem Dichter auch hier als oberster Grundsatz. Er nahm jedoch nicht wieder den alten typischen Sagastil auf, sondern bildete seine Prosa vielmehr nach dem zu seiner Zeit üblichen Sprachgebrauch. Im übrigen zeigt er sich, zum Teile wenigstens, von fremden Mustern beeinflufst. Reich oder von gröfserem Umfang im einzelnen ist *Jónas'* Produktion auf diesem Gebiete so wenig oder vielmehr noch weniger als auf dem der Poesie im engeren Sinne. Aufser dem Fragmente einer Novelle kommen von des Dichters „Schriften in ungebundener Rede" als originale poetische Prosaschöpfungen eigentlich nur einige Kunstmärchen in Betracht. Was nun zunächst diese letzteren betrifft, so zeigt sich in zweien derselben („Löwenzahn und Biene" und „Knochen und Muschelschale") deutlich der Einflufs Andersens auf *Jónas*, der zu den ersten gehörte, welche die Vorzüge des dänischen Märchen-Erzählers gebührend zu schätzen wufsten; alle aber sind trefflich gelungen und anmutige Erzeugnisse in ihrer Art.[1])

Das Hauptstück und zugleich die Perle von *Jónas'* Prosadichtung ist jedoch das schon erwähnte Fragment einer „Novelle" mit dem Titel „Grasaferð" d. h. Moossammelngehen. Als Novelle im kunstgemäfsen Sinn kann das Bruchstück schon als solches nicht gelten; es bildet vielmehr nur den Ansatz zu einer novellistisch gedachten Erzählung, und erscheint an sich als eine schlichte Schilderung aus dem isländischen Landleben. Ein Knabe und ein Mädchen begeben sich auf einen Moosberg (*grasafjöll*), um Moos zu sammeln. Es handelt sich um das sogenannte „isländische Moos" (Cetraria islandica), welches früher auf Island selbst nicht nur als Medikament geschätzt, sondern auch als Surrogat für den daselbst fehlenden Roggen gebraucht und daher fleifsig gesammelt wurde.[2]) Die Wechselgespräche der beiden Kinder und Naturschilderungen bilden den eigentlichen Inhalt der kurzen Erzählung. Die einfache und dabei doch schöne Sprache, der natürliche kindliche Ton der Reden, die feine Charakteristik der beiden Kinder, das echt isländische Gepräge und die unvergleichliche Schilderung der Natur geben derselben einen ganz eigen-

---

[1]) Die in *Fjölnir*, VI, S. 84—86 und in *Ljóðmæli og önnur rit* (1883), S. 305—308 abgedruckte, *Jónas Hallgrímsson* zugeschriebene Erzählung *Góður snjór* rührt nicht von ihm her, sondern ist eine von Skúli Thorlacius angefertigte Übersetzung. Vgl. *Björn Magnússon Olsen* in *Tímarit hins íslenzka bókmenntafjelags*, XII., S. 54. — [2]) Vgl. Poestion, Island, S. 246 und 335—336.

artigen fesselnden Reiz, der seine Wirkung nicht verfehlt. Die „*Grasaferð*“ wird deshalb auch von den Landsleuten des Dichters sowohl wie von Ausländern überaus hoch, ja als vollendetes „Meisterwerk“ gepriesen; allein es haften ihr doch auch einige Mängel an, die dem kritischen Leser misfallen müssen. Schon die gar zu karge Dürftigkeit des Stoffes ist unverkennbar. Geradezu störend aber wirkt das unnatürliche und unpsychologische Ästhetisieren der beiden Bauernkinder, ihre Bekanntschaft mit Oehlenschläger und Schiller und das Übersetzen von Gedichten dieser Poeten. Es ist dies ein ebenso unwahrer wie geschmackloser Zug; denn obgleich auf Island schon Kinder gern Gedichte, besonders Rímur recitieren und auch wohl Verse schmieden (vgl. oben S. 18—19), so war doch damals und ist auch heute noch die Bekanntschaft von Kindern mit Oehlenschläger oder gar Schiller in der Originalsprache unwahrscheinlich. Immerhin aber verdient es die liebliche Erzählung, schon ihrer litterarhistorischen Bedeutung wegen, unverkürzt in möglichst getreuer Übersetzung hier mitgeteilt zu werden. Wir reihen daran noch zwei Märchen *Jónas Hallgrímssons*, um das dichterische Charakterbild desselben zu vervollständigen.

Auf der Moossuche.

(Ljóðmæli og önnur rit, S. 247—267.)

„Liebe Schwester! Siehst du, was ich sehe?“

Es war eines Abends im Frühjahre, und wir kamen gerade von der Hürde der Lämmer, als ich dies zu meiner fünfzehnjährigen Schwester sagte und dabei freudig in die Hände klatschte.

„„Ich weiſs nicht, was du meinst, Junge! . . . Was soll ich denn sehen?““ entgegnete sie sogleich darauf und wandte sich um, denn ich war zurückgeblieben und blickte schweigend auf die Erde nieder.

„Hier hat es Würmer geregnet; aber das war's nicht, was ich gemeint habe.“

„„Du bist ein gescheites Kind!““ sagte meine Schwester lächelnd, „„du weiſst immer etwas neues; wir werden später noch über deine Würmer sprechen. Was war es denn aber, was ich sehen sollte?““

Als ich jünger war, pflegte sie mich an der Hand zu führen; jetzt aber war ich dreizehn Jahre alt und doch wohl schon zu groſs dazu; dennoch machte mir's noch immer das gröſste Vergnügen, und ich brachte sie auch jetzt noch bisweilen durch allerhand Scherz und Schmeichelei dazu, es wie früher zu thun, wenn wir zusammen spazieren gingen.

„Führe mich ein wenig!“ sagte ich und ergriff dabei ihre Hand; „sonst siehst du das nicht, worauf ich hindeute — du siehst ja den Berg hier vor uns, schau' nur genau!“

„„Nein, ich sehe ihn nicht, den Berg, mein Lieber! War es nichts anderes als der Berg?““

„Und siehst du die blauen Bächlein, welche aus der Bröttuskeid hervorstürzen? Die sieht man immer, wenn es geregnet hat; die Bäche sind alle angeschwollen und einige auch rotbraun gefärbt. Wie gefällt er dir jetzt, der Berg?“

„„Ausgezeichnet!““ sagte meine Schwester; „„er ist schön und fängt an, sommerlich zu werden; aber so sieht er jeden Tag aus; du mufst mir schon etwas mehr zeigen.““

„Ich will noch ein wenig warten, bevor ich dir das Beste zeige. Siehst du die schmalen Flecken dort an der Südseite der Bröttuskeid? Sie sind so schön gelb! Erinnerst du dich, wie sie bei trockenem Wetter aussehen?“

Das Letztere sagte ich mit so superkluger Miene, dafs man gleich sehen konnte, ich müsse etwas Besonderes gesagt haben. Meine Schwester warf nochmals einen kurzen Blick auf die Flecken, und ich bemerkte deutlich wie ihr Gesicht sich aufhellte.

„„Du bist ein wahres Kleinod!““ sagte sie dann, „„und der beste Vetter, den ich habe — das ist ja alles Moos, eine ganz unglaubliche Menge des gesegneten Mooses!““

Jetzt erst war ich zufrieden. Meine Schwester nahm mich bei der Hand, setzte mir den Hut zurecht und strich mir das Haar aus der Stirn; aber ich schüttelte es gleich wieder nieder und blickte bald auf sie, bald auf die lichten Flecken, und bat die Schwester inständigst, nur ja niemand von diesem Moose zu erzählen, sondern einmal mit mir allein zur Bröttuskeid hinaufzugehen, damit uns beiden die Ehre dieser Entdeckung bleibe und wir mehr Moos nach Hause bringen könnten, als dies je bisher vorgekommen sei.

Sie versprach es mir auch endlich, und nun dünkte ich mich so glücklich, wie ein Königssohn, und der Gedanke an das Moos erfüllte mich mit reiner, hoffnungsvoller Freude. Eine solche freudige Erwartung läfst sich kaum beschreiben, und es kann sie auch niemand so ganz und voll geniefsen als eben Knaben in meinem damaligen Alter. —

Diese meine Schwester, wie ich sie nannte, hiefs Hildur Bjarnistochter und war das einzige Kind des Pfarrers auf B.*** Wir waren von meinem vierten Jahre an zusammen auferzogen worden. Ich hatte damals meine Eltern verloren, eins nach dem andern, und deshalb nahm Sjera Bjarni mich zu sich und erzog mich, als ob ich sein Sohn gewesen wäre. Er hatte eine Schwester meiner Mutter zur Frau gehabt; sie starb jedoch, als ich noch ein kleines Kind war. Von dieser Zeit an hielt er sich eine Wirtschafterin, und es schien, dafs er mit ihr ganz gut auskam. Er war auch ein wohlhabender Mann, und die Mittel flossen ihm von weit und breit zu, so dafs niemand davon wissen konnte, wenn daheim an dem oder jenem Mangel eintrat. Die Wirtschafterin war immer sehr streng gegen mich, und wenn ich recht böse war, nannte ich sie „die dicke Gudda“. Hildur, die Tochter des Pfarrers hingegen, nannte ich nie anders als „meine Schwester“ und den Pfarrer meinen Pflegevater oder bisweilen auch, wenn ich mit Fremden sprach, Sjera Bjarni. Er war niemals hart gegen mich, und ich erinnere mich nicht, dafs er je von mir etwas verlangte, was meine Kräfte überanstrengte, sei es nun in Bezug auf das Lernen oder auf das Arbeiten; allein er hatte ein strenges Aussehen und war auch nie so freundlich oder natürlich im Gespräch, dafs ich Liebe zu ihm fassen konnte. Ich hatte immer eine gewisse Furcht vor ihm; und ich konnte auch nie so heiter oder unbefangen sein, wie sonst, wenn ich ihn irgendwo in meiner Nähe erblickte. Gleichwohl schätzte ich ihn, als ob er mein Vater gewesen wäre, und wünschte ihm aufrichtigen Herzens alles Gute. Ich war so glücklich, dafs mich die Leute auf dem Hofe alle gut leiden mochten; einige waren mir ganz besonders zugethan; unfreundlich aber war gar niemand gegen mich mit Ausnahme der Wirtschafterin. Am meisten war ich doch stets mit Schwester Hildur zufrieden, und gegen sie war ich gefälliger als gegen jemand anderen im Hause. Es war eines Tages vor der Heumahd. Ich hatte weifse Beinkleider und lichtblaue Strümpfe angezogen und nähte diese, damit sie mir nicht hinunterfallen sollten, an das Beinkleid unterhalb des Knies fest. Oben war ich in blofsen Hemdärmeln, trug eine grüne Weste und ein Tuchhemd, sowie einen Hut, den ich mir für ein Lamm eingetauscht hatte und sehr schön fand. So stand ich auf dem Hofplatze mit einem aus Pferdehaaren geflochtenen Seile und einem lichtgrauen Sack; aufserdem war ich noch mit Stricken ausgerüstet. Ich hatte auch meine blaue Jacke mitgenommen und wollte dieselbe mit dem Sacke zu einem Bündel zusammenbinden, unterliefs es aber doch und schaute nach der Hausthüre, ob niemand herauskomme. Es dauerte auch nicht lange, so erschien meine Schwester mit einem zusammengefalteten Sacke und schneeweifsen, farbig gestickten Handschuhen an den Händen, sonst aber im Werktagsanzug, reinlich und leicht, dabei aber doch warm gekleidet. Der Kundige wufste sogleich, dafs sie fortging, um Moos einzusammeln. Ich rief ihr zu und sagte:

„Darf ich dir deinen Sack tragen?“

Dabei sah ich an mir nieder und betrachtete mich mit Wohlgefallen; denn ich hatte mich noch nie so gut gewachsen und männlich aussehend gefunden wie jetzt in den weifsen Beinkleidern.

„Hat man schon so etwas gehört? Hast du nicht schon genug an dir selbst zu schleppen?“ sagte die dicke Gudda; „du hast es notwendig, du Knirps, dich zu benehmen, als ob du schon eine erwachsene Person wärest.“

Sie stand gerade hinter mir, und ich hatte sie früher nicht bemerkt.

„Du bist mir keine Antwort wert“, brummte ich halblaut für mich. Die Schwester aber gab mir lächelnd ihren Sack und sagte, sie zweifle gar nicht, dafs ich ihn in Ehre und Würde tragen werde, besonders wenn sie mich den Abhang hinauf führe.

„Es geht ja auch viel leichter!“ wollte ich sagen; allein die dicke Gudda stand neben mir und lächelte so spöttisch, dafs ich mich auf die Lippen bifs und schweigend mein Bündel knüpfte.

„„Vergifs nicht, Hildur, mir auch ein wenig Pfefferkraut mitzubringen. Es wächst genug davon im Gebirge, und es bleibt doch immer das beste Kraut zum Trinken.“ sagte die Wirtschafterin zur Schwester.

Ich hatte grofse Lust ihr mit einer Stichelei zu antworten, getraute mich aber nicht, bevor wir nicht schon im Gehen waren.

„Ich werde schon an dich denken, Gudridur!“ sagte meine Schwester. „Lebt wohl, alle zusammen!“

„„Und ich werde dir einen oder zwei Teufelsfinger (Bärlapp) mitbringen oder ein wenig vom Fuchsschwanz!‘“ sagte ich und lief davon, denn ich wufste, dafs die dicke Gudda darüber sehr erbofst war.

Das Wetter war mild und klar, die Sonne jedoch nicht sichtbar, denn Wolkenzüge standen am Himmel, und im Osten türmten sich Wolkenmassen auf. Es war, als hätte die Landschaft ihr Kleid nach dem Wetter zugeschnitten. Alles war so ruhig und mild anzusehen, die Grasgärten grün und glänzend von Löwenzahn und Ranunkel; die Wiesen waren auch grün, aber doch etwas lichter, und da und dort sah man weifse Flecken von Wollgras, so rein wie frisch gefallener Schnee. Das Vieh zerstreute sich auf Weiden und Halden, und nichts war zu hören als das Gemurmel einzelner Bächlein und das Rauschen des Flusses im Thale, oder zuweilen auch Vögel, die zwitschernd in der Luft flogen oder auf einer Anhöhe safsen und zu ihrer Freude in die Morgenstille hinein sangen. Weiter entfernt sah man herrlich blaue Berge mit sonnenbeschienenen Flecken, was gleichsam einen fröhlichen Schimmer über alles Übrige breitete, wie wenn die Hoffnung über eine ruhige Lebensstunde eines guten Menschen scheint.

Dies sagte meine Schwester an einer Stelle des Berges, als wir stehen geblieben waren und auf das Thal und die Landschaft hinabblickten. Und sie hatte recht; denn ich sah, wie die Fröhlichkeit aus ihrem Gesichte leuchtete. Mir aber lag vor allem das Moos im Sinn, und ich antwortete daher ziemlich ungeduldig:

„Ja, es war sehr schön, was du sagtest; allein ich würde mich nicht wenig ärgern, wenn die Sonne heute auch dorthin käme; ein tüchtiger Regen wäre mir viel lieber.“

„„Sei unbesorgt!““ sagte sie; „„dein Moos auf der Bröttuskeid wird wohl nicht so klein sein, dafs wir es nur in der Nässe sehen können. Lafs dich jetzt ein wenig führen, mein lieber kleiner Vetter!““

Ich wendete nichts dagegen ein und ergriff auch schweigend ihre Hand; allein es mifsfiel mir doch, dafs sie mich ihren „kleinen“ Vetter nannte. Sie pflegte dies bisweilen zu sagen, da sie mir ja so weit im Wachstum voraus war. Sie war auch in der That schon völlig erwachsen und seit mehr als Jahresfrist konfirmiert; ich hingegen war so zu sagen noch ein Kind und für mein Alter nicht grofs. Dies wufste ich alles sehr wohl, und es schmerzte mich daher um so mehr, dafs sie so unüberlegt war, mich daran zu erinnern.

Wir gingen nun weiter, bis wir zu dem mit Gras bewachsenen Absatze kamen. Ich war jetzt todmüde geworden, und wir setzten uns auf einen grünen Rasenfleck nieder und blickten wieder hinab ins Thal. Dieses bot jetzt einen noch schöneren Anblick dar als früher, da wir weiter unten gestanden hatten. Alle Unebenheiten des flachen Landes waren verschwunden und nichts zu unterscheiden als die wechselnden Farben. Der Flufs war nunmehr in seinem ganzen Laufe zu übersehen; er strömte in Windungen und Verzweigungen dahin gleich himmelblauen Fäden, die in ein herrliches, buntes Gewebe eingewoben sind. Diesmal achtete ich jedoch nur wenig auf die Schönheit der Natur; der „kleine Vetter“ ging mir nun einmal nicht aus dem Kopf und verdarb mir die ganze gute Laune; endlich sagte ich, das Schweigen brechend:

„Ich bin viel zu klein, meine liebe Hildur! Mir scheint, ich werde nie ein Mann.“

Meine Schwester lachte laut auf und blickte mich so spöttisch an, dafs ich nicht wufste, was das Ganze zu bedeuten hätte. Da war's mir, als hörte ich aus der Ferne jemand sagen, dafs ich dies mit so komisch-kläglicher Stimme gesprochen hätte, und ich mufste nun selbst herzlich über mich lachen.

„„Ich habe schon lange nichts so Komisches gehört!““ sagte meine Schwester; „„geh', sei so gut, und sag' es nochmals mit derselben Stimme wie früher; nun, versuch's!““

Anfangs weigerte ich mich; allein wie gewöhnlich, wenn Hildur etwas von mir wollte, konnte ich auch diesmal ihrer Bitte nicht lange widerstehen, und so mufste ich denn mich selbst nachmachen. Obschon es zum zweitenmale nicht mehr so gut ausfiel, gab es uns doch Anlafs genug zum Lachen. Sie war dabei innig zart und lachte so herzlich und aufrichtig über mich, dafs ich mich nicht im geringsten darüber ärgern konnte. Als wir aufstanden, sagte sie, jedoch etwas ernster:

„„Wenn du willst, werde ich dich nie mehr „kleiner Vetter“ nennen; du wirst auch bald wachsen, wenn du am Leben bleibst, und wenn du einmal grofs geworden bist, werde ich mir's ja ohnehin abgewöhnen müssen, ob ich es will oder nicht.““

Als nun das Gespräch diese Wendung nahm, wurde mir doch etwas eigentümlich zu Mute. Auch dieses Versprechen meiner Schwester wollte mir nicht gefallen, und so wufste ich nicht recht, was ich darauf antworten sollte.

„Nenne mich, wie du willst,“ sagte ich ziemlich leise; „ich werde dich doch immer meine Schwester nennen.“

Und so gings denn wieder weiter den Berg hinauf. Ich dachte an dies und jenes und achtete wenig auf den Weg; er war ja auch nicht besonders gefährlich. An einer Stelle sahen wir einen Felsenspalt, und wir gelangten auch dahin, ohne dafs uns ein Unfall passierte. Der Spalt war so eng, dafs wir uns nach der Seite vorwärts schieben mufsten, und wir sahen deutlich, dafs wir mit vollem Sacke auf diesem Wege nicht zurückkommen könnten.

Gewifs erinnern sich noch so manche meiner Leser auch selbst daran, welche Freude es ihnen bereitet hat, wenn sie zum erstenmale eine solche Menge Moos fanden, dafs sie davon so zu sagen ohne Mühe nehmen konnten, so viel sie nur zu tragen vermochten. Der Fleifs des Menschen wächst ja bekanntlich mit der Unsicherheit des Gewinnes; diese eben ist die Ursache des Eifers aller Jäger und Anderer, die ihren Gewinn aus dem Schofse der Natur haben. Ganz anders verhält es sich mit den Handarbeiten; diejenigen, welche die Naturprodukte bearbeiten, verbessern und umgestalten müssen, wissen gewöhnlich schon voraus, wie viel Arbeit sie leisten können; daher obliegen sie derselben auch bei weitem nicht mit dem Eifer wie jene. Auch leben sie weniger von der Hoffnung und erwarten nicht jeden Augenblick einen unbestimmten Fang. Ich zähle diesmal zu denjenigen, die sich über die Erfüllung ihrer Hoffnung freuen und brauche wohl meine Gedanken jenen nicht zu beschreiben, welche in meinem damaligen Alter etwas Ähnliches erlebt haben.

Als wir auf die Höhe kamen, sahen wir, daſs die abstechende Farbe der lichtgelben Flecken uns nicht getäuscht hatte; das war alles Moos. Es lag in Haufen von mächtiger Ausdehnung vor uns, und so dicht, daſs kein Gras und keine anderen Moosarten dazwischen wachsen konnten. Aus allem aber war leicht zu ersehen, daſs man von hier schon viele Jahre kein Moos genommen hatte. Es wäre ganz überflüssig gewesen, die Säcke um den Leib zu binden, da wir das Moos überall in nächster Nähe hatten. So rissen wir denn Büschel um Büschel ab — das Moos lag so zu sagen lose auf dem Boden — und machten kleine Haufen davon, bis wir glaubten, daſs wir mehr nicht würden nach Hause tragen können. Nach etwas mehr als drei Stunden waren wir mit unserer Arbeit fertig; denn wir hatten die Säcke so voll gestopft, daſs wir nichts mehr hineinbringen konnten. Es war jetzt kaum halb zwei Uhr.

„Das sind doch wirklich hübsche Säcke!“ sagte ich; „und es bleibt noch so viel Moos zurück; setze dich jetzt und nähe mir meine Jacke zusammen; es geht noch recht viel hinein und sieht auch männlicher aus, mit einem Sacke vorn heimzukommen.“

„„Dann wirst du mir unterdessen eine Geschichte erzählen, weil ich so nachgiebig gegen dich bin,““ sagte meine Schwester, indem sie sich zugleich anschickte, die Jacke zusammen zu heften.

Ich war gern dazu bereit und setzte mich an ihrer Seite nieder, jedoch so, daſs ich ihr ins Gesicht sehen konnte, denn so ging mir das Erzählen immer besser von statten. Ich saſs eine Weile und sann. Dann fragte ich meine Schwester, ob es etwas von Sjera Eiríkur in Vogsósar[1]) sein könne, oder eine Geschichte von den „Drauſsenliegern“.[2]) Sie meinte jedoch, es heiſse nichts, am lichten Tage solche Geschichten zu erzählen, und bat mich etwas Gescheiteres auszufinden.

„Dann wirst du,“ sagte ich, „auch nichts von Björn in Öxl[3]) hören wollen oder von den Reiseabenteuern des Lalli, wie die Skotta und er zusammen auf der Haut saſsen und den ganzen Fnjóská-Fluſs hinabfuhren; Thorgeirs Stier aber war es, der sie zog, und sie saſsen auf seiner Haut.[4]) — Bevor ich aber darauf vergesse, sag' mir einmal, liebe Schwester, wie viel sind ihrer denn — dieser Skotten?“[5])

---

[1]) Ein durch seine Zauberkünste bekannter Geistlicher, über den auf Island viele Sagen im Umlauf sind; vgl. oben S. 93. — [2]) Vgl. oben S. 61. — [3]) Ein berüchtigter Räuber und Mörder in der zweiten Hälfte des 16. Jahrhunderts (vgl. oben S. 77.) — [4]) Vergleiche Konr. Maurer, a. a. O. S. 78 und 84—85, sowie Lehmann-Filhés, a. a. O. I. Bd., S. 163 ff. und 170—176. — [5]) „Die Skotten sind eine Art weibliche „Folgegeister“ der isländischen Volkssage, Gespenster von solchen Weibern zumeist, welche sich aus Liebe selbst getötet oder doch zu Tode gegrämt haben. Das Wort *„skott“* (eigentl. = Schwanz) bezeichnet aber weiterhin das Horn am *„faldur“*, d. h. an dem eigentümlichen Kopfputz der isländischen Weiber, und ist für jene Geister darum der Name *„skotta“* üblich geworden, weil sie an diesem Horn jederzeit kenntlich sind, so ferne dieses ihnen, wie allen Gespenstern sich immer nach hinten, statt nach vorne kehrt.“ (Maurer, a. a. O. S. 79 ff.)

„„Es fällt mir schwer, dir darauf zu antworten,““ entgegnete sie; „„es hat in jeder Landschaft eine gegeben; die beiden merkwürdigsten jedoch sind meines Erachtens die Húsavík-Skotta und die Hvitárvellir-Skotta; sie sind jetzt aber beide schon tot““

„Da kenne ich einen Mann, der die Húsavík-Skotta gesehen hat,“ sagte ich darauf: „erinnerst du dich nicht an den Arzt, der meinem Pflegevater erzählt hat, wie diese Skotta den Seehund auf Lalli warf? — War es ein toter Seehund? Mir scheint, ich hab' es schon vergessen.“

„„Man kann mit dir nichts reden,““ sagte sie und zwar ziemlich ungeduldig; „„du hast immer nur leere Ausflüchte, so dafs man nicht weifs, ob du im Ernst sprichst oder im Scherz!““

„Zuweilen spreche ich auch im Ernst; jetzt fällt mir nichts Vernünftiges ein. Du wirst dich schon mit einigen Versen begnügen müssen; zwei Gedichte sind von mir selbst und zwei sind übersetzt.“

„„Ich kann mir's einigermafsen denken, wie es mit deinem Verseschmieden bestellt ist,““ sagte meine Schwester; „„es ist selbstverständlich was Schönes; dennoch möchte ich dich bitten, die übersetzten Verse zuerst aufzusagen.““

„Das eine Gedicht ist aus dem Dänischen übersetzt,“ sagte ich hierauf. Es handelt von einem verwaisten Jüngling, der alles verloren hat: Vermögen und Ehre, die Geliebte mit lichtblondem Haar und schönen, blauen Augen. In der Abendstunde setzte er sich allein auf das Grab seiner Mutter und sprach folgendes:[1])

[1]) Lied aus Oehlenschlägers dramatischem Märchen „Aladdin oder die Wunderlampe“. Zweites Spiel, zweiter Aufzug. (Auf dem Kirchhof.) Aladdin, auf dem Grabe seiner Mutter, thut, als ob er dieselbe wiegte und singt („Visselulle nu, Barnlil“):

Heija, hei, mein Kindlein klein,
Schlafe süfs und lang, mein Engel,
Steht auch still die Wiege dein,
Ohne Daunen, ohne Gängel.

Hörst du, wie der dumpfe Sturm
Seufzet, weil ich dich verloren?
Merkst du, wie der Leichenwurm
Sich bemüht, den Sarg zu bohren?

Schlafe, Kind, bei meinem Sang,
Nichts zu deiner Freude fehle!
Merkst du wohl den muntern Klang
Dort im Turm von deiner Schelle?

Nachtigall zu dir her fliegt,
Freu'n dich ihre süfsen Lieder?
Mutter! hast mich oft gewiegt,
Nun will ich dich wiegen wieder.

U. s. w.

Heija, heija,
Herzig Kindlein!
Schlafe süfs
Und schlafe lange!
Hast auch keine
Kissen du,
Und steht die Wiege
Grabesstill
Im Schofs der Erde,
Schlumm're ruhig!

Hörst den Sturm du
Draufsen jammern
Ob des Verlustes
Den ich erlitten?
Und merkst du, wie
Gefräfsige Würmer
Sich durch deinen
Sarg schon bohren?

Nun kommt geflogen
Die Nachtigall;
Hörst den süfsen
Sang du klingen?
Einst hast du mich
Oft gewiegt,
Jetzt will wieder
Ich dich wiegen.

Lab' dich nur
An ihrem Liede.
Dich zu erfreuen
Denk' ich ja immer;
Hörst am Thor
Des Totenhofes,
Liebes Kind,
Dein Glöcklein bimmeln?

Wär dein Herz auch
Hart wie Stein,
Siehe, Mutter,
Mein Bemühen:
Will aus diesem
Weidenzweige
Eine Flöte
Für dich schneiden.

Labe dich
An ihrem Laute,
Wenn sie einsam
Draufsen jammert,
Wie der Wind
In Winternächten
Klagend irrt
Durch nasse Äste.

Mufs wieder fort
Von deiner Wiege.
Kalt ist's, in deinem
Arm zu wohnen,
Und keine Zuflucht
Kenn' ich mehr,
Mich zu erwärmen
Wieder im Hause.

Heija, heija,
Herzig Kindlein!
Schlafe süfs
Und schlafe lange!
Hast auch keine
Kissen du,
Und steht die Wiege
Grabesstill
Im Schofs der Erde,
Schlumm're ruhig!

„„Ich kenne die Verse,"" sagte meine Schwester; „„aber sie sind nicht gut übersetzt; du hättest nicht das „Fornyrdislag" anwenden sollen, und . . .""

„Es war anders nicht thunlich,“ sagte ich sehr heftig und vergafs mich ganz und gar; „hätte ich mich streng an das Original halten und dasselbe Versmafs anwenden sollen, so wäre es noch schlechter ausgefallen. Wer hat dir aber gesagt, dafs i c h diese Verse übersetzt habe?“

„„Nun hast du es doch selbst zugestanden, entgegnete sie lächelnd; „„um aber auf das zu antworten, was du sagen wolltest, so meine ich, ein gewandter Kopf hätte Stoff wie Versmafs festhalten können. Gebraucht man ein anderes Versmafs, so erhält die Dichtung auch oft einen ganz anderen Charakter, wenngleich der Stoff derselbe geblieben ist. Es ist darum ganz sicher, dafs dieses Gedicht verloren hat, ich weifs nicht, worin; es liegt eine gewisse anmutig-kindliche Wehmut im ganzen Originalgedichte, und gerade d i e vermisse ich bei dir am meisten, lieber Vetter! Aber du gehst da auch an eine zu schwierige Sache, wenn du dich in einer solchen Gattung von Poesie versuchst, wie es diese ist.““

„Das finde ich jetzt auch“, sagte ich; „doch kenne ich Leute, die sich an noch gröfsere Dinge wagten; so ist zum Beispiel das zweite Gedicht, das ich dir noch aufsagen wollte . . . Doch willst du's hören?“

Sie entgegnete nichts, sondern blickte auf ihre Näharbeit nieder, als ob sie gar nichts gehört hätte.

„Ihr schwant Etwas“, dachte ich bei mir selber, liefs mir aber nichts anmerken, sondern begann sogleich das Gedicht vorzutragen.[1]) Dasselbe lautete also:

Dunar i trjálundi, dimm þjóta ský —
döpur situr smámeyja hvamminum í;
bylgjurnar falla svo ótt, svo ótt;
öndinni varpar á koldimmunótt
brjóstið af grát-ekka bifað:

„Heimur er tómur og hjartað, það deyr;
hvergi finnst neitt, að eg æski þess meir.
Heilaga! kalla mig heim, jeg er þreytt,
hef eg þess notið, sem jörðin fær veitt;
því eg hefi elskað og lifað.“

Tárin að ónýtu falla á fold,
fá hann ei vakið, er sefur i mold.
Segðu hvað hjartanu huggunar ljær,
horfinnar ástar er söknuður sker;
á himnum þess hygg eg að leita.

[1]) Es ist Schillers „Des Mädchens Klage“. Da die Übersetzung den Sinn und den Ton des Originals ziemlich getreu wiedergiebt, eine Rückübersetzung daher zwecklos wäre, setzten wir lieber den Wortlaut der isländischen Übersetzung selbst hieher, da es ja für manchen Leser ganz interessant sein dürfte, Schiller in isländischem Gewande zu sehen.

Tárin að ónýtu falli á fold,
fái' hann ei vakið, er sefur í mold;
mjúkasta hjartanu huggun það ljær,
horfinnar ástar er söknuður slær,
hennar að minnast og harma.

Meine Schwester wurde feuerrot und nähte dabei eifrig fort. „Dies ist freilich eine bessere Übersetzung", sagte ich sodann, „und du hast auch das Versmafs gut getroffen; das hab' ich gemerkt, obgleich ich das Originalgedicht nicht verstehe. Wie glücklich bist du doch, dafs du die deutsche Sprache verstehst, und du thätest gut daran, auch mich ein wenig in derselben zu unterrichten. Es quält mich, nichts von dem zu verstehen, was Schiller und andere in Deutschland geschrieben haben".

„„Woher hast du diese Verse?"" fragte endlich meine Schwester, und ich sah, dafs sie sich schämte, zugleich aber auch erzürnt war.

„„Ich glaubte immer, dafs ich dir trauen dürfe, und du ohne meine Erlaubnis nichts nehmen würdest.""

Diese Worte überraschten mich nicht wenig.

„Das hab' ich ja auch nicht gethan", entgegnete ich ziemlich gereizt. „Du hast mir vor mehreren Tagen einige Pflaumen gegeben, wie du dich wohl noch erinnern wirst, und dieselben in das Papier eingewickelt, auf welchem das Gedicht geschrieben stand. Es war wohl der Entwurf, und ich glaubte ihn lesen zu dürfen, da du ihn nicht sorgfältiger geheim hieltest. Ich habe auch das Gedicht früher nie aufgesagt und noch weniger jemand erzählt, dafs du es übersetzt hast."

„„Ich möchte dich bitten, Liebster, auch in Zukunft nichts davon zu erzählen; denn es wäre mir nicht lieb, wenn es bekannt würde, dafs ich mich mit derlei Dingen befasse. Solches ist dem weiblichen Geschlechte nie zur besonderen Zierde angerechnet worden.""

„Sei unbesorgt", sagte ich so zärtlich als möglich; „und wenn es dir ein anderes Mal nicht schlechter gelingt, glaube ich, du solltest dich öfter in derlei versuchen. Ich will mich herzlich gern für den Verfasser ausgeben von allem, was du dichtest — doch das würde eine Schande für mich sein; das kann ich nicht thun."

„„Ich denke, dafs da gar keine Gefahr für dich ist,"" sagte meine Schwester, und sie war nun wieder freundlich wie früher. „„Ich werde kaum so viel dichten, dafs dir daraus Verlegenheiten erwachsen. — Aber du hast ja auch etwas von dir selber; das wird gewifs recht lustig anzuhören sein.""

„Ja, das ist wahr!" sagte ich; „es sind zwei kurze Gedichte; das eine hab' ich vor zwei Jahren gemacht, und es handelt von dir; das andere dichtete ich, gestern oder vorgestern, auf den Brachvogel; sie sind ganz hübsch; besonders das Ende von dem Gedichte auf dich gefällt mir."

„„Mir scheint, ich erinnere mich an dein Geschwätz,"" sagte meine Schwester; „„lafs mich doch das letztere hören!""

„Ich möchte dir erst das frühere hersagen," sagte ich; „es ist wohl am besten, ich trage beide vor."

Hildur konnte sich des Lächelns nicht enthalten; ich jedoch achtete nicht weiter darauf und begann sogleich mit dem ersten Gedicht, wie folgt:

Habt ihr mein Schwesterlein geseh'n
Lämmer weiden und Wolle spinnen?
Ein schönes Spielzeug besafs ich vorhinnen;
Mufst's nicht zerbrechen, verloren mir geh'n?

Gern erzählte ein Märchen sie mir;
Auch nenn' ich karg sie nicht eben;
Hat mir 'ne Muschelschale gegeben,
Dafs ich was dichten solle von ihr.

Lustig ist sie am heitern Tag;
Lichtgelbes Haar umfliefst ihre Wangen,
Kommt der Schulze des Weges gegangen,
Läuft sie davon, so schnell sie nur mag."

„Damals hatte ich meine Freude an dir," sagte ich spöttisch lächelnd und begann sogleich das zweite Gedicht herzusagen. Es war freilich nichts Besonderes daran. Dasselbe lautete:

„Brachvöglein singt Morgens früh" — u. s. w. (s. S. 360—361).

„„Lafs' es gut sein!"" meinte meine Schwester; „„hast du den Brachvogel auch gesehen, von dem du dies gedichtet?""

„Das nicht," antwortete ich; „aber es wird wohl so gewesen sein, sonst wäre mir's kaum eingefallen."

„„Du sprichst so sonderbar, Vetter!"" sagte Hildur; „„aber da ist nun die Jacke fertig; komm, wir wollen sie anstopfen, so viel wir nur können!""

Diese Arbeit war rasch gemacht. Wir füllten die Jacke mit Moos, banden sie an den einen der Säcke, und als wir mit allem fertig waren, setzten wir uns wieder nieder. Jetzt war unten im Thale Sonnenschein, bei uns hieroben aber Schatten. Ein leichter Südwind wehte um den Berg und führte Leben und Wärme mit sich. Wir safsen schweigend da und ergötzten uns daran, die Schatten zu betrachten, wie sie in verschiedenen Gestalten über Wiesen und Fluren dahinglitten, je nachdem sich die Wolken am Himmel lösten und fortgetrieben wurden.

„„Möchtest du nicht wünschen, so leicht zu sein,"" sagte meine Schwester „„dafs du dich auf einen der schönsten Schatten dort unten setzen könntest, dann über das Land dahinglittest, von einer Landschaft zur andern, und sähest, was da alles sich zeigt?""

„Das wäre gar nicht langweilig," antwortete ich; „wenn aber die Wolken dort oben sich auflösten, sobald ich in die „Slétta"[1]) hinauf

---

[1]) *Slétta*, d. i. *Melrakkaslétta* (= Fuchsebene, Gegend wo die Füchse zusammen kommen?), der nördlichste, einige Meilen breite und flache Teil der Halbinsel zwischen dem *Axarfjörður* und dem *Þistilfjörður* im nordöstlichen Island, eine sehr öde Gegend, die zum Teile schon innerhalb des Polarkreises liegt; vgl. Poestion, Island, das Land und seine Bewohner S. 59.

gekommen wäre, würde dasselbe wohl auch mit den Schatten der Fall sein, und ich hätte dann nichts, worauf ich zu dir nach Hause zurücksegeln könnte."

Meine Schwester sah mich etwas schelmisch an, so dafs es mir schien, als ob sie mich messen wolle, und sagte dann ziemlich langsam:

„„Du könntest dich ja in der „Slétta" niederlassen, bis du grofs genug geworden wärest, um nach Hause zurück zu gehen und unterwegs die Flüsse durchwaten zu können.""

Diese Antwort kränkte mich natürlich, und ich nahm mir vor, ihr dies heimzuzahlen; aber in demselben Augenblicke hörten wir ein fürchterliches Gekrach, gerade über uns, das sich rasch hinter einander wiederholte, so dafs der Berg erbebte und zitterte.

„„Gott steh' uns bei!"" sagte meine Schwester; „„nimm dich in Acht, mein Lieber! Das ist eine Steinlawine.""

Ich sprang auf und wollte, glaub' ich, fliehen; als ich jedoch aufblickte, eilte ich in die Arme Hildurs und sagte, während mir fast der Atem in der Kehle blieb: „Ich fürchte mich vor den Steinen, liebe Schwester!"

In diesem Augenblicke flog ein gewaltiger Felsblock an uns vorüber; derselbe hob sich hoch in die Luft, rifs Fetzen aus dem Rasen des Abhangs, auf dem wir standen und war hierauf wie der Blitz den Berg hinab verschwunden; das Gedröhne aber verdoppelte sich jetzt und graublauer Rauch und Brandgeruch stiegen auf.

„„Das ist ein schreckliches Getöse!"" sagte meine Schwester und hielt mich fest umschlungen. Aber obgleich ich sehr erschrocken war, sah ich doch, dafs der Felsblock vorbeigeflogen, und es begann mir am ratsamsten zu erscheinen, mich männlich zu zeigen.

„Findest du's wirklich so schrecklich?" fragte ich; „du kannst mich jedoch ruhig loslassen; denn das Ganze ist nun auf dem Bergabsatz unter uns. Du hattest wohl grofse Angst?"

Während ich dies sagte, wandte ich mich ab, um mir den Schweifs abzutrocknen und Gott im stillen zu danken; denn ich sah es ganz deutlich, dafs wir in grofser Lebensgefahr geschwebt hatten.

„„So bist du!"" sagte meine Schwester, und sie wufste nicht, sollte sie zürnen oder lachen; „„da flüchtet er in der Angst zuerst in meine Arme und sagt dann, nachdem die Gefahr vorüber, ich brauche mich nicht mehr zu fürchten.""

Ich that, als hätte ich diese Worte überhört und versuchte dem Gespräch eine andere Wendung zu geben.

„Weifst du, wie die Steinlawinen entstehen?" fragte ich und nahm dabei eine sehr gelehrte Stimme an. Es sind dies Steine, die vorn auf einem Abhang liegen, und nur auf Lehm und Sand, die sich um sie herum gelagert haben, gestützt sind. Sobald nun der Regen kommt, wird der ganze Lehm weggeschwemmt, und die Steine lösen sich los und stürzen, wie du leicht begreifen wirst, hinunter."

„„Du bist immer so gescheit!"" sagte meine Schwester; „„es ist natürlich der heutige Regen gewesen, der den Felsblock früher losgelöst hat.""

„Oder der dort!" sagte ich und deutete in die Höhe. Dort stand nämlich auf einem Felsenvorsprunge plötzlich ein Mann, der sich scharf vom Himmel abzeichnete.

Da hatten wir nun an ganz anderes zu denken, als an die Steinlawine. Wir zerbrachen uns den Kopf darüber, was das für ein Mann sein und was er auf dieser Felsenspitze zu thun haben könnte.

„Es kann doch kaum ein „Draufsenlieger“ sein,“ sagte ich und klammerte mich an den Arm meiner Schwester; „dieser Berg liegt ja zwischen bewohnten Gegenden und hängt, so viel ich weifs, nicht mit den Gletschern oder mit dem Odádahraun[1]) zusammen. Willst du nicht kommen liebe Schwester? Trachten wir, von hier fortzukommen!“

In diesem Augenblicke verschwand der Mann wieder, als ob er über den Berg hinübergegangen wäre.

„„Du kannst mich, mein' ich, ruhig loslassen,“ sagte meine Schwester und ahmte mich dabei nach; „„dein Draufsenlieger ist schon wieder verschwunden. . . .““

Es folgen nunmehr noch zwei Märchen *Jónas Hallgrímssons.*

I.

Das Mädchen im Turme.

(Ljóðmæli o. ö. r., S. 293—297.)

Es war einmal ein armer Fischer; der hatte eine junge und schöne Tochter. Diese ging eines Abends zum Strande hinab, um nach dem Vater auszusehen. Da erschienen plötzlich Vikinger, die sie festnehmen und entführen wollten. Das Mädchen lief schleunigst davon. Nicht weit vom Strande befand sich ein alter Turm, der an vielen Stellen bereits dem Einsturz nahe war. Niemand wagte sich ihm zu nähern, denn man glaubte, dafs darin Gespenster ihr Unwesen trieben. Das Mädchen jedoch vergafs in der Bestürzung all diese Dinge, lief schnurstracks in den Turm hinein und die Stiege hinab, bis sie in ein unterirdisches Gemach kam. Hier befanden sich Blutflecken auf dem Fufsboden und eiserne Kettenglieder an den Wänden. Das Mädchen eilte erschreckt an all dem vorüber, dann eine Wendeltreppe hinauf und kam durch eine Thür in ein kleines Zimmer des Turmes. In diesem Zimmer safs eine grofse schreckliche Eule, die mit glühenden Augen auf das Mädchen starrte. Dieses machte kehrt und wollte fliehen; in dem Augenblick aber versank die Treppe in die Tiefe.

„Du wirst hier bleiben,“ sagte die Eule; „und du sollst es in allem gut haben. Ich will dich lehren, die Nacht lieber zu haben als den Tag. Hier liegen einige Äpfel; wenn du einen davon verzehrst, so weichen Hunger und Durst von dir; und hier ist ein Bett, in dem du schlafen kannst, wann du willst. Ich schlafe den ganzen Tag und während dieser Zeit darfst du dich nicht rühren, damit du mich nicht aufweckst; denn sonst werfe ich dich zum Fenster hinaus.“

---

[1]) Die „Draufsenlieger“ (*útilegumenn*) des isländischen Volksaberglaubens leben in der Wildnis, besonders in der Nähe der grofsen Gletscher und der ungeheuren Lavawüste *Odáðahraun* (d. h. Lavafeld der Missethaten).

Hierauf flog die Eule fort; das Mädchen aber blieb weinend zurück. Bald darauf kam die Eule wieder, gefolgt von einem grofsen Haufen von Fledermäusen Sie flogen alle an dem Mädchen vorüber und durch die Mauer, die sich dem Fenster gegenüber befand. Das Mädchen stand auf und entdeckte an der Wand eine achteckige Öffnung, über die ein Spinngewebe gewoben war. Sie spähte durch dieses Loch und sah in weiter Entfernung wie im Nebel einen hellen Saal, in dem alles wie Gold und Silber strahlte, und viele Gestalten in glänzenden Kleidern sich hin und her bewegten. Nach einiger Zeit wurde plötzlich alles finster. Das Mädchen setzte sich wieder nieder und dachte darüber nach, was es gesehen hatte. Bald darauf flog die Eule mit den Fledermäusen wieder an ihr vorüber zum Fenster hinaus.

Als es zu tagen begann, kam die Eule heim, setzte sich in ihren Winkel und überliefs sich dem Schlafe. Das Mädchen aber schaute in die Morgendämmerung hinaus. Das Zimmer war so hoch gelegen, dafs sie nicht auf den Erdboden hinab, sondern nur in die Luft und auf die wogende See sehen konnte.

Als sie schon Hunger hatte, afs sie ein wenig von einem der Äpfel und ward davon satt. Hierauf wurde sie schläfrig und legte sich schlafen. Als es eben Mittag vorüber war, erwachte sie wieder und schaute in die Luft und auf die See und auf den bösen Vogel, der dort in seiner Ecke schlief. Sie safs mäuschenstill, wagte sich nicht zu rühren und fand ein solches Leben überaus langweilig.

Als es zu dunkeln begann, erwachte die Eule und sprach zu dem Mädchen: „Was ist dir lieber, die Nacht oder der Tag?“

„Der Tag,“ sagte das Mädchen.

Da flog die Eule fort und holte ihre Fledermäuse, worauf wieder ganz dasselbe geschah wie in der vorigen Nacht. Und dies wiederholte sich in den folgenden Nächten, nur mit dem Unterschiede, dafs dem Mädchen alles immer näher und deutlicher erschien, der Saal mit den Lichtern und die schönen, in lichte Gewänder gekleideten Menschen, die an einem schönen und reichbesetzten Tische kostbare Leckerbissen speisten. Jeden Abend aber fragte sie die Eule, was ihr lieber wäre, die Nacht oder der Tag, und sie antwortete beständig, dafs sie den Tag lieber habe. Allein mit der Zeit begann sie denn doch unsicherer zu werden, bis eines Abends die Eule zu ihr sagte:

„Sowie du mir antwortest, dafs dir die Nacht lieber ist als der Tag, sollst du mit uns zum Mahle kommen und auch mit den prächtig gekleideten Leuten bei Tische sitzen und ebenso schöne Kleider bekommen wie sie.“

Das Mädchen konnte diese Nacht gar nicht schlafen und dachte beständig darüber nach, was sie abends der Eule antworten solle. Da hörte sie, dafs hinter ihrem Rücken halblaut gesprochen wurde: „Kleines Mädchen! Bleibe dabei, dafs du den Tag lieber hast.“

Sie wufste nicht, was dies war, drehte sich um und fragte, wer da spräche.

„Pst, pst,“ sagte die Stimme, „wecke die Eule nicht auf!“

Da sagte das Mädchen halblaut:

„Sage mir, wer du bist.“

Die Stimme antwortete:

„Ich bin ein Mensch gewesen und hatte das Unglück, mich da herein zu verirren so wie du. Ich wäre vor Langweile beinahe gestorben und begab mich deshalb einmal in der Nacht mit der Eule fort; am Morgen darauf aber war ich in diese Fledermaus verwandelt, und kann nun nicht mehr in das liebe Tageslicht schauen. Ich möchte dich gern retten; deshalb hab' ich mich jetzt versteckt — mache nur kein Geräusch, jetzt erwacht das Ungeheuer.“

Die Eule war rasend vor Zorn, als das Mädchen ihr wieder antwortete, dafs es den Tag lieber habe. Sie schlug mit den Flügeln nach ihm, und Feuer brannte ihr aus den Augen.

Als dann der ganze Haufen durch die Wand geflogen war, kam die Fledermaus wieder aus ihrem Winkel hervor.

„Möchtest du nicht auch in den Saal hinein?“ fragte das Mädchen.

„Nein,“ entgegnete die Fledermaus; „ich habe kein Verlangen danach, und möchte nie wieder hinein kommen. Erweis' auch du mir den Gefallen, nicht mehr durch die Öffnung hinein zu schauen.“

Da sprach das Mädchen:

„Ist es denn ganz unmöglich, dafs wir befreit werden?“

„Wohl,“ sagte die Fledermaus, „du kannst befreit werden, wenn du den Mut besitzest, die Eule zu töten. Du mufst dich, während sie schläft, von hinten an sie heranschleichen, sie mit beiden Händen von rückwärts um den Hals nehmen und erwürgen. Dein Tod aber ist es, wenn sie erwacht, bevor du sie um den Hals gepackt hast.“

Das Mädchen erwiderte:

„Ich habe ohnehin dieses Leben satt; ich will es versuchen.“

Am nächsten Morgen stand das Mädchen leise auf, während die Eule schlief. Obwohl zitternd aus Furcht, dafs dieselbe erwachen könnte, gelang es ihr doch, sich von hinten an sie anzuschleichen, und nun packte es das Ungeheuer mit beiden Händen so fest um den Hals als nur möglich. Die Eule geberdete sich wie rasend, spreizte die Klauen aus, schlug mit den Flügeln um sich und rollte die Augen so wild und fürchterlich nach rückwärts, dafs das Mädchen sie vor Furcht beinahe losgelassen hätte. Da kam die Fledermaus und breitete ihre Flügel über die Augen der Eule, bis sie erwürgt war.

Das Mädchen war vom Kampfe so müde geworden, dafs sie nicht mehr stehen konnte; in diesem Augenblicke verschwand der Turm spurlos, und als sie erwachte, befand sie sich auf grünem Grase im hellen Sonnenschein. Neben ihr aber stand ein junger Mann, und dieser sagte zu ihr:

„Ich bin die Fledermaus, die mit dir gesprochen hat, und du hast mich erlöst. Mein Vater ist ein mächtiger König. Gehen wir nun zu ihm und halten wir unsere Hochzeit.“

Zuerst jedoch gingen sie zur Fischerhütte und baten die Eltern des Mädchens um die Erlaubnis, einander zu heiraten; dann aber begaben sie sich in das Königreich, wo sie aufs freundlichste empfangen wurden, wie ihr euch's wohl denken könnt.

II.

Löwenzahn und Biene.

(Ljóðmæli o. fl. r., S. 267—271.)

Es waren einmal eine Biene, die in einem Mauerloch hauste, und ein Löwenzahn, der auf dem Felde wohnte.

Die Biene kannte bereits das Leben; sie war einmal jung und schön gewesen, hatte sich an den Blumen und der grünen Erde erfreut und des Nachts von nichts anderem geträumt als von Sommer und Sonnenschein. Jetzt freilich war sie eine gesetzte und erfahrene Frau oder richtiger Witwe und alleinstehend, und hatte für viele Kinder zu sorgen; Tag und Nacht mufste sie an den Haushalt denken und Wachs und Honig sammeln.

Der Löwenzahn jedoch war eben erst dem Boden entsprossen. Er hatte von der Morgenröte geträumt und erwachte, als eben die Sonne aufging. Abend und Schatten waren ihm noch unbekannt. Er blickte auch noch nicht herum, sondern schaute nur lächelnd nach der Sonne, und diese küfste ihn tausendmal, wie die Mutter das erwachte Kind küfst. Er wurde in der Sonnenwärme ganz rot vor Lust und freute sich, dafs er da leben und grofs werden sollte.

Da kam die Biene aus ihrer Behausung, um nach dem Wetter zu sehen.

„Nein, was fiel mir da ein, erst jetzt heraus zu kommen!“ rief sie. „Die ganze Flur prangt von Blumen, die sich bei dem milden Wetter geöffnet haben! Wäre ich jünger und würde ich nicht schon immer so bald müde, so könnte ich an einem solchen Tage eine Menge Vorrat heimbringen; aber diese verwünschte Müdigkeit und Steifheit in den Füfsen! Freilich die lieben Kinder fragen wenig danach!“

Hierauf spannte die Biene die Flügel aus und flog über den Hofplatz — brumm birr bum —, kam dann auf den blumenreichen Abhang unterhalb des Hofplatzes, sog eifrig an den Blumen und sammelte das Wachs in den Körbchen an der Innenseite ihrer Füfse. Als sie schon so schwer beladen war, dafs sie fürchtete, nicht mehr nach Hause kommen zu können, wollte sie ein wenig ausruhen. Sie setzte sich ohne viele Umstände auf den jungen Löwenzahn, liefs die Füfse über den Rand des Kelches hängen, schlug mit den Flügeln und summte.

Wie erging's nun aber dem armen Löwenzahn, als ihm so die Sonne verdunkelt wurde und die schwere Last sich auf ihn setzte, dafs die Blätter sich unter der grofsen Bürde beugten? Als der Biene die Müdigkeit vergangen war, roch sie an dem Kopfe des Löwenzahns und sagte so laut, dafs er es hörte:

„Welch köstlicher Duft! Ich kann mich nicht enthalten, auch an dir noch zu saugen, mein Knäblein! Das Bifschen werde ich schon noch mitnehmen können."

„Thu' es nicht, liebe Biene!" sagte der Löwenzahn und bebte und zitterte aus Furcht; „sauge mich nicht! ich bin ja noch so jung und sehne mich zu leben und grofs zu werden."

„Ich kann dir nicht helfen," sagte die Biene, „ich mufs an meinen Haushalt denken und habe für mich und meine Kinder zu sorgen; ich sauge die Blumen, weil ich es mufs, quäle oder töte sie jedoch nicht zu meinem Vergnügen; wir Bienen sagen, dafs ihr für uns erschaffen seid, und wir behandeln euch immerhin besser als die Menschen die Tiere, ja selbst ihre Mitmenschen behandeln."

„Ich bin noch zu einfältig und zu jung," sagte der Löwenzahn, „kann daher nichts einwenden dagegen; allein ich möchte so gern noch leben, denn ich habe noch keinen Abend und keinen Schatten gesehen."

„Du sprichst wie ein Kind," sagte die Biene, „und weifst nicht, was das ist, worauf du dich so sehr freust; ich bin nun aber so hartherzig, dich niederzudrücken — brumm birr bumm! —"

Hierauf flog sie fort mit ihrer Tracht, und der Löwenzahn konnte wieder in die Sonne sehen, und diese küfste ihn tausendmal, wie die Mutter ihr erwachtes Kind küfst.

Es dauerte nicht lange, so kam die Biene abermals geflogen, um summend noch mehr für ihren Haushalt einzuschaffen. Der Löwenzahn rief sie an und sagte zu ihr: „Ich danke dir von Herzen, liebe Biene, dafs du mich geschont und nicht so jung schon gesaugt hast; ich werde mich bemühen, dies einmal zu vergelten; die liebe Sonne wärme dich!"

„Ich nehme den Willen für das Werk, armes Ding!" sagte die Biene; „wie meinst du wohl, es mir vergelten zu können? Du bist ja mit den Wurzeln an die Erde befestigt und mufst hier stehen bleiben, bis der Bauer kommt und dich abmäht, oder die Kinder dir den Kopf abreifsen."

„Ach, ich verstehe nicht, was du sprichst," sagte der Löwenzahn; „ich habe nur ein so grofses Verlangen zu leben!" —

„Sei gegrüfst, mein Löwenzahn!" sagte die Biene am nächsten Morgen; „nun hast du ja den Abend und den Schatten gesehen; wie gefallen sie dir?"

„Sprich mir nicht davon!" sagte der Löwenzahn; „es graut mir, wenn ich nur daran denke! Als die liebe Sonne verschwand und der Schatten einfiel, überkam mich Frostschauer und Todesschwere; ich legte die Blätter zusammen, schlofs den Kelch und schlief ein; die ganze Nacht hindurch habe ich nur von Licht und Sonnenwärme geträumt. Halte mich jetzt nur nicht auf, so lange die Sonne am Himmel steht! An den Abend darf ich gar nicht denken — und doch möchte ich so gern noch leben, damit ich dir meine Schuld abtragen kann."

Die Biene lächelte und flog weiter dahin über die Flur. So verging nun eine lange Zeit, aber sie begrüfsten einander noch jeden Morgen, wenn die Biene ausflog.

Der Löwenzahn alterte so rasch, dafs er bereits zum Graukopf geworden war. Er hatte auch vom Leben mehr als genug bekommen. Gleichwohl beharrte er bei seinem Wunsche, noch länger zu leben, um es der Biene vergelten zu können, dafs sie ihn geschont hatte.

Die Biene aber verlachte ihn, nannte ihn ein hinfälliges Geschöpf und einen alten Graukopf, und gab ihm den Rat, sich lieber hinzulegen und zu sterben.

„Hab' nur Geduld, meine Gute!“ sagte der Löwenzahn: „meine Dankbarkeit erhält mich am Leben; wiewohl ich kalt und bereits ein alter Graukopf bin, und die Sonne mich nicht mehr freut, und Schatten und Finsternis mich nicht mehr erschrecken, weil ich schon gefühllos bin, so möchte ich doch noch leben. Und so wache ich nun Tag und Nacht, schliefse kein Auge und denke beständig dasselbe.“

„Leb' wohl, mein alter Graukopf!“ sagte die Biene.

„Lebe wohl, du gute Biene! und die liebe Sonne wärme dich!“

Zu den charakteristischesten Gestalten des isländischen Parnasses in der ersten Hälfte unseres Jahrhunderts zählen auch zwei markante Typen aus den untersten Schichten des Volkes, die zwar von den vornehmeren Genossen mit Geringschätzung angesehen wurden, in deren Adern jedoch nicht minder echtes Dichterblut flofs. Beide — wir meinen *Sigurður Breiðfjörð* und *Hjálmar Jónsson* — waren unglückliche Söhne der Armut und blieben auch, zum Teil infolge selbstverschuldeter Verkommenheit, ihr ganzes Leben lang Parias der Gesellschaft. Das geringe Mafs ihrer Bildung, die niederdrückende Beschwer ihrer Lebensumstände, die lähmenden Fesseln ihrer niedrigen Leidenschaften hemmten natürlich auch den Aufflug ihres Dichtergeistes zu idealeren Höhen und zur reineren Kunst. In dieser Beschränkung aber und in ihrer besonderen Art haben sie so vollgültige Beweise eines starken poetischen Talentes erbracht, dafs sie zu den besten Volksdichtern Islands zu zählen sind und daher unsere vollste Beachtung und Wertschätzung verdienen. Da sie auch Rímur dichteten, die durch ihren poetischen Gehalt die sonstigen Produkte dieser damals bereits aufs tiefste gesunkenen nationalen Dichtungsgattung weit übertrafen, haben sie die volkliche Poesie neben der höheren Kunstdichtung so kräftig und entschieden zur Geltung gebracht, dafs ihre Dichtungen beim Volke kaum minder beliebt und geschätzt waren und blieben als die der hochgepriesenen klassischen Koryphäen ihrer Zeit. In ihren Lebensverhältnissen sind diese beiden Dichter gewissermafsen typisch für die Mehrzahl der isländischen Poeten aus den unteren Schichten des Volkes. Wir wollen deshalb der kritischen Würdigung derselben etwas ausführlichere biographische Daten vorausschicken.

Sigurður Eiríksson Breiðfjörð wurde am 4. März 1798 auf dem Hofe *Rifgirðingar* am *Breiðifjörður* (davon der später von ihm angenommene Name *Breiðfjörð*) im westlichen Teile Islands geboren. Sein Vater war ein armer Bauer. Als Kind schon verriet *Sigurður* eine besondere Begabung und im Alter von elf Jahren dichtete er bereits seine ersten Rímur. Man wollte deshalb den Knaben in die Lateinschule geben, und er wurde auch von einem Geistlichen für den Eintritt in dieselbe vorbereitet, wobei er sich einige Kenntnisse im Lateinischen erwarb. Allein das Vorhaben scheiterte doch wieder an der Mittellosigkeit des Vaters. Nun sollte er ein Handwerk erlernen. Durch die Unterstützung eines ihm wohlwollenden Kaufmannes wurde es dem damals sechzehnjährigen Jungen ermöglicht, nach Kopenhagen zu reisen, wo er sich zu einem tüchtigen Böttcher ausbildete. Nach Island zurückgekehrt übte er sein Handwerk bei verschiedenen Kaufleuten aus und hatte sein gutes Auskommen. Allein er begann sich schon jetzt dem Trunke zu ergeben und führte auch sonst einen liederlichen Lebenswandel. Er ist selbst von noch bedenklicheren Ausschreitungen nicht frei zu sprechen. Während er bei einem Kaufmanne auf den *Vestmanna eyjar* in Arbeit stand, heiratete er ein Dienstmädchen desselben. Dieses Frauenzimmer scheint jedoch eine schlechte Person gewesen zu sein, so dafs die Ehe nicht glücklich wurde. *Sigurður* verliefs daher auch bald sein Weib und hielt sich hierauf eine Zeitlang im Westlande auf, als Böttcher beschäftigt und, obwohl dem Trunke ergeben, doch fleifsig dichtend. Zu dieser Zeit verfiel er auf die Idee, das sogenannte „dänisch-juridische Examen“ (für Unstudierte) abzulegen, um als Beamter angestellt werden zu können. Er reiste zu diesem Zwecke auch wieder nach Kopenhagen; aus dem Examen aber wurde nichts — infolge der leidigen Trunksucht des unseligen Mannes. Um ihn vielleicht doch noch auf einen Weg der Besserung zu führen, verschafften ihm seine Freunde in Kopenhagen eine Anstellung als Böttcher bei dem königlichen Handel in Grönland mit einem — für seine bisherigen Verhältnisse sehr hohen — Jahreslohn von dreihundert Reichsthalern. Widerstrebend nur nahm *Sigurður* diese Stellung an und mit Grauen schiffte er sich (1831) nach dem fernen Lande ein.

In Grönland blieb er drei Jahre. Hier dichtete er seine „*Núma-Rímur*“ und schrieb poetische Episteln an seine Freunde in Island. 1834 kam er nach Kopenhagen zurück und reiste von hier wieder nach der Heimat, wo er sich bis 1836 in *Stykkishólmur* bei einem Kaufmanne aufhielt, eine Anzahl von Rímur dichtete und sein Büchlein über Grönland („*Frá Grænlandi*“) schrieb. Zu dieser Zeit lernte er auch ein ziemlich wohlhabendes aber nicht im besten Rufe stehendes Frauenzimmer Namens *Kristín Illugadóttir* kennen, dessen Herz er gewann und das er nun heiraten wollte; er suchte deshalb um die Scheidung von seiner Frau an, wurde jedoch mit seinem Begehren abgewiesen. Da wufste er einen Geistlichen, einen lustigen Kumpan, der zu seinen besten Freunden zählte, zu bewegen, ihn dennoch mit seiner neuen Braut zu trauen. Diese Handlung hatte aber für *Sigurður* zur Folge, dafs er in gerichtliche Untersuchung gezogen und wegen Bigamie zu zwanzig Rutenstreichen verurteilt wurde. Man hat jedoch diese entehrende Strafe zu einer Geldbufse von 20 Thalern gemildert. Die nächsten vier Jahre verlebte er alsdann als Bauer zu *Grímstaðir* im Westlande und verschlemmte während dieser Zeit die Habe seiner *Kristín*. Hierauf begab er sich nach *Reykjavík*, wo er wieder in grofser Armut und durch seine Trunksucht körperlich und geistig gebrochen seine letzten Lebensjahre verbrachte. Am 21. Juli 1846 beschlofs er auf dem Bodenraume eines Kramladens sein unglückliches Dasein als eines der tausende von Opfern, welche die damals auf Island grassierende Masernepidemie gefordert hat. Es wird erzählt, dafs er auf dem Krankenlager ausgerufen habe: „Soll es wirklich mein Los werden, Hungers zu sterben?"[1])

Trotz all seiner Erniedrigung durch trostlose, zumeist selbstverschuldete Lebensverhältnisse und trotz der moralischen Verkommenheit, der er dadurch verfiel, soll *Sigurður* nach dem Zeugnisse seiner Zeitgenossen im Grunde doch ein gutherziger und zartsinniger Mensch gewesen sein. Der gute Kern seines Wesens kommt ja auch in seiner Dichtung nicht selten zum Vorschein und läfst sich ferner daraus erschliefsen, dafs mehrere sehr ehrenwerte und vornehme Männer ein freundschaftliches Verhältnis zu ihm unterhielten und ihn nicht gering schätzten. Unbestritten ist seine hohe geistige Begabung, von der seine Dichtung Zeugnis giebt und die z. B. auch in seiner Konversation zu ersehen war, die überaus unterhaltend und voll sprudelnden Witzes gewesen sein soll. So sehr darum auch der unglaubliche Leichtsinn und die Charakterschwäche dieses unglücklichen Mannes zu verurteilen sind, so darf man doch andererseits nicht schonungslos den Stab über ihn brechen, wie es von verschiedenen Seiten geschehen ist.

Wie man nun aber auch über *Sigurður Breiðfjörð* als Mensch denken mag, als Dichter ist er eine durchaus sympathische Gestalt. Die Leichtfertigkeit und Ungebundenheit seiner Lebensführung kommt zwar — wie es ja kaum anders sein konnte — auch in seiner Poesie zum Ausdruck; allein er hat sich sein dichterisches Gefühl und sein Phantasieleben doch viel reiner bewahrt, als man erwarten würde. Er dichtete weder obscöne Gedichte, noch Schmähverse und bildete in dieser Hinsicht einen schlagenden Kontrast zu dem dämonisch-bösen *Bólu-Hjálmar*. Was aber die Qualität seiner dichterischen Begabung betrifft, so war dieselbe — wie schon angedeutet — von solcher Art, dafs sie unsere vollste Hochschätzung verdient, und obwohl er von fremden Einflüssen nicht ganz frei geblieben ist — man begegnet in dieser Hinsicht besonders ganz deutlichen Spuren seines dänischen Lieblingsdichters Jens Baggesen — hat er doch selbst an seiner Originalität nichts eingebüfst.

Die Dichtungen *Sigurður Breiðfjörðs* bestehen hauptsächlich aus Rímur und lyrischen Gedichten. Wir wollen zunächst einiges

---

[1]) Vgl. *Jón Borgfirðingur. Stutt æfiminning Sigurðar Breiðfjarðar skálds* (*Reykjavík*, 1878), und *Einar Benediktsson* in „*Sigurður Breiðfjörð: Urvalsrit*", S. VII—XLIII.

über die ersteren bemerken und vorweg erklären, dafs mehrere derselben in Bezug auf ihren poetischen Wert und die darin niedergelegten Gedanken wie nicht minder hinsichtlich der Reinheit und Geschmeidigkeit des Ausdruckes zum allerbesten gehören, was nicht nur zu seiner Zeit und im vorigen Jahrhundert, sondern überhaupt in dieser Gattung von Poesie auf Island hervorgebracht worden ist, so dafs *Sigurður* schlechthin als der vortrefflichste Rimur-Dichter der neueren Zeit gelten kann. Er dichtete nicht weniger als fünfundzwanzig Rimur-Cyklen, von denen sechzehn gedruckt wurden. Die besten davon sind die „*Núma-Rimur*" („*Rimur af Núma kóngi Pompílssyni*", *Viðey*, 1835), eine Paraphrase von Florians bekanntem Roman „Numa Pompilius", den der Dichter in einer dänischen Übersetzung gelesen hatte, dann die „*Svoldar-Rimur*" („*Rimur af Svoldar-bardaga*", *Viðey*, 1833), die Seeschlacht am 9. September 1000 bei *Svoldr* behandelnd, die „*Viglundar-Rimur*" (*Rimur af Viglundi og Ketilríði*", herausgegeben von dem Buchbinder *Egill Jónsson*, Kopenhagen, 1857) und die „*Rimur af Ásmundi og Rósu*" (herausgegeben von *Einar Þórðarson* und *Jón Borgfirðingur*, *Reykjavík*, 1884). An den Rimur selbst sind in der Regel wieder die Einleitungsgesänge oder „*mansöngvar*" (vgl. oben S. 64) das Gelungenste.

Obwohl nun also *Sigurður Breiðfjörð* auch als Rimur-Dichter alle Anerkennung verdient, ist er doch gerade wegen dieser seiner poetischen Thätigkeit hart angegriffen worden und zwar von keinem geringeren als *Jónas Hallgrímsson*. In seinem edlen Feuereifer, auch die heimische Dichtkunst zu heben und sie von den ihr aus der alten Zeit noch anhaftenden Schlacken zu reinigen, zog dieser berühmte Dichter mit den schärfsten Waffen gegen die Rimur-Dichtung zu Felde, die ja im allgemeinen, wie wir gesehen, gewifs den herbsten Tadel verdiente. Da nun *Sigurður* zu seiner Zeit der Hauptvertreter dieser Dichtungsgattung war (aber auch weil er es gewagt hatte, einige satirische Verse auf den „*Fjölnir*" zu dichten!), kehrte sich der ganze Grimm des jungen Poeten gegen den armen Fafsbinder, der diese schonungslose Züchtigung doch selbst am wenigsten verdiente. Direkten Anlafs dazu boten *Jónas* die allerdings nicht gerade mustergültigen „*Rimur af Tistrani og Indíönu*" *Sigurðurs*, die 1831 in Kopenhagen in Druck erschienen waren, und der Ausfall geschah bekanntlich im 3. Jahrgange des „*Fjölnir*". Aber auch in seinem „Lied von der Hulda" spielte *Jónas*, wie wir gesehen haben, mit bitteren Worten auf die Rimur-Dichtung *Sigurðurs* an, wo er sagt:

„Es leiert der beklagenswerte Mann
Uns seine abgeschmackte Rima her."

Ein so genauer Kenner der neueren isländischen Litteratur und unparteiischer Kritiker wie *Jón Þorkelsson* der Jüngere bemerkt über jenen Angriff im „*Fjölnir*", „dafs der Verfasser im Grunde gegen *Sigurður Breiðfjörð* besonders ungerecht sei; denn mehrere seiner Rimur gehören gerade zu dem allerbesten, was die Rimur-Litteratur aufzuweisen hat, wie auch viele von seinen sonstigen Gedichten auf Island besonders beliebt gewesen und es auch noch heute sind. Selbst die Gedichte *Jónas Hallgrímssons* sind nicht beliebter als die seinigen. *Breiðfjörð* mufs auf die Weise schwer die Fehler und Ausartungen büfsen, deren seine zahlreichen Kollegen sich viel mehr schuldig gemacht haben als er selbst. Man kann auch nicht ersehen, und ich zweifle daran, dafs der Recensent die Rimur-Litteratur im Ganzen genommen genauer gekannt hat. Dafs die Isländer durch ihre Rimur-Dichtung sich vor der ganzen Welt lächerlich gemacht haben, wie der Recensent sagt, kann nur als nichtssagender Kraftausdruck betrachtet werden; denn er mufs sehr wohl gewufst haben, dafs es bei den übrigen Völkern verhältnismäfsig ebenso schlechte Poesie giebt wie auf Island. Die Rimur-Dichtung ist an sich selbst, poetisch genommen, durchaus nicht verwerflich. Die Rimur-Litteratur darf in ihrer Gesamtheit nicht danach beurteilt werden, dafs der eine oder andere poetische Stümper sich damit beschäftigt hat, Rimur zu dichten, weshalb einige davon schlecht sind. Wenn man alles nach diesem Mafsstab beurteilen wollte, könnte man auch alles ad absurdum führen."[1])

Die lyrischen und sonstigen Gedichte *Sigurðurs* liegen zum gröfsten Teile in drei gedruckten Sammlungen vor, von denen zwei den Titel „*Ljóða-Smámunir*" (d. h. Lieder-Kleinigkeiten) tragen (die eine 1836 in Kopenhagen, die andere 1839 zu *Viðey* auf Island erschienen), die dritte erst nach seinem Tode von dem Buchbinder *Páll Sveinsson* herausgegebene, 1862 zu Kopenhagen gedruckte, „*Nokkrir smákveðlingar*" (Einige kleine Gedichte) benannt ward.[2]) Eine — nicht sehr glückliche — Auswahl aus den Schriften dieses Poeten gab kürzlich erst *Einar Benediktsson* heraus unter dem Titel „*Sigurður Breiðfjörð: Úrvalsrit*" (Kopenhagen, 1895). Der Inhalt der Gedichte ist ziemlich mannigfaltig. Die traditionellen Lieblingsstoffe der isländischen Poeten hat jedoch auch *Sigurður* mit besonderer Vorliebe behandelt. An Spottversen, vaterländischen Gedichten mit Verherrlichung der Naturschönheiten Islands, Hochzeits- und Grabgedichten, dann Liebesliedern findet sich daher bei ihm nicht wenig. Er pflegte auch noch mit grofsem Eifer die früher auf Island so beliebt gewesene poetische Epistel (*ljóðabrjef*).

In all diesen Dichtungen tritt einerseits die reiche Poetennatur, andererseits das im Grunde weiche, zarte und vornehme Gefühl des Dichters oft und in der überraschendsten Weise zu

---

[1]) *Om digtningen på Island*, S. 131; vgl. jedoch *Björn Magnússon Ólsen* in *Tímarit* 12. Jahrg. (1891), S. 27—30. — [2]) Eine Anzahl von Gedichten findet sich auch als Anhang abgedruckt in *Jón Borgfirðingurs Stutt æfiminning Sigurðar Breiðfjarðar*, S. 51—60.

Tage. Es findet sich darin sehr viel echte Lyrik, die an natürlicher Unmittelbarkeit jedenfalls das meiste übertrifft, was bis dahin in der isländischen Litteratur geleistet worden war. *Sigurður* hat denn auch wie vor ihm kein isländischer Dichter den Volkston getroffen und zwar nicht nur in den kleineren Gedichten, sondern auch in den Rimur, so dafs er als der begabteste Volksdichter — im engeren Sinne — erscheint, den Island je gehabt hat. Er gemahnt in mancher Hinsicht an den gleich ihm im Elend gestorbenen schottischen Volksdichter Robert Burns, mit dessen glühender Erotik seine Liebeslyrik nicht wenig gemein hat. Dabei entwickelte er eine Volubilität in der Behandlung der Sprache, die geradezu genial erscheint. Wäre *Sigurður* im Besitze einer höheren Bildung und eines besseren Geschmackes gewesen, so hätte er wirklich ein Burns seines kleinen Volkes[1]) und überhaupt einer der allerersten Dichter Islands werden können. Seine Dichtungen haben übrigens auch so, wie sie sind, den vollsten Beifall des Volkes gefunden, und *Sigurður* wurde mit gutem Rechte als „*Þjóðskáld*“ gefeiert.

Sigurður Breiðfjörðs Übersetzungen und Nachdichtungen fremder, zumeist dänisch-norwegischer Poesien wie z. B. Wessels, Baggesens, Zetlitz', Oehlenschlägers, Ingemanns sind im allgemeinen recht mittelmäfsig und daher ohne Bedeutung, einige davon aber doch sehr wohlgelungen, wie z. B. eine Übertragung von Schillers „Teilung der Erde“ im Versmafse des Originals (in *Ljóða-Smámunir*, 1836, S. 56) und eine eben solche Nachdichtung des damals lange Zeit beliebtesten „norwegischen Nationalgesanges“: „Hvor herligt er mit födeland, det havomkranste, gamle Norge!“ von Simon Olaus Wolff († 1859), die, als solche von vielen unerkannt, unter dem Titel „*Fjöllin á Fróni*“ (d. h. die Berge auf Island) unter den Originalgedichten unseres Poeten figurierte.[2])

Wie schon erwähnt, hat *Sigurður Breiðfjörð* auch ein Werkchen über Grönland verfafst, welches in so vorzüglicher Prosa geschrieben ist, dafs der Mann unbedingt auch den besseren, wenn nicht besten Prosaisten seiner Zeit beigezählt zu werden verdient und nur bedauert werden mufs, dafs diese seine einzige Schrift in Prosa geblieben ist. „*Frá Grænlandi*“ ist im Jahre 1836 zu Kopenhagen gedruckt erschienen.

Wir geben hier als Proben seiner Poesie zwei Gedichte, von denen das eine, „die Eidergans“, durch das zarte menschliche Gefühl, welches darin vibriert, vielleicht in der ganzen Volks-

[1]) Daran erinnerte zuerst *Gísli Brynjúlfsson* in *Annaler for nordisk Oldkyndighed og Historie*, Jahrg. 1851, S. 159. — [2]) Z. B. auch noch in den jüngst erschienenen *Úrvalsrit*, S. 22—24; vgl. *Finnur Jónsson* in *Fjallkonan*, XIII, No. 25. Das isländische Gedicht, beginnend mit den Versen: „*Hvað fögur er mín fedrajörð, fjallkonan gamla, kennd við ísa*“, ist von X. Marmier ins Französische übertragen worden. Diese Übersetzung erschien zu Paris auf einem Flugblatte (4 Seiten 8°) ohne Jahreszahl und beginnt: „Que j'aime mon pays, mon beau pays d'Islande“.

poesie seinesgleichen sucht. Dasselbe beschreibt den grausamen Vorgang, der damals in Grönland beim Raub der Jungen und Eier der Eidervögel üblich war. In „Gastfreiheit“ schildert der, wenn er konnte, selbst sehr gastfreie Dichter voll Laune diese alte Tugend der Isländer, d. h. wie sie zu seiner Zeit auf Island wohl noch häufig geübt wurde. Auf die Gegenwart paſst das Gedicht hingegen weniger; denn solche patriarchalische Naivetät und Gastfreundschaft findet man auf Island heutzutage immer seltener.[1]) Der Isländer weiſs jetzt den fremden Reisenden gegenüber ebenso gut seinen Vorteil wahrzunehmen wie z. B. der Schweizer.

Die Eidergans.

(Úrvalsrit, S. 100—102.)

Die Eidergans schwimmt an des Teiches Rand;
Acht Kindlein hat sie zu hüten, noch kleine.
Nicht blinzeln die Wässer im Sonnenscheine,
Denn Windstille herrscht über Meer und Land.
Die Jungen, die tollen hin und her
Im Wasser gar kindisch zu ihrem Ergötzen;
Die ernste Mutter doch züchtigt sie schwer,
Weil unbefiedert sie sich benetzen.

Die Frühlingssonne vom Himmel lacht
Und wirft auf die Erde herab ihre Strahlen,
Die Flüsse und Fälle mit Gold zu bemalen,
Das Meer zu begieſsen mit silberner Pracht.
Und Leben atmet der Lüfte Hauch,
Und fröhliche Stimmen verkünden Leben —
Wie himmlisch, herrlich! — Was kann es denn auch
Wohl Schöneres als den Frühling noch geben!

In einer Kajake kam an den Ort —
Den Holm — wo die Eidergans war, ich gefahren,
(Mit mir auch noch vier Grönländer waren.)
Nach Vögeln und Eiern zu suchen dort.
Gereizt, wie Bösewichte nur sind,
So eilten dahin wir mit hastigem Schritte
Und plünderten alle Nester geschwind;
So ist es ja dortzulande die Sitte.

---

[1]) *Bjarni Jónssons Sveitalífið á Íslandi. Fyrirlestur* (*Reykjavík*, 1890), S. 5 und 10. Vgl. jedoch auch Pater *J. Svenssons* (prächtige) *Reiseerindringer fra Island i Sommeren 1894* in der Zeitschrift Museum (Kopenh. 1895), S. 275, 288 u. ö.

Nun kamen wir auch zu jenem Teich;
Die Eidergans, als sie den Feind sich bereiten
Schon sah, um zur bösen That zu schreiten.
Wollt' ihre Kinder verteidigen gleich
Der Teich war seicht, die Verteidigung schwer,
Denn überall konnte ans Land man springen;
Von seiner Seite kam jeder daher,
Den armen Jungen den Tod zu bringen.

Die Mutter in ihrem Liebestrieb
Hat ganz der guten Flügel vergessen,
Sie will für die Jungen kämpfen — vermessen —
Sich fangen lassen ihnen zu lieb.
Sie schofs auf dem Wasser herum mit Geschrei —
Mit Steinen ja warfen wir, die Verruchten —
Ich selber fing von den Jungen zwei,
Als sie ans Land zu fliehen versuchten.

Da sucht sie die Jungen an sich zu zieh'n,
Sie schützend unter die Flügel zu fassen.
Sie will sich lieber steinigen lassen,
Als selber ihr Heil jetzt suchen und flieh'n.
Sie schaute so kläglich himmelwärts,
Als flehte von dort sie Hilfe hernieder.
Bei diesem Anblick brach mir das Herz,
Ich gab den Jungen die Freiheit wieder.

O Mensch, woher nur hast du doch, sag',
Empfangen so höllisch grausame Triebe,
Dafs selbst die heifseste Mutterliebe
Sie nicht zurückzuhalten vermag?
O fürcht' vor dir selbst dich und weiche von hier,
Der Eidergans heiligem Friedens-Asyle!
Ein Grauen durchbebt mich noch, dafs ich in mir
Nun alle Fibern erzittern fühle.

Ihr Vögel, Würmer und Mensch du, Thor,
Es hat uns ja alle erschaffen der Eine!
Zu ihm, unserm Schöpfer, schau'n im Vereine
Als dem alleinigen Herrn wir empor.

Er wärmt die Welten in seiner Hand;
Er spendet Wasser den trockuen Gefilden,
Er giebt dem Grashalm die Kraft, dafs stand
Er halten kann vor des Sturms Unbilden.

Die Grönländer aber nicht es litt;
Sie steinigten herzlos, mit kaltem Mute,
Zu Tode die Eidergansmutter, die gute.
Sie wollte nicht weichen nur einen Schritt. —
Die Jungen fanden den gleichen Tod.
Soll noch ich erzählen, was weiter geschehen?
Ach nein! . . . Ich schwieg und der Thränen gebot
Ich länger nicht mehr und wandt' mich zum Gehen.

Gastfreiheit.

(Úrvalsrit, S. 16—19)

Weifst du, mein Freund, Bescheid,
Wo die Gastfreiheit
Auf hohem Götterstuhl so herrlich thronet?
Auf der Insel dort,
Oben ganz in Nord,
Da wo des Sturmes grimmer Drache wohnet.

Und diesen Ort gerad'
Sie sich erkoren hat,
Um auch zu schützen vor des Eiswinds Toben;
Schneit es kalt auch schon
Auf ihren Silberthron,
Sitzt sie doch warm auf dem Magnetberg oben.

Als sie sich dahin
Gesetzt beim Weltbeginn,
Gelang's ihr, mit der Sonne sich zu einen,
Dafs sie in die See
Sommers nicht untergeh',
Um auch des Nachts den Reisenden zu scheinen.

Eisland nannte man
Die Insel; sie gab dann
Den Namen Gastland ihr für alle Zeiten. —

Wie den Gast man hier
Empfängt, bericht' ich dir,
Wenn's dich gelüstet, durch ihr Reich zu reiten.

Hältst du vor dem Haus,
Kommt gleich der Mann heraus
Und fragt dich: „Willst an Speis' und Trank dich letzen?
Sollst willkommen sein!“
Er führt dich dann hinein
Und eilt, sein Bestes nun dir vorzusetzen.

Drauf die Hausfrau fein
Tritt mit den Mädchen ein,
Sie alle dich mit einem Kufs begrüfsen.
Manch ein Mägdlein da
Ich erröten sah;
Hab' oft darüber heimlich lachen müssen.

In den Hag dann wird
Oder Stall geführt
Dein Pferd auch gleich, je nach der Zeit des Jahres.
Ist es dir zu kalt,
So ruft die Frau alsbald
Ins warme Stübchen dich des Ehepaares.

Eine junge Maid
Voll Beflissenheit
Zieht dir indes die Strümpfe aus, die nassen.
Und dann mufst du dir
Sorgsam auch von ihr
Den Fufs noch mit der Schürze trocknen lassen.

Bis zur späten Nacht
Ist das Paar bedacht,
Dich aufzufordern stets zum Trunk, zum Schmause;
Und die Hausfrau klagt,
Dafs wohl schlecht behagt,
Dem lieben Gast die Kost in ihrem Hause.

Freundlich lädt dich ein
Dann das Töchterlein
Mit ihr zu gehen, wo das Bett bereitet;
Sie entkleidet dich
Auch gar fürsorglich,
Ja selbst die Decke über dich sie breitet.

Dann als Abschiedsgrufs
Erhältst du einen Kufs;
Doch weh' dir, wagst um mehr du eine Bitte;
Denn ihr Herz ist rein,
Und sie übt allein
Nur Menschenfreundlichkeit und alte Sitte.

Hjálmar Jónsson wurde am 6. Februar 1796 auf dem Hofe *Hallandi* in der Landschaft *Svalbarðströnd* im Nordlande von *Marsibil Semingsdóttir* geboren. Eine brave Bäuerin (Witwe) nahm das gleich nach der Geburt von der Mutter verstofsene Kind zu sich und zog es auf. Im Alter von vierzehn Jahren verlor *Hjálmar* jedoch seine Pflegemutter und lebte nun zehn Jahre lang zumeist als Fischer und Knecht, worauf er heiratete. 1822 baute er sich eine Hütte im *Austurdalur* in der Landschaft *Skagafjörður* und nannte sie *Nýibær*. Hier lebte er fünf Jahre hindurch in Armut und dichtete Rímur. Sodann zog er nach *Bólstaðagerði* und baute sich hier abermals eine Hütte, die er *Bóla* nannte. Nach dieser Wohnstätte, in der er fünfzehn Jahre lang in nicht besseren Verhältnissen hauste als früher in *Nýibær*, erhielt er den Namen *Bólu-Hjálmar*, unter dem er von da an beim Volke hauptsächlich bekannt war. Im Jahre 1842 oder 1843 verliefs er jedoch auch *Bóla* wieder und nahm Aufenthalt zu *Minni-Akrar*. Hier verlor er 1845 sein von ihm innig geliebtes Weib, das ihm eine treue Gefährtin in aller Not gewesen war und ihn mit sieben Kindern beschenkt hatte. Bald darauf traf ihn ein neues Unglück; seine linke Hand wurde gelähmt, so dafs er nun auch in der Ausübung gewisser Fertigkeiten behindert war — er war ein tüchtiger Schmied und Schreiner — und dadurch noch mehr in Not und Elend geriet und oft Hunger zu leiden hatte. Von *Minni-Akrar*, wo er achtundzwanzig Jahre hauste, zog er nach *Grundargerði*, dann nach *Starrastaðir* und von da nach *Brekkuhús* bei *Víðimýri* — immer in der *Skagafjarðar Sýsla* —, wo er am 5. August 1875 im gröfsten Elende starb.[1])

[1]) Vgl. *Kvæði og kviðlingar eptir Bólu-Hjálmar. (Úrval). Búið undir prentun hefur Hannes Hafstein* (*Reykjavík*, 1888) S. 5—33.

Hjálmars Charakter war nicht von gewinnender Art; er hatte etwas allzu Kraftvolles, Ungestümes, Wildes, ja Dämonisches, und Roheit des Gemütes, Bosheit, Neid, Schmähsucht und noch Schlimmeres bildeten häfsliche Flecken desselben, die den auch in seinem Äufseren und Auftreten wenig sympathischen Mann bei vielen seiner Landsleute unbeliebt, ja verhafst machten. Sogar des Diebstahls war er einmal angeklagt, jedoch, wie es scheint, unschuldig, obwohl er, um der bevorstehenden Hausdurchsuchung vorzubeugen, seine *Bóla* in Brand gesteckt haben soll. Der Dichter *Bjarni Thórarensen*, der damals Amtmann des Nordlandes war und *Bólu-Hjálmar* verabscheute, soll, als er von diesem Brande hörte, bemerkt haben: „Nun, dann ist *Hjálmar Jónsson* noch verworfener als der Teufel selbst; denn dieser hat doch wenigstens seine Hölle noch nicht in die Luft gefeuert!"

Da *Hjálmar* wegen seiner Schmähsucht und seines sonstigen üblen Rufes in seiner Armut wenig Unterstützung fand, geriet er oft in die schlimmste Not. Wenn er sich dann nicht anders mehr zu helfen wufste, schrieb er seine Verse auf Papierzettel und wanderte damit, auf einen Stock gestützt, oder ritt auch auf einem braunen Arbeitspferd von Hof zu Hof und beschenkte die Bäuerinnen und Bauerntöchter mit den Gedichten, wofür er von diesen milde Gaben erhielt oder bewirtet wurde. Wo er nicht bekannt war, erregte freilich das Erscheinen des hünenhaft gebauten, einem wilden Troll gleichenden Mannes mit der grofsen Stirne und den kleinen, tiefliegenden, oft unheimlich blitzenden Augen bei den Weibern und Kindern solche Furcht, dafs sie erschrocken die Flucht ergriffen. Verschlossen und brütend, wie er gewöhnlich war, und in seinen späteren Lebensjahren auch schwerhörig, pflegte *Bólu-Hjálmar* im Umgange mit Bekannten wenig freundlich und gesprächig zu sein. Am aufgeräumtesten konnte er noch bei einem Glase Wein werden. Er war übrigens kein Gewohnheitstrinker; wenn er aber trank, trank er viel, und dann war er schier unerschöpflich an improvisierten witzigen oder spöttischen Versen und Gedichtchen. Auch sonst ergötzte *Hjálmar* oft durch schlagenden Witz. Einmal war er nach der Kaufstadt geritten, um sich von dort etwas zu holen. Auf dem Heimweg begegnete ihm ein Bekannter. Als dieser sah, dafs *Hjálmar* nichts als einen leeren Doppelsack auf dem Pferde hatte, meinte er: „Nun, was hast du denn bei dem Kaufmann bekommen? Nichts, wie ich sehe." — „O, sag' das nicht!" antwortete *Hjálmar*, „hier habe ich meinen Doppelsack; das eine Ende ist voll von Versprechungen, das andere voll von Betrug."[1]) — Der Charakter *Hjálmars* entbehrte übrigens doch auch nicht einiger Lichtseiten. Er war und blieb jedem dankbar, der ihm Gutes erwies, und zeigte sich ebenso stark in seiner Liebe wie in seinem Hasse.

[1]) Private Mitteilung.

Hjálmars dichterische Begabung trat schon in seiner frühen Kindheit in überraschender Weise zu Tage (vgl. auch oben S. 19). Sie vermochte sich auf dem Boden der dürftigen Bildung, welche der arme Mann sich aneignen konnte — er hatte nur lesen und schreiben gelernt und bildete sich autodidaktisch weiter — natürlich nicht zu einer Blüte höherer Gattung zu entwickeln. Vieles, was er gedichtet hat, ist denn auch völlig wertlos; ebenso viel aber ist echtes Dichtergut. Seine Dichtungen sind im allgemeinen ein Spiegelbild seines Charakters: das Kraftvolle, Derbe, Dämonische desselben schlägt uns auch in ihnen entgegen. Seine Schmäh- und Spottverse sind das Gröbste, Hämischeste, Beifsendste und Ätzendste, was man sich in dieser Form denken kann. Als Dichter solcher beim Volke immer sehr beliebt gewesenen Verse („*níð*-" oder „*skammaskáld*") war denn *Bólu-Hjálmar* entschieden der kräftigste, den Island je besessen hat. Seine Entrüstung ist jedoch keineswegs immer eine sittliche, sondern in den meisten Fällen der Ausflufs persönlichen Grolles. Eigentlichen Humor besitzt er fast gar nicht. In seiner groben Art ist er jedoch ebenso originell wie gewandt; er überrascht durch Klarheit in den Gedanken und Ausdrücken, durch Präzision, wuchtige Diktion und Formvollendung. Dieselbe Kraft und Kühnheit kennzeichnen auch seine übrigen Gedichte. Es sei dies durch ein Beispiel beleuchtet. In einem rasch hingeschriebenen vaterländischen Gedichte ruft er Gott um Hilfe an, fügt dann aber zu dem Gebete die Drohung: „Wenn du aber, Gott, meine Worte nicht erhören willst, so wird mein Blutruf den Himmel um dich zersplittern!" [1])

Durch einzelne seiner Gedichte geht übrigens auch ein idealerer Zug. Als im Jahre 1874 der König gelegentlich der Feier des tausendjährigen Bestandes der Insel als bewohntes Land nach Island kam, wurde er beinahe von allen Poeten des Landes mit Festgedichten begrüfst; eines der allerbesten war davon das des fast achtzigjährigen *Bólu-Hjálmar*. In eben diesem Gedichte wie auch sonst zeigt sich *Hjálmar* zwar als warmer Freund des Vaterlandes, aber doch keineswegs blind für die leider nur allzu vielen Schattenseiten desselben. Seinem kräftigen Sinne widerstrebten solch überschwengliche, mehr gut gemeinte als den thatsächlichen Verhältnissen entsprechende Lobpreisungen, in denen die heimatlichen Dichter sich so gern überboten. Ihm ist Island nicht das „schöne", „berühmte", „herrliche", „glückliche" Land, die „stolze Bergfrau" „im Festgewande" „mit der Silberkrone" oder dem „purpurn funkelnden Diadem" u. s. w.; er wünscht sich die Heimat viel besser, wohnlicher, trauter; bei ihm spricht „die Bergkönigin" in dem erwähnten Gedichte (*Kvæði og Kviðlingar*, S. 242 bis 246) zum König:

---

[1]) *Kvæði og kviðlingar*, S. 165, Z. 3–6.

„Keine Kraft besitze ich mehr.
Welk sind die Brüste, bleich die Wangen.
Lava, als Nachbarin rings umher,
Hält mich mit starren Armen umfangen.
Meine Krone ist kalter Schnee,
Zwischen Eisbergen thron' ich inmitten.
Gott nur weiſs, was an Not und Weh
Ich die tausend Jahre gelitten.“ — [1])

Hübsche sympathische Stellen finden sich auch in jenen Gedichten *Bólu-Hjálmars*, die seinem von ihm so sehr geliebten und beweinten Weibe gewidmet sind, und worin sich eine wirklich reine und ideale Seite seines Naturells offenbart. Man begegnet hier Ausbrüchen von transcendentaler Liebe und religiösem Gefühl, die zu all dem Haſs und Spott und dem Teuflischen in seinen meisten Versen in schreiendem Widerspruch stehen und psychologisch in hohem Grade interessant sind. Der gute Eindruck, den diese Gedichte hervorbringen, wird freilich dadurch getrübt, daſs *Bólu-Hjálmar* immer an einem veralteten dogmatischen Schicksalsgesetze hängen bleibt, das abstoſsend wirkt und der Natürlichkeit und Unmittelbarkeit entbehrt, die notwendig sind, um dieser Art von Gedichten ihren rechten Wert zu verleihen. Dieses Dogmatische findet sich übrigens auch in *Bólu-Hjálmars* Haſsgedichten. Hier ist es der Tod, der Teufel, die Hölle u. s. w. bis zur äuſsersten Konzentration.

Allgemeiner betrachtet, kann die Dichtung *Bólu-Hjálmars* als die Poesie der Unzufriedenheit und des Unwillens über die Schattenseiten des Lebens, der Gesellschaft und der auf Island so wenig freundlichen Natur bezeichnet werden. Und da Schmähsucht und ewige Unzufriedenheit mit ihren Verhältnissen einen ebenso typischen Charakterzug der Isländer bilden wie eine starke Überschwenglichkeit in der Verherrlichung ihrer heimatlichen Vorzüge, sind auch seine Gedichte beim Volke kaum minder beliebt als z. B. die vaterländisch begeisterte Lyrik *Jónas Hallgrímssons*, welche die andere Seite des isländischen Volkscharakters repräsentiert. Beide Poeten sind darum bei all ihrem Gegensatze gleich echte Volksdichter.

Wie schon erwähnt, hat *Bólu-Hjálmar* auch eine Anzahl Rímur gedichtet, von denen jedoch nur die „*Rímur af Göngu-Hrólfi*“ (1889 zu *Reykjavík*) gedruckt erschienen sind. Nach dem Zeugnisse Dr. *Jón Þorkelssons* des Jüngeren [2]) zählen dieselben zu den besten Dichtungen dieser Art.

Eine von *Hannes Hafsteinn* besorgte und mit einer Biographie und kritischen Würdigung versehene Auswahl aus den Gedichten

---

[1]) Vgl. a. a. O., S. 35—36. — [2]) Om digtningen på Island . . S. 131—132.

Bólu-Hjálmars erschien 1888 zu *Reykjavík* unter dem Titel: *Kvæði og kviðlingar eptir Bólu-Hjálmar (Hjálmar Jónsson frá Bólu). Úrval. Búið undir prentun hefur H. H.*, nachdem bereits im Jahre 1879 mit einer Ausgabe der Gedichte (*Ljóðmæli Hjálmars Jónssonar frá Bólu*, S. 1—142) begonnen worden war, die jedoch über das erste Heft (*Akureyri*, 1879) nicht hinausgekommen ist und auch in Bezug auf Genauigkeit des Textes gar manches zu wünschen übrig läfst.

Hier nun einige Proben der Dichtung *Bólu-Hjálmars*. Von seinen so charakteristischen Spottversen kann leider nichts mitgeteilt werden als etwa der folgende ziemlich harmlose „*Kviðlingur*“:

Hjálmar kam zu einer Kirche.

(Kvæði og kviðlingar, S. 95.)

Christi Haus ist hier — ich find' —
Wenig nur mit Schmuck geziert;
Drinnen brüllt ein geistlich Rind;
Ob der Herr es hören wird? —

Von seiner sympathischeren Seite lernen wir den Dichter in den zwei folgenden Gedichten kennen.

Bei einem Wasserfall gedichtet.

(Kvæði og kviðlingar, S. 254.)

Laut spricht der Strom, indem er breit
Die Bergschlucht stürzt herab:
„Ich zögre nicht, kurz ist die Zeit,
Die ich zum Ziele hab'.“

Und also spricht die Zeit zu mir:
„Hab' Acht auf dich, denn sieh':
Wer immer es auch wollte hier,
Ich wart' auf ihn doch nie.

Drum spute dich; die Flut stürzt fort,
Komm mit, bist du bereit?
Ich eile gleich geschwind zum Port
Des Meers der Ewigkeit.“

Grabschrift auf sich selbst.

(Kvæði og kviðlingar S. 169—170.)

Allhier liegt ein Stiefsohn dieser Welt,
Den gebrochen hat die Last des Lebens.
Bis die Ruh' er fand, sein Ziel des Strebens,
Hat er jeden Augenblick gezählt.

Hjálmar Jónsson selig traf dies Los.
Spott, Verhöhnung, Armut, Lumpenstreiche
Mufst ertragen er, bis seine Leiche
Hier gelegt ward in der Erde Schofs.

Doch ertönt einst der Posaune Ruf,
Wird der Erde wieder er entsteigen,
Und vor'm Richterstuhl wird's dann sich zeigen,
Was er litt und was er Schlimmes schuf.

Dann, o Mensch, bewirfst du nimmer mich
Mit dem Kote deiner Lästerungen;
Tief ins Herz ist mir dein Neid gedrungen;
Geh' so lang' es Zeit noch ist, in dich!

Manche Thrän' ihm auf die Wange rann,
Wenn du ihn verfolgt mit deinem Spotte,
Und er seufzte still zu seinem Gotte,
Flehte um Barmherzigkeit ihn an.

Ward als Los zu teil ihm auch die Not,
War er doch mit jedem Tag zufrieden;
Diese Weisheit war ihm nicht beschieden,
Heut' zu sorgen für des Morgens Brot.

Allem ist ein Ende nun gesetzt;
Seine Seele weilt, wo keine Sorgen.
Was der Erde ist, hat sie geborgen;
Nage, Welt, an seinen Knochen jetzt.

Sterbend schrieb er sich die Grabschrift noch,
Denn die Heuchler ihm verdächtig waren;
Was gedichtet er, hat er erfahren;
Tot hier liegt er — aber lebet doch!

Unter den Epigonen der Kulminationsperiode des isländischen Schrifttums in unserem Jahrhundert nehmen diese beiden Dichter zwar nicht den ersten Rang, aber doch jeder für sich eine besondere Stellung ein, die ihnen einen bevorzugteren Platz in der Litteraturgeschichte Islands sichert. Wir besprechen sie hier gemeinsam, weil sie in ihrer Studentenzeit ein treues, wenn auch verschiedenalteriges Freundespaar bildeten, ungefähr das gleiche Mafs poetischer Begabung besafsen und zusammen ein interessantes Jahrbuch herausgegeben haben. Später gingen ihre Wege freilich weit aus einander, wie auch schon während ihres Zusammenseins in Kopenhagen ein ziemlich diametraler Gegensatz in Bezug auf ihre politischen Neigungen bestand. Während *Jón Thóroddsen* nur wenig Interesse für die Politik hatte und sich nur für die schleswigsche Frage begeisterte, war *Gísli Brynjúlfsson* schon damals ein eingefleischter Politiker, der nicht nur an dem isländischen Verfassungskampfe lebhaften Anteil nahm, sondern auch mit Leidenschaft die auswärtige Politik verfolgte und besonders für die Magyaren und Kossuth schwärmte. In ihren Dichtungen haben sie ebenfalls wenig Gemeinsames, und hier tritt überdies die Verschiedenheit ihres ganzen Wesens und Naturells in deutlichster Weise zu Tage, nämlich einerseits die natürliche, volkstümliche Art des aufgeräumten Landbeamten *Jón Thóroddsen*, andererseits das steife, gelehrte Wesen des Kopenhagener Universitäts-Dozenten *Gísli Brynjúlfsson*, das derselbe auch in seiner Poesie nicht ablegen konnte, wenngleich ihm manches hübsche Lied im Volkston gelang. Für die Litteraturgeschichte hat *Jón Thóroddsen* als erster wirklicher Novellist Islands aufserdem eine Bedeutung erlangt, durch die sein ihn lange überlebender Freund noch tiefer in den Schatten gestellt wurde.

Jón *Þórðarson* **Thóroddsen** wurde am 5. Oktober 1819 zu *Reykhólar* geboren, dem berühmten Hauptsitze des alten Geschlechtes dieses Namens, dem auch *Jón* selbst entstammte. Sein Vater war der Böttcher *Þórður Thóroddsen.* Zwei Jahre alt, wurde er nach alter isländischer Sitte zu einem Freunde des Vaters in die Erziehung gegeben, bei dem er neun Jahre verblieb, worauf er zu anderen Bekannten kam, um den ersten Schulunterricht und hernach den Vorbereitungsunterricht für die Lateinschule zu erhalten. Zuletzt war er bei *Sveinbjörn Egilsson* zu *Eyrindarstaðir* und kam von diesem weg im Herbste 1837 gleich in die obere Abteilung der Lateinschule zu *Bessastaðir*, die er nach drei Jahren mit einem vorzüglichen Zeugnisse verliefs. Im Jahre 1841 begab er sich nach Kopenhagen, um sich an der dortigen Universität für den Beruf eines isländischen Verwaltungsbeamten auszubilden. Allein er beschäftigte sich viel lieber mit anderen Dingen als mit dem trockenen Studium des dänischen Rechtes. Er schlofs eine enge Freundschaft mit dem viel jüngeren *Gísli Brynjúlfsson* und gab mit diesem das politisch-belletristische Jahrbuch „*Norðurfari*“ (1848 und 1849) heraus, für das er aber selbst nur wenig beisteuerte. Im Frühjahre 1848 trat er als Freiwilliger in das dänische Heer ein, um sich an dem Kampfe gegen die Preufsen wegen Schleswigs zu beteiligen. Er kämpfte auch in der Schlacht bei Schleswig am 23. April und soll die Charge eines Unteroffiziers erlangt haben. Noch im Herbst desselben Jahres wurde er jedoch wieder aus dem Heeresverbande entlassen. Im Jahre 1850 kehrte er, ohne seine Studien abgeschlossen zu haben, nach Island zurück und übernahm hier provisorisch die Verwaltung der *Barðastrandar-Sýsla*, die er 1854 nach endlich — mit bestem Erfolge — abgelegtem Examen definitiv erhielt und 1861 mit der *Borgarfjarðar-Sýsla* vertauschte. In dieser Stellung starb er auch zu *Leirá* am 8. März 1868.[1])

In seiner Amtsthätigkeit soll sich *Jón Thóroddsen* wenig ausgezeichnet haben. Hingegen ist er den Isländern durch seine Dichtungen lieb und wert geworden und bis auf den heutigen Tag geblieben. Er war nicht nur ein ganz trefflicher Lyriker sondern, wie bereits erwähnt, auch der erste eigentliche Novellist Islands. Wir wollen diese originale Seite seiner litterarischen Thätigkeit zuerst ins Auge fassen.

Es hatte bekanntlich schon *Jónas Hallgrímsson* sich im novellistischen Genre versucht, allein seine „*Grasaferð*“ (vgl. oben S. 366 bis 379) kam nicht über einen ersten Anlauf hinaus. *Jón Thóroddsen* nun überraschte im Jahre 1850 seine Landsleute von Kopenhagen aus mit einer Novelle „*Piltur og stúlka*“ d. h. Jüngling und Mädchen, nachdem er schon im ersten Jahrgange des „*Norðurfari*“ (1848) einen „Kleinen Reisebericht“ („*Dálítil ferðasaga*“, übersetzt von Ph. Schweitzer unter dem Titel: „Die steinerne Frau“ in dessen „Island“, S. 153—165) ein hübsches Erzählertalent verraten hatte. Obgleich noch ziemlich unbeholfen im Aufbau und nicht frei von Plattheiten und auch Unrichtigkeiten (so ist das Leben in *Reykjavík*, das *Jón* nicht kannte, da er niemals länger dort verweilte, ganz falsch geschildert), trotz

[1]) Vgl. *J[ón] S[igurðsson]s* Biographie des Dichters vor „*Maður og kona*“ S. IX—XLV.

mancher Mängel also, besitzt diese schlichte, realistische und mitunter ein wenig derbe Erzählung mit ihren Schilderungen des isländischen Landlebens, des Treibens in der Lateinschule zu *Bessastaðir* u. s. w. doch einen großen Reiz durch ihre Natürlichkeit der Darstellung und der Sprache. Sie wurde darum von den Isländern mit Freuden aufgenommen und so fleißig gelesen, daß der Dichter von dem Büchlein noch 1867 eine neue — erweiterte — Auflage erscheinen lassen konnte.[1] Durch Übersetzungen (mehrere dänische, eine deutsche und eine holländische) ist die Novelle auch dem Auslande bekannt geworden und hat hier ebenfalls Interesse und Beifall gefunden, wie wohl der Umstand beweist, daß die deutsche Übersetzung[2]) innerhalb zehn Jahren drei Auflagen erlebte.

Weniger ansprechend als „Jüngling und Mädchen“ ist noch eine andere, im selben Geiste gehaltene, weitaus umfangreichere, jedoch unvollendet gebliebene Erzählung „Mann und Weib“ (*Maður og kona*), nach dem Tode des Dichters 1876 von der isländischen Litteraturgesellschaft herausgegeben.[3]) Sie enthält zwar ebenfalls treffliche Schilderungen des Landlebens und ist in echt isländischem Geiste volkstümlich geschrieben; in dem augenscheinlichen Bestreben aber einerseits recht unterhaltend zu sein, andererseits ein Kunstwerk zu liefern, wird der Dichter häufig unnatürlich und läßt sich Übertreibungen zu schulden kommen, die störend wirken.

Noch beliebter war *Jón Thóroddsen* bei seinen Landsleuten als lyrischer Dichter. Sein Gedankenflug ging zwar nicht hoch und es mangelte ihm an Kraft; auch war er so sehr von den Dichtungen *Bjarni Thórarensens* und *Jónas Hallgrímssons* beeinflußt, daß seine Poesie oft nur als ein Echo jener erscheint; allein er dichtete geschmackvoll und volkstümlich und legte ein großes Gewicht auf schöne Form und Sprache. Was den Dichter als Lyriker am meisten charakterisiert, sind die zahlreichen scherzhaften Gedichte (*keski-* und *gamankvæði*), die wir von ihm kennen, und in denen seine eigentliche und originelle Begabung, wie sie auch in seinen Erzählungen sich offenbart, am deutlichsten zu Tage tritt. Ein neckischer Humor und gemütvolle Fröhlichkeit mit etwas Derbheit gemischt, urisländischer Geist und Ton kennzeichnen diese Lieder und Gedichte, in denen oft die reizendsten Schilderungen und Genrebildchen aus der Natur und dem Volksleben — besonders dem bäuerlichen — geboten werden. Voll Witz und treffend im Ausdruck, dabei jedoch ohne Bosheit sind ferner die Spottverse

[1]) In dritter Auflage wurde dasselbe 1895 zu *Ísafjörður* herausgegeben. — [2]) Jüngling und Mädchen. Eine Erzählung von *Jón Th. Thóroddsen.* Aus dem Neu-Isländischen übersetzt, eingeleitet und mit Anmerkungen versehen von J. C. Poestion. Dritte, durchgesehene Auflage. Leipzig, Ph. Reclam jun. — [3]) *Maður og kona. Skáldsaga eptir Jón Thóroddsen, sýslumann. Gefin út af hinu íslenzka bókmenntafélagi.* (*Kaupmannahöfn,* 1876.)

Jón Thóroddsens, die bei dem Volke ebenfalls viel Anklang fanden. Endlich verdienen noch die vaterländischen Gedichte des gemütvollen Dichters hervorgehoben zu werden, obgleich er gerade in diesen am wenigsten originell erscheint; allein durch ihren kernigen, zur alten Mannhaftigkeit aufmunternden Patriotismus, ihren rhetorischen Schwung und einschmeichelnden Wohllaut der Sprache sind auch sie nicht ohne nachhaltige Wirkung auf das für solche Poesie besonders empfängliche isländische Volksgemüt geblieben. Wir werden uns deshalb nicht wundern, daſs *Jón Thóroddsen*, obgleich nur ein Dichter zweiten Ranges, zu seiner Zeit doch viel populärer war als *Bjarni Thórarensen* und *Jónas Hallgrímsson*, deren Gedankenflug die Leute oft nicht folgen konnten. Seine hauptsächlich in „*Norðurfari*“ und „*Þjóðólfr*“, doch auch in anderen Zeitschriften, sowie in der von ihm zuerst (1850) mit *Gísli Magnússon*, später (1865) mit diesem und *Egill Jónsson* herausgegebenen lyrischen Anthologie „*Snót*“ gedruckten und viele bis dahin ungedruckte Gedichte wurden nach dem Tode des Dichters von der isländischen Litteraturgesellschaft gesammelt und mit dem Portrait *Jón Thóroddsens* geschmückt herausgegeben (*Kvæði eptir Jón Thóroddsen sýslumann. Kaupmannahöfn*, 1871.)

Die Übersetzung der folgenden Proben von *Jón Thóroddsens* Lyrik hat zumeist groſse Schwierigkeiten geboten, weshalb wir den geneigten Leser um Nachsicht für dieselbe bitten. Zu dem ersten Gedichte — gleich dem zweiten der Novelle „Jüngling und Mädchen“ entnommen — hat B. Rothenstein in Wien eine Melodie komponiert, die auf Island groſsen Beifall fand. — (Vgl. auch die vier Übersetzungen in M. Lehmann-Filhés „Proben Isländischer Lyrik“, S. 40—45).

Island.

(Kvæði, S. 1—2.)

O schön ist unser Vaterland
Im Sommer, wenn die Erde
Hat angelegt ihr Laubgewand,
Im Hage tollt die Herde,
Das Thal aufschlägt sein Auge blau
Zum Sonnenlicht, dem holden,
Das Grasfeld[1]) glänzt und grün die Au,
Die Wellen blinken golden!

---

[1]) Grasfeld, Grasgarten, Heimfeld (isl. *tún*) ist das gedüngte, ausschlieſslich für den Grasanbau bestimmte Stück Land, welches den isländischen Bauernhof umgiebt und fettes, ausgezeichnetes Gras hervorbringt; vgl. Poestion, Island. Das Land und seine Bewohner, S. 355 f.

Und prächtig auch ist unser Land
Mit seinem Schmuck der Firne,
Wann es sein purpurn funkelnd Band
Sich bindet um die Stirne; [1])
Wann glitzernd dir entgegen strahlt
Das Sternenlicht vom Eise,
Und im Gebirg' du hörst, wie's hallt
Vom Elbentanz ganz leise.

Land, das der Väter Staub bedeckt,
Ruh' schenket den Gebeinen,
Das neues Leben stets erweckt
An alten Bautasteinen: [2])
Gott segne dich und alles, was
Sich dein nennt nah und ferne,
So lang auf Erden grünet Gras,
Am Himmel funkeln Sterne. —

Mädchen im Kramladen.

(Kvæðl, S. 253—254.)

Die Gunna, die ging auf den Boden hinauf,
Und Kuchen und Feigen bekam sie zu Hauf;
Doch Sigrid unten am Ladentisch stand
Bei Leinwand und Stoffen und allerlei Tand.

Der Boden ist schön und von Wolle ganz voll,
Gar köstliche Dinge zeigt Christian wohl;
Und lange blieb Gunna, hatt' Eile da nicht,
Doch als sie zurück kam, war rot ihr Gesicht

Ein seidenes Tuch holt Christian d'rauf
(Sie wollen recht viel dafür sonst beim Verkauf!)
Und flüstert zu Gunna: „Schön Mägdelein mein,
Nimm das und leg's um die Schultern dir fein."

---

[1]) Anspielung auf das Nordlicht, das sich auf Island besonders prächtig zeigt. — [2]) Bautasteine hiefsen alte Denksteine in Dänemark, Schweden und Norwegen, die zur Erinnerung an gefallene Helden und andere berühmte oder teure Männer gesetzt wurden; auf Island hat man solche nie gesetzt. Vgl. Poestion, Einleitung in das Studium des Altnordischen, II. Bd., im Glossar unter *bautasteinn*.

Uns Männern verkauft man um teures Geld
Den Branntwein und was uns im Hause fehlt;
Doch schönen Mädchen schenkt Tuch und Kleid
Der Däne[1]) nur so — für Freundlichkeit.

An die Wolke.

(Kvæði, S. 100.)

Wolke im Süd,
Es will mir so müd
Und finster dein Blick erscheinen!
Es drückt wohl auch dich
Ein Kummer wie mich,
Denn, wirklich, ich sehe dich weinen.

Und dennoch mich deucht,
Dort wandre sich's leicht
Auf hellen Himmelswegen.
Während dahier
Stets Dunkelheit mir
Und Hemmnisse treten entgegen.

Schnellsegelnd im Wind,
Entflieh' nur geschwind
Der Welt des Kummers du wieder!
Denn jeder, der da
Der Erde zu nah',
Mufs allzu oft netzen die Lider.

Gieb mir einen Kufs.

(Kvæði, S. 143—144.)

Auf den Lippen, Maid, den süfsen,
Hast du einen Schatz von Küssen.
Von ihm geben kannst du immer,
Ihn erschöpfen jedoch nimmer.
Darum kannst auch ohn' Bedenken
Mir davon ein wenig schenken.

Rote Flämmchen, Lieb, auf deinen
Lippen brennen; doch die meinen
Schrecklich von der Kälte leiden;

[1]) Die Kaufleute auf Island sind zumeist Dänen.

Lafs d'rum auftau'n meine beiden
Lippen sich an diesen Feuern
Und zum Leben sich erneuern.

Nein, du wirst's auch gar nicht wagen,
Mir ein Küfschen zu versagen.
Wenn die Schrift befiehlt, der Armen
Sich in Mitleid zu erbarmen,
Darfst, Schön-Freyja, du auch deinen
Bruder wärmen, will ich meinen.

Frühlingslied.

(Kvæði, S. 84.)

Der Lenz ist gekommen, es grünen die Fluren,
Die Schluchtbäche stürzen vom Bergeshang;
Im Busche schon merkt man der Vögelein Spuren,
Und warte, es dauert jetzt gar nicht mehr lang,
So ist auch der Brachvogel da und zugleich
Die Drossel im „Tún"[1]) und der Schwan auf dem Teich
Und freundlicher sind nun auch wieder zu schauen
Die Scheeren und Holme draufsen im Meer;
Die Eidergans kommt schon, ihr Nest sich zu bauen,
Gefolgt vom Gänserich hinter ihr her.
Es lächeln die Halden des Thals und der brave
Schafhirte ruft wieder sein munteres „Ho!"
Und treibt in den Pferch zusammen die Schafe.
Die Lämmlein weiden und tummeln sich froh
Auf grasigen Höhen, und mit den vielen
Meermuschelschalen die Kinder spielen.

Heute reit' ich noch aus . . .

(Kvæði, S. 87—88.)

Heute reit' ich noch aus;
Komm' mein Fohlen vors Haus
Und lafs zum Ritte dich satteln und zäumen
Nach dem Hof in der Näh',
Übers Eis, übern See;
Ich will beim Liebchen ein Stündchen verträumen.

---

[1]) Vgl. die Anmerkung [1]) auf Seite 401.

Fohlen hat feurig Blut,
Trägt den Kopf schon recht gut,
Und prächtig ist es beim Traben zu sehen.
Überdeckt schon mit Eis
Ist der See; doch ich weifs,
Mein Grauer, er wird die Löcher umgehen.

Hell der Hufschlag erschallt,
Dafs in den Bergen es hallt;
Die Zwerge zittern vor Angst in den Steinen.
Hei, wie das schwankt und knackt!
Furcht die Forellen packt,
Den jüngsten Tag sie gekommen wohl meinen.

Unterm Eise bedroht
Uns der düstere Tod,
Möcht' deine Füfse, mein Fohlen, ergreifen.
Ruft dein Herr jedoch „Hopp!"
Geht's dahin im Galopp,
Und er wird die leeren Spuren nur streifen.

Vor dem Monde ein hell
Wölkchen trabet gar schnell
Dahin auf dem Äthereise, dem blauen;
Wenn mein Blick mich nicht trügt,
Sind wir voraus; das genügt;
Es kommt im Traben nicht gleich meinem Grauen.

Schon ist der Hof in der Näh';
Langsam, Pferdchen, ich seh'
Ein Licht im Fenster; sie sitzt im Stübchen
Und versucht, ob der Quast
Auf ihr Mützchen wohl pafst —
Die Holde, mein schönes, vielteures Liebchen.

Süfses Lächeln umspielt
Gar holdselig und mild
Ihr heifses, Liebe versprechendes Mündchen.
Einen glühenden Kufs
Gleich sie mir geben mufs —
O Lust, beim Liebchen zu weilen ein Stündchen!

Gísli *Gíslason* **Brynjúlfsson** wurde am 3. September 1827 zu *Hólmar* am *Reyðarfjörður* im Ostlande geboren. Sein Vater war der Pastor Dr. phil. *Gísli Brynjúlfsson*, der zwei Monate vor der Geburt des Sohnes ertrank. Dieser besuchte die Lateinschule zu *Bessastaðir*, bezog 1845 die Universität Kopenhagen, studierte an derselben nordische Philologie, war von 1848 bis 1874 arnamagnäanischer Stipendiat und wurde sodann zum aufserordentlichen Dozenten für isländische Litteratur und Geschichte an der Universität ernannt. Er starb am 29. Mai 1888.

Gísli war ein Mann von umfassender Gelehrsamkeit und zwar nicht nur auf seinem engeren Fachgebiete. Er verstand aufser den nordischen Sprachen Deutsch, Englisch, Französisch und Italienisch und hat sich auch fleifsig mit dem Studium der Litteraturen in diesen Sprachen beschäftigt. Doch lag ihm das isländische Schrifttum — wie ja die heimischen Verhältnisse überhaupt — immer zunächst am Herzen. Er gehörte auch bald zu den eifrigsten isländischen Politikern und schlofs sich in Kopenhagen den „*Fjelagsmenn*“ an (vgl. oben S. 336). Er geriet jedoch mit seinen zwar ebenfalls echt nationalen, aber mehr auf eine Vermittelung der Gegensätze abzielenden Tendenzen in Bezug auf den Verfassungsstreit zwischen Island und Dänemark mit dem von seinen äufsersten Forderungen nicht um Haaresbreite weichenden politischen Führer *Jón Sigurðsson* in eine Feindschaft, die zur Folge hatte, dafs er auch von seinen übrigen Landsleuten förmlich in Acht und Bann gethan wurde. *Gísli* legte seine politischen Anschauungen unter andern auch in einer Anzahl von Artikeln in dänischer Sprache über das staatsrechtliche Verhältnis Islands zu Dänemark nieder (nach dem Tode des Autors herausgegeben unter dem Titel: *Om Islands statsretlige Forhold til Danmark. Forhen trykte og paa ny gjennemsete Bladartikler af Gísli Brynjúlfsson. Med et Forord af Pastor Arnljót Olafsson.* Kopenhagen, 1889).

Gísli war, wie gesagt, auch sonst ein passionierter Politiker, der mit Spannung und Leidenschaft die Vorgänge im Auslande verfolgte. Er selbst schwärmte für möglichst freiheitliche Staatsverfassungen und hatte seine gröfste Freude an den Errungenschaften des Jahres 1848 in den verschiedenen Ländern. Um auch seine Landsleute dafür zu begeistern und ihnen ausführlichere Mitteilungen über die folgenschweren politischen Ereignisse im Auslande machen zu können, gründete er eben im Jahre 1848 im Vereine mit *Jón Thóroddsen* das Jahrbuch „*Norðurfari*“ als Organ für Politik, Aufklärung und Litteratur, das fast von ihm allein geschrieben wurde, aber schon nach dem zweiten Jahrgang (1849) zu erscheinen aufhörte.

Als Poet war *Gísli Brynjúlfsson* zwar ohne hochfliegende Phantasie, aber von tiefem und lebhaftem Gefühl, und er verstand es, seine Gedichte auf den echtesten isländischen Ton zu stimmen und sie zugleich in eine klassische Form zu kleiden. Dadurch aber, dafs er allzu viel Gelehrsamkeit in seine Dichtung mischte, veraltete Wörter gebrauchte und mit Vorliebe ausländische, besonders politische Stoffe behandelte, fand er bei seinen Landsleuten eigentlich nur wenig Anklang und Verständnis. Sein Lieblingsthema war nämlich auch in der Dichtung die Politik, zunächst die isländische, dann aber kaum minder die ausländische. So besang er u. a. die Ereignisse der Jahre 1848 und 1849 in Frankreich, Irland und Ungarn, den Pariser Frieden 1856, den Krieg zwischen den Russen und Türken 1879. Noch im Jahre 1884 feierte er Bismarck in klassischen und kraftvollen Versen im eddischen *Fornyrðislag*, sich anlehnend an die Lieder der alten „Saga von *Hervör* und König *Heiðrek*" und den Schöpfer des Deutschen Reiches mit König *Heiðrek* vergleichend.[1]) Das durch seine sagengeschichtlichen Anspielungen für viele wohl etwas dunkle Gedicht beginnt mit den Strophen:

Bismarck.

(Ljóðmæli, S. 347—348)

Schwer nun ist's, würdige
Worte zu finden,
Gebührend zu preisen
Die mächtige Kraft
Unseres Jahrhunderts —
Ihn den Einzigen,
Der aus dem Grabe
Den Tyrfing geholt
Und wieder Angantyrs
Geschlecht erweckte.

Wer hat ein solches
Werk je vollbracht,
Ganz allein
Fürs ganze Geschlecht?
Ich weifs keinen,
Es wäre denn
Asathor selbst
Als nach Osten er fuhr.

---

[1]) Vgl. *Hervarar saga ok Heiðreks konungs*, bes. auch die Strophen in cap. VII (in deutscher Übersetzung von Poestion, „Das Tyrfingschwert. Eine altnordische Waffensage." Leipzig und Hagen, 1882; spez. S. 19—29).

Arg war's in der Welt,
Viel Unzucht gab es
Und weithin erscholl
Waffenlärm;
Doch ostwärts safs
Im Eisenwalde [1])
Die Unglücksnorne
Für alle Völker.[2])

Einen Cyklus von Liedern („*Magyaraljóð*") widmete *Gísli* den Befreiungskämpfen der Magyaren, für die er eine ganz besondere Sympathie bekundete, und über die er auch in den beiden Jahrgängen des „*Norðurfari*" lange, von einem geradezu lächerlichen Hasse gegen Österreich erfüllte Aufsätze schrieb. Diese Kämpfe erschienen ihm viel wichtiger und bedeutungsvoller als selbst der Krieg der Dänen gegen Preufsen wegen Schleswigs, wie u. a. aus einer Bemerkung *Gíslis* hervorgeht, worin er nach einem Lobe auf die übrigen skandinavischen Völker wegen ihrer energischen Kundgebungen zu Gunsten Kossuths ganz entrüstet ausruft: „In Dänemark jedoch war alles still: hier dachten die Leute nur an ihren schleswigschen Krieg."[3]) Die Magyaren, mit Kossuth an der Spitze, wurden dadurch bei den Isländern sehr populär, wie man u. a. aus den Spottversen:

Mjer er sem eg sjái Kossút
Með svipu langa teyma hross út, etc.
(d. h. Mir ist's, als sehe ich Kossuth
mit einer langen Reitpeitsche die Pferde aus dem Stalle
führen, u. s. w.)

ersehen kann, welche in der Reykjavíker Lateinschule auf einen Schüler der obersten Klasse gedichtet wurden, der sich fast jeden zweiten Tag krank meldete, seine Schulkrankheit jedoch dazu benutzte, um als passionierter Pferdeliebhaber und ausgezeichneter Reiter (was eben auch die Magyaren sind) hoch zu Rofs weite Ausflüge zu unternehmen. Er wurde deshalb von seinen Kameraden Kossuth genannt, und während seiner Abwesenheit hiefs es, er residiere in Pest.[4]) Bekanntlich schwärmten auch die Norweger und Schweden für die Magyaren und Kossuth. Ibsen z. B. schrieb als Apothekerlehrling in Grimstad, wie er selbst im Vorwort zur zweiten Auflage seines „Catilina" berichtet, „dröhnende Ermunterungsgedichte an die Magyaren, dafs sie zu Nutz und Frommen

[1]) In Rufsland. — [2]) Diese Strophe ist wörtlich der *Völuspá*, Str. 45, entnommen (vgl. die Edda, übersetzt von Hugo Gering, S. 11. — [3]) *Ljóðmæli Gísla Brynjúlfssonar*, S. 122. — [4]) Private Mitteilung.

der Freiheit und Menschlichkeit ausharren mögen im gerechten Kampfe gegen die Tyrannen".[1])

Zahlreich und nicht schlecht geraten sind auch die Liebesgedichte *Gísli Brynjúlfssons*, von denen wir besonders den hübschen Cyklus „*Svava*" hervorheben wollen. Von den sonstigen Poesien *Gíslis* erwähnen wir noch das in schönen Terzinen abgefafste erzählende Gedicht „Der Vogelbeerbaum" („*Reyniviðurinn*"), das eine isländische Volkssage behandelt, welche folgenden Inhalt hat: Zu *Möðrufell* bei *Grund* am *Eyjafjörður* wurden in der alten Zeit zwei Geschwister wegen Blutschande zum Tode verurteilt. Vergebens hatten sie standhaft ihre Unschuld beteuert. Auf dem Richtplatze angekommen, beteten sie noch zu Gott, dafs er wenigstens nach ihrem Tode noch ihrer Reinheit ein Zeugnis geben möge. Da sprofste aus ihrem Blute ein Vogelbeerbaum auf, welcher sich früher in dortiger Gegend sehr häufig fand und zum Teil noch heutigen Tages findet.[2]) In *Gíslis* Gedicht erscheinen die Geschwister schuldig und wächst dennoch aus ihrem Blute der Baum, was nicht nur „eine Korruption der ursprünglichen Sage", sondern auch eine bedauerliche Apotheose der Blutschande ist.

Gísli Brynjúlfsson hat auch gegen ein halbes hundert Gedichte aus fremden Sprachen ins Isländische übersetzt und zwar am meisten aus dem Altgriechischen — darunter vier von Sappho und Erinnas oder richtiger Melinnos[3]) „Ode auf Rom" — und aus dem Englischen (von Byron allein zehn Gedichte), am wenigsten aus dem Deutschen (zwei Gedichte von Heine sowie Goethes „Freudvoll und leidvoll" und „Heidenröslein"). Seine Übertragungen sind jedoch ziemlich steif. *Gísli* versuchte sich übrigens auch selbst als Dichter in fremden Sprachen — mit wenig glücklichem Erfolge, wenigstens im Deutschen und Englischen. Die Herausgeber der Gedichte *Gísli Brynjúlfssons* (*Ljóðmæli Gísla Brynjúlfssonar*, *Kaupmannahöfn*, 1891) hätten jedenfalls besser gethan, diese gewagten fremdsprachigen Kunststücke, mit Ausnahme etwa der dänischen, nicht an das Licht der Öffentlichkeit zu bringen. Mit *Benedikt Gröndal* und *Steingrímur Thorsteinsson* gab *Gísli* 1860 zu Kopenhagen unter dem Titel „*Svava, ymisleg kvæði*" eine Sammlung von Gedichten dieser drei Poeten heraus, zu der er ein merkwürdiges und für seine Art insofern bezeichnendes Vorwort schrieb, als er auch diese wenig passende Gelegenheit benützte,

---

[1]) H. Ibsen, Catilina. Drama i tre akter. Tredje udgave (Kopenhagen, 1891), S. 5; vgl. auch H. Jæger „Henrik Ibsen 1828—1888", deutsche Übersetzung von Heinr. Zschalig (Dresden und Leipzig, 1890) S. 23—24. — [2]) Maurer, Isländische Volkssagen der Gegenwart, S. 177. — [3]) Vgl. mein Buch Griechische Dichterinnen, 2. Auflage (Wien, 1882), S. 183—186; in der dänischen Übersetzung „Græske Digterinder" von Julie Götzsche u. P. E. Benzon (Kopenhagen, 1881), S. 109—112; in der neugriechischen Übersetzung „*Ἑλληνίδες ποιήτριαι*" von Professor E. Galani (Athen, 1884) S. 121 bis 123.

ausländische Politik zu treiben und seinen Hafs gegen Österreich zum Ausdruck zu bringen.

Als Probe der Dichtung *Gísli Brynjúlfssons* mögen die nachfolgenden Verse auf den letzten katholischen Bischof Islands, *Jón Arason* (vgl. oben S. 71—74), dienen, die wir hier in deutscher Übersetzung von A. Baumgartner (in: Nordische Fahrten. I. Island und Faröer, S. 343—345, mit Auslassung der 7. und 8. Strophe) mitteilen. Das Gedicht ist auch aus dem Grunde bemerkenswert, weil es uns, wie Baumgartner herhorhebt, zeigt, dafs der Zusammenhang der isländischen Volksfreiheit mit den kirchlichen Überlieferungen des Mittelalters nicht ganz aus dem Bewufstsein des heutigen Geschlechtes entschwunden ist. Die Verse lauten:

Jón Arason.

(Ljóðmæli, S. 404—407.)

An tapfrer Väter Tugend wuchs auf Jón Arason;
Von hehren Felsenzinnen klang ihrer Lieder Ton;
Er schwebt entlang die Thäler wie Todesantiphon:
Noch heut beweinet Island den allerbesten Sohn.

Er stand in Jugendjahren, die Armut scheut' er nicht;
Denn Mut schlug ihm im Herzen, der Unglückswogen bricht.
„Stützt euern künft'gen Bischof!“ sprach scherzend er als Knab';
Den Weg, den wenige wandeln, schritt kühn er bis zum Grab.

Den Kampf hat er entboten tyrannischem Geschlecht;
Frei unter freiem Himmel soll blüh'n der Väter Recht!
Denn wahrhaft war er, furchtlos, treu seinem Heimatland;
Lieber, als feige weichen, läg' er tot im Sand.

Ihn schreckte nicht von Osten der Flotten stolzer Lauf,
Der Heimat Bergesgeister rief er zum Kampfe auf.
Zum Panzer ward die Casel, der Bischofstab zum Schwert;
Er trieb vom Land die Lüge, hat ihrer Macht gewehrt.

Auf hohen Felsenzinnen stärkt er sich Mut und Wehr,
Dann stürzt er wie ein Waldstrom auf seiner Feinde Heer,
Zersprengt die stolzen Scharen der Dänen, derb und keck.
Zum Meer, zu ihren Schiffen, flieh'n sie in Angst und Schreck.

Doch Neid und Bosheit schmieden dem Volk der Knechtschaft Not
Und Tage voll des Harmes in seines Helden Tod.
Zum Blutgerüste schleppen sie ihn als Opfertier,
Den Greis im Silberhaare: so fiel der Männer Zier.

Es fiel sein Haupt, das greise, der Insel treu'ster Hort.
So heischte es das Schicksal, so des Verräters Wort:
Doch späte Enkel fassen, was dieser Greis gethan:
Island wird wieder schauen solch einen Bischofsmann!

In Schmerz und Sorge trauert um ihn das ganze Land,
Kein Sänger weiſs mehr Lieder, kein Held ihm auferstand,
Und aus den Sklavenketten kein freier Mann erwacht:
Auf Island ruht der Schlummer dreihundertjähr'ger Nacht.

So schwanden hin die Tage Doch Hoffnung winkt am Ziel!
Das Land ist nicht verloren; ein einzig Haupt nur fiel.
Laſst uns die Herzen härten an dem, was uns geraubt;
Laſst nimmer uns vergessen dies blut'ge Bischofshaupt!

Es war so alt, ehrwürdig! Doch alles Alte fällt;
Der Berge Zinnen fallen, es sinkt die Pracht der Welt.
Doch grünend steigt die Erde von neuem aus dem Meer,
Und neue Sonnen strahlen hellleuchtend rings umher.

Grímur Thomsen. — Benedikt Gröndal, der Jüngere.

Die beiden Männer, deren Namen über diesen Zeilen stehen, sind die ältesten der jetzt lebenden isländischen Dichter.[1]) Sie waren als ganz junge, aber bereits für die Poesie begeisterte Leute noch Genossen jener Zeit, in der sich in der isländischen Litteratur der entschiedene Umschwung zur idealen Richtung vollzog. Beide haben, was bis dahin bei den Isländern nur ausnahmsweise der Fall gewesen, mit allem Eifer das Studium nicht nur der fremden Hauptsprachen und Litteraturen, sondern auch der Ästhetik betrieben und auf diesem Gebiete selbst schätzenswerte Arbeiten geliefert. Sie erwarben sich eine so reiche Fülle von Kenntnissen in den mannigfachsten modernen Disziplinen und erweiterten dadurch ihren geistigen Horizont zu einem solchen Umfange, dafs sie in jeder Hinsicht zu den aufgeklärtesten und hervorragendsten Häuptern der modernen isländischen Intelligenz zählen. Dabei sind sie doch feurige Patrioten geblieben, was von den jüngeren aufgeklärten Geistern Islands nicht allgemein behauptet werden kann. Ihr Wesen ist allerdings grundverschieden, im Naturell und daher auch in der Dichtung. *Grímur Thomsen* ist der kalte, steinere Ernst, *Benedikt Gröndal* die beweglichste Lebhaftigkeit, dabei ebenso fähig zu den gehaltvollsten dichterischen Schöpfungen wie aufgelegt zu den übermütigsten litterarischen Schnurren.

Grímur *Þorgrímsson* **Thomsen** wurde am 15. Mai des Jahres 1820 zu *Bessastaðir* geboren, wo sein Vater als Ökonom der Lateinschule angestellt war. Er besuchte jedoch nicht diese Schule, sondern wurde vom Bischof *Arni Helgason* unterrichtet. Im Alter von siebzehn Jahren schon bezog er (1837) die Universität Kopenhagen, studierte hier drei Jahre lang Jus und Philologie und später Ästhetik und Philosophie. Daneben betrieb er auch fleifsig das Studium fremder Sprachen und Litteraturen. Den Winter von 1843 auf 1844 verbrachte er in seiner Heimat und erteilte zwei Monate hindurch an der Lateinschule

[1]) Während diese Zeilen sich unter der Presse befanden, kam die Kunde von dem Tode Grimur Thomsens. Er starb nach kurzer Krankheit am 27. November 1896.

Unterricht im Dänischen, sowie einigen Schülern der oberen Klasse im Französischen und Englischen; ihm war es auch zu danken, dafs mehrere der begabtesten Schüler privatim mit dem Studium der deutschen Sprache begannen,[1]) welche damals noch ebenso wenig gelehrt wurde als die französische oder englische. Im Jahre 1845 wurde er zum Magister und 1854 zum Doktor der Philosophie promoviert. Von 1846 bis 1848 bereiste er Deutschland, Frankreich und England. Nach Kopenhagen zurückgekehrt, erhielt er eine Anstellung im Ministerium des Äufsern und wurde hier alsbald für den Gesandtschaftsdienst bestimmt. Noch im Jahre 1848 ging er als Legationssekretär nach Frankfurt am Main und hierauf in der gleichen Eigenschaft nach dem Haag, nach Brüssel und Paris. Von 1851 bis 1866 war er dann wieder im Ministerium thätig, worauf er seinen Abschied nahm und 1867 nach Island übersiedelte.[2]) Hier vermählte er sich 1870 mit Jakobine, Tochter des *Sjera Jón Þorsteinsson* von *Reykjahlið*, und lebte in seinem Geburtsorte *Bessastaðir* der heimischen Politik (er war von 1869 bis 1891 Mitglied des Alþingi), der Dichtkunst und — mit besonderer Vorliebe — der Lektüre der alten Klassiker im Urtexte.

Als *Grímur Thomsen* nach Kopenhagen kam, herrschte hier unter seinen Landsleuten jene frische Begeisterung für das Heimisch-Nationale, welche in dem Jahrbuche „*Fjölnir*“ ihren so bedeutungsvollen Ausdruck fand (vgl. oben S. 333—339). Der junge Student fühlte sich von dieser Bewegung bald angezogen und lieferte für den vierten Jahrgang des „*Fjölnir*“ (1839) auch schon eine treffliche Übersetzung des Schillerschen Gedichtes „Der Alpenjäger“; doch ist er erst später (1841) dem — jüngeren — Kreise der „Fjölnir-Männer“ beigetreten und daraus bereits 1842 wieder geschieden. Er schlofs sich hierauf den „Fjelag-Männern“ an und steuerte auch mehrere Gedichte für die „*Ný fjelagsrit*“ bei, als deren Mitherausgeber und Mitredakteur er vom 13. bis 17. Jahrgang (1853—1857) fungierte. Auch war er ein eifriges Mitglied des 1820 gegründeten Kopenhagener „Studenten-Vereins“, der zu jener Zeit schon eine wichtige Rolle im geistigen und politischen Leben Dänemarks spielte. In diesem Vereine lernte er die meisten damaligen Dichter und Ästhetiker kennen, und seine Neigung zur Philosophie und Ästhetik scheint hauptsächlich aus dem Verkehr in diesem Vereine hervorgegangen zu sein. Er bekannte sich gleich vielen dänischen Philosophen und Ästhetikern zur Philosophie Hegels, die damals auch in Dänemark in der Mode war.

---

[1]) Vgl. *Skírsla um Bessastaða-Skóla fyrir árið 1843—1844*, S. 4, in: *Boðsrit til að hlusta á þá opinberu yfirheyrslu í Bessastaða-Skóla þann 22—29 Maí 1844. Viðeyar Klaustri*, 1844. — [2]) Diese biographischen Daten verdanken wir dem Dichter selbst.

Als Anhänger der Bestrebungen des Studentenvereins trat *Thomsen* — als der einzige Isländer — der im Jahre 1843 ins Leben gerufenen „Skandinavischen Gesellschaft“ bei, deren Zweck es war, für den Zusammenschlufs, die „Verbrüderung“, der nordischen Völker in geistiger, materieller und politischer Hinsicht zu wirken. Von den übrigen isländischen Studenten, die sämtlich Antiskandinaven waren, wurde ihm diese Mitgliedschaft gewaltig verübelt. Man schalt ihn treulos und that ihm dadurch sehr unrecht; denn *Thomsen* vertrat sein Volk mit Energie und Würde und suchte ihm wieder jene Geltung zu verschaffen, die ihm zufolge seiner alten Geschichte und seiner litterarischen Bedeutung gebührte. Recht deutlich ersicht man dies u. a. aus einem Vortrage „Über Islands Stellung im übrigen Skandinavien, vornehmlich in litterarischer Hinsicht“, den er am 9. Jänner 1846 in der „Skandinavischen Gesellschaft“ hielt.[1])

Auch sonst vernachlässigte *Thomsen* trotz seiner Beschäftigung mit fremden Litteraturen nicht sein heimisches Schrifttum, weder das alte noch das moderne. So übersetzte er z. B. den XII. Band der „*Fornmanna-Sögur*“ ins Lateinische (erschienen 1846) und gab eine dänische Übersetzung „ausgewählter Sagastücke“ heraus (1846), der er 1854 eine zweite Sammlung folgen liefs; er verfafste eine „Charakteristik der isländischen Litteratur“ (in *Nord. Literatur Tidende*, 1846, deutsch in „Nordischer Telegraph“, Leipzig 1850, II. Bd.) und lieferte aufserdem noch einen besonderen Beitrag zur Charakteristik der altnordischen Poesie (in *Annaler for nordisk Oldkyndighed*, 1846); er veröffentlichte noch weiters „Einige Bemerkungen über die alte nordische Poesie“ (in *Nord. Universit. Tidskr.*, 1857) und schrieb über „Die nordische Nationalität auf den Shetlands- und Orkney-Inseln“ (1862) u. s. w. Stoffe aus der neueren isländischen Litteratur behandelte er u. a. in einem Essay über *Bjarni Thórarensen* (in der Zeitschrift „*Gæa*“, 1845, S. 187 ff., deutsch in „Nord. Telegraph“, 1849, No. 39); auch gab er *Hallgrímur Pjeturssons* geistliche Lieder und andere Gedichte mit einer Biographie und kritischen Würdigung dieses gröfsten religiösen Lyrikers Islands heraus (*Reykjavík*, 1887 und 1890, 2 Bde.).

Im übrigen schrieb *Thomsen* — meist in dänischer Sprache — eine grofse Anzahl von Abhandlungen und Aufsätzen ästhetischen und philosophischen, aber auch geschichtlichen und sonstigen Inhalts. Wir erwähnen davon nur die preisgekrönte Abhandlung „Über die neufranzösische Poesie“ (1843) und die geschätzte Schrift „Über Lord Byron“ (1845). Diese beiden Schriften verdienen die vollste Beachtung; denn sie erscheinen, wenn auch vielleicht

[1]) Dieser Vortrag ist auch gedruckt erschienen unter dem Titel: *Om Islands Stilling i det övrige Skandinavien, fornemmelig i literær Henseende. Et Foredrag, holdt i det Skandinaviske Selskab den 9de Januar 1846* (Københ. 1846).

nicht als direkte Vorbilder, so doch als frühere Beispiele jener Art von Exposition. Stil und Vortrag, welche die Schriften Georg Brandes, kennzeichnet. Neben diesen machen *Thomsens* Abhandlungen heute allerdings den Eindruck der „Ärmlichkeit". Die Sprache des Isländers strotzt von Ausdrücken der Hegelschen Philosophie, und wenn auch *Thomsen* im allgemeinen einen umfassenderen Blick für die Weltereignisse und eine grofsartigere Konzeption zeigt, so erscheint er doch mehr naiv, nicht so raffiniert wie Brandes. Besonders bemerkenswert ist ein dänisch geschriebener Aufsatz im ersten Jahrgange der Steenstrupschen Monatsschrift (1855) über H. C. Andersen, worin dem von isländischen Litteraten (siehe oben S. 366) schon früher hochgeschätzten dänischen Märchen-Dichter zum erstenmale auch von der heimischen Kritik die volle Anerkennung als wirklicher Dichter zu teil wurde. Es geschah dies aus Anlafs der Besprechung des I. Bandes der gesammelten Schriften Andersens. Der Dichter war über diese Anerkennung zu Thränen gerührt und konnte diese für ihn so erfreuliche Wendung gerade noch rechtzeitig im „Märchen meines Lebens" verzeichnen. Er schrieb dort (*Samlede Skrifter*, 21. und 22. Bd., Kopenhagen 1855, S. 566): „Gerade in diesen Tagen, wo ich mein fünfzigstes Jahr erreiche und die gesammelten Schriften ausgeschickt werden, bringt „*Dansk Maanedsskrift*" eine von Herrn *Grímur Thomsen* geschriebene Besprechung derselben. Die Tiefe und Wärme, welche dieser Autor bereits früher in seinem Buche über Byron gezeigt hatte, offenbart sich auch hier in dieser kleineren Schrift; es ist mir beinahe, als wollte der Herr mich das Kapitel dieses Lebens damit beschliefsen lassen, dafs ich H. C. Ørsteds tröstende Worte, die er in den schweren Tagen meiner Verkennung an mich gerichtet, sich erfüllen sehe. Die Heimat hat mir das reiche Bouquet der Anerkennung, der Aufmunterung gebracht! — In Herrn *Grímur Thomsens* Besprechung ist gerade bei den Märchen in wenigen Worten die rechte Saite angeschlagen worden, die den Ton aus der Tiefe dieser meiner Dichtung giebt; es ist wohl nicht ein Zufall, dafs die gegebenen Beispiele für den Kern und die Bedeutung des Ganzen just aus den „Historien" geholt werden, also aus dem zuletzt Geschriebenen: „Das Märchen hält ein lustiges Gericht über Schein und Wirklichkeit, über die äufsere Schale und den inneren Kern. Es giebt darin zwei Strömungen, eine ironische Oberströmung, die mit Grofsem und Kleinem spielt und scherzt, mit Hohem und Niedrigem Federball spielt; dann die Unterströmung des tiefen Ernstes, die gerecht und wahr alles an seinen rechten Platz bringt." Dies ist der wahre, der christliche Humor! — Was ich wollte und zu erreichen strebte, ist hier deutlich ausgesprochen."

Ein nicht gering zu schätzendes Verdienst hat sich *Grímur Thomsen* durch die Übersetzung einer Anzahl fremdländischer Gedichte erworben. Wir kennen von ihm mehr oder minder gelungene Übersetzungen oder Nachdichtungen von Gedichten Ossians, Miltons, Byrons, Runebergs, Oehlenschlägers, Lafontaines, Schillers. Gaudenz von Salis', von spanischen („Abenamar") und neugriechischen Gedichten; auch war er der erste, der Goethe in die isländische Litteratur einführte, indem er 1844 seine Übersetzung der Ballade „der Fischer" (in *Ný fjelagsrit*, S. 145) erscheinen liefs und später noch drei andere Gedichte von ihm ins Isländische übertrug, sinngetreu, sprachgewandt und auch ziemlich im Tone der Originale. In seinen späteren Jahren verlegte sich *Thomsen* mit Vorliebe auf das Studium der altgriechischen Poesie und übersetzte vierundfünfzig Gedichte (beziehungsweise Bruchstücke) von nicht weniger als zwanzig Lyrikern, Epigrammatikern und auch Dramatikern, darunter solche von Pindar, Anakreon, Sappho, Äschylos, Sophokles, Euripides, Aristophanes, Theokrit, Moschos. Mögen auch diese teils im Metrum des Originals, teils in gereimten Versen wiedergebenen, mehr oder weniger gelungenen Übertragungen dem Verständnis und Geschmacke des isländischen Volkes ziemlich fern liegen, so besitzen sie doch eine, wenn auch vielleicht erst später zur Geltung kommende Bedeutung für das isländische Schrifttum, die nicht unterschätzt werden darf.

Grímur Thomsen ist aber nicht nur ein eifriger Interpret fremder Dichter, sondern auch selbst ein Poet u. zw. von denkbar markantester Individualität. Denn obgleich er sich so vielfach mit ausländischen Dichtern beschäftigte, wurde er doch von keinem derselben beeinflufst, auch von Goethe nicht.[1]) Der Nestor der isländischen Dichter ist zugleich der originellste isländische Poet der Neuzeit; er dichtet isländischer als alle anderen isländischen Dichter, unterscheidet sich von ihnen allen und steht für sich allein da. Was seine Dichtungen vor allem kennzeichnet, ist die alte Kraft und Männlichkeit. Er gemahnt in dieser Hinsicht bisweilen an den alten Skalden Egill Skallagrímsson, mit dem man ihn nicht unpassend verglichen hat; „es ist derselbe Ernst, derselbe Kern und dieselbe Mannhaftigkeit in den Liedern; es sind dieselben gigantischen und grofsartigen Gedankenbilder, nur dafs bei *Grímur Thomsen* alles in einem viel gröfseren und schöneren Stil gehalten ist", bemerkte kürzlich ein isländischer Kritiker.[2]) Die meisten seiner Gedichte sind erzählenden Inhalts, Balladen, und in diesem Genre ist er auch am besten. Er wählt mit Vorliebe alte isländische und norwegische Stoffe. Die Behandlung ist echt episch, die Form knapp, die Sprache kernig. „Wenn man seine Gedichte liest, ist es, als läse man die *Njála* oder irgend eine andere der besten Sagas." Das Übernatürliche, Unheimliche, Grauenvolle zieht ihn dabei besonders an, und da er mit einer lebhaften Phantasie be-

[1]) Ph. Schweitzer bemerkt, dafs von *Steingrímur Thorsteinsson*, *Benedikt Gröndal* und *Grímur Thomsen* der letztere „den gröfsten Anteil von Goethes Geist empfangen habe"; allein ich finde in *Thomsens* Gedichten nichts, was an Goethe erinnert. — [2]) in *Sunnanfari*, IV. S. 19.

gabt ist, versteht er es geradezu wunderbar, die entsprechende Stimmung auch beim Leser hervorzurufen. Er trifft aufserdem den Ton des Volksliedes wie kein anderer isländischer Dichter. Als charakteristischer Grundzug erscheint, wie schon früher bemerkt, auch in den sonstigen Gedichten *Thomsens* ein kalter männlicher Ernst; eitle Liebeslyrik, weiche Sentimentalität und gehaltlose Phantastereien liegen unserm Poeten fern.

Die schwache Seite des Poeten besteht darin, dafs seine dichterische Eigenart etwas gesucht erscheint. Auch ist seine Poesie keineswegs im eigentlichen Sinne „grofsartig“, wie man sie genannt hat, und *Grímur Thomsen* mit *Bjarni Thórarensen* zu vergleichen, geht durchaus nicht an. Er hat sich ferner sehr viele Formfehler zu schulden kommen lassen, wie regelwidrige Anwendung oder Unterlassung des Stabreimes und dergleichen Äufserlichkeiten, auf welche aber die Isländer, wie wir gesehen haben, ein so grofses Gewicht legen, dafs ein Dichter, der dieselben vernachlässigt, nicht als vollgültig angesehen wird und schwer im eigentlichen Sinne populär werden kann. Der fremde Leser indessen kann sich damit um so leichter abfinden, als sich bei *Grímur Thomsen* Form und Inhalt sonst gewöhnlich in künstlerischer Weise decken und nicht selten sogar überraschende malerische Klangwirkungen finden, die dem Tone des jeweiligen Inhaltes entsprechen.[1])

Grímur Thomsens Gedichte liegen in zwei Sammlungen vor, von denen die erste, nur sechsundvierzig Gedichte zählende, im Jahre 1880 („*Ljóðmæli*,“ *Reykjavík*), die zweite, weitaus umfangreichere, aber zum gröfseren Teile aus Übersetzungen bestehende, 1895 („*Ljóðmæli. Nýtt safn.*“ Kopenhagen) erschienen ist. Die nachfolgenden Proben dürften bei aller Unvollkommenheit der Übersetzung doch eine beiläufige Vorstellung von der Dichtung dieses eigenartigen Poeten geben. (Vgl. auch die Übersetzungsproben von Ph. Schweitzer in dessen „Island, Land und Leute, Geschichte, Litteratur und Sprache,“ Leipzig 1885, S. 143—144, sowie in dessen „Geschichte der skandinavischen Litteratur,“ 3. Teil, Leipzig, 1889. S. 282, ferner im „Magazin für die Litteratur des In- und Auslandes,“ 108. Bd., Leipzig 1885, S. 562; dann von M. Lehmann-Filhés in deren, „Proben Isländischer Lyrik,“ Berlin, 1894, S. 48—54.)

In der Sprengisand-Wüste.[2])

(Ljóðmæli 1880 S. 59.)

Vorwärts, Röfslein, übern Sand du sprenge!
Dort am Arnafell die Sonne sinkt.
Böse Geister giebt es hier in Menge ...

---

[1]) Vgl. über *Grímur Thomsen: Sunnanfari*, II. S. 97—100 (mit einem Porträt des Dichters) und *Sigfús B. Blöndal*, ebenda, IV., S. 90—92. — [2]) Vgl. über diese unheimliche Gegend Poestion, Island. Das Land und seine Bewohner. Wien, 1885. S. 186 und 404—405.

Matt das Gletschereis hernieder blinkt.
Gott beschirm' und führ' das Rößlein mein;
Hart wird heut' der letzte Ritt noch sein!

Horch! da kläfft ein Fuchs in seinem Grimme,
Möcht' die Kehle netzen sich mit Blut . . .
Klang's jetzt nicht wie eine Männerstimme,
Welche „Ho!" ruft, wie's der Hirte thut? . . .
Ächter [1]) sind's mit ihrem Vieh vielleicht
Von dem Hraun,[2]) das bis herüber reicht . . .

Vorwärts, Rößlein, vorwärts, nicht gesäumet!
Immer stärker fällt die Dämm'rung ein . . .
Elbenkönigin ihr Reittier zäumet,
Ihr begegnen soll gefährlich sein . . .
Gerne gäb' ich hin mein schönstes Tier,
Hätt' den letzten Weg ich hinter mir.

In der nachfolgenden Ballade von König *Guðmundr* auf *Glæsisvellir* (vgl. die *Þorsteinssaga Bæjarmagns* in *Fornmannasögur*, III. Bd., S. 182—197, *Hervararsaga*, cap. I., resp. Poestion, Das Tyrfingschwert, S. 3 und 85, Müllers Sagabibliothek, III. S. 249, *Gefn*, 1871, *síðari hluti*, S. 39—40) sind wir von der Strophenform des Originales abgewichen; auch haben wir in die Nachdichtung die letzte Strophe nicht einbezogen.

Auf Glæsisvellir.

(Ljóðmæli 1880, S. 64—65.)

Bei Gudmund auf Glæsisvellir geht's lustig zu beim Mahl,
Da schallt das helle Lachen und widerhallt im Saal;
Dazwischen lärmen die Gaukler, die Fiedler fiedeln drauf los,
Die Harfner reißen die Saiten: das ist ein Getoll und Getos!

Vom stärksten Gebräu ist das Mungat, und abgelegen der Met,
Verzaubert das Trinkhorn, das rastlos von Mund zu Munde geht;
Vergessenheit trinken alle sie aus dem seligen Horn,
Doch in dem spitzigen Ende sitzt eine schlimme Norn.

---

[1]) Ächter, „Draußenlieger", vgl. S. 60—61. — [2]) Die Lavawüste *Ódáðahraun* ist gemeint; oben S. 379, Anmerkung.

Von Grimur des Guten Haupte[1]) strahlt aus ein goldiger Schein,
Es steht bis zum Rande gefüllt mit altem, funkelndem Wein.
Und über dem Haupte ringelt ein Wurm sich, ein giftig Beest,
Das keinen, der nicht ein Riese, vom Weine trinken läfst.

Und höflich ist König Gudmund und freundlich scheint er und mild,
Im Herzen aber, da ist er gar harten Sinnes und wild;
Es leuchtet in seinen Augen, die Wangen jedoch sind bleich,
Und lächelt er, so kündet dies Unheil an zugleich.

Auf Glæsisvellir da giebt es viel Gäste jederzeit,
Und immer herrscht dort Frohsinn und traute Brüderlichkeit;
Doch trügerisch ist die Freude, sie treiben mit Freundschaft Spott
Und unter heiteren Scherzen schlagen einander sie tot.

Es klatschen gar oft auf den Nasen Trinkhörner; doch lustig und frisch
Wird weiter getollt, bis Knochen fliegen über den Tisch,
Die Schädel klingen und krachen, zu Boden strömet das Blut:
Dann mag auch Gudmund lachen, dann ist ihm vergnüglich zu Mut.

Ein prächtiges Pferdelied (hestavisa) — Gedichte auf dieses dem Isländer unentbehrliche Haustier bilden bekanntlich eine Spezialität der isländischen Lyrik — bietet *Grimur Thomsen* seinen Landsleuten in

Skúlis Ritt.

(Ljóðmæli 1880, S. 69—71.)

Sie jagten ihm zu Rosse nach, acht Männer.
Und hatten auch zum Wechseln noch zwei Fohlen;
Er hatte Sörli nur, den guten Renner;
D'rum hofften Skúli sie leicht einzuholen.

So lang die Wege gut und ziemlich eben,
Blieb auch der gleiche Abstand zwischen ihnen;
Doch als der Berg begann sich zu erheben,
Bald ihre Hoffnungen zu schwinden schienen.

---

[1]) „*Grímur*, der Gute" *(Grímr hinn góði)* war ein riesiges Trinkhorn, von dem die Sage geht, dafs sich daran ein Mannesgesicht befunden habe, das sprechen konnte. Es war voll schlimmen Zaubers für die Trinker. Vgl. *Fornmannasögur* a. a. O., S. 190 und *Gefn*, a. a. O., S. 55.

Alt Skúli sprengt dahin auf seinem Pferde,
Das nicht der Steine achtet und der Gruben;
Von schwarzem Sande, Lavaspreu und Erde
Sich dichte Wolken hinter ihm erhuben.

Die Schar der Feinde wurde immer kleiner;
Fünf kamen auf den Tröllaháls[1]) vom Haufen;
In Vidiker dann hatte nur mehr Einer
Ein Pferd, das gut zu Fuſs noch war im Laufen.

Da gab's kein Rasten, Grasen oder Trinken,
Obgleich der Hunger zehrte an den Tieren;
Doch lieſsen sie darob den Mut nicht sinken,
Noch auch Ermattung ihrer Kräfte spüren.

Des Spieles satt, sprang Skúli rasch zur Erde,
Befestigte die Gurte, klopfte streichelnd
Die starke Mähne und die Brust dem Pferde,
Sprang wieder auf und sprach zu Sörli schmeichelnd:

„Ich zog dich auf, ich hab' von allen meinen
Haustieren stets das Beste dir gegeben.
Es hängt mein Heil nun ab von deinen Beinen!
D'rum, guter Sörli, rette mir das Leben!"

Es war, als ob das Tier verstanden hätte;
Es richtete den Hals auf und die Ohren,
Wieherte und — mit Geiern um die Wette
Flog's übers Lavafeld, wie neugeboren.

Im Paſsgang ging's zum erstenmal dann weiter.
Es sank der Boden von den starken Tritten.
Seit Menschen es gedenken, hat kein Reiter
Auf Island je solch einen Ritt geritten.

Gleich sicher und behend auch in den Klüften
Skúli des Gaules sehn'ge Beine trugen;
Der Eisen Aufschlag gellte in den Lüften,
Vom Felsgestein die Hufe Brocken schlugen.

---

[1]) Vgl. über die hier erwähnten und gemeinten Örtlichkeiten *Kålund, Bidrag til en historisk-topografisk Beskrivelse af Island*, I. Bd. (Kopenh. 1877), S. 150—153.

Steinfelder noch durchflogen seine Beine
Gleich einem Pfeile, gleich des Sturmwinds Wehen.
Sie brachen einen Weg im Felsgesteine,
Und heut' noch ist der Hufe Spur zu sehen.

Schwer war es, Skúli weiter nachzujagen,
Nicht Einer konnte folgen ihm vom Haufen;
Doch keinen Reiter mehr sollt' Sörli tragen:
Es war sein erstes und sein letztes Laufen.

Aus schwerer Not half seinem Herrn er mutig,
Nichts lag am eignen Los dem braven Pferde;
Die Lungen ganz zersprengt, die Beine blutig,
Fiel's an der Hvitá Ufer tot zur Erde.

* * *

Im Tún daheim ist Sörli nun begraben,
Beim Stall, zum Ritt gezäumt; man hört zuweilen
Ihn wiehernd scharren; er scheint Lust zu haben
Noch andre Felsenwege zu durcheilen.

Die beiden folgenden Gedichte teilen wir in der Übersetzung Ph. Schweitzers mit.

Des Sohnes Verlust.

(Ljóðmæli, 1880, S. 25—26.)

Warm in unsres Herzens Hage
Hegten wir die zarte Raute:
Herzen drei mit einem Schlage,
Dreibesaitet eine Laute!

Unsre starke Hand zur Stütze,
Stand ein Falke, weitausspähend —
Doch der Tod, der scharfe Schütze,
Schofs, sein Leben niedermähend.

Seht gelähmt des Falken Schwingen!
Seht gefällt die Raute liegen!
Ach, die Saite thät verklingen
Und der Liebe Quell versiegen!

Einsam stehn wir nun am Strande.
Starren nach dem schwarzen Nachen,
Den die Winde weit vom Lande,
Weit hinaus ins Dunkel fachen.

Unser Grüfsen ist vergebens —
Grau die Nacht sich um ihn baute; --
Seine Last war unsres Lebens
Lust: der Falk, die zarte Raute.

Einer Hoffnung wir vertrauen,
Eine Tröstung ist uns teuer:
Er entgeht der Nacht, dem Grauen —
Gottes Hand regiert das Steuer.

Zu dem nachstehenden Liede bemerkt *Grímur Thomsen*, er habe es „aus altem Silber gegossen;" dies alte Silber findet sich in dem schwedischen Volksliede: „Riddaren Tynne" (auch in dänischer Tradition vorhanden), dessen Strophen 4—7 genau mit den Strophen 2—5 dieses Gedichtes übereinstimmen. Vgl. Schweitzer, Geschichte der skandinavischen Litteratur. 2. Bd. (Leipzig), S. 55.

Der Bergfrau Zauberlied.

(Ljóðmæli, 1880, S. 43—44.)

Heming reitet am Felsenschlund,
Ferne Klänge ihn leiten;
Bergfrau sitzt im grünen Grund,
Greift in die tönenden Saiten.
Gewaltig wirkt ihr Zauber!

Als sie that den ersten Schlag,
Orgelklänge rauschen
Der Weide vergifst in Hain und Hag
Die Herde, um zu lauschen.
Gewaltig wirkt ihr Zauber!

Als den zweiten Schlag sie schlug,
Schlicht die Töne klingen —,
Hemmt der schnelle Falk den Flug,
Fallen läfst er die Schwingen.
Gewaltig wirkt ihr Zauber!

Dröhnend nun ihr dritter Schlag
Drang hinaus ins Weite:
Fischlein still im Strome lag,
Starken Klanges Beute.
Gewaltig wirkt ihr Zauber!

Knospe grünt und Blüte bricht,
Den Berg deckt roter Schimmer;
Des Ritters Sporn das Rösslein sticht:
Ruhen mocht' es nimmer.
Gewaltig wirkt ihr Zauber!

Flimmernd vom Berge fluten zu Thal
Flammen der Edelsteine:
Es thut sich auf der Elfen Saal,
Das Aug' erblindet im Scheine.
Gewaltig wirkt ihr Zauber!

Des Ritters Sporn das Rösslein haut,
Er reisst es hinab zum Schlunde;
Da gellt der Bergfrau Lachen so laut:
Lichtmänner gaukeln im Grunde.
Gewaltig wirkte ihr Zauber!

Benedikt *Sveinbjarnarson* **Gröndal** wurde am 6. Oktober 1826 zu *Bessastaðir* geboren, wo sein Vater, der berühmte *Sveinbjörn Egilsson* (vgl. oben S. 323—328), Lehrer an der Lateinschule war. Er bekam eine vorzügliche Erziehung, durch welche bald seine vielseitige Begabung geweckt wurde. An der Lateinschule las er mit besonderer Vorliebe die alten isländischen Schriften und die griechischen und römischen Klassiker, aber auch deutsche Dichter wie Schiller, Goethe und Heine. Die Kenntnis der deutschen Sprache hatte er sich ohne Lehrer angeeignet. Auch unterhielt er sich gern mit Zeichnen nach Bildern und besonders nach der Natur, die auf ihn stets den grössten Zauber ausübte. Mit Homer in der Hand und der Flinte neben sich lag er an heiteren Frühlingstagen oft stundenlang auf den Höhen und träumte von Poesie und der Herrlichkeit der alten Zeiten. Seine dichterische Begabung zeigte sich ebenfalls schon zu dieser Zeit. Im Jahre 1846 bezog er die Universität Kopenhagen und studierte hier Naturgeschichte, zuerst bei Steenstrup, dann bei Escherich und Forchhammer. Er las aber auch sehr viele fremde Dichter, besonders deutsche, u. zw. mit besonderer

Vorliebe, aufser Goethe, Schiller und Heine, auch Jean Paul, Tieck, Kleist und Lenau, sowie englische (Byron, Shelley) und französische (Victor Hugo, Lamartine). Eine völlige Umwälzung in seiner Gedankenwelt bewirkte jedoch die Lektüre von Humboldts „Kosmos", dessen grofse Ideen für seine weitere Weltanschauung bestimmend wurden. Philosophische Studien, hauptsächlich auf Aristoteles, Plato und Hegel sich erstreckend, wurden dabei nicht vernachlässigt. Im Jahre 1850 reiste *Gröndal* nach Island und verweilte dort bis 1857, mit dichterischen und anderen litterarischen Arbeiten beschäftigt. Nach Kopenhagen zurückgekehrt, verlegte er sich auf das Studium des Altnordischen, besonders auch der altnordischen Mythologie und Kulturgeschichte, und schrieb u. a. verschiedene Abhandlungen für die Königliche Gesellschaft für nordische Altertumskunde. Im Jahre 1863 machte er das Examen zum Magister artium in der nordischen Philologie, blieb aber auch dann noch in Kopenhagen, um seine Studien zu vertiefen und war nebenbei mit grofsem Eifer litterarisch thätig.[1]) Erst 1874 kehrte er als Lehrer der Lateinschule in seine Heimat zurück und wirkte hier bis zum Jahre 1883 im Lehramte.

Benedikt Gröndal ist nicht nur eine interessante Erscheinung durch die seltene Vielseitigkeit seiner Bildung, sondern zählt überhaupt zu den geistreichsten und genialsten Isländern dieses Jahrhunderts. Er war, wie wir bereits gesehen, auf verschiedenen wissenschaftlichen Gebieten erfolgreich thätig und ist auch ein vorzüglicher Kalligraph und guter Zeichner, dessen Dienste bei vielen Gelegenheiten in Anspruch genommen wurden. Wir gedenken nur seines schönen und sinnreichen, von einem dänischen Künstler lithographierten „Gedenkblattes an die tausendjährige Jubelfeier der Besiedlung Islands" (1874), das noch in vielen Häusern Islands zu sehen ist. Das Mittelbild stellt die „Bergfrau" Island vor, die auf dem Gipfel eines Eisberges sitzt, das Haupt mit Eiskrystallen und Flammen bekränzt; sie blickt nach der Vorzeit, hält in der rechten Hand eine Pergamentrolle und stützt sich mit der linken auf ein Schwert; auf ihrer Schulter sitzt einer der Raben Odins, die diesem jeden Morgen Kundschaft aus der Welt bringen. Erst auf diesem Bilde *Gröndals* erhält die Vorstellung von Island als „Bergfrau" („*fjallkona*") wirklich dichterisches Leben und plastische Anschaulichkeit, wie denn das ganze Gedenkblatt „nicht weniger ein dichterisches Kunstwerk wie eine vortreffliche Zeichnung ist".[2])

---

[1]) Die Angabe in einer Notiz über *B. G.* in *Fjallkonan. Auka-útgafa til fróðleiks og skemtunar, Reykjavík*, 1890, Nr. 1, S. 3, dafs der Dichter vor Beendigung seiner Studien an der Hochschule grofse Reisen nach den südlichen Ländern unternommen habe und auch nach Italien gekommen sei, ist unrichtig — [2]) Vgl. *Benedikt Gröndal, Skýring á minningabréfinu um þúsund ára byggingu Islands* (Kopenh. 1874). Eine ausführlichere Beschreibung des Millennialbildes findet sich auch in Baumgartners Island und die Faröer, S. 146—147.

Am Gewandtesten aber führt *Gröndal* die Feder, gilt es nun moderne Aufklärung zu verbreiten, das isländische Volk und dessen altes wie neues Schrifttum gegen ungerechte Zurücksetzung oder Verkleinerung von seiten hochmütiger oder — unwissender fremder oder einheimischer moroser und pessimistischer Nörgler in Schutz zu nehmen, oder auch um schlagfertig und schneidig durch diese seine Haltung provozierte polemische Angriffe wissenschaftlicher oder persönlicher Natur abzuwehren. Seine Streitschriften, z. T. in dänischer Sprache geschrieben, sind selbst für den der Sache ferner Stehenden ebenso unterhaltend wie anregend durch ihre temperamentvolle Konzeption und strenge Sachlichkeit. Seine Phantasie ist immer überaus lebhaft und weitschweifend, auch in seinen wissenschaftlichen Abhandlungen, die daher oft unklar und phantastisch erscheinen. Seine Sprache verfügt über einen unerschöpflichen Wortreichtum und ist in einem seltenen Grade charakteristisch. Dies gilt von seiner Prosa wie von seinen Dichtungen im engeren Sinne.

Wir wollen nun die litterarische Thätigkeit *B. Gröndals*, insoweit sie nicht ausschliefslich fachwissenschaftlichen Charakters und daher schon früher besprochen ist, in ihren einzelnen hervorragenden oder sonst bemerkenswerten Produkten nach der Reihenfolge ihres Erscheinens kurz skizzieren und dann im besonderen seine dichterische Produktion und Eigenart besprechen.[1])

Zum erstenmal trat *Gröndal* als Poet in die Öffentlichkeit und zwar mit vier Gedichten im IX. Jahrgange des „*Fjölnir*", 1847, S. 73—78, wovon das erste den kurze Zeit vorher gestorbenen Dichter *Jónas Hallgrímsson* feierte. Während seines Aufenthaltes auf Island von 1850 bis 1857 dichtete er ein Epos „*Örvar-Odds-drápa*" (1851), übersetzte die letzten Gesänge der Odyssee für das von seinem Vater unvollendet hinterlassene „*Odysseifskvæði*" sowie die ganze Ilias in Versen und machte seine Landsleute mit ausgewählten Erzählungen aus „Tausend und eine Nacht" bekannt. Auch gab er zwei kleine Sammlungen von Gedichten heraus „*Kvæði og nokkrar greinir um skáldskap og fagrar menntir*" (Kopenh., 1853) mit Bemerkungen über Kunst und Poesie, welche bisher den einzigen Versuch einer isländischen Ästhetik bilden, und „*Kvæði I*" (*Reykjavík* 1856). Nach Kopenhagen zurückgekehrt, schrieb er „Die Schlacht auf Heljarslóð" („*Heljarslóðarorrusta*" Kopenh. 1861, 2. Aufl. *Reykjavík*, 1891), eine phantastische, aber sehr lustige (wenn auch keineswegs satirische), im Geiste und Stil der altisländischen märchenhaften Rittergeschichten *(Fornaldar-*

---

[1]) Die einzelnen Schriften, Gedichte u. s. w. ***Benedikt Gröndals*** bis 1885 finden sich verzeichnet in „*ΚΑΤΑΛΟΓΟΣ* — Prose and poems — ***Rit og ljóðmæli eptir Benedikt Gröndal fra 1847 til 1885.***" ***Reykjavík***, 1885. — S. 12, unter „*Ný ſlagerit*" ist noch nachzutragen zu 1862: *Nótt*; pag 167 bis 168, und 1864: *Fjörgynjarljóð*, pag. 173—175; *Sjávarhljóð*, pag. 180 bis 184; *Ást*, pag. 185 –187.

sögur) gehaltene, jedoch mit modernen Ideen erfüllte Erzählung. (Gemeint ist die Schlacht zwischen den verbündeten Franzosen und Piemontesen einerseits und den Österreichern andererseits bei dem italienischen Marktflecken Solferino am 24. Juni 1859.) Der Dichter schwärmt hier, wie damals so viele andere, für Napoleon III. Den genaueren Inhalt dieses Phantasiestückes zu erzählen, ist unmöglich. Es treten eine Menge europäischer Notabilitäten zugleich mit isländischen obskuren Persönlichkeiten auf, und ohne eine bestimmte Tendenz wird die komische Wirkung durch lauter Ungereimtheiten zu erzielen gesucht, bis auf einer fingierten Stätte (*Heljarslóð* = Weg ins Totenreich) die schreckliche Schlacht geschlagen wird, in der Kaiser Napoleon, Königin Viktoria, Alexander Dumas, Marmier, Thiers und aufserdem allerlei Trollenpack und geflügelte Ungeheuer in einem unbeschreiblichen Wirrwarr kämpfen. Das Ganze schliefst mit einem gigantischen Gelage, bei dem sich alle betrinken und einander küssen. Das in überaus lebendiger Sprache geschriebene Büchlein ist auf Island sogleich sehr populär geworden. Einen höheren litterarischen Wert besitzt dasselbe indessen nicht;[1]) es ist das Produkt einer übermütigen Laune des geistvollen Poeten, der z. B. auch das „zwölf Ellen lange und hundert Strophen umfassende Geburtstagsgedicht auf Jungfer *Sigríður Einarsdóttir Sæmundsen*, 17. März 1855" (wieder abgedruckt in der zweiten Auflage der „*Saga af Heljarslóðarorrustu*" 1891. S. 111—148), auf einem zwölf Ellen langen Papierstreifen geschrieben, entsprungen war, und welcher auch die phantastische, aber sehr unterhaltende Komödie „*Gandreið*" (1866) ihre Entstehung verdankt. Es folgte hierauf die dialogisierte Gedichtsammlung „*Ragnarökkur*" (1868). Im Jahre 1869 veröffentlichte *Gröndal* den Briefwechsel C. Chr. Rafns mit einer Biographie dieses um die Verbreitung der altnordischen Studien hochverdienten dänischen Gelehrten. Verschiedene Aufsätze populär-wissenschaftlichen Inhaltes publizierte er in dem von ihm und *Steingrímur Thorsteinsson* redigierten Jahrbuche „*Ný sumargjöf*". (Vgl. oben S. 170.)

Von 1870—1874 gab *Gröndal* „*Gefn*", eine Jahresschrift für Wissenschaft, Litteratur und Poesie heraus, welche er ganz allein schrieb, und die als sein Hauptwerk zu betrachten ist, da in derselben die verschiedenen Richtungen seines Geistes zum Ausdruck gelangten. Wir heben aus dem reichen und mannigfaltigen Inhalt dieses Jahrbuches aufser zwei später zu besprechenden gröfseren Gedichten nur einiges hervor. Viel Aufsehen erregte die

---

[1]) *Hannes Hafsteins* Bemerkung in seinem Artikel über *Jónas Hallgrímsson*, in *Ljóðmæli og önnur rit eptir Jónas Hallgrímsson* (Kopenh. 1883), S. XLIV dafs *B. Gr.* in seiner *Heljarslóðarorrusta* die Form eines scherzhaften Briefes des *Jónas* über die Königin von England (*Ljóðmæli og önnur rit*, S. 282—286) nachgeahmt hätte, wird von *B. Gr.* selbst entschieden bestritten.

politische Abhandlung „Freiheit — Aufklärung — Fortschritt" (1871; auch separat in dänischer Sprache erschienen unter dem Titel *„Bemærkninger om islandske forhold"*), ein in der besten Absicht unternommener Versuch, zwischen den dänischen und isländischen Anschauungsweisen eine Art von Harmonie herzustellen, der jedoch vollkommen mifsglückte, indem er beide Parteien unbefriedigt liefs. Auf fleifsigen Studien ist die im selben Jahrgange enthaltene Abhandlung über die nordische Mythologie (*„Forn fræði"*) gegründet. Die Idee von Exampaeus ist übrigens inzwischen vom Autor selbst als unhaltbar aufgegeben worden. Im übrigen enthielt die Abhandlung manches neue, und sie hätte von seiten der Gelehrten jedenfalls mehr Beachtung verdient, als ihr zu teil geworden ist. In den Aufsätzen *„Edda — Sæmundr fróði — Sæmundar Edda"*, I u. II (1872 u. 1873) sucht der Verfasser aus vielfach plausiblen Gründen nachzuweisen, dafs der bekannte Entdecker der sogen. Edda-Lieder wenigstens auch der Sammler und möglicherweise der Bearbeiter oder Redakteur der *Sæmundar Edda* war. Die geschichtlichen und populär wissenschaftlichen Aufsätze, wie auch die lyrischen Gedichte des Jahrbuches fanden vielen Beifall bei dem Volke, und *„Gefn"* ist daher gewifs nicht ohne Einflufs auf dasselbe geblieben.

Als echter isländischer Poet verschmähte es *Benedikt Gröndal* nicht, auch der nunmehr, wie es scheint, im Aussterben begriffenen Rímur-Dichtung noch seinen Zoll darzubringen durch *„Göngu-Hrólfs-Rímur"* (1893), die aber nicht von dem berühmten Eroberer der Normandie „Rollo", sondern von einem anderen, bisher wenig beachteten „Fufsgänger *Hrólfur*" (vgl. die Vorbemerkungen des Dichters) handeln. Gegenwärtig ist *Gröndal*, obgleich er bereits über siebzig Jahre zählt, in immer noch jugendlicher Geistesfrische mit naturwissenschaftlichen und kulturgeschichtlichen Arbeiten beschäftigt, die er nur unterbricht, um in die Saiten seiner noch immer rein gestimmten und volltönigen Leier zu greifen oder mit scharfen Geisteswaffen eine litterarische Polemik auszufechten.

Indem wir nun speziell noch die dichterische Thätigkeit *Gröndals* etwas näher beleuchten wollen, unterscheiden wir zunächst wieder zwischen Übertragungen und Originalgedichten. Von den ersteren sind vor allem nochmals die poetischen Übersetzungen einiger Gesänge der Odyssee (vgl. oben S. 326) sowie der Ilias hervorzuheben. Der Dichter wählte nach dem Vorgange *Sveinbjörn Egilssons* das alte Versmafs des *„Fornyrðislag."* Wir haben uns bereits früher über die Unzweckmäfsigkeit der Anwendung dieses altnordischen Metrums bei der Übertragung der griechischen Epen ausgesprochen. Im übrigen jedoch sind auch *Gröndals* Übersetzungen wohlgelungen, ohne freilich dem *„Odysseifskvæði"* seines Vaters völlig gleichzukommen. Von der Ilias ist bis jetzt nur die erste Hälfte (durch die „Isländische Litteraturgesellschaft*) veröffentlicht worden (*Ilionskvæði*, I—XII *kviða; Reykjavík*, 1856), während die zweite im Archive der Gesellschaft zurückbehalten wird. Von den übrigen, nicht zahlreichen aber trefflichen Übersetzungen erwähnen wir nur die der deutschen Gedichte „Kynast“ (*Helbrúðurin*) von Körner, „Kennst du das Land“ von Goethe und „Die Ideale“ (*Sólhvörf*) von Schiller.

Bereits mit fünfundzwanzig Jahren erregte *Gröndal* Aufsehen durch ein episches Gedicht in zwölf Gesängen (achtzeilige Stanzen mit eingestreuten lyrischen Gedichten), „die *Örvar-Odds-drápa*“, worin der Kampf tapferer und ritterlicher Helden gegen übernatürliche Mächte und Zauberkünste geschildert, und der Unterschied zwischen ehrlicher Mannhaftigkeit und schnöder Hinterlist vor Augen geführt wird. Die Dichtung weist zwar noch vielfache Merkmale der Unreife auf und ist auch ziemlich nachlässig gearbeitet, zeugt aber schon von der starken und originellen Begabung des Poeten. Sie ist aufserdem interessant als das erste originale Kunstepos in isländischer Sprache.

Köstlich ist „*Gandreið*“ (d. h. Geisterritt), eine grobe aristophanische Komödie und stellenweise unübertroffene Parodie auf gewisse, namentlich litterarische Verhältnisse jener Zeit auf Island und in der isländischen Kolonie Kopenhagens. Besonders gelungen ist darin die Parodie eines Gedichtes *Helgi Hálfdanarsons*, die wohl vergeblich ihres gleichen sucht. Das ganze war ein gelungener Scherz und wurde auf Island auch allgemein als solcher aufgefafst und herzlich belacht. Nur einige vom Dichter etwas unsanft mitgenommene Personen nahmen die Sache ernst und zeterten über das „politische Pamphlet“. Als Dichtung im höheren Sinne kann „*Gandreið*“ nicht in Betracht kommen; sie ist jedoch bezeichnend für den lebhaften und schwungvollen Geist wie für das dichterische Temperament *Gröndals*.

Als ein vornehmes „dramatisches“ Gedicht von tiefer Poesie erweist sich hingegen „*Ragna-rökkur*“, welches den Untergang der Götter nach der nordischen Mythologie behandelt. Doch ist die interessante Schöpfung vielmehr eine metaphysisch-lyrische Gedichtsammlung als ein Drama und im ganzen zu gelehrt, weshalb sie nicht populär werden konnte. Dies gilt auch von den zwei gröfseren Gedichten „*Hugfró*“ (1870) und „*Brísingamen*“ (1871) in „*Gefn*“. Das erstere, dessen Titel etwas frei mit „Natur und Kunst“ wiederzugeben wäre, ist ein Lehrgedicht in der Art von Schillers „Die Künstler“; es wird darin die Theorie aufgestellt, dafs die Wurzeln der Kunst und Poesie in der Natur zu suchen seien gleich denen anderer Menschenwerke. In „*Brísingamen*“ (der Halsschmuck der Göttin *Freyja*) tritt der Dichter für die poetische Vereinigung des Südens und Nordens ein. Ausgehend von der bekannten Erzählung der nordischen Mythologie, dafs *Óður*, der Mann der *Freyja* diese verliefs, worauf *Freyja* durch alle Länder zog, um ihn zu suchen, kommt der Dichter zu der Idee, dafs die

Nordländer gern von Zeit zu Zeit südliche Orte aufsuchten, wo es heifser und lichter und mehr Bildung und Reichtum zu finden war.

Von grofser Schönheit und tiefer unmittelbarer Wirkung auf jedermann, besonders aber auf ein isländisches Gemüt sind viele von den lyrischen Gedichten *Gröndals*, einfache und schlichte, aber direkt aus dem Menschenleben geschöpfte Poesien, die den Dichter zu einem Liebling seines Volkes machten. Dabei entwickelt *Gröndal* oft — besonders in den Gedichten im *Fornyrðislag*, aber auch sonst z. B. im *„Balthazar"*, *„Prometheus"* u. a. — eine Meisterschaft in der Diktion und Sprachbehandlung, die zu bewundern ist. Bisweilen zeichnet er seine Bilder nur mit ganz wenigen Strichen, so dafs man Geduld und ein scharfes Auge haben mufs, um das Ganze herauszufinden. Dadurch wird natürlich gar vieles mifsverstanden. „Aber es wäre wahrlich kein Vergnügen ein Dichter zu sein, wenn alles nur für solche gedichtet werden müfste, die nichts anderes verstehen als *Beinakerlingavísur* (vgl. oben S. 16), Grabschriften und Kirchenlieder" bemerkt mit Recht *Þ(orsteinn) Erlingsson)* in einem begeisterten Artikel über *Gröndal*,[1]) worin endlich einmal die interessante Eigenart des so hoch begabten Poeten eine gerechte Würdigung fand.

Gewifs sind nicht alle Gedichte und sonstigen Werke *Gröndals* fehlerlos; es finden sich darin verschiedene Unvollkommenheiten, ja sogar dichterische Fehler; allein dieselben sind zumeist absichtlich gemacht, bisweilen auch aus Nachlässigkeit, jedoch nie aus Unverstand. Getadelt wurde es namentlich, dafs in vielen Gedichten schönes aber hohltönendes Wortgeklingel vorherrsche, während die Idee unklar oder ohne tieferen Gehalt erscheine. Es sind dies die oft gerügten Überschwenglichkeiten *(öfgar) Gröndals*, welche sich übrigens zumeist in seinen Gedichten aus den jüngeren Jahren breit machen; sie fanden jedoch bei einem Teile der damaligen dichterischen Generation so viel Anklang, dafs *Gröndal* damit förmlich Schule machte, und von ihm und seinen Nachahmern als einem „neuen Dichtergeschlecht" *(„ið nýa skáldaskyn")* gesprochen wurde.[2]) In diese Kategorie gehört z. B. das hier in deutscher Übersetzung mitgeteilte Gedicht „Die Jugend," welches u. a. auch *Steingrímur Thorsteinsson* so gut gefiel, dafs er es in dänischer Sprache nachdichtete. Aber auch diejenigen Gedichte, welche nicht ersten Ranges sind und nicht, wie selbst Schweitzer sich ausdrückt, „zu den köstlichsten Kleinodien isländischer Lyrik gehören," zeichnen sich fast durchwegs durch Frische und Schönheit der Sprache aus.

Die lyrischen Gedichte *Gröndals* liegen in den beiden früher genannten kleinen Sammlungen aus den Jahren 1853 und 1856 und aufserdem in den Jahresschriften *„Fjölnir"*, *„Ný fjelagsrit"* (hier z. T.

---

[1]) Im *Sunnanfari*. 1891, S. 33—35 mit einem Bildnis des Dichters. — [2]) Vgl. z. B. *Sjera Björn Halldórssons á Laufási* satirisches Epigramm auf *„ið nýa skáldaskyn"* in *Snót* (1865). S. 378.

unter der Chiffre „Þyt“), „Gefn“, in den lyrischen Anthologien „Svava“ und Snót“ sowie in den verschiedensten isländischen Journalen, in Flugblättern u. s. w. vor. Doch ist vieles, und darunter, wie verlautet, gar manches, das zu den allerbesten Schöpfungen des Poeten zählt, noch ungedruckt. Wir wünschen sehr, dafs *Gröndal* eine Ausgabe seiner besten Gedichte veranstalte; dieselbe würde einem herrlichen Blütenstraufs der echtesten isländischen Poesie gleichen. Im allgemeinen aber können wir nur einstimmen in die Behauptung des Verfassers jenes Artikels: „Die Natur hat diesen Mann so reichlich mit Geistesgaben beschenkt, dafs es an das Wunderbare grenzt.“

Wir bedauern, dafs wir nicht in der Lage sind, mehr Proben der Dichtungen *Benedikt Gröndals* hier mitzutheilen. „Die Nacht,“ „Island“ und „Rückkehr aus dem Süden“ sind von A. Baumgartner übersetzt und die beiden letzteren Gedichte auch bereits gedruckt in dessen „Nordische Fahrten. Island und die Faröer,“ S. 392—393 und S. 407—408. Es sei noch bemerkt, dafs „Island“ aus Anlafs der Jubelfeier der tausendjährigen Besiedelung Islands gedichtet wurde und ein Produkt jener schwermütig-träumerischen Stimmung ist, aus der so viele neuisländische Lieder hervorgegangen sind. „Kehren in diesen Liedern auch manche Motive immer von neuem wieder, wie die poetische Personifikation Islands als der silbergekrönten, jungfräulichen Königin des nordischen Eispalastes, so entbehren sie doch sonst vielfacher Abwechslung nicht und verraten ein tiefes, wahres Gefühl, für das auch der Fremdling nicht unempfindlich bleiben kann.“ — „Rückkehr aus dem Süden“ (*Sunnanför*) bringt die Heimatsliebe der Isländer in begeisternder Weise zum Ausdruck. „Mochten vereinzelte Isländer sich im Auslande an die Freuden und Leiden der Hypercivilisation gewöhnen; der echte Isländer bewahrt ein unvertilgbares Heimweh nach seiner Insel im Herzen. „„Nur im Nord ruht sein Magnet.““ Es liegt etwas Grofses, Ideales in dieser Liebe zur alt-ehrwürdigen, geschichtlichen Heimat“, bemerkt mit Recht der Übersetzer dieses schönen Liedes.

Die Jugend.

(Kvæði, 1856, S. 52—55.)

Ich denk's noch, Mutter-Erde mein,
Wie ich in meiner Kindheit Tagen
Sah deine schönen Berge ragen
Zum erstenmal — so blau und rein.
Oft schaut' ich lange vor dem Haus
Zum Gipfel auf, vom Sonnenglanze
Geschmückt mit gold'nem Blumenkranze,
Hoch in dem lichten Born des Taus.

Wie träumend oft ich draufsen stand
Und wähnte dann im Geist zu sehen
Dort auf den blauen Bergeshöhen
Ein unbekanntes Zauberland.
Die Halde lächelte so hold,
Und über ihr erhob sich mächtig
Der Gletscher, und es strahlte prächtig
Sein weifses Haupt im Sonnengold.

Und Sehnsucht dann die Brust mir schwellt
Ich wollt' hinauf zum Äther fliegen,
Mich auf des Lichtes Wogen wiegen,
Hoch unterm blauen Himmelszelt.
Ich meint', da oben sei das Land,
Wo stets daheim nur alle Wonne,
Nicht ahnend, dafs, so nah der Sonne,
Der Gipfel nur aus Stein bestand.

Die holden Blümlein seh' ich ganz
Wie damals, als von Eises Banden
Befreit, in lichter Pracht sie standen,
Wetteifernd mit der Sonne Glanz,
Bedeckt von Tau, der demantklar
Im schönen Strahlenstrom gelächelt,
Vom Traum der Lenzeslust gefächelt [1];
Wie hell und rein dies alles war!

Ich wähnt' — im Jugend-Unverstand —,
Dafs diese Welt ganz winzig wäre,
Da doch des Taues lichte Zähre
Platz auf den Blumenblättern fand.
Glückselig Wesen du, das hier
Ruh'n darf auf einem Rosenbette!
Es bot der Traum an dieser Stätte
Gewifs die vollste Freude dir!

---

[1]) „dýrum bló í geislastraumi
vorgolunnar vögguð draumi.“
so hat der Dichter selbst die beiden Verse abgeändert, die früher (in *Kvæði I*. S. 53 und in *Bogi Melsteds Sýnisbok*, S. 217) lauteten:
„dýrum bló í geisladraumi,
vorgolunnar vögguð straumi.“

Allein mein Geist hat nicht bedacht,
Dafs alles sich zum andern wendet,
Dafs auch des Taues Dasein endet,
Trotz seiner Seligkeit und Pracht.
Du selber, Sonne, nimmst doch schon,
Die sonst du immer Leben spendest,
Durch deinen Strahl, den du entsendest,
Den Tau von seinem goldnen Thron!

Die Meereswoge, riesengrofs,
Seh' ich vor mir, wie sie sich bäumte,
Die Felsen weifs mit Gischt beschäumte
Und niederstürzte mit Getos,
So schauerlich, dafs mir's gebrach
An allem Mut; ich hört' mit Beben
Des Todes Botschaft an das Leben.
Herr, deine Stimme war's, die sprach!

O Jugend-Unerfahrenheit,
Du wähnst, berauscht vom Riesentraume,
Es gäb' im weiten Weltenraume
Nichts als ein Meer von Seligkeit! —
Ist ausgeweint dein Thränenquell,
Dann ist der Schauer auch geschwunden,
Der Kummer weg und Trost gefunden,
Und lacht der Himmel wieder hell.

O Kindersinn, du nimmst so leicht
Die herbsten Schläge des Geschickes,
Und selbst die Lust des Augenblickes
Dir oft zur Wonne schon gereicht.
Du kennst den Gram nicht, wenn das Herz
Schier überquellen will von Sorgen,
Und sie im Innersten verborgen
Doch halten mufs, zerwühlt von Schmerz.

Doch ist vorüber deine Zeit,
Dann siehst du alles umgestaltet,
Was früher heifs war, ist erkaltet,
Dahin des Frühlings Seligkeit.

Windstille sich nicht immer hält.
Am Lebensbaume Würmer nagen
In langen Nächten, kurzen Tagen . . .
Wo ist des Traumes Zauberwelt?

Nacht.

(Svava, 1860, S. 20—21.)

Über die Wiesen ich ging, und grün war das Laub an den Bäumen,
Tau am Sonnenaug' schlief, dunkel es hüllend in Flor.
Tief in die Wogen getaucht war die Sonne, und rings war es stille,
Nicht das leiseste Blatt lispelte mehr im Gebüsch.
Friedlich setzt' ich mich da am Eichbaum nieder und schweifte
Träumend zum Hades hinab bis an die Brücke der Gjöll.
Sieh! da schwebten vor mir in Scharen die Männer der Vorzeit
Von dem Beginne der Welt alle der Reihe nach her.
So kam ich glücklich bis Rom, wo Cäsar und Crassus erregten
Aufruhr im Volke, sich dann teilten in dessen Besitz.
Plötzlich ertönte ein Klang, wie wenn ein spielender Finger
Über die Laute dahin goldene Saiten berührt.
Eine Nachtigall war's, erwacht vom ruhigen Schlummer;
O wie lieblich sie sang, holdeste Stimme der Nacht!
Hellen, kräftigen Schlags entfloſs das Lied ihrer Kehle,
Unter dem Eichenzweig, wundervoll klagend und süſs.
Alles vergaſs ich. Es flohen die Helden aus meiner Erinnerung:
Was sie alle vertrieb, war eines Vögelchens Lied.

Island.

(Lestrarbók handa alþýðu á Íslandi eptir Þórarinn Böðvarsson. Kopenh. 1874, S. 341.)

Schön bist du, mein Heimatland,
Erbin alter Zeiten!
Traut am Fuſs der Bergeswand
Deine Au'n sich breiten.
Sinnend rauscht der Wasserfall
Von der Felsenzinne,
Wo des Skaldenliedes Schall
Mut einst pries und Minne.

In die Vorzeit schau' ich dann:
Knaben, hehre Greise,
Schild an Schild und Mann an Mann
Lagern sie im Kreise.

Egill singt zum Saitenspiel
Unterm Zelt der Sonne,
Und der Helden lauschen viel
Seinem Lied in Wonne.

Manche Helden hast du doch
Längst zu Grab gesungen;
Lebt dir einer heute noch?
Ist dein Herz zersprungen?
Was hat dies Jahrtausend dir
Neu an Ruhm gewonnen?
Ward zur Leiche deine Zier?
Ist dein Ruhm zerronnen?

Nein! Von deiner Berge Schnee
Ist dein Ruhm gedrungen
Fernhin über Land und See,
Hält die Welt umschlungen.
Deinesgleichen weit und breit
Herrscht auf keinem Throne,
Eisumstarrte Königsmaid
Mit der Silberkrone.

Halte fest der Hoffnung Licht,
Keinem Schmerz erliege,
Wein' um deine Kinder nicht,
Kampf nur führt zum Siege!
Wenn dir schwere Wunden schlägt
Auch die dunkle Norne,
Süfse Frucht das Leiden trägt
An dem Thränenborne.

Herrlich seh' ich schreiten dich
In der Zukunft Weite,
Schirmend legt die Woge sich
Rings an deiner Seite.
Schimmernd reihen sich zum Kranz
Deine alten Sterne,
Und des Nordlichts Zauberglanz
Flutet in die Ferne.

Rückkehr aus dem Süden.

(Svava, S. 44—46.)

Nordwärts zieh' ich breite Pfade
Mit des Dampfes Flammendrang,
Schneller als nach Flut und Regen
Fliegt ein Schiff den Fluſs entlang.
Städte, Burgen flieh'n vorüber
Zahllos: ohne Ruh' und Rast
Dreht sich, gleich des Erdballs Kreisel,
Der Maschine Eisenlast.

In des Südens stolzen Sälen
Sah ich Ros' und Lilie blüh'n,
Stolze Männer, holde Frauen,
Lieblich war ihr Wort und kühn;
Von den himmelhohen Türmen
Scholl der frohe Stundentanz,
Von den goldgeschmückten Wänden
Strahlte heller Lichterglanz.

Doch indes die Pracht ich schaute,
Standest du im Silberkleid
Vor mir, schimmernd, schneegegürtet,
Eisgekrönte Heldenmaid.
Lieber will ich bei dir wohnen,
Heimat, als in fremdem Glanz,
Lieber bei dir einsam träumen,
Als mich dreh'n im leichten Tanz.

Niemals wird die Sonne tagen,
Da ich nicht gedenke dein,
Hehre, schöne Asentochter,
Mit dem Brauthelm licht und rein,
Mit dem Schleier, zart gewoben
Aus Krystall und weiſsem Schnee,
Feuerglut im tiefen Busen
Trotz der eisumwogten See.

Herrlich taucht die Morgensonne
Deine Bergeswelt in Glut,
Ihre Runenschrift, die gold'ne,
Abends auf dem Meere ruht.
Magst du auch zum Meere eilen
Jeden Abend, schöner Strahl,
Lebst am Himmel meiner Seele
Du bei Tag und Nacht zumal.

Ruf' vom Grabe deinen Söhnen,
Saga, die Vergangenheit,
Ihren Zauber, ihre Schätze,
Ihrer Helden Herrlichkeit,
Dafs sie steh'n und kämpfen mögen,
Nie ermatten, halten Stand,
Nimmer dulden, dafs der Fremde
Heil'ge sich das gute Land.

Wann wird uns die Stunde schlagen,
Wo der Knechtschaft Nacht zerfliefst,
Wo der Blumen schönste Fülle
Aus dem freien Boden spriefst?
Ja, der Tag, er wird erwachen,
Wo das Recht zum Scepter greift,
Und der Tag wird dann erst enden,
Wenn mein Volk zum Grabe reift!

Steingrímur Thorsteinsson — Matthías Jochumsson

Steingrímur Thorsteinsson und *Matthías Jochumsson* haben als selbständige Dichter im Grunde nur gemeinsam, dafs sie beide ein vollwertiges Talent besitzen, derselben romantisch-idealen Richtung der Poesie angehören und jeder in seiner Art dem isländischen Volke als „Nationaldichter" (*þjóðskáld*) gilt. Es ist ein äufserer Umstand, der uns veranlafste sie neben einander zu stellen, ein Umstand, der auch an sich in litterar-historischer Hinsicht von solchem Belang erscheint, dafs eine Besprechung desselben hier wohl am Platze sein dürfte. Die beiden Poeten haben nämlich das Verdienst, nach den ersten grofsartigen Leistungen eines *Jón Þorláksson* und *Sveinbjörn Egilsson* in der Vermittelung berühmter klassischer Dichtungen der Weltlitteratur die Isländer wieder in umfassenderer und zielbewufsterer Weise, als es seit diesen bedeutenden Arbeiten geschehen war, durch treffliche Übersetzungen oder Bearbeitungen mit einer Anzahl der hervorragendsten Dichter des Auslandes zum ersten Male oder doch genauer bekannt gemacht und dadurch den poetischen und geistigen Gesichtskreis ihres Volkes neuerdings erweitert zu haben.

Der eigentliche Anstofs zu dieser intensiveren Beschäftigung mit fremden Litteraturen ging indessen von anderer Seite aus, die nicht übersehen werden darf. Im Jahre 1846 trat in die oberste Klasse der Lateinschule zu *Reykjavík* ein junger Mann namens *Ólafur Bjarni V. Stef. Lud. Gunnlögsen* (geb. am 20. Jänner 1831) ein, der schon früher die Akademie zu Sorö in Dänemark besucht, dort u. a. die Dichter Ingemann und C. Hauch zu Lehrern gehabt und sich eine für sein Alter ungewöhnliche ästhetische Bildung erworben hatte. Dieser glänzend begabte Schüler übte nun auf seine Mitschüler in ästhetisch-litterarischer Beziehung den anregendsten Einflufs aus, ja er wurde geradezu deren Mentor und veranlafste mehrere von ihnen zur Lektüre und zum Studium fremder Dichter. *Steingrímur Thorsteinsson* z. B. schaffte sich auf dessen Rat sogleich Schillers sämtliche Werke, Goethes lyrische Gedichte, Werthers Leiden, Hermann und Dorothea u. a. an.[1]) Der interessante Jüngling verliefs jedoch bald wieder Island; er

---

[1]) Private Mitteilungen von *Steingrímur Thorsteinsson*.

wurde später in Löwen Doktor der Philosophie, war dann lange Zeit hindurch Mitarbeiter und zuletzt Redakteur des bekannten Brüsseler Journals „Le Nord“ und starb am 22. Juli 1894. — Zur Verbreitung der Kenntnis speziell deutscher Dichtungen trug von der Mitte des Jahrhunderts an aufserdem noch der Umstand bei, dafs seit 1846 an der Lateinschule auch Deutsch gelehrt und als Unterrichtsbehelf Lesebücher gebraucht wurden, die natürlich Proben aus der Litteratur enthielten.

Hatten nun zwar nach *Jónas Hallgrimsson* und früheren Poeten auch schon *Grimur Thomsen*, *Benedikt Gröndal* d. J., *Gisli Brynjúlfsson* u. a. einzelne Gedichte aus fremden Sprachen übersetzt, so geschah, wie gesagt, die Einführung ausländischer Dichter in die isländische Litteratur planmäfsig und im gröfseren Stile doch erst durch *Steingrimur Thorsteinsson* und *Matthias Jochumsson*. Diese beiden gaben zunächst unter dem Titel „*Svanhvít, nokkur útlend skáldmæli í íslenzkum þýðingum*“ (*Reykjavik*, 1877) eine Sammlung ausschliefslich von ihnen übersetzter Gedichte fremder Poeten heraus, worunter 18 von deutschen, 11 von englischen, 17 von nordischen. Später übersetzten sie noch eine Anzahl weiterer Gedichte sowie auch — und dies ist hier eben von ausschlaggebender Bedeutung — g a n z e hervorragende W e r k e der poetischen Weltlitteratur, nämlich fünf Dramen Shakespeares, ein dramatisches Gedicht und eine poetische Erzählung Byrons, epische Dichtungen Tegnérs u. a. *Steingrimur Thorsteinsson* machte seine Landsleute ferner mit einigen der schönsten indischen Dichtungen sowie mit De la Motte Fouqués „Undine“ in prosaischen Bearbeitungen bekannt. Um nicht zu weitläufig zu werden, verweisen wir bezüglich der eben angedeuteten nichtdeutschen Dichtungen auf die näheren Angaben, welche sich unten bei der eingehenderen Erörterung der litterarischen Thätigkeit der beiden isländischen Poeten niedergelegt finden. Dafür aber wollen wir etwas genauer zusehen, welche bedeutenderen deutschen Dichter sich von jetzt an noch in der isländischen Übersetzungslitteratur vertreten finden.

Aufser Gellerts Lehrgedicht „Der Christ“ und Klopstocks „Messias“ ist also den Isländern von gröfseren deutschen Dichtungen nur noch De la Motte Fouqués „Undine“ bekannt geworden. Von anderen deutschen Poeten wurden auch weiterhin blofs einzelne Gedichte ins Isländische übertragen, am meisten von Schiller, Goethe und H e i n e. Für letzteren hat sich bekanntlich *Jónas Hallgrimsson* so sehr begeistert, dafs er ihn nachahmte und nicht weniger als elf Gedichte von ihm ins Isländische übertrug (vgl. oben S. 340—342). Später wurde nur Weniges von ihm durch *Steingrimur Thorsteinsson*, *Gisli Brynjúlfsson*, *Kristján Jónsson*, *Jón Olafsson* u. a. übersetzt. In jüngster Zeit jedoch hat wieder *Hannes Hafsteinn* eine gröfsere Anzahl von Übertragungen aus dem „Buch der Lieder“ in Zeitschriften veröffentlicht, so dafs

Heine jetzt von allen deutschen Poeten in der isländischen Übersetzungslitteratur am stärksten (durch etwa 40 Gedichte) vertreten ist.

Schiller hatte wegen seines Idealismus und rhetorischen Pathos wie bei den Dänen so auch bei den Isländern bald sympathischen Anklang gefunden, und es haben, wie wir gesehen, bereits *Bjarni Thórarensen*, *Sveinbjörn Egilsson*, *Jónas Hallgrímsson* und *Sigurður Breiðfjörð*, dann *Grímur Thomsen* und *Benedikt Gröndal* einige Gedichte von ihm übersetzt („Wohl auf, Kameraden!“ „Elysium“, „Teilung der Erde,“ „Hektors Abschied,“ „Die Kindesmörderin,“ „Des Mädchens Klage,“ „Der Alpenjäger,“ „Die Ideale“). Indessen wurde Schiller doch erst jetzt auf Island bekannter gemacht, u. zw. durch *Steingrímur Thorsteinsson*, der allein zwölf seiner schönsten und charakteristischesten lyrischen Gedichte, Romanzen und Balladen trefflich ins Isländische übertrug („Das Mädchen aus der Fremde,“ „Der Taucher,“ „Die Worte des Glaubens,“ „Der Graf von Habsburg“, „Das Lied von der Glocke,“ „Klage der Ceres,“ „Ritter Toggenburg,“ „Der Jüngling am Bache,“ „Sehnsucht,“ Der Pilgrim,“ „Die Götter Griechenlands,“ „Der Spaziergang“). *Matthías Jochumsson* übersetzte das Gedicht „An die Freude.“ Zählt man zu den schon genannten Übersetzungen Schiller'scher Gedichte noch die *Kristján Jónssons* von „Thekla,“ „Amalia“ und „Entzückung an Laura“ hinzu, so ergiebt sich im ganzen die Summe von vierundzwanzig. Außerdem wurde noch „Der Spaziergang unter den Linden“ (durch *Jón Þorleifsson*) ins Isländische übertragen.

Goethe hingegen fand auf Island erst später und allmählich einzelne Schätzer und Dolmetscher seiner Poesie. Weder *Bjarni Thórarensen* noch *Jónas Hallgrímsson* hatten sich für ihn begeistern können. Sie fanden ihn „zu kühl und geschliffen.“ Dies erscheint einigermaßen frappant, und daher dürfte es nicht ganz uninteressant sein, den Spuren Goethes auf Island überhaupt ein wenig nachzugehen. Da die Isländer die erste Bekanntschaft mit fremden Dichtern gewöhnlich in Dänemark oder durch dänische Vermittelung zu machen pflegten, wollen wir erst sehen, in welchem Ansehen Goethe bis zu jener Zeit bei den Dänen gestanden hatte. Und da finden wir denn, daß dieser gewaltige Dichtergeist in Dänemark lange Zeit hindurch wenig beachtet wurde und anfangs mehr im schlimmen als im rühmlichen Sinne Aufsehen erregte. Hat doch z. B. die theologische Fakultät in Kopenhagen 1776 in einem Gutachten über die Zulässigkeit einer dänischen Übersetzung von „Werthers Leiden“ sich geäußert, daß die Erlaubnis hierzu nicht erteilt werden könne, weil dieser Roman als eine Schrift zu betrachten sei, welche „die Religion verspottet, die Laster beschönigt, das Herz und gute Sitten verderben kann.“[1]) Durch Steffens Vorlesungen (im J. 1802), die sich auch auf Goethes Werke erstreckten, wurde wohl ein Teil der studierenden Jugend für den

[1]) P. Hansen, Illustreret dansk Litteraturhistorie. II. Band (Kopenh. 1886), S. 16—17.

grofsen deutschen Dichter gewonnen; bei der Mehrzahl der Gebildeten jedoch war er noch in den ersten Dezennien des Jahrhunderts wenig bekannt und geschätzt. So erzählt z. B. Fräulein *Benedikte Arnesen-Kall*, eine hochgebildete Dame und Dichterin († 1896), in ihren „*Livserindringer* 1813—1857,“ dafs der gelehrte Professor *Börge Thorlacius*, ein klassisch gebildeter Mann, von Goethe eine sehr unvorteilhafte Meinung gehabt habe; es heifst daselbst S. 62: „Etatsrat *Thorlacius* sagte eines Tages, als von Goethe die Rede war, der im Jahre 1825 in Dänemark keineswegs allgemein bekannt war, dafs „„ein junges Mädchen, das diesen Dichter lese, aus der guten Gesellschaft ausgeschlossen werden müsse.““ Zehn Jahre später — bemerkt hierzu die Verfasserin — würde es für einen Mangel an allgemeiner Bildung angesehen worden sein, Goethe gar nicht zu kennen, und in der darauf folgenden Periode sog eine ganze Generation Leben, Kraft und Einsicht aus den unvergänglichen Werken des herrlichen Dichters.“

Und so wufsten denn auch die gebildeten Isländer jener Zeit von Goethe höchstens nur, dafs er ein grofser Dichter sei; von seinen Dichtungen aber hatten auch jene nichts gelesen, welche der deutschen Sprache mächtig waren. *Steingrímur Thorsteinsson*, der jetzt zu den besten Goethekennern Islands zählt, teilte mir mit, dafs sein Vater, der Amtmann *Bjarni Thorsteinsson*, ein tüchtiger Jurist und sehr gebildeter Mann mit vielseitigen Interessen, obgleich er deutsch verstand und in seiner Bibliothek deutsche Werke (z. B. von Kant, Herder, Friedrich II. u. a.) nicht fehlten, keines von Schiller oder Goethe besafs; doch hatte er Schillers Geschichte des dreifsigjährigen Krieges gelesen. *Sveinbjörn Egilsson*, der ebenfalls des Deutschen mächtig war und bekanntlich Gedichte von Schiller und Uhland übersetzte, kannte Goethe höchstens aus den wenigen Gedichten, die er in den Lehrbüchern vorfand. In der isländischen Litteratur wird Goethe, meines Wissens, überhaupt erst anläfslich seines Todes genannt u. zw. in dem Jahrbuch „*Skírnir*.“ 1832, wo S. 112—113 die Notiz zu lesen ist: „In Deutschland ist der Volksdichter Goethe gestorben zu Weimar, zweiundachtzig Jahre alt, am 22. des vergangenen März. Er wurde mit grofsem Prunk in der Grabkapelle des Grofsherzogs beerdigt an der Seite seines Freundes Schiller; und das Schauspielhaus in Weimar blieb geschlossen und andere Vergnügungen wurden freiwillig aufgeschoben, so lange die Leiche unbeerdigt war.“

Ph. Schweitzer schreibt zwar in einem Feuilleton „Goethe auf Island“: „Spuren einer vertrauteren Bekanntschaft mit Goethe treten erst bei dem Gymnasialprofessor Dr. *Hallgrímur Scheving* († 1861) zu Tage. U. a. versuchte derselbe vergeblich *Bjarni* zur Übersetzung von Goethes „Das Lied vom Fischer“ zu bewegen . . . . Hatte derselbe dem *Bjarni Thórarensen* kein Interesse für Goethe einzuflöfsen vermocht, so glückte ihm dies um so besser bei einem jungen Poeten und Gelehrten, nämlich bei Dr. *Grímur Thomsen*" u. s. w. Schweitzer nennt die Quelle nicht, aus der er seine Angaben geschöpft; dieselben klingen jedoch im einzelnen wenig glaubwürdig. Eine vertrautere Bekanntschaft *Schevings* mit Goethe ist zum mindesten sehr unwahrscheinlich. Dafs *Scheving* aber u. a. *Bjarni Thórarensen* zu bewegen versucht habe, Goethes „Fischer" zu übersetzen, ist bestimmt nicht richtig und wird auch von *Grímur Thomsen* verneint, der indessen eine genauere Bekanntschaft *Schevings* mit Goethe, wie es scheint, nicht in Abrede stellen will. Was im besonderen *Grímur Thomsen* selbst betrifft so war es allerdings *Scheving*, der ihm den äufseren Anstofs zur Übersetzung von Goethes Ballade „Der Fischer" gab, jedoch rein zufällig und ganz unbewufst, indem er *Thomsen* als jungem Schüler Herders „Volkslieder" (Leipzig, 1778) zum Geschenke machte, worin bekanntlich auch dieses Goethe'sche Gedicht enthalten ist.[1])

Grímur Thomsen war also, wie schon früher erwähnt, der erste, der ein Gedicht Goethes — eben die Ballade „Der Fischer" — ins Isländische übertrug. Diese Übersetzung erschien 1844 in „*Ný fjelagsrit*". Ihr liefs dann *Grímur* selbst noch drei andere folgen („Harfenspieler" aus „Wilhelm Meister", „Wer nie sein Brot mit Thränen afs", „Trost in Thränen" und „Der König in Thule"). Sodann übertrug *Benedikt Gröndal* „Mignon" ins Isländische. Jedoch erst *Steingrímur Thorsteinsson* übersetzte eine gröfsere Anzahl von Gedichten, wie „Der Sänger", „Der Gott und die Bajadere", „Der du von dem Himmel bist", „Ich ging im Walde", „Sakontala", „Legende vom Hufeisen", „Die Braut von Korinth", „Erlkönig", „Der König in Thule", „Trost in Thränen", „Über allen Gipfeln", „Mignon", „Nähe des Geliebten" und „Heidenröslein," von denen die sechs zuletzt genannten auch von anderen, darunter „Nähe des Geliebten" von *Matthías Jochumsson* übertragen wurden. Zu diesen Übersetzungen kommen noch die *Gísli Brynjúlfssons* von „Freudvoll und leidvoll" und *Hannes Hafsteinns*

[1]) Auf meine Umfrage bezüglich der Bekanntschaft *Schevings* mit Goethes Gedichten und sonstigen Werken erhielt ich u. a. folgende Antworten. Der frühere Rektor der Lateinschule Dr. *Jón Þorkelsson* schrieb: „Ich war drei Jahre ein Schüler *Schevings* und erinnere mich nicht, dafs er je Goethe nannte. Ich war bei der Versteigerung der hinterlassenen Bücher *Schevings* und erinnere mich nicht, dafs sich darunter etwas von Goethes Gedichten befunden hätte." *Steingrímur Thorsteinsson*: „Man kann wohl mit Sicherheit sagen, dafs *Scheving* von neuerer Litteratur — auch von der deutschen — beinahe gar nichts kannte, was ich, der ich nicht wenig Gespräche mit ihm hatte, bezeugen kann." *Benedikt Gröndal* d J.: „Was Dr. *H. Scheving* betrifft, so hat er Goethe weder besessen noch gekannt; seine Bibliothek hatte nur lateinische, griechische und isländische Bücher. Dafs er Herders Volkslieder besessen hat, ist sehr möglich, beweist aber gar nicht, dafs er die deutsche poetische Litteratur gekannt habe; wenigstens ist keine Spur davon zu entdecken." Dr. *Grímur Thomsen* hat sich über diesen Fragepunkt nicht in unzweifelhafter Weise äufsern wollen, beantwortete aber den anderen, ob *Scheving* deutsch verstanden habe, entschieden mit „Ja".

von „Vanitas, vanitatum vanitas“ und „Römische Elegien,“ V., so dafs also bisher neunzehn (nach Schweitzer „bei fünfundzwanzig“) Gedichte Goethes in isländischer Übersetzung vorhanden sind.

Es existierten auch bis auf die jüngste Zeit — von einigen kargen Notizen z. B. in *Sunnanfari* abgesehen — keine isländisch geschriebenen Biographien Goethes und Schillers. Erst in dem Kalender des isländischen Vereines der Volksfreunde (*Almanak hins ísl. þjóðvinafjelags*) für das Jahr 1893 findet sich eine sehr summarische Übersicht von Goethes Leben und Werken — nur Werthers Leiden, Götz von Berlichingen und Faust werden genannt! — sowie ein Bildnis des Dichters, und neuestens hat *Steingrímur Thorsteinsson* einen längeren Aufsatz über „Goethe und Schiller“ in den Jahrgängen 1896 und 1897 der Zeisehrift *Eimreiðin* mit den Portraits der beiden Dichter veröffentlicht. Man kann daher weder von Schiller und noch viel weniger von Goethe behaupten, dafs sie heute auf Island allgemein bekannt seien. In Bezug auf Goethe schrieb zwar Schweitzer, dafs die Bekanntschaft mit ihm heutzutage auf Island „im starken Zunehmen begriffen sei,“ ja, er glaubte, Goethe werde „jetzt unter den Isländern ebenso viel gelesen als — Heinrich Heine.“ Auf den von mir über diese Behauptung ausgesprochenen Zweifel äufserte sich *Matthías Jochumsson* in einem Schreiben an mich (vom 25. Oktober 1895): „Weder die beiden grofsen Propheten noch Heine sind bei uns sehr bekannt. Deutsche Dichter werden in der Regel nur von studierten Leuten gelesen u. zw. auch nur von einer Minorität derselben. Ich glaube jedoch, dafs diese Minorität wächst oder sich doch erhält. Dafs man Heine hier Goethe und Schiller vorziehe, ist gewifs nicht wahr. Schiller sagt unserem Geiste ohne Zweifel weit mehr zu als der romantisch-bizarre Jude oder der grofse klassische Kosmopolit.“ Eine ganz ähnliche Auskunft (vom 27. Oktober 1895) erhielt ich auch von dem Novellisten und Litterarhistoriker Pastor *Jónas Jónasson*, der u. a. bemerkt, dafs er nicht wisse, ob sich mehr als fünf [?] Exemplare von Goethes Werken im ganzen Lande fänden — alle in *Reykjavík* . . . . „Heine kennt man noch weniger. Die Wenigen, die sich sonst für deutsche Litteratur interessieren, besitzen Schiller und lesen ihn.“ *Pálmi Pálsson*, Lehrer an der Lateinschule zu *Reykjavík* schreibt (7. Juli 1896): „Goethe wird hier fast nur von denjenigen gelesen, die eine gelehrte Ausbildung erhalten haben, sowie von den Schülern der Lateinschule zu *Reykjavík*. Nur wenige von den Pfarrern in den Landgemeinden und von den Beamten besitzen eine Ausgabe von Goethe, und es giebt noch immer keine ausführliche Biographie von ihm wie von Schiller auf Isländisch. Es ist auch ein Mifsverständnis, wenn behauptet wurde, dafs Heinrich Heine hier so viel gelesen werde; denn es existieren im Lande überhaupt nur äufserst wenige Exemplare Heine'scher Werke, selbst auch vom „Buch der Lieder“, weshalb die Bekanntschaft mit ihm sehr mangelhaft sein mufs. Schiller (und Körner) werden, wie ich glaube, jedenfalls mehr gelesen als Goethe und Heine. Nur diejenigen, welche in der Lateinschule etwas Deutsch gelernt haben, können die deutschen Dichter einigermafsen in der Ursprache lesen; und Übersetzungen ihrer Werke sind nur vereinzelt und in längst vergriffenen Anthologien wie *Svava* und *Svanhvít* vorhanden." — Gleichwohl meint *Steingrímur Thorsteinsson* (bei Schweitzer): „Dafs Goethe unsere poetische Litteratur beeinflufst habe, ist vielleicht nicht deutlich zu verspüren; aber wer liest Goethe, ohne in den Zauberkreis dieses gewaltigen Geistes gezogen zu werden? Und so glaube ich, dafs viele Goethe mehr Bildung zu verdanken haben, als sie selbst wissen."

Wenn wir zurückschauend die ganze isländische Übersetzungslitteratur — mit Ausnahme der altklassischen und altindischen Poesie sowie der geistlichen Lieder — überblicken, so finden wir, dafs darin die englische Dichtung weitaus am stärksten vertreten ist und zwar sowohl quantitativ wie durch hervorragende Werke (Shakespeares — ein sechstes Drama desselben „Der Sturm" ist noch durch *Eiríkur Magnússon* ins Isländische übertragen worden — dann Miltons, Popes, Byrons). Es folgen die skandinavischen Poeten mit Werken von Tullin, Runeberg, Tegnér, Björnson, Ibsen u. a. Aus der deutschen Litteratur steht von gröfseren und wirklich bedeutenderen poetischen Schöpfungen noch immer Klopstocks „Messiade" vereinzelt da, als zwar imposantes, aber jetzt nicht mehr sonderlich charakteristisches Probestück deutscher Dichtung. Der erste deutsche Dichter, der in die isländische Litteratur eingeführt wurde, war übrigens Gellert, der wie es scheint, auch noch in den ersten Dezennien dieses Jahrhunderts der deutsche Liebling der Isländer blieb. Später wurden Heine, Schiller und Goethe von isländischen Kunstdichtern bevorzugt. Aufserdem finden wir Übersetzungen von Gedichten Hagedorns, Bürgers, Wielands, Hölderlins, Gaudenz von Salis', Tiedges, Körners, Karl Geroks, Uhlands, Geibels u. a. Merkwürdig ist es, dafs die französische Litteratur, so wenig Beachtung fand, dafs aufser einer Umdichtung von Florians „Numa Pompilius" und „Sélico," einer kurzen, „nouvelle africaine" (zuerst von *Hallgrímur Schering* in Prosa übersetzt) in Rímur nur ganz wenige Kleinigkeiten von Voltaire, Lafontaine u. a. ins Isländische übertragen wurden. Auch italienische, spanische, ungarische, serbische, neugriechische und andere fremde Dichtungen finden sich, wenn auch spärlich, in der isländischen Übersetzungslitteratur vertreten.

Aus der fremden Belletristik in Prosa liegen aufser von „1001 Nacht", Goldsmiths „Landprediger von Wakefield", Björnsons „Ein fröhlicher Bursch" und mehreren Kleinigkeiten bisher Übersetzungen (kürzerer Stücke) nur in Journalen und einigen Sammlungen vor. Auch hier gehen die englischen (amerikanischen) und nordischen Dichter voran, und die deutschen sind verhältnismäfsig nur schwach vertreten (in neuerer Zeit z. B. durch Sacher-Masoch, Heyse, Spielhagen, Rosegger, Hermine C. Proschko, Ossip-Schubin). Übrigens war es mir nicht möglich, in dieser Hinsicht den Sachverhalt aufs genaueste festzustellen, da ich nicht in der Lage war, in alle isländischen Journale Einsicht zu nehmen.

Wir kehren nunmehr zu den beiden Dichtern zurück, die uns zu den vorstehenden Ausführungen veranlafst haben.

Steingrímur *Bjarnason* **Thorsteinsson** wurde am 19. Mai 1831 zu *Stapi* (an der Westküste Islands) als Sohn des angesehenen Amtmanns *Bjarni Thorsteinsson* geboren. Nachdem er im Elternhause den vorbereitenden Unterricht genossen hatte, absolvierte er die Lateinschule zu *Reykjavík* und bezog die Universität Kopenhagen. Hier studierte er zuerst die Rechte, dann klassische Philologie und legte 1863 das Staatsexamen für das Gymnasiallehramt ab. Er blieb dann aber noch eine Reihe von Jahren hindurch in Kopenhagen, um sich weiter auszubilden und beschäftigte sich während dieser Zeit auch mit dem Studium der altisländischen Sagalitteratur und mit litterarischen Arbeiten in seiner Muttersprache. Im Jahre 1872 wurde er zum Lehrer, im November 1895 zum Oberlehrer an der Lateinschule zu *Reykjavík* ernannt, an der er noch heute wirkt.

Schon in seiner Jugend legte *Thorsteinsson* den Grund zu der hohen ästhetischen Bildung, die ihm eigen ist. In der Schule noch las er — aufser den gewöhnlichen griechischen und römischen Klassikern — von fremden Dichtern R. Burns, Walter Scott, Shakespeare, Byron, Shelley, Goethe, Schiller, Heine, Victor Hugo und Beranger; von den skandinavischen Poeten gefielen ihm namentlich Tegnér und Oehlenschläger. Seine Lieblingsdichter aber wurden und blieben auch in den späteren Jahren Homer, Shakespeare, Goethe, Schiller und Byron. In Kopenhagen dehnte er seine Lektüre in derselben Richtung noch weiter aus und studierte auch verschiedene ästhetische Werke, jedoch ausschliefslich deutsche. Hier machte er die Bekanntschaft der dänischen Dichter Rudolf Schmidt, Kristian Arentzen, M. Goldschmidt, H. V. Kalund u. a., von denen namentlich die beiden erstgenannten ihm auch warme und aufrichtige Freunde wurden.[1]) Merkwürdigerweise ist er jedoch von dänischen oder skandinavischen Dichtern nur sehr wenig beeinflufst worden.

Als L e h r e r an der Lateinschule hat *Steingrímur Thorsteinsson* durch seine vielfachen gediegenen Kenntnisse, seine hohe Bildung, seine Begeisterung für die idealen Güter des Menschen und seine Bemühungen um die Verbesserung des Unterrichtes — er gab u. a. ein dänisches und ein deutsches Lesebuch für den Schulgebrauch heraus und übersetzte H. W. Stolls bekanntes „Handbuch der Religion und Mythologie“ — auf die Heranbildung seiner Schüler den günstigsten, förderndsten Einflufs genommen. Er wurde aber

[1]) Vgl. z. B. Rudolf Schmidt in: Husvennen, XIX (1892), S. 394.

auch ein ebenso verdienstvoller Lehrer und Bildner des Volkes durch seine bereits erwähnte umfassende Thätigkeit als Übersetzer einer Anzahl hervorragender Dichtungen des Auslandes. So vermittelte er seinen Landsleuten die Bekanntschaft mit der morgenländischen Märchensammlung „Tausend und eine Nacht“ (*Þúsund og ein nótt*, Kopenhagen, 1857—1866, 4 Bde.), hauptsächlich nach der deutschen Übersetzung von König, sowie mit einigen der schönsten Perlen altindischer Poesie als „Sawitri“ (*Reykjavík*, 1878), „Nal und Damajanti (ebd., 1895), den bekannten Episoden aus dem grofsen Volksepos „Mahabharata,“ und Kalidasas „Sakuntala“ (ebd., 1879), die er in ungebundener Sprache übersetzte oder vielmehr (hauptsächlich nach C. Beyers „Arja, die schönsten Sagen aus Indien und Iran“) nacherzählte. In poetischer Form übertrug er ins Isländische Tegnérs „Axel“ (Kopenhagen, 1857), Shakespeares „König Lear“ (*Reykjavík*, 1878), Byrons „Der Gefangene von Chillon“ und „Der Traum“ (Kopenhagen, 1866) „Parisina“ und „Mazeppa,“ Irvings „Pilgrim der Liebe“ (aus „Alhambra“) und De la Motte Fouqués „Undine,“ letztere Dichtung jedoch bedeutend gekürzt und in den allzu sentimentalen Stellen abgeschwächt. Erst kürzlich erfreute er seine Landsleute wieder durch eine gediegene Übersetzung der Fabeln des Äsop (*Dæmisögur eptir Esóp*, *Reykjavík*, 1895). Aufserdem hat *Steingrímur Thorsteinsson* eine grofse Anzahl einzelner Gedichte fremder Poeten ins Isländische übertragen u. zw. nicht nur Schillers und Goethes sondern auch Heines (Die Lorelei), Geibels, Höderlins, Oehlenschlägers (Romanze „Hakon Jarl“ in *Austri*, 1895), Dantes („Inferno“, Canto V. in *Ný félagsrit* 1859 S. 173—178), Shakespeares, Burns', Byrons u. a.

Das Volksbuch „*Ný sumargjöf*,“ von dem mehrere Jahrgänge erschienen sind (vgl. oben S. 170) und das meiste von *Steingrímur Thorsteinsson* allein geschrieben wurde, besteht ebenfalls zumeist aus Übersetzungen und Bearbeitungen, und dasselbe gilt von der Zeitschrift „*Iðunn*,“ zu deren Redakteuren er (mit *Björn Jónsson* und *Jón Olafsson*) gehörte.

Ein anderes Verdienst des trefflichen Mannes, das nicht gering anzuschlagen ist, erblicken wir in dem Anteil, den er, obwohl selbst nicht musikalisch gebildet, an des Organisten *Jónas Helgason* Bemühungen um die Hebung und Verbreitung des Kunstgesanges auf Island bisher genommen hat (vgl. oben S. 11). Der Gesang, wie die Musik überhaupt, ist von den Isländern fast nie in künstlerischer Weise geübt worden; er blieb, wenn wir von dem mehr rezitierten als gesungenen Vortrag der „Rímur“ absehen, fast nur auf einen monotonen Kirchengesang, einige Tanz- und Trinkweisen, sowie auf den alten, jetzt aufser Gebrauch gekommenen cantus fermus, den eigenartigen Zwiegesang („*tvísöngur*“), beschränkt. Dabei besitzen die Isländer so gut wie gar keine musikalischen Anlagen, und jeder sang daher für sich ohne Rücksicht auf den Takt. Erst *Jónas Helgason* gelang es, die Pflege des Kunstgesanges auf Island zu popularisieren. *Thorsteinsson* aber, der ein grofser Freund der Musik ist, stand *Jónas* bei seinem Unternehmen von Anfang an aufmunternd und fördernd zur Seite. Er besorgte auch die Redaktion und Herbeischaffung der zum gröfsten Teil von ihm herrührenden eigenen oder übersetzten Texte für die von *Jónas* bisher in sechs Heften herausgegebene Sammlung von Liedern („*Söngvar og kvæði*." *Reykjavík*, 1881 ff., 6 Hefte) mit — zumeist ausländischen — Melodieen, die in musikalischer Hinsicht für Island geradezu epochemachend war.

Das Bedeutendste jedoch hat *Thorsteinsson* als Dichter geleistet. Er ist ausschliefslich Lyriker und Epigrammatiker. Tiefe und dabei doch Klarheit der Gedanken, Innigkeit des Gefühls, virtuose und schöpferische Sprachkunst, reinste Harmonie des Ausdrucks und der Form mit dem Inhalte sind die charakteristischen Merkmale und Vorzüge seiner Dichtung; und obwohl einerseits von den klassischen Schöpfungen seines berühmten Landsmanns *Jónas Hallgrímsson*, andererseits von der Lyrik Goethes, Heines und am meisten wohl Schillers beeinflufst, ist sie doch an sich original und eigenartig. Dabei erscheint sie zugleich altisländisch-national und doch auch wieder modern. Seine Poesie packt nicht durch eine besondere Grofsartigkeit oder Seltsamkeit der Bilder; aber sie greift mit zartem, doch sicherem Griffe in die Saiten des Gemütes und weckt volle Akkorde; zumeist in Moll, denn wie bei der Mehrzahl der isländischen Dichter herrscht auch bei *Thorsteinsson* eine weiche Wehmut, ein unbestimmtes Zweifeln, Sehnen und Suchen als Grundstimmung vor.

Wir wollen von *Thorsteinssons* Gedichten vor allem die kraftvollen vaterländischen Lieder und Naturschilderungen hervorheben. Ein isländischer Kritiker charakterisierte dieselben treffend, wie folgt.[1]) „Durch die vaterländischen Lieder und Naturgedichte geht ein Strom von Begeisterung sowohl für die alte Heldenzeit wie für die grofsartige und schöne isländische Natur. Schwach aber doch deutlich erkennbar schimmert durch dieselben die Zukunftshoffnung; selten jedoch schildert der Dichter das neue Volksleben. Am liebsten weilt er am Busen der Natur; hier findet er die Wahrheit und die Ruhe, welche das menschliche Leben so selten schenken will. Ihre noch unveränderten Berge, Thäler und Wasserfälle erinnern ihn an die Helden der Vorzeit, die hier lebten, als der Volksgeist in seiner Kraft und Macht in der herrlichen und wilden Natur gleichsam sein eigenes Bild abgespiegelt sah. Dieser Gedanke tritt besonders deutlich hervor in dem grofsartigen Gedichte „*Gilsbakkaljóð*,"[2]) das an Reiz und hoher Poesie in der gegenwärtigen europäischen Dichtung seinesgleichen suchen dürfte. Der Dichter schildert darin die herrliche Natur

---

[1]) In Göteborgs Handels- och Sjöfarts-Tidning, 26. Maj 1882, Nro. 120 (A). — [2]) Die *Gilsbakkaljóð* sind auch separat erschienen (*Reykjavík*, 1877).

des *Gilsbakki*-Thales, wo die mit Gebüsch bewachsene Lava sich längs eines Flusses zwischen zwei hohen, fruchtbaren Bergen erstreckt, mit dem stolzen 5730 Fufs hohen *Eiríksjökull* im Hintergrunde. Hier sieht er *Gunnlaugr Ormstunga*[1]) leibhaftig zwischen den Lavaburgen wandeln, wo die Erhabenheit und Gröfse der Schönheit zur Folie dient, gleichwie *Gunnlaugs* Kampfpläne und Tapferkeit seine erste Liebe wie ein starker Rahmen umgaben. Er sieht den reifsenden und spiegelklaren Strom, der durch eine breite und tiefe Lavaschlucht niederstürzt, sowie zwei Bäumchen, die, sich auf den beiden Ufern gegenüberstehend, einander gleichsam ihre grünen, niedergebeugten Äste reichen wollen, und er erblickt hierin ein Bild des *Gunnlaugr* und der *Helga*, die einander innig lieben, jedoch vom Strom des Schicksals von einander getrennt werden. So verschmelzen in seinen Gedichten Natur und Geschichte, eine klar und mild klingende Harmonie bildend."

Innig und zart sind *Thorsteinssons* Liebesgedichte, denen jedoch ebenso gelungene, von Zorn geschwellte oder mit Bitterkeit erfüllte Verse über die Falschheit des Weibes gegenüber stehen. Auch der trefflichen Epigramme und kurzen Spottgedichte soll noch gedacht sein. Über diese äufsert sich der isländische Kulturhistoriker *Ólafur Davíðsson*, dem als scharfem Antiromantiker die „ätherischen" Liebesgedichte mifsfallen, in einer Besprechung des Liederbuches *Thorsteinssons* in der „Gesellschaft" (Leipzig, 1894, S. 1624): „Den wichtigsten Teil der Sammlung machen zweifellos die Epigramme und ganz kurzen satirischen Gedichte aus, in denen der Dichter menschliche Schwachheit in den verschiedensten Formen durchhechelt. In glänzender Form teilt er derbe Schläge nach rechts und links aus und führt seine satirische Geifsel geistreich und virtuos." Was aber auch immer *Thorsteinsson* dichtete, seine Verse schmeicheln sich so lind ins Ohr und ins Herz, sie befriedigen und erfreuen so voll das isländische Volksgemüt, dafs sie bei allen Schichten des Volkes überaus beliebt sind, und *Thorsteinsson* daher im ganzen Lande gefeiert ist. Seine Gedichte („*Ljóðmæli*") haben denn auch in verhältnismäfsig kurzer Zeit zwei Auflagen erlebt; die erste erschien 1881 zu *Reykjavík*, die zweite 1893 zu Kopenhagen.[2])

---

[1]) *Gunnlaugr Ormstunga* (d. h. Schlangenzunge), ein altisländischer Kämpe und Skalde (930—1009), von dessen Leben und Liebesverhältnisse zur schönen *Helga* die anmutige *Gunnlaugs-Saga* erzählt, die man zum vollen Verständnis der *Gilsbakkaljóð* kennen mufs. Der Originaltext wurde u. a. herausgegeben von E. Mogk als 1. Bändchen einer „Altnordischen Textbibliothek" (Halle, 1886), dann mit ausführlicheren sprachlichen und sachlichen Erläuterungen in Poestions Einleitung in das Studium des Altnordischen, II. Band, Lesebuch mit Glossar (Hagen i. W., 1887), S. 39—73; Übersetzungen sind vorhanden von Kölbing (Heilbronn, 1878), Küchler (Bremen, 1891) u. a.; vgl. auch „Ein altnordisches Dichterleben" in Poestions Aus Hellas, Rom und Thule, Kultur- und Litteraturbilder. 2. Aufl. (Leipzig, 1884), S. 107—128. — [2]) Vgl. über *Steingrímur Thorsteinsson* als Dichter auch *Eimreiðin*, I., S. 113—117 (mit dem Porträt *Thorsteinssons*).

Hier nun einige Proben aus der Lyrik *Thorsteinssons*. (Siehe auch das Gedicht an *Hallgrimur Pjetursson* oben S. 222.)

Zu dem Gedichte „*Snæfellsjökull*“ (d. h. Schneeberggletscher), einem unvergleichlichen isländischen Bilde, wäre zu bemerken, dafs sich der hier besungene, schöne und imposante Gletscher — ein ausgebrannter Vulkan — am äufsersten Ende der langgestreckten Halbinsel *Snæfellsnes* erhebt. Des Dichters Geburtsort, wo er seine Kinderzeit verlebte, liegt nur eine Viertelmeile vom Fufse desselben in einer wilden, ziemlich düsteren und einsamen Gegend an der dort für die Schiffahrt sehr gefährlichen Seeküste.

Snæfellsjökull.

(Ljóðmæli, 2. Ausg., S. 62—65.)

Über Lavawüsten,
Steinhügel, dicht gehäuft,
Felsschanzen und kahle Küsten,
Wo der Eiswind pfeift,
Schaut auf kaltem Felsenkap
Snæfellsjökull himmelhoch
Auf das Meer hinab.

Weifs vom Vogelheere
Ist dort die Felsenwand,
Es lauert Hel[1] im Meere,
Raset Ran[2] ans Land;
Spitzig raget, Riesen gleich,
Der Lóndrángar[3] finstres Paar
Auf ins Wolkenreich.

Strandfelsen steh'n dort viele,
Das Haupt mit Grün geziert,
Wo, dem Wind zum Spiele,
Der Grashalm zitternd friert.
Langsam übers Meer hin schwebt
Die Möve, suchend, und des Wals
Dampfsäule sich erhebt.

---

[1]) Die Todesgöttin. — [2]) Meeresgöttin. — [3]) *Lóndrángar* heifsen zwei frei nebeneinander stehende, spitz zulaufende Felsen an der Meeresküste am Fufse des *Snæfellsjökull*.

Wenn die Sturmflut schäumend
Mit schneeweifsem Gischt,
Hoch empor sich bäumend,
Auf die Felsburg zischt
— In einer Mondnacht wolkenschwer —:
Nichts Gewaltigers sah ich je
Als dich, entsetzlich Meer!

Dort singt kein Schwan; laut kreischen
Seevögel nur und schrei'n
Raben, die Äsung heischen;
Der Fuchs heult im Gestein.
Lieblich doch im Sommer klang
Abends von der Heide her
Oft Brachvogels Sang.

Bei dem klaren Bache
Hatt' ich ein Häuschen klein,
Und zum Wohngemache
Richtete ich mir's ein.
Liefs gern Schifflein schwimmen auch,
Und wir freuten uns daran
Wie's kleiner Kinder Brauch.

Wie herrlich war's zu schauen,
Wenn des Snæfells Eis
Sich abhob von dem blauen
Himmel, blendend weifs!
„Am reinsten ist", so dacht' ich dann,
„Alles, was am höchsten hier
Zum Himmel reicht hinan."

Unholde herrschten in alten
Zeiten, mancher Art;
Die meisten sind zu kalten
Steingestalten erstarrt.
Nur wenige giebt's noch hier zu Land;
Einer aber, weifs ich, wacht
Dort am Meeresstrand.

Bárðnr[1]) ist es; bläst er
Auf weifser Gletscherhöh'
In seinen Bart, so läfst er
Fallen dichten Schnee.
Stöbert's recht, dann freut es ihn,
Und er trabt im tiefen Schnee
Frohgemut dahin.

Mag er nur steh'n und zeigen
Als grimmer Troll sich dort,
Als wiese er den Feigen
Aus seiner Landschaft fort:
Der Wächter dicht am blauen Meer,
Der alle Berge überragt,
Snæfells hoher Herr!

Mein allerliebstes Träumen
Ist dein Wüstenland,
Das alte Krater säumen
Am gischtgepeitschten Strand.
Wehmut überkam mich da,
Als ich vom hohen Schiffsverdeck
Zum letztenmal dich sah.

Auf den blauen Fluten
Flog dahin das Boot;
Du standest wie in Gluten
Vom Sonnenabendrot.
Wufst' nicht, als dich mein Blick verlor,
Ob dich das Meer dem Aug' verbarg
Ob meiner Thränen Flor.

Schwanengesang auf der Heide.

(Ljóðmæli, 2. A., S. 118—119.)

An einem Sommerabende ritt
Allein ich auf öder Heide;
Kurz schien mir der Weg, sonst beschwerlich und lang,
Denn ich hörte süfsen Schwanengesang,
Ja Schwanengesang auf der Heide.

---

[1]) Der Volksage nach der Schutz-Berggeist des *Snæfellsjökull*. (Vgl. auch oben S. 60.)

Es strahlten die Berge in lieblichem Rot,
Und nah und fern aus den Lüften
Klang mir wie von Engelstimmen ein Chor
Im Tempel der Einsamkeit ans Ohr,
Der Schwanengesang auf der Heide.

So wundersam wurde ich früher nie
Von einem Klange bezaubert;
Im wachen Traume befand ich mich,
Ich wufste nicht, wie die Zeit verstrich
Beim Schwanengesang auf der Heide.

Wunsch.

(Ljóðmæli, 2. A., S. 148.)

Er.

O wenn wir Sterne wären, du und ich,
Mit Liebesglanz am schönen, blauen Himmel,
Und du mit mir den Nachtweg durchs Gewimmel
Mit Silberschrittlein gingst — wie wonniglich!

Sie.

Ja, selig wär' ich, so zu folgen dir!
Doch ist's genug mir schon, darf ich nur wandern
So treu dir nach, wie ein Stern folgt dem andern,
Den Pfad, der auf zum Himmel führt von hier.

Der Name.

(Ljóðmæli, 2. A., S. 170—171.)

Du schriebst wohl meinen Namen
In weifsen Meeressand;
Doch bald die Wogen kamen —
Und spurlos er verschwand.

Du ritztest auf der Insel
In Schnee und Eis ihn ein;
Da schwand er im Gerinnsel
Beim warmen Sonnenschein.

Und auch in eine Linde
Schnittst du ihn ein im Wald —
Treulosen Sinns; die Rinde
Verwuchs darauf gar bald.

Betrübt und traurig wein' ich;
Du kennst ihn nun nicht mehr;
An zu viel Orten, mein' ich,
Stand wohl geschrieben er.

An jedem bis auf einen:
Nur nicht im Herzen dein!
Ich aber schnitt den deinen
Allein ins Herz mir ein!

Die Schwäne.

(Ljóðmæli, 2. A., S. 179.)

Wohin, ihr Schwäne, erhebt ihr
Ins helle Blau euch vom Strand?
Ich seh' es aus allem, ihr suchet
Ein fernes, unsichtbares Land.

„Wir sind deiner Unschuld Schwäne,
Wir bleiben nicht länger bei dir,
Wir ziehen mit klagenden Tönen
Für immer weit fort von hier!"

Und meine Blicke verfolgten
Ins blauende All euch lang';
Fort zogt ihr mit blitzenden Schwingen
Und bald verklang der Gesang . . .

Es klingt mir von eurem Gesange
Seither in die Seele hinein,
Als hört' ich aus himmlischer Ferne:
„Wir denken ja immer noch dein!"

Ihr zoget und kehret nie wieder
Mit dem ersehnten Gesang . . .
O, könnt' ich euch folgen, nachziehend
Dem leise verklingenden Klang!

Die poetische Form der Verdeutschung der nachfolgenden drei Gedichte verdanke ich der freundlichen Güte des Fräuleins Louise Breisky in Wien, welches sich bereits durch gelungene Übersetzungen aus dem Französischen, Englischen, Italienischen und Tschechischen hervorgethan hat.

Am Meere.

(Ljóðmæli, 2. A., S. 202—203.)

Ich safs an der Küste auf felsigem Rand
Von goldenen Nebeln umgeben —
Die reifsende Brandung umtoste den Strand —
Ich sah sie erbeben.

Das Meer ward so finster, der Hagelsturm droht'
Mit Dröhnen und Sausen,
Die Nacht brach dann ein, wie der schweigende Tod —
Erfüllt' mich mit Grausen!

O Meer, wenn du kämpfst mit dem Felsengestein,
Wie stimmt es mich traurig!
In meinem Gemüt weckt der Aufruhr, die Pein,
Ein Echo gar schaurig.

Dein Brausen ist Klage, die Stimme voll Schmerz,
Es seufzen die Wellen;
Mir aber, so schwer ist betrübt auch mein Herz —
Die Thränen entquellen.

Die nassen und brennenden Augen, sie sind
Von Schleiern umzogen;
Hier möcht' ich ausweinen mein Leid wie ein Kind
Beim Schalle der Wogen.

Dann bricht sich das Meer durch die Klippen die Bahn,
Nicht klagend, nicht stöhnend;
Es brauset in mächtigen Wogen heran,
Wie Donner erdröhnend:

„Nicht weinen, du Thor! meine Kraft in der Brust
Kann Sorge nicht dämpfen;
Das härteste Schicksal im Leben, du mufst
Es tragen, und kämpfen!“

Eros mit der Wage.

(Ljóðmæli, 2. A., S. 209—210.)

Im Wachen halb und halb im Traum,
Ein Wunder war's zu seh'n —
Sah ich im freien Himmelsraum
Gott Eros vor mir steh'n.

Es schwebte unerreichbar weit
Die Lichtgestalt so hold,
Und stand in voller Herrlichkeit
Auf heller Wolken Gold.

Am Götterjüngling grofs und hehr
Mein Blick voll Staunen hing —
Statt Bogen und statt Pfeil trug er
Ein seltsam andres Ding.

Goldschimmernd eine Wage war
Zu seh'n in Eros' Hand;
Sie strahlte leuchtend wunderbar
Vom Himmel übers Land.

Die Linke dreht' der Lose zwei
Und spielt' mit ihnen sacht;
Ich merkte, dafs eins taghell sei,
Eins dunkel wie die Nacht.

Kein Zweifel blieb mir nun zurück,
Es konnt' nichts andres sein —
Das eine hiefs: der Liebe Glück,
Das zweite: Liebespein.

Da hob die Wage Eros auf
Zum reinen Himmelslicht,
Legt' sanft die Lose dann darauf
Und prüfte ihr Gewicht.

Es wog, wie sich bald deutlich fand,
Ein jedes Los gleich schwer;
Das Zünglein grad' inmitten stand,
Nicht minder zeigt's, nicht mehr.

Die holde Psyche flog alsbald
Zur Wage aus den Höh'n.
Vermummt in Schmetterlingsgestalt,
Mit Flügeln wunderschön.

Und auf dem Glückslos hielt sie Rast;
Da ging ein Wunder vor —
Schnell sank es unter ihrer Last,
Das andre stieg empor.

Da lächelt' Eros' Angesicht,
Und sieh' — das Traumbild schwand.
Es dunkelte, denn vor das Licht
Trat eine Wolkenwand.

O Psyche, ende du den Streit,
Der Qual und Wonne Krieg,
Und wo man wägt die Seligkeit,
Verhilf uns auch zum Sieg!

An den Mond.

(Ljóðmæli, 2. A., S. 119—120.)

O wie freundlich leuchtest du
Hell und glanzumflossen —
Dunkle Wolken sind im Nu
Silbern übergossen.
Ruhe bringt dein milder Schein,
Inn're Stürme schweigen,
Lafs mich in dein Traumland ein,
Wunder mir zu zeigen.
Mond, ich möchte zu dir flieh'n,
Wo so hoch die Wolken zieh'n.

Alles schwimmt in Seligkeit
Frei von jedem Bangen,
Wenn dein Zauber ringsum weit
Hält die Welt umfangen.
Und mich dünkt, der Stunde Gunst

Hätte ich getroffen,
Denn dein Lustschlofs durch den Dunst
Schimmert hell und offen.
Mond, ich möchte zu dir flieh'n,
Wo so hoch die Wolken zieh'n.

Die Übersetzung der folgenden drei Gedichtchen hat Universitätsprofessor Hugo von Meltzl in Klausenburg (*Kolozsvár*), ein warmer Freund Islands, beigesteuert.

Der Augenblick.

(Ljóðmæli, 2. A., S. 189—190.)

Ein einziger Augenblick der Sünde,
Ein Pünktchen nur, winzig klein —
Was wird aus ihm? Ein Strich, langmächtig,
Ein Leben voll von Pein!

Ein einziger Augenblick der Gnade
Des Himmels — was bringt er im Nu?
Die ganze Zukunft, sonnenhelle,
Umstrahlend dein Glück, deine Ruh'!

Ein Augenblick, wenn er der rechte, —
Der Ewigkeit Weihgeschenk hehr!
Ein Augenblick, wenn er verloren, —
Keine Ewigkeit bringt ihn mehr!

Hoffnung.

(Ljóðmæli, 2. A., S. 187.)

Reiner Seele Hoffnung ist kein Wahn,
Und das sei dein Trost, mein Herz, — wohlan!
Weil der Hoffnung Pfand die Hoffnung ist,
Und du, hoffend Herz, belohnt schon bist.

Jugendsorgen.

(Ljóðmæli, 2. A., S. 187.)

Der Jugend Sorgen? . . . Schneegestöberflocken,
Schneefall Aprilmonds, leicht zerstiebend, schnell!
Bevor des Geistes Sonne schien noch hell.

Von Karl Küchler übersetzt ist das hübsche Liebesgedichtchen:

Die blauen Augen.

(Ljóðmæli, 2. A., S. 156.)

Von allem Blau, Geliebte mein,
Das schönste lacht im Auge dein:
So blau glänzt Himmelsbläue nicht,
So blau spriefst kein Vergifsmeinnicht!

Woher die milde Bläue dann,
Die zaub'risch fesselt jedermann.
Aus deiner Lieb', so warm und rein,
Dem Herzen ohne falschen Schein.

Matthías Jochumsson wurde am 11. November 1835 auf dem Hofe *Skógar* im nordwestlichen Island geboren. Sein Vater war ein sehr armer Bauer, und auch *Matthías* mufste in seiner Jugend die Schafe hüten und als Knecht in der Wirtschaft mithelfen. Da er sich jedoch zu diesen Beschäftigungen wenig anstellig zeigte und andererseits eine nicht gewöhnliche Begabung an den Tag legte, wurde er zunächst für den Handel bestimmt und zur Ausbildung darin nach Kopenhagen geschickt, wo er den Winter 1856 bis 1857 über weilte; dann aber wurde er durch die Unterstützung einiger Wohlthäter in den Stand gesetzt, die Lateinschule zu *Reykjavík* zu besuchen. Er absolvierte diese mit dem besten Erfolge (1863) und widmete sich hierauf zwei Jahre hindurch den theologischen Studien im Pastoral-Seminar, das er 1865 als theologischer Kandidat verliefs. Nach einer kleinen Reise ins Ausland war er seiner Armut wegen gezwungen, den geistlichen Beruf auszuüben und eine schlechte Pfarre (*Móar* auf *Kjalarnes* in der Nähe von *Reykjavík*) anzunehmen, während ihn seine freisinnigen Anschauungen und litterarischen Neigungen zu einer ganz anderen Thätigkeit hinzogen. Zweimal verheiratet verlor er auch seine zweite Frau und gab nun seine Pfarre auf, um sich 1873 neuerdings ins Ausland zu begeben. Er hielt sich eine Zeitlang in England auf und wurde hier ein Anhänger des Unitarismus. Bald jedoch kehrte er wieder nach Island zurück, kaufte den „*Þjóðólfur*" und übernahm im Sommer 1874 die Redaktion dieser ältesten isländischen Zeitung. Im Jahre 1880 gab er diese Thätigkeit auf, um sich abermals dem geistlichen Berufe zuzuwenden. Er bekam die Pfarre *Oddi* in der *Rangárvalla-Sýsla*, die er 1886 mit der von *Akureyri* im Nordlande vertauschte. Von 1890—1891 gab er hier ein Halbmonatsblatt „*Lýður*" (d. h. das Volk) heraus. Im Jahre 1893 besuchte er die Weltausstellung in Chicago und bereiste verschiedene Gegenden Nordamerikas („*Chicagó-för mín 1893.*" *Akureyri*, 1893).

Matthias ist heute wohl der fruchtbarste Dichter Islands, zu jeder Stunde bereit, von jeder Anregung getrieben, seinen Gedanken und Gefühlen in Versen poetischen Ausdruck zu geben. Jahraus jahrein finden wir in den isländischen Blättern zahlreiche Gedichte dieses Poeten, zumeist Gelegenheitsgedichte, besonders — isländischer Gewohnheit gemäfs — solche auf jüngst verstorbene Personen (*erfiljóð*), von denen viele, schon wegen der Gleichheit des Stoffes, allerdings nur ein ephemeres und geringes Interesse darbieten, manche jedoch voll Originalität und Geist sind, dann aber auch reizvolle und prächtige Blüten echter Lyrik oder poetischer Erzählung. Diese seine gelungensten Gedichte sind stimmungsvoll, feurig, kräftig und dabei von einer ganz ungewöhnlichen Frische in der Form und im Ausdruck. Seine Phantasie ist ungemein lebhaft und hochfliegend, seine Sprache immer fliefsend und reich, oft nur allzu reich, da sie der bei dem isländischen Volke noch immer sehr beliebten Floskeln und hohlen Phrasen nicht entraten will; sie ist dabei auf einen ganz besonderen, nur diesem Dichter eigenen Ton gestimmt. Die Anwendung der alten Reimkunst und das Streben nach Wohllaut bilden ein weiteres Charakteristikon seiner Dichtung. Eine Sammlung verschiedenartiger, fast durchwegs trefflicher Gedichte von ihm erschien 1884 zu *Reykjavík* unter dem Titel „*Ljóðmæli eptir Matth. Jochumsson*“. Besonders prächtig und wegen ihres echt isländischen Sagenstoffes ganz eigentümlich anmutend sind seine „*Grettisljóð*“, ein Cyklus von Gedichten über den alten Riesenkämpen und Skalden *Grettir*, von dem die *Grettissaga* so viel Abenteuerliches, aber auch Züge von Wildheit und Wüstheit zu berichten weifs (vgl. auch oben S. 60). Es ist dies die weitaus bedeutendste Schöpfung des so hochbegabten Poeten. Sie befindet sich übrigens, während wir diese Zeilen schreiben, noch unter der Presse.

Die bei der Überproduktion des Dichters nicht verwunderlichen Schwächen desselben bestehen hauptsächlich darin, dafs einerseits seinen Gedichten oft ein tieferer Inhalt fehlt, andererseits die guten Ideen nicht selten oberflächlich und unstet gleich Irrlichtern schwanken und hin und her flattern. Er ist gern überschwänglich und schwelgt bisweilen in allzu grotesken Bildern (vgl. z. B. „Das Polareis“). — Störend wirkt es ferner, dafs auch in seinen weltlichen Gedichten gar zu häufig religiös-erbauliche Betrachtungen überwuchern. Von den eigentlich geistlichen Liedern unseres Poeten sind hingegen die meisten tief empfunden und rein poetisch.

Matthias hat sich auch mit Glück als dramatischer Dichter versucht. Noch als Schüler der Lateinschule schrieb er — während der Weihnachtsferien im Jahre 1861 — ein Schauspiel in fünf Akten „die Draufsenlieger“ („*Útilegumenn*“), das einen Stoff aus der isländischen Volkssage (vgl. oben S. 61) behandelt und trotz mancher Mängel auch Talent auf diesem Gebiete der Dichtkunst, namentlich in den humoristischen Partieen, verrät. Das Stück ist 1864 zum erstenmale gedruckt erschienen, dann in umgearbeiteter Gestalt unter dem Namen „*Skugga-Sveinn*" wiederholt auf Island aufgeführt und 1886 neu herausgegeben worden. *Matthías* hat auch noch andere Dramen wie „*Vesturfarar*", „*Jón Arason*" und „*Helgi hinn magri*" gedichtet, von denen jedoch vorläufig nur das letztere gedruckt vorliegt, eine Art Gelegenheitsschauspiel anläfslich einer im Jahre 1890 in *Akureyri* veranstalteten Ausstellung, dessen Stoff der ersten Besiedelungsgeschichte des isländischen Nordlandes entnommen ist, und das wohl die schwächste Arbeit des Poeten sein dürfte.

Nicht wenig von seiner poetischen Kraft hat *Matthías Jochumsson* für Übersetzungen verwendet. Zu der von ihm im Vereine mit *Steingrímur Thorsteinsson* herausgegebenen Sammlung ins Isländische übersetzter Gedichte „*Svanhvít*", hat er einen sehr beträchtlichen Teil (28 Gedichte) beigesteuert, davon aus dem Deutschen Übersetzungen von Uhlands „Des Sängers Fluch", einem Gedichte von Vitalis und sechs Liedern von Karl Gerok, aus dem Englischen je ein Gedicht von Shelley, Burns und Longfellow und endlich aus den nordischen Sprachen Gedichte von C. Hauch, Grundtvig, Björnson, Franzén, Wergeland, Ingemann und Runeberg, worunter acht — in der Übersetzung übrigens am wenigsten befriedigende — aus dem Cyklus „Fänrik Ståls Sägner." In den „*Ljóðmæli*" und in verschiedenen Journalen finden wir aufserdem Übersetzungen von Gedichten Goethes („Nähe des Geliebten") Schillers („An die Freude"), Tegnérs, Ibsens, Petrarcas, Nicanders, V. Rydbergs, C. Wirséns, Welhavens, Wergelands u. a. sowie von weiteren Gedichten Longfellows, K. Geroks und Björnsons, in „*Snót*" (2. Ausgabe) eine Nachdichtung der Marseillaise u. s. f. *Matthías Jochumsson* übertrug jedoch auch ganze umfangreiche poetische Werke ins Isländische wie die Shakespeareschen Dramen „Macbeth" (1874), „Hamlet" (1878), „Othello" (1882) und „Romeo und Julie" (1889) Byrons „Manfred" sowie Tegnérs „Abendmahlskinder" (im Versmafse des Originals, noch ungedruckt) und „Frithjofs Saga" 1866 und, umgearbeitet, 1884). Diese letztere Übersetzung ist von den Schweden für eine der besten erklärt worden und enthält in der That Stellen von ungewöhnlicher Schönheit.[1])

Hier nun einige — leider nur zu wenig — Proben von *Matthías Jochumssons* Originaldichtungen.

Als im Frühjahre 1888 sich wieder — wie so häufig — das Polareis um die Nordküste Islands gelegt hatte und dadurch ein schlimmes Mifsjahr und Hungersnot ankündigte, dichtete *Matthías* im Anblicke der gewaltigen, hochgetürmten Eismassen zu *Akureyri* am 31. März die folgenden Verse:

---

[1]) Vgl. über *Matthías Jochumsson* als Dichter auch *Sunnanfari*, VI, S. 17—19 (mit dem Bildnis des Dichters).

Das Polareis.

(Gedruckt in „Norðurljósið“, III. Jahrg., S. 21.)

Bist wieder da, du alter Feind des Landes
Und legst dich fest im Kies des Strandes?
Vor Sonne, Schiffen, Hilfe kamst du her,
Du Silberflotte, die uns soll verderben;
Hel[1]) steht im Steven vorn, und das heifst: Sterben,
Schon streut die Hungerteller sie aufs Meer.
Selbst Ran,[2]) die alte, ahnt des Unheils Nähe,
Es bebt und schwillt ihr kalter Mutterleib;
Sie stöhnt und ächzt vor all dem Wehe,
Als wär's in Kindesnot ein Weib.

Wo ist das Meer? Wo ist des freien, blauen,
Des Silber-Gürtels Glanz zu schauen?
Bist du verschwunden, unser Lebens-Quell?
Dann ist dem Kind die Mutterbrust genommen,
Im Schneefeld Bär und Wolf zusammenkommen
Und haschen nach demselben Knochen schnell.
Dann ist es aus mit Leben, Schaffensdrange,
Mit Freiheit, Mut und Kraft und Wissensmacht;
Dann ist das Volk im Untergange,
Dann herrscht nur Tod und ew'ge Nacht!

Kein Meer! Nur eis'ge Öde ist zu sehen
Und hier und da Eisklötze stehen
Gespenstern zwischen Gräbern gleich. Und dort —
Ein Kirchlein? Welch phantastische Gestalten!
Da kann des Dichters Schöpferkraft leicht walten:
's ist einer ganzen Welt Begräbnisort!
Ein Riesenkirchhof baut sich auf — o Grauen —
Von tausend Gräbern schrecklichster Gestalt,
Ein Totenreich voll Angst zu schauen,
Hu, mich durchschauert's eisig kalt!

---

[1]) Die Göttin des Todes. — [2]) Göttin des Meeres.

Du, Eis, hast alles, was die Seele schrecket,
Was Furcht und Wildheit nur erwecket,
Doch nichts, was Kampfeskraft verleiht und Mut;
Fornjóturs[1]) bleich Gespenst, den Strand umstreifend,
Die Fessel tausendjähr'gen Tod's nachschleifend,
Du hast allzeit getrunken Islands Blut!
Sag', woher bist du? — Niemand kann's erkunden,
Niemand versteht dich, niemand sucht dich auf;
Wirst draufsen, wirst daheim gefunden,
Und wieder weit, weit fort darauf!

Bei deinem Hauch wird kalt mein Herz, das bange,
Du giftigfeuchte Miðgarðs-Schlange.[2])
Die zu der Lebenswurzel bohrend dringt.
Sieh, Millionen Eisespfeile schimmern,
Und Millionen Sonnenstrahlen flimmern,
Denn deine Strenge sie zum Zittern bringt.
Das Urgebirg' zerschmilzt bei starkem Feuer,
Die Eiche bebt im Wettersturm und bricht,
Nur du, entsetzlich Ungeheuer,
Erbebst in deiner Gröfse nicht!

Wem bist du Heim? Wer mag von dir wohl stammen?
Des Nordpols kalten Thron umflammen
Des Himmels Zorneslohen, schauriggrofs.
Sind denn an ihrer Quelle auch die Nornen,
Den Tod bestimmend für die Erdgebornen?
Liegt dort verborgen unsres Schicksals Los?
Steht als der Götter Flammenschrift, wildprächtig,
Das Nordlicht dort, das rot am Himmel brennt?
Starrt das Welträtsel selbst allnächtig
Zu uns herab vom Firmament?

Niemand giebt eine Antwort! Aber drinnen,
Tief unter deinem Leichenlinnen,
Wohnt sicher Leben, wirken Kräfte doch.
Gewifs, auch dir, dem alten Leichenriesen,
Ist deine Weltbestimmung zugewiesen.

[1]) Fornjótr = alter Jote (Riese), ein Natur-Dämon; seine Söhne sind Hler, Logi und Kári, von denen der erste über das Meer, der zweite über das Feuer, der dritte über den Wind herrscht. — [2]) Nach der nordischen Mythologie die Weltschlange, die im Meer versenkt sich um die ganze Erde schlingt.

Der Götter Rätsel löste keiner noch.
Du bist vielleicht — und rat' ich auch vergebens —
Das Elixir des Weltmeers, ein Gewicht
Im Weltuhrwerk, der Arzt des Lebens,
Des Todes Büttel — oder nicht? . . .

* * *

Nicht fürchte, schwacher Mensch, doch kämpf' ergeben,
Gehorch' und laſs das Überheben!
Gott ist die Allmacht, du — die Nichtigkeit.
Tod und Verwüstung fürchtest du vom Eise:
Du zeigst nur Unverstand auf diese Weise,
Halt' fest nur stets dich an Allvaters Kleid!
Laſs Tod und Leben, wie's bestimmt ist, walten!
Dein Leben, deinen Tod selbst kennst du nicht!
D'rum glaube! Aus der Nacht, der kalten,
Die Sonne Gottes strahlend bricht.

Ein Beweis, wie noch heute das Andenken an den Dichter und Patrioten *Eggert Ólafsson* aus dem vorigen Jahrhundert (vgl. S. 247—264) bei den Isländern fortlebt, ist das folgende Gedicht *Matthías Jochumssons*, welches den durch Schiffbruch herbeigeführten Tod des trefflichen Mannes behandelt.

Eggert Ólafsson.

(Ljóðmæli, S. 87—89.)

Der Himmel drohte, schwer rollte die See
Im Frühlings-Nebelflor.
Es war Herr Eggert Ólafsson,
Der abstieſs vom kalten Skor.

Ein kluger Alter am Strande saſs,
Der macht' ein besorgtes Gesicht;
Er sagte zu Eggert Ólafsson:
„Die Wolken gefallen mir nicht."

„„Ich fahr' nicht auf Wolken, fahr' über die See!""
Entgegnete lachend der Held;
„„Ich glaube an Gott, doch an Schreckbilder nicht,
Und das stürmische Meer mir gefällt.""

Der kluge Alte verliefs den Strand
Und sprach mit traurigem Sinn:
„Du fährst heut' nicht über diese See,
Zu deinem Gott fährst du hin!"

Es war Herr Eggert Ólafsson,
Der abstiefs vom kalten Skor.
Das Segel hifst' er und selbst er sich
Den Sitz am Steuer erkor.

Pfeilgeschwind schiefst das Boot dahin,
Vom Sturm schon gepeitscht ist das Meer.
Der letzte Vogel vom fernen Skor
Flattert zur Linken einher.

Die junge Frau auf dem Bulke [1]) sitzt,
Der Edlen Wange erbleicht.
„O Gott, die Woge ist steil und hoch,
Bis in den Himmel sie reicht!"

„„Noch höher die Segel!"" rief der Held;
Doch flinker war der Tod.
Der Bulk zerbrach, eine Sturzsee schlug
Hin über das ganze Boot.

Es war Herr Eggert Ólafsson,
Der jetzt vom Meer-Rofs sprang
Und im rasenden Breidifjord,
Das Weib im Arme, versank.

„Das war Herr Eggert Ólafsson!"
Seufzt Islands Schutzgeist schwer;
„Wahrhaftig, einen gröfseren Mann
Beweine ich nimmermehr!"

Ist drohend der Himmel, rollt schwer die See
Im Frühlings-Nebelflor,
Hörst jetzt du noch einen Klaggesang
Fern her vom kalten Skor.

---

[1]) Der aufgestapelte Gepäckshaufen im Vorder- oder Hinterteil eines offenen Bootes.

Wir haben hier noch ausführlicher dreier Poeten zu gedenken, die sich bei den Isländern eines guten Namens erfreuen und, obgleich sie im allgemeinen nicht eben von hervorragender Bedeutung sind, doch als isländische Dichtertypen dem deutschen Litteratur-Publikum nicht ganz uninteressant sein dürften.

Im Oktober des Jahres 1861 erschien in dem *Reykjavíker* Blatte „*Íslendingur*“ (d. h. der Isländer) ein Gedicht auf den grofsartig-imposanten isländischen Wasserfall „*Dettifoss*“[1]), das in deutscher Übersetzung etwa so wiedergegeben werden könnte:

Dettifoss.

(Ljóðmæli. II. Ausg. S. 29—30.)

Wo nie vom Gestein, dem düstergrauen,
Ein goldig Blümlein zur Sonne lacht;
Wo schneeweifse Wogen mit grimmigen Klauen
Die hohen Klüfte erfassen mit Macht:
Hier sprichst mit donnernder Stimme du immer,
Mein trauter Freund schon, als ich noch Kind!
Der Fels unter dir erbebt mit Gewimmer,
Dem Halme gleich im nachtkalten Wind.

Du singst ein Lied von den toten Ahnen
Und von den Zeiten des Heldentums,
Uns an die alte Freiheit zu mahnen
Und an den traurigen Abend des Ruhms.
Es spielen durch Wolken die hellen Strahlen
Der Sonne auf dir in lustigem Tanz,
Und über die tosenden Wogen sie malen
Des Regenbogens farbigen Glanz.

[1]) Vgl. über diesen Wasserfall Poestion, Island. S. 190 u. Watts, Across the Vatna jökull, S. 120.

Fürchterlich bist du, doch wunderprächtig,
O Wasserfall du, so riesengrofs!
Und immer jagst du kraftvoll und mächtig
Dahin durchs öde Felsenschlofs!
Die Zeiten wechseln; kein Freudenschimmer
Erhellt den früher so fröhlichen Sinn;
Nur du, du brausest gleich schrecklich immer
Von steiler Höhe stürzend dahin!

Die Halme welken, die Stürme tosen,
Wild bäumt die Woge sich auf der See;
Auf roten Wangen erbleichen die Rosen
Im eiskalten Winde von Kummer und Weh.
Es brennen Thränen auf blassen Wangen,
Denn keine Ruhe findet das Herz;
Doch ob nun Geschlechter gekommen, gegangen,
Du lachtest immer und warst voll Scherz!

In deinen Wogen zu ruhn ich mich sehne,
Wenn einst mein Ende gekommen ist;
Hier, wo gewifs kein Mensch eine Thräne
An meinem entseelten Leibe vergiefst;
Und wenn die Gemeinde mit Klagen und Weinen
Umsteht einen anderen toten Sohn,
Dann lache du über meinen Gebeinen,
Wie Riesen lachen — mit stolzem Hohn!

Dieses Gedicht erregte das gröfste Aufsehen, und es gehört in der That zu dem Besten, was in dieser Art von Poesie auf Island überhaupt gedichtet worden ist. Der bis dahin im Südlande ganz unbekannte Dichter — *Kristján Jónsson* — aber wurde dadurch mit einem Schlage ein „Volksdichter“ (*þjóðskáld*). Fast zu derselben Zeit hatte dieser *Kristján* durch zwei treffliche Gedichte, die im „*Norðri*“ abgedruckt waren, auch im Nordlande die Aufmerksamkeit seiner Landsleute auf sich gelenkt. Es folgten noch im selben Jahre zwei weitere Gedichte von ihm im „*Norðri*“ und im Dezember 1862 ebenfalls zwei im „*Íslendingur*,“ von denen das eine (Byrons „My soul is stark“) aus dem Englischen übersetzt war. Dieser letztere Umstand veranlafste den Redakteur, den Lesern seines Blattes eine Mitteilung über den Dichter und dessen Lebensstellung zu machen, und man erfuhr nun genauer, was schon verlautet hatte, dafs der so hochbegabte

„*Kristján skáld*“ ein armer, zwanzigjähriger Bauernknecht „auf den Bergen“ („*á Fjöllum*“) im Nordlande sei.

Und in der That: *Kristján Jónsson* (geboren am 21. Juli 1842) war der Sohn eines armen Bauern in der Landschaft *Kelduhverfi*, welcher starb, als der Knabe fünf Jahre alt war. Diesem wurde kein anderer Unterricht zu teil, als er bei armen Bauern gewöhnlich war, d. h. er lernte lesen und schreiben sowie notdürftig rechnen. Schon von seinem vierzehnten Jahre an mufste er sich den Lebensunterhalt als Knecht bei Bauern verdienen. Er war jedoch so lernbegierig, dafs er sich selbst eine mehr oder weniger gründliche Kenntnis des Dänischen, Schwedischen, Deutschen und Englischen aneignete und Dichtungen in diesen Sprachen — wenn auch z. T. mit Schwierigkeiten — verstehen konnte. So las er z. B. Byron und Heine.[1])

Nach dem Erscheinen jener Gedichte vereinigten sich mehrere hochgesinnte Männer, um dem so talentierten Poeten durch materielle Unterstützung zur Erlangung einer höheren, schulgemäfsen Bildung den Besuch der Lateinschule zu ermöglichen. Bischof *Helgi Thordersen* sorgte für Kost und Kleidung und drei Lehrer der Lateinschule erteilten ihm kostenlos den Vorbereitungsunterricht. Im Herbste 1864 wurde er in die erste Klasse aufgenommen. Er absolvierte jedoch nicht die ganze Lateinschule, sondern verliefs dieselbe im Frühjahr 1868 als Schüler der dritten Klasse, teils weil die ihm gebotenen Mittel für seinen Unterhalt nicht ausreichten, teils — und wohl hauptsächlich — weil er infolge der Trunksucht, in die er verfallen war, das Lernen und den Schulbesuch vernachlässigte. Er fand eine Anstellung als Hauslehrer bei einem Kaufmanne zu *Vopnafjörður* im Ostviertel Islands und starb hier schon ein Jahr darauf im März 1869.[2])

Mit *Kristján Jónsson* ist frühzeitig und nicht ohne seine eigene Schuld ein poetisches Talent zu Grunde gegangen, an das mit Recht grofse Hoffnungen geknüpft worden waren. Es erscheint zwar in seinen Gedichten vieles unreif oder nachgeahmt; fremde Einflüsse machen sich allzu deutlich fühlbar; seine Lebensanschauungen sind getrübt oder einseitig. Hingegen erfreut und gewinnt er uns wieder durch seine reiche Phantasie, den vollen Schlag seiner poetischen Ader und viele Schönheiten in der sprachlichen wie überhaupt formalen Behandlung seiner Gedichte, von denen manche zu den besten Erzeugnissen der isländischen Lyrik gehören. *Kristján* ist der Weltschmerzler unter den isländischen Dichtern. Von Natur aus zur Schwermut geneigt, wurde sein Gemüt noch durch die schlimmen Lebenserfahrungen verbittert,

[1]) Vgl. *Matthías Jochumssons* Gedicht *Krapta-kvæði eða heilsuminni Kristjáns skálds* in dessen *Ljóðmæli* (*Reykjavík*, 1884) S. 210. — [2]) Vgl. *Jón Ólafssons* Biographie des Dichters in *Ljóðmæli eptir Kristján Jónsson. Önnur útgáfa* (*Reykjavík*, 1890), S. III–XIV.

die er machen mufste. In jungen Jahren schon geriet er in die freidenkerische Strömung, die damals auch Island berührte und bis in die nördlichen Gegenden der Insel drang. Die Folge davon war, dafs er seinen religiösen Glauben verlor und statt dessen von einem quälenden Skeptizismus erfüllt wurde, der ihm die Seelenruhe raubte. Schwer bedrückte ihn ja auch die Armut, welche der Befriedigung seiner Lernbegierde, seinem Bildungstrieb, anfangs enge Schranken setzte und später demütigende, oft seinen Mannesstolz verletzende Bedingungen auferlegte. Dazu kam noch Liebesgram wegen der Untreue seiner Braut. Um nun zeitweilig seine Sorgen zu vergessen, griff er immer häufiger nach dem verhängnisvollen Lethetrank aus gebranntem Wasser, bis er ihn nicht mehr entbehren konnte. Diese Leidenschaft, die seine ohnehin nicht feste Gesundheit untergrub, wurde für ihn freilich zu einer neuen Quelle des Kummers.

Von all der Schwermut und Bitterkeit nun, die das Gemüt des unglücklichen Poeten erfüllten, ist auch seine Dichtung durchtränkt, was wir schon aus dem schönen Gedichte „*Dettifoss*" ersehen konnten. Seine Phantasie beschäftigt sich darum besonders gern mit dem Tode, aber nicht in der Hoffnung auf ein anderes, besseres Leben, an das er nicht glaubte, sondern weil der Tod für ihn die Vernichtung bedeutete. Doch hat *Kristján* auch heitere Verse gedichtet, wie er ja in fröhlichem Freundeskreise — zu diesem zählten u. a. die Dichter *Jón Ólafsson* und *Matthías Jochumsson*, die ihn in mehreren Gedichten besangen — oder z. B. in der *Reykjavíker* „Abendgesellschaft", der auch die eben genannten Poeten sowie der Maler *Sigurður Guðmundsson* angehörten, ganz aufgeräumt sein und seine Sorgen vergessen konnte.

Als Dichter wurde *Kristján* im allgemeinen von *Bjarni Thórarensen* und *Jónas Hallgrímsson* beeinflufst, jedoch nicht mehr, als es natürlich erscheint und ja auch von Gutem war. In seiner Jugend fühlte er sich besonders von den dichterischen Eigenheiten *Benedikt Gröndals* des Jüngeren angezogen, der damit förmlich Schule machte und, wie man sehen kann, auf *Kristjáns* eigene Dichtungen nur vorteilhaft einwirkte. Auch aus der unter dem Titel „*Svava*" erschienenen Sammlung von Gedichten *Benedikt Gröndals, Gísli Brynjúlfssons* und *Steingrímur Thorsteinssons* erhielt er vielfache poetische Anregung. Von fremden Dichtern war ihm — begreiflicher Weise — besonders Heine lieb, von dem er drei Gedichte übersetzte; doch fand er auch an Schiller Gefallen, von dem er ebenfalls drei Gedichte („Thekla" aus „Wallenstein", „Amalie" aus den „Räubern" und die „Entzückung an Laura") ins Isländische übertrug. Aus dem Deutschen übersetzte er noch ein Gedicht von Wieland. Von sonstigen fremden Poeten finden wir in seinem Liederbuche aufserdem noch von Engländern — neben Byron — Thomas Moore, von Dänen K. Wilster und H. C. Andersen, von Schweden Bellmann, Runeberg und Tegnér, von Norwegern Wessel durch Nachdichtungen vertreten.

Endlich darf nicht unerwähnt bleiben, dafs *Kristján Jónsson* auch einige kleine Schauspiele gedichtet hat, die von Schülern der Lateinschule aufgeführt wurden und vielen Beifall fanden, jedoch nicht gedruckt erschienen sind. Die sonstigen Poesieen des noch immer beliebten „Volksdichters" hat später dessen Freund und Bruder in Apollo *Jón Ólafsson* gesammelt und, mit einer kurzen Biographie und kritischen Würdigung sowie einem Portrait des Dichters versehen, zum erstenmale im Jahre 1872, zum zweitenmale im Jahre 1890 herausgegeben („*Ljóðmæli eptir Kristján Jónsson*," *Reykjavík*).[1])

Hier als weitere Probe seiner Dichtung noch die Übersetzung des schönen Gedichtes:

An den Schwan.

(Ljóðmæli, 2. A. S. 232—234.)

Du alte Insel, rings umtost vom Meere
Und mit dem Leichentuch des Schnees bedeckt,
Du hast so wenig, das ersehnlich wäre,
Das Lebenslust und Seelenfreude weckt;
Nie wird die Wollust dich in Banden halten,
Wo Heklas wilde Feuerschrecken walten!

Doch Eins ist stets zur Freude mir geblieben,
Zur Sommerszeit, oft Sommertage lang:
Du bist es, Schwan, wenn, seltsam angetrieben,
Du singst den himmelsschönen Liebessang!
Bei deinen wundersamen Sehnsuchtstönen
Mufs ich der Jugend denken — ach — der schönen.

Du konntest mir die Sorgen selbst verjagen,
Dafs heit're Blumen sprossen, wo sonst Weh,
Hört' deinen Sang ich, wenn an Frühlingstagen
Ich weilt' an einem spiegelglatten See;
Oft trug zu ihrem Traumland dann dein Singen
Rasch meine Seele fort auf schnellen Schwingen.

---

[1]) Vgl. auch den Artikel: *Kristján Jónsson. En ny-islandsk Digterbillede* von C. Rosenberg in *Nutiden i Billeder og Text*, Jahrgang 1886, No. 485.

Und wenn zum Meere sich die Sonne senkte,
Der Berg im Purpurfestgewande stand,
Die reinen Wogen Strahlenglanz besprengte,
Der mit dem Tode rang und d'rauf verschwand:
Dann klang dein Sang von Wehmut weich und Sehnen,
Dafs auch die Blume weinte — Silberthränen

Am reinsten aber klingt dein Sang beim Scheiden,
Wenn sterbend du noch singst dein Abschiedslied!
O, mög', wenn ich einst sterbe, von den Leiden
Und Qualen dieses Erdendaseins müd,
Auch meine Seele so hinüberschweben,
Schuldfrei und rein, in jenes bess're Leben!

Das folgende Gedichtchen hat Karl Küchler übersetzt:

Herbst.

(Ljóðmæli, 2. A., S. 228.)

Die Rose erbleicht, und es welkt das Blatt
An den müden Birkenzweigen:
Da wird auch das Herz mir trüb und matt,
Will kein Hoffnungsstrahl sich zeigen.

Ein durchaus sympathischer Poet ist **Páll Ólafsson,** geboren den 8. März 1827 zu *Dvergasteinn* am *Seyðisfjörður.* Sein Vater war der den Isländern ebenfalls als Dichter bekannte Pastor *Ólafur Indriðason,* der bald nach der Geburt dieses Sohnes die Pfarre *Kolfreyjustaður* erhielt, wo *Páll* auch seine Jugendjahre verlebte. Er wurde im Elternhause auf das Beste unterrichtet, besuchte jedoch weder die Lateinschule, noch erhielt er sonst eine höhere schulmäfsige Ausbildung. Als verheirateter Mann bezog er 1856 den Hof *Hallfreðarstaðir,* den er bewirtschaftete und 1866 kaufte. Hier lebt er seither als einer der gebildetsten und angesehensten Bauern des Ostlandes, mit den wichtigsten kommunalen und bezirksämtlichen Funktionen sowie (seit 1865) mit der Verwaltung der Güter des ehemaligen Klosters *Skriða* betraut, und pflegt nebenbei die erhabene Kunst des *Bragi* mit so glücklichem Erfolge, dafs er heute zu den beliebtesten Dichtern Islands zählt.

Was *Páll Ólafsson* als Dichter besonders auszeichnet, ist die ungewöhnliche Leichtigkeit, mit der er einerseits den Reim und die schwierigsten Strophenformen andererseits den Stoff zu behandeln versteht. Wenn er auch noch so kunstvoll dichtet, scheint es nicht wegen des blofsen Reimeffektes zu geschehen, sondern es kommt auch der Inhalt überall zur vollsten Geltung, was bekanntlich selbst bei den allerbesten isländischen Poeten nicht immer der Fall ist. Er unterscheidet sich ferner von den meisten übrigen Dichtern seines Heimatlandes dadurch, dafs er nicht immer nur die Schattenseiten des Lebens vor Augen hat, sondern im Gegenteile sich an den Lichtseiten desselben erfreut. Auch wenn der Grundakkord eines Themas seinem Inhalte nach in Moll klingt, weifs er mit Leichtigkeit Übergänge in ein heiteres Dur zu finden. Er bildet in dieser Hinsicht den Gegensatz zu *Kristján Jónsson* und erinnert in der That an den schwedischen Dichter Bellman, mit dem er gern verglichen wird.[1])

Seine Gedichte liegen noch nicht gesammelt vor. Sie erschienen in der dritten Auflage der Anthologie „*Snót*,“ in dem Jahrbuche „*Nanna*“ seines Bruders *Jón*, in *Bogi Th. Melsteðs* „*Sýnisbók íslenzkra bókmennta á 19. öld*,“ in „*Sunnanfari*“ sowie in verschiedenen anderen isländischen Zeitschriften und Journalen. — Hier eine Probe:

Der kleine Wasserfall.

(Snót, 3. Ausg., S. 55—57.)

Ergötzliches sah ich da jüngst einmal
In den Fjorden im südlichen Lande,
Als morgens ich safs am Meeresstrande.
Ein munteres Flüfschen im grünen Thal
Hatt' einen Fels auseinander getrieben,
Nachdem es so lang bei der Arbeit geblieben,
Dafs nie ihm Schlaf in die Augen, so klar,
Seit dem Morgen der Zeiten gekommen war.

Es hat erst unter den Felsen dort,
Nachdem es vom steilen Berge gekommen,
Was seine gröfste Lust war, vernommen:
Ein Lachen und Plätschern in einemfort,
Ein Singen und Brausen, ein Jubeln und Spielen
Im lustigen Reigen zusammen von Vielen.
Da wurde geflüstert, geküfst und gelüpft
Und dann und wann auch ein Tänzchen gehüpft.

---

[1]) Nach *Ólafur Davíðsson* in *Sunnanfari*, II, S. 49—50 (mit einem Portrait des Dichters).

Es waren ja Wellen, die nicht gewufst,
Dafs Flüsse es gäbe, grofse und kleine;
Sie sprangen, spielend, über die Steine.
Das Rollen der Kiesel war ihre Lust.
Da fiel es dem Flüfschen ein, zu entweichen,
Durch eine Spalte sich fortzuschleichen.
Doch der Felsen unten war hoch und hart,
Das Flüfschen aber so klein und zart.

Man braucht wohl nicht zu berichten von all
Den Schwierigkeiten, womit es gerungen,
Bis dafs es endlich den Fels bezwungen:
Es ward nun zu einem Wasserfall.
Dann eilte versteckt im Gestein es zu fliefsen,
Um lautlos sich in das Meer zu ergiefsen.
Die Wogen haben es erst erblickt,
Als ein Küfschen es ihnen aufgedrückt.

Sie wichen zurück in die See alsbald
Und zürnten alle dem kleinen Flüfschen
Und waren ganz feuerrot von dem Küfschen,
Vom Scheine der Abendsonne bestrahlt.
Das Flüfschen jedoch, das schwatzte vom Küfschen.
Da riefen ans Land sie und fragten das Flüfschen:
Wie heifsest du denn? — Ein Wasserfall.
Was willst du? — Ihr sollt mich küssen nochmal!

Was? Küssen? schrie'n sie entsetzt und im Nu
Begann die Ebbe sich einzustellen;
Doch als es Tag ward, da hatten die Wellen
Im Meere draufsen nicht länger Ruh':
Die Weifse des Flüfschens, sein Stimmgetose,
Sein Singsang, sein Liebesgeplauder, das lose,
Sein Kufs: dies alles lockte sie an,
Und so schlichen sie wieder ans Ufer heran.

Dann kamen für immer sie überein,
Bei ihm zu bleiben und Lieder und Sagen
Und Küsse zu wechseln nach Lust und Behagen
Und immerdar wach und munter zu sein.

Wie glücklich ist doch, wem zu seinen Lieben
Der Gang auch immer so leicht geblieben,
Des Lebens Beschwer so mühelos
Wie Flüfschens Fall in der Woge Schofs!

Jón Ólafsson, der Bruder des soeben besprochenen *Páll Ólafsson*, wurde den 20. März 1850 zu *Kolfreyjustaðir* geboren, kam 1863 in die Lateinschule, absolvierte dieselbe jedoch nicht, sondern verliefs sie 1868. Schon frühzeitig begann er zu dichten und sich mit litterarischen Arbeiten zu beschäftigen, und noch als Schüler der Lateinschule gab er ein Büchlein „Die Rache, eine Erzählung, und einige Gedichte“ („*Hefndin. saga og nokkur kvæði*;“ *Reykjavík*. 1867) heraus. Besonders fühlte er sich aber zur Journalistik hingezogen, und er wurde auch gleich nach seinem Austritte aus der Schule Redakteur des eben gegründeten Blattes „*Baldur*“ zu *Reykjavík*. Feurigen und unruhigen Geistes, dann von einem übermächtigen Drange nach Freiheit beseelt, wie er schon damals war, veröffentlichte er in diesem Blatte 1870 ein politisches Gedicht gegen die dänische Herrschaft, „*Íslendingabragur*“ betitelt, durch das er sich eine gerichtliche Verfolgung zuzog. Er entfloh nach Norwegen, kehrte jedoch, da er vom Obergerichte freigesprochen worden war, wieder nach Island zurück und gründete 1872 ein neues Blatt „*Göngu-Hrólfur*“. In der ersten Nummer desselben stellte er sich den Lesern mit den für seine Art bezeichnenden Worten vor: „Meine isländischen Landsleute! Ich brauche euch nicht zu sagen, wer ich bin. Ihr kennt mich, der einen blitzheifsen Feuerstrom in seinen Adern hat. Ihr kennt alle den Dichter, der den „*Íslendingabragur*“ gedichtet hat!“ — Durch seinen journalistischen Feuereifer geriet er jedoch bald in einen neuen Konflikt u. zw. mit dem Landeshauptmann selbst, so dafs er das Erscheinen des „*Göngu-Hrólfur*“ einstellte und sich 1873 nach Nordamerika begab.

Er unternahm hier weite Reisen und kam selbst nach Alaska. Er berichtete darüber in einem Werkchen „*Alaska. Lýsing á landi og landskostum*,“ (Washington, 1875). Im Frühjahre 1876 begab er sich wieder nach *Reykjavík* zurück, kaufte dann in Kopenhagen eine Druckerei und liefs sich mit derselben 1877 in *Eskifjörður* im Ostlande nieder, um hier eine neue Zeitung herauszugeben. Er nannte sie „*Skuld*“ und redigierte sie mit solchem Geschick, dafs sie zu den besten Journalen zählt, die auf Island erschienen sind. Hier schrieb er auch mehrere kleine Werke und veröffentlichte eine Sammlung seiner Gedichte unter dem Titel „*Söngvar og kvæði*“ d. h. Lieder und Gedichte (*Eskifjörður*, 1877). Als Beigabe zur „*Skuld*“ liefs er auch ein Jahrbuch vermischten Inhaltes (*Nanna*) erscheinen. Im Jahre 1882 übersiedelte er wieder nach *Reykjavík* und übernahm hier die Redaktion des „*Þjóðólfur*.“

Er war zu dieser Zeit auch sonst mit grofsem Fleifse litterarisch thätig, übersetzte John Stuart Mills Abhandlung „Über die Freiheit," beteiligte sich an der Herausgabe der Zeitschrift „*Iðunn*" u. s. w. Von 1881 bis 1883 war er an der Lateinschule Hilfslehrer für die englische Sprache. Seit 1881 war er ferner Mitglied des *Alþingi* und auch in dieser Eigenschaft überaus thätig. Im Jahre 1890 wanderte er jedoch nach Amerika aus, liefs sich zuerst in Winnepeg in Canada nieder, wo er wieder als Redakteur isländischer Zeitungen wirkte, und ging hierauf (1894) nach Chicago als Mitredakteur des Blattes „Norden." In Winnepeg hatte er noch eine zweite vermehrte Auflage seiner Gedichte herausgegeben, die jedoch zum gröfsten Teile verbrannte und mir auch nicht zugänglich geworden ist.

Nach den Gedichten der ersten Ausgabe, die mir vorliegt, zu urteilen, ist *Jón Ólafsson* immerhin ein begabter Poet, wenn auch eigentlich mehr verständig, als lyrisch. Es fehlt ihm an Gemüt und Anmut, an Kraft und Phantasie. Dafür kommt aber sein heifses Temperament oft zu wirkungsvollster Geltung. Er ist der feurigste und — wie wir gesehen haben — auch freimütigste und energischeste Lobsänger der Freiheit und des Fortschrittes, der diese hehren Begriffe nicht, wie es bei den meisten isländischen und auch anderen Dichtern der Fall ist, blofs in hochtönenden Phrasen feiert, sondern sie wirklich und gewaltig ernst nimmt und für sein Volk alsbald in die entsprechenden Thatsachen umgesetzt sehen will. Aufser den Freiheits- und patriotischen „Liedern," denen auf Island beliebte Melodieen zu Grunde gelegt sind, finden wir in der Sammlung noch verschiedenartige andere hübsche Gedichte, darunter auch viele heitere und manche von weicher, zarter Empfindung wie z. B. die Verse „Am Grabe meines Vaters." Im allgemeinen aber geht durch die Dichtung dieses Poeten bereits ein so starker realistischer Zug, dafs man *Jón Ólafsson* als den ersten Wirklichkeitsdichter und Vorläufer der neuen realistischen Dichterschule Islands bezeichnen kann.[1])

Hier zwei Proben aus dem Liederbuche dieses Dichters.

Am Grabe meines Vaters.

(Söngvar og kvæði, 1877, S. 185.)

Nun kann ich nicht mehr wie zuvor,
Wenn recht betrübt ich bin,
An deine Brust, lieb Väterchen,
Trost suchend, eilig flieh'n.

[1]) Vgl. *Þorsteinn Gíslason* in *Sunnanfari*. IV, S. 17—18 (mit einem Portrait des Dichters).

Doch weilst du noch in meinem Sinn,
Und mach' ich etwas schlecht,
Dann ist es mir, als wiese mich
Wie einst dein Blick zurecht.

Doch mach' ich etwas recht und gut,
Zufrieden lächelst du,
Wie du es einst so oft gethan,
Dem lieben Nonni[1]) zu.

Ach ja, ganz andres würde wohl
Aus mir geworden sein,
Wenn du gelebt noch und geführt
Den kleinen Jungen dein!

Welt-Verse oder Betrachtungen eines wandernden Schneiders über diese Welt.

(Söngvar og kvæði, 1877, S. 162—165.)

Wie weit und grofs die Welt doch sei,
Die Leute immer reden;
Doch glaubet nicht, bei meiner Treu,
Dafs sie gleich grofs für jeden.

Der sieht da nichts, woran entzückt
Des andern Auge hinge;
Denn anders ja ein jeder blickt
Auf ganz dieselben Dinge.

Als ich bereist so manch ein Land
Und manch ein Meer befahren,
Auch ich die Welt so grofs nicht fand
Als wie einmal vor Jahren.

Man mufs darum, wird dies bedacht,
Einräumen den Erfindern,
Dafs sie's bereits zustand gebracht,
Die Erde zu vermindern.

---

[1]) Kosewort für *Jón*.

Nichts gab's an zweier Jahre Zeit
Und Energie zu sparen,
Wollt einer um die Erde weit
Einst reisen voll Gefahren.

Es kommt auf wenig Mut nur an
Die Reise heut' zu wagen,
Wo um die ganze Erde man
Leicht kommt in achtzig Tagen.

Das Wetter machte oft voreh'
Dem Kaufmann grofse Sorgen;
Wollt heut' er stechen in die See,
So sagte Kari [1]): morgen!

Jetzt ist es leicht, du bist imstand
Mit Dampfeskraft zu reisen
Und bald zu Wasser, bald zu Land
Den Erdball zu umkreisen.

Dafs also heut' ein reicher Mann,
Hat Zeit er achtzig Tage,
Die Welt mit Dampf umfahren kann,
Das steht wohl aufser Frage.

Doch suchst auf dieser Welt, so klein,
Du Glück und Wohlbehagen,
Sag', findest du's, wahrhaft und rein,
Mit Dampf in achtzig Tagen?

Du findest's nicht, das brauch' ich euch,
Da nicht erst noch zu sagen,
Sucht man's mit Dampfeskräften gleich
In allen Erdentagen.

Scheint kleiner auch die Welt mit Fug,
Mifst ungleich sie die Menge;
Dem ist sie oft mehr als genug,
Dem andern oft zu enge.

---

[1]) *Kári*, ein Winddämon der altnordischen Mythologie.

Ich sah so manchen armen Wicht —
Nie werd' ich es vergessen —
Der in der weiten Welt auch nicht
Sein Brot nur fand zum Essen

Manch Thoren auch hab' ich gezählt,
Der, reich an goldnem Schatze,
Sich in der Menschheit grofsen Welt
Nie fand am rechten Platze.

Dann hab' ich den und den gekannt —
Kein Name! — der durch seinen
Gewalt'gen Hochmut Platz nicht fand
In unsrer Welt, der kleinen.

Ein andrer wieder staunt zumeist —
Es ist ein ganz Gescheiter —
Dafs Raum genug für seinen Geist
Die Welt hat, die nicht weiter

Eins weifs ich sicher — keinen Trug
Vor dir, mein Freund, ich habe —:
Es wird die Welt einst weit genug
Für alle sein — im Grabe.

Jung Island.

In Dänemark gab's in den siebziger Jahren einen Aufruhr junger litterarischer Geister gegen die damals herrschende, von der Romantik ausgehende Richtung in der Poesie, die z. T. zu einem krankhaften Idealismus geführt hatte. Der erste Anstofs zu dieser Bewegung ging schon von einer Polemik in den Jahren 1865—1867 aus, welche des dänischen Philosophen Rasmus Nielsen Doktrin von Glauben und Wissen als absolut ungleichartigen, aber gerade deshalb vereinbaren Prinzipien hervorgerufen hatte. Der energischeste, wenn auch nicht gründlichste Bekämpfer dieser Lehre war Georg Morris Cohen Brandes, der bekannte dänische Ästhetiker und Kritiker, welcher in seinen im Herbste 1871 begonnenen Vorlesungen über die Hauptströmungen in der Litteratur des neunzehnten Jahrhunderts auch die sonstigen alten Anschauungen auf fast allen Gebieten befehdete und den äufsersten Radikalismus in Politik, Religion, Philosophie und Litteratur predigte. Für die letztere stellte er die Theorie des Realismus auf u. zw. in der Fassung des Naturalismus, wie er damals in der französischen Litteratur Anwendung fand. Die Rücksichtslosigkeit, mit der Brandes alle traditionellen, religiösen und nationalen Anschauungen als „Vorurteile" und „abgelebt" verdammte, schuf ihm viele Feinde, aber auch begeisterte Anhänger, namentlich unter den begabtesten dänischen und norwegischen Dichtern und Schriftstellern, die bald eine eigene Schule der Realisten oder — wie sie sich im Gegensatze zu den national gebliebenen „Konservativen" nannten — „Europäer" bildeten. Der „poetische Mittelpunkt" des brandesianischen Anhanges war der seither auch in Deutschland bestens bekannt gewordene dänische Lyriker, Novellist und Dramatiker Holger Drachmann.[1]) Zum dänischen Gefolge Brandes' gehörten aufserdem die bei uns ebenfalls wohlbekannten Dichter Gjellerup, Jakobsen und Schandorph, zum norwegischen: Kielland und im gewissen Sinne auch Björnson und Ibsen. Diese Gefolgschaft blieb jedoch nicht lange beisammen.

---

[1]) Vgl. die Einleitung zu „See- und Strandgeschichten von Holger Drachmann. Mit Autorisation des Verfassers aus dem Dänischen übersetzt und eingeleitet von J. C. Poestion" (Leipzig) S. 5—12.

Einer nach dem andern — der erste war Drachmann — kündigte dem Meister früher oder später, laut oder stillschweigend, die Botmäfsigkeit, die dieser allzu tyrannisch verlangte, und ging seinen eigenen Pfad, der gar manchen von ihnen wieder in das Land der Romantik zurückführte. Ein Teil der Dichter — und wahrlich nicht die schlechtesten, wie Rudolf Schmidt[1]) u. a. — war, wie schon angedeutet, überhaupt nicht mit Brandes gegangen.

Es läfst sich nicht leugnen, dafs die modernen radikalen Tendenzen der Brandesianer immerhin auch einen günstigen Einflufs auf die ästhetische Litteratur Skandinaviens ausgeübt haben, indem sie für dieselbe einerseits einen festeren Boden des Realen schufen, andererseits eine Anzahl von Problemen der Gegenwart „zur Debatte stellten." Allein auch die konservative Partei ist von der realistischen Strömung, die sich übrigens schon früher — vom zweiten Viertel des Jahrhunderts an — in der dänischen Litteratur bemerkbar gemacht hatte, nicht unberührt geblieben, und sie folgte auch sonst dem Zeitgeiste in dem, was sie für gut und erspriefslich fand. Brandes selbst aber versucht nunmehr durch die Propaganda der Philosophie Franz Nietzsches neue Anhänger zu gewinnen.

Als verspätete Nachzügler schlossen sich der Richtung Brandes' auch einige junge in Kopenhagen lebende isländische Dichter an. Die neue Zeit aber, welche jetzt endlich auch für die isländische Litteratur anbrechen und die ganze alte Poesie in den Schatten stellen sollte, wurde 1882 in „*Verðandi*" (d. h. Gegenwart, Name einer der drei Nornen) feierlich eingeläutet, einer als Jahrbuch geplanten Zeitschrift, herausgegeben von *Bertel E. O. Þorleifsson*, *Einar Hjörleifsson*, *Gestur Pálsson* und *Hannes Hafsteinn* in Kopenhagen. Das 144 Seiten starke Heft wird durch ein feuriges Gedicht, „Sturm," von *Hannes Hafsteinn* eröffnet und enthält Erzählungen und Gedichte, teils Originale, teils Übersetzungen, und sämtliche Beiträge stammen ausschliefslich von den Herausgebern selbst. Die Perle der Sammlung und zugleich die „pièce de resistance" ist unstreitig die treffliche kurze Novelle „*Kærleiksheimilið*" (d. h. das Liebesheim) von *Gestur Pálsson*, im Genre der Dorfgeschichten, welche eines Kielland würdig wäre. Auch die zweite Novelle des Buches, „Auf und nieder" (*Upp og niður*), von *Einar Hjörleifsson* verrät ein hübsches Erzählertalent, obwohl dieselbe nicht so glücklich durchgeführt ist wie die erste. Von den Gedichten verdienen *Hannes Hafsteinns* schon erwähnter „Sturm" und *Bertel Þorleifssons* „Sehnsucht nach der Heimat" das meiste Lob; es sind dies kräftige Ergüsse wahren Dichtergemütes, welche der neu-isländischen Lyrik zur Zierde gereichen. Auch die übrigen Gedichte dieser beiden Autoren, welche allein für den eigentlich

[1]) Vgl. die Einleitung zu den „Erzählungen von Rudolf Schmidt. Aus dem Dänischen übersetzt und eingeleitet von J. C. Poestion" (Leipzig) S. 5—12.

poetischen Teil der Sammlung beigesteuert haben, sind aller Beachtung wert, und namentlich die von *Hafsteinn* interessant durch ihr feurig eruptives Temperament. An Übersetzungen enthält das Heft ein Fragment aus Ibsens „Brand,“ ein Gedicht Drachmanns und Kiellands Novellette „Ein gutes Gewissen.“ Das Jahrbuch erregte auf Island wohl grofses Aufsehen, die vier Dichter wurden von der Kritik als strahlend aufgehende Sonnen am Himmel der isländischen Dichtkunst gepriesen, aber der erste Jahrgang der „*Verðandi*“ blieb doch der einzige. Man versuchte es hierauf mit einem Blatte, dem „*Suðri*“ (d. h. Süden, weil die geistigen Strömungen des Südens d. i. Europas auch nach Island geleitet werden sollten) in *Reykjavik* (1883—1887), und mit einer illustrierten Monatsschrift, dem „*Heimdallur*“ in Kopenhagen (1884), welch letztere hauptsächlich belletristischen Charakters sein und Übersetzungen ausgewählter Stücke hervorragender moderner Schriftsteller bringen sollte. Die erste Nummer des „*Heimdallur*“ („der über die Welt glänzende,“ Name des Wächters der Götter, der einst mit dem *Gjallarhorn* die Götter zum Kampfe gegen die Riesen aufrufen wird) enthielt u. a. eine biographisch-kritische Skizze über Holger Drachmann und eine Übersetzung der höchst realistischen Erzählung „Er starb und wurde begraben,“[1]) sowie zweier Gedichte desselben dänischen Dichters. Aber weder das eine noch das andere dieser Journale hatte einen längeren Bestand. Es war eben ganz zwecklos, die neuen geistigen Strömungen auch Island zuzuführen, und sie mufsten auch ohne Wirkung bleiben, „da es eine soziale Frage oder einen Kulturkampf dort nicht geben kann, wo alle jene Voraussetzungen fehlen, welche in anderen Ländern deren Erscheinung hervorgerufen haben.“[2])

Die in „*Verðandi*“ eingeschlagene Richtung wurde von Jung Island auch weiterhin eingehalten. Die neue Schule huldigt demgemäfs dem Realismus und Radikalismus in der oben angedeuteten Ausdehnung. Sie liebt die Darstellung des niedrigen Alltagslebens und schildert mit pessimistischem Behagen die Schattenseiten des menschlichen Lebens und der menschlichen Gesellschaft; sie ist zum Teile einem krassen Materialismus verfallen, und einige ihrer Anhänger rühmen sich, Atheisten zu sein, ohne doch den Beweis erbracht zu haben, dafs ihre Anschauungen eigenem philosophischen Nachdenken entsprungen und nicht blofs einer gewissen Richtung des Zeitgeistes anbequemt sind. In ihrer Geringschätzung des Alten sind die Modernen so weit gegangen, selbst die ehrwürdigsten Denkmäler der heimischen Litteratur, welchen doch Island seinen Ruhm und die Sympathie des Auslandes zu verdanken hat, herabzuwürdigen und verächtlich zu machen.[3]) Wir sollen ja selbst-

[1]) Deutsch in „See- und Strandgeschichten von Holger Drachmann“, S. 32—49. — [2]) O. B. Jiriczek in der (Münchener) Allgemeinen Zeitung, 1892, Beilage-Nummer 176, S. 3. — [3]) Vgl. *Gestur Pálsson. Menntunarástandið á Islandi. Fyrirlestur* (*Reykjavik*, 1889). S. 9.

verständlich die Vorzeit nicht anbeten; allein wir stehen doch auf den Schultern der Vorzeit; alles beruht auf der Vorzeit. „Was an uns original ist, wird am besten erhalten und belebt, wenn wir unsere Altvordern nicht aus den Augen verlieren," sagt doch auch Goethe. Und wie soll bei dem Volke, dem solche Anschauungen beigebracht werden, die Vaterlandsliebe erhalten bleiben, die ohnehin bereits in der Abnahme begriffen ist! In eigenem Mangel an patriotischem Gefühl wurden freilich von dieser Seite auch die gegenwärtigen Zustände des Landes in den düstersten Farben geschildert, alle Versuche in landwirtschaftlicher Hinsicht als nutzlos und schädlich hingestellt u. dgl. und von einigen Häuptern der neuen Bewegung selbst das Beispiel der Auswanderung nach Amerika gegeben, die gleichbedeutend ist mit der Vernichtung des eigenen Volkstums. Was Wunder daher, dafs dem „alten romantischen Kreise" in *Reykjavík*, welcher sein Möglichstes that, um die Vorzeit in den Augen des Volkes heilig zu erhalten, vor den Jungen in Kopenhagen angst und bange geworden ist.[1]) — In der jüngsten Zeit scheinen indessen auch die isländischen Dichter von der brandesianischen Richtung wieder abzuschwenken und ihren eigenen Anschauungen und Impulsen zu folgen.

Der bedeutendste unter den Dichtern der neuen Richtung war **Gestur Pálsson** (geb. den 25. September 1852). Der Sohn eines Bauern, bezog er 1875 nach zurückgelegter Lateinschule die Universität Kopenhagen, um hier Theologie zu studieren, von der er sich jedoch bald abwandte, um sich ganz seinen litterarischen Neigungen hinzugeben. Er bestand das philosophische Examen, jedoch kein weiteres in der Theologie. Um so eifriger hörte er die Vorlesungen Georg Brandes', mit dem er auch persönlich verkehrte, und der auf ihn den gröfsten Einflufs ausübte. Er kehrte im Herbste 1882 nach Island zurück. Hier gab er den „*Suðri*" heraus, worin er zwar mit grofser Energie und Kraft, aber ebenso erfolglos wie in verschiedenen, wie behauptet wird, „hinreifsenden" Vorträgen[2]) für seine von Haus aus verlorene Sache zu wirken versuchte. Im Jahre 1890 wanderte *Gestur* nach Amerika aus. Er starb jedoch bereits am 19. August 1891. Der frühe Tod dieses Mannes ist sehr zu bedauern; denn trotz seines krassen Radikalismus, durch den er in seiner Heimat nur die Geister verwirrte, hat *Gestur Pálsson* für die isländische

---

[1]) Vgl. über diese neue Richtung der isländischen Poesie auch *V. J.* in *Stefnir*, I. (1893), No. 2—5 („*Ný hreyfing*") — [2]) Von diesen Vorträgen erschienen gedruckt: „*Lífið í Reykjavík*" (d. h. das Leben in *Reykjavík*), *Reykjavík* 1888, und „*Menntunarástandið á Íslandi*" (d. h. der Bildungszustand auf Island, ebenda, 1889); man vgl. wegen der argen Übertreibungen insbesondere des letzteren Vortrages die Diskussion darüber (im Auszuge): „*Menntunarástandið á Íslandi. II. Umræður á málfundi 23. nóvbr. 1889*" (ebenda 1890).

Litteratur eine Bedeutung erlangt, die noch über sein Grab hinaus andauern wird. Er hat die moderne isländische Novellistik auf eine höhere Stufe der Kunst erhoben, so dafs sie den ähnlichen Prosadichtungen der hervorragendsten übrigen skandinavischen Realisten an die Seite gestellt werden darf. Die Zahl seiner Arbeiten ist nur gering, und diese selbst sind wenig umfangreich. Aufser dem „Liebesheim“[1]) in „*Verðandi*“ veröffentlichte er noch eine Erzählung „*Sigurður*, der Bootsmann“[2]) (1887 in *Iðunn*) sowie — in Buchform — „Drei Novellen“ („*Þrjár sögur*“) nämlich: Kaufmann *Grímur* stirbt, Im Brautstande, Ein Frühlingstraum (*Reykjavík*, 1888)[3]), wozu noch zwei kleine Skizzen „*Hans Vöggur*“,[4]) 1883, und „*Skjóni*“, 1884, kommen. Allein diese Arbeiten sind — abgesehen von den beiden zuletzt genannten, mehr studienartigen Entwürfen — ganz treffliche Kunstwerke realistischer Schilderung, in gedanklicher wie technischer Hinsicht. Alles ist knapp, die Komposition fest geschlossen, der sprachliche Ausdruck ungekünstelt, scharf und klar. Eine gewaltige Wirkung erzielt der Dichter durch seine schneidende Ironie und Satire, die in der isländischen Litteratur einzig dasteht. Seine fremden Vorbilder sind übrigens leicht zu erkennen. Die Isländer selbst, welche überhaupt noch immer mit Vorliebe an ihren Sagas hängen und daher an den modernen, „von einem Einzelnen e r f u n d e n e n“ Novellen keinen Geschmack finden, konnten sich mit diesen Erzählungen schon wegen des darin niedergelegten schwärzesten Pessimismus wenig befreunden. Als Lyriker war *Gestur Pálsson*, nach den bisher in verschiedenen isländischen Zeitschriften und Blättern erschienenen Gedichten zu urteilen, ohne besondere Bedeutung.[5])

Der zweite Novellist der „*Verðandi*“ war **Einar** *Gísli* **Hjörleifsson** (geb. den 6. Dezember 1859). Er hatte sich bereits als Frequentant der Lateinschule durch eine anonym erschienene Erzählung „Welchen von den beiden Schwüren soll ich brechen?“ (*Hvorn eiðinn á jeg að rjúfa?*, *Eskifjörður*, 1880) nicht unsympathisch bemerkbar gemacht. Ferner kennen wir von ihm aufser „Auf und nieder“ noch die kleine, 1890 in *Reykjavík* erschienene Novelle „Hoffnungen“ („*Vonir*“), die ebenfalls mit Talent geschrieben ist.[6]) Er teilt mit *Gestur Pálsson* die pessimistisch-realistische Richtung, ohne dafür gleich diesem durch wirkliche Meisterschaft in Komposition, Technik und Sprache zu entschädigen. Doch ist er unstreitig einer der besten jetzt lebenden Novellisten

[1]) Deutsch von C. Küchler. Kopenhagen 1891 u. Leipzig 1894. — [2]) Deutsch von M. Lehmann-Filhés in: Aus fremden Zungen, Stuttgart. 1891, Heft 4. — [3]) Deutsch von C. Küchler in: Drei Novellen vom Polarkreis, Leipzig (1896). — [4]) Deutsch von Ph. Schweitzer in: Magazin für die Litteratur des In- und Auslandes, Leipzig und Berlin, 1884, No. 44. — [5]) Vgl. über *Gestur Pálsson* auch *Sunnanfari*, I. (1891) S. 37 und 38 (mit einem Bildnis des Dichters), dann Jiriczek a. a. O., S. 3—7, und C. Küchler, Geschichte der isländischen Dichtung der Neuzeit, I. S. 22—26 u. ö. — [6]) Deutsch von M. Lehmann-Filhés in „Die Frau“. Berlin, 1894, Heft 12.

Islands, von dem man wohl noch manche erfreuliche Arbeit erwarten darf. *Einar* hat auch ein Heftchen Gedichte (*Ljóðmæli*, *Reykjavík*, 1893) herausgegeben, die im allgemeinen von geringer Bedeutung sind, wenn auch einige davon immerhin hübsche Gedanken bergen. *Einar Hjörleifsson* studierte zu Kopenhagen Staatsökonomie, wandte sich jedoch später der Journalistik zu. Im Jahre 1885 wanderte er nach Amerika aus und gründete dort (1886) im Vereine mit anderen Isländern die Zeitschrift „*Heimskringla*“, die er bis 1888 auch redigierte, worauf er Redakteur des „*Lögberg*“ wurde. Nunmehr ist er aber wieder nach Island zurückgekehrt und wirkt hier als Mitredakteur von „*Isafold*“.[1])

Hannes *Þorður* **Hafsteinn** (geb. am 4. Dezember 1861, jetzt *Sýslumaður* und Bürgermeister von *Isafjörður* im Westlande), der Vierte im Bunde der „*Verðandi*“-Männer, hat seit seinem damaligen Auftreten eine Sammlung seiner „verschiedenen Gedichte“ erscheinen lassen („*Ymisleg ljóðmæli*“, *Reykjavík*, 1895), so dafs bereits ein festeres Urteil über seine Begabung geschöpft werden kann. Der Dichter besitzt entschieden ein nicht gewöhnliches lyrisches Talent. Als der Vulkan aber, der er anfangs erschien, ist er fast ausgebrannt. Es liegt jetzt im ganzen eine moderne Vornehmheit in seiner Lyrik, die nicht frei ist von einer gewissen Selbstgefälligkeit. In *Hafsteinn* ist erfreulicher Weise noch nicht das Gefühl der Vaterlandsliebe erstorben, und er bringt es gelegentlich auch in einem innerlich warmen oder gut gemeinten satirischen Ton zum Ausdruck; vgl. z. B. unten die Gedichte „Island“ und „Beim Geysir“[2]).

Wohl der beste Dichter der jüngeren Generation ist **Þorsteinn Erlingsson** (geb. den 27. September 1858), Sprachlehrer in Kopenhagen und derzeit Alþingis-Abgeordneter. Wie aber die meisten Produkte der Jungen und Jüngsten ziemlich kalt und nüchtern sind und vielmehr als Reflexions- denn als Gefühls-Poesie erscheinen, so ist auch *Þorsteinn Erlingsson* die Poesie nicht der Selbst- oder Hauptzweck, sondern nur das Mittel für seine auf die Verbreitung der Humanität und des freien Denkens abzielenden Bestrebungen. Seine Gedichte sind daher mehr als versifizierte Beiträge zur Diskussion der gegenwärtigen Zeitfragen anzusehen und haben mehr oder minder deutlich den Charakter von Tendenzgedichten in der eben angedeuteten Richtung. *Þorsteinn* huldigt dem äufsersten Radikalismus in politischen und religiösen Dingen (vgl. z. B. die gedankentiefen Gedichte „*Örlög guðanna*“, d. h. das Schicksal der Götter, *Vestmenn*, d. h. die Amerikaner) wodurch er selbst bei sonst weniger konservativen Geistern Anstofs erregte. Er predigt vor allem Freiheit und Wahrheit und verlangt auch in der Kunst die getreueste Nachahmung der Wirklichkeit

[1]) Vgl. über *Einar Hjörleifsson* auch *Sunnanfari*, III., S. 49—51 (mit Bildnis des Dichters). — [2]) Vgl. über *Hannes Hafsteinn* auch *Sunnanfari*, III., S. 27—29 und S. 49 (mit Bildnis des Dichters).

im Leben und in der Natur. Auf seiner Leier schlägt er übrigens oft auch Töne an, welche an die volkstümlichen Klänge in der Poesie *Sigurður Breiðfjörðs* erinnern. Die grofse Wirkung, welche seine Gedichte auf Island bisher erzielt haben, verdanken sie zum guten Teile auch ihrer Formschönheit und einer eigenen Kunst des Dichters in der Behandlung der Sprache, indem sie einerseits durch sorgfältig gewählte Wortverbindungen aus der täglichen Umgangssprache, andererseits durch ebenso sorgfältig gewählte Anspielungen und Allegorieen bei den Isländern die rechte Stimmung zu erwecken und die richtige Saite anzuschlagen suchen. Dieser Umstand, dafs nämlich jeder Satz einen ganzen dahinter liegenden isländischen Vorstellungskreis erweckt, macht die Übersetzung der Gedichte *Þorsteinn Erlingssons* in was immer für eine Sprache aufserordentlich schwierig, ja fast unmöglich.[1])

Von den oben (S. 200) genannten jüngsten Dichtern seien als Anhänger der realistischen Richtung, besonders noch **Einar Benediktsson,** der Herausgeber der Zeitung „*Dagskrá*", und **Þorsteinn V. Gíslason,** Herausgeber der Monatsschrift „*Sunnanfari*" und des grofsen Wochenblattes, „*Ísland*" genannt. Beide sind sehr begabt, jedoch ist *Einar* mehr politisch und etwas dämonisch, *Þorsteinn* leichter, mehr lyrisch. Des letzteren „*Kvæði*" (1893) jedoch sind ziemlich unreife Produkte aus der Gymnasialzeit des Dichters, welche für die Beurteilung desselben kaum in Betracht kommen.

Einen sehr sympathischen jungen Dichter besitzt Island endlich auch in **Hannes S. Blöndal.** Eine kleine Sammlung seiner Gedichte („*Nokkur kvæði*") erschien 1887 zu *Akureyri* und fand bei dem Volke soviel Anklang, dafs sie schon nach vier Jahren, um die Hälfte vermehrt, neuerdings gedruckt werden konnte („*Kvæði eptir Hannes S. Blöndal*", *Reykjavík*, 1891, mit einem Portrait des Dichters). *Blöndal* ist kein Brandesianer und Materialist, sondern verbindet den „Realismus" und „Idealismus" in natürlicher Weise und wendet den einen wie den anderen je nach dem poetischen Bedürfnisse an. Durch seine Dichtung geht ein lebensfroher, heiter spielender Zug, der uns angenehm streift. Auch die Form erfreut durch Leichtigkeit und ungesuchtes Wesen. Wäre er mit einer lebhafteren Phantasie begabt, so könnte er sich wohl zu einem der hervorragendsten Dichter der jüngeren Generation emporschwingen. Das unten mitgeteilte Gedicht „Auf Schlittschuhen" befand sich bereits in der ersten Ausgabe seiner Gedichte (S. 43—44).

Die Auswahl der nachfolgenden Gedichte geschah ohne Rücksicht darauf, ob dieselben gerade als besonders typische Beispiele für die Richtung der betreffenden Poeten dienen können oder nicht. Sie dürften jedenfalls alle den Beifall des Lesers finden.

[1]) Vgl. über *Þorsteinn Erlingsson* auch *Sunnanfari*, IV, S. 92—93 (mit Portrait) und *Þorst. Gíslason* in *Eimreiðin*, I., S. 121—125 (ebenfalls mit Portrait des Dichters).

Sturm.

Von Hannes Hafsteinn.

(Ýmisleg ljóðmæli, S. 1—2.)

Ich liebe dich, Sturm, der du brausest feldein,
Zum Freudenlied weckest die Blätter im Hain
Und biegst und zerknitterst die Zweige, die morschen,
Und schüttelst den Baum, seine Kraft zu erforschen.

Du fegest den Schnee von Berg und von Thal,
Machst frei von den Wolken den Sonnenstrahl,
Entzündest den Funken, fachst lodernde Gluten
Und zierst mit dem Brautschmuck die glitzernden Fluten.

Du spannest die Segel, trägst Lasten durchs Meer,
Ziehst leuchtend und läuternd die Erde daher,
Störst neckend der Stille dumpfbrütendes Weben
Und weckest zu Thaten das schlummernde Leben.

Und fährst durch die Welt du in siegender Zier,
Fühl' jegliche Sehne ich wachsen in mir;
Ich liebe dich, Kraft, wie die Wogen du türmest,
Ich liebe dich, Kraft, wie du Nebel durchstürmest.

Ich liebe dich, liebe dich, ewiger Streit!
Mit wallendem Blut sei mein Lied dir geweiht.
Du kühner Luftwand'rer in rasender Schnelle,
Ich folge dir mutig und froh als Geselle!

(Übersetzt von A. Baumgartner.)

Beim Geysir.

Von Hannes Hafsteinn.

(Ýmisleg ljóðmæli, S. 125—128.)

Nachtwache hielt ich beim Geysir und schlug
Im feuchten Gras mich zur Ruh'.
Von den heifsen Quellen der Nachtwind trug
Die schwülen Dämpfe mir zu.
Die müden Gräser schlummerten tief,
Vom Dampf hier doppelt betaut, wie sie sind.
Im Zelte die Reisegesellschaft schlief.
Ich sollte sie wecken geschwind,
Sowie ich merk', dafs der Geysir zu spielen beginnt.

Das Haupt auf dem Arme lag ich nun so
An des Rasens äufserstem Rand;
Am Busen der Heimat ruhte ich froh,
Ich war ja so lang aufser Land!
Da stieg vor mir auf so manch ein Bild;
Ich schaute unsre Vergangenheit,
Die Zukunft jedoch war in Dunkel gehüllt.
Ich sah mit zornigem Leid,
Wie hart man geknechtet uns hatte so lange Zeit.

Ein thränendes Auge der Himmel mir deucht',
Ein Seufzen das nächtlich Gesumm;
Die sinkenden Tropfen, die Grashalme feucht:
Um Freiheit flehten sie stumm.
Da war's, als ob tief unter meinem Haupt
Dumpf Schufs auf Schufs wie von fernher kracht';
Den Herzschlag ich zu vernehmen glaubt'
Von einer Urkraft und Macht,
Die nach langem Schlummer wieder zum Leben erwacht.

Begeistert durch meine Seele es sang:
Er kommt nun doch, er zerreifst
Die Bande, worin er gelegen so lang,
Der Zukunft gefesselter Geist;
Er führt uns stolz zu Freiheit und Ruhm
Und zur gewaltigen Macht er nun schafft
Die Lebenskräfte, vom Sklaventum
Der Unterdrückung erschlafft,
Zerschmetternd das knechtische Joch mit dem Faustschlag der Kraft.

Da lachte es spöttisch herab von den Höh'n:
„So seid ihr; sieh' doch einmal!“
Ich blickt' nach dem Geysir: er schofs mit Gedröhn'
Empor in mächtigem Strahl,
Dampfsäulen prustend, gewaltig und hoch,
Und zeichnete scharf von dem weifsgrauen Grund
Des Himmels sich ab; zuoberst jedoch
Bog jäh er zurück sich und —
Fiel kraftlos wieder hinab in denselben Schlund.

* * *

Da sprang ich schnell auf, vom Schlafe erwacht,
Ich hatte nur alles — geträumt.
Denn still war rings die einsame Nacht,
Die Schale nur leicht überschäumt.
Es war kein Ausbruch, obgleich es gedröhnt,
Und der Tau vom Grase zunächst noch rann;
Das Murmeln des Flusses von fernher tönt',
Im Osten war's licht schon, und dann
Auch der Gipfel des höchsten Bergs sich zu färben begann.

Wir kehrten des Morgens nach Hause zurück,
Und liefsen den Geysir sein;
Doch wenn ich ein strömendes Wasser erblick',
Dann ist es mein Wunsch nur allein:
Sollt' wieder im Traum ich sehen einmal
Des Vaterlandes Symbol, so sei's
Der Quell eines mächtigen Stroms, kein Strahl,
Der zurückfällt ins selbe Geleis;
Am Liebsten doch säh' ein solch Zeichen ich wachend, Gott weifs . . .

(Übersetzt von Poestion.)

Gebrochene Treu'.

Von Hannes Hafsteinn.

Sie safs so still, das Haupt gebeugt,
Mit mattem Blick und bleicher Wang';
Auf ihrem Schofse ruht' ein Blatt,
Drauf rollen Thränen heifs und bang.

Das alte Lied: ein Fremdling kam,
Fand Obdach und ein freundlich Wort;
Gelobt die Treu', nahm ihren Schwur,
Betrog sie bald und — zog dann fort.

Und was ihr brannt' im Herzen tief,
Das kürzt ihr Leben gar geschwind.
„Wer schützt mich nun in meiner Schand',
Sorgt für mein kleines Sündenkind?“

(Übersetzt von Carl Küchler.)

Da sank sie hin ...

Von Einar Hjörleifsson.

(Sunnanfari, I., S. 63.)

Als jugendlich Weib, liebreizend erblüht,
Erschien mir die Sehnsucht, dem Knaben;
Mein Blut ward heifser, die Seele erglüht'
Und mufste in Liedern sich laben.
Im herrlichsten Grün begann sich der Halm,
Vom Sturm sonst gepeitscht, zu erheben;
Der Sehnsucht Blick durch den Nebelqualm
Verlieh' ihm ein kräftiges Leben.

Es kam nicht allein, das holdselige Weib,
Mit der Jugend rosigem Scheine;
Es brachte mit sich auch Töchterlein,
So spielende, hüpfende, kleine.
Die sangen so lustig, so laut, so laut,
Und flüsterten manchmal so leise, so leise;
Dann lachten sie wieder so traut, so traut —
Und alles in herziger Kinderweise.

Ich meinte lieblich zu träumen ...

Dann schied sie wieder, mit einem warmen
Und freundlichen Händedruck, und sprach:
„Ich geh' und lafs' dir die Kinder!" — Die armen —
Sie wurden meine Hoffnungen, ach!

Und später, nach mancher Jahre Verlauf,
Kam wieder zu mir sie, — allein,
Die Sehnsucht mit rosigen Wangen.
Bei ihrem Anblicke sprang ich auf,
Erfüllt von Angst und von Bangen.
Sie fragte: „Wo sind denn die Töchter mein?"
„„Ach, alle gestorben ... dahingegangen!""

Da sank sie hin mit im Tode erblassenden Wangen ...

(Übersetzt von Poestion.)

Der Winter.

Von Þorsteinn Erlingsson.

(Sunnanfari, II., S. 51—52.)

Wer kampfesmutig und gesund
Sich fühlt und mit Vertrauen
Auf seinen Wintervorrat auch
In schlimm'rer Zeit kann bauen
Und sich, wenn's draufsen stürmet, weifs
Im trauten Haus geborgen,
Begrüfst als alten, treuen Freund
Den Winter ohne Sorgen.

Doch minder freundlich scheint er dem,
Der Not an Nahrung leidet,
Ihm schweren Schritts entgegengeht,
Nur leicht und schlecht gekleidet.
Ich weifs es, mit der Armut hat
Auch Frón [1]) nicht viel Erbarmen;
Doch giebt es manche milde Hand,
Die hilfreich ist dem Armen.

Der Schneesturm ist ein schlimmer Gast
Den Schafen und den Pferden;
Doch herrscht in den Gesetzen jetzt
Ein mildrer Geist auf Erden.
Und schützt die Maus ihr Loch, und sind
Im Haus die meisten Schafe,
So findet sich ein Stall mit Heu
Wohl auch fürs Pferd, das brave.

Doch ein Geschöpf noch weifs ich, das
Nicht minder in Bedrängnis;
Gott und der Mensch vergafsen sein,
Ihm droht ein schlimm Verhängnis.
Du kennst es auch; ein lustig Lied
Sang dir's mit seiner reinen,
Mildweichen Stimme Sommers oft
Von Höhen und von Steinen.

---

[1]) Poetischer Name für Island.

Vergeblich ist nun in der Not
Nach einem Freund sein Spähen;
Des Lenzes Zier das Vöglein war,
Und jetzt will's niemand sehen.
Zerzauset auch der Schneesturm arg
Die Flügel ihm, die kleinen,
Quält es doch mehr der Hunger noch;
Man könnt' vor Mitleid weinen.

Fällt auf den Höh'n die Dämm'rung ein,
Schlüpft's ins Quartier -- im Freien,
Im Schutze eines eis'gen Steins —
Das Vögelein des Maien!
Kein einzig Körnchen brachten heut'
Dem armen Freund die Wehen,
Der in der langen, kalten Nacht
Schon glaubt den Tod zu sehen.

Es sucht darum Barmherzigkeit,
Die seine Leiden lindert.
Es wird der Reichtum deines Stalls
Doch wahrlich nicht vermindert,
Wirfst du ihm von den Krippen nur,
Was abfällt, hin zum Fressen.
Den Hunger wird's dann und die Pein
Der kalten Nacht vergessen.

Das Tier, selbst schuldlos an der Not,
Freut sich des guten Tages;
Dann taut wohl manches andre Herz
Noch auf, das bess'ren Schlages.
Vielleicht auch erntest Lohn dafür
Du — oder deine Kinder.
Ich weifs, was Winters hungern heifst,
Und du vielleicht nicht minder.

(Übersetzt von Poestion.)

Folg' du nur der Jugend.

Von Þorsteinn Erlingsson.

(Sunnanfari, II. S. 82.)

Willst, Freund, ein Gebäude recht hoch und dabei
Vor Einsturz gesichert du bauen,
So leg' deinen kostbarsten Schatz hinein;
Dann kannst du ihm ruhig vertrauen.
Und fühlst du, durchwatend den Flufs nach dem Land
Der Zukunft, dich sicher zu Fufse,
Dann fürchte dich nicht, wenn der Führer auch wählt
Die gefährlichste Furt in dem Flusse.

Und ist's auch am besten, dafs kräftig und grofs,
Wer Wege bricht im Gesteine,
So sei nicht verzagt, wenn dein Arm nur schwach;
Denn oft ist auch nützlich das Kleine.
Sind viele gar tüchtig zur Arbeit, wenn's gilt
Der Völker Wege zu bahnen,
So säubern von Steinen den Weg noch mehr,
Die schwach sind und keine Titanen.

Und halte nicht ein, ist beschwerlich der Weg
Und schelten auch dumm dich die Grofsen;
Folg' du nur der Jugend, dann gehst du schon recht
Ins Land der Zukunft ... Und stofsen
Unmutig die Alten dich selbst von der Bahn,
Du nimmst nicht Schaden deswegen;
Doch schliefst sich die alternde Schar dir an,
Dann gehst du dem — Grabe entgegen ...

(Übersetzt von Poestion.)

Auf Schlittschuhen.

Von Hannes Blöndal.

(Kvæði, 1891, S. 29—30.)

Wie herrlich ist's, Schlittschuh zu laufen
Auf glatten, durchsichtigen Wegen,
Wenn all' die funkelnden Sterne
Vom Eis dir blinken entgegen.

Fällt stärker der Wind ein, so nehm' ich
Das Segel und glaub' dann zu schweben;
Ich fühl' mich erquickt und gehoben.
Es kann doch nichts schöneres geben!

„Lieb' Mädchen, ei, komm' mir zur Seite!
Die wahre Lust es doch wäre,
Mit dir auf dem Eise zu gleiten
Dahin die Länge und Quere.

Nicht Kälte noch Müdigkeit spürt' ich;
Es stünde in Liebesflammen
Mein Herz ja, liefe mit dir ich,
Du holdes Mädchen, zusammen.“

Doch sie drauf: „Dann hüt' deine Liebe
Nur gut; es könnt' davon schmelzen
Das Eis, und darunter, du weifst ja,
Des Wassers Wogen sich wälzen.

Ich gab sie nun frei, aber konnt' mich
Doch nicht der Worte enthalten:
„O, wenn ich ein Schlittschuheis hätte,
Gleich deinem Herzen, dem kalten!“

Ich war so verblüfft, dafs von ihr ich
Weglief in hastiger Eile;
Doch hört' ich sie herzlich lachen,
Hört' kichern sie noch eine Weile.

Ich aber schrieb mit den Schlittschuh'n
Ins Eis die heilsame Lehre,
Die Antwort, die sie mir erteilte,
Halb boshaft, doch treffend, auf Ehre!

(Übersetzt von Poestion.)

Wir schliefsen das Buch mit den schönen, nach der Melodie der „Wacht am Rhein“ zu singenden Versen *Hannes Hafsteinns* auf Island (*Ymisl. ljóðmæli*, S. 139—140), die wir auch selbst den Isländern als Abschiedsgrufs zurufen.

Island

(Ýmisleg ljóðmæli, S. 139—140.)

Du unsres Erdteils jüngstes Land,
Du unser Land, o Vaterland!
Hoch ragst du wie des Jünglings Stirn,
Vom Meer umrauscht, mit Berg und Firn.
Drückt dich auch schwer des Schicksals Hand,
Du mufst doch immer vorwärts, vorwärts, Land!

Jed' Ding hat seine Wachstumszeit;
Hart war die deine und voll Leid.
Die Jugend, schläfrig, kinderhaft,
Birgt doch gar oft verborgne Kraft.
Drauf kommt die Zeit der Männlichkeit,
Dann gilt's, vorwärts zu geh'n im Kampf der Zeit.

Vorwärts all deine Berge schau'n,
Vorwärts! zeigt jedes Kap, und traun!
Auch du nicht länger schläfrig zagst
Und in den Zeitstrom du dich wagst;
Geh' mutig nur und unbeirrt
Den rechten Weg, der dich zur Freiheit führt!

Du unsres Erdteils jüngstes Land,
Du unser Land, o Vaterland!
Du gabst uns unsre Sprache hold,
Du prägtest unsrer Seele Gold,
Du nährst all', die wir lieben hier,
Und was wir haben, haben wir von dir!

Wie sollen wir dich lieben nicht,
Da alles uns mit dir verflicht?
Auch deine Zukunft unsre ist;
Uns trifft's, wenn du im Rückschritt bist.
Hoch drum die Felsenstirn du trag',
Ein jeder wird ja thun, was er vermag!

(Übersetzt von Poestion.)

Nachträge und Berichtigungen.

Seite 3, Zeile 4 von oben lies: 1380 statt 1351.

„ 9, Zeile 32—34 von oben. Zu den hier genannten in *Reykjavík* erscheinenden neun Zeitungen sind seither noch drei weitere hinzugekommen, nämlich *Ísland*, *Sunnanfari* und *Good-Templar*.

„ 17, Zeile 23 von oben lies *ttstir* statt *týstir*.

„ 18, Zeile 6 von oben lies *hnykkir* statt *hnikkir*.

„ 18, Zeile 11 von oben; statt *áleitin* hört man auch *álægin* (brünstig).

„ 20, Zeile 4. Als ein typisch-isländischer Dichter-Vagabund wäre u. a. noch *Bólu-Hjálmars* Rivale und *Sigurðurs* Gegner, der kenntnisreiche und begabte, aber auch maſslos eingebildete *Níels Jónsson „skáldi“* († 1857) zu nennen, welcher viele Rimur (z. B. *„R. af Franz Dönner“*, *Viðeyjar Kl.*, 1836, und *„R. af Flóres og Blanziflúr“*, Akureyri, 1858) sowie andere, darunter nicht wenige „philosophische“ Verse dichtete.

„ 23, Zeile 19 von oben. Ich neige nun mit *Dr. Jón Þorkelsson* d. Ä. der Ansicht zu, daſs der *Málaháttur* seinen Namen davon hat, daſs er in mehreren Eddaliedern angewendet ist, die *mál* genannt werden, z. B. im *Atlamál*.

„ 25, Vgl. über die altnordische Verslehre jetzt auch *Konráð Gíslasons* Efterladte Skrifter, II. Bd., S. 27—133.

„ 32, Zeile 35 von oben lies *Stóra Vatnshorn*.

„ 35, Zeile 37 von oben lies nicht statt gicht.

„ 43, Zeile 17 von oben. Eine typisch - isländische Erscheinung in der Art des *Bólu-Hjálmar*, *Sigurður Breiðfjörð*, *Níels Jónsson* u. a. war die Dichterin *Látra-Björg*, welche zu Beginn dieses Jahrhunderts in der *Eyjafjarðarsýsla* lebte.

„ 44, Zeile 2 von oben füge hinzu: Wir nennen ferner noch *Margrjet Sveinsdóttir*, von der 1892 zu *Reykjavík* ein Büchlein *„Draumur Guðrúnar Brandsdóttur og fáein ljóðmæli, kveðin 1874—1882“* enthaltend, durch *Guðmundur Eyjólfsson* herausgegeben wurde.

„ 45, Zeile 7 von oben lies 1891 statt 1814.

„ 46, Zeile 10 und Seite 49, Zeile 39. Aus Versehen wurde an diesen Stellen 1397 (die kalmarische Union) als das Jahr angesetzt, in welchem Island mit Norwegen an Dänemark kam. Dies geschah vielmehr schon im Jahre 1380 durch die Personalunion Norwegens mit Dänemark unter König Oluf Haakonsön. „Ob freilich damals ein förmlicher Unionsakt zustande kam, wuſste bereits der alte Arild Hvitfeld nicht mit Bestimmtheit anzugeben; jedenfalls gehört aber die kalmarische Union erst dem Jahre 1397 an“ (Maurer).

„ 51, Zeile 34 von oben. Im Jahre 1349 hat der schwarze Tod wohl in Norwegen, jedoch nicht auf Island gehaust; vgl. *Espólíns Árbækur*.

Seite 61, Zeile 30 von oben lies 1520.

„ 64, Zeile 4 von oben lies *Skaufhalabálkur*.

„ 66, Zeile 5 von oben lies Inhaltes st. Inhlates.

„ 67, Zeile 1 von oben lies Mythus.

„ 67, Anmerkung 3. Über die sprachliche Beschaffenheit der ältesten Rimur vgl. jetzt auch *Konráð Gíslasons* Efterladte Skrifter, II., S. 144—215.

„ 68, Zeile 9 von unten lies zu sein scheinen.

„ 72, Zeile 9 von oben lies 1538, Zeile 22 lies reiste zur.

„ 78, Zeile 26 von oben lies zu ihrer.

„ 73, Zeile 18 von oben lies *Kaldaðarnes* st. *Hallaðarnes*.

„ 73, Zeile 27 von oben lies *Hjaltason* st. *Hjáltason*.

„ 80, Zeile 2 von oben lies Er legte auch.

„ 80, Zeile 13 von oben lies *Gizur* st. *Gízur*.

„ 82, Zeile 6 von oben lies Freund *Arngrímur Jónsson*.

„ 83, Zeile 8 von oben lies *Laxárdalur* st. *Saxadalur*.

„ 84, Zeile 31 von oben mufs es heifsen Enkelin des Bischofs.

„ 88, Anmerkung. Vgl. über den isländischen Monopolhandel jetzt besonders *Jón Jónssons* sehr bemerkenswerte und wichtige Abhandlung *„Den danske regering og den isl. monopolhandel, nærmest i det 18. århundrede“* in *„Historisk Tidsskrift“*, 6 R. VI. (auch als Separatabdruck erschienen), Københ., 1897, welche, die bisherige unrichtige Auffassung dieses Handels berichtigend, mit den Worten schliefst: „Es handelt sich hier blofs um ein ökonomisches Prinzip und nichts weiter, und die Aufrechthaltung des isl. Monopolhandels hat niemals einen bewufsten Faktor in der Politik der dänischen Regierung ausgemacht. Dafs es mit auf die Arena der isl. politischen Kämpfe hineingezogen wurde, ist ein agitatorischer Kniff, der sich ganz brauchbar erwiesen, allein gleichzeitig die richtige historische Auffassung der Sache vollständig verdreht hat.“

„ 93, Zeile 9 von oben lies *Vogsósar* st. *Vogósar*.

„ 93, Zeile 11 von oben füge nach *Þórður* ein: *Magnússon*.

„ 93, Zeile 23 von oben lies *Sigfússon* statt *Vigfússon*.

„ 96, Zeile 14 von oben tilge den Beistrich vor *Bartholin*.

„ 98, Zeile 17—18 von oben; vgl. über die gelehrten Vidaline jetzt die Schrift des *Grunnavíkur-Jón* im *Vísnakver Páls lögmanns Vídalíns*, *pag. XV—CIV*.

„ 98, Zeile 11 von unten lies *Olaus* st. *Claus* und *Gemma Frisius* st. *Gemina Fresius*.

„ 99, Zeile 20 von oben soll es heifsen: Eiskälte, Frost, statt eiskalt, eisig.

„ 100, Zeile 5 von unten lies XXXV st. XXX.

„ 102, Zeile 11 von oben setze vor 1628: geb. 1597, Bischof.

„ 102, Zeile 33 von oben; Bischof *Brynjólfur Sveinsson* starb im Jahre 1675.

„ 103, Zeile 8—9 von oben lies *Jón Erlendsson*, Pfarrer von *Villingaholt* (1638—1672); *Vallaholt* nennt *Guðbrandur Vigfússon* S. CXLII der *Prolegomena* zu seiner Ausgabe der *Sturlunga Saga*.

„ 109, Zeile 2 von oben lies *Eiríksson*.

„ 112, Zeile 2 von oben setze vor 1631 Bischof; Zeile 7 lies *Stefán*.

„ 115, Zeile 17 von unten lies *Ælius* st. *Æilius*.

Seite 116, Zeile 9 von unten lies *málari* st. *máleri*.

„ 120, Zeile 2 von oben lies *Bjarnarson* st. *Bjarnason*.

„ 121, Zeile 3 von oben lies *Prestḣólar*; Zeile 9 setze ein † vor 1627;

„ 121, Zeile 11 lies *pislarvottur;* Zeile 13 lies *Sandar* st. *Landir*.

„ 122, Zeile 8 von oben lies *Jacopone*.

„ 127, Zeile 18 von unten lies *Harastaður* oder vielmehr *Harrested* in Dänemark (Sjælland).

„ 127, Zeile 1 von unten (und auch sonst) lies I. Bd. st. II. Bd. (wo *Formáli zu Kvæði eptir Stefán Ólafsson* citiert ist).

„ 135, Zeile 8 von oben lies *Konrektor* st. *Korrektor*.

„ 136, Zeile 1 von unten lies *Stephensen* st. *Stepensen*.

„ 142, Zeile 16 von oben lies *Margfróðir*.

„ 142, Zeile 22 von unten. *Jón Jónsson (Johnsonius)* starb am 19. Juli 1826, 77 Jahre alt.

„ 144, Zeile 25 von unten lies 1754 und 1799 st. 1754—1799.

„ 145, Zeile 2 von unten lies *Romanorum*.

„ 150, Anmerkung 1. Vgl. auch *Ný fjelagsrit*, IX., S. V—XIX mit einem Bildnis *Hannes Finnssons*.

„ 160—161. Den bedeutenden ökonomischen Aufschwung, den Island in den letzten Decennien genommen hat, illustriert am besten ein Vergleich zwischen den Budgets der Finanzperioden 1876—1877 und 1898—1899. Im Jahre 1875, als das Alþingi die Verwaltung der Landesfinanzen übernahm, betrugen die budgetierten Einnahmen für die Periode 1876—77 nur 303 876 Kronen 6 Öre und die Ausgaben 451 895 Kr. 71 Öre; pro 1898—99 sind hingegen die Einnahmen mit 1 308 400 Kr., die Ausgaben mit 1 466 533 Kr. 67 Öre präliminiert. Die Einnahmen sind somit im Laufe von 22 Jahren um mehr als das Vierfache gestiegen. Insbesondere in den letzten zehn Jahren ist fast auf allen Gebieten ein bedeutender Fortschritt wahrzunehmen. So hat sich z. B. der Handelsumsatz des Landes von 1887—1895 mehr als verdoppelt (von 7 Millionen auf 15 Mill. Kr. erhöht), wobei noch zu bemerken ist, daſs, während im Jahre 1887 der Wert der eingeführten Waren den Wert der ausgeführten um 1 Mill. Kr. überstieg, im Jahre 1895 gerade das Umgekehrte der Fall war, indem der Wert der ausgeführten Waren um 1 Mill. höher war als der der eingeführten. Der Wert der Häuser in den Kaufstädten stieg von 600 000 Kr. im Jahre 1870 bis jetzt auf 5 000 000 Kr. Unter den Ausgaben wurde über eine halbe Million Kronen für die Entwickelung der Kommunikation des Landes bewilligt, wovon 112 100 Kr. für das Postwesen, 174 000 Kr. für Weganlagen, 100 250 Kr. für Brücken über Flüsse, 135 000 Kr. für die Dampfschiffahrtsverbindung mit dem Auslande und für die Küstenfahrten um Island bestimmt sind. Für die Herstellung eines Telegraphen zwischen Island und den Shetlandsinseln über die Faröer erscheinen 35 000 Kr. als erste Rate (pro 1899) eines zwanzigjährigen Beitrages im Finanzgesetz eingestellt. Auch für die Hebung des Gesundheitswesens (Erhaltung und Errichtung von Spitälern u. dgl.) sind bedeutende Summen bewilligt worden.

„ 161, Zeile 3 von oben setze *Hafnarfjörður* st. *Akureyri*.

„ 161, Zeile 41—42 von oben; hierzu ist nachträglich zu bemerken, daſs ohne die Auswanderungen Islands Bevölkerungszahl sich seit 1880 nicht vermindert, sondern vermehrt haben und jetzt wohl über 80 000 betragen würde.

„ 162, Zeile 18 von oben lies Arithmetik.

Seite 163, Zeile 28 von oben. Der Kursus im Pastoralseminar dauert nun nicht mehr zwei, sondern drei Jahre.

„ 163—165. Wie viel jetzt die Isländer für die Hebung ihres Unterrichtswesens thun, kann man u. a. wieder aus dem isländ. Finanzgesetze für die zweijährige Finanzperiode 1898—99 ersehen, in welchem nicht nur schon laufende Posten des Unterrichtsbudgets erhöht, sondern noch verschiedene neue eingestellt erscheinen. So wurden u. a. 20000 Kr. für die Errichtung einer Navigationsschule in *Reykjavík* und ein Beitrag von 10000 Kr. für die Errichtung einer Mädchenschule im Nordlande bewilligt. Aufserdem hat das Alþingi jetzt ein besonderes Gesetz angenommen betr. die Abänderung des Unterrichtes an der Lateinschule zu *Reykjavík* und an der Realschule zu *Möðruvellir*. Nach diesem Gesetze soll die Lateinschule in Hinkunft aus 2 Abteilungen zu je 3 Klassen, einer Real- und einer Lateinabteilung, bestehen. In der ersteren sollen als Unterrichtsgegenstände: Isländisch, Dänisch, Englisch, Geschichte, Mathematik, Naturgeschichte, Physik, Geographie, Gesang, Zeichnen und Turnen, in der letzteren: Isländisch, Dänisch, Englisch, Geschichte, Physik, Latein, Deutsch, Französisch, Mathematik, Religion, Gesang und Turnen gelehrt werden. Gleichzeitig soll die Realschule zu *Möðruvellir*, die bisher nur aus zwei Klassen bestand, noch eine dritte Klasse erhalten, und der Unterrichtsstoff derselben ganz derselbe sein wie in der Realabteilung der Reykjaviker Schule. Wie zu ersehen, ist also an der Lateinschule das Griechische nunmehr vollständig abgeschafft worden; es wird jedoch vorausgesetzt, dafs die Studenten, welche Theologie studieren wollen, einen Kurs in dieser Sprache besuchen können.

„ 166, Zeile 11—15 von oben. Durch die Errichtung der „Druckerei der *Dagskrá*“ (des von *cand. jur. Einar Benediktsson* herausgegebenen Journales) ist die Anzahl der Druckereien in *Reykjavík* auf 3 gestiegen.

„ 170, Zeile 34 von oben lies: einige dieser statt diese vier.

„ 172, Zeile 29 von oben streiche: die.

„ 177, Zeile 14 von oben. *Dr. Scheving* verbrannte sein grofses Wörterbuch, das nach der Aussage eines seiner Söhne 500 enggeschriebene Bogen in Quarto umfafste. Die Bedeutung der Wörter war in lateinischer Sprache angegeben, fehlte jedoch noch bei einer grofsen Anzahl von Wörtern, wie denn die Arbeit überhaupt noch nicht druckfertig war.

„ 178. Von *Konráð Gíslasons* hinterlassenen Schriften erschien nun (1897) auch der II. Bd., enthaltend „*Forelæsninger og videnskabelige Afhandlinger*“. Bezügl. *K. G.s* Anteil an *Cleasby-Vigfússons* „*Icelandic-english Dictionary*“ vgl. jetzt auch *Björn M. Olsen* in der Einleitung zum II. Bde. der hinterlassenen Schriften, pag. IV—XXII, dann den Band selbst S. 273—293.

„ 181, Zeile 23 von oben. *William Morris* ist inzwischen gestorben; „*The Saga Library*“ erscheint jedoch noch weiter.

„ 182, Zeile 4 von oben. Rektor *Björn Magnússon Ólsen* veröffentlichte seither noch eine höchst bemerkenswerte und umfangreiche Abhandlung „über die *Sturlunga*“ (in *Safn til sögu Íslands*, III. Bd., S. 193 ff.).

„ 182, Zeile 17 von oben. Die Wörterbücher von *G. T. Zoëga* und *Jónas Jónasson* sind recht gut brauchbar, enthalten aber leider keine ganzen Sätze, so dafs die Wortfügung nicht zu ersehen und es daher unmöglich ist, aus ihnen die Sprache auch schreiben zu lernen.

„ 184, Zeile 13 von oben. Die sehr interessante „Saga von *þuríður*, der

Bootsführerin" ist nunmehr vollständig erschienen (*Reykjavik*, 1893—97). — Zur *Espólín*'schen Autodidaktenschule gehörte auch *Einar Bjarnason á Mælifelli* (Grofsvater *Dr. Valtýr Guðmundssons*), ein sehr kenntnisreicher Mann, von dem u. a. auch ein schätzbares Lexikon gelehrter Personen Islands *(Fræðimannatal)* handschriftlich vorhanden ist. — Ein Schüler *Gísli Konráðssons* ist *Sighvatur Borgfirðingur*, welcher noch lebt und ein tüchtiger Sammler sowie Verfasser verschiedener Schriften ist.

Seite 192, Zeile 8 von oben. Die Kirchengeschichte *Helgi Hálfdánarsons* erschien nunmehr vollständig unter dem Titel: *Saga Fornkirkjunnar (30—692 e. Kr.). Höfundur: Helgi Hálfdánarson. Reykjavík*, 1883—1896. Der Sohn des Verfassers, *Jón Helgason*, Lehrer am theologischen Seminar, hat das letzte Heft herausgegeben und das Vorwort geschrieben

„ 199—200. Ich möchte mein günstiges Urteil über *Torfhildur Hólm* nachträglich dahin präcisieren, dafs dafselbe nur im relativen Sinne und der Dilettantin gilt.

„ 208, Zeile 26 von oben lies 1652 st. 1632.

„ 209, Zeile 12 von oben lies *Dróttkvætt*.

„ 217, Zeile 19 von oben. Von *Hallgrímur Pjeturssons* Passionspsalmen ist 1896 die 40. Auflage erschienen.

„ 234, Zeile 1 von unten lies *Víðidalstunga*.

„ 235, Zeile 25 von oben. Seither erschien eine Sammlung von Dichtungen *Páll Vídalíns* unter dem Titel: *„Vísnakver Páls lögmanns Vídalíns* (1667—1727). *Jón Þorkelsson sá um prentun á því.“* (Kopenh. 1897, *á kostnað Sigurður Kristjánssonar.*) Den Gedichten ist *Grunnavíkur-Jóns* Aufsatz *„Um þá lærðu Vídalína“* vorausgeschickt.

„ 247, Zeile 25 von oben; genauer: auf dem Hofe *Svefneyjar* im *Flateyjarhreppur* der *Barðastrandarsýsla*.

„ 270, Zeile 22 von oben lies fünfundsiebzigjähriger Greis.

„ 281, Zeile 2 von unten lies 76 st. 67.

„ 289, Zeile 30—31 lies *Magnús Stephensen* (geb. am 27. Dezember 1762, gest. den 17. März 1833).

„ 291, Zeile 29. Vgl. über *Magnús Stephensen* auch dessen Autobiographie in *Tímarit hins ísl. bókmentafjelags*, IX, 197—271, ferner ebendort III, 241, *Ný fjelagsrit*, VI, S. V—XIV (mit Porträt).

„ 292, Zeile 41. *Henrik Steffens* war wohl in Norwegen geboren und lebte dort bis zu seinem siebenten Jahre, allein er war nicht Norweger von Abstammung. Sein Vater, ein Militärchirurg, entstammte einem holstein'schen Geschlecht und war in Südamerika geboren, seine Mutter gehörte zur alten dänischen Familie Bang und war eine Schwester der Mutter N. F. S. Grundtvigs.

„ 293, Zeile 34—37 von oben. Der Ausdruck: „die für die Besiegten keineswegs unrühmliche Seeschlacht" besagt zu wenig im Hinblicke auf den höchst ehrenvollen Kampf der Dänen gegen die Engländer unter *Nelson*, aus dem ihre alten, unbeweglichen Blockschiffe unüberwunden hervorgingen. „Die Dänen wehrten sich wie Helden, würdig des alten Ruhmes der Dänen.“ Kopenhagen wurde übrigens damals nicht bombardiert. Die gegenteilige Behauptung findet sich jedoch vielfach verbreitet, z. B. auch noch in der neuesten Auflage des Meyer'schen Konversations-Lexikons im Artikel: Dänemark.

„ 297, Zeile 5 von unten. *Gefn* war ein Jahrbuch.

„ 322, Zeile 18 von oben lies 1831.

„ 338, Zeile 4. Da die Richtigkeit der Angabe des *„Lýður“* bezügl. des Geburtsortes *Jónas Hallgrímssons* nicht näher geprüft werden konnte, sei hier mitgeteilt, dafs nach *Erslews Forfatterlexicon*, Supplement 1, S. 647, wie auch nach den sonstigen Quellen *J. H.* zu *Hraun* im *Öxnadalur* geboren wäre.

Seite 339, Zeile 10. *Jónas Hallgrímsson* starb im Jahre 1845.

„ 340, Zeile 1 von unten lies *Hrísill*.

„ 340, Zeile 7 von unten lies S. XL—XLI.

„ 344, Anmerkung 2. Unter *Snorri* ist hier nicht der bekannte Historiograph *Sn. Sturluson*, sondern der *„goði“ Snorri Þorgrímsson* († 1031) gemeint.

„ 350, Zeile 14 von unten lies: vom kühlen Nafs.

„ 355, Zeile 35 von oben lies *Seljalandsfoss*.

„ 395, Zeile 14 von oben lies *Halland* st. *Hallandi*.

„ 415, Zeile 20 von oben lies steinerne st. steinern.

„ 426, Zeile 38 von oben lies *Eschricht* st. *Escherich*.

„ 429, Zeile 26 von oben lies *Gandreið* st. *Ganreið*.

„ 446, Zeile 32 und Seite 448, Zeile 25 von oben lies *Hölderlin*.

„ 447, Zeile 34 von oben lies *Kaalund* st. *Kalund*.

„ 448, Zeile 44 von oben lies *firmus* st. *fermus*.

„ 455, Zeile 10 von oben lies 129 st. 179.

„ 456, Zeile 4 von oben streiche: goldenen.

„ 472, Zeile 32 von oben. *Páll Ólafsson* ist nicht mehr Administrator des ehemaligen Klosters *Skriða*.

„ 476, Zeile 8 und 10 lies *Winnipeg* st. *Winnepeg*.

„ 476, Zeile 13 von oben. *Jón Ólafsson* lebt jetzt wieder in *Reykjavík*, wo 1896 auch eine dritte Auflage seiner Gedichte erschienen ist.

„ 485, Zeile 29. *Þorsteinn Erlingsson* war nicht Alþingis-Abgeordneter. Er übersiedelte im Herbste 1896 nach *Seyðisfjörður* auf Island und giebt daselbst eine Zeitung (*„Bjarki“*) heraus.

I. Register.

(Sachregister.)

II. Register,

die nicht litterarischen isländischen und die wichtigeren fremden, zumeist litterarischen Personen umfassend, welche in diesem Buche erwähnt werden.

III. Register,

die isländischen Dichter, Litteraten und Gelehrten umfassend, welche in diesem Buche besprochen oder erwähnt sind.

Aussprache einiger isländischer Lautzeichen.

a wird vor **ng** und **nk** wie **au**, vor **gi** wie **ai**, sonst wie im norddeutschen Vater ausgesprochen; **á** lautet wie **au**, **æ** wie **ai**, **au** wie **öj**.

e wird vor **ng** und **nk**, dann in der Verbindung **egj** und **egi** wie **ej** ausgesprochen; **é** lautet wie **jä**.

o lautet wie offenes deutsches o; ó hingegen wie ein unechter Diphthong ou.

u lautet wie ein gehobenes, ü-haltiges ö (in der Endung -ur wie ein Mittellaut von u und ö), ú (und u vor ng und nk) ähnlich dem englischen u in fool.

y (ý) ist fast immer identisch mit i (í) d. i. offenem (resp. geschlossenem) i.

ö (sehr offenes ö) laut vor **ng** und **nk** wie **öj**.

þ ist das englische „harte" th, z. B. in thing, jedoch schärfer.

ð ist der dem *þ* entsprechende stimmhafte, „weiche" Laut; z. B. in father.

f lautet im Anlaute und in der Verdoppelung wie im Deutschen, vor *ð*, l, n wie b, sonst wie (norddeutsches) w; zwischen langem und kurzem Vokal wird f oft stumm (húfa Haube = húa gespr.).

ll wird vor Vokalen wie ddl (z. B. falla wie faddla) ausgesprochen.

rl lautet genau so wie das isl. ll.

rn lautet stets und **nn** nach Diphthongen wie dn oder ddn.

pt wird wie **ft** ausgesprochen.

h wird vor j, r, l, n stets ausgesprochen.

s wird immer scharf ausgesprochen.